DIREITO PROCESSUAL TRIBUTÁRIO

CIP-BRASIL. CATALOGAÇÃO NA PUBLICAÇÃO
SINDICATO NACIONAL DOS EDITORES DE LIVROS, RJ

D15d
3. ed.

Dalla Pria, Rodrigo
Direito processual tributário / Rodrigo Dalla Pria. - 3. ed., rev. e atual. - São Paulo : Noeses, 2024.

822 p. ; 23 cm.
Inclui bibliografia
ISBN 978-85-8310-170-3

1. Direito tributário - Brasil. 2. Administração e processo tributário - Brasil. I. Título.

23-87038 CDU: 34:351.713(81)

Meri Gleice Rodrigues de Souza - Bibliotecária - CRB-7/6439

Rodrigo Dalla Pria

Doutor em Direito Processual Civil – PUC/SP e Mestre em Direito Tributário – PUC/SP. Professor de Direito Tributário e Processual Tributário do Programa de Pós-graduação *Stricto Sensu* do Instituto Brasileiro de Estudos Tributários – IBET. Professor dos Cursos de Especialização em Direito Tributário da PUC/SP e do Instituto Brasileiro de Estudos Tributários – IBET. Coordenador do Curso de Especialização em Direito Tributário do IBET em Sorocaba. Coordenador do Curso de Especialização em Direito Tributário da Toledo Prudente – Centro Universitário, em parceria com o IBET. Coordenador dos Cursos de Extensão em Contabilidade Tributária e Processo Tributário Analítico do IBET. Coordenador do Grupo de Estudos em Processo Tributário Analítico do IBET. Foi Juiz do Tribunal de Impostos de Taxas (2009 a 2016). Advogado.

DIREITO PROCESSUAL TRIBUTÁRIO

3ª edição revista e atualizada

2024

editora e livraria
NOESES

Copyright © Editora Noeses 2024
Fundador e Editor-chefe: Paulo de Barros Carvalho
Gerente de Produção Editorial: Rosangela Santos
Arte e Diagramação: Renato Castro
Revisão: Georgia Evelyn Franco
Designer de Capa: Aliá3 - Marcos Duarte

Data de atualização: 09.11.2023

2024

editora e livraria
NOESES

Editora Noeses Ltda.
Tel/fax: 55 11 3666 6055
www.editoranoeses.com.br

Aos Amores da minha vida: minha mãe, Maria; minha esposa, Jaqueline; e minhas filhas, Maria Fernanda e Sofia;

Aos Heróis da minha vida: meu pai, Wolney (in memoriam); e meu irmão, Wolney Jr;

Aos Mestres da minha vida (em ordem cronológica de nossos encontros): Prof. Gelson Amaro de Souza; Prof. Paulo de Barros Carvalho; Prof. Paulo Cesar Conrado e Prof. Cassio Scarpinella Bueno.

A simplicidade é o último grau de sofisticação.

Leonard Thiessen

(comumente atribuída a Leonardo da Vinci)

Assim, teoria e experiência encontram-se uma em frente da outra em constante conflito. Toda unificação na reflexão é uma ilusão; elas só podem ser unificadas na ação.

J. W. Goethe

AGRADECIMENTOS

"No princípio era o verbo, e o verbo estava junto de Deus, e o verbo era Deus."[1]

A linguagem (palavra) – ou o "verbo", como refere João Evangelista –, além de ser a essência da qual se constitui o Criador e a ferramenta por meio da qual, por Ele, se fez materializar a criação,[2] corporifica também o principal instrumento de inserção do indivíduo na sociedade, visto que responsável pela delimitação de seus horizontes cognitivos. Por essa razão, externo minha eterna gratidão à Professora Alice Balduíno de Souza Barbosa (*in memoriam*) por ter me alfabetizado. Cada vocábulo, oração, frase e período que compõem este trabalho têm um pouco de você, tia Alicinha.

Agradeço ao Instituto Brasileiro de Estudos Tributários – IBET, minha casa acadêmica, pela confiança em mim depositada durante os últimos 15 anos.

Agradeço ao Professor Paulo de Barros Carvalho e à Editora Noeses por se prontificarem a publicar este trabalho.

Agradeço à querida amiga (Cecília) Priscila Souza, coordenadora nacional do IBET, por ter sido a primeira a acreditar neste projeto, incentivando-me a levá-lo a cabo.

1. Bíblia, Evangelho segundo João, 1,1.

2. "Disse Deus: 'Haja luz', e houve luz." (...) Bíblia, Gênesis, 1,1-31.

Serei eternamente grato ao Professor Paulo Conrado, minha maior influência intelectual, o principal tutor de minha carreira e meu amigo fraterno, bem como aos demais amigos do grupo de estudos de processo tributário analítico do IBET (Camila Campos Vergueiro, Carla Gonçalves, Daniel de Paiva Gomes, Danilo Monteiro de Castro, Diego Diniz Ribeiro, Eduardo de Paiva Gomes, Íris Vânia Santos Rosa, Luis Claudio Ferreira Cantanhede, Mario Jabur Neto, Rodrigo Massud, Thathyanny Fabrícia Bertaco Peria e Vanessa Damasceno Rosa Spina), pela generosidade de acompanharem, comentarem e discutirem, durante um semestre inteiro, a leitura deste livro, contribuindo com importantes apontamentos e sugestões que elevaram o trabalho a um nível que não seria atingível sem a ajuda de todos.

O Direito Processual Tributário e a advocacia tributária andam juntos. Este livro não seria possível sem a fundamental experiência que me foi proporcionada pelos anos em que tive a honra de pertencer aos quadros do escritório Machado Associados Advogados e Consultores, e que me servem de base para a advocacia que exerço, em meu nome, atualmente. Agradeço ao Mestre Júlio M. de Oliveira por ter me concedido a chance de travar contato com o que existe de melhor, no Brasil, em termos de advocacia tributária, bem como por me mostrar que a advocacia de sucesso pode e deve ser fundada em técnica, decência, transparência e combatividade, dispensando qualquer espécie de expediente espúrio, imoral e não republicano.

Da mesma forma, foi fundamental à concretização deste trabalho a experiência proporcionada pelos oito anos de desempenho da função de julgador tributário no Egrégio Tribunal de Impostos e Taxas do Estado de São Paulo (TIT/SP), oportunidade que atribuo à confiança em mim depositada pelos amigos Osvaldo Santos de Carvalho e José Paulo Neves, pelo que lhes agradeço de coração.

Agradeço ao amigo e irmão Danilo Castro, meu general no IBET-Sorocaba, pelo incentivo e pelas importantes contribuições ao trabalho.

Agradeço ao meu sócio e irmão José Luiz Melo, bem como à equipe da Dalla Pria Sociedade de Advogados, por terem "segurado as pontas" do escritório no período final de elaboração deste trabalho, ocasião em que, por diversas oportunidades, não pude acompanhar, como deveria, o desenvolvimento de importantes trabalhos.

Agradeço, por fim, àquelas a quem este livro também é dedicado, e que são a fonte da minha inspiração: minha mãe, Maria de Souza; minha esposa, Jaqueline, e minhas filhas, Maria Fernanda e Sofia, pelo estímulo, pelo apoio e pela paciência que tiveram comigo em razão das constantes ausências durante o período em que este trabalho foi elaborado. Amarei e serei grato a Vocês eternamente!!!

APRESENTAÇÃO

Fossem outras as circunstâncias, procuraria dar a este texto o rigor formal que deve caracterizar as apresentações. Deixaria, assim procedesse, de invadir o espaço do autor (em sua introdução) e de seu eminente prefaciador.

Indo e vindo, na definição da abordagem que faria, percebi que não sossegaria o coração se não me permitisse extravasar os limites usuais, única forma de expor a emoção que me contagia.

Tivemos o privilégio de ler o livro que ora se apresenta em inúmeras reuniões do grupo de estudos que coordenamos – uma leitura de fato privilegiada, a uma porque compartilhada com grandes amigos e professores da matéria enfrentada pelo autor; a duas, porque apresentada pelo próprio autor.

Essas reuniões nos permitiram rever, consolidadas em texto cuidadoso, as ideias construídas por Rodrigo por anos e anos, ideias essas que se confundem, em grande medida, com sua história acadêmica, profissional e pessoal, aspectos da vida que desmembramos por apego analítico, mas que são indissociáveis. Como aprendemos com Paulo de Barros Carvalho, com efeito, a dissecção não rompe a realidade – assim é no direito; assim é conosco e com nossa vida.

Da história de Rodrigo, tão rica, tive e tenho o privilégio de participar, sempre enxergando-a em sua unidade constitutiva. Aí, precisamente, a razão que faz especialmente emotivo este texto: em contato com esse seu "direito processual tributário", vejo-o, a Rodrigo, o mesmo homem com quem converso há vinte anos, não apenas um lado de sua *persona*. Mais ainda: certifico-me, na prática, de que é possível (re)conhecê-lo por sua obra, representação de sua existência.

Esse é seu primeiro livro de autoria individual, revelando, em potente unidade, todos os aspectos a que me referia – do advogado, do professor, do coordenador de ensino, do juiz administrativo e, mais ainda, do filho, pai, esposo e amigo, tudo amalgamado, numa riqueza a ser enaltecida.

O rastro acadêmico deixado pelo autor é antigo, de todo modo, representado por vasta produção incorporada a trabalhos coletivos (muitos dos quais participei). Fazendo-se uma espécie de regressão, esse volume pode ser encarado, assim, como uma espécie de consolidação de longo percurso, funcionando, numa só tacada, como atestado do genuíno apreço que Rodrigo tem por seu objeto de estudo, coisa que se enxerga apenas em homens íntegros (assim entendidos os que se despojam de fatiamentos ocasionais) e que se pode definir, legitimamente, como amor pelo conhecimento, sentimento que recai sobre o "processo", sobre a "busca", não sobre a vaidade do "produto", do "achado".

Confesso que o mais me encanta é ver esse amor que menciono sobrepujar as amarras muitas vezes estabelecidas pelo inóspito ambiente das profissões jurídicas, tão marcado (infelizmente) por polarizações que só fazem empobrecer nossas possibilidades experienciais, além de limitarem o exercício da empatia e, pior, decotarem o objeto de estudo, como se houvesse tantos "direitos processuais tributários" quantos fossem os olhares – o do advogado privado, o do procurador fazendário, o do juiz, e assim por diante.

Deixar as marcas de sua existência intelectual de forma sincera e unitária, sem aderir a interesses circunstanciais é sempre comprometedor, colocando-se, nesse sentido, como ato de coragem, de enfretamento, única maneira de honrar, na prática, as verdades que se guarda no coração.

Esse ato de coragem foi/é encarado, felizmente, por Rodrigo, que o faz com naturalidade elogiável, típica de quem olha para seu objeto de estudo como faz com a vida, numa espécie de permanente investigação filosófica, em que o "por que?" é repetido à exaustão.

E é muito justo que as coisas assim se encaminhem: esse volume suplanta o que tantos (eu, inclusive) vêm tentando fazer há tempos: descortinar o direito processual tributário, identificando-o como objeto de estudo em sua inteireza constitutiva, a única possibilidade, assim parece, de produzir respostas para os problemas do mundo real, aquele para o qual a atividade jurídica deve(ria) canalizar suas melhores energias.

Essa coisa aparentemente distante que nós chamamos de "instrumentalidade" – algo sobre o que tanto se fala, mas que pouco se pratica (quiçá por limitações mais humanas, menos técnicas) – é a tônica do discurso trazido por Rodrigo. Seguramente inspirado pelos muitos anos de prática, pela longa jornada já percorrida, pelas muitas experiências que se permitiu ter, pela exposição atenta a muitos interlocutores, percebeu que seu objeto só pode(ria) ser compreendido se, ao mesmo tempo em que analisado no macrocontexto da fenomenologia sociojurídica, é igualmente isolado do amplo (e nem sempre aproveitável) conjunto projetado pela processualística comum – afinal de contas, qual seria o sentido de falar em "processo tributário" à conta da singela tomada da experiência processual geral, sem qualquer particularização?

Delicada – à medida que não pode implicar a quebra do "fio de prata" que conecta o objeto ao contexto sociojurídico geral –, essa operação demanda permanente atenção.

Vocábulo por vocábulo, frase a frase, itens e capítulos em contínua sequência, tudo deve ser lançado (e o é por Rodrigo) com o mesmo rigor de quem educa uma criança e, nesse mister, pensa incansavelmente nas consequências de suas opções.

De minha parte, me desprendi, há algum tempo, de rótulos, até porque, constatando diariamente que a vida real nos leva para paragens nem sempre ajustáveis a símbolos preordenados, fico feliz em encontrar neste "direito processual tributário" referências a variadas e combinadas concepções (a do construtivismo lógico-semântico, por exemplo), numa associação conciliadora de perspectivas.

É o que fazem os que amam o processo de produção do conhecimento, não propriamente o produto daí derivado.

Paulo Cesar Conrado

Juiz Federal em São Paulo. Mestre e Doutor em Direito
Tributário pela PUC/SP. Coordenador do Curso de
"Processo Tributário Analítico" do IBET.
Professor do programa de Mestrado Profissional da FGV Direito/SP.

PREFÁCIO

É uma honra e um privilégio prefaciar mais um trabalho de Rodrigo Dalla Pria, intitulado "Direito Processual Tributário", que agora vem a público pela prestigiada Editora Noeses.

Trata-se de trabalho de fôlego em que Rodrigo, Mestre em Direito Tributário e Doutor em Direito Processual Civil pela Faculdade de Direito da PUCSP, alia, com proficiência, seus conhecimentos *teóricos* sobre o direito tributário, na perspectiva do constructivismo lógico-semântico da Escola formada pelo Eminente Professor Paulo de Barros Carvalho, com o direito processual civil. Trata-se de concretização (muito bem sucedida, adianto) de uma proposta que Rodrigo trazia consigo desde há muito tempo, tanto que decidiu se dedicar em seu doutorado ao estudo do direito processual civil.

Mas não só: o trabalho alia a teoria com a *prática*, porque se volta *também* ao prático do direito, o que Rodrigo faz com maestria em virtude de sua larga experiência como advogado especializado na área e na sua vasta atuação como Juiz do Tribunal Impostos e Taxas no período compreendido entre 2009 e 2016.

E por fim, mas não menos importante, a rica e importante experiência do Rodrigo como Professor, inclusive, mas não apenas, nos Cursos de Especialização em Direito Tributário e Processual Tributário da PUCSP e de Direito Tributário Instituto Brasileiro e Estudos Tributários e também como coordenador de dois Cursos de Especialização em Direito Tributário do IBET (em Sorocaba, a terra que o acolheu) e da Toledo Prudente em parceria com o IBET (em Presidente Prudente, onde graduou-se), mostra, a todo o tempo, a sua didática e, como resultado, uma leitura extremamente proveitosa e rica.

Este *diálogo* entre o direito material — aqui, o tributário — e o direito processual civil me parece — e, para mim, sempre foi assim — algo inafastável ao processualista: aliar o discurso teórico da "efetividade do processo" (ou, como venho preferindo mais recentemente, "efetividade do direito *material* pelo e no processo", até para enfatizar o destaque aqui feito), a efeitos concretos, realmente sentidos e experimentados na prática do foro do que é reconhecido pelo Estado-juiz como "direito aplicável", o direito *interpretado* a partir dos textos jurídicos e dos fatos. Chego a me perguntar, nos meus trabalhos mais recentes, qual seria o interesse de qualquer tema e/ou instituto no direito processual civil se não fosse para surtir efeitos práticos e concretos em prol da prestação da tutela jurisdicional àquele que é dela merecedor. É uma das facetas do que venho chamando de *neoconcretismo*.[3]

O "direito processual tributário", como reputo ser mais correto, concordando com a opção do Rodrigo, ou como prefere a maioria, o "processo tributário", é campo fértil das múltiplas possibilidades (e sempre indispensáveis) de inter-relação entre aqueles dois campos do direito. Talvez pela própria forma de pensar (e corretamente) o direito (material) tributário, permitindo que o Estado-juiz consiga *reconstruir* a norma jurídica em cada caso concreto que se lhe apresente para solução; talvez porque a lei processual civil ainda seja

---

3. Para o eventual interessado, v. meu Curso sistematizado de direito processual civil, vol. 1. 9ª edição. São Paulo: Saraiva, 2018, p. 359/388.

pensada mais na perspectiva do direito material *privado* do que do público a impor desafios interessantíssimos a quem se vê diante da necessidade de sua aplicação aos casos em que o conflito reside entre o Fisco e o Contribuinte ou vice-versa; talvez porque o conflito entre estes dois personagens e não entre "Caios" e Tícios seja muito mais comum do que poderia parecer minimamente razoável. Talvez, por uma interessantíssima simbiose destes três fatores...

O que importa destacar é que é esta junção de teoria e prática, de conhecimento e de aplicação que, desde o início,[4] tanto me cativou no trabalho do Rodrigo e, tenho certeza, cativará também o público leitor. Trata-se de um trabalho que não se contenta com a *apresentação* dos institutos, muito menos com a sua exposição acrítica. Ele vai além para expor a aplicação *prática* dos institutos examinados, sempre com base em ampla pesquisa doutrinária e jurisprudencial, discutindo as divergências existentes e, invariavelmente, tomando partido nelas, de forma exemplarmente bem fundamentada.

Anunciado o escopo do trabalho, é hora de destacar como ele foi construído.

O trabalho é dividido em dois Títulos, ambos com quatro Capítulos.

O primeiro Título é dedicado à "Teoria Geral do Direito Processual Tributário" e contém os seguintes Capítulos: o "direito processual tributário", "das ações tributárias", "do processo tributário" e "da jurisdição tributária". Neste último capítulo, fechando o primeiro título, destaco a interessante análise feita por Rodrigo da tutela jurisdicional como ato de efetivação do direito, adotando classificação distinta da usualmente proposta pela doutrina e que,

---

4. Literalmente, como se pode verificar da segunda epígrafe, da lavra de Goethe: "Assim, teoria e experiência encontram-se uma em frente da outra em constante conflito. Toda unificação na reflexão é uma ilusão; elas só podem ser unificadas na ação.".

particularmente, me agrada bastante, pelas razões que tenho tido a oportunidade de apresentar no meu *Curso sistematizado de direito processual civil*.[5]

O primeiro capítulo do segundo Título ("pragmática do direito processual tributário") é dedicado ao estudo das "ações tributárias antiexacionais em espécie", quais sejam: "ação declaratória de inexistência de relação jurídico-tributária", "ação anulatória de débito fiscal", "consignação em pagamento", "repetição de indébito" e "mandado de segurança".

No capítulo que se segue, "ações tributárias exacionais em espécie", são analisadas a "execução fiscal" e "ação cautelar fiscal".

O terceiro capítulo versa sobre a "segurança jurídica e processo tributário". Nele Rodrigo analisa a coisa julgada e dá especial destaque à ação rescisória com fundamento no art. 966, V, do CPC (quando a decisão transita em julgado "violar manifestamente a norma jurídica") e à impugnação fundada no polêmico §8º do art. 535 do CPC. Também é dedicada especial atenção às situações que envolvem as chamadas "relações jurídico-tributárias de trato sucessivo", comuníssimas quando o direito material envolvido é o tributário.

Fechando o segundo Título, o quarto capítulo é dedicado ao "processo administrativo-tributário", em que a experiência de Rodrigo como juiz do TIT é visível ao longo de toda a exposição, que culmina com a análise dos precedentes judiciais e seu impacto no contencioso administrativo-tributário.

O trabalho, como o leitor já terá percebido de suas linhas mestras indicadas acima, é instigante. Tenho certeza de que agradará muito e que será muito útil ao estudante e ao estudioso do direito processual tributário e aos

5. Para o assunto, v., meu *Curso sistematizado de direito processual civil*, vol. 1, cit., p. 370/385.

profissionais que atuam nesta área na prática do foro. Útil não só pelo que ele contém de excelência de pesquisa acadêmica sobre o assunto examinado, mas também, friso, por força de suas aplicações práticas. No fundo, o Rodrigo sai do comodismo do laboratório porque sabe aplicar (e bem) sua construção teórica para impactar a realidade forense. Para melhor, sem dúvida alguma.

Parabenizo imensamente o Rodrigo por mais essa conquista.

Externo meus cumprimentos à Editora Noeses pela oportuníssima publicação. Para além de agregar título importante — e cujo destino é o de se tornar indispensável — à escassa bibliografia nacional sobre o "direito processual tributário", mostra que é possível (e sempre necessário) publicar livros de qualidade como este.

Por fim, dirijo ao leitor a última palavra, que é a de certeza de uma excelente e proveitosa leitura que o conduzirá a uma reflexão mais detida sobre o "direito processual tributário" e suas diversas aplicações.

Cassio Scarpinella Bueno

Advogado formado pela Faculdade de Direito da Pontifícia Universidade Católica de São Paulo (PUC-SP), instituição na qual obteve os títulos de Mestre (1996), Doutor (1998) e Livre-docente (2005) em Direito Processual Civil, todos com a nota máxima, e onde exerce as funções de Professor-doutor de Direito Processual Civil nos cursos de Graduação, Especialização, Mestrado e Doutorado. Foi *Visiting Scholar* da Columbia University (Nova York) no ano acadêmico de 2000/2001. É Vice-Presidente do Instituto Brasileiro de Direito Processual (IBDP) e membro do Instituto Iberoamericano de Direito Processual (IIDP) e da Associação Internacional de Direito Processual (IAPL). Foi um dos quatro integrantes da Comissão Revisora do Anteprojeto do novo Código de Processo Civil no Senado Federal e participou dos Encontros de Trabalho de Juristas sobre o mesmo Projeto no âmbito da Câmara dos Deputados. É autor de 22 livros, escreveu mais de 95 livros em coautoria e mais de 90 artigos científicos, alguns publicados no exterior.

LISTA DE SIGLAS E ABREVIATURAS

AIIM – Auto de Infração e Imposição de Multa

CMT – Conselho Municipal de Tributos do Município de São Paulo

CSRF – Câmara Superior de Recursos Fiscais

SERASA – Centralizadora dos Serviços dos Bancos S/A

ADC – Ação Declaratória de Constitucionalidade

ADI – Ação Direta de Inconstitucionalidade

ADPF – Arguição de Descumprimento de Preceito Fundamental

AIIM – Auto de Infração e Imposição de Multa

CADIN – Cadastro de Inadimplentes

CARF – Conselho Administrativo de Recursos Fiscais do Ministério da Economia

CC – Código Civil

CDA – Certidão de Dívida Ativa

CF – Constituição Federal

CIDE – Contribuição de Intervenção no Domínio Econômico

Cofins – Contribuição para o Financiamento da Seguridade Social

CPC – Código de Processo Civil

CSLL – Contribuição Social sobre o Lucro Líquido

CSRF – Câmara Superior de Recursos Fiscais

CTE – Conselho Tributário do Estado

CTN – Código Tributário Nacional

DRJs – Delegacias da Receita Federal de Julgamento

DTJ – Delegacia Tributária de Julgamento

ICMS – Imposto sobre a Circulação de Mercadorias e Serviços

IDPJ – Incidente de desconsideração da personalidade jurídica

IE – Imposto de Exportação

II – Imposto de Importação

IPI – Imposto sobre Produtos Industrializados

IPRJ – Incidente de desconsideração da personalidade jurídica

IPTU – Imposto Predial e Territorial Urbano

IRPF – Imposto de Renda Pessoa Física

ISSQN – Imposto sobre Serviços de Qualquer Natureza

ITR – Imposto Territorial Rural

LEF – Lei de Execuções Fiscais

PARR – Procedimento Administrativo de Reconhecimento de Responsabilidade Tributária

PGFN – Procuradoria-Geral da Fazenda Nacional

PIS – Contribuição para o Programa de Integração Social

PRJ – Pedido de Retificação de Julgado

SPC – Serviço de Proteção ao Crédito

STF – Supremo Tribunal Federal

STJ – Superior Tribunal de Justiça

TIT/SP – Tribunal de Impostos e Taxas do Estado de São Paulo

UFESP – Unidades Fiscais do Estado de São Paulo

UJ – Unidade de Julgamento

SUMÁRIO

AGRADECIMENTOS IX

APRESENTAÇÃO XIII

PREFÁCIO XVII

LISTA DE SIGLAS E ABREVIATURAS XXIII

Título I
TEORIA GERAL DO DIREITO PROCESSUAL TRIBUTÁRIO

CAPÍTULO I – O DIREITO PROCESSUAL TRIBUTÁRIO 13

1.1 Direito material e direito processual: o sistema primário e o sistema secundário 13

1.2 O sistema processual tributário e o Direito Processual Tributário 33

1.2.1 O fenômeno da "judicialização" do direito público como reflexo da relação entre direito material e direito processual......... 33

1.2.2 A particularização da lide tributária como pressuposto dos conceitos de sistema processual tributário e de Direito Processual Tributário 38

1.2.3 A face administrativa do direito processual tributário: o contencioso administrativo-tributário 46

1.3 Relações jurídicas, direitos subjetivos e conflituosidades tributárias.. 47

1.3.1 O conflito como categoria fundamental de Teoria Geral do Processo 47

1.3.2 A diversidade das relações jurídicas e a diferenciação tipológica dos conflitos: o "fato do descumprimento" típico a cada espécie de direito subjetivo 49

1.3.2.1 As relações jurídicas de direito absoluto e os conflitos que lhes são próprios 53

1.3.2.2 As relações jurídicas de direito potestativo e os conflitos que lhes são próprios . 54

1.3.2.3 As relações jurídicas prestacionais e os conflitos que lhes são próprios 56

1.3.2.4 As relações jurídicas de responsabilidade patrimonial e os conflitos que lhes são próprios 57

1.3.3 A diversidade das relações e dos conflitos jurídicos tributários 59

1.3.4 O conflito e a lide como fatos jurídicos processuais 61

CAPÍTULO II – DAS AÇÕES TRIBUTÁRIAS.......... 67

2.1 Direito de ação, ação e ações tributárias........... 67

2.1.1 Definindo o(s) conceito(s) de ação............ 67

2.1.2 A teoria das condições da ação e sua viabilidade conceitual....................................... 79

2.1.2.1 Condições da ação versus pressupostos processuais 79

2.1.2.2 Condições da ação versus direito de ação: as condições de eficácia do direito de ação 80

2.1.2.3 Condições da ação e objeto da demanda: o conceito jurídico-normativo de mérito 85

2.1.2.4 Sobre a natureza do juízo que afere o preenchimento das condições da ação: aporte da teoria da asserção 93

2.1.2.4.1 O interesse processual como juízo preliminar de viabilidade da demanda: a necessidade de invocação da tutela jurisdicional e a relação de adequação entre a pretensão processual requerida e o conflito material afirmado 103

2.1.2.4.2 A legitimidade ad causam como relação de identidade entre os sujeitos parciais do processo e os sujeitos da relação jurídica substancial afirmada 106

2.1.2.4.2.1 A legitimidade ad causam e a composição subjetiva das relações jurídico-tributárias 110

2.1.3 Ações e pretensões processuais tributárias 121

2.1.4 As ações tributárias e as relações jurídicas conflituosas no contexto do percurso de concretização do direito tributário 124

2.1.4.1 Processo de positivação e percurso de concretização do direito tributário 124

2.1.4.2 As ações e os conflitos tributários em face do percurso de concretização do direito tributário 129

2.1.5 Classificação das ações tributárias 132

CAPÍTULO III – DO PROCESSO TRIBUTÁRIO 135

3.1 Processo, direito ao (devido) processo e processo tributário 135

3.1.1 O fenômeno processual como categoria teórico-geral 135

3.1.2 O processo jurisdicional e sua natureza dialética: o regime de contraditoriedade que caracteriza os processos voltados à composição de conflitos 138

3.1.3 O modelo constitucional de processo jurisdicional e suas manifestações concretas no plano legal: o devido processo legal (constitucional) 142

3.1.4 Elementos do processo, sujeitos do processo e pressupostos processuais 147

3.1.4.1 A relação jurídico-processual e os requisitos mínimos para sua instauração . 147

3.1.4.2 Os pressupostos processuais: os requisitos de formação e de desenvolvimento válido do processo jurisdicional 152

3.1.4.3 Instrumentalidade do processo versus instrumentalidade da jurisdição: o processo como instrumento normativo de controle da atividade decisória 156

3.1.5 O processo jurisdicional tributário como instrumento de controle do exercício da jurisdição tributária 162

3.1.6 Classificação dos processos tributários.... 166

CAPÍTULO IV – DA JURISDIÇÃO TRIBUTÁRIA... 169

4.1 Jurisdição, jurisdição tributária e tutelas jurisdicionais tributárias... 169

4.1.1 Função jurisdicional e a jurisdição tributária no sistema jurídico brasileiro........... 169

4.1.2 Tutela jurisdicional: conteúdos, eficácias e efeitos normativos.................................... 172

4.1.2.1 A tutela jurisdicional como norma e como ato de cumprimento da função jurisdicional: a obrigação de "dizer" o direito e o resultado de sua implementação 178

4.1.2.1.1 As fontes do direito concretamente produzido pela atividade jurisdicional: as enunciações jurisdicionais e as normas introdutoras das decisões judiciais 182

4.1.2.1.2 A norma de julgamento e o desempenho da atividade jurisdicional: o dever concreto de julgar 189

4.1.2.1.3 O dever aplicar as normas do sistema jurídico: a norma de decisão e a positivação jurisdicional do direito material 193

4.1.2.2 A tutela jurisdicional como ato de efetivação (realização) do direito violado: o conteúdo e a função da parte dispositiva dos pronunciamentos jurisdicionais 198

4.1.2.2.1 O específico caso das tutelas jurisdicionais transitivas ou dependentes: a tutela condenatória e sua natureza processual 202

4.1.2.2.2 O específico caso das tutelas ordenatórias/mandamentais (writs) 209

4.1.2.2.3 Normas concretas e individuais constituídas nas partes dispositivas das decisões judiciais 215

4.1.2.2.4 Tutelas jurisdicionais provisórias 216

4.1.2.2.5 Tutelas jurisdicionais exclusivamente realizadoras do direito material: a tutela jurisdicional executiva 224

4.1.3 Tutelas jurisdicionais tributárias............. 228

4.1.3.1 Tutelas jurisdicionais tributárias cognitivas: conteúdos, eficácias e efeitos normativos 228

4.1.3.1.1 A norma de decisão, o conteúdo, a eficácia e os efeitos normativos das tutelas jurisdicionais tributárias preventivas: a tutela declaratória negativa em matéria tributária 230

4.1.3.1.2 A norma de decisão, o conteúdo, a eficácia e os efeitos normativos das tutelas jurisdicionais repressivas corretivas em matéria tributária: as tutelas anulatória (do débito fiscal) e consignatória (do pagamento do tributo).. 236

4.1.3.1.3 A norma de decisão, o conteúdo, a eficácia e os efeitos normativos das tutelas jurisdicionais repressivas reparadoras em matéria tributária: a tutela condenatória da restituição do tributo e declaratória do direito à compensação 238

4.1.3.1.4 A norma de decisão, o conteúdo, a eficácia e os efeitos normativos das tutelas jurisdicionais mandamentais em matéria tributária 243

4.1.3.2 Tutelas jurisdicionais provisórias em matéria tributária 248

4.1.3.3 Tutelas jurisdicionais realizadoras em matéria tributária 256

4.1.3.4 Classificação das tutelas jurisdicionais tributárias 259

Título II
PRAGMÁTICA DO DIREITO PROCESSUAL TRIBUTÁRIO

CAPÍTULO I – AÇÕES TRIBUTÁRIAS ANTIEXACIONAIS EM ESPÉCIE **267**

1.1 A ação declaratória de inexistência de relação jurídico-tributária e os limites ao desempenho da competência administrativa tributária 267

1.1.1 O objeto da ação declaratória negativa tributária: o direito de constituir o crédito tributário 267

1.1.2 As condições da ação e a demanda declaratória negativa tributária 274

1.1.3 As regras de competência e de procedimento aplicáveis à ação declaratória negativa em matéria tributária 279

1.1.4 A tutela provisória e o depósito judicial no âmbito das ações declaratórias negativas em matéria tributária 282

1.1.5 A tutela declaratória negativa de inexistência de relação jurídico-tributária 289

1.2 A ação anulatória de débito fiscal e a crise de legalidade que lhe é peculiar 292

1.2.1 O objeto da ação anulatória de débito fiscal: o direito à desconstituição do crédito tributário 292

1.2.2 Os requisitos e as condições da ação anulatória de débito fiscal 293

1.2.3 O ajuizamento e o processamento da demanda anulatória de débito fiscal 301

1.2.4 As tutelas jurisdicionais, provisória e definitiva, exaradas em sede de ação anulatória de débito fiscal e os efeitos que lhes são próprios 303

1.2.5 As possíveis relações entre ação anulatória de débito fiscal, execução fiscal e embargos do devedor 306

1.3 A ação de consignação em pagamento em matéria tributária e o direito subjetivo (ao cumprimento do dever jurídico) de pagar o tributo 319

1.3.1 As regras de competência aplicáveis ao ajuizamento da ação consignatória tributária 324

1.3.2 A legitimidade *ad causam* na ação consignatória tributária 328

1.3.3 Aspectos procedimentais gerais da ação de consignação em pagamento 330

1.3.3.1 A ação de consignação em pagamento fundada na "mora do credor" tributário .. 333

1.3.3.1.1 A dedução do conflito próprio à consignatória fundada em recusa do credor tributário 333

1.3.3.1.2 A contestação à demanda consignatória fundada em recusa do credor tributário 336

1.3.3.1.3 O conteúdo e a eficácia da sentença que acolhe a pretensão consignatória tributária fundada em recusa 343

1.3.3.2 A ação de consignação em pagamento fundada na dúvida quanto ao credor tributário e suas particularidades 344

1.3.3.2.1 A delimitação do conflito tributário decorrente da dúvida quanto ao credor tributário 344

1.3.3.2.2 O procedimento da ação consignatória fundada em dúvida quanto ao credor tributário 347

1.3.3.2.3 A decisão que acolhe a pretensão consignatória fundada em dúvida e a sentença que aponta o ente político competente para tributar o fato tributário em disputa 351

1.4 A ação de repetição do indébito tributário e o direito subjetivo à restituição do tributo pago indevidamente 354

1.4.1 A ação de repetição do indébito tributário e a crise de (in)adimplemento que lhe é peculiar 354

1.4.2 A legitimidade ativa na ação de repetição do indébito tributário: os conteúdos dos arts. 165 e 166 do CTN 360

1.4.3 A prescrição do direito de exigir a restituição do indébito tributário 374

1.4.4 A competência para ajuizamento da ação de repetição do indébito tributário e o procedimento que lhe é próprio 384

1.4.5 A tutela jurisdicional que reconhece o pagamento indevido e condena o ente tributante à devolução dos valores indevidamente recolhidos 388

1.5 O mandado de segurança em matéria tributária e os atos de autoridade fiscais 397

1.5.1 O mandado de segurança e os conflitos tributários 397

1.5.2 As condições específicas da ação de mandado de segurança analisadas sob a perspectiva da lide tributária 404

1.5.3 Legitimidade *ad causam* no mandado de segurança em matéria tributária 408

1.5.4 O foro competente para o processamento do mandado de segurança em matéria tributária 419

1.5.5 O mérito do mandado de segurança em matéria tributária e os limites legais (materiais e processuais) à concessão da tutela mandamental (provisória e definitiva) 428

1.5.5.1 Tutelas provisórias e mandado de segurança: a liminar em mandado de segurança em matéria tributária e suas particularidades 435

1.5.5.2 A tutela jurisdicional definitiva no mandado de segurança em matéria tributária e suas diversas formas de manifestação 456

CAPÍTULO II – AÇÕES TRIBUTÁRIAS EXACIONAIS EM ESPÉCIE **477**

2.1 A ação executiva fiscal e seu pressuposto: o fato jurídico do inadimplemento e o direito subjetivo de exigir o crédito tributário 477

2.1.1 Sujeição passiva e responsabilidade patrimonial tributárias 490

2.1.2 Responsabilidade patrimonial tributária e legitimidade *ad causam* no processo executivo fiscal 503

2.1.2.1 Responsabilidade patrimonial tributária e litisconsórcio passivo ulterior: o redirecionamento da execução fiscal para terceiro estranho ao título executivo extrajudicial 511

2.1.3 O processo executivo fiscal e suas particularidades: a competência e o procedimento relativos à ação de execução fiscal 524

2.1.3.1 A competência para o ajuizamento da ação executiva fiscal 527

2.1.3.2 O procedimento executivo fiscal 534

2.1.3.2.1 A fase inicial do procedimento executivo fiscal: do ajuizamento da ação executiva fiscal à citação do executado 536

2.1.3.2.2 A fase constritiva do procedimento executivo fiscal: a garantia na execução fiscal e suas modalidades 550

2.1.3.2.3 A fase expropriatória do procedimento executivo fiscal: as técnicas processuais sub-rogatórias dos direitos patrimoniais do devedor-executado 556

2.1.3.2.4 A satisfação do crédito tributário e a extinção do processo executivo fiscal.. 561

2.1.4 A defesa do executado na execução fiscal 562

2.1.4.1 A exceção de pré-executividade e seu fundamento jurídico-positivo 564

2.1.4.1.1 Os fundamentos e as condições de manejo da exceção de pré-executividade . 564

2.1.4.1.2 Os sujeitos de direito autorizados a se valerem da exceção de pré-executividade 568

2.1.4.1.3 A natureza e os efeitos da decisão que acolhe ou rejeita a exceção de pré-executividade 571

2.1.4.2 Os embargos do devedor tributário à execução fiscal 573

2.1.4.2.1 A natureza jurídica e o objeto dos embargos à execução fiscal: a oposição à pretensão executiva fiscal como forma de exercício do direito constitucional à ampla defesa.. 573

2.1.4.2.2 Os pressupostos de admissibilidade e o prazo para oposição dos embargos à execução fiscal 578

2.1.4.2.3 Os efeitos do ajuizamento dos embargos do executado e as possibilidades de suspensão do processo executivo fiscal 585

2.1.4.2.4 Os elementos e as condições da "ação" de embargos à execução fiscal....... 590

2.1.4.2.5 A competência e o procedimento atinentes aos embargos à execução fiscal. 596

2.1.4.2.6 O conteúdo e as eficácias da tutela jurisdicional que acolhe os embargos à execução fiscal 597

2.2 A ação cautelar fiscal 599

2.2.1 A natureza jurídica da ação cautelar fiscal e sua integração ao regime implementado pelo CPC/2015 599

2.2.2 Os pressupostos e as condições da ação cautelar fiscal no *iter* de concretização do direito tributário 600

2.2.3 A delimitação da competência e o procedimento atinentes à ação cautelar fiscal...... 607

2.3.4 Os fundamentos da tutela cautelar fiscal (provisória e definitiva) e seu específico modo de implementação 609

CAPÍTULO III – SEGURANÇA JURÍDICA E PROCESSO TRIBUTÁRIO 613

3.1 As categorias processuais voltadas à implementação do princípio da segurança jurídica e o processo jurisdicional tributário: o devido processo legal tributário 613

3.2 Os três níveis jurídico-normativos de manifestação da coisa julgada 617

3.2.1 A coisa julgada como princípio (limite objetivo) constitucional: os limites constitucionais à revisibilidade das tutelas jurisdicionais tributárias 618

3.2.2 O regime jurídico-legal da coisa julgada: a norma jurídica, abstrata e geral, conotativa dos critérios de incidência da *res judicata* 621

3.2.3 A coisa julgada no plano decisório: a norma concreta e individual da coisa julgada...... 628

3.2.4 Os limites objetivos e subjetivos da coisa julgada em matéria tributária.. 633

3.3 As técnicas e os instrumentos processuais voltados à mitigação da autoridade da coisa julgada........ 638

3.3.1 A ação rescisória e seu objeto: o direito subjetivo fundamental ao devido processo constitucional.. 642

3.3.1.1 A ação rescisória fundada em violação manifesta à norma jurídico-tributária: a violação ao consenso interpretativo-institucional como condição da rescindibilidade da coisa julgada 644

3.3.1.2 A ação rescisória voltada ao afastamento da exigibilidade da obrigação de restituir o indébito tributário reconhecido por sentença: a exegese do art. 535, §8º, do CPC/2015 656

3.3.2 A impugnação ao cumprimento de sentença contra a Fazenda Pública: o afastamento da exigibilidade do título executivo judicial que reconhece o direito à restituição do indébito tributário 663

3.3.3 As técnicas processuais voltadas ao afastamento da coisa julgada incidente sobre as tutelas jurisdicionais tributárias preventivas e suas repercussões sobre as chamadas relações jurídico-tributárias de trato sucessivo 667

3.3.3.1 A ação revisional prevista no art. 505, inciso I, do CPC, e as mutações na orientação jurisprudencial firmada pelos Tribunais Superiores: a mitigação da coisa julgada incidente sobre as tutelas jurisdicionais tributárias de cunho determinativo 672

CAPÍTULO IV – O PROCESSO ADMINISTRATIVO--TRIBUTÁRIO **697**

4.1 O contencioso administrativo tributário no contexto do Direito Processual Tributário: a legitimação processual da atividade impositiva 697

4.2 A natureza atipicamente jurisdicional da atividade exercida pelos órgãos de contencioso administrativo-tributário 702

4.3 O devido processo legal administrativo-tributário e suas particularidades 709

4.3.1 O julgador tributário natural, imparcial e independente: o problema da autonomia dos órgãos de contencioso administrativo--tributário 712

4.3.2 O contraditório e a ampla defesa nos processos administrativo-tributários 717

4.3.3 Oficialidade *versus* dispositividade: os poderes cognitivos e instrutórios do julgador administrativo-tributário 720

4.3.4 O princípio que impõe os deveres de motivar a autuação e de fundamentar a decisão jurisdicional administrativa 726

4.3.5 O duplo grau de jurisdição administrativa: a recorribilidade no âmbito dos processos administrativos tributários 730

4.3.6 A razoável duração do processo administrativo-tributário 733

4.4 Processos e procedimentos administrativos tributários 738

4.5 Federalismo fiscal e repartição constitucional da competência para legislar em matéria de processo administrativo fiscal: os modelos institucionais de contencioso administrativo-tributário 743

4.5.1 O contencioso administrativo-tributário federal e o Conselho Administrativo de Recursos Fiscais do Ministério da Economia – CARF/ME 748

4.5.2 O contencioso administrativo-tributário paulista e o Tribunal de Impostos e Taxas do Estado de São Paulo – TIT/SP 752

4.6 As relações entre os processos administrativo e judicial tributários 756

4.6.1 A concomitância entre os processos administrativo e judicial tributários: o problema da identidade total de fatos e de alegações 757

4.6.2 Os precedentes judiciais de observância obrigatória e o contencioso administrativo-tributário: a aplicação subsidiária do Código de Processo Civil aos processos administrativos tributários 760

REFERÊNCIAS **765**

INTRODUÇÃO

O processo jurisdicional, instrumento vocacionado à produção de norma-tutela e forjado com o específico objetivo de controlar a atividade, tipicamente estatal, que se volta a pôr fim à conflituosidade havida no seio das relações jurídicas substanciais (jurisdição), não é o mesmo para todos os subsistemas jurídicos materiais. Amolda-se a estes (direitos materiais), adaptando-se às características normativas peculiares a cada *tipo* de direito material controvertido. Daí a necessidade de se recortar o sistema primário, dito material, para dele extrair o subsistema a partir do qual será investigada a incidência do sistema secundário (processual).

Forte nessa premissa, a obra que ora apresentamos ao público tem por objetivo o estudo da relação entre os sistemas material e processual – que é desde o plano teórico-geral –, tomando como pano de fundo um específico subsistema jurídico-substancial, qual seja: o do direito tributário. Significa dizer, por outros termos, que nossos esforços investigativos recairão sobre o fenômeno processual, concretamente considerado, instaurado a pretexto da composição dos conflitos havidos no âmbito das relações jurídico-tributárias, isto é, das lides tributárias.

O que pretendemos demonstrar, fundamentalmente, e sob a predominante inspiração e influência da obra de

PAULO CESAR CONRADO, é que as particularidades do direito material controvertido contaminam a interpretação, a forma de aplicação e a eficácia dos institutos processuais, sendo essa a premissa que sustenta a proposta de delimitação de um campo específico de investigação jurídico-dogmática: o *Direito Processual Tributário.*[1]

Por razões óbvias, a intertextualidade acaba por ser uma das características fundamentais deste trabalho, pois as pesquisas voltadas à investigação do fenômeno processual tributário pressupõem o contato com referências normativas e dogmáticas que envolvem os âmbitos de interesse próprios ao Direito Processual Civil e ao Direito Tributário.[2]

Importante registrar, desde logo, que nossas especulações dogmáticas são realizadas sob total amparo das categorias conceptuais e metodológicas oferecidas pelo constructivismo lógico-semântico, tal como proposto por PAULO DE BARROS CARVALHO, cujo instrumental teórico – a despeito de nem sempre estar explicitamente demarcado na obra – é perceptivelmente adotado e utilizado no decorrer de toda nossa investigação, num esforço contínuo de se estabelecer um diálogo profícuo com as formas tradicionais de abordagem do fenômeno processual perpetradas pela Dogmática de Direito Processual.

Esse diálogo se dá com especial respaldo do pensamento e da obra de CÁSSIO SCARPINELLA BUENO, que, pioneiramente, há anos insiste na necessidade premente de se desenvolver um método de investigação do direito processual

---

1. Nesse tocante, é de fundamental importância mencionar a pioneira e seminal obra de JAMES MARINS, que, desde o seu "Princípios Fundamentais do Direito Processual Tributário" até o clássico "Direito Processual Tributário Brasileiro (administrativo e judicial)", vem apontando para a necessidade de se estabelecer um método de estudo do direito processual que seja adequado às "particularidades da lide tributária".

2. "(...) a intertextualidade é o processo constitutivo, ou melhor, o procedimento elementar para a composição do texto, que, partindo de duas ou mais materialidades textuais, desenha e atualiza o sentido naquela particular situação de interdiscursividade". CARVALHO, Paulo de Barros. Direito tributário, linguagem e método, p. 195.

que leve em conta as peculiaridades das lides de direito público, classe na qual estão inseridas as lides tributárias.[3]

A opção por uma precisa delimitação do sistema de referência que norteará nossas investigações, queremos crer, longe de comprometer a utilidade prática do trabalho, tende a fortalecê-la.

Não ignoramos o fato de o direito processual, como bem observou PONTES DE MIRANDA, ser a porção do direito positivo que está mais rente à vida, o que justifica, aliás, a opção da processualística contemporânea em concentrar seus maiores esforços na resolução de questões de natureza eminentemente práticas.[4]

Dessa constatação, contudo, não decorre a conclusão de que as formulações dogmático-processuais prescindam de um arcabouço teórico que dê sustentabilidade aos seus objetivos práticos e coesão racional às suas pretensões científicas, até porque uma boa prática é necessariamente sustentada por uma teoria consistente, sendo certo, por outro lado, que qualquer teoria satisfatória deve se prestar à resolução de problemas práticos.[5]

---

3. "Há algum tempo tenho insistido que esta premissa metodológica é indispensável para melhor compreender o próprio sistema processual civil. Estudá-lo a partir do 'tipo' de direito material que nele é veiculado para resolução perante o Estado-juiz. Trata-se, em última análise, da aproximação máxima do que vem sendo destacado pela doutrina do direito processual: a necessária minimização do binômio 'direito-processo', vale dizer, a assunção definitiva que o direito processual é mero condutor de relações materiais conflituosas ao Poder Judiciário e que, de uma forma ou de outra, amolda-se (ou, quando menos, é desejável que se amolde) ao próprio direito nele veiculado ou reage diferentemente a cada espécie de direito material nele contido". BUENO, Cassio Scarpinella. Mandado de segurança impetrado por filial e o novo art. 253, inciso II, do Código de Processo Civil. In: Problemas de processo judicial tributário, p. 33-54.

4. Apud Paulo de Barros Carvalho. Prefácio ao livro *Introdução à teoria geral do processo civil*, de Paulo Cesar Conrado, p. 18.

5. GUIBOURG, Ricardo. *El fenómeno normativo*, p. 28.

Vem daí, a propósito, a precisa lição de LOURIVAL VILANOVA, para quem o jurista é a intersecção da teoria com a prática, da Ciência com a experiência.[6]

A expressa menção ao mestre pernambucano faz-se muito oportuna neste introito, na medida em que este trabalho tem como principal alicerce aquilo que, por ora, convém-nos denominar "teoria do conflito tributário", cuja formulação se dá sob total influência das reflexões teórico-gerais acerca da natureza e da diversidade tipológica das relações jurídicas de direito material constantes do livro "Causalidade e relação no direito".

Esse arcabouço teórico – explorado diretamente nos capítulos que compõem o título I do livro, mas revisitado no decorrer de todo o trabalho – forneceu-nos os instrumentos necessários à identificação dos diferentes tipos de relações jurídicas verificadas no percurso de concretização do direito tributário – e que não se restringem às obrigações tributárias em sentido estrito –, a partir das quais se instauram diferentes tipos de conflitos tributários, cada qual demandando um específico instrumento processual de provocação do Estado-juiz que resultará na produção de um "ato final" especialmente forjado para compor aquela peculiar forma de manifestação da conflituosidade jurídico-tributária e realizar o direito material (tributário) tido por violado.

---

6. VILANOVA, Lourival. Fundamentos do estado de direito. In: *Escritos jurídicos e filosóficos*, v. I, p. 414.
A esse respeito, aliás, vale a reprodução da advertência feita por JOÃO MAURÍCIO ADEODATO no sentido de que a prática jurídica não pode estar alheia às considerações teórico-gerais. Confira-se:
"Esta a grande ilusão de muitos profissionais do direito: achar que se opõem a prática dogmática e a teoria geral. A história dos grandes juristas da modernidade mostra isso claramente, até hoje. O procurador e o advogado não familiarizado com conceitos como vigência, validade, eficácia, que não souber quando uma norma entra em vigor e, quando ela deixar de vigorar, não souber o que é vigência temporária determinada e indeterminada, relação jurídica ou princípios hermenêuticos, não vai conseguir trabalhar dogmaticamente de forma eficiente". ADEODATO, João Maurício. Ética e retórica: para uma teoria da dogmática jurídica, p. 179.

Os reflexos pragmáticos dessas premissas são explorados nos capítulos que compõem o título II do livro, onde analisamos, de forma detida e pormenorizada, as manifestações concretas de cada um dos institutos jurídico-processuais, quando manejados com o específico propósito de pôr fim aos diferentes conflitos havidos entre os sujeitos de direito que integram as relações jurídico-tributárias.

Tudo isso por meio do estabelecimento de um franco e profícuo diálogo com a rica Doutrina e a farta jurisprudência especializadas.

É preciso acrescentar, por fim, que nossas investigações se dão em meio à forte inquietação decorrente da circunstância de a Dogmática do Direito Processual estar dividida, atualmente, entre dois sistemas de referência que, em nosso sentir, restam absolutamente insuficientes à satisfatória descrição do fenômeno jurídico-processual.

Os esforços intelectuais direcionados ao estudo do direito processual estiveram centrados, durante a primeira metade do século passado, na obsessiva busca pelo reconhecimento da autonomia didático-científica deste específico ramo da Dogmática. O sucesso dessa empreitada – a despeito de haver sido decisiva para o aprofundamento dos estudos relacionados ao processo jurisdicional – acabou por apartar o direito processual, cientificamente, do plano normativo jurídico-material.

O isolamento do fenômeno processual, todavia, quando refletido no plano pragmático da aplicação normativa, resultou numa indesejável ineficácia da atividade jurisdicional, cujos escopos estão diretamente relacionados à efetividade do sistema jurídico-material.

Em reação a essa postura isolacionista, desenvolveu-se outra tendência epistemológica que, a pretexto de superar o abstrativismo característico das investigações jurídico-processuais que dominaram a primeira metade século XX, tentou reaproximar os sistemas jurídicos processual e material com amparo em uma concepção meramente finalística da normatividade processual, que parte da equivocada ideia de que o processo perfaz, única e exclusivamente, um "meio" (instrumento) para a "realização" de um fim.

O "extremismo isolacionista" deu lugar, então, ao "extremismo instrumentalista", a partir de uma guinada "ativista" que, em nosso sentir, pode acarretar – como de fato já vem acarretando – malefícios equivalentes aos decorrentes do isolamento conceptual que pretende suplantar.

Nesse modelo, abre-se mão da noção de devido processo legal, instrumento que "garante" ao cidadão o controle do arbítrio no exercício atividade da jurisdicional, em nome de uma busca quase inescrupulosa pela realização do direito material e pela efetividade da tutela jurisdicional.

A ilusão de que o "justo" substancial precede o fenômeno processual, premissa que dá respaldo à ideologia do instrumentalismo, ignora a circunstância de que o processo perfaz uma técnica de produção de decisões normativas responsável, em última instância, pelo controle do arbítrio decisório. Assim, da mesma forma que não substancia um fim em si mesmo, o processo jurisdicional também não se apresenta como mera entidade adjetiva posta à mercê de uma suposta substância preexistente.

Em verdade, na condição de garantia do cidadão contra o arbítrio do decisório, o processo jurisdicional tem uma finalidade precípua que consiste na imposição de obstáculos normativos voltados a impedir que o Estado-juiz interfira, de forma abusiva, na esfera jurídica do cidadão.[7] Esses obstáculos, por sua vez, não podem ser simplesmente ignorados ou flexibilizados pela autoridade judicial sob o pretexto de "privilegiar a efetivação do direito material

7. Sob essa óptica (a garantista), parece-nos não ser equivocada a afirmação segundo a qual processo jurisdicional constitui um fim em si mesmo.

de fundo". Tão importante quanto a efetividade material da tutela jurisdicional é a rigorosa observância das normas processuais por parte das autoridades, cujas atividades funcionais são por elas (normas processuais) disciplinadas.

Em direito, diferentemente do que ocorre com outros fenômenos culturais, o processo integra o próprio produto e vice-versa, de sorte que, na qualidade de técnica de produção de decisões normativas, o processo é o responsável pela própria (re)criação do direito material, fazendo-o à luz de cada caso concreto e integrando-o de forma indissociável.[8] Os processos perfazem, sim, instrumentos do direito material, mas não em sentido meramente teleológico, senão em sentido estritamente normativo.

Nesse sentido, nossas investigações também têm por finalidade demonstrar, mesmo que subliminarmente, que, por não ser um mero instrumento de aplicação automática de conteúdos normativos previamente dados, mas um meio de construção destes, a rigorosa aplicação das técnicas procedimentais inerentes ao processo jurisdicional não pode ceder à conveniência do julgador, sob risco de perda do mínimo de controle que se impõe, via processo, ao exercício do poder institucionalizado.

Os processos de produção normativa são os responsáveis pela tradução dos elementos linguísticos contextuais em enunciados jurídico-prescritivos concretos. É por meio do processo que os dados do mundo do "ser" ingressam no mundo do "dever ser", passando a integrar o sistema jurídico. Nessa medida, o caso concreto ingressa no processo na condição de enunciado afirmativo de um evento/fato

---

8. "O processo, no âmbito jurídico, não é, portanto, algo que opera como simples meio, instrumento, mas sim um elemento que integra o próprio ser Direito. A relação que se estabelece entre o chamado direito material e o processo não é uma relação meio/fim, instrumental, como se tem proclamado com tanta ênfase, ultimamente, por força do prestígio de seus arautos, sim uma relação integrativa, orgânica, substancial". CALMON DE PASSOS, J. J. *Direito, poder, justiça e processo*, p. 68.

social. Para que se confirme, no entanto, precisa ser provado, isto é, corroborado por enunciados probatórios que, por seu turno, são produzidos mediante a observância das regras procedimentais.[9]

Tudo isso ocorre *sobre o panorama de um aparato jurídico de autoridade e procedimento.*[10] Qualquer alteração ou desconsideração das indigitadas regras procedimentais tem potencial para alterar os parâmetros de construção do próprio direito material (norma de decisão) a ser produzido pela atividade jurisdicional.

Noutro falar, se a capacidade construtiva do julgador é algo inerente a sua função normativa, e se parte do material jurídico que é manejado na construção da norma de decisão (tutela jurisdicional) é produzido por e pelo processo (a delimitação do "caso concreto"), a fragilização dos instrumentos responsáveis pela construção e seleção dos dados empíricos processualmente constituídos poderá implicar uma indesejável situação de desmando e arbitrariedade.

O processo, nesse sentido, é um dos poucos instrumentos normativos geradores do mínimo de consenso necessário ao controle do arbítrio decisório. Daí a necessidade de preservação da sua função pacificadora (garantista), atingida pela estrita observância das "regras do jogo" processual, não obstante a urgência por um processo jurisdicional efetivo.

Há que se desenvolver, portanto, um modelo teórico-processual capaz de, a um só tempo, preservar as conquistas inerentes à ideia de devido processo legal (garantia) e, também, viabilizar a consecução da tão almejada efetividade da tutela jurisdicional (instrumentalidade), fugindo, o quanto possível, dos argumentos ideológicos estéreis que

---

9. Eis a sintaxe interna do procedimento probatório a que se refere FABIANA DEL PADRE TOMÉ. TOMÉ, Fabiana del Padre. *A prova no direito tributário*, p. 182.

10. POZZOLO, Suzanna; DUARTE, Écio Oto Ramos. *Neoconstitucionalismo e positivismo jurídico*, p. 177.

balizam, por exemplo, o debate entre ativistas e garantistas. Somente por meio da tomada de consciência a respeito da natureza normativo-instrumental do processo jurisdicional será possível atingir esse objetivo.

Cremos, fortemente, que esse "ideal" de equilíbrio entre devido processo legal e efetividade da tutela jurisdicional é uma das características mais marcantes do Código de Processo Civil de 2015,[11] cujo regime jurídico-processual, ao mesmo tempo em que reforça a ideia de paridade de armas própria às noções de contraditório e ampla defesa, também inova com técnicas e mecanismos de otimização da ideia de efetividade do processo e da tutela jurisdicional.[12]

É nesse contexto, portanto, que pretendemos propor um modelo de aproximação do fenômeno jurídico que seja capaz de (re)conciliar a teoria e a prática do processo jurisdicional, investigando as categorias fundamentais de direito processual à luz do subsistema jurídico-tributário, com vistas à superação do isolacionismo abstrativista e do instrumentalismo funcional, mediante a noção de *instrumentalidade normativa*, que busca delimitar as relações sintáticas, semânticas, pragmáticas e axiológicas existentes entre direito (tributário) e processo (jurisdicional), a fim de, ao final, estabelecer um método de abordagem/aproximação conciliador das noções de devido processo legal e de efetividade da tutela jurisdicional.

---

11. Essa diretriz principiológica do CPC/2015 está expressamente refletiva nos seguintes dispositivos: arts. 7º, 10, 133 e seguintes, 489, §1º, 933. Isso sem falar do regime de uniformização e de vinculação a precedentes disciplinado pelos arts. 926 e 927 do CPC/2015.

12. O regime processual de tutela provisória, com técnicas inovadoras de efetivação do direito – como é o caso da tutela da evidência –, está claramente voltado para a busca da efetividade da tutela jurisdicional. O mesmo pode ser dito das técnicas de efetivação da tutela jurisdicional implementadas pelo diploma processual de 2015, cujo exemplo máximo é o art. 139, inciso IV, do CPC/2015.

Título I

TEORIA GERAL DO DIREITO PROCESSUAL TRIBUTÁRIO

CAPÍTULO I

O DIREITO PROCESSUAL TRIBUTÁRIO

1.1 Direito material e direito processual: o sistema primário e o sistema secundário

Temos por premissa, desde logo tomada por verdadeira, que o direito é um sistema normativo (premissa lógica) voltado à regulação de condutas intersubjetivas. Esse plexo normativo se apresenta, com efeito, sob a forma de textos (premissa ontológica) que se originam de atos de fala prescritivos (premissa ôntica), cuja apreensão cognoscitiva imprescinde de atividade interpretativa (premissa epistemológica).[13]

Afirmar que o direito é um sistema normativo, contudo, é falar do fenômeno jurídico sob uma perspectiva global, que o apresenta como o somatório de uma série de elementos e das relações mútuas (de coordenação e subordinação) entre eles, estabelecidas pelo fato de que cada um desses elementos tem um fundamento último comum: a Constituição Federal.

---

13. As premissas a que nos referimos dizem, respectivamente, com as ideias de: (i) "direito" como sistema; (ii) "direito" como texto; (iii) "direito" como objeto cultural; e (iv) ao princípio da inevitabilidade da interpretação.

Os elementos que compõem os sistemas jurídico-normativos são, justamente, as normas jurídicas, isto é, as mensagens (sentido "semântico") oriundas dos atos de fala prescritivos (sentido "pragmático") – emanados pelos sujeitos juridicamente credenciados para tal – e construídas, em atividade interpretativa, a partir dos textos jurídico-positivos.

Essas mensagens, por sua vez, se estruturam sintaticamente de maneira homogênea, sob a forma de juízos hipotético-condicionais compostos por dois termos: (i) o termo antecedente, denominado hipótese e descritivo de situações fático-sociais, que está ligado, por liame implicacional, a (ii) um termo consequente, que se presta à qualificação deôntica de uma dada conduta, por meio da qual é estabelecido um vínculo entre dois (ou mais) sujeitos de direito, de maneira que, se ocorrido o fato descrito no antecedente, deve ser o nascimento da relação jurídica posta no consequente.[14]

As normas jurídicas em sentido estrito se diferenciam pela natureza conotativa ou denotativa de seus termos (antecedente/consequente). Assim, sob a perspectiva do antecedente, as normas jurídicas são abstratas ou concretas; sob a óptica do consequente, são gerais ou individuais.

Será abstrata a norma cujo antecedente for composto por uma proposição conotativa, designativa das notas definidoras de eventos sociais de possível verificação empírica. Por outro lado, haverá norma concreta quando o antecedente se apresentar sob a forma de uma proposição denotativa, que descreva um fato/evento ocorrido efetivamente no mundo fenomênico.

A generalidade ou a individualidade de uma determinada norma jurídica, por outro lado, vinculam-se ao enunciado do termo consequente. Nesse passo, se a proposição

14. Qualificar deonticamente uma conduta significa atribuir-lhe um dos três predicados (modais) deônticos, a saber: obrigatório (O); proibido (V) ou facultado (F).

posta no consequente normativo qualificar uma conduta "tipo" (conotação), atrelando sujeitos de direito "tipo" (indeterminados), estaremos diante de uma "norma geral". Se nessa proposição, porém, constar a qualificação deôntica de uma conduta concreta (individualizada/denotada) a ser realizada por sujeitos de direito determinados ou determináveis, teremos uma típica norma individual.

Ocorrido o fato descrito na hipótese conotativa da norma abstrata e geral, dar-se-á, por ato de aplicação, a constituição do fato (antecedente) e da relação (consequente) jurídicos representativos da norma concreta e individual. Concretiza-se o antecedente e individualiza-se o consequente, vertendo-se norma abstrata e geral em norma concreta e individual. É nesse momento que o direito positivo atinge, efetivamente, a conduta que pretende regular.

Pois bem. A despeito de ocupar posição de supremacia,[15] os sistemas jurídicos convivem com diversos outros sistemas normativos paralelos (religião, moral etc.), os quais são compostos, como não poderia deixar de ser, por mensagens normativas similares àquelas que integram os ordenamentos jurídicos. Nessa medida, o "ser norma jurídica" depende da identificação da necessária relação de *pertenência* do preceito normativo a um determinado sistema normativo previamente qualificado como jurídico.

Se assim é, cabe, neste ponto, perquirir o que tornaria possível atribuir o qualificativo "jurídico" a um dado sistema normativo.

A resposta a essa indagação está diretamente ligada a uma espécie normativa identificável exclusivamente nos sistemas jurídicos, qual seja, a sanção, aqui definida como

15. Os sistemas jurídicos são totais, pois oriundos daquele mínimo de consenso capaz de vincular toda uma sociedade, por isso sobrepõem-se aos demais sistemas normativos, os quais se caracterizam por serem parciais, já que representam os consensos oriundos de uma parcela da sociedade.

a proposição normativa que estabelece que, se verificado o não cumprimento de uma dada norma jurídica (violação), deve ser obrigação do Estado (juiz) expropriar o patrimônio, restringir a liberdade ou, em alguns ordenamentos, dar cabo da própria vida do sujeito infrator.

Para que um sistema normativo possa ser qualificado como jurídico, portanto, haverá de conter pelo menos uma norma que fixe a obrigação de o Estado sancionar aquele que, eventualmente, não observar os preceitos jurídico-normativos. Não há, nos demais sistemas ético-normativos, regra desse jaez, sendo esta, aliás, a razão pela qual KELSEN define o conceito de "direito" a partir da ideia de "ordem coativa da conduta humana".[16]

É preciso advertir, contudo, que nem todas as condutas reguladas por meio de normas jurídicas são sancionáveis, isto é, *a sanção não perfaz critério definidor do conceito de norma jurídica*,[17] mas sim da noção de sistema jurídico,[18]

16. "Outra característica comum às ordens sociais a que chamamos Direito é que elas são ordens coactivas, no sentido de que reagem contra as situações consideradas indesejáveis, por serem socialmente perniciosas – particularmente contra condutas humanas indesejáveis – com um ato de coacção, isto é, com um mal – como a privação da vida, da saúde, da liberdade, de bens econômicos e outros –, um mal que é aplicado ao destinatário mesmo contra a sua vontade, se necessário empregando, até a força física – coactivamente, portanto". KELSEN, Hans. *Teoria pura do direito*, p. 60.

17. Como foi dito, KELSEN sustenta que todas as normas jurídicas se caracterizam por imputar uma sanção coercitiva a certo ato. Mas é óbvio que nem todas as normas expressas pelas formulações contidas nos textos legais apresentam essa qualidade, que só encontraria um correlativo direto nas normas de uma parte especial de um código penal.
(Como se dijo, Kelsen sostiene que todas las normas jurídicas se caracterizan por imputar una sanción coactiva a cierto acto. Pero resulta obvio que no todas las normas expresadas por las formulaciones contenidas en los textos legales presentan dicha cualidad, que sólo encontraría un correlato directo en las normas de parte especial de un código penal.) RODRIGEZ, Jorge L. *Lógica de los sistemas jurídicos*, p. 23-24. (tradução nossa)

18. "Muitos autores têm procurado caracterizar inicialmente o que deve ser entendido por 'norma jurídica' e, uma vez delimitado tal conceito, definir a noção de 'sistema jurídico' como um conjunto de normas jurídicas. Não há dúvida de que essa proposição tem o grande mérito da simplicidade, mas a questão é se, a partir dessa perspectiva, pode-se explicar inteiramente o que os juristas aludem através da expressão 'sistema jurídico'.

visto ser empiricamente inquestionável o fato de existirem nos ordenamentos jurídicos diversas normas para cuja violação não há previsão de imposição de sanções.[19]

Este ponto de vista de análise do direito poderia ser qualificado como reducionista, no sentido de que todas as normas jurídicas são consideradas redutíveis a uma única classe. Isso obriga a forçar a interpretação de muitas formulações contidas nos textos legais, a fim de fazê-las corresponder a uma mesma estrutura. Exemplos paradigmáticos do que foi dito seriam as obras de Austin, Bentham e Kelsen (ao menos na maior parte de sua obra), segundo as quais as normas jurídicas seriam imperativos de um soberano (Bentham-Austin), ou então todas elas imputariam sanções a determinados atos (Kelsen).
(Muchos autores han intentado caracterizar en primer término qué hay de entenderse por "norma jurídica" y, una vez delimitado tal concepto, definir la noción de "sistema jurídico" como un conjunto de normas jurídicas. No cabe duda de que este planteo posee el gran mérito de la simplicidad, pero la cuestión es si desde esta perspectiva se puede dar cuenta acabadamente de aquello a lo que los juristas aluden a través de la expresión "sistema jurídico".
Este punto de vista para analizar el derecho podría calificarse como reduccionista, en el sentido de que todas las normas jurídicas son consideradas reducibles a una única clase. Ello obliga a forzar la interpretación de muchas formulaciones contenidas en los textos legales a fin de hacerlas corresponder con una misma estructura. Ejemplos paradigmáticos de lo dicho serían los trabajos de Austin, Bentham y Kelsen (al menos en la mayor parte de su obra), de conformidad con los cuales las normas jurídicas serían imperativos de un soberano (Bentham-Austin), o bien todas ellas imputarían sanciones a ciertos actos (Kelsen).) RODRIGEZ, Jorge L. Lógica de los sistemas jurídicos, p. 23. (tradução nossa)

19. "Consciente da existência de uma grande quantidade de formulações no direito que não se ajustavam ao seu esquema básico, Kelsen procurou explicá-las como fragmentos da formulação de normas jurídicas genuínas – teoria das normas incompletas – ou como típicas normas jurídicas não independentes, isto é, normas que se tornam jurídicas, apesar de não imputarem sanções, em virtude de sua 'conexão essencial' com outras que o fazem.
É evidente, no entanto, a partir das próprias reflexões de Kelsen sobre o tema, que tais soluções não são inteiramente satisfatórias. A teoria das normas incompletas obscurece e desfigura a noção de norma jurídica, já que não fornece critério algum para identificar o que é definitivamente uma norma jurídica. A teoria das normas não independentes, por sua vez, é totalmente incompatível com a pretensão originária de Kelsen, uma vez que, se uma norma não independente se torna jurídica apenas por sua conexão com outras normas jurídicas, isto implica renunciar o propósito de definir o direito no nível das normas para passar a fazê-lo a partir das relações entre normas, isto é, no nível dos sistemas jurídicos".
(Consciente de la existencia de una gran cantidad de formulaciones en el derecho que no se ajustaban a su esquema básico, Kelsen intentó explicarlas como fragmentos de la formulación de normas jurídicas genuinas – teoría da las normas incompletas – o como expresivas de normas jurídicas no independientes, esto es, normas que resultan jurídicas pese a no imputar sanciones en virtud de su "conexión esencial" con otras que sí lo hacen.
Es evidente, sin embargo, a partir de las propias reflexiones de Kelsen sobre el

Os sistemas jurídicos, vale repisar, têm como finalidade precípua influenciar as condutas intersubjetivas. Cada elemento constituinte desse emaranhado normativo, no entanto, se distingue pela parte que toma (função) na realização da referida finalidade, de sorte que, tal qual um organismo biológico ou social, cada membro do sistema jurídico (norma) traz sua contribuição específica para a realização da tarefa coletiva.

A atividade normativo-sancionadora, portanto, constitui uma função global dos sistemas jurídicos, que os distinguem dos demais sistemas normativos, mas não uma característica que possa ser identificada, individualmente, em cada um dos elementos que o compõem (as normas jurídicas). Daí nossa opção metodológica, desde o início adotada, de definir o conceito de direito a partir da noção de sistema normativo qualificado pela ideia de sanção[20] (todo),

---

tema, que tales soluciones no resultan del todo satisfactorias. La teoría de las normas incompletas oscurece y desdibuja la noción de norma jurídica, ya que provee criterio alguno para identificar qué es en definitiva una norma jurídica. La teoría de las normas no independientes, por su parte, resulta totalmente incompatible con la pretensión originaria de Kelsen, desde que si una norma no independiente deviene jurídica sólo por su conexión con otras normas jurídicas, ello implica renunciar a definir el derecho en el nivel de las normas para pasar a hacerlo a partir de las relaciones entre normas, esto es, en el nivel de los sistemas jurídicos.) RODRIGEZ, Jorge L. Lógica de los sistemas jurídicos, p. 25. (tradução nossa)

20. "(...) No entanto, se se abandona o paradigma reducionista e decide-se preservar a habitual caracterização de 'norma jurídica' como o significado de qualquer formulação contida em um sistema jurídico, deixando de lado a caracterização tradicional de 'sistema jurídico' como conjunto de normas jurídicas, evita-se não apenas o problema de explicar a diversidade de conteúdo dos sistemas jurídicos, senão que se ganha em riqueza explicativa em outras áreas.
A alternativa à concepção reducionista consiste em caracterizar o direito no nível dos sistemas, postura que fora sugerida por Hart e explicitamente proposta por Raz. Assim, a coatividade não seria postulada como uma qualidade própria de todas as normas jurídicas, tal como sustentava Kelsen, mas em todo caso, definitória da noção de sistema jurídico".
(Sin embargo, si se abandona el paradigma reduccionista y se decide conservar la caracterización usual de "norma jurídica" como o significado de cualquier formulación contenida en un sistema jurídico, dejando de lado la caracterización tradicional de "sistema jurídico" como conjunto de normas jurídicas, no solo se evita el problema de dar cuenta de la diversidad de contenidos de los sistemas jurídicos,

e não partir do conceito de "norma jurídica sancionadora" (unidade).

Agora, há que ser repisado o sentido em que usamos o termo "sanção". Quando falamos em "norma sancionadora", queremos referir aquela regra que obriga o Estado (juiz) a *restringir a liberdade, a vida ou o patrimônio* do sujeito de direito que não observar as prescrições constantes do sistema jurídico. Falamos de sanção, portanto, como sinônimo de coação (vocábulos que, em KELSEN, são sinônimos), e não como mera imposição de obrigações decorrentes de atos de violação a preceitos jurídicos, sentido em que o termo é usado comumente.[21]

É essa "sanção coativa", que se materializa sob a forma de um ato normativo estatal restritivo dos direitos à vida, à liberdade ou ao patrimônio do sujeito de direito, que, em verdade, autoriza a atribuição do qualificativo "jurídico" a um dado sistema normativo, e não a "sanção" em sentido genérico.

Feitas as devidas advertências, é preciso asseverar, por agora, que o conceito de sanção-coação se mostra útil às nossas investigações em razão de ser ela uma

---

sino que, se gana en riqueza explicativa en otras áreas.
La alternativa a la concepción reduccionista consiste en caracterizar al derecho en el nivel de los sistemas, postura que fuera sugerida por Hart y explícitamente propuesta por Raz. Así, la coactividad no sería postulada como una cualidad propia de todas las normas jurídicas, tal como sostenía Kelsen, sino en todo caso definitoria de la noción de sistema jurídico.) RODRIGEZ, Jorge L. *Lógica de los sistemas jurídicos*, p. 38-39. (tradução nossa)

21. Sabedor da ambiguidade do termo, LOURIVAL VILANOVA se apressa em elucidar a diferença entre sanção em sentido amplo e coação (sanção em sentido estrito):
"Por isso, quando se diz que o direito é um conjunto de normas sancionadas, coercitivas, coativas, necessário é, em análise no interior dos níveis das normas, sublinhar onde a sanção é efeito da antijuridicidade material, onde é consequência processual. É, ainda, conceptuado com rigor, como se distinguem sanção e coação, esta como execução coercitiva, através do órgão do Estado, de sanções preceituadas nas sentenças condenatórias.
(...)
O uso não unívoco dos termos 'sanção' e 'coação' é comum. **Mesmo num Kelsen**, com sua habitual precisão, e em linguagem da Teoria Geral do Direito, **essa indistinção se faz notar**". VILANOVA, Lourival, *Causalidade e relação no direito*, p. 199. (destacamos)

espécie normativa dirigida, no mais das vezes, ao Estado-juiz, de maneira que a atividade jurisdicional, em certa medida, está umbilicalmente relacionada à ideia de atividade sancionadora.[22]

Não se pode afirmar, todavia, que todas as normas jurídicas primárias (materiais) possuam suas correspondentes sancionadoras (coativas), e muito menos que todos os atos praticados pelo Estado-juiz no exercício de suas funções precípuas tenham a natureza de típicos atos "sancionatórios (em sentido estrito)".

Quando o juiz reconhece a nulidade de um ato jurídico, por exemplo, não está a aplicar qualquer sanção, pelo menos não no sentido a que nos referimos linhas acima, que é justamente aquele utilizado por KELSEN como critério de formulação do seu "conceito de direito". E isso porque a nulidade de um ato jurídico não consubstancia ato de expropriação forçada do patrimônio ou de restrição à vida e à liberdade do réu, ou seja, não materializa verdadeiro ato coativo dirigido ao sujeito infrator da norma.

Não há dúvidas de que a desconstituição de um ato jurídico implica efetivo prejuízo (inclusive financeiro) ao titular de eventual vantagem constante do ato anulado ou "declarado" nulo.[23] Isso, porém, não nos autoriza a qualificar o ato de anulação/nulidade como uma espécie do gênero sanção-coação, até porque o ato de "anular" também é de possível verificação empírica em outros sistemas normativos, tais como as entidades religiosas e as ordens normativas

22. "Desde que o Estado-juiz chamou para si o monopólio da função jurisdicional, somente como exceção restrita se concede ao titular do direito a defesa (a autodefesa) dele de mão própria". VILANOVA, Lourival, *Causalidade e relação no direito*, p. 191.

23. "Ninguém poderá negar que há, em alguns casos, esta associação entre a nulidade e factores psicológicos, como por exemplo, a frustração da expectativa de que um negócio será válido. Apesar disso, a extensão da ideia de sanção de modo a incluir a nulidade é uma fonte (e um sinal) de confusão". HART, Herbert. *O conceito de direito*, p. 42.

que disciplinam a conduta dos sujeitos pertencentes às chamadas sociedades secretas/discretas.[24]

Admitir que a nulidade consubstancia espécie do gênero "sanção", portanto, faria ruir o critério de diferenciação dos sistemas jurídicos dos demais sistemas ético-normativos existentes nas sociedades contemporâneas.[25]

Do mesmo modo, não se pode afirmar que uma dada decisão judicial que, em face de uma crise de incerteza que venha a se instaurar entre dois sujeitos de direito, declara a existência ou inexistência de uma determinada relação jurídica possa ser considerada uma "sanção" em sentido estrito, e isso a despeito de sua natureza indiscutivelmente normativa.[26]

Tudo isso nos leva à inexorável conclusão de que as atividades exercidas pelos órgãos jurisdicionais vão muito além da aplicação de sanções/coações em sentido estrito. A tais órgãos é atribuída a função precípua de garantir a efetividade do sistema jurídico como um todo, declarando

---

24. A Maçonaria, por exemplo, possui sistema de produção normativa e de separação de poderes (Legislativo, Executivo e Judiciário) similares àqueles que se verificam nos Estados modernos. Por conta disso, os atos normativos praticados por suas "autoridades" estão sujeitos a controle, a ser realizado pelos órgãos de julgamento pertencentes ao "Poder Judiciário" maçônico. Esses órgãos, ao verificarem eventual irregularidade nos atos praticados por outras autoridades maçônicas, bem como por quaisquer membros regulares da ordem, têm plena competência para desconstituí-los (anulá-los) e puni-los. Nunca poderão, no entanto, aplicar sanções em sentido estrito, isto é, prolatar decisões que se voltem à restrição do patrimônio, da liberdade ou da vida dos sujeitos infratores.

25. Sobre as diferenças entre "nulidade" e "sanção", vide HART, Herbert. *O conceito de direito*, passim; e RODRIGEZ, Jorge L. Lógica de los sistemas jurídicos, p. 22-39. Em sentido contrário, vide GAMA, Tácio Lacerda. *Competência tributária, fundamentos para uma teoria da nulidade*, p. 340.

26. "Deixemos de parte as sentenças cuja eficácia é meramente declaratória de existência ou inexistência de relação jurídica, **pois nelas não se exige, pela via judicial, aplicação de norma sancionadora** ao sujeito passivo. A declaração, todavia, não lhe suprime o caráter de ato de império estatal, como vontade jurisdicional, nem confere à sentença a forma lógica de enunciado descritivo". VILANOVA, Lourival, *Causalidade e relação no direito*, p. 193. (destacamos)

direitos, anulando atos jurídicos e, até, controlando, em abstrato, a constitucionalidade das normas.

É por isso que, quando se afirma, eventualmente, que a atividade jurisdicional é eminentemente "sancionadora" do descumprimento de normas substanciais, a utilização do termo "sanção" se dá num âmbito de significação mais genérico, que não é, absolutamente, aquele utilizado pela Teoria Geral do Direito normativo-positivista de corte kelseniano. Estar-se a falar, neste caso, não de "sanção" em sentido estrito (coação) – pelo menos não necessariamente –, mas de sanção como ato por meio do qual o Poder Judiciário efetiva, normativamente, o direito material violado ou sob ameaça de violação, fazendo-o por meio da declaração da existência ou não do direito; da constituição/desconstituição/modificação de relações jurídicas; da constituição de título executivo (condenação) autorizador da prática de atos coativos; ou da prática exclusiva de atos restritivos do patrimônio do cidadão (execução).

Com fundamento nesse conceito mais "genérico" de sanção, é comum que dogmáticos de formação normativo-positivista façam referências às funções exercidas pelos órgãos jurisdicionais por meio da representação bimembre da "norma jurídica completa", composta – de um lado – pela norma jurídica primária, reguladora das condutas dos sujeitos de direito em geral, e – de outro lado – pela norma jurídica secundária, também chamada de norma sancionadora (naquele sentido genérico a que nos referimos acima), reguladora da atividade do Estado-juiz na aplicação da sanção pelo descumprimento do preceito primário.

Trata-se, em verdade, de uma visão redutora das complexidades dos sistemas jurídicos, os quais seriam caracterizados por veicular uma proposição normativa dual, composta por um preceito normativo primário, regulador das condutas intersubjetivas dos diversos sujeitos de direito (norma de direito material), e outro secundário, que estabelece a obrigação da autoridade judicial de "sancionar" (em sentido amplo) o sujeito de direito que venha a violar o preceito primário (norma secundária).[27]

A estrutura dual da norma jurídica completa, representativa daquela reescritura reduzida dos ordenamentos jurídicos a que se refere LOURIVAL VILANOVA, constitui, não há dúvidas, instrumento utilíssimo à compreensão do *modus operandi* dos sistemas jurídicos, inclusive no que tange à identificação da natureza eminentemente normativa da atividade jurisdicional.

A despeito disso, por estarmos, desde o início, mirando o fenômeno jurídico por uma perspectiva global, abriremos mão da estrutura redutora bimembre – "norma primária e norma secundária" – para manipularmos o fenômeno jurídico-normativo a partir da noção, também bimembre, de "sistema primário e sistema secundário", na qual o primeiro (sistema primário) se volta a disciplinar as condutas dos sujeitos de direito em geral, em suas relações de intersubjetividade, e o último (sistema secundário) se destina a regular a conduta do Estado-juiz no que tange ao exercício de todas as atividades inerentes à função jurisdicional (incluindo a sancionadora-coativa), cuja finalidade é dar efetividade ao sistema primário nos casos em que não se verifique o cumprimento espontâneo das normas materiais pelos sujeitos destinatários.

Esse expediente metodológico possui, em nosso sentir, um potencial explicativo mais adequado do que aquele

27. "Em reescritura reduzida, como vimos, a norma jurídica total tem composição dúplice: norma primária e norma secundária. Na primeira, efetivada a hipótese fáctica, i. e., dado um fato sobre o qual ela incide, sobrevém a relação jurídica, com os necessários termos-sujeitos, com pretensões e deveres reciprocamente implicados. Na segunda, a hipótese fática de incidência é o não cumprimento do dever do termo-sujeito passivo. Ocorrendo o não cumprimento, dá-se o fato cujo efeito (por isso não cumprimento é fato jurídico) é outra relação, na qual o sujeito ativo fica habilitado a exigir coativamente a prestação, objeto do dever jurídico". VILANOVA, Lourival, *Causalidade e relação no direito*, p. 192.

representado pela versão reduzida (norma primária/norma secundária), possibilitando uma análise mais ampla, detalhada e completa do fenômeno jurídico processual, bem como de suas relações com os preceitos de direito material.

Dito isso, é preciso asseverar que é justamente a centralização da função jurisdicional nas mãos de funcionários especializados que dá lugar à existência de dois sistemas normativos paralelos e interdependentes: (i) o sistema das normas que regulam as condutas dos sujeitos de direito em geral; e (ii) o sistema das normas que regulam as condutas dos juízes e dos demais órgãos jurisdicionais. Sistema primário ou de direito material ali, sistema secundário ou de direito processual aqui.[28]

O sistema secundário, embora constituído por diferentes tipos normativos, alguns direcionados às atividades dos sujeitos que integram a relação jurídica conflituosa de direito material (partes), outros voltados à conduta dos sujeitos (autoridades) que se investem do *munus* público de prestar a jurisdição, terá sempre como destinatário final de sua normatividade o próprio Estado-juiz. Significa dizer, por outros termos, que a regulação normativa da conduta dos sujeitos parciais do processo (partes) se presta, tão somente, a criar as condições necessárias para o legítimo exercício da função jurisdicional por parte do Estado-juiz (sujeito parcial), atividade esta que constitui o objeto principal do sistema processual.

Nessa medida, toda e qualquer norma processual que venha a atribuir direitos e deveres às partes com vistas à efetivação dos seus respectivos direitos (constitucionais) de ação, defesa e devido processo legal, se presta, fundamentalmente, à legitimação da função jurisdicional a ser exercida pelo Estado-juiz. O sistema processual, portanto,

28. ALCHOURRÓN, Carlos; BULYGIN, Eugenio. *Introducción a la metodología de las ciencias jurídicas y sociales*, p. 205.

constitui verdadeiro regime normativo de regulação/limitação da atividade jurisdicional, seja por meio da atribuição de "direitos subjetivos processuais" a serem exercidos pelas partes, seja mediante normas que apontam diretamente para a conduta da autoridade jurisdicional.

Quando nos voltamos às técnicas normativas destinadas a regular diretamente a atividade da autoridade jurisdicional, é possível identificar duas espécies de enunciados prescritivos que, modernamente, são aos sistemas jurídicos dos Estados que ocupam posição central na cultura ocidental: (i) os enunciados que estabelecem as condições em que os juízes podem julgar e as questões que podem apreciar (competência), mediante a observância de determinadas formalidades (procedimento); e (ii) os enunciados por meio dos quais são construídas as normas que estabelecem obrigações e proibições aos juízes.[29]

O primeiro grupo é composto pelos enunciados que investem os juízes da própria função jurisdicional, isto é, atribuem-lhes a aptidão para julgar. São constitutivos da autoridade judicial, já que ninguém é juiz sem que haja um enunciado que assim o constitua. Significa dizer, portanto, que tais enunciados são os responsáveis por habilitar, juridicamente, os juízes a emitir mensagens por meio do uso da linguagem em função prescritiva.[30]

Além dos enunciados instituidores da autoridade judicial, o sistema secundário prevê uma série de normas que prescrevem obrigações e proibições aos juízes, as quais têm por finalidade precípua regular o comportamento dos juízes no exercício de suas funções. Dentre tais regras, duas espécies devem ser destacadas, eis que comuns à maioria dos sistemas jurídicos modernos: (i) a regra que estabelece

29. ALCHOURRÓN, Carlos; BULYGIN, Eugenio. Introducción a la metodología de las ciencias jurídicas y sociales, p. 208.

30. Idem.

a obrigação de julgar; e (ii) a regra que fixa a obrigação de o julgador fundamentar sua a decisão em normas do próprio sistema jurídico.[31]

A obrigação de julgar impõe aos juízes o dever inafastável de apreciar e solucionar toda e qualquer questão que lhes vier a ser submetida. Trata-se de uma obrigação genérica, no contexto da qual estão incluídas todas as exigências relativas à prática dos atos inseridos no *iter* processual jurisdicional.[32]

A obrigação de fundamentar a decisão em normas do próprio sistema jurídico, por sua vez, diz respeito à exigência de que toda decisão jurisdicional indique expressamente os preceitos jurídico-positivos a partir dos quais o ato decisório foi inferido. Essa obrigação é muito importante, pois constitui o elo entre os sistemas primário e secundário, isto é, a porta de entrada dos conteúdos pertencentes ao sistema de direito material no sistema de direito processual.

A positivação jurisdicional do direito material se objetiva, portanto, nos enunciados que compõem o fundamento das decisões judiciais. Conforme veremos detalhadamente no capítulo IV deste título, a atividade de produção/aplicação normativa tipicamente jurisdicional se materializa na fundamentação das decisões judiciais, restando às partes dispositivas destes pronunciamentos a função, essencialmente performativa, de realizar e concretizar institucionalmente os direitos subjetivos constituídos em seus respectivos fundamentos.

A atividade de "dizer o direito" (aplicar o direito material), portanto, "fundamenta" a atividade de "efetivar o direito" (realizar o direito material), está sim a principal função dos órgãos jurisdicionais.

---

31. ALCHOURRÓN, Carlos; BULYGIN, Eugenio. *Introducción a la metodología de las ciencias jurídicas y sociales*, p. 210.

32. O que inclui, no âmbito dos Estados constitucionais de índole democrática, o dever de obedecer aos esquemas básico-dialéticos do contraditório e da ampla defesa preestabelecidos pela legislação processual.

Desse modo, se a obrigação de fundamentar induz a exigência de inferir a decisão a partir dos enunciados que compõem o sistema primário, forçoso concluir que as normas do sistema secundário se referem, direta ou indiretamente, às normas do sistema primário, o que justifica, aliás, que o sistema do juiz seja chamado de secundário, uma vez que pressupõe a existência do primeiro. Daí a razão para o direito processual ser instrumentalmente conexo ao direito material, ou seja, ser um sistema de segunda ordem.[33]

Note-se, portanto, que a relação de conexidade instrumental existente entre os sistemas primário e secundário, mais que uma decorrência da própria estruturação lógico-normativa dos sistemas jurídico-positivos, deita raízes em aspectos eminentemente funcionais, relacionados àquele mínimo de eficácia social dos ordenamentos jurídicos a que se refere KELSEN. É por isso que a atribuição do qualificativo "jurídico" a um dado sistema normativo qualquer depende da identificação desta relação que é intrínseca, haja vista a norma sancionadora (em sentido amplo ou estrito) ser aplicada, em regra, pela autoridade jurisdicional.

Um sistema normativo exclusivamente primário estaria fadado à ineficácia, pois não haveria nada que pudesse colocar óbices ao descumprimento de suas normas. Significa dizer, por outros termos, que a eficácia social dos preceitos primários está intrinsicamente relacionada à mera existência do sistema secundário.

É exatamente isso que pretende acentuar LOURIVAL VILANOVA (sob a óptica redutora) quando pontua,

---

33. Eis a relação de conexidade instrumental a que se refere LOURIVAL VILANOVA. VILANOVA, Lourival, *Causalidade e relação no direito*, p. 194.
A relação entre direito material e direito processual configura, em nosso sentir, aquilo que CLARICE VON OERTZEN DE ARAÚJO chama de relação linguagem-objeto/metalinguagem na forma intrassistêmica. (ARAÚJO, Clarice von Oertzen de. *Semiótica do direito*, p. 22. Aqui, no entanto, a relação linguagem-objeto/metalinguagem se dá no plano de uma relação de coordenação, e não de subordinação (como ocorre no caso das relações hierárquicas dos preceitos normativos).

corretamente, "que norma primária e norma secundária (oriunda de norma de direito processual objetivo) compõem a bimembridade da norma jurídica: a primária sem a secundária desjuridisciza-se; a secundária sem a primária reduz-se a instrumento, meio, sem fim material, a adjetivo sem o suporte do substantivo".[34]

Existe, portanto, não só uma relação de interdependência sintático-normativa entre os dois sistemas (primário e secundário), mas uma verdadeira relação pragmático-funcional, pois não há que se falar em fenômeno jurídico sem que se pense na necessária e inafastável relação de interdependência entre as normas de direito material e processual.

À medida que avançamos na análise dos sistemas jurídicos individual e concretamente considerados, essa relação intrínseca que se estabelece entre os sistemas primário e secundário vai se tornando ainda mais perceptível. Verifica-se, já de plano, que, para além dos vínculos lógico-sintáticos, existem diversas relações de ordem semântica, pragmática e axiológica que atrelam as normas de direito material e processual.[35]

De fato, alguns dos mais importantes institutos processuais são definidos a partir de conteúdos normativos

---

34. VILANOVA, Lourival, *Causalidade e relação no direito*, p. 190.

35. "Grande parte dos fenômenos processuais leva em conta dados fornecidos pela situação da vida regrada pelo direito material. Veja-se, por exemplo, a classificação das sentenças em meramente declaratórias, constitutivas e condenatórias. Parte da situação de direto substancial exposta pelo autor e reconhecida ou não pelo juiz. Afirma aquele que, nos termos das regras materiais, tem direito aos efeitos pleiteados. Alguém, lamentando um direito que não foi satisfeito espontaneamente, pede sua declaração e a aplicação da vontade sancionatória (sentença condenatória).
(...)
Na verdade, todos os institutos fundamentais de direito processual recebem reflexos significativos da relação jurídica material (jurisdição, ação, defesa e processo). O mesmo se diga das condições da ação, das nulidades processuais (especialmente quanto ao princípio da instrumentalidade das formas), coisa julgada, prova. Isso revela o nítido caráter instrumental do direito processual e reforça a necessidade de relativizar o binômio direito-processo". BEDAQUE, José Roberto dos Santos. *Direito e processo*: influência do direito material sobre o processo, p. 30-32.

buscados no direito material (abstrato e concreto), senão vejamos: a legitimidade para agir, tal qual definida no art. 18 do Código de Processo Civil, é atribuída, ordinariamente, ao titular do direito material afirmado; a aferição do interesse processual, por outro lado, está condicionada à verificação da *necessidade* da interferência jurisdicional para compor a relação conflituosa, e da *utilidade* da tutela jurisdicional pretendida na efetivação do direito alegado; o conceito de causa de pedir, por seu turno, é construído a partir da noção de relação jurídica de direito material conflituosa; as regras de fixação de competência estão todas relacionadas a aspectos do próprio direito material controvertido; o valor da causa, por fim, representa a expressão econômica do direito material litigioso.

O caso das condições da ação é realmente emblemático, pois seus elementos se definem a partir de aspectos exclusivamente extraídos do direito material, elementos estes de cuja aferição, vale ressaltar, depende o pleno exercício de um direito subjetivo público eminentemente processual, qual seja: o direito à tutela jurisdicional.[36]

Por conta disso, há uma considerável dependência conceptual do direito processual em relação ao direito material, de modo que, para que saibamos, por exemplo, quem tem legitimidade para propor ação de repetição do indébito tributário decorrente do pagamento indevido de ICMS – se o sujeito passivo tributário ou o chamado "contribuinte de fato" –, é necessário ter conhecimento prévio

---

36. "Tudo isso nos leva a pensar que se a relação processual não é indiferente à presença ou ausência da relação material, mas a leva em conta, entre as condições da ação, esta relação entra compondo o pressuposto fático para o exercício do direito de pedir a prestação jurisdicional. Não se insere como fato jurídico com eficácia de direito/deveres substantivos, pois isto se verifica no plano do direito substantivo. A causalidade jurídica que interliga tal fato jurídico com tais efeitos é norma de direito substantivo, não norma de direito processual. E se a decisão vem a confirmar, modificar ou desconstituir esses efeitos, a eficácia advém do direito substantivo, que o direito processual tem em vista aplicar". VILANOVA, Lourival, *Causalidade e relação no direito*, p. 206.

dos conteúdos normativos veiculados pelos arts. 121 e 165 do Código Tributário Nacional, os quais definem quem é o sujeito (possivelmente) titular do direito material à restituição do indébito.

É sob o aspecto pragmático, contudo, que as relações entre direito processual e direito material são mais perceptíveis, pois dizem diretamente com os efeitos da prestação jurisdicional na efetivação do direito material violado. Nesse sentido, um conflito de interesses (lesão ou ameaça de lesão a direito) manifestado sob a forma de uma crise de incertezas, pede uma resposta jurisdicional materializada sob a forma de tutela meramente declaratória. De outro lado, o conflito de interesses caracterizado por uma crise de legalidade, dá oportunidade à prolação de uma tutela (des)constitutiva. Por fim, em se tratando de uma típica crise de inadimplência, a resposta do sistema processual ao jurisdicionado dar-se-á sob a forma de uma tutela condenatória/executiva.

Como se pode observar, as várias técnicas de regulação das condutas intersubjetivas de que lança mão o legislador do sistema primário possuem suas equivalentes técnicas (processuais) de efetivação no plano do sistema secundário, de maneira que, a cada espécie de direito subjetivo violado, corresponde uma forma específica de tutela jurisdicional.[37]

É justamente nesse ponto que a ideia de instrumentalidade normativa a que nos referimos anteriormente (introdução) se manifesta de forma mais evidente, fazendo-o na condição de atributo intrínseco ao fenômeno jurídico-processual (jurisdicional).

Essa natureza *normativo-instrumental* do processo jurisdicional, segundo GALENO LACERDA, é relativa, pressupondo um vínculo que se estabelece entre três elementos: (i) um ou mais sujeitos agentes (elemento subjetivo);

37. A relação entre direito subjetivo e tutela jurisdicional será retomada adiante, por ocasião da análise dos conceitos de relação jurídica e conflito tributário.

(ii) um objeto sobre o qual há que se atuar (elemento objetivo); e (iii) uma finalidade que condiciona a ação (elemento teleológico), de modo que esta última (ação) deverá necessariamente se adequar aos sujeitos que a realizam, à natureza do objeto e à finalidade que pretende atingir.[38]

No âmbito da processualidade tributária, a adequação ao sujeito diz com as tensões jurídico-axiológicas (interesse público *x* interesse individual) específicas que envolvem os conflitos havidos entre Estado e os sujeitos passivos tributários, as quais, via de regra, são invocadas como justificativa para a atribuição de "privilégios" processuais às pessoas jurídicas de direito público. A adaptação ao "objeto", por outro lado, ocorre pela necessária consideração das particularidades normativas que envolvem as relações jurídico-tributárias, e que implicam situações de conflituosidade igualmente particulares. Por fim, a adequação teleológica (ou pragmática) aponta para a necessidade da busca por uma tutela jurisdicional efetivamente realizadora dos direitos subjetivos tributários constituídos por meio do processo jurisdicional.

Além disso, a hierarquia que se estabelece entre os diferentes bens e valores protegidos pelo direito material,

---

38. "Instrumento é conceito relativo, que pressupõe um ou mais sujeitos agentes, um objeto sobre o qual, mediante aquele atua o agir, e uma finalidade que condiciona a ação.
Requisito fundamental para que **o instrumento possa atingir e realizar seu objetivo há de ser, portanto, a adequação**. Como são três os fatores a considerar, a adequação se apresenta sob tríplice aspecto: *subjetiva, objetiva e teleológica*.
Em primeiro lugar, **cumpre que o instrumento se adapte ao sujeito que o maneja: o cinzel do Aleijadinho, forçosamente, não identificava com um cinzel comum**.
Em segundo, **impõe-se que a adaptação se faça ao objeto: atuar sobre madeira ou sobre pedra exige instrumental diverso e adequado**.
Em terceiro, urge que se considere o fim: **trabalhar um bloco de granito para reduzi-lo a pedras de calçamento, ou para transformá-lo em obra de arte, reclama de igual modo adequada variedade de instrumentos**.
Assim também há de suceder com o processo, para que possa cumprir a missão de definir e realizar o direito.
O princípio de adequação, nestes termos, funciona, pois, como princípio unitário e básico, a justificar, mesmo, a autonomia científica de uma teoria geral do processo". LACERDA, Galeno. *Comentários ao Código de Processo Civil*, p. 18-19. (destacamos)

bem como as características peculiares a cada um, sempre que possível, são expressa ou implicitamente consideradas pelas regras do sistema jurídico processual, o que indica que o caráter instrumental das normas processuais também ocorre no plano axiológico. Isso é claramente perceptível nas diferenças existentes entre os valores objetivados por meio dos princípios jurídico-processuais que sustentam a clássica separação entre direito processual penal e direito processual civil.

Essa relação axiológico-instrumental, por sua vez, também é identificável no âmbito da jurisdição residual, que é aquela exercida pelas chamadas "varas cíveis", onde é possível verificar a existência de regimes jurídico-processuais especializados, como é o caso das regras processuais veiculadas pelo Código de Defesa do Consumidor, aplicáveis somente às lides consumeristas.

É bem verdade que, historicamente, a evolução normativa ocorrida no plano jurídico-material, principalmente quanto à diferenciação e à complexidade que caracterizam os sistemas jurídicos modernos (direito administrativo, direito financeiro, direito tributário, direito do consumidor, direito do trabalho etc.), não foi acompanhada por uma equivalente evolução normativa do sistema jurídico processual. Por esse motivo, a diferenciação normativa processual acaba por ser percebida, no mais das vezes, no plano da aplicação das técnicas processuais de efetivação do direito a cada um dos subsistemas de direito material.

Essa constatação tem relevância prática considerável, haja vista que, não obstante seja comum que dois ou mais subsistemas de direito material estejam adstritos a um mesmo regime jurídico processual, a operacionalização prática do processo no âmbito de cada uma das subáreas ocorre de forma diferente.

Em verdade, o sistema secundário, tal como concretamente positivado nas sociedades de cultura europeia continental (onde predomina a tradição jurídica do *civil law*), como é o caso do Brasil, costuma ser composto por um "regime geral de direito processual" denominado Código de Processo Civil, que se aplica, residualmente, a todas as lides materiais que estejam desprovidas de um regime processual específico.

Apesar disso, o direito processual resultante da aplicação do indigitado regime geral de direito processual a cada espécie de litígio material, longe de ser o mesmo, assume características próprias, que decorrem justamente das diferenças normativo-principiológicas ínsitas a cada uma das espécies de conflito material.

É justamente essa circunstância que nos autoriza cogitar sobre a existência de um "sistema processual tributário", cuja construção se dá a partir do método de análise interdisciplinar dos institutos jurídicos processuais, realizada à luz das particularidades dos litígios tributários, algo que será explorado no tópico a seguir.

1.2 O sistema processual tributário e o Direito Processual Tributário

1.2.1 O fenômeno da "judicialização" do direito público como reflexo da relação entre direito material e direito processual

A separação entre os sistemas jurídicos primário (material) e secundário (processual), conforme anotamos, funda-se em critérios normativo-conceptuais e funcionais. O primeiro (sistema primário) tem por objeto a regulação das condutas dos sujeitos de direito no âmbito de suas relações intersubjetivas, com vistas a implantar os valores eleitos pelo próprio sistema primário. O segundo (sistema secundário), por outro lado, regula a conduta do Estado-juiz na produção de atos normativo-efetivadores destinados a *garantir a eficácia* (social) do sistema jurídico primário.

O direito processual, portanto, disciplina a dinâmica de concretização do direito, precipuamente nas situações de patologia normativa, isto é, nos casos de "lesão ou ameaça de lesão a direitos subjetivos", estabelecendo a *forma, as condições e os limites* ao exercício da atividade jurisdicional. Eis, aí, as duas funções fundamentais do direito processual: *o controle do arbítrio decisório* e a *eficácia dos sistemas jurídicos*, funções estas que restam expressamente positivadas por meio de dois princípios constitucionais do direito processual: o do *devido processo legal* e o da *efetividade da jurisdição*.

Essa circunstância, por si só, é suficiente para atribuir ao Direito Processual o *status* de "espectro dogmático didaticamente autônomo do Direito", o que, em tempos atuais, nem sequer é discutido, pois, com efeito, é assim que os institutos processuais são apresentados e ensinados na imensa maioria dos cursos de bacharelado no Brasil.

Conquanto seja inegável que o Direito Processual tenha seu lugar entre as disciplinas didaticamente autônomas da Dogmática Jurídica, fato é que as regras e os princípios processuais disciplinam a forma por meio da qual as regras e os princípios de direito material são concretizados nas situações de patologia, tal como uma gramática que regula a maneira como determinada língua deve ser falada e escrita. Por isso, à semelhança das normas de uso do idioma, que se ajustam a determinadas situações comunicacionais específicas, as regras processuais tendem a se amoldar às circunstâncias peculiares ao direito material a ser concretizado, o que significa dizer, por outras palavras, que o direito processual se caracteriza por ser um sistema normativo altamente instrumental.

Essa "adequação" do direito processual ao direito material, por vezes, é feita expressamente, mediante regras procedimentais especialmente positivadas com vistas à instrumentalização de demandas relativas a setores específicos do direito material. Em outras ocasiões, contudo, a compatibilização entre as regras processuais e substanciais ocorre exclusivamente no plano da aplicação das primeiras às lides materialmente diferençadas, o que exige do aplicador um esforço hermenêutico todo voltado ao ajustamento das categorias jurídico-processuais às particularidades da relação jurídico-material conflituosa.

A especialização legislativo-processual a que nos referimos acima, que tem em mira setores específicos do sistema primário, mostra-se um tanto quanto acentuada em relação aos subsistemas jurídicos de direito público, repercutindo de modo decisivo sobre o processamento das lides tributárias. Em se tratando de demandas em que a Fazenda Pública figura como parte, portanto, que é exatamente o caso dos litígios tributários, essa especialização normativa se verifica de forma muito acentuada, dada a existência de vários regimes jurídicos especialmente destinados à resolução das lides de direito público.

O procedimento específico de cumprimento de sentença contra a Fazenda Pública (art. 534 e seguintes do CPC); os prazos diferençados para manifestação no processo previstos nos arts. 183 e 910 do CPC; e o reexame necessário das sentenças proferidas contra a Fazenda Pública (art. 496, incisos I e II, do CPC) são alguns exemplos que revelam essa preocupação do sistema jurídico-processual em atribuir tratamento especializado aos litígios em que o Estado ocupa um dos polos da relação jurídica de direito material conflituosa.

A diferenciação normativo-processual verificada em relação às lides de direito público se fundamenta em juízos valorativos diretamente ligados à noção de supremacia do interesse público. É certo, todavia, que, por detrás dessas motivações axiológicas que sustentam essa diferenciação, estão encobertas algumas tensões e problemas estranhos às lides de direito privado.

Conforme anota CARLOS ARI SUNDFELD, a primeira grande tensão específica das lides de direito público concerne à relação que se instaura entre Poder Executivo e Poder Judiciário e diz respeito, especificamente, aos limites do controle judicial dos atos administrativos à luz das ideias de separação e convívio harmonioso entre os Poderes estatais.[39]

A ingerência judicial nas funções administrativa e legislativa, principalmente após a universalização da jurisdição trazida pela Constituição Federal de 1988, tem sido deveras discutida, de forma que muitos dos atos próprios às competências dos demais Poderes da República acabam por ter sua eficácia condicionada à ulterior chancela do Poder Judiciário.

Nesse tocante, alguns dogmas caros à clássica doutrina de direito público, como, por exemplo, a ideia de "mérito administrativo", que balizava a capacidade interventiva dos órgãos judiciais sobre as competências jurídico-administrativas, foram relativizados e mitigados a tal ponto que, atualmente, muitas das atividades administrativas, típicas dos órgãos do Poder Executivo, estão sendo exercidas em conjunto com o Poder Judiciário.

As cogitações a respeito de uma suposta "judicialização da política" – e, consequentemente, de uma gradual "politização do Judiciário" – expõem, com precisão, a tensão havida entre política e direito, a qual decorre do sensível

39. BUENO, Cassio Scarpinella. Introdução ao direito processual público: o direito processual e o direito administrativo. In: *Direito processual público*: a Fazenda Pública em juízo, p. 25.

aumento da interferência do Poder Judiciário em questões relativas às competências dos demais Poderes da República.

Assim, malgrado a Constituição Federal atribua aos atos praticados por autoridades administrativas (Poder Executivo) certas prerrogativas (imperatividade, autoexecutoriedade, presunção de legalidade etc.), elas não estão livres para atuar como quiserem para fazer valer sua vontade.

É esse, exatamente, o caso da cobrança do crédito tributário, atividade que engloba não só a prerrogativa da Fazenda Pública de formalizar a obrigação tributária (lançamento), mas também a capacidade de constituir, imperativamente, o próprio título executivo (certidão de dívida ativa) que documentará o fato do inadimplemento do crédito tributário e fundamentará a prática de diversos atos restritivos de direitos do sujeito passivo tributário. Apesar disso, não está a Fazenda Pública autorizada a invadir o patrimônio do devedor, com vistas à expropriação de seus bens, sem que haja a necessária intermediação do Poder Judiciário.[40]

Tudo isso nos conduz à inexorável conclusão de que o processo judicial, concretamente considerado, não é o mesmo independentemente da qualidade dos sujeitos que dele fazem parte e, principalmente, do direito material controvertido que lhe serve de objeto. E isso também nas ocasiões em que as normas processuais aplicáveis ao caso sejam aquelas veiculadas num mesmo regime geral de direito processual (Código de Processo Civil), o que torna premente o estudo e a sistematização das normas processuais à luz dos interesses e princípios específicos dos sistemas jurídico-substanciais isoladamente considerados.

---

40. As pressões para aprovação do projeto de Lei que prevê a instituição da chamada Execução Fiscal Administrativa estão intimamente relacionadas ao desconforto que a interferência judicial no processo de cobrança dos créditos públicos traz ao Poder Executivo.

A não percepção dessa indissociabilidade entre direito material e direito processual, assevera CARLOS ARI SUNDFELD, acaba por criar sérios paradoxos na vida forense, de forma que a ausência de uma consciente tomada de posição acerca do impacto do direito substancial sobre o direito processual resulta na impossibilidade da necessária absorção pelo segundo das constantes evoluções ocorridas no âmbito do primeiro.[41]

1.2.2 A particularização da lide tributária como pressuposto dos conceitos de sistema processual tributário e de Direito Processual Tributário

A classificação do direito processual a partir da lide de direito material a ele subjacente não é propriamente uma novidade, sendo certo que a clássica separação em (direito processual) "penal" de um lado, e (direito processual) "civil" de outro, desde sempre restou fundada em critério eminentemente relacionado ao direito material que se presta a pano de fundo da demanda.

Tal divisão, todavia, de há muito não é satisfatória à precisa descrição do processo judicial tal como ele se apresenta na realidade, pois a contínua especialização que os sistemas jurídicos materiais vêm experimentando desde o início do século passado – e que não foi acompanhada por uma correlata especialização da legislação processual – acaba por gerar a falsa impressão de que tudo que não couber no espectro normativo próprio ao "direito processual penal" estará, necessariamente, acobertado pelo "sistema processual civil", de maneira a fazer com que o último abarque, em caráter residual, tudo o que não couber no âmbito de incidência do primeiro.

41. BUENO, Cassio Scarpinella. Introdução ao direito processual público: o direito processual e o direito administrativo. In: *Direito processual público*: a Fazenda Pública em juízo, p. 23.

Essa classificação dual do fenômeno normativo processual, além de não dar conta de explicar a imensa complexidade dos litígios verificados em tempos atuais, também peca pela ingenuidade, pois coloca, num mesmo escaninho, lides das mais variadas naturezas, cujas particularidades influenciam de forma decisiva a aplicação e os efeitos dos institutos e categorias de direito processual.[42]

Assim, paralelamente ao denominado Direito Processual Civil em sentido estrito, é possível cogitar – a partir da interpretação conjunta das normas que compõem o regime geral de direito processual (Código de Processo Civil) e das que integram o campo normativo relativo ao direito material público – acerca da existência de outro espectro jurídico dogmático, a saber: o "Direito Processual Público", que resulta, conforme bem aponta CASSIO SCARPINELLA BUENO, de um método de aproximação do direito processual que pressupõe a consideração das questões peculiares ao direito material público, o qual, concretamente, serve-lhe como pano de fundo.[43]

---

42. CONRADO, Paulo Cesar. *Processo tributário*, p.16.

43. "Por "direito processual público" deve ser entendido nada mais e nada menos do que o estudo consciente das leis e situações em que uma das partes do processo ou, mais amplamente, um de seus sujeitos, é pessoa ou entidade de direito público ou, quando menos, sujeita em maior escala a um regime de direito público.
Não se trata propriamente de uma disciplina diversa do direito processual civil e, menos ainda, de um distinto *ramo* do direito processual civil. Trata-se, como o n. 7 do Capítulo 1 da Parte 1 do v. 1 quer evidenciar, apenas e tão somente, de assumir, conscientemente, uma das inafastáveis consequências da assunção de que "direito *material*" e "direito *processual*" não se confundem. O objetivo maior é assumir um método de trabalho para melhor compreender determinadas normas jurídicas que dizem respeito ao modo de atuação do Estado-juiz para prestar tutela jurisdicional em determinados casos.
(...)
No entanto, o destaque e a observação do *conteúdo* dos conflitos que são levados ao Judiciário para solução pelas normas de direito processual civil justificam-se, por ora, menos para demonstrar que o processo civil não se confunde com o direito material nele veiculado (que há um *continente* e um *conteúdo*, portanto) e mais para evidenciar que, contemporaneamente, o direito processual civil deve ser examinado, sistematizado e revisitado também a partir de uma óptica diversa daquela que obteve, com sucesso, sua desvinculação do direito material. Hoje, o estudo do direito processual deve partir *também* de seu conteúdo (o direito material conflituoso) como expõe o n. 2.1 do Capítulo 2 da Parte I do v.1". BUENO, Cassio Scarpinella.

A expressão "Direito Processual Público", conquanto aparentemente pleonástica – já que todo direito processual é "público" por disciplinar uma função tipicamente estatal –, denota a existência, em concreto (plano da aplicação), de um regime jurídico processual próprio ao exercício da função jurisdicional realizada a pretexto da composição dos litígios concernentes às relações jurídicas de direito público, assim entendidas como aquelas em que um dos polos da relação é ocupado por uma pessoa jurídica de direito público ou equiparada.[44]

Ocorre, entretanto, que, no contexto daquilo que se denomina "direito público", há, ainda, uma considerável gama de subsistemas normativos (administrativo, tributário, previdenciário etc.), os quais espelham as diversas faces de atuação do Estado (enquanto Estado) e, devido as suas particularidades, não podem ser colocados em vala comum, inclusive no que diz respeito aos aspectos processuais.

Consciente dessa diferenciação interna das normas de direito público, CÁSSIO SCARPINELLA BUENO propõe que, no âmbito daquilo que denomina "direito processual público", há, ainda, outro subsistema processual (sistema processual tributário), ao qual corresponderia uma área específica de investigação dogmática voltada à compreensão do fenômeno normativo-processual à luz das peculiaridades da lide tributária.[45]

Curso sistematizado de direito processual civil, v. 2, tomo III, 2007, p. 25/27.

44. "No entanto, não é porque o direito processual civil é ramo do direito público que seu conteúdo pertence àquele ramo também. Pelo contrário, como salientado no início, em geral o conteúdo do processo é de direito privado, ou pelo menos nas nossas obras e nossos manuais de direito processual civil, em sua grande maioria, acabam demonstrando que assim se pretende que seja. Na verdade, o processo civil foi estruturado e sistematizado a partir de conflitos de direito privado. Até porque, ao longo do século passado, inexistia a concepção – tão presente como a atual – da necessidade do controle jurisdicional dos atos do Estado". BUENO, Cassio Scarpinella. A emergência do direito processual público. In: *Direito processual público*: a Fazenda Pública em juízo, p. 33.

45. BUENO, Cassio Scarpinella. *Curso sistematizado de direito processual tributário*, v. 1, p. 35.

A sobredita classificação, segundo o prestigiado Professor da PUC/SP, resta plenamente justificada por força: (i) das peculiaridades do direito tributário, que o extremam dos demais ramos do direito; (ii) da especificidade de seu objeto, que diz com os limites impostos ao Estado para a restrição dos direitos patrimoniais dos particulares; bem como, e principalmente, (iii) do âmbito da atuação vinculada do Estado neste campo do direito.

Eis aí, portanto, a ideia de "sistema processual tributário", índice temático que serve de pretexto para se promover, cientificamente, o isolamento didático dessa específica porção do ordenamento jurídico para se estabelecer uma forma de aproximação capaz de dar conta de suas particularidades. É justamente esse método de aproximação que, somado às proposições dogmáticas que dele resulta, convencionamos chamar de "Direito Processual Tributário".

O sistema processual tributário, dessa forma, é constituído pelo conjunto das normas processuais gerais e especiais que regulam a atividade jurisdicional vocacionada à resolução de conflitos havidos nas várias espécies de relações jurídicas mantidas entre os sujeitos de direito tributário no percurso de concretização do direito tributário, isto é, no *iter* de aplicação normativa desencadeado pelo exercício das competências tributárias que materializam as atividades de instituição, cobrança e arrecadação de tributos.

"A semelhança entre a concepção do processo na esfera penal e do processo quando aplicado ao direito tributário (direito material público, portanto) não escapou a arguta observação de Arruda Alvim quando afirmou que: 'A processualização do Direito Tributário, isto é, a só cobrança de tributos através de tribunais, com todas as garantias que hoje revestem o Poder Judiciário, em todos os Estados de Direito, coloca-se ao lado da chamada conquista da processualização criminal, já que antigamente a punição penal era franqueada aos detentores do poder, que prendiam e puniam como queriam, assim como era o poder tributário usado como discriminação e arbitrariedade, significando instrumento de constante opressão'". BUENO, Cassio Scarpinella. A emergência do direito processual público. In: *Direito processual público*: a Fazenda Pública em juízo, p. 37.

No âmbito judicial, a normatividade processual tributária não possui codificação própria, muito embora seja possível identificar, de forma esparsa, a existência de diversas legislações veiculadoras de normas processuais específicas, que – mesmo não sendo dirigidas, exclusivamente, à composição dos conflitos tributários – têm neles o seu principal campo de incidência.[46]

Um caso típico é o da Lei 6.830/80 (Lei de Execuções Fiscais), que, conquanto não se preste, exclusivamente, à realização de créditos de natureza tributária, tem nestes o seu principal objeto. A Lei 8.397/92, que disciplina o procedimento relativo à chamada ação cautelar fiscal, é outro exemplo de instrumento processual precipuamente manejado na resolução de conflitos fiscais.

Existem, ainda, enunciados jurídicos esparsos que veiculam normas processuais tributárias, como é o caso do art. 185-A do CTN, o qual disciplina os atos processuais concernentes à indisponibilização de bens e direitos do devedor tributário com vistas a garantir a realização do crédito tributário inadimplido em ambiente executivo fiscal.

É muito perceptível, todavia, que essa especialidade normativo-processual – que tem grande impacto no processamento de lides tributárias – manifesta-se, no mais das vezes, nas circunstâncias em que a Fazenda Pública ocupa a posição de autora da demanda judicial.[47] Nos casos em

---

46. Não obstante as várias propostas legislativas de instituição de um regime processual tributário autônomo, tais iniciativas nunca vingaram no Brasil. O próprio anteprojeto do Código Tributário Nacional, de autoria de Rubens Gomes de Souza, previa um sistema de contencioso tributário específico. O mesmo pode ser dito do projeto de contencioso tributário de autoria de Gilberto de Ulhoa Canto, também elaborado sob os auspícios da Comissão de Reforma do Ministério da Fazenda instaurada no início da década de 1960.

47. "O que é de relevo destacar neste instante é que uma das críticas que estes autores fazem a partir da classificação que adotam é que as ações próprias, vale dizer, aquelas ações que são tratadas específica e minudentemente pelo legislador tendem a coincidir com as ações exacionais, isto é, ações em que a Fazenda Pública é autora. O

que a pretensão processual requerida tem por fundamento a defesa dos direitos e interesses daquele sujeito que se submete à atividade impositiva, isto é, quando o sujeito passivo ocupa a posição de autor no processo judicial, aplicam-se, em regra, as formas e os procedimentos ordinariamente previstos no regime geral de direito processual – Código de Processo Civil.[48]

O fato de o sujeito passivo, no mais das vezes, se valer do regime geral de direito processual para fins de obtenção de tutela jurisdicional de seus direitos, não quer significar, contudo, que a especificidade processual – reflexo direto da noção de particularidade da lide tributária – deixa de existir em tais circunstâncias.

É dizer: o processo tributário não assume a condição de mero processo não penal por estar submetido ao regime geral de direito processual.

Conforme anotamos no item 1.1 deste capítulo, as normas de direito material mantêm relações conceptuais intrínsecas com o sistema jurídico processual, e exercem influência direta sobre a delimitação do conteúdo e o alcance de seus institutos, de modo que os efeitos práticos decorrentes da aplicação dos institutos processuais – a efetividade da tutela jurisdicional tributária – estão intimamente vinculados às tensões normativas e axiológicas próprias aos conflitos tributários.

---

legislador, assim, cria ritos, procedimentos e ações diferenciadas para agilizar, facilitar ou até mesmo para viabilizar seu próprio acesso à Justiça em face dos particulares. Por outro lado, a grande parte das ações não exacionais é imprópria, o que equivale a dizer que a grande parte das ações que existem à disposição dos particulares contra os desmandos do Estado não é regulada por leis específicas, caindo, portanto, na "ordinariedade", situação que é tão criticada pelos estudiosos de direito processual civil que buscam enobrecer sempre o amplo acesso à Justiça e, como vimos, a eficiência deste acesso". BUENO, Cassio Scarpinella. A emergência do direito processual público. In: *Direito processual público*: a Fazenda Pública em juízo, p. 42.

48. Uma das poucas exceções a essa regra é o mandado de segurança, cujo escopo constitucional é especialmente destinado à proteção do administrado, *in casu*, o contribuinte.

A questão do particularismo do processo tributário decorre, portanto, da noção de *diferenciação da lide tributária* a que se refere JAMES MARINS, de maneira que as mesmas razões que sustentam a particularização das relações jurídicas tributárias, e a própria autonomia didática do Direito Tributário, também servem como fundamento para a defesa do isolamento metodológico da normatividade processual tributária, pelo simples fato de o arcabouço normativo que sustenta o processo de concretização do direito tributário conter peculiaridades que acabam por contaminar as formas por meio das quais as demandas tributárias são processadas e decididas.[49]

Vale lembrar, nesse tocante, que os conflitos de interesses tributários colocam em choque valores constitucionais de mesma índole hierárquica. Assim, se, por um lado, as receitas provenientes da cobrança de tributos perfazem as principais fontes de manutenção das atividades fundamentais do Estado, por outro, a atividade impositiva tributária se apresenta como uma das mais poderosas formas de invasão e mitigação da propriedade privada e da liberdade individual, sendo exercida, quase que totalmente, mediante atos unilaterais de poder que gozam de presunção de legalidade.

Em se tratando de atividade impositiva, verifica-se uma evidente situação de supremacia do poder estatal sobre os direitos patrimoniais das pessoas (físicas ou jurídicas), proeminência esta que, conquanto constitucionalmente legitimada, está sujeita a uma série de limites impostos ao Estado pelo próprio texto constitucional, os quais visam, em última instância, a resguardar os direitos individuais dos sujeitos de direito.

Investigar as formas de administração dessa tensão entre interesse público e direitos patrimoniais dos sujeitos de direito nas situações de conflituosidade, propiciando

49. MARINS, James. *Princípios fundamentais de direito processual tributário*, p. 115.

as condições necessárias à defesa, em Juízo, dos direitos subjetivos dos sujeitos que integram as relações jurídico-tributárias, consubstancia a função primordial do Direito Processual Tributário.

Não é caso, entretanto, de cogitar acerca da existência de princípios processuais tributários típicos, pois as mesmas diretivas axiológicas que estruturam o regime geral de direito processual (inafastabilidade da jurisdição, efetividade da tutela jurisdicional, devido processo legal, juiz natural, duplo grau de jurisdição etc.) também alicerçam o sistema processual tributário, até porque é a Constituição Federal o repositório comum dos princípios constitucionais do processo, os quais emanam seus efeitos por todos os setores em que a atividade jurisdicional se manifesta, não obstante se amoldarem às situações fáticas e jurídicas que envolvem a questão concreta.

A noção de sistema processual tributário é construída, fundamentalmente, no plano concreto de aplicação do sistema processual aos conflitos tributários. É na pragmática do processo que a diferenciação da lide tributária se manifesta, circunstância na qual o intérprete-aplicador se vê na contingência de dar conformidade e efetividade aos institutos processuais à luz dos valores e limites que caracterizam o sistema jurídico tributário.

É no plano da aplicação do direito processual, portanto, que a necessidade e a dificuldade de harmonização entre os princípios próprios aos dois sistemas, material tributário e processual, mostram-se prementes, pois, se é verdade que a noção de devido processo legal limita a supremacia do interesse público ao colocar, em situação paritária, os sujeitos de direito tributário, a mesma noção de supremacia do interesse público limita a busca por um processo tributário efetivo, visto que impõe, por meio de procedimentos específicos, verdadeiros óbices à eficácia das tutelas jurisdicionais exaradas contra a Fazenda Pública.

1.2.3 A face administrativa do direito processual tributário: o contencioso administrativo-tributário

O sistema processual tributário não está circunscrito às normas disciplinadoras da atividade jurisdicional típica, assim entendida como aquela desenvolvida pelos órgãos e autoridades que compõem o Poder Judiciário. Outro importante campo de manifestação da processualidade tributária diz respeito às normas disciplinadoras da atividade jurisdicional perpetrada, atipicamente, pelos órgãos judicantes da Administração Pública.

São as normas de "direito tributário administrativo-processual"-, produzidas no âmbito das competências constitucionais das várias pessoas políticas tributantes, que disciplinam a forma de atuação da jurisdição tributária desempenhada, no exercício de função jurisdicional atípica, pela Administração Pública nos três planos federativos (União, Estados e Municípios).

Uma das características mais marcantes dos órgãos de contencioso administrativo-tributário diz justamente com o alto grau de especialização técnica de seus pronunciamentos, característica intimamente relacionada à composição dessas Cortes de julgamento, normalmente constituídas por profissionais oriundos das variadas carreiras fiscais, públicas e privadas, que colocam suas experiências e *expertises* à disposição da justiça tributária.

Essa especialização técnico-jurisdicional tem grande potencial legitimador das decisões emanadas pelos órgãos de contencioso administrativo-tributário e ocasiona um índice de acolhimento e pacificação que inibe a adoção de medidas judiciais, permitindo que uma considerável parcela dos conflitos tributários seja solucionada sem a necessidade de movimentação da máquina judiciária, custosa e morosa por natureza.

Sob esse aspecto, o processo administrativo-tributário acaba por atuar como uma espécie de filtro à contenciosidade tributária judicial. Trata-se, não há dúvidas, de um importante instrumento a ser utilizado em prol da eficiência da administração tributária, a qual se revela, vale lembrar, não só por sua eficácia arrecadatória, mas também por sua capacidade de autorregulação, prerrogativa que deverá ser exercitada com o intuito de impedir que exigências juridicamente inviáveis prosperem no plano administrativo.

1.3 Relações jurídicas, direitos subjetivos e conflituosidades tributárias

1.3.1 O conflito como categoria fundamental de Teoria Geral do Processo

O isolamento didático do âmbito de aplicação das normas processuais – administrativas e judiciais – ao contexto que é próprio à solução das lides tributárias, mediante a construção do que vimos chamando de "sistema processual tributário", cuja descrição define o campo de investigação de um setor específico da dogmática – o Direito Processual Tributário – resta plenamente justificado.

Esse expediente metodológico, todavia, pressupõe a anterior definição do fenômeno que nos permite atribuir o qualificativo "tributário" a cada uma das categorias fundamentais de direito processual, qual seja: o conflito tributário.

Muito embora a unidade do sistema jurídico-processual esteja fundada naqueles três institutos jurídicos básicos – (i) a ação; (ii) o processo; e (iii) a jurisdição –, sobre os quais recaem os estudos de Teoria Geral do Processo, ao redor desses três entes normativos – para os quais dedicamos capítulos específicos – orbita um quarto gênero jurídico-processual que, por seu turno, opera como pressuposto fático-conceptual para a atuação daqueles: o conflito de interesses.

Tanto quanto os conceitos de ação, processo e jurisdição, a noção de "conflito" deve ser tomada como categoria jurídico-normativa fundamental à Teoria Geral do Processo, até porque é o fato jurídico conflituoso que concretiza o primeiro e mais importante elo entre direito material e processual.

O conflito representa para o direito processual – com as devidas concessões didáticas – mais ou menos aquilo que o "fato gerador" representa para o direito tributário. Não há tributo sem hipótese normativa (fato gerador *in* abstrato), nem obrigação tributária sem fato jurídico tributário (fato gerador *in* concreto) que documente a incidência da primeira sobre evento verificado no mundo fenomênico. Da mesma forma, não há que se falar em ação, processo e jurisdição sem que se tome por pressuposto o fato jurídico conflituoso, devidamente formalizado por ato processual especialmente forjado para tal.

Também de forma análoga ao conceito de tributo, a noção de conflito tem *status* constitucional, sendo enunciada pelo inciso XXXV do art. 5º da Constituição Federal, por meio da expressão "lesão ou ameaça de lesão a direito", cuja manifestação empírica se dá, necessariamente, no âmbito das normas concretas e individuais, *locus* normativo em que residem os fatos e as correspondentes relações jurídicas cujos polos (ativo e passivo) contrapõem os interesses de dois ou mais sujeitos de direito.[50]

Conforme veremos, é a relação conflituosa o elemento qualificador e, portanto, definidor daquelas três outras noções a que nos referimos acima (ação, processo e jurisdição), de modo que somente poder-se-á falar em ação tributária, processo tributário e jurisdição tributária se tomarmos como ponto de referência a ideia de conflito tributário.

---

50. "As relações jurídicas pertencem ao domínio do concreto. Provêm de fatos, que são no tempo-espaço localizados. Sem a interposição do fato, que a norma incidente qualifica como fato jurídico, não ocorre o processo eficacial da efetivação da relação jurídica". VILANOVA, Lourival, *Causalidade e relação no direito*, p. 137.

Por essa razão, antes de ingressarmos na análise da referida tríade estrutural do direito processual, trataremos, de forma pormenorizada, do conceito e das condições de manifestação do fato jurídico conflituoso.

1.3.2 A diversidade das relações jurídicas e a diferenciação tipológica dos conflitos: o "fato do descumprimento" típico a cada espécie de direito subjetivo

Convém-nos rememorar, neste instante, e com esteio na lição de LOURIVAL VILANOVA, que as relações jurídicas em sentido estrito, sintaticamente situadas nos consequentes das normas concretas e individuais, contêm direitos subjetivos que se contrapõem a deveres jurídicos (situações jurídicas subjetivas ativa e passiva, respectivamente).[51]

Os termos consequentes das normas concretas e individuais, também vale lembrar, consubstanciam enunciados atributivos de *qualificações jurídicas* que ora referem coisas e pessoas, ora apontam para condutas.[52] Qualificar juridicamente uma coisa ou pessoa significa atribuir-lhe um predicado jurídico (móvel/imóvel; capaz/incapaz; competente/incompetente).[53] Qualificar juridicamente uma conduta, por outro lado, significa atribuir-lhe um predicado deôntico, ou seja, modalizá-la com um dos functores deônticos, a saber: obrigatório, facultado ou proibido.

Direitos e deveres subjetivos, portanto, nada mais são que enunciados que expressam qualificações deônticas de condutas, as quais, por seu turno, materializam os vínculos que caracterizam as relações jurídicas em sentido estrito.

---

51. VILANOVA, Lourival, *Causalidade e relação no direito*, p. 120.

52. Idem, p. 119.

53. Ibidem, p. 125.

No âmbito das relações jurídicas em sentido estrito, é justamente a conduta deonticamente qualificada que vincula os respectivos sujeitos de direito – denominada, por esse motivo, de objeto da relação jurídica –, de sorte que a qualificação deôntica da conduta de um dos indivíduos da relação jurídica tem o condão de afetar, indiretamente, a conduta do outro sujeito da relação, circunstância que pressupõe a conjugação de duas vontades: a vontade daquele que tem a conduta qualificada pela norma e, também, a vontade daquele sujeito cuja conduta permitirá que a primeira (conduta) se realize.

Daí que a regulação direta de uma conduta, numa dada relação jurídica, pressupõe a regulação indireta de outra conduta atribuída ao sujeito que tem seus interesses jurídicos atingidos pela primeira. Essa regulação indireta, contudo, ocorre no interior de outra relação jurídica, denominada relação jurídica conversa ou inversa, cujo conteúdo (conduta) é distinto, porém complementar, ao encontrado na relação jurídica principal.[54]

Tomemos como exemplo a relação jurídico-tributária em sentido estrito (obrigação tributária), cujo conteúdo contrapõe os interesses de dois sujeitos de direito: o direito subjetivo de crédito, de titularidade do sujeito ativo tributário; e o dever jurídico de adimplir o tributo, de titularidade do sujeito passivo tributário. Nesse contexto, o sujeito ativo tributário não terá realizado seu direito creditório se o sujeito passivo se recusar a efetuar o recolhimento do valor devido a título de tributo. Em contrapartida, o sujeito passivo tributário, titular do dever jurídico, não cumprirá sua obrigação de pagar o tributo se o Fisco se recusar a receber o valor devido a esse título.

---

54. "Mas 'ter o dever de' é a relação inversa de 'ter direito a'. A relação 'ter dever jurídico' é conversa da relação 'ter direito'. E, ainda, não é relação simétrica, de modo a se poder enunciar: 'A tem direito em face de B' equivale 'B tem direito em face de A'". VILANOVA, Lourival, *Causalidade e relação no direito*, p. 221.

Por isso falarmos numa necessária "conjugação de vontades" – materializadas em condutas distintas, mas complementares –, inerente à ideia de intersubjetividade que subjaz ao conceito de relação jurídica.

A conduta qualificada numa dada relação jurídica pode, ainda, acarretar uma vantagem ou uma desvantagem jurídica ao sujeito que a realiza.[55] Chamamos as condutas (direta ou indiretamente) modalizadas atributivas de "vantagens jurídicas" aos sujeitos que as titularizam de "situações jurídicas subjetivas ativas" ou "direitos subjetivos em sentido amplo".[56] Em contrapartida, denominamos as condutas (direta ou indiretamente) modalizadas que trazem prejuízos ou "desvantagens jurídicas" aos sujeitos que as titularizam de "situações jurídicas subjetivas passivas" ou "deveres jurídicos em sentido amplo".

Podemos concluir, assim, que situações jurídicas subjetivas (direitos e deveres subjetivos) são, em verdade, qualificações jurídicas de condutas coexistentes no interior dos enunciados que compõem os termos consequentes das normas jurídicas concretas e individuais. Toda situação jurídica subjetiva ativa (vantagem jurídica) pressupõe a coexistência de uma situação jurídica subjetiva passiva

---

55. As ideias de "vantagem" e "desvantagem" jurídicas, não obstante pressuponham, necessariamente, um juízo valorativo, devem ser tomadas da perspectiva que leva em consideração os valores postos pelo sistema jurídico e não aqueles que compõem o espírito do titular do direito ou do dever. Não afastamos a possibilidade de um titular de direito entender, em caráter pessoal, que não possui qualquer espécie de vantagem jurídica.

56. FONTES, André. *Pretensão como situação jurídica subjetiva*, p. 88-110. Lourival Vilanova faz o seguinte comentário sobre as situações jurídicas: "Jèze distingue as situações jurídicas em gerais, impessoais, objetivas e as situações individuais, subjetivas: aquelas procedem da lei ou do regulamento (normas gerais); estas, de atos unilaterais ou bilaterais, manifestações de vontade no exercício de um poder. *Mas cremos que, se as duas classes são efeitos jurídicos, estarão sempre no nível dos fatos jurídicos. A lei geral, enquanto não ocorra o fato ao qual a causalidade normativa ligue efeitos, não provoca situação, que é do plano eficacial*". VILANOVA, Lourival, *Causalidade e relação no direito*, p. 147.

(desvantagem jurídica), o que equivale a (re)afirmar que a todo direito subjetivo corresponde um dever jurídico.

Essa assertiva, conquanto correta e didaticamente útil – como técnica de redução de complexidades –, não esgota as possibilidades de descrição das diversas *peculiaridades* que fazem com que os *fatos jurídicos relacionais não sejam idênticos* entre si, porquanto as situações jurídicas subjetivas contrapostas nas "diferentes espécies de relações jurídicas" materializam, também, *diferentes técnicas de regulação da conduta humana*, reveladas por intermédio de tipos "distintos" de direitos subjetivos, tais como faculdades; potestades; direitos absolutos; direitos subjetivos em sentido estrito; e pretensões – todos representativos de categorias eminentemente relacionais e que se prestam a obrigar, facultar ou proibir condutas.[57]

Desse modo, as expressões "direito subjetivo" e "dever jurídico" costumam ser empregadas – tanto pelos textos jurídico-positivos quanto pelos enunciados da Dogmática do Direito – para referir diferentes técnicas de regulação concreta das condutas intersubjetivas, de modo que, no

---

57. "Pois bem, é importante precisar, neste contexto, o sentido do termo 'direito'. Tenho mostrado que na literatura jurídica o termo 'direito (subjetivo)' se vincula a diversas acepções: (1) 'direito' como liberdade, (2) 'direito' como pretensão justificada, (3) 'direito' como permissão ou permissão protegida, (4) 'direito' como faculdade, (5) 'direito' como obrigação correlativa, (6) 'direito' como poder, e (7) 'direito' como imunidade. Inclino-me a crer que, no contexto típico dos conflitos de direitos, estes aparecem como conglomerados de vários dos sentidos mencionados e, especialmente, dos sentidos (3) ou (4) e (5): os direitos são, nesse contexto, permissivos ou facultativos para seu titular, implicam deveres ativos ou passivos para outros indivíduos e estão protegidos pelo Estado".
(Pues bien, es importante precisar, en este contexto, el sentido del término "derecho". He mostrado que en la literatura jurídica el término "derecho (subjetivo)" se vincula con diversas acepciones: (1) "derecho" como libertad, (2) "derecho" como pretensión justificada, (3) "derecho" como permiso o permiso protegido, (4) "derecho" como facultad, (5) "derecho" como obligación correlativa, (6) "derecho" como potestad, y (7) "derecho" como inmunidad. Me inclino a creer que, en el contexto típico de los conflictos de derechos, éstos aparecen como conglomerados de varios de los sentidos mencionados, y especialmente de los sentidos (3) o (4) y (5): los derechos son, en ese contexto, permisivos o facultativos para su titular, implican deberes activos o pasivos para otros individuos y están protegidos por el Estado.) MENDONCA, Daniel. *Los derechos en juego*: conflicto y balance de derechos, p. 15. (tradução nossa)

mais das vezes, a diferenciação entre as várias espécies de relações jurídicas, bem como de seus respectivos direitos e deveres, é feita por meio da análise de seus conteúdos normativos, isto é, pelas *técnicas de regulação de condutas* a elas subjacentes.

As diferentes técnicas de regulação de condutas, genericamente qualificadas pelas expressões "direito subjetivo" e "dever jurídico", estão, todas elas, à mercê de atos de violação, circunstância que nos exorta a avançar nossa investigação em direção aos conteúdos próprios às diferentes espécies de situações jurídicas subjetivas (direitos subjetivos em sentido amplo), a fim de identificarmos a forma pela qual cada uma delas pode ser violada, dando origem ao estado de conflituosidade que servirá de pretexto ao desencadeamento da atividade jurisdicional.

1.3.2.1 As relações jurídicas de direito absoluto e os conflitos que lhes são próprios

A primeira situação jurídica subjetiva ativa a ser analisada é o chamado "direito subjetivo absoluto" que, não obstante a ideia que seu *nomem juris* possa induzir, constitui uma técnica de regulação de conduta tão relacional como qualquer outra.

Nas relações jurídicas em que se inserem os direitos absolutos é a conduta do sujeito ativo que serve de objeto de regulação direta, permitindo ao seu titular o pleno gozo da vantagem jurídica que lhe é atribuída por intermédio de mera manifestação de vontade.

Nessa espécie de vínculo jurídico, a conduta do titular do direito é deonticamente qualificada de forma a *facultar* ao sujeito ativo, segundo sua vontade, a prerrogativa de uso e gozo dos bens e direitos que compõem sua esfera jurídica, sem que se possa criar qualquer impedimento ao seu exercício. O dever correlato ao direito absoluto, portanto, traduz-se numa espécie de *sujeição erga omnes*, na qual a conduta do sujeito passivo é qualificada (indiretamente) por uma proibição geral de ocasionar óbice à mitigação ou turbação das prerrogativas inerentes ao direito absoluto do sujeito ativo.[58]

Exemplos de direitos absolutos são os direitos personalíssimos, mais especificamente aquelas situações jurídico-subjetivas que se vinculam à liberdade, à propriedade e à vida do cidadão. A qualquer sujeito de direito, por exemplo, está assegurado o direito subjetivo absoluto de dispor de seus direitos patrimoniais, bem como ao exercício de atividades econômicas variadas.

O poder de tributar, nesse tocante, materializa verdadeira exceção constitucional ao direito de propriedade do cidadão, devendo ser exercido, por esse motivo, nos estritos limites fixados pelo texto constitucional e pela legislação tributária, de modo que a atividade impositiva eventualmente desencadeada sem a observância dos parâmetros juridicamente prescritos materializará típico ato de violação a direito absoluto do sujeito passivo tributário.

1.3.2.2 As relações jurídicas de direito potestativo e os conflitos que lhes são próprios

Outra situação jurídica subjetiva ativa mencionada com muita frequência pela Dogmática é o "direito potestativo". Nas relações jurídicas compostas por direitos potestativos, a qualificação deôntica das condutas se dá de forma a permitir que o sujeito ativo da relação interfira,

58. Anota LOURIVAL VILANOVA: "Direitos subjetivos absolutos são relacionais. Têm-se direitos subjetivos absolutos em relação a outros titulares de deveres subjetivos – os sujeitos-de-direitos passivos totais, ou a universalidade dos sujeitos-de-direitos dos quais se exige o dever jurídico de respeito". "Mesmo, não há prestação a cumprir para com os titulares ativos. Há dever jurídico negativo de abster-se de interferir na esfera de licitude do direito subjetivo absoluto". VILANOVA, Lourival, *Causalidade e relação no direito*, p. 219.

institucionalmente, na esfera jurídica[59] do sujeito passivo, *constituindo, modificando ou extinguindo* relações jurídicas, sendo este o *elemento finalístico caracterizador desta espécie de situação jurídica subjetiva.*[60]

Assim, o direito de constituir o crédito tributário (constitutivo), o direito de escolha nas obrigações alternativas (modificativos), o direito à anulação do ato constitutivo do crédito tributário e o direito de compensar (extintivos) são alguns exemplos de direitos potestativos.

É muito comum que os titulares de direitos potestativos tenham as condições necessárias de exercê-los por "mão própria", prescindindo, por exemplo, do auxílio de instrumentos jurisdicionais que tutelem o pleno exercício desses direitos. É exatamente o caso do direito potestativo de constituir o crédito tributário, cujo exercício se dá por ato unilateral do sujeito titular da capacidade tributária ativa.

Isso não quer dizer, entretanto, que direitos potestativos sejam invioláveis. No mais das vezes, as violações verificadas nas relações jurídicas de direito potestativo se dão em razão da resistência, pelo sujeito passivo, em suportar a interferência do sujeito ativo em sua esfera jurídica, ocasião em que tem lugar a intervenção jurisdicional destinada à realização do referido direito.

---

59. "O complexo de relações jurídicas que fazem com que se seja titular de algo, com um próprio e determinado objeto, sugere a imagem de uma esfera na qual o sujeito é o centro, e ao qual convergem as várias relações. Mais especificamente, entende-se por esfera jurídica o conjunto das relações jurídicas de que uma pessoa é titular". FONTES, André. *Pretensão como situação jurídica subjetiva*, p. 115.

60. "O titular passivo na relação de direito potestativo não tem dever a prestar, pois fica reduzido à posição de sujeição. Suporta os efeitos jurídicos do exercício de poderes de seu titular, que por ato unilateral, só por si, é capaz de provocar constituição, modificação ou desconstituição de relações jurídicas". VILANOVA, Lourival, *Causalidade e relação no direito*, p. 231. Vale ressaltar, também, que a relação jurídica constituída, modificada ou desconstituída por meio do exercício do direito potestativo, também tem, como um de sujeitos integrantes, o próprio sujeito passivo da relação de direito potestativo.

É exatamente o que o ocorre quando um cônjuge se recusa a concordar com o divórcio exigido por outro, dando oportunidade à instauração de demanda judicial especialmente destinada ao desfazimento do vínculo conjugal.

O mesmo fenômeno se verifica quando o Fisco se recusa a rever um lançamento tributário que haja sido formalizado em desconformidade com a legislação de regência, ocasião em que o sujeito passivo se vê na contingência de se valer da ação anulatória de débito fiscal, cujo objeto é justamente a efetivação do direito potestativo à desconstituição do ato formalizador do crédito tributário, irregularmente emanado da autoridade competente.

1.3.2.3 As relações jurídicas prestacionais e os conflitos que lhes são próprios

Havemos de nos deter, por agora, às relações jurídico-prestacionais, vínculo no qual estão presentes os direitos subjetivos em *sentido estrito* ou, como prefere LOURIVAL VILANOVA, em sentido técnico-dogmático.[61]

Essa espécie de relação jurídica se caracteriza por regular diretamente a conduta do sujeito passivo, titular do dever jurídico que, por seu turno, estará obrigado a dar, fazer ou deixar de fazer algo (a prestação) em proveito do sujeito ativo, titular do direito subjetivo.

Nas relações jurídicas prestacionais, a conduta do sujeito ativo é indiretamente regulada de modo a permitir que o sujeito passivo cumpra com seu dever jurídico. Esta permissão, todavia, não é bilateral, de forma que o sujeito ativo estará obrigado, por meio da aceitação da prestação, a não impedir que conduta a ser realizada pelo sujeito ativo seja concretizada.

61. VILANOVA, Lourival, *Causalidade e relação no direito*, p. 231.

Assim, ao dever jurídico prestacional de dar, fazer ou não fazer corresponde o direito subjetivo de receber a prestação.

Os atos de violação aos chamados direitos subjetivos em sentido estrito, que caracterizam os conflitos havidos nas relações prestacionais, decorrem ou do descumprimento do dever de realizar a prestação que lhe serve de objeto (não adimplir a prestação) ou da recusa do titular do direito subjetivo em receber a prestação que lhe é devida (obstar, injustificadamente, o adimplemento da obrigação).[62]

Deixar de pagar tributo ou não restituir o tributo pago indevidamente são atos de violação a direitos subjetivos tributários prestacionais, que justificam o manejo das denominadas ações de cobrança, de cunho condenatório (repetição do indébito tributário) ou executivo (execução fiscal). Da mesma forma, a recusa do credor em receber a prestação voluntariamente oferecida pelo devedor caracteriza a chamada "inadimplência do credor", dando oportunidade à realização do pagamento pela via processual consignatória.

1.3.2.4 As relações jurídicas de responsabilidade patrimonial e os conflitos que lhes são próprios

Descumprido o dever jurídico posto no consequente da relação jurídica prestacional, incide a norma de responsabilidade patrimonial, fazendo nascer, para o credor, o poder de exigir coativamente o crédito do devedor. Eis, aqui, aquilo que a Teoria Geral das Obrigações chama de relação jurídica de pretensão/responsabilidade.

Na relação jurídica de responsabilidade patrimonial, o credor passa a ser titular do direito subjetivo de exigir o crédito inadimplido, cujo exercício se dá por meio da prática de atos de coação contra o devedor (ou terceiro) inadimplente, o qual estará obrigado a suportar os indigitados

62. VILANOVA, Lourival, *Causalidade e relação no direito*, p. 231.

atos coativos que se destinam, ordinariamente, à restrição de seus direitos patrimoniais. Trata-se de uma espécie de situação jurídica subjetiva ativa (pretensão) cujo conteúdo (conduta qualificada) é composto pelo poder de realizar atos de cobrança que constranjam o devedor (ou terceiro) a cumprir com obrigação ou, ainda, pelo poder de expropriar o patrimônio do sujeito inadimplente.

Sob a óptica normativa jurídico-material, a pretensão consubstancia um direito decorrente da incidência de norma geral e abstrata que toma por suporte fático o não cumprimento de uma determinada relação jurídica prestacional. É justamente esse "dever de submissão" do devedor aos atos de cobrança realizados pelo credor que a teoria geral das obrigações denomina de "responsabilidade patrimonial".

Nesse sentido, pretensão (situação jurídica subjetiva ativa) e responsabilidade (situação jurídica subjetiva passiva) perfazem relações complementares, sendo a primeira a relação jurídica conversa da segunda. Trata-se a responsabilidade, portanto, da situação jurídica subjetiva passiva, por meio da qual o devedor inadimplente deve se submeter aos atos de cobrança (inscrição do débito em dívida ativa, inscrição do débito no cadastro de devedores – CADIN, SERASA, SPC – por exemplo), incluídos aqueles destinados à expropriação de seu patrimônio – quando falamos em "responsabilidade patrimonial" –, com vistas à satisfação do crédito.

É justamente a resistência do devedor aos atos de cobrança perpetrados pelo credor que caracteriza o conflito havido nesta específica técnica de regulação de conduta, fato que legitima a dedução de pleito jurisdicional especificamente destinado a coagir o devedor a adimplir o crédito (tutela condenatória) e, em última instância, a expropriar seu patrimônio (tutela executiva).

1.3.3 A diversidade das relações e dos conflitos jurídicos tributários

Em Direito Tributário, o estudo das relações jurídicas tem como foco principal as relações jurídico-prestacionais, cujo exemplo definitivo é a obrigação tributária em sentido estrito, fenômeno nuclear das atividades impositivas.

As obrigações tributárias em sentido estrito, todavia, consideradas no contexto dessa conjuntura mais abrangente que caracteriza o percurso de concretização do direito tributário, são precedidas por relações jurídicas de naturezas distintas, as quais, inclusive, determinam suas próprias existências (o exercício do direito de lançar é determinante à constituição da obrigação tributária) e, *quase sempre*, sucedidas por outras (relações jurídicas) que se mostrarão determinantes à eficácia do direito subjetivo de crédito (é o caso da relação jurídica de responsabilidade patrimonial, nascida do fato do inadimplemento do tributo).

Daí a necessidade de estender e aprofundar o estudo das relações jurídicas nas suas mais diversas formas de manifestação, inclusive no âmbito específico do processo de concretização do direito tributário. É justamente por essa razão que LOURIVAL VILANOVA, ressaltando a importância de não se restringir o estudo das relações jurídicas às relações ditas prestacionais, assevera que a restrição do conceito de relação jurídica aos vínculos de natureza prestacional não é compatível com a complexidade própria a essa importante categoria jurídico-normativa.[63]

---

63. "É na estrutura de relações jurídicas que se verificam direitos subjetivos em sentido técnico-estrito, poderes ou faculdades, direitos potestativos, direitos relativos e direitos absolutos, direitos materiais e processuais. Restringir a relação jurídica ao caso dos direitos subjetivos, em sentido restrito, não se compadece com o conceito de relação e com o conceito de relação jurídica". VILANOVA, Lourival, *Causalidade e relação no direito*, p. 234.

São várias as relações e situações jurídicas subjetivas (direitos subjetivos em sentido amplo) que permeiam o percurso de positivação do direito tributário. Não pretendemos, neste momento, enumerá-las de forma exaustiva, mas tão somente destacar a importância da tomada de consciência a respeito de suas particularidades, já que estão diretamente ligadas à natureza específica de cada um dos conflitos tributários e, consequentemente, das técnicas jurisdicionais de composição e reparação dos direitos subjetivos violados (tutelas jurisdicionais).

A relação entre essas espécies de vínculo jurídico-tributário e de suas específicas formas de violação com cada uma das ações e instrumentos processuais tributários a serem manejados por seus titulares serão retomadas, com vagar, no capítulo seguinte (capítulo II).

O que nos parece importante sublinhar, neste momento, até a título de introdução daquilo que será desenvolvido nos capítulos seguintes, é que cada uma das diferentes espécies de direito subjetivo representa uma *técnica específica de regulação da conduta*, motivo pelo qual a *forma de violação* e, principalmente, *o modo de reparação* via tutela jurisdicional são diferentes para cada tipo de "direito subjetivo em sentido amplo (situação jurídica subjetiva ativa)".

Eis aí a relação que se estabelece entre crises de (in)certezas e tutelas declaratórias; crises de legalidade e tutelas (des)constitutivas; e crises de inadimplência e tutelas condenatórias e executivas.[64] Trazendo essas variáveis

64. "A diferença entre as espécies de tutela decorre das circunstâncias inerentes à situação da vida que clama pela proteção jurisdicional. Na grande maioria das vezes é o próprio direito material que determina a espécie de tutela. Será ela declaratória, condenatória ou constitutiva, por exemplo, em função da relação jurídica substancial e da pretensão exposta pelo autor. A crise de certeza e de inadimplemento conduz à tutelas declaratória e condenatória. Já, o direito à modificação jurídica (direito potestativo, na terminologia chiovendiana) autoriza a tutela constitutiva. Tanto a tutela declaratória quanto a constitutiva implicam reconhecimento de um direito. Distinguem-se em função da própria natureza do direito afirmado: será constitutiva a tutela

para o plano jurídico-tributário, é possível verificar que cada uma dessas espécies jurídico-relacionais, e respectivas crises substanciais, se manifesta em momentos específicos do percurso de concretização do direito tributário.

Daí porque, conforme veremos adiante (capítulo II, item 2.1.4), estabelece-se um vínculo intrínseco entre (i) o momento em que se encontra o processo de concretização do direito tributário; (ii) o tipo de relação jurídico-tributária (direito absoluto, potestativo ou prestacional) estabelecida entre os sujeitos de direito tributário; (iii) o tipo de crise que se instaura entre os referidos sujeitos de direito (tributário); (iv) o instrumento processual a ser manejado pelo titular do direito violado; e (v) a espécie de tutela jurisdicional adequada à composição da lide.

Tal circunstância, queremos crer, reforça ainda mais a premissa, desde antes afirmada, de que não se pode analisar as questões atinentes ao fenômeno processual sem ter em mira as peculiaridades relativas à espécie de direito subjetivo material violado que serve de pretexto ao exercício da atividade jurisdicional.

1.3.4 O conflito e a lide como fatos jurídicos processuais

Fenômeno jurídico que é, o conflito não dispensa a formulação de linguagem competente que o objetive normativamente.[65] A lesão ou ameaça de lesão a direito, desse modo, deve ser tomada como fato jurídico constituído mediante ato praticado pelo sujeito autorizado (competente) a produzi-lo, isto é, o titular do direito de ação.

---

se o "accertamento" acarretar a alteração de um estado jurídico preexistente. O objeto da declaração, aqui, é um direito à modificação jurídica". BEDAQUE, José Roberto dos Santos. *Direito e processo*: influência do direito material sobre o processo, p. 31.

65. "Onde houver normas jurídicas haverá, certamente, uma linguagem em que tais normas se manifestem". CARVALHO, Paulo de Barros. *Direito tributário*: fundamentos jurídicos da incidência, p. 19.

Em sentido estritamente jurídico, portanto, não há que se cogitar a possibilidade de que a ideia de "conflito" aponte para fenômeno externo ao processo, mas sim para um específico fato jurídico concretamente formulado por meio do ato inaugural desencadeador do processo jurisdicional (ação-demanda).[66]

Assim, se é verdade que não existe fato jurídico tributário – e a correlata relação jurídico-tributária – sem que se tenha produzido o documento jurídico especificamente destinado a formalizá-los (lançamento, autolançamento etc.), da mesma maneira não é possível vislumbrar conflituosidade sem que se pressuponha a prática do específico ato de provocação do órgão jurisdicional por meio do qual se constituirá o fato jurídico conflituoso (petição inicial, reclamação trabalhista, impugnação administrativa etc.).[67]

A linguagem jurídica conflituosa, não obstante faça referência a um plexo de eventos ocorridos no plano da facticidade social, com estes não se confunde. Nesse sentido, o fato jurídico conflituoso, tal qual deduzido pelo ato de provocação desencadeador da atividade jurisdicional, é redutor das complexidades que compõem a conflituosidade social, seletor dos dados que eventualmente sejam relevantes para que a pretensão a ser levada ao conhecimento da autoridade jurisdicional seja adequadamente apreciada. Significa dizer que nem tudo que integra os eventos sociais a partir dos quais os conflitos jurídicos são constituídos é referido pela

66. "Podemos reconhecer, num primeiro momento, duas acepções para o termo; uma primeira de proporções irrelevantes ao mundo jurídico-processual (social); a segunda, propriamente jurídica, governada pela ideia segundo a qual sem linguagem não há direito, e que, por isso, edifica-se mediante específicos instrumentos". CONRADO, Paulo Cesar. *Processo tributário*, p. 30.

67. "Juridicamente, a constituição de um fato que se repute juridicamente relevante (e assim o conflito de que vimos falando) supõe a produção de documentos (linguagem) cuja elaboração pode competir ou a autoridade pública ou a sujeito de direito privado (lançamento e 'autolançamento' são elucidativos exemplos, embora atinentes ao direito material tributário, dessas duas realidades, na exata ordem em que formuladas)". CONRADO, Paulo Cesar. *Processo tributário*, p. 30.

linguagem jurídica que os formaliza, até porque não é possível que a linguagem expresse, inteiramente, toda a complexidade dos fenômenos sociais a que se refere.[68]

Não há que se confundir, desse modo, o evento conflituoso (aquele que se verifica no âmbito da facticidade social) com o fato jurídico conflituoso, expresso por meio dos enunciados efetivamente deduzidos em juízo pelo titular do direito violado. O fato jurídico conflituoso pode ser constituído, apreciado e solucionado, inclusive em favor do sujeito requerente, sem que tenha havido seu correspondente social, da mesma forma que o fato jurídico tributário pode ser constituído sem que se tenha verificado o evento social a que se refere, dando ensejo ao nascimento de relação jurídico-tributária que produzirá eficácia plena caso o sujeito passivo não conteste a cobrança, adimplindo a obrigação.

Além disso, necessário sublinhar que o conflito é fato jurídico expressivo de uma determinada "lesão ou ameaça de lesão a direito" (aspecto passivo da causa de pedir remota) tão somente no plano da *afirmação*, ou seja, o fato

---

68. "**No decorrer deste trabalho, como a interpretação abrange também os fatos, o intérprete os reconforma, de modo que podemos dizer que o direito institui a sua própria realidade. Daí a importância do relato dos fatos (= narrativa dos fatos a serem considerados pelo intérprete) para a interpretação.**
Pois é certo que os fatos não são, fora de seu relato (isto é, fora do relato a que correspondem), o que são.
O que desejo afirmar é a fragilidade do compromisso entre o relato e seu objeto, entre o relato e o relatado.
Esse compromisso é, antes de mais nada, comprometido em razão (1) de jamais descrevermos a realidade; o que descrevemos é o nosso modo de ver a realidade. Além de não descrermos a realidade, porém o nosso modo de ver a realidade, (2a) essa mesma realidade determina o nosso pensamento e, (2b) ao descrevermos a realidade, nossa descrição da realidade será determinada (i) pela nossa pré-compreensão dela (= da realidade) e (ii) pelo lugar que ocupamos ao descrever a realidade (= nosso lugar no mundo e lugar desde o qual pensamos). Por isso caberá aqui tudo o que digo no Ensaio sobre a pré-compreensão.
Também no que tange aos fatos não existe, no direito, o verdadeiro. Inútil buscarmos a verdade dos fatos, porque os fatos que importarão na e para a construção da norma são aqueles recebidos/percebidos pelo intérprete – eles, como são percebidos pelo intérprete, é que informarão/conformarão a produção/criação da norma". GRAU, Eros Roberto. *Ensaio e discurso sobre a interpretação/aplicação do direito*, p. 27. (destacamos)

jurídico conflituoso não expressa a lesão ou ameaça de lesão com foros de certeza. Trata-se, em verdade, de mera afirmação da ocorrência de ato de violação a direito subjetivo, sujeita a juízo de confirmação ou infirmação a ser realizado por ulterior ato jurisdicional, responsável pelo acolhimento ou afastamento da pretensão deduzida.

Assim, independentemente do resultado final do processo (sentença de mérito favorável ou desfavorável ou sentença extintiva do processo sem resolução de mérito), o conflito terá sido concretizado mediante a mera afirmação, em linguagem jurídica competente, do ato lesivo em juízo.

Pois bem. Relação jurídica e ato jurídico violador (lesão ou ameaça de lesão a direito) perfazem os elementos constitutivos do fato jurídico conflituoso e se confundem com aquilo que o Código de Processo Civil ora denomina "causa de pedir" (art. 337, §2º, do CPC), ora designa "fato e fundamentos jurídicos do pedido" (art. 319, inciso III, do CPC). Constituem, mais precisamente, aquilo que a processualística qualifica de "aspectos ativo e passivo" da chamada "causa de pedir remota", isto é, os "fatos" constitutivos do direito e os "fatos" constitutivos da violação.

Agora, se à noção de conflito agregamos o conceito de pretensão processual, assim entendida como a solicitação feita pelo titular do direito dito violado ao órgão jurisdicional (pedido) para que seja exarada a tutela jurisdicional pretendida, aí obtemos o conceito de lide.[69]

Dessa forma, conflituosidade e litigiosidade, conquanto possam ser consideradas, analiticamente, noções distintas, sendo a primeira (causa de pedir) parte integrante da segunda (causa de pedir + pedido), no contexto do fenômeno processual concretamente considerado, perfazem

69. Há que se distinguir, por oportuno, os conceitos de "pretensão" em sentido material, que é justamente aquele que, no Capítulo I, definimos como "relação jurídica nascida do descumprimento de direitos subjetivos em sentido técnico-dogmático"; de "pretensão" em sentido processual, cuja noção se confunde com a de "pedido".

entidades inseparáveis, pois a dedução, em juízo, de uma pretensão processual qualquer será sempre precedida da afirmação de uma lesão ou ameaça de lesão a direito subjetivo que lhe sirva de suporte.[70]

É justamente o fato de a pretensão processual ser deduzida com fundamento em um conflito de interesses, aliás, que induz a presunção de que esta (a pretensão) é resistida, ou seja, de que a parte contrainteressada, em face de quem o pedido é deduzido, negou-se a reparar, espontaneamente, o ato de violação por ela praticado.[71]

A pretensão processual, tanto quanto o conflito, é fato jurídico processual, havendo de ser devidamente vertida em linguagem competente. Não haverá lide, portanto, sem que o sujeito legitimado a ingressar em juízo deduza, juntamente com o fato jurídico conflituoso, a pretensão à tutela jurisdicional que entende adequada a reparar o ato de violação ou a prevenir a violação do direito subjetivo ameaçado, estando a autoridade jurisdicional vinculada ao que foi efetivamente levado à sua apreciação pela parte provocadora (autor).[72]

---

70. É possível falar em pretensão sem conflito, como nos casos dos processos que instrumentalizam o exercício da chamada jurisdição voluntária (por meio da qual o Poder Judiciário exerce, atipicamente, função administrativa), situação em que a pretensão não decorre de um ato de violação a direito subjetivo, mas de mera convergência das vontades das partes interessadas. A recíproca, no entanto, não é verdadeira: onde houver afirmação de fato jurídico conflituoso, verificar-se-á, necessariamente, a dedução de uma pretensão à tutela jurisdicional apta à sua composição.

71. Na clássica definição carnellutiana de lide como "conflito de interesses qualificado por uma pretensão resistida", a noção de resistência costuma estar vinculada à verificação do efetivo exercício do direito da parte contrainteressada à contradição. Aceitar essa premissa, no entanto, significa afirmar que, nos casos em que não houver contestação do pedido (revelia, indeferimento sumário do pedido ou reconhecimento, de ofício, de prescrição ou decadência), não restaria verificada, também, a lide. A mera dedução em juízo da pretensão, no entanto, traz consigo a presunção de resistência da parte contrainteressada em reparar os efeitos do ato de violação ao direito do demandante, o que se confirma pela previsão expressa de casos em que haverá a apreciação do mérito da causa (da lide) sem a necessidade de comunicação da parte contrária, como é o caso das situações dispostas nos art. 332 do Código de Processo Civil.

72. É exatamente o que vem expresso nas regras veiculadas pelos arts. 141 e 492 do Código de Processo Civil, os quais prescrevem que:

O conceito de lide, em suma, decorre do somatório das noções de conflito (causa de pedir) e de pretensão (pedido).

Um mesmo conflito, por sua vez, pode servir de fundamento a pretensões processuais distintas, dando ensejo à formação de lides diferentes. O conflito decorrente da não restituição de valores pagos indevidamente a título de tributo (art. 165 do Código Tributário Nacional), por exemplo, pode fundamentar tanto a pretensão à condenação do Fisco à devolução dos referidos valores (pretensão condenatória) quanto a pretensão ao reconhecimento do direito do sujeito passivo de compensar os referidos valores (pretensão declaratória).

É possível concluir, assim, que as lides, incluídas as tributárias, na qualidade de fatos jurídicos processuais, hão de ser constituídas mediante o exercício de direitos subjetivos que redundam na prática daqueles atos jurídicos responsáveis por lhes dar os contornos linguísticos necessários à sua existência jurídica. Esses direitos subjetivos e atos jurídicos, por sua vez, dizem respeito, justamente, à ideia de "ação", fenômeno sobre o qual nos debruçaremos no próximo capítulo.

"Art. 141. O juiz decidirá o mérito nos limites propostos pelas partes, sendo-lhe vedado conhecer de questões não suscitadas a cujo respeito a lei exige iniciativa da parte".
"Art. 492, *caput*. É vedado ao juiz proferir decisão de natureza diversa da pedida, bem como condenar a parte em quantidade superior ou em objeto diverso do que lhe foi demandado".

CAPÍTULO II

DAS AÇÕES TRIBUTÁRIAS

2.1 Direito de ação, ação e ações tributárias

2.1.1 Definindo o(s) conceito(s) de ação

O direito, na condição de plexo normativo que se manifesta sob a forma de textos prescritivos, está sujeito às variações significativas impostas pelo contexto no qual está inserido, bem como pelos específicos jogos de linguagem próprios ao momento histórico em que é surpreendido, característica, aliás, inerente à sua condição de objeto cultural.

As categorias e os conceitos jurídicos, destarte, não surgem do nada, muito menos são "descobertos na natureza". Estamos a falar, não há dúvida, de entidades constituídas dentro de um processo histórico-evolutivo, e que são, por esse motivo, permeáveis às contingências culturais, sociais e jurídico-positivas que se verificam no transcurso da história.[73]

---

73. Sobre a ingenuidade da busca pela "essência" ou "natureza jurídica" dos institutos jurídico-positivos, didática a reprodução do voto proferido pelo Min. Joaquim Barbosa, por ocasião do julgamento do RE n. 547.245/SC, cuja controvérsia girava em torno da determinação do conceito de serviço para fins de tributação dos contratos de leasing financeiro, in verbis: "Parto da oportuna passagem inicial do voto

Nada obstante, a busca incessante por previsibilidade (segurança jurídica e precisão conceptual) por parte dos juristas – práticos e teóricos – resulta numa natural tendência à "cristalização conceptual" ou "dogmatização" de axiomas jurídicos de elevada abrangência sistêmica, principalmente aqueles cujas origens históricas são mais longínquas.[74]

O fenômeno da dogmatização, contudo, acaba por ser responsável pela instauração de infindáveis e estéreis debates a respeito da "natureza" de determinadas categorias jurídico-positivas, discussões estas que decorrem, no mais das vezes, da ausência de conscientização dos juristas acerca do fato de que tais categorias, incluídos os mais tradicionais institutos jurídicos, estarem sujeitos às mutações conceptuais impostas pelo direito positivo vigente em momentos históricos distintos.

Mesmo os chamados conceitos lógico-jurídicos (teórico-gerais), vale lembrar, têm sua existência condicionada ao acolhimento consensual de uma determinada gramática ou modelo teórico desenvolvido num dado contexto histórico, modelo este que, não obstante possa se mostrar útil e satisfatório no cenário em que foi desenvolvido, estará fadado, em algum momento, à superação.[75]

A polêmica instaurada sobre o conceito de ação é uma daquelas que decorrem do excessivo apego dos juristas aos

---

do ministro-relator, no sentido da impropriedade de se sustentar a existência da correta natureza jurídica das operações, como se o conceito fosse ontológico, isto é, nas palavras do Ministro Eros Grau, "como se institutos jurídicos pertencessem ao mundo natural". Não há conceito constitucional absoluto, imutável, intuitivo através dos tempos para serviços, ditado pela ordem natural e que possa ser a priori violado por conceitos criados pela função especulativa a que aludiu **Irving Copi.** Nesse sentido, observo que a rápida evolução social tem levado à obsolescência de certos conceitos jurídicos arraigados, que não podem permanecer impermeáveis a novas avaliações (ainda que para confirmá-los)".

74. É essa tendência à dogmatização que acaba por gerar, em nosso sentir, aquilo que ALFREDO AUGUSTO BECKER chamou de "senso comum dos juristas".

75. Tais como os conceitos de "norma jurídica", "sistema jurídico" e "relação jurídica".

dogmas historicamente cristalizados. Nesse tocante, é de conhecimento de todos que frequentaram os bancos do curso de bacharelado em Direito a existência de diversas "teorias da ação", cada qual desenvolvida por juristas pertencentes a movimentos de pensamento jurídico próprios a uma determinada época e, principalmente, submissos a um específico sistema jurídico-positivo.

Essa heterogeneidade histórico-normativa, por si só, é suficiente para justificar e explicar a discrepância entre as concepções de "ação" desenvolvidas por cada uma das sobreditas escolas de pensamento.[76]

A despeito disso, não é incomum que juristas contemporâneos tomem posição fechada em favor de uma ou outra teoria da ação, como se tal categoria pudesse ser tratada como um fenômeno absoluto e imutável, desvinculada do modelo jurídico-processual vigente em nossos tempos. Ignora-se, desse modo, o fato de que o conceito de ação, tal como as demais categorias de Teoria Geral do Processo, é eminentemente jurídico-positivo.

Dessa maneira, se há uma resposta correta e perene para a pergunta "que é a ação?", essa resposta é: "ação é aquilo que o direito positivo quer que ela seja".

Concluir que o conceito de "ação" está necessariamente atrelado àquilo que o direito positivo estabelece, contudo, não resolve outro problema que se coloca como verdadeiro obstáculo à pretensão de se identificar uma concepção jurídica de "ação" capaz de capturar sua "essência" conceptual, qual seja: a diversidade semântica que caracteriza o

76. "Calamandrei, no seu célebre estudo sobre a relatividade do conceito de ação, ressalta que, desde as primeiras polêmicas sobre o problema da ação, travadas pelos juristas alemães no século XIX, sempre esteve em jogo uma questão política envolvendo as diversas concepções das relações entre o cidadão e o Estado, e que nenhuma das diversas teorias propostas pode ser considerada absolutamente verdadeira, e nem absolutamente falsa". GRECO, Leonardo. *A teoria da ação no processo civil*, p. 25.

uso do vocábulo "ação" nos inúmeros enunciados jurídico-processuais vigentes.

Para dificultar ainda mais o processo de elucidação, alguns conteúdos normativos que, segundo a processualística, expressam aquilo que viria a ser a "essência" do conceito de ação, sequer fazem uso do termo "ação".

Parece ser este, justamente, o caso do art. 5º, inciso XXXV, da CF/88, segundo o qual "a lei não excluirá da apreciação do Poder Judiciário lesão ou ameaça de lesão a direito".

Conquanto o sobredito enunciado constitucional realmente não se utilize da palavra "ação", a processualística vincula-a aos conteúdos normativos que dele se pode extrair, o que nos exorta a analisá-lo com especial atenção, mormente em razão da alta posição hierárquica que o indigitado preceito ocupa no sistema jurídico.

Pois bem. Da interpretação do indigitado enunciado é possível identificar dois direitos subjetivos básicos (*prima facie*), a saber: (i) o direito subjetivo (absoluto) de provocação do Poder Judiciário, ao qual corresponde o dever jurídico de não oposição de óbice à iniciativa do jurisdicionado;[77]

---

77. Trata-se, aqui, de direito de ação como "direito de acesso ao Poder Judiciário" ou como "direito constitucional de petição", ao qual EDUARDO COUTURE se refere:
"Se a ação é, através do processo histórico de sua formação, uma maneira de substituir o exercício dos direitos por ato próprio, mediante a tutela por ato da autoridade; e se essa substituição somente se realiza a requerimento da parte interessada, esse poder de requerer, faz parte do poder jurídico de que todo indivíduo se utiliza, de recorrer à autoridade para solicitar o que considera justo?
O direito de petição, configurado como garantia individual na maioria das Constituições escritas, e considerado pelos autores clássicos do direito constitucional como uma expressão formal, pois esse direito é inseparável de toda organização em forma de Estado, é exercido, indistintamente, "perante todas e quaisquer autoridades".
Não há razão para que o Poder Judiciário seja excluído dos órgãos e autoridades perante os quais os cidadãos podem exercer o direito de petição. (...)
Toda ideia que pretenda fundir o direito de pedir com a justiça do pedido, constitui uma *Contradictio in adjecto*. O direito de pedir não requer um exame do conteúdo da petição, pois sendo um direito de garantia, deve ter andamento até o momento da decisão. (...)

e (ii) o direito subjetivo público à apreciação da questão deduzida em juízo, ao qual corresponde o dever jurídico do Poder Judiciário de dirimir, efetivamente, o conflito.[78]

A violação deste direito é consumada quando se nega ao indivíduo a possibilidade material de fazer chegar as petições à autoridade, seja resistindo-se a admitir as petições escritas, seja rejeitando-as *in limine* e sem exame algum, seja deixando-as indefinidamente sem resposta".
(Si la acción es, a través del proceso histórico de su formación, un modo de sustituir el ejercicio de los derechos por acto propio, mediante la tutela por acto de la autoridad; y si esa sustitución sólo se realiza a requerimiento de la parte interesada, ¿ese poder de requerir, forma parte del poder jurídico de que se haya asistido todo individuo, de acudir ante la autoridad a solicitar lo que considera justo?
El derecho de petición, configurado como garantía individual en la mayoría de las Constituciones escritas, y considerado por los escritores clásicos del derecho constitucional como una expresión formal, pues ese derecho es inseparable de toda organización en forma de Estado, se ejerce, indistintamente, "ante todas y cualesquiera autoridades".
El Poder Judicial no tiene por qué ser excluido de los órganos y autoridades ante los cuales los particulares pueden ejercer el derecho de petición. (...)
Toda idea que tienda a asimilar el derecho a pedir con la justicia de lo pedido, constituye una *Contradictio in adjecto*. El derecho de pedir no requiere un examen del contenido de la petición, pues siendo un derecho de garantía, debe tener andamiento hasta el momento de la decisión. (...)
La violación de este derecho se consuma cuando se niega al individuo su posibilidad material de hacer llegar las peticiones a la autoridad, ya sea resistiéndose a admitir las peticiones escritas, ya sea rechazándolas in limine y sin examen alguno, ya sea dejándolas indefinidamente sin respuesta.) COUTURE, Eduardo J. *Fundamentos del derecho procesal civil*, p. 61-63. (tradução nossa)

78. Neste caso, temos direito de ação como direito subjetivo público à prestação jurisdicional, exatamente conforme descrito na lição de UGO ROCCO:
"O direito de cada cidadão, como tal, de pretender do Estado o exercício de sua atividade para a satisfação dos interesses amparados pelo direito, se chama direito de ação.
Pertence à categoria dos direitos públicos subjetivos, e faz parte da classe dos direitos cívicos, por quanto tem por objeto uma prestação positiva da parte do Estado.
Sua característica consiste em ser um direito abstrato, no sentido de que prescinde da existência efetiva de um direito material concreto"
(El derecho de cada ciudadano, como tal, de pretender del Estado o ejercicio de su actividad para la satisfacción de los intereses amparados por el derecho, se llama derecho de acción.
Pertenece a la categoría de los derechos públicos subjetivos, y forma parte de la clase de los derechos cívicos, por cuanto tiene por objeto una prestación positiva de parte del Estado.
Consiste su característica em ser un derecho abstracto, em El sentido de que prescinde de la existência efectiva de um derecho material concreto) ROCCO, Ugo. *Derecho procesal civil*, p. 143-144. (tradução nossa)

Os direitos subjetivos de provocação (ação-petição) e à tutela jurisdicional (ação-resposta), ínsitos à noção de inafastabilidade da jurisdição, correspondem às duas faces da denominada ação como "direito abstrato" (teoria abstrata da ação), em que o termo "abstrato" deve ser entendido como denotativo da autonomia do direito de ação em relação a qualquer espécie de direito subjetivo material.

Nesse contexto, é necessário ter em conta o fato de os direitos constitucionais de acesso à prestação jurisdicional (petição e resposta) perfazerem direitos subjetivos *prima facie*,[79] já que o efetivo exercício de cada um deles está pautado por regras constantes dos inúmeros diplomas processuais infraconstitucionais que disciplinam e (de)limitam o seu exercício, de maneira a evitar o abuso e o desvirtuamento de seus escopos constitucionais. É exatamente o caso da regra constante do §2º do art. 486 do CPC/2015, que – ao condicionar o despacho da petição inicial à prova do pagamento ou do depósito das custas e dos honorários de advogado – impõe uma clara limitação ao direito constitucional de ação-petição.[80]

---

79. "Quando consideramos o catálogo de direitos, teremos que considerar se esses direitos são absolutos, isto é, se todos os sujeitos têm título suficiente para exercê-los em todas as condições, ou se trata-se de direitos prima facie, ou seja, se admitem ou não exceções ou qualificações, e se convertem-se em direitos absolutos unicamente se não existe concorrência alguma de pretensões concorrentes".
(Cuando consideramos el catálogo de derechos, habremos de considerar si esos derechos son absolutos, es decir, si todos los sujetos tienen título suficiente para ejercerlos en todas las condiciones, o si se trata de derechos prima facie, es decir, si admiten o no excepciones o cualificaciones, y si se convierten en derechos absolutos únicamente si no existe concurrencia alguna de pretensiones competidoras.) MENDONCA, Daniel. *Los derechos en juego*: conflicto y balance de derechos, p. 26. (tradução nossa)

80. "Art. 486. O pronunciamento judicial que não resolve o mérito não obsta a que a parte proponha de novo a ação.
(...)
§ 2º. A petição inicial, todavia, não será despachada sem a prova do pagamento ou do depósito das custas e dos honorários de advogado".
A limitação imposta pelo art. 486, § 2º, do Código de Processo Civil, conquanto limitadora do direito constitucional de ação (petição), não pode ser considerada, em nosso sentir, violadora do referido preceito constitucional, pois pressupõe que o

Da mesma forma, o direito de ação-resposta está limitado pela regra do atual art. 485, incisos IV, V e VI, do CPC/2015 (equivalente ao revogado art. 267, incisos IV, V e VI, do CPC/73), que condiciona a apreciação do mérito da demanda ao preenchimento dos requisitos (pressupostos e condições) neles enumerados.[81]

É no âmbito da disciplina infraconstitucional, portanto, que as várias acepções do vocábulo "ação" podem ser identificadas com maior facilidade – inclusive pelo uso expresso do termo –, todas elas relacionadas, contudo, às práticas normativas que visam a dar efetividade ao exercício dos direitos subjetivos *prima facie* constitucionalmente prescritos (ação-petição/ação-resposta). Não por outra razão, tanto o CPC/2015 quanto o revogado CPC/73 possuem inúmeros enunciados que fazem uso do termo "ação" em sentidos bem diversos daqueles acima referidos.

A locução "proposta a ação", por exemplo, constante do enunciado do atual art. 312 do CPC/2015 (art. 263 do CPC/73), refere-se ao próprio ato que materializa a conduta de se dirigir ao órgão jurisdicional, estando relacionada com o exercício do direito constitucional de acesso ao Judiciário (ação-petição), e que lhe serve, aliás, de pressuposto normativo.[82]

---

autor já tenha tido acesso à prestação jurisdicional em processo anterior, no qual tenha sido, por exemplo, julgado carecedor da ação.

81. "Art. 485. O juiz não resolverá o mérito quando:
(...)
IV - verificar a ausência de pressupostos de constituição e de desenvolvimento válido e regular do processo;
V - reconhecer a existência de perempção, de litispendência ou de coisa julgada;
VI - verificar ausência de legitimidade ou de interesse processual;"

82. "Art. 312. Considera-se **proposta a ação** quando a petição inicial for protocolada, todavia, a propositura da ação só produz quanto ao réu os efeitos mencionados no art. 240 depois que for validamente citado". (destacamos)
"Art. 263. Considera-se **proposta a ação**, tanto que a petição inicial seja despachada pelo juiz, ou simplesmente distribuída, onde houver mais de uma vara. A **propositura da ação**, todavia, só produz, quanto ao réu, os efeitos mencionados no art. 219 depois que for validamente citado". (destacamos)

Já na expressão "uma ação é idêntica à outra", veiculada no art. 337, §2º, do CPC/2015 (art. 301, § 2º, do CPC/73),[83] o termo "ação" aponta para o ato-fato jurídico que objetiva o próprio conteúdo da relação jurídica conflituosa e da pretensão deduzida (ação-demanda). Esse sentido do termo "ação" (como sinônimo de "demanda"), vale anotar, é o mais utilizado nos enunciados jurídicos prescritivos, em especial no CPC/2015.

Por sua vez, a expressão "condições da ação" – excluída do texto do CPC/2015, mas expressamente prevista no art. 267, inciso VI, do CPC/73[84] e largamente utilizada pela processualística – guarda relação com os requisitos necessários para que a autoridade jurisdicional proceda à efetiva apreciação da pretensão deduzida (ação-tutela), a serem verificados após a concretização do ato de provocação,[85] devendo o termo "ação", neste caso, ser entendido como equivalente a "direito à apreciação do mérito da causa". [86]

Trata-se, portanto, de utilização do termo "ação" naquele específico sentido proposto pela chamada "teoria eclética" da ação. Daí falar-se em "ação" como direito subjetivo público de ir ao Judiciário para obter tutela

---

83. "Art. 301. Compete-lhe, porém, antes de discutir o mérito, alegar:
(...)
§ 2º Uma **ação é idêntica a outra** quando tem as mesmas partes, a mesma causa de pedir e o mesmo pedido". (destacamos)

84. "Art. 267. Extingue-se o processo, sem resolução do mérito:
(...)
VI – quando não concorrer qualquer das **condições da ação**, como a possibilidade jurídica do pedido, a legitimidade das partes e o interesse processual". (destacamos)

85. Imprescindível ao exercício do dever jurisdicional, por expressa determinação do art. 2º do Código de Processo Civil, *in verbis*:
"Art. 2º. Nenhum juiz prestará tutela jurisdicional senão quando a parte ou o interessado a requerer, nos casos e formas legais".

86. Efetiva porque, mesmo nos casos das sentenças proferidas com fundamento no art. 267 do Código de Processo Civil, as quais, por definição legal, se caracterizam pela não apreciação do mérito da causa, há, mesmo que de forma superficial, prestação jurisdicional.

jurisdicional capaz de compor, efetivamente, o direito material tido por violado ou sob ameaça de violação, definição que, aliás, tem o condão de abarcar, num só instituto, dois direitos subjetivos, os quais, analiticamente, poderiam ser estudados separadamente, isto é, o direito de "petição ao Judiciário" e o direito à "efetiva tutela jurisdicional".

Nesse sentido, se determinado sujeito passivo ingressar com pedido judicial de repetição do indébito tributário e, ao final, constatar-se a ausência de uma das condições da ação, procedendo-se à consequente extinção do processo sem resolução do mérito, terá ele exercido plenamente seu direito constitucional de ação-petição. O mesmo não pode ser dito com relação ao direito à "tutela jurisdicional", o qual fora mitigado pelo não preenchimento dos requisitos legais "condicionantes" de seu exercício.

Situação diferente ocorrerá se a demanda for julgada improcedente, diante da constatação de que o direito subjetivo à restituição não existe ou, ainda, que o referido direito restou fulminado pela prescrição. Nesse caso, não se pode negar que a faculdade de se dirigir ao Poder Judiciário e o decorrente dever de manifestação do juiz foram plenamente exercidos, apesar de a pretensão material do demandante não ter sido atendida.

Em ambas as situações descritas, o "direito constitucional de ação", tal como prescrito pelo art. 5º, inciso XXXV, da CF/88, haverá sido efetivamente exercido. A diferença é que, no primeiro caso, o exercício do direito não atingiu, sob a perspectiva eficacial, seu objetivo final, qual seja, a composição do conflito, mediante a prolação de provimento jurisdicional de mérito. E isso em razão das limitações impostas não pelo texto constitucional, mas pelo arcabouço normativo erigido infraconstitucionalmente, a pretexto de regulamentá-lo e implementá-lo.

Por fim, ainda é possível identificar outra acepção do termo /"ação", vinculada ao ato por meio do qual a autoridade jurisdicional concede, efetivamente, a tutela jurisdicional deduzida (ação-tutela jurisdicional procedente), e que pressupõe o reconhecimento concreto do direito material afirmado. É exatamente nessa acepção que o (revogado) art. 352, incisos I e II, do CPC/73,[87] utilizava o termo "ação", ao prescrever que a confissão, quando emanar de erro, dolo ou coação, poderá ser revogada por "ação anulatória (art. 352, inciso I)" ou por "ação rescisória (art. 352, inciso II)". Esse é o sentido de "ação" proposto pela teoria da ação como "direito concreto", que se confunde, em dias atuais, com a própria noção de "tutela jurisdicional do direito violado".

Tem-se, portanto, o termo "ação" usado indistintamente para referir os atos e as condutas que concretizam as várias etapas do processo de realização do direito constitucional de acesso ao Judiciário, quais sejam: (i) a conduta de provocação do juízo (ação como exercício do direito de petição); o ato-fato que resulta do exercício do indigitado direito (ação-demanda); (ii) o direito à prestação jurisdicional em sentido amplo (ação como direito à resposta); e, por fim, (iii) o ato de concessão da pretensão deduzida (ação-tutela jurisdicional).

Interessante notar, nesse tocante, que cada um dos sentidos normativos que costumam ser atribuídos ao vocábulo "ação" corresponde a uma das indigitadas "teorias da ação" a que nos refer/imos linhas acima, o que está longe de ser uma coincidência, pois a natureza cultural do fenômeno jurídico permite que o sistema absorva concepções diversas de um mesmo conteúdo conceptual, cabendo ao intérprete, autêntico ou dogmático, harmonizá-las.[88]

---

87. "Art. 352. A confissão, quando emanar de erro, dolo ou coação, pode ser revogada:
I – por **ação anulatória**, se pendente o processo em que foi feita;
II – por **ação rescisória**, depois de transitada em julgado a sentença, da qual constituir o único fundamento". (destacamos)

88. Para uma discussão aprofundada sobre as concepções subjacentes a cada uma

O conceito de ação, portanto, cambia de acordo com o uso que os textos jurídico-positivos – e doutrinários também – fazem do termo, estando relacionado a diversos aspectos que compõem a teia normativa que envolve o processo de positivação do direito processual, desde as prescrições constitucionais mais básicas – o modelo constitucional de processo propriamente dito –, passando pelas disposições normativas veiculadas nos dispositivos legais – até, finalmente, os atos concretos realizadores da noção de inafastabilidade da jurisdição. Consubstancia, assim, um emaranhado normativo interdependente.

É possível concluir, assim, que há um traço característico comum às diversas concepções de "ação" que diz com o fato de estarem todas relacionadas, direta ou indiretamente, às formas e aos instrumentos por meio dos quais os sujeitos de direito exigem do Estado-juiz a proteção a seus direitos subjetivos, haja vista cada uma das diferentes manifestações do termo "ação" apontar para um aspecto distinto do aparato normativo voltado à tutela de direitos subjetivos. Essa específica circunstância permite-nos afirmar que as diversas acepções semânticas do termo "ação", positivamente acolhidas, estão relacionadas a preceitos normativos destinados, fundamentalmente, à realização da noção constitucional de inafastabilidade da jurisdição.[89]

---

das Teorias da Ação, vide MACHADO, Fábio Cardoso; AMARAL, Guilherme Rizzo (Coord.). *Polêmica sobre a ação*: a tutela jurisdicional na perspectiva das relações entre direito e processo.

89. "(...) o 'direito de ação' ou, simplesmente, a 'ação' é um dado de direito positivo no direito brasileiro e que tem assento assegurado na própria Constituição Federal. **Não se trata de um conceito 'puro', que possa ser traçado sem levar em conta as opções políticas feitas pelo ordenamento jurídico nacional**. Faz toda a diferença, portanto, verificar de que maneira o "modelo constitucional de direito processual civil" influencia-o, fornecendo os elementos mínimos e indispensáveis para sua (re) construção dogmática.
Por isto, apenas por isto, este Curso opta em não recuperar as tão amplas como interessantíssimas discussões que ocuparam e que ainda ocupam as letras da doutrina do direito processual civil sobre a natureza jurídica da ação e as diversas teorias que buscam explicá-las desde suas raízes romanas com a célebre polêmica entre

Além disso, cada acepção do termo "ação", de certa forma, compatibiliza-se com uma das teorias da ação descritas pela Dogmática Processual, o que nos faz insistir na tese esposada de que as disputas doutrinárias relativas ao tema são, *data venia*, demasiadamente essencialistas. Com efeito, mais importante que a essência (que é inatingível) é a existência (*in casu*, a existência jurídico-positiva), a qual se manifesta concretamente no uso efetivo que os utentes (legislador, Doutrina, jurisprudência e operadores do direito em geral) dão ao termo.

Devemos privilegiar, no entanto, a acepção do termo "ação" que mais está diretamente relacionada ao modelo constitucional de processo civil, em especial ao cânone da inafastabilidade da jurisdição. Esse sentido, não há dúvidas, é aquele que aponta para o direito subjetivo público de acessar o Estado-juiz para dele cobrar o exercício da função jurisdicional, isto é, para dele exigir, o fornecimento de uma decisão que seja efetivamente capaz de compor um certo conflito de interesses.[90]

É justamente sob essa óptica que analisaremos, a seguir, a teoria das condições da ação.

Windscheid e Muther, passando por sua concepção no próprio plano do direito material, no do direito processual ou, até mesmo, no plano do direito constitucional. Os temas são, este Curso não nega, relevantíssimos. Rente às premissas escolhidas para seu desenvolvimento, contudo, o que se mostra mais relevante é destacar a importância de a 'ação' ser entendida como um dos componentes do 'modelo constitucional do direito processual civil', extraindo daí, em especial dos princípios constitucionais do processo civil, seus caracteres jurídicos. A riquíssima construção dogmática pretérita acerca do tema é ferramenta útil para a realização desta tarefa. **No entanto, estas construções não são 'fim' em si mesmas consideradas, elas não são a conclusão sobre o que é e sobre o que não é a 'ação'. Simplesmente porque elas não podem revelar o que 'é' a ação, como se ela, a 'ação', existisse fora dos ordenamentos jurídicos, fora do tempo e do espaço jurídicos, fora das opções de cada ordenamento jurídico feitas pelas mais variadas razões políticas, históricas, culturais e, até mesmo, sociais**". BUENO, Cassio Scarpinella. *Curso sistematizado de direito processual tributário*, v. 1, p. 329. (destacamos)

90. CONRADO, Paulo Cesar. *Introdução à teoria geral do processo civil*, p. 152.

2.1.2 A teoria das condições da ação e sua viabilidade conceitual

2.1.2.1 Condições da ação versus pressupostos processuais

Embora a expressão "condições da ação" não tenha sido incorporada aos enunciados que compõem o regime geral de direito processual vigente, os institutos normativos processuais a que a indigitada locução se refere remanescem no sistema processual instituído pelo CPC/2015, razão pela qual as condições da ação continuam a ser uma importante classe jurídico-processual, no âmbito da qual estão inseridas aquelas duas categorias que se prestam a estabelecer os requisitos materiais mínimos de apreciação do mérito da demanda: a legitimidade de partes e o interesse de agir.

E dizemos "requisitos *materiais* mínimos" de apreciação do mérito com a intenção clara de diferenciá-los daqueles outros que, de forma diversa, podem ser chamados de "requisitos *procedimentais* mínimos" de julgamento do mérito, isto é, os pressupostos processuais.

Com efeito, o que diferencia as condições da ação dos pressupostos processuais não são os efeitos que decorrem da presença ou ausência de um ou outro – já que ambos implicam extinção do processo sem resolução de mérito –, mas sim a relação de referibilidade que as primeiras mantêm com o direito material controvertido afirmado na demanda. Tal relação, por sua vez, não se verifica no juízo de aferição dos pressupostos processuais, que dizem com as condições mínimas de procedimentalidade da demanda e viabilidade jurídica da própria relação jurídico-processual.

Nessa medida, condições da ação e pressupostos processuais, apesar de perfazerem entes cuja ausência resulta no mesmo efeito processual – extinção do processo sem resolução de mérito –, não podem ser equiparados ou colocados num mesmo "escaninho conceitual" – uma espécie de "condições" ou "pressupostos" de apreciação do mérito da causa" –, pois se referem a aspectos diversos, conquanto relacionados, do fenômeno processual.

Em outras palavras, condições da ação e pressupostos processuais são categorias vinculadas a matrizes principiológicas distintas do modelo constitucional de processo: enquanto os pressupostos processuais perfazem requisitos mínimos de manifestação da noção constitucional de devido processo legal, as condições da ação consubstanciam requisitos básicos de manifestação de outro princípio constitucional: o da inafastabilidade da jurisdição.

É por esse motivo que a simples exclusão da expressão "condições da ação" do texto do CPC/2015 não nos autoriza a colocar sob uma mesma categoria processual figuras como legitimidade, interesse, jurisdição/competência, petição inicial apta e citação válida, pelo simples fato de se tratar de institutos processuais cujos fundamentos constitucionais são distintos.

2.1.2.2 Condições da ação versus direito de ação: as condições de eficácia do direito de ação

Uma das críticas doutrinárias mais comuns à "teoria das condições da ação" está relacionada à suposta ausência de simetria entre os conceitos de "ação" e de "condições da ação", quando analisados à luz dos efeitos jurídicos processuais decorrentes da verificação, *in concreto*, da ausência de uma das condições da ação.

Para essa vertente doutrinária, soaria absurda a afirmação de que o sujeito que haja demandado contra outrem, tendo desencadeado, via ato de provocação do Estado-juiz, a movimentação da máquina judiciária, possa, após os trâmites regulares do processo, ter negado seu direito de ação. Ora, se, em situações deste jaez, a ausência de uma das condições da ação resulta na própria declaração de inexistência do direito de ação, o que houvera sido exercido pela parte até a prolação da sentença extintiva do processo sem resolução de mérito?

Conquanto respeitável e coerente em seus fundamentos, a objeção ao instituto das condições da ação, tal qual acima exposta, não resiste há uma análise mais detida a respeito da verdadeira natureza desta categoria processual.

Com efeito, e conforme advertimos há pouco, as condições da ação constituem requisitos para a efetiva apreciação do conflito deduzido, estando vinculadas àquele segundo conteúdo normativo extraído do enunciado constitucional da inafastabilidade da jurisdição a que nos referimos anteriormente (já que o primeiro, lembramos, está relacionado à própria faculdade de provocar o Poder Judiciário), e que aponta para o dever que se impõe ao órgão judicial de efetivamente pôr fim ao conflito deduzido, por meio de decisão que se volte à resolução do mérito da demanda.

Assim, o direito constitucional de ação, tal como veiculado na cláusula de inafastabilidade da jurisdição (art. 5º, inciso XXXV, da CF/88), normatiza duas condutas: (i) a primeira do jurisdicionado, que diz com a permissão (faculdade) de levar ao Poder Judiciário demanda afirmativa de "lesão ou ameaça de lesão" ao seu direito subjetivo; (ii) e a segunda do juiz, relativa ao dever de apreciar quaisquer afirmações de lesão ou ameaça de lesão que lhe forem apresentadas mediante o efetivo exercício da faculdade de provocar o aparato jurisdicional.

Não estamos a falar, vale advertir, de duas condutas complementares (relações jurídicas conversas), decorrentes de uma mesma relação jurídica, mas de duas relações jurídicas distintas: o direito de provocar, de um lado, que tem como dever correlato a obrigação de não se criar óbice ao ato de provocação; e o dever de apreciar o mérito da demanda deduzida, de outro lado, cujo objeto diz com o efetivo pronunciamento que resolva o conflito deduzido.

É por isso que aquilo que chamamos de "direito constitucional de ação" não pode ser tratado como um direito subjetivo *simples*, idêntico àquelas situações de vantagem verificadas ordinariamente no âmbito das relações jurídicas em geral, mas sim como um direito subjetivo complexo, cuja realização envolve a prática de uma série de atos jurisdicionais voltados a sua efetivação.

Além disso, é importante destacar que a efetiva prestação da tutela jurisdicional – núcleo do dever do juiz de apreciar o mérito da demanda concretamente deduzida – nada mais é que o escopo a ser atingido pelo ato de demandar, núcleo do direito subjetivo de provocação. Nessa medida, o direito de se dirigir ao Poder Judiciário (o "agir" do jurisdicionado) somente tornar-se-á plenamente eficaz com a efetiva obtenção da tutela pretendida (o "agir" da autoridade judicial).

Sob essa perspectiva, e numa releitura "não ortodoxa" da teoria das "condições da ação", poder-se-ia afirmar que as "condições" legalmente estabelecidas (legitimidade e interesse) ao direito constitucional de ação dizem, em verdade, com sua eficácia plena, e não propriamente com sua existência.[91]

Com efeito, ao tratarmos as condições da ação como condições de eficácia (e não de existência) do direito de ação, suplantamos as mais argutas objeções doutrinárias dirigidas ao indigitado instituto, objeções estas que se voltam, vale repetir, com a incongruência de se admitir que um direito cujo exercício se materializou durante todo o período em que demandante e demandado atuaram no processo, deixara de existir no instante em que restar proferida a decisão judicial que declarar o autor carecedor da ação.[92]

---

91. "O direito de ação é condicionado, isto é, o seu exercício depende da ocorrência de determinadas condições que garantem a regularidade de seu exercício". BUENO, Cassio Scarpinella. *Curso sistematizado de direito processual tributário*, v. 1, p. 350.

92. "A 'ação' não pode ser entendida apenas e tão somente como o rompimento da

De certa forma, a ideia de "condições da ação" como fenômeno relacionado ao âmbito eficacial do direito (constitucional) de ação já está propagada por parte da Dogmática de Direito Processual, pois não há dúvidas acerca da efetiva materialização de verdadeira atividade jurisdicional nos processos em que, ao final, haja sido reconhecida a ausência de uma das condições da ação, o que indica que o problema da "carência da ação" está relacionado ao efetivo atingimento dos escopos da atividade jurisdicional (resolver o conflito material), e não propriamente ao exercício da jurisdição em si.[93]

Estamos absolutamente conscientes, no entanto, de que não é essa a ideia tradicionalmente propagada na processualística tradicional sobre as condições da ação, em especial na obra de seu principal representante, ENRICO TULLIO LIEBMAN. Na Doutrina de LIEBMAN, a ausência de uma das condições da ação implica "carência da ação", que nada mais é que a declaração de inexistência desta. Daí falarmos, aqui, numa releitura "não ortodoxa" acerca da natureza jurídica das condições da ação, como

---

inércia jurisdicional no sentido de que ela representa o ato bem localizado no tempo e no espaço de dar início à atuação jurisdicional com a apresentação de uma 'petição inicial', para empregar a palavra técnica que descreve aquele ato. Ela, a 'ação', não se consuma com a apresentação de uma 'petição inicial' a Estado-juiz (arts. 2º e 262). Ela, diferentemente – por imposição do "modelo constitucional do processo civil", bem capturado, no particular, pela legislação infraconstitucional –, é exercitável, é exigível, ao longo de todo o processo, isto é, ao longo de toda atuação necessária do Estado-juiz, durante o exercício da função jurisdicional. O direito de ação, por isto mesmo, não se esgota com o 'provocar' o exercício da jurisdição, mas, mais amplamente, relaciona-se também com o "agir" que se segue àquele ato, com o 'atuar' enquanto atua o próprio Estado-juiz em função do rompimento inaugural da inércia. O exercício do direito de ação, a retirada do Estado-juiz do seu estado de inércia, destarte, não consuma, não esgota, não elimina a 'ação'. Ela 'sobrevive' a este ato e será 'exercitável' ao longo do processo, consoante as exigências da própria lei". BUENO, Cassio Scarpinella. *Curso sistematizado de direito processual civil*, v. 1, 2007, p. 333-335.

93. "Em todos esses casos, o legislador processual entende que o exercício do direito constitucional de ação não possibilitará que a jurisdição alcance seus escopos. Por isso, permite que o juiz decida neste momento, dizendo ao autor que ele não tem, evidentemente, direito à tutela jurisdicional". BEDAQUE, José Roberto dos Santos. *Direito e processo*: influência do direito material sobre o processo, p. 87.

alternativa àquela originalmente desenvolvida no âmbito da teoria eclética da ação.[94]

É possível concluir, portanto, que as condições da ação constituem, em verdade, condições de "eficácia" do direito de ação, e não condições de existência deste. O direito de ação exercido a despeito do preenchimento das condições da ação *carece de eficácia*, pois não atinge seus escopos (constitucionais, diga-se de passagem). Numa análise ainda mais fina, podemos definir as condições da ação como os requisitos indispensáveis à produção dos efeitos próprios aos atos-fatos processuais que materializam o exercício – que é dinâmico – do direito de ação, a começar pelo ato de demandar, responsável pela retirada do Estado-juiz de sua inércia.

Desse modo, entendemos ser plenamente viável, conceitualmente e constitucionalmente, a ideia de "condições

---

94. Nesse sentido, vale transcrever a doutrina de ARRUDA ALVIM:
"A opinião de Liebman é no sentido de que nesses casos não teria havido atividade jurisdicional, porquanto o autor não obteve um provimento definitivo sobre o mérito. Num dado passo, afirma o auto que na hipótese de carência de ação "no c'e vero esercizio dela giurisdizione, ma soltando uso dele sue forme".
Tivemos a oportunidade, em outra sede e há algum tempo, de refutar esse argumento, sem, contudo, pretender retirar a deferência que se deve ter à teoria do Mestre italiano.
Na ocasião – e desde então o assunto referente à teoria da ação nos interessa profundamente –, dissemos que não há sentido em se afirmar que, inexistente uma ou algumas das condições da ação, não teria sido exercida a atividade jurisdicional. **O que pode ter ocorrido – e nesse ponto a teoria de Liebman é extremamente coerente – é que o cumprimento da função jurisdicional tenha se aperfeiçoado com toda a potencialidade.** Isso porque, uma vez inexistente o provimento de mérito, a definitividade, que é característica essencial da jurisdição, pode não vir a ser alcançada (e, conforme a letra do Código de Processo Civil, não é alcançada) pela sentença de carência da ação.
Ainda assim objetamos que o fato de a *definitividade*, inerente ao provimento de mérito, não ter sido alcançada não retira a natureza jurisdicional da atividade exercida pelo órgão judicial no decorrer do processo. **Essa atividade pode não ter cumprido plenamente sua função, seu objetivo – o que é coisa diversa.** Porém, se a proteção jurisdicional (tutela jurisdicional) definitiva acerca do mérito não foi concedida em favor do autor ou do réu, nem por isso se pode dizer que não houve atividade voltada a esse fim, é dizer, atividade jurisdicional". ARRUDA ALVIM, José Manoel. A ação e as condições da ação no processo civil contemporâneo. In: *40 anos de teoria geral do processo no Brasil*: passado, presente e futuro, p. 152-153. (destacamos)

da ação" como instituto nuclear do sistema jurídico-processual vigente, a despeito da omissão textual perpetrada pelo legislador do CPC/2015.

2.1.2.3 Condições da ação e objeto da demanda: o conceito jurídico-normativo de mérito

Advertimos, em tópico anterior, que as condições da ação mantêm relação de referibilidade com o direito material controvertido, tal como afirmado pelo autor na peça inaugural da demanda, característica que constitui um dos índices de diferenciação deste instituto quanto aos pressupostos processuais, que se vinculam a aspectos e elementos da relação jurídico-processual.

Essa coincidência (parcial) entre as categorias processuais – legitimidade e interesse – abarcadas pela noção de "condições da ação" e alguns aspectos do direito material conflituoso que compõe o plano de fundo da demanda, além de revelar o quão frágil é, sob o ponto de vista empírico-normativo, a separação entre "direito material e direito processual", inspira alguns respeitáveis dogmáticos a concluírem pela *identidade ontológica* entre condições da ação e mérito da causa, de modo que, para esses estudiosos, o juízo que verifica a ausência de uma das condições da ação (legitimidade ou interesse) não seria, propriamente, sobre o direito de ação em si, mas um juízo sumário sobre a improcedência da demanda (mérito).

Nessa linha, uma das críticas mais contundentes à teoria das condições da ação refere-se o fato de estarem tais figuras vinculadas a elementos que dizem diretamente com o próprio direito material conflituoso, e cujo juízo de aferição pressupõe, de alguma maneira, uma manifestação sobre o mérito da causa.[95]

95. "Se o objeto litigioso do processo se compõe da relação jurídica substancial deduzida; se esta relação jurídica tem por elementos os sujeitos, o objeto e o fato jurídico;

O problema do vínculo de referibilidade que se estabelece entre condições da ação e aspectos próprios (subjetivos e objetivos) ao direito material controvertido, o qual serve de fundamento para que parte da processualística pugne a identidade ontológica entre condições da ação e mérito, pode ser abordado sob duas ópticas distintas: (i) a primeira, relativa ao conceito jurídico de mérito; e (ii) a segunda, atinente ao nível de cognição do direito material próprio ao juízo de aferição do preenchimento das condições da ação.

A primeira perspectiva, que se volta à identificação do conceito de "mérito da causa", mostra-se, por si só, controvertida. Para alguns, a noção de "mérito" seria abarcante tanto do conteúdo jurídico-material refletido na noção de "causa de pedir" (relação jurídica de direito material controvertido) quanto do conteúdo próprio à solução processual pretendida (pretensão processual – pedido). Para outros, contudo, o conceito de mérito estaria exclusivamente relacionado ao conhecimento do pedido.

A tomada de posição em favor de uma ou outra concepção acerca do conceito de mérito, conforme veremos adiante, tem impacto decisivo na delimitação do conceito de "condições da ação" e de sua natureza processual.

Nesse sentido, a exposição de motivos que acompanha o anteprojeto do CPC/73 equipara, expressamente, o conceito de lide à noção de "mérito da causa", paralelo que fortalece o argumento daqueles que entendem que o conceito de mérito abarcaria tanto o conteúdo próprio à causa de

---

se o objeto da relação jurídica se processualiza com o pedido, que é o efeito jurídico pretendido que se retira do fato jurídico alegado; se a legitimidade ad causam, ao menos no âmbito da tutela individual, se constata a partir da relação jurídica material; se a possibilidade jurídica a ser investigada é a do pedido, que para muitos é o próprio mérito da causa; fica difícil, então, defender que a análise das mencionadas condições da ação não é uma análise do mérito (da relação jurídica substancial deduzida)". DIDIER Jr., Fredie. *Curso de Direito Processual Civil*, v. 1, p. 180-181.

pedir (relação jurídica de direito material e ato de violação) quanto o pedido deduzido (pretensão processual).[96]

Se "mérito" e "lide" são sinônimos, e se lide é, na definição consagrada de CARNELUTTI, o conflito de interesses qualificado pela pretensão de um dos litigantes e pela resistência do outro, então mérito é algo que abrange tanto o direito material controvertido (causa de pedir), quanto a pretensão resistida (pedido).

Por óbvio que o termo "lide", no presente caso, não pode remeter-nos a algo externo ao processo, isto é, ao conflito de interesses na condição de fenômeno social. Quando falamos em lide, referimo-nos ao sentido jurídico-processual do termo, que, por sua vez, confunde-se com a noção de "causa de pedir" (a qual descreve, parcialmente, o evento conflituoso, conquanto com ele não se confunda) e com a de "pedido" (que delimita, juridicamente, a pretensão resistida), tal qual objetivadas na demanda, como, aliás, tivemos oportunidade de analisar no tópico 1.4 do capítulo I.

A Doutrina, no entanto, não é unívoca quanto à abrangência do conceito de mérito. Para respeitáveis processualistas, como CÂNDIDO RANGEL DINAMARCO, mérito é sinônimo de pretensão processual deduzida, isto é, de pedido.[97] Para esses autores, não há que se confundir o mérito

---

96. "Fiel a essa orientação, esforça-se o projeto por aplicar os princípios da técnica legislativa, um dos quais é o rigor da terminologia na linguagem jurídica.
Haja vista, por exemplo, o vocábulo 'lide'. No Código de Processo Civil vigente ora significa processo (art. 96), ora o mérito da causa (arts. 287, 684, IV, e 687, § 2º). O projeto só usa a palavra 'lide' para designar o mérito da causa. Lide é, consoante a lição de Carnelutti, o conflito de interesses qualificado pela pretensão de um dos litigantes e pela resistência do outro. O julgamento desse conflito de pretensões, mediante o qual o juiz, acolhendo ou rejeitando o pedido, dá razão a uma das partes e nega-a à outra, constitui uma sentença definitiva de mérito. A lide é, portanto, o objeto principal do processo e nela se exprimem as aspirações em conflito de ambos os litigantes". Parágrafo 7º da Exposição de motivos do CPC/73.

97. "O saldo útil das intermináveis disputas sobre o conceito de Streitgegenstand, em que se envolveram os processualistas alemães durante décadas, é a conclusão de que o objeto do processo reside na pretensão deduzida pelo demandante (Anspruch),

propriamente dito (pretensão processual – pedido), com as questões de mérito (fatos e fundamentos jurídicos – causa de pedir), não obstante a necessária relação (lógica) que se estabelece entre um e outro instituto.

De outro lado, há autores, como ELIO FAZZALARI, que definem mérito como algo que se identifica com o *aspecto substancial* deduzido pelo autor da demanda.[98] Tal situação substancial, nas palavras do referido autor, é composta por um dever e pelo seu inadimplemento, isto é, por um "ilícito", o qual constitui o pressuposto "substancial" do processo.[99] Para essa orientação doutrinária, portando, a ideia de mérito abrangeria a relação jurídico-material controvertida (causa de pedir) e o comando jurisdicional pretendido (pedido), sendo a primeira a condição de *legitimação* do segundo.[100]

---

representada pelo pedido feito (Antrag) e identificada pelo que nós latinos chamamos de causa de pedir (a que eles, germânicos, aludem como estado de coisas, evento da vida ou segmento da História). Tal pretensão é o que ordinariamente se denomina mérito e, como é notório, todas as atividades realizadas no processo de conhecimento convergem ao julgamento do mérito e destinam-se a prepará-lo. O meritum causae, ou seja, a pretensão deduzida, é o conteúdo e a razão de ser da demanda e do processo. É sobre ele que se desenvolverão todas as atividades dos sujeitos do processo como tais. Todo processo se faz porque existem pretensões insatisfeitas e para que sobre elas algo venha a ser disposto pelo juiz. A tutela jurisdicional postulada pelo demandante não é outra coisa senão o produto de uma medida que de algum modo altere a situação lamentadas e dê satisfação à pretensão apresentada a ele. Julgar o mérito, portanto, é acolher ou rejeitar a pretensão trazida pelo autor – aquela mesma pretensão que ele já alimentava antes do processo e, porque não satisfeita, veio a ver formalizada em sua petição inicial. Julgar o mérito é conceder ou negar a tutela jurisdicional postulada pelo autor – no segundo caso, concedendo-a ao réu. Quer se acolha ou rejeite a demanda do autor, julgar o mérito é sempre dispor sobre a pretensão deduzida". DINAMARCO, Cândido Rangel. *Capítulos de sentença*, p. 50-51.

98. FAZZALARI, Elio. *Instituições de direito processual*, p. 442.

99. Idem, p. 329-330.

100. "Quanto aos provimentos 'de mérito' em sentido lato, podem-se qualificar como tais os provimentos que envolvem a cognição do mérito (isto é, o aspecto substancial deduzido na lide e aquele requerido pelo juiz), sejam os que acolhem a demanda judicial, sejam os que rejeitam". FAZZALARI, Elio. *Instituições de direito processual*, p. 441.
"De acordo com as normas contidas no CPC, o sentido da palavra mérito é de fácil compreensão: quis o Código designar por mérito o próprio objeto litigioso, a saber: o pedido mediato, formulado pelo autor. Cuida o mérito, pois, da pretensão de direito

Os textos jurídicos positivos, por sua vez, usam a palavra "mérito" em enunciados que podem se referir à lide como um todo (causa de pedir e pedido) ou somente ao pedido. Expressões como "resolução do mérito" e "sentença de mérito", comuns tanto nos enunciados do CPC/73 quanto nos dispositivos do CPC/2015, podem ser interpretadas das duas maneiras, isto é, como sinônimos de "causa de pedir e pedido" ou somente de "pedido".

Já a expressão "questão de mérito" (art. 330, inciso I, do CPC/73) refere-se a aspectos da causa de pedir, reforçando, no âmbito do CPC/73, a diferenciação entre mérito (pedido) e questões de mérito (causa de pedir) proposta por alguns autores que definem "mérito" como sinônimo de pedido.

Interessante observar que a locução "questão de mérito" não aparece no texto do CPC/2015. Lá identificamos as seguintes expressões: "questão prévia" (art. 315, § 1º); "questão incidental" (art. 430, parágrafo único); "questão principal" (art. 430, parágrafo único; art. 433; art. 503, *caput* e § 1º, inciso III); "questão decidida" (art. 489, §1º, inciso I); e questão prejudicial (art. 503, §1º e inciso III). Essa ausência de diferenciação conceitual entre as noções de "mérito" e de "questão de mérito" no CPC/2015 parece ser um primeiro indicativo de que, no regime processual vigente, o conceito de mérito abrangeria, indubitavelmente, os conteúdos próprios às noções de "causa de pedir" e "pedido".

Todavia, um específico enunciado normativo constante do sistema processual vigente parece deixar ainda mais clara a opção do legislador de 2015 por uma concepção "dualista" (mérito = causa de pedir + pedido) da noção

---

material pleiteada na inicial, com a ressalva de que esta somente será perfeitamente identificada se analisada em conjunto com a causa de pedir deduzida em juízo. Assim, na concepção do Código de Processo Civil vigente, o mérito da causa é o objeto litigioso, devidamente identificado pela causa de pedir que o determina". ARRUDA ALVIM, José Manoel. *O art. 268 do CPC: a ilegitimidade e a ocorrência de coisa julgada – critérios de interpretação*, p. 61-86.

de mérito, justamente o veiculado pelo art. 141, *caput*, do CPC/2015, o qual, por seu turno, é o "correspondente normativo" do art. 128, *caput*, do CPC/73.

Confira-se:

> *Art. 141.* ***O juiz decidirá o mérito nos limites propostos pelas partes****, sendo-lhe vedado conhecer de questões não suscitadas a cujo respeito a lei exige iniciativa da parte.*
>
> (...)
>
> *Art. 128.* ***O juiz decidirá a lide nos limites em que foi proposta****, sendo-lhe defeso conhecer de questões, não suscitadas, a cujo respeito a lei exige a iniciativa da parte.* (grifamos e destacamos)

Impossível deixar de notar que o texto do art. 141 do CPC/2015, "sucessor" do art. 128 do CPC/73, ambos enunciadores do chamado "princípio do dispositivo" – (de)limitador, portanto, do âmbito de abrangência da atividade cognitiva do juiz –, substitui "lide" por "mérito", mantendo, todavia, a referência constante no período posterior: "sendo-lhe vedado/defeso conhecer de questões, não suscitadas, a cujo respeito a lei exige a iniciativa da parte (...)".

Relevante, ainda, o fato de o enunciado do art. 141 do CPC/2015 dispor que "os limites do mérito são fixados por ambas as partes", isto é, por autor e réu. Se assim o é, e considerando que o réu não deduz pedido algum (não em sentido estrito, ao menos), a conclusão a que se chega é justamente a de que o núcleo do mérito abrange, também, o próprio direito material controvertido (causa de pedir). Fica clara, nesse ponto, a intenção do Legislador do CPC/2015 de utilizar a palavra "mérito" como equivalente semântico de "lide", ou seja, como sinônimo de algo que abranja tanto a causa de pedir (questões de fato e de direito) quanto o pedido (pretensão processual deduzida).

Uma análise global do regime processual instituído pelo CPC/2015 reforça ainda mais essa conclusão. Isso porque duas das características mais marcantes do diploma processual de 2015 apontam para: (i) a maximização do dever (constitucional) de fundamentação das decisões jurisdicionais, cuja expressão maior é o art. 489, §1º, do CPC/2015; e (ii) o fortalecimento do dever de observância dos precedentes exarados pelos Tribunais (em especial os Superiores) por intermédio dos instrumentos de resolução de casos repetitivos (art. 927 do CPC/2015).

O inciso IV do §1º do art. 489 do CPC/2015, por exemplo, impõe ao julgador, sob pena de nulidade do ato decisório, o dever de enfrentar todos os argumentos deduzidos no processo capazes de, em tese, infirmar a conclusão adotada pelo julgador, argumentos estes que, no mais das vezes (com exceção das questões de ordem pública), devem constar das razões formuladas pelas partes (causa de pedir), a teor do que dispõe o indigitado art. 141 do CPC/2015.

Também é da causa de pedir que se extraem, em grande parte, os elementos identificadores do "caso sob julgamento", circunstância esta que se mostra determinante para a análise da aplicabilidade ou não de determinado precedente vinculativo (art. 927, incisos III e IV, do CPC/2015) à demanda *sub judice*.[101]

Em suma, é a causa de pedir que revela o próprio direito material violado, cuja realização é a razão última da atividade jurisdicional. Essa circunstância, por si só, nos parece suficiente para identificá-la como elemento essencial à noção de mérito da causa.

Tudo isso nos importa por uma única razão: saber se procede ou não a crítica formulada por aqueles que afirmam serem as condições da ação aspectos artificialmente (normativamente) excluídos do conceito de mérito, crítica

101. Dizemos "em grande parte", pois não ignoramos que o "caso" é composto não só das razões de fato e de direito deduzidas pelo autor, mas também pelos fundamentos de defesa apresentados pelo sujeito passivo da relação jurídico-processual.

que somente se sustenta se reconhecermos que o conceito de mérito abarca as noções de causa de pedir e pedido, pois, para a concepção que toma “mérito” como sinônimo “pedido”, o problema resta naturalmente resolvido.

Nesse sentido, ao admitir – como de fato admitimos – que o conceito de mérito abarca a noção de causa de pedir – a qual, por sua vez, confunde-se com a ideia de relação jurídica material conflituosa –, damos um passo importante no sentido de chancelar tal proposta doutrinária. Com efeito, e apesar de ser inegável o vínculo imanente que se estabelece, no plano concreto, entre condições da ação e direito material controvertido (causa de pedir), cremos que não é correta a equiparação da indigitada categoria ao mérito da causa.

Não obstante serem aferidas a partir da análise dos aspectos materiais da demanda, em especial da causa de pedir e do pedido, as condições da ação consubstanciam categorias processuais que, conquanto relacionadas, não se confundem com o mérito da causa.[102] E isso porque a referida “identidade ontológica” entre condições da ação e mérito da causa, propugnada por alguns, é algo perquirido em campos que extrapolam as fronteiras do que resta juridicamente positivado, pois o simples fato de tanto o sistema jurídico vigente (CPC/2015) quanto aquele revogado

102. “Não convence, por isso mesmo, a usual crítica às ‘condições da ação’, porque elas, como será exposto por mais vagar nos números seguintes, apresentam, inquestionavelmente, traços do direito material levado ao Estado-juiz conquanto sua função seja exclusivamente de direito material. Elas, as ‘condições da ação’, não se confundem com o ‘mérito’, isto é, com o direito material lesionado ou ameaçado levado ao Estado-juiz. Sua função é a de operar quase que como um filtro relativo ao ‘direito material controvertido’, justamente pela sua lógica de existirem. É que para pedir proteção jurisdicional ao Estado é mister, por questões de política legislativa – e, vale a ênfase, o direito processual brasileiro é expresso quanto a isto –, reunir o mínimo indispensável para verificar a seriedade da investida jurisdicional. Que há uma certa relação entre condições da ação (plano processual) e o ‘mérito’ (plano material), não há por que negar. Mas, é isto que interessa colocar em destaque, esta relação entre os planos material e processual ocupa todo e qualquer instituto de direito processual civil em maior o menor grau. Aqui, no que diz respeito ao tema ‘condições da ação’, essa relação é bastante evidente, nada mais do que isso”. BUENO, Cassio Scarpinella. *Curso sistematizado de direito processual civil*, v. 1, 2007, p. 351.

(CPC/73) atribuírem ao juízo que declara a ausência de uma das condições da ação o *status* de decisão que não resolve o mérito da causa, por si só, é razão suficiente para não seguirmos adiante com a discussão (caso ela se instaure sob a óptica jurídico-positiva).

Essa opção política, aliás, pode ser modificada a qualquer momento, não havendo nada que impeça o legislador de elevar as condições da ação ao *status* de questão de mérito. Se isso ocorrer, o conceito de "julgamento de mérito" será ampliado, para abarcar juízos abstratos a respeito do direito material controvertido, cognoscíveis no plano da afirmação.

Com efeito, mesmo que admitamos que as condições da ação constituem fenômenos estranhos ao conceito de "mérito da causa" por uma mera questão de "ficção jurídica", fato é que tal prescrição é juridicamente válida, pois plenamente compatível com o modelo constitucional de processo civil, o que não só reforça, mas também confirma a legitimidade do instituto.[103]

2.1.2.4 Sobre a natureza do juízo que afere o preenchimento das condições da ação: aporte da teoria da asserção

Se, do ponto de vista estritamente teórico e abstrato, a questão da dicotomia "condições da ação/mérito" se resolve pela mera submissão à vontade do legislador, sob a óptica pragmática, a questão se mostra um tanto mais complexa.

É que, em determinadas situações concretas, não é fácil distinguir o juízo que reconhece o preenchimento (ou

---

103. "Negar a existência de condições da ação no direito processual civil brasileiro, contudo, é recusar aplicação às regras pertinentes do Código de Processo Civil.
(...)
Seria possível recusar a aplicação da lei processual e sua expressa opção em adotar as condições da ação – e não por que descartar essa alternativa – na medida em que ela agredisse, de alguma forma, o 'modelo constitucional de processo'. Não é o que se verifica, contudo, com as 'condições da ação'". BUENO, Cassio Scarpinella. *Curso sistematizado de direito processual civil*, v. 1, 2007, p. 350-351.

não) de uma das condições da ação daquele que se manifesta sobre a (in)existência do direito material e a viabilidade da tutela jurisdicional pretendida, o que nos leva ao segundo aspecto da problemática relação entre condições da ação e mérito, a qual, em nosso sentir, perfaz a pedra de toque da distinção, teórica e pragmática, entre os dois institutos, a saber: o nível de cognição do direito material próprio ao juízo de aferição da existência/ausência das condições da ação, em contraposição àquele que aprecia o mérito da causa propriamente dito.

Vejamos o específico caso da legitimidade *ad causam*. Estamos a falar de um fenômeno que de ordinário, concretamente reconhecido a partir de um *juízo sumário acerca da identidade* entre demandante e demandado, de um lado, e os sujeitos ativo e passivo da relação jurídica de direito material controvertida, de outro. Nesse sentido, haverá legitimidade ativa se o demandante for o titular do direito subjetivo tido por violado. Da mesma forma, verificar-se-á a legitimidade passiva se o demandado for o sujeito titular do dever jurídico descumprido.

Ora, toda relação jurídica de direito material conflituosa – parte integrante do mérito da causa – é composta por seus titulares (sujeitos ativo e passivo) e por seu objeto (a conduta normatizada), de modo que qualquer juízo acerca da titularidade de um direito (material) é, necessariamente, um juízo sobre o próprio direito (material), independentemente dos efeitos (processuais) que lhes são atribuídos. Dito de outra forma, todo direito subjetivo é direito subjetivo de alguém e, se este “alguém” não é titular do direito dito violado, é certo que tal direito não existe, ao menos para aquela pessoa.

O direito à tutela jurisdicional exige, também, que o direito material afirmado na demanda (causa de pedir remota) tenha sido efetivamente violado ou esteja em vias de sê-lo (lesão ou ameaça de lesão a direito – causa de pedir próxima), de modo que o recurso ao Estado-juiz seja realmente necessário à sua preservação. Além disso, a tutela jurisdicional pretendida precisa ser apta à realização da espécie de direito material controvertido, de maneira a ser útil (eficaz) à composição do conflito. Dessa forma, é do binômio *necessidade/utilidade* que se extrai a noção de "interesse de agir", que nada mais é que a *relação de adequação* entre o direito subjetivo dito violado e a proteção jurisdicional pretendida. Não há como negar, também no caso do interesse de agir, que o juízo a ele pertinente perpassa aspectos relativos ao mérito da causa.

É essa circunstância, aliás, que sustenta a tese – não adotada neste trabalho – de que as decisões que se voltam à identificação das condições da ação encerram, verdadeiramente, pronunciamentos sobre o mérito da demanda.[104]

Nessa medida, e para enfrentar o problema sem maiores rodeios teóricos, cremos que a única forma de distinguir, pragmaticamente, o juízo sobre o preenchimento ou não das condições da ação de um verdadeiro pronunciamento sobre mérito da demanda é aquela que se volta à análise do nível de cognição (do direito material controvertido) implementado pelo juiz na atividade decisória concretizada em cada uma das situações.

Com efeito, caso, por exemplo, um juízo sobre a titularidade do direito/dever material controvertido se der exclusivamente no plano da *afirmação* do direito material

---

104. É essa a posição adotada por J. M. de Arruda Alvim:
"A nosso ver, porém, a decretação de ilegitimidade encerra juízo integral de mérito. Ora, o mérito corresponde 'à pretensão não satisfeita espontaneamente, trazida pelo autor do plano material, mediante a demanda e sobre que incide a decisão do juiz'. É, pois, a res in judicium deducta o objeto litigioso, concretamente analisado à luz de cognição exauriente.
E uma vez que a situação legitimante há de apresentar suporte no direito material, a ausência desse suporte, mesmo que abstratamente considerada, revela a improcedência do pedido". ARRUDA ALVIM, José Manoel. *O art. 268 do CPC: a ilegitimidade e a ocorrência de coisa julgada – critérios de interpretação*, p. 61-86.

controvertido, isto é, a partir da exclusiva análise do conteúdo (fático e jurídico) descrito, pelo autor, na demanda, teremos aí uma típica perquirição a respeito do preenchimento das condições da ação (*in casu*, a legitimidade de partes). Trata-se, em verdade, de um juízo construído a partir da mera análise da relação jurídica controvertida (causa de pedir), tal qual deduzida – *afirmada* – pelo autor. Nesse caso, verificando-se a identidade entre os sujeitos das relações (material e processual) e a viabilidade (necessidade e utilidade) da tutela pretendida, via *cognição sumária*, restarão preenchidas as condições da ação.[105]

Agora, se, para a verificação da titularidade do direito/dever material invocado pelo autor, for necessário efetuar um juízo de cognição mais profundo (exauriente), que resulte da análise do acervo probatório trazido aos autos pelas partes, aí o pronunciamento decorrente dessa atividade consubstanciará verdadeira decisão sobre o mérito da causa.

Assim, uma coisa é constatar que, segundo as razões deduzidas pelo autor da ação, o direito material conflituoso, se existir, não é de sua titularidade. Outra coisa é afirmar que – muito embora seja possível verificar, pela leitura das razões trazidas na demanda, que os sujeitos da relação jurídica de direito material conflituosa afirmada guardam relação de identidade com aqueles que ocupam os dois polos da relação processual – tal relação não foi corroborada pelo material probatório trazido aos autos. Nesse último caso, teremos verdadeiro juízo de mérito.

---

105. Importante esclarecer que o sentido da expressão "cognição sumária", no contexto da aferição das condições da ação, difere do que, tradicionalmente, a Doutrina pretende designar com esta expressão. Por cognição sumária costuma-se entender o ato de conhecimento do direito material feito com base na "aparência". Esse juízo, conquanto verticalmente limitado, pressupõe a possibilidade de contato com o acervo probatório eventualmente trazido pelas partes nas fases iniciais do processo de conhecimento. Não é esse, absolutamente, o caso do ato de cognição que verifica o preenchimento das condições da ação, cuja realização se dá a partir da exclusiva análise do conteúdo descrito na demanda.

O mesmo se aplica ao juízo de aferição do interesse processual, que pressupõe tão somente a identificação, a partir do que restar afirmado pelo autor, da necessidade de invocação do direito à tutela jurisdicional e da capacidade (potencialidade) de a pretensão deduzida proteger o direito material dito violado, o que não garante que, ao final do processo, se conclua, com base nas provas trazidas pelas partes, pela existência do direito subjetivo do autor ou pela ocorrência efetiva do ato de violação atribuído ao réu.

É necessário que se diga que o método de diferenciação acima proposto não revela qualquer tipo de inovação científica, mas tão somente a adoção daquilo que a Dogmática de Direito Processual chama de "teoria da asserção", na qual o vocábulo "asserção" é utilizado como sinônimo de "afirmação" (do direito material conflituoso).[106] É justamente a técnica proposta pelo "assertismo", que, em nosso sentir, é capaz de diferençar – não somente sob o ponto de vista teórico, mas, em especial, sob a óptica pragmática – um juízo decisório que diga com o preenchimento (ou não) das condições da ação de um verdadeiro pronunciamento de mérito.

E preciso advertir, nesse tocante, que a tomada de posição em favor da teoria da asserção, a despeito do viés indiscutivelmente teórico, tem escopos absolutamente pragmáticos, diretamente relacionados à resolução de importantes equívocos acerca de determinadas situações normativas limítrofes entre direito material e processual (vide, a propósito, os tópicos 1.4.3 do capítulo I e 2.1.2 do capítulo II, ambos do Título II).

Em verdade, a adoção que fazemos das premissas que dão sustentação à teoria da asserção não resulta sequer de uma suposta tomada de posição em favor de uma dentre as

---

106. "Para os assertistas, o juiz deve examinar a presença das condições da ação no direito afirmado pelo autor na petição inicial. Ou seja, o juiz deve verificar, in statu assertionis, se o pedido é possível, se a parte é legítima e se há interesse processual". HENRIQUES DA COSTA, Susana. *Condições da ação*, p. 43.

diversas "teorias da ação" propostas pela processualística, mas tão somente de uma interpretação racional do sistema jurídico processual, com vistas à compatibilização dos seus institutos (mérito e condições da ação), tal qual positivados.[107] O expediente metodológico proposto pela concepção assertista,[108] queremos crer, constitui o único modo coerente de, a um só tempo, justificar o fato de as decisões acerca do preenchimento das condições da ação perquirirem os elementos do direito material controvertido, a despeito de não consubstanciarem verdadeiros pronunciamentos sobre o mérito da demanda.[109]

---

107. Para JOSÉ ROBERTO DOS SANTOS BEDAQUE, a teoria da asserção seria a única forma de compatibilizar a chamada teoria "abstrata" da ação com o instituto, jurídico-positivo, das condições da ação. "Essa concepção das condições da ação parece ser a única compatível com a teoria abstrata. Isto é, a visão abstrata da ação, que existe independentemente da efetiva existência do direito material pleiteado por seu intermédio, se a análise da situação da vida permanecer no plano condicional, *in statu assertionis*". BEDAQUE, José Roberto dos Santos. *Direito e processo*: influência do direito material sobre o processo, p. 92.

108. "Aliás, se a categoria das condições da ação não for compreendida adequadamente, existe o risco de a carência da ação passar a ser a forma normal de extinção do processo, ainda que o juiz conheça profundamente a relação de direito material". BEDAQUE, José Roberto dos Santos. *Direito e processo*: influência do direito material sobre o processo, p. 93-94.

109. Não por outro motivo, a teoria da asserção vem tendo acolhimento quase que irrestrito da jurisprudência, em especial daquela formulada em último grau de interpretação da Lei federal pelo Superior Tribunal de Justiça. Confira-se:
"DIREITO PROCESSUAL CIVIL. AGRAVO REGIMENTAL NOS EMBARGOS DE DECLARAÇÃO NO RECURSO ESPECIAL. DIREITO SUCESSÓRIO. AÇÃO REIVINDICATÓRIA. BEM INTEGRANTE DE QUINHÃO HEREDITÁRIO CEDIDO A TERCEIRO. **LEGITIMIDADE ATIVA. TEORIA DA ASSERÇÃO.**
1. Tem prevalecido na jurisprudência desta Corte o entendimento de que as condições da ação, aí incluída a legitimidade para a causa, devem ser aferidas com base na teoria da asserção, isto é, à luz das afirmações deduzidas na petição inicial.
2. Assim, faltará legitimidade quando possível concluir, desde o início, a partir do que deduzido na petição inicial, que o processo não se pode desenvolver válida e regularmente com relação àquele que figura no processo como autor ou como réu. Quando, ao contrário, vislumbrada a possibilidade de sobrevir pronunciamento de mérito relativamente a tais pessoas, acerca do pedido formulado, não haverá carência de ação.
3. (...) 4. (...)
5. Agravo regimental a que se nega provimento".

Nesse sentido, e por expressa opção política do legislador processual, a decisão que se volta à verificação do preenchimento das condições da ação não pode ser qualificada como um verdadeiro pronunciamento de mérito, pois se volta exclusivamente para o direito material *afirmado* pelo autor.[110] Disso não resulta, contudo, a conclusão de

---

(AgRg nos EDcl no REsp 1035860/MS, Rel. Ministro ANTONIO CARLOS FERREIRA, 4ª Turma, julgado em 25/11/2014, DJe 02/12/2014) (destacamos)
"AGRAVO REGIMENTAL NO AGRAVO EM RECURSO ESPECIAL. AQUISIÇÃO DE VALORES MOBILIÁRIOS POR INTERMÉDIO DE INSTITUIÇÃO FINANCEIRA. LEGITIMIDADE PASSIVA DA INSTITUIÇÃO FINANCEIRA. **TEORIA DA ASSERÇÃO**. PRECEDENTES. PRESCRIÇÃO. PRAZO.TERMO INICIAL. CIÊNCIA DA LESÃO. TEORIA DA ACTIO NATA. MOMENTO DA OCORRÊNCIA DA CIÊNCIA INEQUÍVOCA. SÚMULA N. 7 DO STJ. AGRAVO REGIMENTAL IMPROVIDO.
1. **Não há ilegitimidade passiva nas hipóteses em que a pertinência subjetiva do réu em relação à pretensão deduzida em juízo torna-se evidente à luz da teoria da asserção, segundo a qual as condições da ação devem ser aferidas tomando como pressuposto, provisoriamente, apenas em juízo de admissibilidade da demanda, as próprias afirmações ou alegações contidas na petição inicial, dispensando-se qualquer atividade probatória.**
2. É inviável o recurso especial que pretende modificar premissa fática assentada no acórdão do Tribunal a quo, para ver reconhecido que a configuração da ciência inequívoca da lesão, para fins de início do prazo prescricional, se deu em data diversa daquela acolhida pela Corte de origem. Súmula n. 7 do STJ.
3. Agravo regimental a que se nega provimento"
(AgRg no AgREsp n. 740.588/SP; Rel. Min. MARCO AURÉLIO BELLIZZE; 3ª Turma, julgado em 27/10/2010) (grifamos e destacamos)
"PROCESSUAL CIVIL. LEGITIMIDADE PASSIVA. VIOLAÇÃO DO ART. 264 DO CPC. INEXISTÊNCIA. **APLICAÇÃO DA TEORIA DA ASSERÇÃO**. PRECEDENTES.
1. É pacífico o entendimento nesta Corte, no sentido de que as condições da ação, aí incluída a legitimidade para a causa, devem ser aferidas com base na teoria da asserção, isto é, à luz das afirmações deduzidas na petição inicial. Nesse sentido: AgRg no AgRg no REsp 1.361.785/AL, Rel. Ministro MAURO CAMPBELL MARQUES, Segunda Turma, DJe 10/03/2015; AgRg no AREsp 512.835/SP, Rel. Ministro ANTONIO CARLOS FERREIRA, Quarta Turma, DJe 01/06/2015; AgRg no AREsp 655.283/RJ, Rel. Ministro LUIS FELIPE SALOMÃO, Quarta Turma, DJe 18/3/2015. Agravo regimental improvido".
(AgRg no AgREsp n. 682.452/RJ; Rel. Min. HUMBERTO MARTINS; 2ª Turma, julgado em 06/08/2015) (destacamos)
No mesmo sentido, ver AgRg no AgREsp n. 703.654/SP; AgRg no AgREsp n. 682.452/RJ e AgRg no AgRg no REsp 1.361.785/AL)

110. "A ocorrência ou não de lesão ou ameaça de lesão ao direito configura exame do mérito. Mas a lesão afirmada constitui condição da ação. (...) Não implica análise do mérito, porque feita mediante cognição superficial. A autonomia do processo frente ao direito substancial fica assegurada, pois o conteúdo do direito processual

que as condições da ação perfaçam categorias puramente processuais. Ao contrário, pois é o juízo acerca da legitimidade e do interesse processual das partes que permite identificar os liames mínimos que devem existir entre (i) a relação jurídica de direito material conflituosa posta na demanda, (ii) os sujeitos parciais do processo (partes) e (iii) a tutela jurisdicional pretendida.

Apesar de o significado do termo "ação" ser diferente nas expressões "condições da ação" ("ação" como direito subjetivo ao provimento de mérito) e "elementos da ação" ("ação" como sinônimo de demanda), fato é que existe uma íntima relação normativa entre as duas categorias processuais em comento, de forma que "legitimidade e interesse" perfazem qualificações a serem atribuídas a "partes", "causa de pedir" e "pedido", e de cuja verificação depende a eficácia do próprio direito de ação.

Por essa razão, o juízo que se voltar à identificação das condições da ação deverá se restringir ao exame dos elementos da demanda, tal qual afirmados na inicial. Em regra, nenhuma prova é necessária à verificação de quaisquer das condições da ação. Assim, para que o direito de ação seja efetivamente exercido e, com isso, produza todos os efeitos que dele se espera (a composição da lide), basta que os três elementos identificadores da demanda estejam *qualificados* pelas duas condições da ação.

Desse modo, para que o juízo acerca do preenchimento das condições da ação seja positivo, deverá constatar: (i) que as **partes** (elemento da ação) se identificam com os sujeitos de direito que integram os polos ativo e passivo da relação jurídica material afirmada na **causa de pedir** (elemento da ação), fazendo-se, assim, **partes legítimas**

de ação restringe-se ao direito subjetivo afirmado. Esse poder de agir em juízo não depende da efetiva existência da situação de vantagem, mas apenas de sua afirmação". BEDAQUE, José Roberto dos Santos. *Direito e processo*: influência do direito material sobre o processo, p. 88-89.

(condição da ação); (ii) que a **causa de pedir** (elemento da ação) expresse verdadeiro ato de violação/ameaça a direito do autor que induza a **necessidade** (condição da ação) de ir a juízo buscar a proteção jurisdicional; e, por fim, (iii) que o **pedido** (elemento da ação) corresponda à pretensão de uma tutela jurisdicional potencialmente útil (condição da ação) para a composição do conflito deduzido.

Note-se, ainda, que os fundamentos da chamada "teoria da asserção" – tida por nós como a proposta teórica adequada não só à distinção teórico-abstrata entre os conceitos de condição da ação e mérito, mas também, e principalmente, como método de diferenciação, no plano pragmático, entre os juízos próprios a cada uma das mencionadas categorias – não estão, de forma alguma, relacionados ao "momento processual" em que o exame das condições da ação é (ou deve ser) realizado, mas ao tipo de cognição (sumária ou exauriente) perpetrada pela autoridade judicial.[111]

Com efeito, mesmo que a autoridade judicial tenha acesso a todo o acervo probatório acostado aos autos, e que o *iter* processual esteja em seu momento derradeiro

---

111. "São várias as críticas feitas à visão assertista das condições da ação. A maior delas diz respeito ao fato de que a matéria que o juiz examinará será a mesma, independentemente do seu conhecimento se dar no início do processo ou no saneamento ou mesmo na sentença. O momento em que essa matéria será apreciada não pode alterar a sua natureza. Em outros termos, se uma questão tem natureza de condição da ação, ela será condição da ação qualquer que seja a fase processual em que o juiz a aprecie. O mesmo se diz quanto à questão de mérito.
Todavia, há um certo equívoco, neste aspecto, em relação ao que defende a teoria assertista. Para os adeptos desse entendimento, o que importa para a caracterização ou não de uma condição da ação não é o momento do seu conhecimento, mas sim o grau de cognição realizada pelo juiz quando da sua aferição.
A sentença de carência da ação, para os assertistas, pode ser proferida em qualquer fase do procedimento, mas para que não caracterize exame de mérito, a análise do preenchimento ou não das condições da ação dever ser feita à luz do afirmado pelo auto na petição inicial, com cognição sumária.
É certo que na maioria das vezes, tal perquirição é realizada no início do processo, mas a pedra de toque da teoria assertista não é o momento procedimental em que é proferida a sentença de carência de ação, mas o grau de cognição do juiz quando da prolação de tal sentença". HENRIQUES DA COSTA, Susana. *Condições da ação*, p. 46-47. (destacamos).

(fase decisória), se a decisão prolatada ao final se fundar tão somente nos dados erigidos a partir das afirmações deduzidas, pelo autor, na peça inaugural, para extinguir o processo, sem resolução de mérito, por ausência de uma das condições da ação, ter-se-á um típico juízo de cognição sumária, que não se confundirá com o mérito da causa.

A *dinâmica das condições da ação,* portanto, quando analisada à luz do CPC/2015, pressupõe a existência, no âmbito do procedimento comum, de várias oportunidades para que o julgador possa emitir juízo a respeito do preenchimento das condições da ação, quais sejam: (i) por ocasião do despacho (indeferimento) da petição inicial (art. 330, incisos II e III, do CPC/2015); (ii) após o encerramento da fase postulatória, via julgamento conforme o estado do processo (art. 354 do CPC/2015); e (iii) até mesmo em momento posterior à instrução probatória.

Independentemente da fase procedimental em que seja prolatado, o juízo acerca do controle do preenchimento das condições da ação haverá de se restringir aos dados afirmados pelo autor na peça inaugural, não sendo possível a prolação de decisão sem resolução de mérito respaldada em cognição exauriente do direito material controvertido.

De toda sorte, e apesar de a "cognição sumária" do direito material, a ser realizada a fim de perquirir as condições da ação, poder se dar em qualquer fase do procedimento comum, parece-nos altamente desejável que o referido juízo seja realizado nas primeiras oportunidades em que a autoridade judicial puder se manifestar nos autos, isto é, por ocasião do "despacho" inicial" ou, no máximo, no momento em que se der por encerrada a fase postulatória, ocasião em que terá oportunidade de proferir julgamento segundo o estado em que se encontrar o processo.

Não se pode perder de vista o fato de o principal fundamento para a existência da técnica de aferição sumária do direito material afirmado que resulta no juízo de carência da ação ser, em última instância, a realização da ideia de economia processual, implementada com o objetivo exclusivo de evitar que a máquina judiciária seja movimentada, a altos custos, em situações nas quais a inviabilidade material da tutela jurisdicional pretendida restar evidente.[112]

Não por outro motivo, para CASSIO SCARPINELLA BUENO, a concepção assertista, por nós acolhida, corrobora o próprio escopo jurídico das condições da ação, qual seja: a economia processual.[113]

2.1.2.4.1 O interesse processual como juízo preliminar de viabilidade da demanda: a necessidade de invocação da tutela jurisdicional e a relação de adequação entre a pretensão processual requerida e o conflito material afirmado

O direito ao provimento jurisdicional de mérito está condicionado à verificação prévia da viabilidade da ação, a ser perquirida a partir do cotejo "interno" dos elementos identificadores da demanda. Essa análise se volta, fundamentalmente, à verificação (i) da efetiva necessidade do autor em movimentar o aparato jurisdicional; bem como

112. "As condições da ação, entendidas neste contexto do 'modelo constitucional de processo civil', têm como finalidade precípua a de evitar desperdício de tempo e de atividade jurisdicional, racionalizando sua prestação com vistas à concessão da tutela jurisdicional. A opção política feita pelo Código de Processo Civil brasileiro ao disciplinar as 'condições da ação' encontra fundamento suficiente no art. 5º, LXXVIII, e, mais amplamente, LIV do mesmo art. 5º, ambos da Constituição: as condições da ação são técnicas para implementar maior celeridade processual e, mais amplamente, para a racionalização do exercício da própria atividade judicial, permitindo uma escorreita atuação jurisdicional". BUENO, Cassio Scarpinella. *Curso sistematizado de direito processual civil*, v. 1, 2007, p. 352.

113. "As condições da ação entendidas no contexto da chamada 'teoria da asserção', neste sentido, mostram bem esta sua função. A perspectiva é a de que o Estado-juiz rejeite qualquer pedido de atuação jurisdicional e, consequentemente, de concessão de tutela jurisdicional que seja manifestamente despropositado; manifestamente infundado; manifestamente descabido. Por isto, para o preenchimento das condições da ação, é necessário e suficiente que elas sejam afirmadas e que o Estado-juiz verifique, em cognição sumária (v. n. 9 do Capítulo 1, supra), seu adequado preenchimento". BUENO, Cassio Scarpinella. *Curso sistematizado de direito processual civil*, v. 1, 2007, p. 353.

(ii) da potencial utilidade do provimento pretendido para a solução da lide, tal qual deduzida.

Diz-se "necessária" a pretensão processual que se fundar em lesão ou ameaça de lesão atual, a qual represente verdadeiro prejuízo (ou risco de) à esfera jurídica do autor e justifique, portanto, a invocação do direito à tutela jurisdicional, a ser efetivado mediante a atuação concreta do Estado-juiz voltada à realização do direito material violado ou sob ameaça de violação. Trata-se, desse modo, de categoria processual que se atrela, empiricamente, àquilo que a processualística qualifica de aspecto passivo da causa de pedir remota, isto é, ao próprio fato do descumprimento (ilícito) do direito do demandante (aspecto ativo da *causa petendi* remota), tal qual afirmado na demanda.[114]

O juízo que se volta à identificação da "necessidade" de invocação da tutela jurisdicional, conquanto evidente em alguns casos, pode mostrar-se um tanto quanto sofisticado em situações limítrofes, nas quais um típico estado de "ameaça de lesão" que haja sido deficientemente descrito pelo autor pode ser confundido com situação de ausência de interesse de agir.

É o caso, por exemplo, da ação tributária preventiva (declaratória de inexistência de relação jurídico-tributária ou mandado de segurança preventivo) ajuizada com objetivo de afastar a incidência de regra tributária cuja aplicabilidade esteja obstada, temporariamente, pelo estado de "*ineficácia técnica*" a que toda norma tributária se submete em razão do princípio da anterioridade. Em situações

---

114. "Mais precisamente: compõem a *causa petendi* o fato (causa remota) e o fundamento jurídico (causa próxima).
A causa petendi remota (ou particular) engloba, normalmente, o fato constitutivo do direito do autor associado ao fato violador desse direito, do qual se origina o *interesse processual* para o demandante. O fato constitutivo do direito do autor Zanzucchi denominou de *causa ativa*; e o fato do réu contrário ao direito, de *causa passiva*". CRUZ E TUCCI, José Rogério. *A causa petendi no processo civil*. São Paulo: RT, 2001, p. 154.

desse jaez, o sujeito passivo tributário que vier a propor a sobredita ação preventiva no dia 29 de dezembro do exercício anterior àquele em que a regra de incidência puder ser aplicada – e estiver prestes a praticar o evento prescrito no antecedente da norma tributária cuja incidência se pretende afastar – estará, sob a óptica da "atualidade" do risco de lesão, em condição muito diferente daquele que houver por bem se antecipar e ajuizar ação idêntica no mês de março do mesmo ano, quando ainda não se verificava verdadeira ameaça de lesão ao direito subjetivo invocado.

Em tais circunstâncias, a aferição do interesse processual do autor dependerá da análise concreta das peculiaridades fáticas afirmadas na demanda.

A utilidade do provimento jurisdicional pretendido, de outro lado, deverá ser perquirida mediante juízo que se volte à identificação da compatibilidade entre a pretensão processual deduzida (pedido) e o direito subjetivo tido por violado (causa de pedir). Trata-se, portanto, de determinar, antecipadamente, a capacidade de a tutela jurisdicional requerida produzir os efeitos sociais necessários e suficientes à realização do direito material afirmado, cuja violação justifica a invocação do direito à tutela jurisdicional.

É justamente a espécie de situação jurídica conflituosa (crise de incerteza, crise de legalidade, crise de inadimplemento) afirmada na causa de pedir que determinará o tipo de pretensão (pedido) a ser deduzida pelo autor (declaratória, (des)constitutiva ou condenatória). Não se cogita, por exemplo, a viabilidade processual de pretensão declaratória de inexistência de relação jurídico-tributária deduzida em face de obrigação tributária devidamente constituída pelo lançamento. E isso, simplesmente, porque a tutela declaratória negativa pretendida não é útil (capaz) à correção do vício de ilegalidade que acomete o ato formalizador do crédito tributário, o qual somente poderá ser sanado por meio de tutela desconstitutiva.

Também no caso do interesse processual, o juízo acerca da "atualidade" da lesão ou do estado de ameaça, bem como aquele que se destina à identificação da utilidade da pretensão deduzida haverão de ser realizados exclusivamente com base nas razões de fato e de direito objetivadas na demanda, em especial pelo cotejo entre causa de pedir e pedido, prescindindo de quaisquer incursões voltadas à análise do acervo probatório. Não se trata, portanto, de juízo sobre a efetiva ocorrência de ilícito afirmado na demanda, mas tão somente da sua potencialidade lesiva, a justificar a movimentação do aparato judicial.

2.1.2.4.2 A legitimidade ad causam como relação de identidade entre os sujeitos parciais do processo e os sujeitos da relação jurídica substancial afirmada

O direito subjetivo à tutela jurisdicional também está condicionado à aferição do necessário vínculo de identidade estabelecido entre os sujeitos parciais do processo (partes) e aqueles sujeitos integrantes da relação jurídica de direito material conflituoso, tal qual objetivado na causa de pedir. E isso porque, por expressa determinação da regra posta no art. 18, *caput*, do CPC/2015,[115] resta vedado ao autor pleitear, em nome próprio, direito alheio (ilegitimidade ativa), bem como demandar em face de quem não seja titular do dever jurídico tido por descumprido (ilegitimidade passiva).[116]

A única ressalva ao aludido preceito ordinário consta da parte final do próprio art. 18 do CPC, o qual aponta para as excepcionais situações em que, por expressa autorização

---

115. "Art. 18. Ninguém poderá pleitear direito alheio em nome próprio, salvo quando autorizado pelo ordenamento jurídico".

116. "Caracteriza a legitimidade ordinária, no processo, a coincidência entre o titular do direito afirmado em juízo e a figura do autor, bem assim com essa mesma coincidência entre o obrigado e o réu". ARMELIN, Donaldo. *Legitimidade para agir no Direito Processual Civil Brasileiro*, p. 117.

legal, um sujeito não titular do direito material conflituoso estará autorizado a demandar em nome próprio, mas com vistas à defesa do interesse de terceiro, dando lugar àquele fenômeno ao qual a processualística denomina "legitimidade extraordinária".

O *vínculo de identidade* entre as partes e os sujeitos da relação jurídica de direito material afirmada constitui, por si só, critério de definição do conceito de legitimidade ordinária *ad causam*. Por isso, insistirmos, junto com JOSÉ ROBERTO DOS SANTOS BEDAQUE, na ideia de que a legitimidade para agir, ordinariamente considerada, nada mais é que o reflexo da relação jurídica de direito material afirmada pelo autor.[117] A noção de legitimidade de partes, desse modo, há de ser definida como a *relação de identidade* que se estabelece entre os sujeitos parciais do processo (partes) e os sujeitos de direito que integram a relação jurídica de direito material conflituosa objetivada na causa de pedir.[118]

Note-se que, ao contrário do que muitos apregoam, não há qualquer contradição em se admitir que a "ação" substancializa um direito abstrato (isto é, desvinculado do direito material controvertido) e, simultaneamente, reconhecer-se que as condições da ação, em especial a legitimidade para agir, estão relacionadas a aspectos do direito material controvertido,

---

117. "A legitimidade processual nada mais é que reflexo da própria legitimação de direito material. Da mesma forma que a validade e eficácia de um ato concernente à relação jurídica substancial depende de estar o agente investido de condição legal para praticá-lo, também o ato processual consubstanciado na demanda deve envolver sujeitos que, em tese, encontram-se naquela situação da vida trazida à apreciação do juiz. Se apenas o proprietário pode alienar, somente quem se diz proprietário tem legitimidade para reivindicar. É sempre a situação substancial afirmada que determina a legitimação". BEDAQUE, José Roberto dos Santos. *Direito e processo*: influência do direito material sobre o processo, p. 99.

118. "A legitimidade das partes – também legitimidade para a causa, legitimatio ad causam ou legitimidade para agir – relaciona-se à identificação daquele que pode pretender ser o titular do bem da vida deduzido em juízo, seja como autor (legitimidade ativa), seja como réu (legitimidade passiva)". BUENO, Cassio Scarpinella. *Curso sistematizado de direito processual civil*, v. 1, 2007, p. 355.

pois a ideia de "condições da ação" não está atrelada à existência do direito de ação, mas sim à sua plena eficácia.

Nessa medida, o ato decisório voltado à verificação da existência da indigitada pertinência subjetiva, conquanto esteja superficialmente relacionado a aspectos do próprio direito material conflituoso, não consubstancia típico juízo de mérito. E isso, vale repisar, por expressa opção do legislador processual de adotar um conceito de "mérito" que pressupõe o exame exauriente das questões jurídico-materiais deduzidas pelas partes, demandando, assim, cognição plena das provas produzidas nos autos.

Essa circunstância induz a necessidade de o juízo de aferição das condições da ação ser realizado, exclusivamente, no plano do direito material *afirmado*, e não no âmbito do direito material concretamente demonstrado, algo insistentemente apontado pelos dogmáticos que se propuseram a estudar, com a devida profundidade, o fenômeno da legitimidade *ad causam*, tais como DONALDO ARMELIN – que pode ser considerado o grande monografista do tema – e JOSÉ CARLOS BARBOSA MOREIRA.[119]

---

119. "A *legitimatio ad causam* como mera condição de exercício regular da ação, e, pois, como condição de apreciação do mérito da ação pelo Poder Judicante, não pode se confundir com tal mérito. Como já foi dito anteriormente (item IV-2), a legitimidade do autor ou do réu atua como condição de admissibilidade do exame do mérito, o que logicamente a coloca na situação de um prius em relação a este, gerando, de conseguinte, uma impossibilidade de confusão. Aliás, não só logicamente, como, também, ontologicamente, a dissociação entre os dois fenômenos jurídico-processuais é evidente. Desde que grande parte da moderna processualística separou o direito de ação do direito questionado em juízo, não há como chumbar num mesmo instituto a legitimidade e o mérito. Isto em razão de a pertinência subjetiva da ação necessariamente não estar adstrita ao titular do direito questionado, como ocorre no caso da legitimidade extraordinária, e, ainda, porque, *mesmo nos casos de legitimidade ordinária, onde há coincidência entre o titular da ação e o do direito afirmado em juízo, a legitimidade pode aparecer, sem que tal direito seja reconhecido*. Consequentemente, para efeito de reconhecimento da legitimidade, é despicienda a existência do direto que se afirma pertinente ao autor. *Suficiente para tanto é tal afirmação.*
(...)
O mesmo ocorre nos casos de legitimidade ordinária, onde, por razões diversas, a situação legitimante é perfeitamente destacável do mérito da ação, pois não se confunde com a existência do direito afirmado, tal como se constata na ação de

Assim, se o autor de uma determinada ação anulatória de débito fiscal não se autointitular, nas razões constantes da demanda, sujeito passivo da obrigação tributária formalizada pelo lançamento tributário que se pretende desconstituir, não terá ele legitimidade para postular a anulação do débito, havendo de ser extinto o processo sem resolução do mérito. Diversamente, se o demandante afirmar ser titular do direito supostamente violado, mas o exame do ato constitutivo do débito tributário revelar que ele sequer compõe o polo passivo da obrigação tributária, a decisão que afastar a pretensão deduzida voltar-se-á à apreciação do mérito da demanda, reconhecendo expressamente a ausência de titularidade do direito subjetivo pleiteado pelo autor.

De regra, portanto, nenhuma prova é necessária para o conhecimento dessa questão. Somente nos casos em que a lei exigir, expressamente, determinada "posição/situação

---

responsabilidade civil dos administradores de uma sociedade anônima, ajuizada por acionistas. Neste caso, a situação legitimante é a qualidade de acionista, que não se pode mesclar com a existência ou não de tal responsabilidade. Assim, se não provada a qualidade de acionista, será o autor carecedor da ação. *Provada ou incontroversa esta, a existência ou inexistência de responsabilidade será matéria exclusivamente de mérito*". ARMELIN, Donaldo. *Legitimidade para agir no Direito Processual Civil Brasileiro*, p. 113-114. (destacamos)

"Não seria concebível que, para resolver se a parte é legítima, se exija a prova de que ela é na verdade credora (ou devedora), ou proprietária. Seria pôr o carro adiante dos bois. A consequência prática soaria paradoxal: na falta de semelhante prova, o processo teria de extinguir-se sem julgamento do mérito, de sorte que jamais se abriria ensejo para a declaração de improcedência do pedido. Os feitos desse tipo ou terminariam com sentença (definitiva) de procedência, ou com sentença meramente terminativa! E, por conseguinte, ao autor repelido, não se formando coisa julgada material, restaria sempre aberta a renovação do pleito, a propositura da mesma ação, indefinidamente, *per omnia saecula saeculorum* (...). O absurdo da conclusão põe a nu a falsidade da premissa.

Salta aos olhos a ilação: em casos tais, para aferição da legitimidade, devemos contentar-nos com a simples afirmação de que uma das partes tem certa posição jurídica, e a parte contrária tem outra. Particularizando para as ações como a vertente, em que se discutem relações jurídicas obrigacionais: devemos contentar-nos com a simples afirmação de que o autor é credor, e o réu é devedor. A questão da legitimidade ad causam tem de ser resolvida à luz do que se alega na inicial, admitindo-se, para argumentar, que seja veraz a narrativa do autor (*uti si vera sint exposita*)". BARBOSA MOREIRA, José Carlos. Legitimação passiva: critério de aferição. Mérito. In: *Direito Aplicado II*: pareceres, p. 377.

jurídica" para o exercício legítimo do direito de ação, haverá a possibilidade/necessidade de prova documental daquela específica condição. Tal prova, entretanto, nada diz com os aspectos objetivos da relação jurídica substancial controvertida.[120]

2.1.2.4.2.1 A legitimidade ad causam e a composição subjetiva das relações jurídico-tributárias

As relações jurídico-tributárias – situadas nos supostos das normas concretas e individuais que documentam as incidências das normas abstratas e gerais que integram o fluxo de positivação/concretização do direito tributário – são compostas por dois polos (ativo e passivo), nos quais figuram os sujeitos de direito titulares daquelas situações jurídicas subjetivas próprias a cada uma das relações jurídicas tributárias. São justamente essas relações jurídicas que, conforme mencionamos anteriormente (tópico 1.3 do capítulo I deste Título), ao serem violadas, dão ensejo à concretização do fato jurídico conflituoso que justifica a dedução das diversas demandas tributárias.

---

120. "Parte legítima para figurar no polo ativo, por exemplo, é quem se diz titular do direito afirmado, salvo se a lei exigir, para seu exercício, determinada posição jurídica – como a situação de casado para pleitear a separação. Nesse caso, a prova respectiva deve acompanhar a inicial. Se, todavia, a pretensão não estiver relacionada a determinada especificidade do autor, a simples afirmação da titularidade lhe confere legitimidade.

(...)

Importa fixar os critérios de que se há de valer o juiz para aferir a legitimidade das partes. Às vezes, a lei reclama, para o exercício regular do direito de ação, determinada posição jurídica, peculiar a uma categoria bem definida de pessoas: v.g., a cidadania brasileira, no caso da ação popular (Constituição da República, art. 5º, n. LXXIII; Lei n. 6.404, de 15.12.1976, art. 159, §3º); a de cônjuge, para ação de divórcio (Lei 6.515/77, art. 24, parágrafo único, com a ressalva final atinente ao caso de incapacidade).

Em tais hipóteses, é singela a aferição da legitimidade, e é natural que se exija do interessado, ab initio, a comprovação da qualidade indicada no texto legal, a fim de evitar que se desenvolvam em vão processos instaurados por quem não a tenha". BARBOSA MOREIRA, José Carlos. *Legitimação passiva*: critério de aferição. Mérito. In: Direito Aplicado II: pareceres, p. 373.

Os preceitos normativos que fixam os critérios de eleição e identificação dos sujeitos ativo e passivo das relações jurídico-tributárias, a teor do que dispõe o art. 146, inciso III, alínea *a*, da CF/88, hão de ser fixados por Lei Complementar da União Federal. São esses enunciados que servem de parâmetro à formulação, por parte dos entes políticos, dos critérios pessoais das regras-matrizes de incidência referentes às suas respectivas competências legiferantes.

É o Código Tributário Nacional, por seu art. 121 e seguintes, que cumpre a função de estabelecer a tipologia normativa a ser seguida pelos entes políticos tributantes quanto à fixação das "espécies" de sujeitos que ocuparão o polo passivo das relações jurídicas próprias a cada um dos tipos tributários previstos no texto constitucional.[121] Assim, muito embora a disciplina geral relativa à sujeição passiva esteja disposta na legislação tributária complementar federal, sua efetiva aplicação se dá a partir de previsão legal veiculada na Legislação de cada uma das pessoas políticas tributantes, o que dificulta ainda mais o estudo dessas figuras, mormente quando nos deparamos com situações concretas de litigiosidade tributária.

Há, nesse tocante, farta e respeitável Doutrina dedicada a estudar e sistematizar o regime jurídico concernente à sujeição passiva tributária, conforme disciplinada no Código Tributário Nacional, âmbito em que se estabelecem grandes controvérsias acerca da natureza, dos efeitos e pressupostos de aplicação de cada um dos tipos normativos

---

121. Art. 121. Sujeito passivo da obrigação principal é a pessoa obrigada ao pagamento de tributo ou penalidade pecuniária.
Parágrafo único. O sujeito passivo da obrigação principal diz-se:
I - contribuinte, quando tenha relação pessoal e direta com a situação que constitua o respectivo fato gerador;
II - responsável, quando, sem revestir a condição de contribuinte, sua obrigação decorra de disposição expressa de lei.
Art. 122. Sujeito passivo da obrigação acessória é a pessoa obrigada às prestações que constituam o seu objeto.

relativos à sujeição passiva em matéria de tributos, previstos na legislação complementar.[122]

Essas divergências, no mais das vezes, são transferidas do âmbito material tributário para o ambiente processual, ensejando discussões que repercutem diretamente na verificação concreta da legitimidade de cada um desses "sujeitos passivos" para demandar e serem demandados no âmbito dos processos judiciais tributários. E isso em razão do que, exaustivamente, procuramos enfatizar nos tópicos precedentes, ou seja, do fato de o conceito de legitimidade *ad causam*, ordinariamente considerado, estar diretamente ligado à composição subjetiva da relação jurídica conflituosa *afirmada*, sendo certo que qualquer dúvida ou discussão quanto aos critérios normativos de identificação dos sujeitos ativos e passivos "possíveis" de uma dada relação jurídica pode repercutir diretamente sobre a aferição, *in concreto*, da legitimidade processual.

As controvérsias clássicas sobre sujeição passiva tributária – tais como: (i) quem é o verdadeiro sujeito passivo da obrigação tributária nas diversas técnicas de "substituição tributária"; (ii) os critérios (fáticos e jurídicos) de verificação da solidariedade passiva (art. 124 do CTN); (iii) os critérios (fáticos e jurídicos) de identificação da chamada responsabilidade *por transferência* (sucessão, terceiros e por infrações); (iv) a própria natureza jurídica da responsabilidade tributária (se sujeição passiva em sentido estrito, se mera responsabilidade patrimonial ou ambas) – interferem diretamente no plano concreto de identificação da legitimidade *ad causam* (ativa e passiva) nas ações tributárias, exacionais e antiexacionais.

---

122. BECHO, Renato Lopes. *Sujeição passiva e responsabilidade tributária*. São Paulo: Dialética, 2000; DARZÉ, Andréa Medrado. *Responsabilidade tributária, solidariedade e subsidiariedade*. São Paulo: Noeses, 2010; FERRAGUT, Maria Rita. *Responsabilidade tributária e o Código Civil de 2002*. São Paulo: Noeses, 2005; ARAÚJO; Juliana Furtado da Costa; CONRADO; Paulo Cesar; VERGUEIRO, Camila Campos. *Responsabilidade tributária*. São Paulo: RT, 2018.

Aliás, a relação entre os institutos da sujeição passiva tributária e da legitimidade *ad causam* é tamanha que, muitas vezes, instauram-se discussões sobre questões que, embora pertençam ao espectro normativo-conceitual de um, são tratadas como se fossem pertencentes ao outro.

Vejamos, por exemplo, a questão da identificação dos legitimados ativos nas ações antiexacionais tributárias preventivas, assim entendidas como as ações manejáveis pelo sujeito passivo tributário no momento compreendido entre a instituição do tributo (regra-matriz de incidência tributária) e a constituição do crédito tributário. Nessas específicas ocasiões, verifica-se um tipo de litigiosidade que se vincula a questões relativas ao limite do exercício (desempenho) de um poder inerente à atividade impositiva – justamente o poder de constituir o crédito tributário, ao qual todo e qualquer sujeito de direito deve se submeter.

Essa parcial indeterminação dos sujeitos passivos da relação jurídica de direito potestativo que caracteriza o instante do ciclo de positivação no qual as ações tributárias preventivas são manejáveis, em regra, não resulta em maiores dificuldades para o apontamento dos sujeitos legitimados a propor as ações tributárias preventivas acima referidas, pois, a rigor, basta a identificação, diante de cada caso concreto, dos sujeitos de direito sob potencial risco de serem alçados à condição de devedores tributários, tarefa que, ordinariamente, não induz grande complexidade.

Mas só ordinariamente, pois, em determinadas circunstâncias, em especial aquelas que envolvem facticidades abarcadas pelos regimes de sujeição passiva por responsabilidade, a identificação do sujeito legitimado para ocupar a condição de autor nas ações tributárias antiexacionais preventivas não se revela uma atividade trivial.

É exatamente o caso das operações sujeitas ao regime de substituição tributária *para frente*, aplicada àqueles tributos que incidem nas diversas fases da cadeia econômica (ICMS é o exemplo clássico), e por meio da qual os fatos geradores são "presumidos". Neste específico regime de sujeição passiva tem-se, de um lado, a figura do sujeito passivo por "substituição" – de quem é exigido o pagamento antecipado do tributo sobre as operações futuras – e, de outro lado, a figura do contribuinte "substituído" – titular das operações e, portanto, do "substrato econômico" que serve de parâmetro para a determinação da base de cálculo presumida, utilizada no cálculo do imposto pago por substituição.

É certo que, não obstante seja o substituto quem ocupe, juridicamente, o polo passivo da relação jurídica tributária decorrente da incidência do tributo submetido ao regime de substituição tributária, a legalidade da exigência é toda verificada a partir das condições fáticas e jurídicas próprias às operações do contribuinte substituído. Dessa forma, se uma determinada operação está sujeita ao regime de substituição tributária, e o contribuinte substituído, por uma condição pessoal, está imune ou isento do imposto sobre suas operações, o sujeito passivo substituto não poderá destacar o ICMS-ST nas operações realizadas com aquele específico contribuinte substituído.[123]

Nesse contexto, e admitindo-se a possibilidade de algum ente político federado exigir do sujeito passivo substituto o ICMS-ST relativo a operações de contribuintes substituídos que estejam constitucionalmente desoneradas, a pergunta que se faz é: quem tem legitimidade para propor ação antiexacional preventiva destinada a afastar a incidência do ICMS-ST? O sujeito passivo substituto ou o contribuinte substituído? Com base no que afirmamos reiteradamente no tópico anterior, a resposta seria a seguinte: legitimado

---

123. Imaginemos, por exemplo, uma indústria de papel que esteja, por determinação da legislação estadual, sujeita ao regime de substituição tributária, mas que realize operações de venda destinadas a empresa de jornal ou periódicos imune à tributação por força do art. 150, inciso VI, d, da Constituição Federal.

ativo em eventual ação tributária antiexacional preventiva destinada a afastar a incidência do ICMS-ST será o potencial sujeito passivo da obrigação tributária em questão.

Diante disso, reformulamos a pergunta para indagar, agora, acerca de quem é o sujeito passivo "em potencial" nas operações sujeitas à substituição tributária *para frente*? A resposta é: depende. Para quem entende que a substituição tributária *para frente* encerra um regime jurídico total e exclusivo do substituto, será ele o sujeito passivo potencial.[124] Para aqueles que, por outro lado, comungam da ideia de que o regime de substituição tributária pressupõe a existência de duas relações jurídicas tributárias – (i) a primeira instrumental, que obriga o substituto a reter e recolher aos cofres públicos o ICMS-ST relativo à obrigação (cujo fato gerador é antecipado) do substituído; (ii) e a segunda, dita principal, que instaura o vínculo obrigacional entre contribuinte substituído e Fisco –, o sujeito passivo potencial será o contribuinte substituído.[125]

124. Parece ser esta a orientação firmada no âmbito do Superior Tribunal de Justiça no REsp n. 931.727/RS, representativo da controvérsia, de relatoria do Min. Luiz Fux. Nesse mesmo sentido, vai a doutrina da Paulo de Barros Carvalho: "Deixando entre parênteses essas imprecisões, tão comuns, aliás, na história de nossas instituições, coloquemo-nos debaixo dos olhos o vulto do substituto, com o objetivo de demarcar o campo de sua possibilidade jurídica. **Temos conhecimento, até agora, que foi posto na condição de sujeito passivo por especificação da lei, ostentando a integral responsabilidade pelo quantum devido a título de tributo. Enquanto nas outras hipóteses permanece a responsabilidade supletiva do contribuinte, aqui o substituto absorve totalmente o debitum, assumindo, na plenitude, os deveres de sujeito passivo, quer os pertinentes à prestação patrimonial, quer os que dizem respeito aos expedientes de caráter instrumental, que a lei costuma chamar de 'obrigações acessórias'**". CARVALHO, Paulo de Barros. *Direito tributário*: fundamentos jurídicos da incidência, p. 210. (destacamos)

125. "A substituição tributária dá origem a três relações jurídicas: i) *relação jurídica entre substituído e Fisco*, que tem por objeto o dever de pagar importância a título de 'tributo' (R1); ii) *relação jurídica entre substituído e substituto*, mediante a qual é assegurado o direito ao desconto e à retenção do valor correspondente ao 'tributo' (R2); iii) *relação jurídica entre substituto e Fisco*, que impõe o dever de entregar a importância descontada do substituído, a título de 'tributo' (R3)". DINIZ, Marcelo de Lima Castro. Substituição tributária e repetição do indébito: legitimidade processual. *Revista de direito tributário*, Cadernos Tributários, n. 112, p. 82.

Fica evidente, portanto, que, antes de se discutir a questão processual (legitimidade *ad causam*), há que se promover a tomada de posição sobre a questão subjacente de direito material (sujeição passiva), sem o que será impossível perquirir quem será o sujeito passivo em potencial da relação jurídica tributária cuja constituição se pretende afastar via ação tributária preventiva.

O mesmo pode ser dito sobre as discussões relativas à "legitimidade" do sócio administrador que expressamente figurar, na condição de responsável tributário, no título executivo extrajudicial (certidão de dívida ativa), para ocupar o polo passivo da relação processual executiva fiscal. Se o título executivo é o documento que revela – em nível de presunção – a própria situação jurídica de sujeito passivo da relação jurídica de responsabilidade tributária e, ainda, se a execução fiscal tem por objeto a realização da obrigação tributária inadimplida, qualquer discussão sobre a viabilidade jurídica da execução fiscal com relação ao sócio será, necessariamente, uma discussão de direito material, isto é, sobre a legalidade da atribuição de responsabilidade tributária e da inclusão do nome do sócio no título executivo. Não se trata, portanto, de dúvida acerca da legitimidade passiva do sócio – a qual, aliás, é patente, dada a expressa menção de seu nome no título executivo que espelha a obrigação tributária inadimplida, cuja legitimidade goza de presunção legal.

O cenário não é tão claro assim, contudo, nos casos em que a responsabilização tributária do sócio se dá em momento posterior à constituição do crédito tributário e, ainda, após a própria inscrição do débito em dívida ativa. Nessas situações, em especial quando resultam no expediente conhecido por "redirecionamento" da execução – por meio do qual os atos executivos passam a ser praticados em face do patrimônio pessoal do responsável –, a condição de legitimado do sócio-responsável é duvidosa, pois não há nada que documente, juridicamente, sua inclusão no polo passivo da relação jurídica material de fundo.

Nessas circunstâncias, a ausência do nome do sócio no título executivo implica uma importante questão, diretamente relacionada à identificação da legitimidade passiva na execução fiscal, a saber: o fato de ser o sócio, neste caso, verdadeiro sujeito passivo da relação jurídica tributária ou, diferentemente, terceira pessoa cujo patrimônio, por determinação legal, deverá ficar sujeito aos atos de constrição e expropriação destinados à realização do crédito inadimplido (responsável patrimonial de terceiro).[126] Impossível não admitir que a resposta a essa pergunta dependerá de uma anterior tomada de posição acerca da natureza das normas materiais, veiculadas no Código Tributário Nacional, relativas à responsabilidade tributária de terceiros.

Outra situação peculiar à composição subjetiva das obrigações tributárias que impacta diretamente na identificação dos sujeitos legitimados a ocupar os polos ativo e passivo das ações tributárias é a técnica de "retenção tributária" na fonte pagadora.

O imposto de renda retido na fonte pelos Estados e pelo Distrito Federal, exigido em face dos vencimentos e proventos percebidos por seus servidores, a despeito de estar abarcado pela competência legiferante da União Federal, haverá de ser cobrado e utilizado pelos entes fazendários estaduais e distritais. E isso sob os auspícios de regra constitucional expressa, veiculada no art. 157, inciso I, da CF/88,[127] que estabelece verdadeira norma de transferência

126. Da resposta a esta questão dependerá, também, a admissão ou não da aplicação do chamado incidente de desconsideração de personalidade jurídica (IDPJ), previsto no art. 133 do CPC/2015, aos executivos fiscais. Trataremos do assunto, oportunamente, quando discorrermos acerca do processo executivo fiscal e de sua composição subjetiva (item 2.1.4.2.4 deste capítulo).

127. "Art. 157. Pertencem aos Estados e ao Distrito Federal:
I - o produto da arrecadação do imposto da União sobre renda e proventos de

da capacidade tributária ativa, responsável por atribuir aos Estados e ao Distrito Federal a prerrogativa de exigir o IR incidente sobre os vencimentos de seus servidores na condição de típicos sujeitos ativos das correspondentes obrigações tributárias.[128]

Não por outro motivo, a orientação jurisprudencial firmada no âmbito do Superior Tribunal de Justiça – consolidada, inclusive, pelo REsp repetitivo n. 989.419/RS e pela Súmula 447 do STJ –[129] é a de que são os Estados e o

---

qualquer natureza, incidente na fonte, sobre rendimentos pagos, a qualquer título, por eles, suas autarquias e pelas fundações que instituírem e mantiverem;".

128. Não é outra a orientação firmada pela D. Procuradoria Geral da Fazenda Nacional no Parecer PGFN/CAT n. 381/2009. Confira-se:
"53 - Portanto, infere-se do acima exposto o seguinte:
a) É dos Estados a sujeição ativa para exigir o imposto de renda previsto no art. 157, I, da CF/88;
b) Em face da regulamentação legal do imposto de renda aplicável ao caso, que instituiu a dicotomia "IR antecipado, retido na fonte, versus IR definitivo, devido ao final do ano", é a União o sujeito ativo para exigir o imposto de renda apurado na declaração de rendimentos".

129. "**PROCESSO CIVIL E TRIBUTÁRIO. RECURSO ESPECIAL REPRESENTATIVO DE CONTROVÉRSIA. ART. 543-C, DO CPC. RESTITUIÇÃO. IMPOSTO DE RENDA RETIDO NA FONTE. LEGITIMIDADE PASSIVA DO ESTADO DA FEDERAÇÃO. REPARTIÇÃO DA RECEITA TRIBUTÁRIA.**
1. Os Estados da Federação são partes legítimas para figurar no polo passivo das ações propostas por servidores públicos estaduais, que visam o (sic) reconhecimento do direito à isenção ou à repetição do indébito relativo ao imposto de renda retido na fonte. Precedentes: AgRg no REsp 1045709/RS, Rel. Ministro MAURO CAMPBELL MARQUES, SEGUNDA TURMA, julgado em 03/09/2009, DJe 21/09/2009; REsp 818709/RO, Rel. Ministro Herman Benjamin, DJe 11/03/2009; AgRg no Ag 430959/PE, Rel. Ministro Humberto Martins, DJe 15/05/2008; REsp 694087/RJ, Rel. Ministro João Otávio de Noronha, DJ 21/08/2007; REsp 874759/SE, Rel. Ministro TEORI ALBINO ZAVASCKI, PRIMEIRA TURMA, julgado em 07/11/2006, DJ 23/11/2006; REsp n. 477.520/MG, rel. Min. Franciulli Netto, DJ de 21.03.2005; REsp n. 594.689/MG, rel. Min. Castro Meira, DJ de 5.9.2005.
2. *"O imposto de renda devido pelos servidores públicos da Administração direta e indireta, bem como de todos os pagamentos feitos pelos Estados e pelo Distrito Federal, retidos na fonte, irão para os cofres da unidade arrecadadora, e não para os cofres da União, já que, por determinação constitucional 'pertencem aos Estados e ao Distrito Federal'"*. (José Cretella Júnior, in *Comentários à Constituição Brasileira de 1988*, Forense Universitária, 2. ed., v. VII, arts. 145 a 169, p. 3714).
3. Recurso especial desprovido. Acórdão submetido ao regime do art. 543-C do CPC e da Resolução STJ 08/2008".

Distrito Federal – e não a União Federal – os sujeitos legitimados para responder por ações propostas por servidores públicos estaduais e distritais que tenham por objeto o afastamento do imposto sobre a renda retido na fonte e a restituição de valores pagos indevidamente a esse título.

Esse mesmo fenômeno, por sua vez, não ocorre com a regra de retenção do imposto de renda retido na fonte dirigida a pessoas jurídicas de direito privado, cuja natureza é meramente instrumental, pois é a União Federal o ente a figurar no polo ativo da correspondente obrigação tributária principal, circunstância que tem efeito direto na identificação dos sujeitos legitimados para ocupar o polo ativo da relação jurídico-processual decorrente de eventual questionamento da legitimidade da cobrança.

Ainda no que diz respeito aos regimes de transferência da capacidade tributária ativa que impactam na legitimidade *ad causam* nas ações tributárias, podemos mencionar o peculiar caso das obrigações tributárias nascidas da incidência do Imposto Territorial Rural. Aqui, a pedra de toque da correta identificação dos sujeitos legitimados a ocupar os polos ativos e passivos das ações judiciais concernentes a esta específica exação está relacionada à existência ou não de convênio firmado entre União Federal e Município com o objetivo de transferir ao segundo a prerrogativa de exigir o ITR incidente sobre a propriedade rural situada em seu território.

Ocorrendo a celebração do sobredito Convênio, será o Município – titular da capacidade tributária ativa – o legitimado ativo para as ações voltadas à cobrança (execuções fiscais) do referido tributo e passivo das ações destinadas a afastar a exigência da exação (ações antiexacionais). A

(REsp n. 989.419/RS; 1ª Seção; Rel. Min. Luiz Fux; DJe de 18/12/2009).
"Súmula 447 – Os Estados e o Distrito Federal são partes legítimas na ação de restituição de imposto de renda retido na fonte proposta por seus servidores".

inexistência de Convênio, por outro lado, induz a permanência da capacidade tributária ativa na esfera jurídica da Pessoa política constitucionalmente competente para instituir e cobrar o ITR – a União Federal –, ou seja, nessas circunstâncias, será a Fazenda Pública federal a legitimada a figurar nos polos ativo e passivo, respectivamente, das ações exacionais e antiexacionais que versarem sobre o assunto.

É preciso advertir, ainda, que as formulações normativas atinentes à sujeição passiva tributária estão diretamente relacionadas aos sujeitos de direito a quem é atribuída a conduta que consubstancia o núcleo da obrigação tributária em sentido estrito, qual seja: o fato do pagamento do tributo. É justamente o fato jurídico do pagamento, quando reputado "indevido", que faz nascer o direito subjetivo à restituição do montante recolhido, cuja titularidade é do sujeito passivo da obrigação tributária (o realizador do pagamento).

Quanto ao sujeito titular do direito subjetivo à restituição do tributo pago indevidamente, temos, de um lado, a regra do art. 165 do CTN, a qual atribui ao "sujeito passivo da obrigação tributária" a restituição do tributo pago indevidamente; de outro, o art. 166 do mesmo diploma legal, o qual dispõe que o referido direito à restituição, em se tratando de tributos que comportem a transferência do ônus financeiro a terceiros, está condicionado à prova de ter o sujeito passivo assumido o encargo ou, no caso de não tê-lo feito, estar expressamente autorizado por aquele que suportou o ônus.

Não parece haver dúvidas de que, a partir do que enuncia o art. 165 do CTN, a *posição jurídica* exigida para satisfazer a "condição" de parte legítima em ação de repetição do indébito tributário é a de "ser sujeito passivo" na relação jurídico-tributária extinta pelo pagamento tido por indevido, pois é essa condição que qualifica o sujeito como titular do direito à restituição no bojo da relação jurídica de indébito tributário.

Em se tratando, contudo, de ações que tenham por objeto a restituição de tributos que comportem o repasse do ônus financeiro, que é justamente a situação disciplinada pelo art. 166 do CTN, surge a questão da possível legitimidade ativa do sujeito que haja suportado o ônus da exação indevidamente exigida. Também nesses casos, a perquirição acerca da legitimidade ativa do chamado "contribuinte de fato" para ajuizar ação de repetição do indébito tributário está intimamente atrelada a anterior tomada de posição sobre sua condição (ou não) de sujeito passivo da obrigação tributária extinta pelo pagamento e, consequentemente, da relação jurídica de indébito.

Parece-nos evidente, portanto, que o pleno domínio das várias técnicas de eleição dos sujeitos juridicamente capacitados a ocu/par os polos ativo e passivo das obrigações tributárias perfaz condição indispensável às investigações sobre a legitimidade para ocupar as posições de autor e réu nas ações tributárias. Os exemplos que utilizamos neste tópico para evidenciar essa questão, bem como outras situações de caráter análogo, serão retomados, com vagar, nos capítulos I e II do Título II, oportunidade em que nos dedicaremos ao estudo das ações tributárias em espécie.

Por agora, nos importa deixar evidente que a condição de legitimado processual nas ações tributárias – a qual se define pela relação de identidade entre os titulares do direito e do dever materiais *afirmados* na demanda e os sujeitos parciais do processo (autor e réu) – pressupõe um prévio e profundo conhecimento acerca do regime jurídico-material de sujeição tributária (ativa e passiva), conforme disciplinado pela legislação de regência.

2.1.3 Ações e pretensões processuais tributárias

Os cortes analíticos perpetrados no plexo normativo que materializa o "instituto da ação" – realizados adrede com o intuito de enumerar as várias acepções em que o termo é usado pelos textos jurídicos positivos – têm, no contexto deste trabalho, a finalidade precípua de possibilitar a identificação do sentido adequado do termo nas circunstâncias em que estiver qualificado pelo adjetivo "tributária".

A questão que se coloca, neste momento, é a seguinte: em que sentido (dentre aqueles identificados nos tópicos precedentes) é possível falarmos em "ações tributárias"?

Há, conforme mencionamos anteriormente, sentidos do termo "ação" que referem direitos subjetivos processuais cuja natureza independe de qualquer conteúdo jurídico-material. Assim, a "ação" tomada na dimensão semântica que aponta para o mero "direito de provocação" (ação-petição) ou, até mesmo, para o "direito subjetivo à prestação jurisdicional" (ação-resposta) – significações que revelam o conceito de "ação" como direito abstrato – não comporta qualquer espécie de qualificação que tome como referência o direito material controvertido.

Qualquer vinculação do termo "ação", surpreendido em uma das acepções acima referidas, a uma adjetivação jurídico-material será inadequada, não havendo que se falar em *tipificação* dos direitos constitucionais de petição e à prestação jurisdicional, na medida em que, para se propor ação (exercício do direito de ação-petição) e obter uma resposta do órgão jurisdicional (exercício do dever de prestação jurisdicional), não é preciso que o direito material tido por violado seja efetivamente apreciado.

O mesmo não pode ser dito, todavia, acerca dos atos concretos por meio dos quais o direito constitucional de ação é exercido, os quais, conforme anotamos, têm sua disciplina veiculada nos diplomas normativos infraconstitucionais, especialmente no regime geral de direito processual objetivado no bojo do Código de Processo Civil.

Nessa medida, a ação-demanda – na condição de ato por meio do qual se concretiza o efetivo exercício do direito de ação-petição – tem, por definição legal (art. 337, §2º, do CPC), vínculo direto com a relação jurídica de direito material controvertida. Assim, se é correto afirmar que a ação-demanda constitui, em linguagem competente, o próprio direito material controvertido, é certo também dizer que este direito material possui a função precípua de individualizar e identificar a demanda.

Por esse motivo, em nosso sentir, a acepção do termo "ação" a ser adotada na interpretação da expressão "ação tributária" é a que refere o ato concreto por meio do qual os sujeitos tributários exercem seus respectivos direitos constitucionais de ação-petição, ato este que se confunde, aliás, com a própria noção de demanda (ação-demanda).

Por se referir à forma de concretização de um direito subjetivo absoluto, que regula diretamente a conduta do agente provocador (poder-faculdade de dirigir-se ao órgão judicial), a ação-demanda traduz, com maior precisão, algo que realmente se encontra sob total disponibilidade do jurisdicionado, isso para não falar no fato de ser essa a acepção do termo mais usada na práxis jurídica.

Além disso, é o ato concreto de provocação que, por expressa determinação legal (art. 2º do CPC), tem o condão de desencadear a atividade jurisdicional (princípio do dispositivo), não havendo que se falar em prestação jurisdicional sem que seja verificada a demanda concretamente deduzida pelo titular do direito constitucional de ação-petição.

Note-se, ainda, que somente por meio da análise do conteúdo da ação-demanda, isto é, de seus elementos identificadores – para usarmos a linguagem do legislador processual (art. 337, §2º, do CPC) –, é que se tem acesso ao próprio direito material controvertido, não sendo exagero afirmar que o fato jurídico conflituoso se confunde com o conteúdo da ação-demanda. Daí, também, a conveniência de adotarmos essa acepção como a mais adequada à interpretação da expressão "ação tributária".

Posto isso, parece-nos ser possível definir "ação tributária" como o ato de provocação da atividade jurisdicional constitutivo do fato jurídico tributário conflituoso que impõe à autoridade jurisdicional o dever jurídico de desencadear os subsequentes atos jurisdicionais que implicarão a produção do ato final responsável pela composição da lide tributária, tal como delimitada pelo autor.

Sob essa óptica, ter-se-á ação tributária sempre que um dos sujeitos de direito tributário se dirigir ao Poder Judiciário para afirmar uma situação conflituosa e deduzir a pretensão processual que entender adequada para suplantar os efeitos do ato violador perpetrado pelo outro sujeito da relação jurídico-tributária.

2.1.4 As ações tributárias e as relações jurídicas conflituosas no contexto do percurso de concretização do direito tributário

2.1.4.1 Processo de positivação e percurso de concretização do direito tributário

As competências constitucionais tributárias, responsáveis pela delimitação formal e material da atividade impositiva atribuída aos entes políticos tributantes, não têm o condão de, por si sós, dar azo ao surgimento do vínculo obrigacional tributário, indispensável à regulação concreta da conduta do potencial sujeito passivo. Para tanto, é imprescindível que sejam praticados os atos de positivação (aplicação) destinados à produção das normas concretas e individuais que efetivamente tenham capacidade para regular a conduta do sujeito de direito, erigindo-o à condição de sujeito passivo tributário.[130]

Nessa medida, para que a conduta do sujeito de direito seja concretamente normatizada, é necessário que as competências tributárias, legislativas e administrativas, sejam efetivamente exercidas, a começar pela instituição das regras de incidência tributária responsáveis por selecionar, conotativamente, as materialidades que fundamentarão sua incidência, bem como a classe de sujeitos de direito que haverão de compor o liame jurídico obrigacional.

A mera instituição da regra-matriz de incidência tributária, vale advertir, também não é suficiente para fazer nascer o vínculo obrigacional. A obrigação tributária só restará materializada no âmbito das normas concretas e individuais produzidas pelos atos de aplicação aptos a verter, em linguagem jurídica competente, os eventos sociais e econômicos tidos pelo legislador como juridicamente relevantes, constituindo-se, assim, os fatos jurídicos tributários necessários e suficientes à instauração da relação jurídico-tributária em sentido estrito. Somente então poder-se-á falar em efetivo surgimento do direito subjetivo de crédito e do dever jurídico de débito tributário.

Dá-se o nome de "processo de positivação do direito tributário" a essa série encadeada de atos de aplicação iniciada com o exercício das competências constitucionais tributárias e mediada pelas ações que se voltam à aplicação das regras de incidência com vistas à constituição dos fatos e das relações jurídico-tributárias obrigacionais que têm o

130. "O direito não se positiviza. Um dos sentidos da positividade do direito é este: as normas são postas em atos que se interpolam, encontrando acima a norma (ou normas) que os estabelece como produtores de normas, e abaixo as normas deles decorrentes, como normas válidas. Entre a norma N' e a norma N" dá-se o ato A, qualificado normativamente como produtor de norma". VILANOVA, Lourival. Teoria da norma fundamental: comentários à margem de Kelsen. In: *Escritos jurídicos e filosóficos*, v. 1, p. 327.

condão de regular concretamente a conduta do sujeito passivo tributário com vistas a exortá-lo a praticar o ato derradeiro (pagamento) por meio do qual o direito material tributário atingirá, efetivamente, seus escopos sociais.

Pois bem. Se tomarmos como parâmetro um mundo ideal, onde o sistema jurídico goze de plena eficácia social, toda competência legislativa tributária seria exercida nos estritos termos fixados pela Constituição Federal. Do mesmo modo, qualquer ato de aplicação das regras de incidência ocorreria nos exatos limites delineados pela moldura normativa que lhe é correspondente. Ao final, como decorrência lógica dessa correção normativa, toda obrigação tributária haveria de ser extinta pelo ato ordinário de cumprimento espontâneo do dever subjetivo atribuído ao sujeito passivo, isto é, o pagamento.

Ocorre que esse mundo utópico, sabemos todos, não existe.

Aliás, é a própria impossibilidade de um sistema normativo primário plenamente eficaz, que fosse observado consensualmente por todos os seus destinatários, que constitui a razão de ser dos sistemas normativos processuais (secundários), cujo escopo, reafirmamos, é garantir a eficácia dos sistemas jurídico-materiais nas circunstâncias em que as normas substanciais não sejam espontaneamente observadas por seus destinatários, isto é, nas situações de patologia normativa.

Não é incomum, desse modo, que as regras que disciplinam a dinâmica de aplicação do direito tributário deixem de ser, em algum momento, observadas pelos seus destinatários, fazendo nascer, então, os conflitos tributários. É justamente esse estado de patologia normativa que dá oportunidade ao desencadeamento de outra série de atos de aplicação de regras administrativas, fiscais e processuais destinados à realização, por vias oblíquas, do direito material que não haja sido efetivado da forma pretendida pelo sistema.

Ao fluxo jurídico-causal composto pela soma dos atos ordinários de aplicação das normas tributárias (processo de positivação em sentido estrito) com os atos de aplicação relativos às normas administrativas e processuais voltados à realização do direito tributário por vias indiretas, podemos denominar "percurso ou processo de concretização do direito tributário".

O que chamamos aqui de "processo de concretização", portanto, constitui um fenômeno mais amplo que aquele representado pelo conceito de "processo de positivação", tal como proposto por PAULO DE BARROS CARVALHO.[131] E isso porque a ideia de "processo de positivação do direito tributário", na forma como descrita pelo Mestre paulista, abarca exclusivamente os atos de aplicação que materializam o exercício das competências tributárias (legislativa e administrativa), por meio dos quais se realizam a instituição (instituição da regra-matriz de incidência tributária – abstrata e geral) e a cobrança (constituição da obrigação tributária) do tributo.

Trata-se, assim, de um conceito que pressupõe uma relação vertical ou de subordinação (hierárquica) entre os atos normativos produzidos na cadeia de aplicação, de sorte que

131. "Na hierarquia do direito posto, há forte tendência de que as normas gerais e abstratas se concentrem nos escalões mais altos, surgindo as gerais e concretas, individuais e abstratas e individuais e concretas à medida que o direito vai se positivando, com vistas à regulação efetiva das condutas interpessoais. Caracteriza-se o processo de positivação exatamente por esse avanço em direção aos comportamentos das pessoas. As normas, gerais e abstratas, dada sua generalidade e posta sua abstração, não têm condições efetivas de atuar num caso materialmente definido. A projetar-se em direção à região das interações sociais, desencadeiam uma continuidade de regras que progridem para atingir o caso especificado. E nessa sucessão de normas, baixando incisivamente para o plano das condutas efetivas, que chamamos 'processo de positivação do direito', entre duas unidades sempre estará o ser humano praticando aqueles fatos conhecidos como fontes de produção normativa". CARVALHO, Paulo de Barros. *Direito tributário*: fundamentos jurídicos da incidência, p. 36.

o preceito normativo mais abstrato se apresenta como fundamento de validade dos preceitos concretos: a competência constitucional é fundamento de validade da regra-matriz de incidência que, por sua vez, é fundamento de validade da norma concreta e individual posta pelo lançamento, que é o fundamento de validade do ato de pagamento.

O "processo ou percurso de concretização do direito tributário" a que nos referimos, todavia, abrange não só a cadeia vertical de positivação ordinariamente considerada, mas também os atos horizontais (fluxo jurídico-causal) de aplicação de normas administrativas e processuais, os quais não guardam relação de subordinação hierárquica entre si – mas tão somente de coordenação –, e se prestam a realizar o direito violado por vias oblíquas.[132]

É nesse contexto de concretização que o conflito tributário, pressuposto fático do processo judicial tributário, manifesta-se empiricamente.

O processo judicial tributário, vale observar, também consubstancia uma espécie do gênero "processo de positivação do direito tributário" que se desencadeia a pretexto da conflituosidade e que, ao final, produz, efetivamente, verdadeira norma (concreta e individual) de direito material tributário, mas o é em paralelo àqueloutro, cujo estado de patologia serve de justificativa para o desencadeamento da atividade normativa jurisdicional.[133]

---

132. "A causalidade jurídica, como positivação do direito, é tecida, ou construída normativamente, como sistema de relações, recobrindo o sistema social, que se articula, também, com outros sistemas normativos, os não jurídicos". VILANOVA, Lourival, Causalidade e relação no direito, p. 231.

133. "Com uma sentença qualquer, de que fala Paul Fouriers, o juiz não se exime de sentenciar (sentenciar em sentido amplo, ato terminal do processo jurisdicional, ou o ato que preliminarmente corta a relação litigiosa em sua fase inicial; é um julgamento, uma decisão, dotada de validade, **como um dos processos de positivação do direito** (M. Reale)". VILANOVA, Lourival. *As estruturas lógicas e o sistema do direito positivo*, p. 247. (destacamos)

Não se trata – importante destacar – de processos de positivação autônomos ou independentes, um relativo ao sistema jurídico-processual e outro concernente ao sistema jurídico-material. Ao contrário, o fenômeno de positivação próprio ao sistema secundário também integra a dinâmica de concretização do direito material (*in casu*, o tributário), sendo certo que o processo jurisdicional se inicia e se extingue exclusivamente sob o pretexto da efetiva concretização do direito material.

Nesse universo, o processo jurisdicional se apresenta como a face *patológica* do ciclo de concretização do direito material tributário. Se o direito não se realiza (socialmente) pelas vias ordinárias e consensuais, então o processo jurisdicional atua para realizá-lo por meios coercitivos. Seu objetivo é, em primeira e última instâncias, dar plena efetividade ao sistema jurídico primário.

Direito material e direito processual, portanto, mantêm vínculo reflexivo, em que o primeiro ingressa no espectro normativo do segundo sob o pretexto da violação, para, ao final, regressar à região material das condutas intersubjetivas sob a forma de ato-norma realizador, num movimento que, noutra oportunidade, chamamos de "causalidade circular".[134]

2.1.4.2 As ações e os conflitos tributários em face do percurso de concretização do direito tributário

Para que possamos tratar da relação existente entre o processo de concretização do direito tributário e o surgimento das lides fiscais, faz-se necessário retomar algumas das premissas firmadas em passagens anteriores.

---

134. DALLA PRIA, Rodrigo. O direito ao processo. In: CONRADO, Paulo Cesar (Coord.). *Processo tributário analítico*, p. 42.

A primeira premissa a ser revisitada refere-se à circunstância de que somente é possível cogitar acerca de conflitos tributários no plano das relações jurídicas situadas nos consequentes das normas concretas e individuais. Isso não significa, contudo, que os conflitos tributários só ocorram no âmbito das relações jurídico-tributárias em sentido estrito (obrigações tributárias), pois, conforme destacamos anteriormente (item 1.3.3 do capítulo I), existem outras espécies de relações e situações jurídicas subjetivas (direitos subjetivos em sentido amplo) a permear todo o percurso de concretização do direito tributário.

A cadeia de "fatos jurídicos relacionais" que se manifesta no percurso de concretização do direito tributário abrange: (i) o direito subjetivo (absoluto) do sujeito de direito tributário de somente ser tributado nos estritos limites fixados pela Constituição Federal e pela lei tributária; (ii) o direito subjetivo (potestativo) de constituir o crédito tributário, de titularidade do ente político tributante; (iii) o direito subjetivo (em sentido estrito) do credor tributário de perceber o valor devido a título de tributo (obrigação tributária em sentido estrito); (iv) o direito subjetivo (potestativo) à anulação do crédito ilegitimamente constituído; (v) o direito subjetivo (prestacional) à restituição do tributo pago indevidamente (indébito tributário); (vi) o direito potestativo de inscrever o débito inadimplido em dívida ativa para extrair a competente certidão de dívida ativa; e, por fim, (vii) o direito subjetivo de praticar os "atos de cobrança" (pretensão/responsabilidade) destinados a compelir o sujeito passivo inadimplente a satisfazer o crédito.

A manifestação concreta dos diferentes tipos de direitos subjetivos tributários (absolutos, potestativos e prestacionais) e de suas correlatas contingências patológicas, portanto, mantém vínculo direto com o ponto em que se encontra o percurso de concretização do direito material tributário, de modo que cada espécie de conflito tem seu momento e lugar especificamente delimitados na sobredita série de atos de aplicação do direito material tributário.

Curioso observar, ainda, que cada uma das diferentes relações jurídicas conflituosas acima referidas induz um remédio processual especificamente destinado à realização do respectivo direito subjetivo violado. É dizer, à violação dos direitos subjetivos tributários próprios a cada etapa do processo de concretização corresponde uma específica ação tributária apta a desencadear o processo judicial que resultará na produção da tutela jurisdicional adequada a dirimir a conflituosidade instaurada naquele específico instante do processo de concretização.

É possível concluir, desse modo, que: (i) cada uma das espécies de relação jurídico-tributárias acima referidas tem sua existência vinculada a (ii) um ponto específico do processo de concretização e (iii) seus correlatos "direitos e deveres subjetivos tributários" induzem, cada qual, um tipo de conflituosidade, (iv) razão pela qual dispõem, no âmbito do sistema secundário, de uma técnica processual de proteção (tutela) a ser produzida a partir de uma específica "ação tributária".

Nessa medida, as ideias de "processo de concretização", "relações jurídicas tributárias", "conflitos tributários" e ações tributárias" perfazem fenômenos que se "implicam", conceitual e pragmaticamente, conforme esquematizado na tabela a seguir:

Etapa do Processo de Concretização	Relação jurídico-tributária subjacente	Conflito Tributário	Ação Tributária
Instituição e plena aplicabilidade da regra-matriz de incidência tributária	Relação jurídica que fixa o direito potestativo (competência administrativa) de constituir o crédito tributário	Incerteza quanto à legitimidade do desempenho do direito de constituir o crédito tributário em determinada situação concreta	Ação declaratória de inexistência relação jurídico-tributária e o mandado de segurança preventivo

Constituição do crédito tributário	Relação jurídica que atribui ao sujeito o direito (potestativo) à desconstituição do crédito tributário	Resistência do Fisco na manutenção do ato ilegal	Ação anulatória de débito fiscal e o mandado de segurança repressivo
Constituição do crédito tributário	Relação jurídica tributária em sentido estrito (obrigação tributária)	Óbice ilegítimo ao exercício do direito subjetivo de adimplir a obrigação	Ação de consignação em pagamento
Extinção do crédito tributário pelo pagamento	Relação jurídica de indébito tributário	Mora do Fisco em restituir o tributo pago indevidamente	Ação de repetição do indébito tributário e o mandado de segurança "declaratório" do direito à compensação
Inscrição do débito em dívida ativa	Relação jurídica de responsabilidade patrimonial	Resistência do sujeito passivo aos atos de cobrança	Ação executiva fiscal
Execução fiscal proposta e devidamente garantida	Relação jurídica de responsabilidade patrimonial	Vício que compromete a liquidez, a certeza ou a exigibilidade do crédito tributário	Embargos à execução fiscal

Com suporte nessas premissas analisaremos, individual e oportunamente – nos capítulos I e II do Título II –, cada uma das ações tributárias manejáveis pelos sujeitos de direito tributário, consideradas em seu contexto específico de manifestação no percurso de concretização do direito material tributário.

2.1.5 Classificação das ações tributárias

As ações tributárias – na condição de gênero em torno do qual circundam diversas espécies de demandas que têm por objeto conflitos tributários – podem ser organizadas em classes e subclasses constituídas a partir de critérios comuns. Para estruturar esse esquema classificatório, tomamos as ações tributárias na condição de classe universal, assim entendida como o conjunto de todas as ações que tenham como pano de fundo conflitos tributários.

É preciso ressaltar, todavia, que, quando falamos em "todas as ações" que tenham por objeto lides tributárias, pretendemos referir, por óbvio, aquilo que a experiência concreta, *hic et nunc*, nos oferece no instante em que a classificação é elaborada. Não descartamos, portanto, a possibilidade de a pragmática do processo tributário, amoldando-se a determinada situação específica, valer-se de instrumento processual que, eventualmente, não esteja abarcado pelo rol classificatório adiante proposto.

Dito isso, convém recordar que, em passagens anteriores, assumimos que os elementos identificadores da ação substanciam os caracteres fundamentais à definição do conceito de "ação tributária", haja vista serem eles os componentes constitutivos da própria conflituosidade tributária. Por esse motivo, cremos que os indigitados elementos corporificam os critérios ideais para a elaboração de nossa proposta classificatória das ações tributárias.

Pois bem. O primeiro dos elementos a ser considerado é aquele que reflete o aspecto subjetivo da demanda, isto é, as partes. No âmbito das ações tributárias, a posição de parte, já o vimos, é ocupada, ordinariamente, pelos dois sujeitos da(s) relação(ões) jurídico-tributária(s). Sob esse ponto de vista, a definição da espécie de ação tributária vincular-se-á à identificação do sujeito (ativo ou passivo) tributário responsável pela constituição da demanda (critério da iniciativa) e pelo desencadeamento do processo jurisdicional. Sob essa óptica, temos, de um lado, as (i) ações tributárias antiexacionais – entendidas como aquelas de iniciativa do sujeito passivo tributário – e, do outro lado, as (ii) ações tributárias exacionais, consideradas aquelas de iniciativa do Estado-Fisco.

A causa de pedir, na condição de segundo elemento identificador da ação, determinará a divisão das duas classes acima referidas. Considerando a diversidade de relações e direitos subjetivos tributários, centraremos nossas atenções sobre o aspecto passivo da causa de pedir remota, isto é, a lesão ou ameaça de lesão a direito que justifica a provocação da atividade jurisdicional.[135] Sob tal perspectiva, as ações tributárias podem ser subdivididas em: (i) ações tributárias preventivas, quando fundadas na ameaça de lesão a direito subjetivo; e (ii) ações tributárias repressivas, quando fundadas em lesão efetiva a direito subjetivo.

Por fim, o pedido, na condição de terceiro elemento da demanda, será tomado como critério de fixação da derradeira subclasse de ações tributárias. Identificamos, a partir desse específico critério, mais quatro espécies de ações tributárias, a saber: (i) as ações tributárias declaratórias; (ii) as ações tributárias constitutivas (negativas); (iii) as ações tributárias condenatórias; e (iv) as ações tributárias executivas (em sentido estrito).[136]

O processo classificatório, realizado segundo os critérios acima descritos, pode ser representado pelo quadro sinóptico a seguir:

---

135. "Consiste na alegação da conduta, atribuída ao réu, capaz de comprovar a necessidade de obtenção da tutela jurisdicional de um determinado direito, ou seja, confunde-se com a narração do fato ou do conjunto de fatos que configura o interesse de agir. (...)

A causa de pedir passiva consiste na narrativa do fato ou do conjunto de fatos que caracteriza a crise de cooperação (entre os vários tipos acima referidos: adimplemento, situação jurídica e certeza), demonstrativa da necessidade de se conferir tutela jurisdicional a um determinado direito.

Consistem esses fatos em lesões ou ameaças a direitos. Por isso, a identificação da causa petendi passiva não pode prescindir da referência a determinado direito material, objeto da lesão ou da ameaça perpetrada. A identificação do direito material que se afirma lesado ou ameaçado concorre, portanto, para identificar a própria causa petendi passiva". OLIVEIRA, Bruno Silveira de. *Conexidade e efetividade processual*, p. 60 e 62.

136. A classificação proposta não se restringe às ações sujeitas ao chamado processo de conhecimento. Quando falamos em "ações executivas", queremos referir aquelas que se prestam à produção de tutelas jurisdicionais voltadas à realização do direito material por intermédio de atos constritivos e expropriatórios do patrimônio do devedor, isto é, ações executivas em sentido estrito. Nesse caso, em se tratando de litígios tributários, a única ação que se enquadra em tal categoria é, justamente, a ação executiva fiscal. Daí falarmos em pretensão executiva *stricto sensu*, que nada tenha a ver com a chamada pretensão executiva *lato sensu* a que se refere a Dogmática clássica de Direito Processual.

CAPÍTULO III

DO PROCESSO TRIBUTÁRIO

3.1 Processo, direito ao (devido) processo e processo tributário

3.1.1 O fenômeno processual como categoria teórico-geral

Dos três institutos fundamentais de Teoria Geral do Processo (ação, processo e jurisdição), o "processo" é o único que pode ser alçado à condição de categoria teórico-jurídica geral. O fenômeno processual representa, para a dinâmica jurídica, aquilo que a norma, o direito subjetivo e a relação jurídica representam para a estática do Direito.

Em direito, vale lembrar, a validade das decisões normativas está diretamente vinculada à regularidade do processo/procedimento que lhes deu origem, sendo o processo um dos mais importantes instrumentos jurídicos de controle e legitimação dos atos jurídicos decisórios.

O conceito de "processo", todavia, também está longe de ser unívoco. Do ponto de vista jurídico-positivo, numa análise superficial dos enunciados veiculados na Constituição

Federal e no Código de Processo Civil, a palavra "processo" aparece em mais de uma centena de ocasiões.

Segregando as diversas aparições do termo em classes constituídas segundo o alcance semântico do signo em cada uma de suas manifestações, é possível identificar, pelo menos, cinco acepções para o vocábulo "processo", a saber: (i) processo em sentido léxico: ferramenta por intermédio da qual se realiza algo; (ii) processo como meio ou instrumento de produção de normas em geral; (iii) processo como relação jurídica triádico-angular, vocacionada à produção de normas compositivas de conflitos; (iv) processo como conjunto de atos; e, por fim, (v) processo como sinônimo de suporte físico dos atos processuais (autos).[137]

Não obstante as várias acepções com que a palavra processo é usada pelo legislador constitucional e infraconstitucional, parece-nos possível extrair, em todas as passagens, um elemento semântico comum, intrinsecamente relacionado às técnicas de produção de decisões normativas, o que equivale a reconhecer que o desencadeamento da atividade de produção normativa somente corporificar-se-á mediante a aplicação de outras normas estruturais que definem a autoridade competente para emaná-las (normas de competência) e regulam as condutas intermediárias do ato de decisão prolator da norma-produto (normas procedimentais).

Sob tal perspectiva, toda e qualquer decisão normativa pressupõe um processo que lhe anteceda, o qual, por sua vez, há de resultar da aplicação sequencial de uma série de normas. O conceito de processo, portanto, não está circunscrito à atividade jurisdicional, sendo inerente à atividade de produção normativa em geral, incluídas aquelas exaradas no exercício das funções legislativa, administrativa

137. Um estudo semântico do vocábulo "processo", ainda mais analítico do que o ora esposado, foi realizado por PAULO CESAR CONRADO, que identificou dez acepções jurídicas do termo. Nesse sentido, vide CONRADO, Paulo Cesar. *Processo tributário*, p. 19.

e privada. Os processos diferenciam-se, tão somente, em razão dos regimes jurídicos processuais que são próprios a cada função normativa.[138]

Os regimes jurídicos processuais aplicáveis à produção de normas no âmbito das competências das pessoas jurídicas de direito público costumam ser muito mais rígidos que aqueles que instrumentalizam as decisões normativas tomadas no âmbito das competências privadas, pois as primeiras, no mais das vezes, envolvem questões, valores e bens constitucionalmente indisponíveis, cujo controle deve ser feito, via processo, de forma mais efetiva.

Os processos de produção normativa privados, por outro lado, estão, de ordinário, relacionados a interesses postos sob a disponibilidade dos agentes, razão pela qual costumam estar submetidos a regimes jurídicos procedimentais mais informais.

A processualidade, desse modo, é um fenômeno inerente à normatividade jurídica,[139] em todos os setores em que ela se manifesta, caracterizando-se por ser "uma estrutura na qual se desenvolvem, segundo o ordenamento estatal, numerosas atividades de direito público (principalmente deveres fundamentais do Estado, mas não somente eles) e algumas atividades privadas".[140]

O conceito de processo, desse modo, deve ser construído a partir de critérios comuns a todas as competências decisórias previstas pelo ordenamento jurídico, de forma que, somente após a identificação do que venha a

138. "Acto é, sempre, o resultado de um procedimento. Tanto acto como procedimento hão de estar, invariavelmente, previstos em normas do direito posto; torna-se intuitivo concluir que norma, procedimento e acto são momentos significativos de uma e somente uma realidade". CARVALHO, Paulo de Barros. *Direito tributário*: fundamentos jurídicos da incidência, p. 286.

139. CALMON DE PASSOS, J. J. *Direito, poder, justiça e processo*, p. 76.

140. FAZZALARI, Elio. *Instituições de direito processual*, p. 27.

ser tal estrutura, será possível particularizar os elementos que diferenciam as espécies processuais especificamente consideradas.

3.1.2 O processo jurisdicional e sua natureza dialética: o regime de contraditoriedade que caracteriza os processos voltados à composição de conflitos

Conforme assentado desde antes (item 1.1 do capítulo I), o fenômeno jurídico se manifesta, empiricamente, sob a forma de um sistema normativo, razão pela qual, conforme aponta ELIO FAZZALARI, devemos tomar a norma como ponto de partida para traçar o perfil de uma "forma jurídica" específica que traduza, sob o ponto de vista lógico, o fenômeno processual.[141]

Nada obstante, é preciso assentir que o conceito de norma jurídica, tanto quanto o de relação jurídica, considerados no âmbito de suas estruturas sintáticas, revelam estruturas teóricas forjadas para descrever o fenômeno jurídico sob uma perspectiva estática (KELSEN), cuja capacidade explicativa é limitada e insuficiente para apreender, com precisão, o caráter dinâmico do fenômeno processual.

Por isso, para que consigamos nos manter fiéis às nossas premissas lógicas e, ao mesmo tempo, construir um conceito de processo que dê conta de expressar sua natureza eminentemente dinâmica, havemos de tratar a "forma processual" como um esquema de normas (processo em sentido abstrato), de cuja aplicação decorre uma sequência de atos (processo em sentido concreto), neles incluído o ato final para cuja formação eles conspiraram, tal qual sugere ELIO FAZZALARI.[142]

---

141. FAZZALARI, Elio. *Instituições de direito processual*, p. 76.

142. Ibid., p. 81.

Os processos de produção normativa, portanto, devem ser tomados como uma conexão entre atos de aplicação que se manifesta em sequência, e que se verifica quando se está ante uma série de normas reguladoras de condutas específicas, as quais enunciam como condição de sua incidência o cumprimento de uma atividade regulada por outra norma da série, e assim por diante, até a norma reguladora de um "ato final".[143]

Trata-se, em tudo e por tudo, de um esquema prescritivo constitutivo de um específico fluxo jurídico-causal que tem, preestabelecidos, seu início, seu desenvolvimento e seu fim.

Agora, se o processo é regulado de forma que dele participem também aqueles em cuja esfera jurídica o ato decisório almejado é destinado a desenvolver seus efeitos, de modo que o autor do ato final deva dar a tais destinatários o conhecimento de sua atividade, e se tal participação é armada de maneira a permitir que os contrapostos "interessados" (aqueles que aspiram à emanação do ato final) estejam sob plano de paridade, então estará normativamente estruturado sob regime de "contraditório".[144]

Estaremos, nesse caso, diante de um típico processo jurisdicional, marcado pela dialeticidade e armado sob um regime de contraditório e plena defesa.

Numa perspectiva dinâmico-abstrata, portanto, o processo é um regime jurídico de produção de normas, sistematizado mediante um esquema de regras conectadas com o fim específico de produzir um ato normativo final: a decisão. Se essa sequência normativa, todavia, estiver estruturada em regime de contraditório e se a competência para exarar a decisão final for atribuída a uma pessoa jurídica

143. FAZZALARI, Elio. *Instituições de direito processual*, p. 76.

144. Idem, p. 94.

de direito público, estaremos diante de um típico processo jurisdicional.[145]

O que diferencia o processo jurisdicional dos demais processos jurídicos de produção normativa, caracterizando-o, é a contraditoriedade ou, conforme prefere JOSÉ SOUTO MAIOR BORGES, a dialeticidade inerente às formas processuais destinadas à produção decisões com vistas à resolução de interesses conflituosos.[146]

Por outro lado, se surpreendermos o fenômeno processual (jurisdicional) no plano concreto da aplicação, analisando-o sob o ponto de vista dinâmico, verificaremos que o processo materializar-se-á sob a forma de um discurso normativo-dialético por meio do qual os interessados contrapostos (sujeitos parciais do processo) se mantêm num constante diálogo intermediado, presidido por um terceiro sujeito (não interessado – autoridade jurisdicional), responsável pela emanação do ato-de-fala decisório destinado à compor o litígio (norma-tutela) e, consequentemente, pôr termo ao diálogo.

Não por outro motivo, há, realmente, a formação de uma relação jurídica angular que vincula autor, juiz e réu, ínsita à natureza dialética do processo jurisdicional e que expressa

145. Lembrando que os processos arbitrais têm a mesma estrutura dos processos jurisdicionais, pois também se prestam à composição de relações conflituosas, tanto quanto a atividade jurisdicional. A diferença decorre do fato de que a competência para a produção da decisão normativa é atribuída a uma pessoa jurídica de direito privado.

146. "O processo é depositário de um incomparável legado, porque a dialética, como originalmente concebida – arte do diálogo regrado –, só persiste, hoje, no direito processual positivo. Dito mais precisamente: o processo (seja civil, penal, trabalhista, administrativo, tributário etc.) é a única província normativa do Direito que abriga a dialética como *conditio sine qua non* para a aplicação de suas normas. E essa exigência já se instaura no nível constitucional (CF/88, art. 5º, inciso LV). Sem partes litigiosas (autor, réu) e parte imparcial (o juiz) nenhum processo. O antagonismo de posições das partes não é obstáculo à dialética, antes a viabiliza. A dialética não é morada do consenso, mas do diálogo regrado. O entrechoque de opiniões é, também ele, diálogo". BORGES, José Souto Maior. *O contraditório no processo judicial*: uma visão dialética, p. 87.

seu aspecto lógico-formal. O processo jurisdicional, contudo, não se reduz à relação jurídica triádica dele decorrente, haja vista que, para além dela, pressupõe também a formação de outras relações, situações e posições jurídicas, as quais restariam inexplicadas caso o fenômeno processual venha a ser reduzido a um mero vínculo triádico.[147]

O processo, vale insistir, representa o momento dinâmico do fenômeno jurídico, um *continuum* normativo instrumental. Não obstante seja possível, e até útil, descrevê-lo sob uma perspectiva lógico-relacional (estática), nunca será possível compreender, mediante tal expediente metodológico, a complexidade que lhe é inerente.

Significa dizer, por outros termos, que o fenômeno processual, dinâmico por excelência, não pode ser satisfatoriamente explicado a partir de uma gramática forjada para surpreender o direito estaticamente. Daí a insuficiência explicativa da concepção teórica que descreve o processo jurisdicional a partir da perspectiva exclusivamente jurídico-relacional.

Não queremos afirmar, repise-se, que o conceito de processo como relação jurídica triádica seja imprestável à descrição do fenômeno processual. Ao contrário, pois a estrutura angular representa aquilo que o processo jurisdicional tem de mais essencial: justamente sua dialeticidade. Trata-se, entretanto, de uma descrição momentânea do processo jurisdicional, que prescinde de alguma complementação explicativa que dê conta da dinamicidade que é ínsita ao fenômeno normativo processual.

---

147. A concepção de processo como relação jurídica angular não dá conta de explicar inúmeras outras relações jurídicas que resultam na instauração do processo judicial, tais como: (i) a relação jurídica mantida entre os litisconsortes; (ii) a relação jurídica mantida entre as partes, o Juízo e as testemunhas; (iii) a relação jurídica estabelecida entre as partes, o Juízo e os peritos; dentre outras.

Nesse sentido, e na tentativa de descrever a "processualidade" a partir de suas diversas facetas, podemos oferecer três definições de processo jurisdicional, que surpreendem o fenômeno sob três perspectivas distintas: (i) processo jurisdicional em sentido dinâmico-abstrato, que se apresenta mediante um plexo jurídico-normativo esquematizado em regime de contraditório e que disciplina, abstratamente, a atividade de produção de tutelas jurisdicionais (regras do discurso processual); (ii) processo em sentido dinâmico-concreto, consubstanciado por uma sequência de atos, posições e situações jurídicos oriundos da aplicação das normas que compõem o referido esquema normativo abstrato, incluindo o ato final (norma-tutela) cuja produção se pretende disciplinar (discurso processual em concreto); e (iii) processo em sentido lógico-dialético, materializado por meio da relação jurídica triádica que vincula, em esquema angular, os sujeitos que participam do processo jurisdicional de produção normativa.

3.1.3 O modelo constitucional de processo jurisdicional e suas manifestações concretas no plano legal: o devido processo legal (constitucional)

O regime jurídico constitucional do processo jurisdicional, conforme anotamos adrede, é o do contraditório, de maneira que as diversas formas específicas de concretização legal do fenômeno processual devem obedecer à estrutura dialética constitucionalmente estabelecida.

É justamente aqui que surge, sob a perspectiva constitucional, a dualidade processo/procedimento.

Importante notar que, em sentido teórico-geral, os vocábulos "processo" e "procedimento" costumam ser utilizados, indiscriminadamente, como sinônimos, pois, no âmbito da Teoria Geral do Direito, a discussão a respeito das diferenças entre os dois conceitos é um tanto quanto irrelevante.[148] Alguns autores, como J.J. CALMON DE PASSOS,[149] se valem do vocábulo "processo" como designativo do gênero do qual o "procedimento" é espécie; outros, como ELIO FAZZALARI,[150] preferem usar a palavra "procedimento" como classe universal na qual estaria inserido o subgênero "processo", de maneira que o segundo possa ser definido a partir do primeiro.

Em sentido jurídico-positivo, contudo, o binômio processo/procedimento mostra-se altamente relevante, sendo decisivo, inclusive, para a delimitação das competências legislativas dos entes políticos estatais.[151]

Sob tal perspectiva, o conceito de "processo" se traduz pela ideia de um esquema normativo básico a ser observado

---

148. Anote-se, no entanto, que, no plano jurídico-positivo, a diferenciação entre os conceitos de processo e procedimento é de grande importância, especialmente para a delimitação das competências legislativas da União e dos Estados em matéria de processo jurisdicional. Nesse sentido, vide os enunciados dos arts. 20, I, e 24, XI, da Constituição Federal.

149. "Nós, juristas, operamos com dois conceitos: o de processo e o de procedimento. Ainda que não se harmonizem os estudiosos em torno do assunto, subsistindo renitente divergência mais verbal, no particular, que substancial. Para muitos, procedimento seria a categoria básica e geral, desdobrada em tipos de processo, como modos de proceder em cada espécie de procedimento. Para outros, a categoria básica é o processo e o procedimento diria respeito ao modo de proceder em cada processo. Ali, um pensamento de matriz kelseniana, aqui, um pensamento influenciado talvez pelo procedimentalismo luhmanniano. Em termos de consequências práticas, irrelevante a polêmica. **Inclino-me, entretanto, para a versão kelseniana, porque me parece a adequada em face de nossa Constituição.** Refere-se ela ao processo legislativo (Seção VIII do título IV) e ao processo administrativo (art. 5º, inciso LV), e quando cuida da disciplina do modo de proceder em cada tipo de processo utiliza o termo procedimento, a exemplo do que faz dispondo sobre a competência concorrente dos Estados para legislar sobre procedimentos, reservando à União a competência para disciplinar o processo (art. 24, inciso XI). Como já frisado, entretanto, da divergência meramente nominal nada de substancial decorre, visto que todo quanto ponderado antes vale para as duas posições". CALMON DE PASSOS, J. J. *Direito, poder, justiça e processo*, p. 79 (destacamos)

150. FAZZALARI, Elio. *Instituições de direito processual*, p. 40.

151. A competência para legislar sobre matéria de "direito processual", a teor do que dispõe o art. 22, inciso I, da CF/88, é exclusiva da União Federal. A competência para legislar em matéria de "direito procedimental", por outro lado, nos termos do que prescreve o art. 24, inciso XI, da CF/88, é exercida em regime de concorrência entre União, Estados e Distrito Federal.

pelo legislador ordinário, e que deve obedecer, necessariamente, ao regime de contraditório constitucionalmente prescrito. A reboque disso, a noção, também jurídico-positiva, de procedimento aponta para os inúmeros regimes jurídicos processuais prescritos pela legislação infraconstitucional, os quais, não obstante suas particularidades, hão de observar, mesmo que minimamente, a estrutura dialética básica prescrita pelo texto constitucional.

Essa estrutura normativa dialética fundamental (processo) – particularizada em vários esquemas normativos procedimentais previstos na legislação processual ordinária – tem por objetivo precípuo garantir a paridade de forças entre os interessados contrapostos, materializando um direito fundamental do jurisdicionado, a ser garantido pelo Estado tanto ao demandante como ao demandado, nos termos do que prescreve o art. 5º, incisos LIV e LV,[152] da CF/88.

Daí a noção de *direito ao processo*, que também se apresenta na condição de um direito *prima facie*, dada a sua conformação às diversas técnicas de regulamentação infraconstitucional do processo jurisdicional. E isso com vistas a garantir a paridade e a efetiva igualdade entre os sujeitos de direito cujos interesses se contrapõem no processo jurisdicional.

Devemos entender a noção de dialeticidade processual, portanto, não apenas sob o ponto de vista formal (bilateralidade da audiência). Não se trata, tão somente, de "dizer" (atacar) e "contradizer" (defender), mas da concreta

152. "Art. 5º. Todos são iguais perante a lei, sem distinção de qualquer natureza, garantindo-se aos brasileiros e aos estrangeiros residentes no País a inviolabilidade do direito à vida, à liberdade, à igualdade, à segurança e à propriedade, nos termos seguintes".
(...)
LIV – ninguém será privado de sua liberdade ou de seus bens sem o devido processo legal;
LV – aos litigantes, em processo judicial ou administrativo, e aos acusados em geral são assegurados o contraditório e a ampla defesa, com os meios e recursos a ela inerentes".

possibilidade de influenciar o desenvolvimento do processo e a formação das decisões normativo-jurisdicionais. A participação dos sujeitos parciais no processo decisório não pode substanciar mera ficção, havendo que se possibilitar a efetiva ressonância das alegações na fundamentação do provimento jurisdicional, de maneira que a decisão não seja o resultado de operações racionais solitárias do juiz.[153]

O discurso processual, por força de seu inafastável regime de contraditoriedade, desenvolve-se dentro do contexto dialógico a que se refere TERCIO SAMPAIO FERRAZ JR, haja vista seus partícipes (sujeitos parciais do processo) aparecem como habilitados para uma intervenção na condição de interessados ativamente no discurso.[154]

É isso, fundamentalmente, o que o preceito normativo expresso no enunciado do inciso LV do art. 5º da CF/88, veiculador dos cânones do contraditório e da ampla defesa, pretende garantir.

Além disso, as formas por meio das quais esse direito ao *devido processo legal* é concretamente implementado (procedimentos) devem ser estabelecidas, *ex ante*, pelo regime jurídico-processual, de maneira a imprimir a necessária

153. NUNES, Dierle José Coelho. O princípio do contraditório: uma garantia de influência e não surpresa. In: *Teoria do processo*: panorama doutrinário mundial. Salvador: JusPodivm, 2008.

154. "O sentido oficial do processo judiciário, para concentrarmo-nos num dos modos mais importantes do discurso judicial, é o de instrumento de composição de uma lide. Sob o ponto de vista da situação comunicativa discursiva, diríamos que se trata de uma relação entre diversos partícipes, cujo sentido é a representação da busca de uma decisão, de acordo com certas regras. Essa concepção, em que pese a sua extrema generalidade, nos ajuda, inicialmente, a identificar os componentes básicos da situação discursiva, orador e ouvinte e objeto do discurso. Quanto aos primeiros, distinguimos, em princípio, entre aqueles que decidem – emissores – e aqueles que são os destinatários da decisão (receptores). Os emissores não são, necessariamente, os juízes, mas todos aqueles que devem encontrar a decisão. Os receptores, por sua vez, são os que devem tomá-la como premissa de seu próprio comportamento. Sendo alvo do discurso a decisão, o seu objeto é dialógico – dubium – de discussão-contra – conflitivo". FERRAZ JÚNIOR, Tercio Sampaio. *Direito, retórica e comunicação*, p. 73-74.

previsibilidade (segurança jurídica) às *regras do jogo* processual voltadas à produção das decisões normativo-jurisdicionais. Trata-se, também, de uma imposição inerente à cláusula do *due process of law*, enunciada no inciso LIV do mesmo art. 5º da CF/88.

A cláusula do *due process of law*, conforme insculpida no texto constitucional, é abarcante dos direitos e prerrogativas processuais do litigante nas questões que põem em xeque sua vida, sua liberdade e o seu patrimônio. Estamos a falar, portanto, de devido processo legal em sentido eminentemente processual (*procedural due process of law*), na forma preconizada, originariamente, pela tradição jurisprudencial de viés inglês.

Não há que se cogitar, no contexto constitucional pátrio, daquilo que se convencionou chamar de *substantive due process of law*, forjado pela cultura jurisprudencial norte-americana com vistas à incorporação ao texto constitucional local – caracterizado pela concisão – de direitos fundamentais não abarcados expressamente pela Constituição. No Brasil, diferentemente, a exaustiva declaração de direitos fundamentais e sociais constante da Carta de 1988 dispensa a invocação e a importação desse instrumento, o qual, ao final das contas, somente se prestaria a incentivar o arbítrio dos julgadores que se autoproclamam paladinos de uma etérea justiça natural somente acessível ao espírito de alguns *privilegiados*.[155]

---

155. Com as vênias devidas a eminentes autores que vislumbram a utilidade da cláusula do *due process of law* em seu viés substantivo, dentre os quais destacamos, no âmbito tributário, ANTONIO ROBERTO SAMPAIO DÓRIA (DÓRIA, Antônio Roberto Sampaio. *Direito constitucional tributário e due process of law*: ensaio sobre o controle judicial da razoabilidade das leis. 2. ed. Rio de Janeiro: Forense: 1986). Conforme bem anota ROBERTO DEL CLARO, em seu excelente "Devido Processo Substancial?", "a expressão 'devido processo legal substancial' *é uma contradição em termos. Como pode um instituto processual ser ao mesmo tempo substancial? Seria o mesmo que dizer que o ambiente está escuramente iluminado*". DEL CLARO, Roberto. Devido processo substancial? In: *Estudos de direito processual civil*: homenagem ao Professor Egas Dirceu Muniz de Aragão, p. 196.

A expressão "devido processo legal", nos termos em que enunciada no art. 5º, inciso LIV, da CF/88, há que ser lida, também, como "devido procedimento legal", pois, para além de abarcar todos os institutos constitucionais destinados a limitar o exercício da função jurisdicional, também se volta a garantir que as manifestações específicas do processo jurisdicional (procedimentos) observem o regime de dialeticidade que caracteriza o modelo constitucional de processo.

Tudo isso para concluir, assim, que as garantias constitucionais do processo jurisdicional são efetivadas por meio dos diversos procedimentos responsáveis pela estruturação, no plano normativo geral, do esquema dialético característico ao devido processo constitucional, o que significa dizer, por outras palavras, que os regimes jurídicos processuais legalmente postos hão de ser instituídos de forma a garantir o direito das partes contrapostas à efetiva paridade de forças.

3.1.4 Elementos do processo, sujeitos do processo e pressupostos processuais

3.1.4.1 A relação jurídico-processual e os requisitos mínimos para sua instauração

De ordinário, o processo jurisdicional é identificado por meio de três elementos básicos, que podem ser tomados como constantes lógico-processuais, representativas da dialeticidade a que nos referimos anteriormente: (i) o ato de provocação efetivado pela parte demandante; (ii) o ato de comunicação da parte demandada (citação, notificação, cientificação etc.); e (iii) o ato decisório que põe fim à controvérsia (sentença, acórdão etc.).

Dentro do contexto que, desde o início deste capítulo, vem sendo descrito, tais constantes lógicas devem ser compreendidas na condição de atos jurídicos por meio dos quais os sujeitos do processo exercem as competências constitucionalmente fixadas para o esquema normativo-dialético a ser observado em todo processo jurisdicional, a saber: o direito de ação (autor); o direito à contradição (réu); e o dever de prestação jurisdicional (juiz).

É justamente a partir dessa tríade que se extrai a noção de "pressupostos processuais", ideia intimamente ligada à identificação das constantes lógicas acima referidas, as quais espelham a estrutura dialética do processo jurisdicional e viabilizam, pragmaticamente, a instauração do pleno regime de contraditório.

O regime dialético que caracteriza os processos jurisdicionais, todavia, é um atributo que o qualifica no contexto do conceito geral de "processo de produção normativa", perfazendo o derradeiro critério de diferenciação entre processo jurisdicional e os demais processos de produção de normas jurídicas (legislativo, administrativo etc.). A angularidade típica da relação jurídico-processual, portanto, é o atributo lógico-formal que revela, no plano concreto, o esquema de contraditório característico do modelo constitucional de processo jurisdicional.

Esse atributo da relação jurídico-processual, aliás, não é excepcionado sequer naquelas circunstâncias em que o próprio sistema dispensa a realização do ato de comunicação da parte demandada (citação, notificação, cientificação etc.), ou seja, naquelas ocasiões excepcionais em que a ausência de tal ato não implique, por presunção legal, prejuízo algum à parte contrainteressada.[156]

---

156. O sistema jurídico processual contempla algumas aparentes exceções ao princípio do contraditório. É exatamente o caso das prescrições veiculadas nos arts. 332 do Código de Processo Civil. Confira-se:
Art. 332. Nas causas que dispensem a fase instrutória, o juiz, independentemente da citação do réu, julgará liminarmente improcedente o pedido que contrariar:
I - enunciado de súmula do Supremo Tribunal Federal ou do Superior Tribunal de

Nesses casos, as constantes lógicas do processo jurisdicional são reduzidas a duas: o ato de provocação e o pronunciamento decisório final.

Mesmo nessas circunstâncias excepcionais, verificar-se-á a instauração daquele vínculo angular que caracteriza o processo jurisdicional, haja vista a condição de réu, isto é, de sujeito passivo da relação processual, não depender da prática do ato de comunicação inicial (citação), o qual oportuniza ao demandado exercer seu direito constitucional ao contraditório e à ampla defesa.

E isso porque a capacidade jurídica para elevar determinado sujeito de direito à condição de "parte demandada" fora atribuída pelo sistema processual, com foros de exclusividade, à parte demandante, a quem compete nominar, qualificar e indicar todos os elementos necessários à comunicação do réu. Assim, assumirá a condição de "réu" (sujeito passivo da relação processual) o sujeito de direito a quem a parte autora assim indicar como tal, independentemente da efetiva concretização do ato inicial de comunicação.

Em verdade, o ato de citação se presta, exclusivamente, a oportunizar ao réu o efetivo exercício do direito ao contraditório (ciência) e à ampla defesa (resposta), a ser exercido, entretanto, no contexto de uma relação jurídico-processual

---

Justiça;
II - acórdão proferido pelo Supremo Tribunal Federal ou pelo Superior Tribunal de Justiça em julgamento de recursos repetitivos;
III - entendimento firmado em incidente de resolução de demandas repetitivas ou de assunção dc competência;
IV - enunciado de súmula de tribunal de justiça sobre direito local.
§ 1º. O juiz também poderá julgar liminarmente improcedente o pedido se verificar, desde logo, a ocorrência de decadência ou de prescrição.
§ 2º. Não interposta a apelação, o réu será intimado do trânsito em julgado da sentença, nos termos do art. 241.
§ 3º. Interposta a apelação, o juiz poderá retratar-se em 5 (cinco) dias.
§ 4º. Se houver retratação, o juiz determinará o prosseguimento do processo, com a citação do réu, e, se não houver retratação, determinará a citação do réu para apresentar contrarrazões, no prazo de 15 (quinze) dias.

cujo aperfeiçoamento se deu por ocasião da distribuição da demanda ou, em se tratando de foros de vara única, no momento em que o Juízo despachou pela primeira vez no processo (independentemente da natureza do despacho).[157]

Significa dizer, por outros termos, que o réu assim o é antes de ser citado, razão pela qual a formação da relação jurídica angular antecede, lógica e cronologicamente, a efetivação do ato inicial de comunicação da parte contrainteressada.

Prova cabal dessa assertiva diz com o fato de o demandado, antes mesmo de ser *chamado a responder a ação*, já ser titular de direitos subjetivos processuais, sendo o principal deles justamente o direito subjetivo de ser citado. A titularidade de direitos subjetivos por parte de sujeitos de direito, vale lembrar, só é possível no bojo de relações jurídicas devidamente instauradas, tal qual analisado no capítulo I. É dizer: só há que se falar na existência de um direito subjetivo de ser citado no contexto de uma relação jurídico-processual na qual também reste objetivado o correspondente dever jurídico do juiz de efetivar a citação.

É justamente esse direito subjetivo de ser citado – componente do arcabouço de prerrogativas processuais sintetizado pela locução "direito ao processo" –, cuja contrapartida é o dever jurídico do juiz de realizar o ato de citação (relação jurídica conversa), que pressupõe, até por uma contingência lógico-jurídica, a anterior instauração da relação jurídico-processual angular. Com efeito, se não

157. Temos plena e total (con)ciência de que não é essa a orientação adotada pela abalizada doutrina que se dedica, há mais de um século, à descrição do fenômeno processual, a qual ora afirma que a relação jurídica angular (processo) depende da efetiva citação do réu, ora reconhece que o conceito de processo, em razão da possibilidade de haver decisão de mérito em momento anterior ao ato citatório, não se confunde com a ideia de relação jurídica (triádica). O que defendemos aqui é justamente a síntese de ambas as orientações, isto é, que a formação da relação jurídico-processual angular, fenômeno que expressa a concepção lógico-dialética de "processo jurisdicional", se instaura independentemente da citação.

fosse o réu sujeito passivo da relação jurídico-processual em momento anterior à realização do ato inaugural de comunicação, não poderia ele sequer invocar a titularidade do direito subjetivo de ser citado.[158]

Essa circunstância também explica o fato de a sentença exarada em favor de um réu que não haja sido citado – como nos casos enumerados nos incisos e parágrafos do art. 332 do CPC/2015 –[159] poder produzir plenos efeitos em relação ao demandante. O mesmo se diga acerca das sentenças extintivas exaradas por ato de indeferimento da petição inicial, circunstâncias em que o ato decisório é lavrado, justamente, com fundamento no direito subjetivo (processual) do réu de exigir do Estado-juiz que a pretensão processual do autor não seja objeto de apreciação.

Também em tais situações – não há como negar –, o réu é titular de direitos subjetivos processuais independentemente de haver sido citado, o que induz a conclusão, para nós inexorável, de que o vínculo jurídico-angular se instaura independentemente da materialização do ato inicial de comunicação do sujeito passivo da relação processual.

---

158. Nesse sentido, vide nosso "O Direito ao Processo". In: CONRADO, Paulo Cesar (Coord.). *Processo tributário analítico*. São Paulo: Dialética, 2003.

159. Art. 332. Nas causas que dispensem a fase instrutória, o juiz, independentemente da citação do réu, julgará liminarmente improcedente o pedido que contrariar:
I - enunciado de súmula do Supremo Tribunal Federal ou do Superior Tribunal de Justiça;
II - acórdão proferido pelo Supremo Tribunal Federal ou pelo Superior Tribunal de Justiça em julgamento de recursos repetitivos;
III - entendimento firmado em incidente de resolução de demandas repetitivas ou de assunção de competência;
IV - enunciado de súmula de tribunal de justiça sobre direito local.
§ 1º. O juiz também poderá julgar liminarmente improcedente o pedido se verificar, desde logo, a ocorrência de decadência ou de prescrição.
§ 2º. Não interposta a apelação, o réu será intimado do trânsito em julgado da sentença, nos termos do art. 241.
§ 3º. Interposta a apelação, o juiz poderá retratar-se em 5 (cinco) dias.
§ 4º. Se houver retratação, o juiz determinará o prosseguimento do processo, com a citação do réu, e, se não houver retratação, determinará a citação do réu para apresentar contrarrazões, no prazo de 15 (quinze) dias.

Infeliz, nesse sentido, a opção do legislador do CPC/2015 por definir, no art. 238, "citação" como "o ato pelo qual são convocados o réu, o executado ou o interessado para integrar a relação processual", descrição esta que, em nosso sentir, não reflete o que realmente se verifica empiricamente.

Por esse motivo, é possível concluir que a citação consubstancia, ao contrário do que pugna boa parte da processualística tradicional, verdadeiro "pressuposto de desenvolvimento" do processo, e não pressuposto de existência da relação jurídico-processual, o que parece ser confirmado, aliás, pelo que expressamente enuncia o art. 239 do CPC/2015.[160]

Não seria exagero afirmar, nesse sentido, que a citação está para a relação jurídico-processual angular, assim como a notificação está para o lançamento, isto é, como ato que condiciona a eficácia e não a existência da relação jurídica processual, nos exatos termos explicitados na lição de JOSÉ SOUTO MAIOR BORGES.[161]

3.1.4.2 Os pressupostos processuais: os requisitos de formação e de desenvolvimento válido do processo jurisdicional

Voltemo-nos, por agora, à análise específica daquelas categorias tão caras à processualística – pois reveladoras

---

160. "Art. 239. Para a validade do processo é indispensável a citação do réu ou do executado, ressalvadas as hipóteses de indeferimento da petição inicial ou de improcedência liminar do pedido".
Aqui, vale o esclarecimento de que o sentido do termo "validade" utilizado no enunciado legal acima transcrito não é aquele do qual se vale KELSEN, isto é, validade em sentido "descritivo", como sinônimo de "existência" jurídica. Trata-se de validade em sentido prescritivo, isto é, como compatibilidade do processo com as regras que lhe servem de fundamento, em especial as de índole constitucional.

161. "A notificação ou aviso de lançamento não é lançamento. Ao contrário, pressupõe sua existência e validade prévias, dado que por meio dela se dá ciência de algo que já existe, preexiste à notificação mesma, o ato administrativo de lançamento, praticado pela autoridade administrativa. **A notificação não é, pois, requisito de existência do ato de lançamento ou validade da norma individual e concreta por ele posta, mas tão só um requisito de eficácia do próprio ato de lançamento**". BORGES, José Souto Maior. *Lançamento tributário*, p. 186. (destacamos)

de aspectos importantes do "modelo constitucional de processo" –, cuja materialização permite que o regime de contraditoriedade, singular ao processo jurisdicional, seja plenamente observado, a saber: os pressupostos processuais.

Nesse tocante, é preciso advertir que, por ser o processo jurisdicional um esquema normativo de cuja aplicação decorre uma sequência de atos, posições e situações jurídicas subjetivas, os instrumentos teóricos comumente utilizados para definir "pressuposto" de um ato jurídico não podem ser replicados, *ipsis litteris*, na identificação dos pressupostos processuais.

Os pressupostos processuais, advertimos, são categorias que apontam para os fatos jurídicos necessários e suficientes à formação da relação jurídico-processual e, consequentemente, ao desencadeamento da sequência de atos que redundará na emanação da pretendida tutela jurisdicional. Tais fatos jurídicos, todavia, devem ser considerados no contexto da dinâmica própria ao fenômeno processual, e não como uma manifestação factual única que, isoladamente considerada, dá origem a determinado ato jurídico.

Assim, se as constantes lógicas que compõem a estrutura do processo jurisdicional são os atos de provocação do juízo, de comunicação da parte contrainteressada e de decisão final, pressupostos processuais serão, necessariamente, os fatos jurídicos que influenciam positivamente na formação desses atos, a saber: (i) o ato "veículo" de provocação (petição inicial – art. 2º do CPC), realizado em estrita observância das normas de estrutura que regulam sua produção, tais como a capacidade postulatória (art. 103 do CPC), a aptidão da petição inicial (art. 330, inciso I, parágrafo único, do CPC) e demais requisitos formais fixados pelo regime jurídico processual (arts. 319 e 320 do CPC); (ii) os fatos jurídicos decorrentes da incidência das normas que delimitam a competência jurisdicional (art. 92 e seguintes da CF/88; 16 e 42 e seguintes do CPC) do órgão/autoridade judicial; e (iii) os fatos jurídicos que materializam a cientificação da parte contrainteressada (art. 5º, inciso LV, da CF e art. 240 do CPC) acerca da demanda contra ela deduzida.

Dos fatos jurídicos acima mencionados, há aqueles cuja verificação é absolutamente indispensável para a constituição da relação jurídica processual, e que podem ser qualificados como *pressupostos de existência* ou de *constituição* da relação jurídico-processual. São eles: (i) o ato-fato de provocação (petição inicial – art. 2º do CPC); e (ii) os fatos jurídicos constitutivos do poder/dever jurisdicional da autoridade a quem é dirigida a pretensão processual, e que terão o condão de permitir a produção do ato decisório final (a investidura da autoridade ou órgão que recebe o pedido – jurisdição – art. 16 do CPC).

De outra banda, há aqueles fatos jurídicos cuja ausência é verificada após a formação do processo, e que dizem respeito ao seu regular desenvolvimento, razão pela qual são nominados de *pressupostos de desenvolvimento válido* do processo. Nessa classe de fatos estão: (i) a aptidão da petição inicial; (ii) a capacidade postulatória; (iii) a citação da contraparte (ou ato de comunicação equivalente); (iv) a regularidade da citação; e (v) a competência da autoridade jurisdicional.[162]

Há, ainda, os pressupostos processuais ditos "negativos", pois impeditivos da apreciação da pretensão processual deduzida, escaninho no qual estão incluídas a coisa julgada, a litispendência e a perempção.

Em verdade, se levarmos em consideração, estritamente, a ideia de "pressupostos" como algo relacionado aos fatos jurídicos necessários e suficientes à verificação de um determinado ente jurídico, o *status* de "pressupostos processuais" só poderia ser atribuído, em rigor, aos "pressupostos

---

162. Sem contar com os chamados pressupostos negativos: litispendência e coisa julgada, que estão vinculados, indiretamente, à competência da autoridade jurisdicional.

de existência", cuja ausência importa a própria impossibilidade de instauração da relação jurídico-processual.

É preciso advertir, nesse tocante, que a aferição da *existência* de qualquer fenômeno jurídico-normativo – aqui incluídos a norma jurídica, o ato jurídico, o negócio jurídico e, obviamente, as relações jurídicas em geral – induz uma análise do *acontecimento* sob uma perspectiva empírica e externa ao próprio fenômeno, de modo que os sujeitos que integram uma relação jurídico-processual não podem, por absoluta impossibilidade lógica, cogitar acerca de sua existência, mas tão somente sobre sua regularidade.

Não há que se falar, nesse sentido, de prolação de sentença extintiva do processo que se fundamente na ausência dos "pressupostos de existência", haja vista não ser possível extinguir algo que sequer existe.

Os juízos sobre a regularidade dos fenômenos jurídicos, por outro lado, somente podem ser realizados internamente, isto é, pelos sujeitos de direito que participam da relação jurídica tida por juridicamente irregular (inválida) e, em última instância, pelas autoridades que têm competência para controlar sua legitimidade.

Não por outro motivo, a identificação dos "pressupostos de desenvolvimento válido do processo" pressupõe a anterior formação do vínculo relacional angular, circunstância que viabilizará, inclusive, o controle dos atos processuais e, se for o caso, a prolação de sentença extintiva do *processo*, sem resolução de mérito, fundada justamente na ausência dos indigitados preceitos.

Isso tudo nos leva à inafastável conclusão de que os denominados "pressupostos de desenvolvimento válido" consubstanciam verdadeiros requisitos de regularidade[163]

163. Validade em sentido jurídico-positivo, isto é, compatibilidade do ato jurídico com as normas que lhe dão fundamento.

do processo, todos diretamente relacionados às garantias constitucionais do processo jurisdicional, cuja verificação pressupõe a anterior instauração do vínculo jurídico-angular que materializa, sob o ponto de vista lógico-dialético, o fenômeno processual.

3.1.4.3 Instrumentalidade do processo versus instrumentalidade da jurisdição: o processo como instrumento normativo de controle da atividade decisória

Tornou-se lugar comum na processualística contemporânea a alusão ao fenômeno processual como *instrumento* do direito material. A premissa que move essa concepção instrumentalista é a de que o processo jurisdicional, isoladamente considerado, constitui entidade cujo escopo principal seria viabilizar a realização do "direito material violado".

Essa concepção de processo, de viés claramente *funcional* – pois inspirada e voltada para busca de uma jurisdição efetivamente realizadora do direito material –, a despeito de suas nobres intenções, incorre, em nosso sentir, em alguns equívocos. Quer nos parecer, *data maxima venia*, que o paradigma do qual parte o que aqui chamamos de *instrumentalismo funcional* não aponta, com precisão, os verdadeiros escopos do processo jurisdicional, confundindo-o com o ato-fim por ele (processo) viabilizado: a tutela jurisdicional.

De fato, o instrumento de realização do direito material violado é, em verdade, a própria atividade jurisdicional, assim entendida como o poder de, em substituição à vontade das partes, dizer e efetivar impositivamente o direito material violado. É o ato decisório jurisdicional (tutela jurisdicional), portanto, o responsável pela realização do direito material violado.

Em rigor, a emanação da tutela jurisdicional voltada à efetivação de direitos subjetivos dispensaria a instauração desse expediente complexo que é o processo jurisdicional, bastando a simples imposição do ato decisório por meio da força coativa inerente à autoridade dos órgãos jurisdicionais a quem é atribuída/outorgada a função jurisdicional.

Ocorre que, na tradição que subjaz aquilo que conhecemos por Estado de Direito, onde a normatização jurídica se volta, primordialmente, à preservação da liberdade e do patrimônio do cidadão em face do arbítrio do Estado e das autoridades que o integram, a função jurisdicional há de ser precedida por um processo que balize e limite o exercício do poder decisório estatal. Eis, aqui, a noção de devido processo legal que inspira, historicamente, a concepção dialética de processo jurisdicional a que nos referimos nos itens precedentes.

O processo jurisdicional, nesse contexto, manifesta-se na condição de instrumento destinado ao controle do exercício da função jurisdicional, prestando-se não à realização do direito material em si, mas à limitação dos poderes da autoridade responsável pelo desempenho da função jurisdicional (esta, sim, instrumento do direito material). Trata-se de instrumento-garantia, voltado, essencialmente, ao controle do arbítrio decisório.

Não negamos – ao contrário, afirmamos (ver capítulo I deste título) – que as normas processuais sejam forjadas de forma a guardar total e plena referibilidade com as regras e os institutos de direito material, com o específico fim de potencializar o exercício da função jurisdicional no que tange à correta apreensão dos dados de fato e de direito pertinentes ao conflito e, principalmente, de garantir que o direito material, se existente, seja efetivamente realizado.

Isso não significa admitir, contudo, que o processo jurisdicional constitui mero instrumento de "revelação" de um direito material preexistente, até porque a "norma concreta de decisão", exarada sob a forma de tutela jurisdicional, somente haverá de ser construída no *iter* processual, por intermédio do qual deverá ser garantida a plena e isonômica participação de todos os sujeitos processuais. Por isso, quando afirmamos, neste trabalho, que o processo é *instrumento* do direito material conflituoso, *in casu*, o tributário, utilizamos o vocábulo "instrumento" em um sentido muito específico, qual seja: o de mecanismo por meio do qual o direito material conflituoso é constituído (criado) e, a seguir, efetivado. A instrumentalidade do processo a que nos referimos, destarte, é estritamente normativa, e não teleológica, pois o processo não é meio de revelação do direito material, mas instrumento de sua própria criação.[164]

Nesse sentido, faz-se oportuna a transcrição da reflexão feita por J.J. CALMON DE PASSOS a respeito dessa deturpada noção de instrumentalidade finalística do processo:

> Se o Direito é apenas depois de produzido, o produzir tem caráter integrativo, antes que instrumental e faz-se tão essencial quanto o próprio dizer o Direito, pois que o produto é, aqui, indissociável do processo de produção, que sobre ele influi em termos de resultado. O produto também é processo, um permanente fazer, nunca um definitivamente feito. O processo, no âmbito jurídico, não é, portanto, algo que opera como simples meio, instrumento, sim um elemento que integra o próprio ser do Direito. A relação entre o chamado direito material e o processo não é uma relação meio/fim, instrumental, como se tem proclamado com tanta ênfase, ultimamente, por força do prestígio de seus arautos, sim uma relação integrativa, orgânica, substancial.
>
> Acreditar-se e dizer-se que o fundamental é a tutela jurídica, sendo o processo (prestação da atividade jurisdicional) o acessório é adotar-se postura ideologicamente perigosa, de todo incompatível com o ganho civilizatório que a democracia representa como forma de convivência política. Se o Direito é produzido

164. Este sentido teleológico ou funcional da expressão "instrumentalidade do processo" é exatamente o proposto por CÂNDIDO RANGEL DINAMARCO e JOSÉ ROBERTO DOS SANTOS BEDAQUE. Cf. DINAMARCO, Cândido Rangel. A instrumentalidade do Processo. 10. ed. rev. e ampl. São Paulo: Malheiros, 2002; e BEDAQUE, José Roberto dos Santos, *Efetividade do processo e técnica processual*. São Paulo: Malheiros, 1997.

socialmente pelos homens, a vitória mais significativa da modernidade, em termos políticos, foi assentar-se como inafastável postulado, que sua validade é indissociável do processo de sua produção, processo este incompatível com o arbítrio, exigindo, para legitimar-se, atenda às regras cogentes prévias, respeitados os princípios fundamentais do Estado Democrático, tudo constitucionalmente prefixado. Em suma, que sejam atendidas as exigências do devido processo legal, tanto do devido processo legal (devido processo constitucional, seria mais adequado dizer-se) legislativo, quanto do administrativo e do jurisdicional.

(...)

Destarte, o Direito, como produto, seja em termos de norma geral (lei em sentido lato) seja sob a forma de decisão para o caso concreto (norma particular), coloca-se na mais absoluta dependência da organização do poder político, do saber e da probidade dos operadores e aplicadores, e da possibilidade de serem responsabilizados por seus abusos e desvios, colocando-se em segundo plano, ainda que não irrelevante, a disciplina do procedimento previsto para o atuar desses operadores. **Reflexão necessária e esclarecedora, que a esta altura se impõe, é a que nos lembra haver instrumentos e instrumentos, jamais se devendo perder de vista o fato de o mesmo vocábulo dizer respeito a coisas essencialmente diversificadas.**[165]

De fato, em direito, o processo integra o próprio produto (decisão), de maneira que o vínculo *instrumental* verificado entre direito material e processo está longe de ser uma relação meio/fim, pois o processo jurisdicional atua como verdadeiro instrumento de constituição, *in concreto*, do direito material, à luz das peculiaridades do fato jurídico conflituoso e das provas produzidas pelas partes. Não se trata, portanto, de mero instrumento voltado à aplicação de conteúdos normativos previamente fixados.

É correto afirmar, desse modo, que o processo jurisdicional (re)constitui ("diz") o direito material a pretexto de efetivá-lo. Aplicar o direito (legislado), vale registrar, nada mais é que criar direito novo a partir de direito prévio. O

165. CALMON DE PASSOS, J. J. *Direito, poder, justiça e processo*, p. 68-69. (destacamos)

processo jurisdicional, dessa forma, é o final do percurso de criação (concretização) do direito material iniciado pelo processo constitucional (originário ou derivado).

Por isso, afirmar que o processo perfaz *instrumento* do direito material significa, neste trabalho, reconhecer que a normatividade processual deve adequar-se às peculiaridades do sistema jurídico substancial, com vistas a efetivá-lo. As regras processuais, ao atuarem na condição de instrumentos (de)limitadores das formas de constituição do material jurídico que dará respaldo ao processo decisório, possibilitam que esta atividade jurisdicional, construtiva por excelência, seja minimamente controlável e, assim, não se transmute em decisões arbitrárias.

O direito processual limita a criação do direito material e não a sua aplicação cognoscitiva, de maneira que alterar ou afastar uma regra processual sob o pretexto de garantir a efetividade do direito material pode implicar a alteração do próprio conteúdo normativo substancial. A tomada de consciência acerca da função construtiva da atividade jurisdicional decisória põe acento sobre um aspecto do fenômeno jurídico-normativo – normalmente estudado no âmbito jurídico-filosófico e teórico-geral – muito importante às investigações dogmáticas perpetradas no âmbito do direito processual, pois possibilita a demonstração de que o "direito material aplicado" é, em verdade, construído dentro e por meio do processo, e não simplesmente "revelado" por este.

Não ignoramos o fato de o excesso de formalismo processual, mesmo que implementado sob os auspícios da ideia do devido processo legal, poder se transmutar em obstáculo a uma efetiva jurisdição. A despeito disso, não podemos deixar de apontar risco de, a pretexto de se implementar uma jurisdição verdadeiramente efetiva, amesquinhar-se o rol de garantias constitucionais mínimas do jurisdicionado em face do arbítrio estatal.

Trata-se, em verdade, de um dilema quase insolúvel para a processualística: se o excesso de "devido processo" implica um *deficit* de efetividade, o *deficit* de devido processo, materializado na liberdade excessiva atribuída à autoridade jurisdicional com vistas à efetivação do direito material, redundará, inexoravelmente, em abuso de poder.

Não nos parece adequado, portanto, que a natural e insolúvel tensão entre devido processo legal e efetividade da tutela jurisdicional deva ser resolvida por meio da flexibilização arbitrária das regras processuais, a ser sustentada, teoricamente, por uma suposta (e equivocada) ideia de instrumentalidade funcional, a qual coloca a técnica processual à mercê da peculiar noção de "justiça" da autoridade julgadora, o que suplanta, por completo, a preservação do valor "segurança jurídica" no plano processual.[166]

---

166. "E é exatamente a segurança jurídica, tomada no sentido antes comentado, o primeiro dos valores cuja "renúncia" avizinha-se em favor da eficácia social da jurisdição; vista, já o sustentamos, como vetor que opera de modo a "aprisionar", formalmente, o órgão jurisdicional, segurança jurídica é ideal que parece reprimir a noção de efetividade, situação que, tomada sob a óptica do tempo, mostra-se ainda mais nítida: as regras de produção formal da tutela jurisdicional implicam, no mais das vezes, a ampliação cronológica do respectivo processo; protraem, assim, a emissão da norma que se quer ao final, o que autoriza concluir, mesmo que isso represente indevido reducionismo, que a forma estaria em permanente guerra com a eficácia e o conteúdo.
Por indevida (e assim já nos colocamos), no lugar de tal visão postulamos uma outra, fundada na premissa segundo a qual a norma proveniente da tutela jurisdicional só existe pela forma que a contém, circunstância que torna inviável qualquer teoria que, à guisa de atribuir efetividade à jurisdição, despreze a noção de segurança.
[Nesse momento, adequado que se reflita, em breve paralelo, sobre a questão do assim chamado "informalismo", saída colateral lançada, em certos setores, como solução para o problema da (in)efetividade da jurisdição. Quando nos propomos a responder a tais perguntas, colhidos somos pela perplexidade: a "informalidade" é "forma", supostamente menos solene do que outra e que, de todo modo, não é fixada pelo aplicador, o qual, para situações ordinárias, determina a aplicação das "formas formais".]
Queremos, com isso, que os problemas de efetividade sejam de fato enfrentados pelos órgãos que respondem pela produção e pelo cumprimento das normas-fim da jurisdição, sempre, porém, com base nos instrumentos que o sistema geral e abstrato preordena, estando desautorizado o uso (que, parece-nos, seria abusivo) do valor efetividade para motivar a prática de atos-meio sem base normativa geral e abstrata.
[É de interesse lembrar, nesse momento e ainda que em breve anotação paralela, que o uso (já qualificado, assim o fizemos, como abusivo) da efetividade como justificativa para a prática de atos imprevistos no ordenamento aproxima-nos das assim

Queremos crer que a busca por um processo jurisdicional efetivo pressupõe, para além da plena realização do direito material violado, também a salvaguarda das garantias processuais do jurisdicionado. Por isso, quando afirmamos que o processo é "instrumento" do direito material, não pretendemos rebaixá-lo à condição de mero adjetivo, isto é, de partícula acessória que se presta a "revelar" um direito material supostamente preexistente.

O ser "instrumento", ao menos na concepção adotada neste trabalho, induz aquela inexorável relação de referibilidade normativa entre direito material e direito processual discutida no capítulo I (item 1.1) deste Título, e que nos impõe a adoção de um específico expediente metodológico por meio do qual o estudo do fenômeno jurídico-processual se dê à luz das particularidades do direito material controvertido, *in casu*, o tributário.

3.1.5 O processo jurisdicional tributário como instrumento de controle do exercício da jurisdição tributária

A definição de processo jurisdicional como estrutura normativa dialética que disciplina e instrumentaliza a atividade estatal de composição de conflitos perfaz, conforme anotamos anteriormente, uma visão abstrata do fenômeno

---

chamadas "razões de Estado", fórmulas genéricas lançadas à guisa de justificar certas decisões estatais, com as quais, de certa forma, lamentavelmente já nos acostumamos, até porque dotadas de uma atração quase irresistível. Resumem, tais fórmulas, discursos como os que se enxerga no mais famoso texto de Maquiavel, algo como "necessária tal providência, mesmo que não prevista em lei, porque a autoriza a supremacia do interesse público", ou "é preciso abrir mão do rigor formal em prol da viabilização das políticas sociais", ou "a prática diuturna de uma conduta, mesmo que seja ela ilícita, autoriza sua adoção, ainda mais porque assim procedo em nome dos infortunados". Ao final, o que se conclui, sob tal óptica, é que os órgãos jurisdicionais que renunciam ao vetor da segurança em suposto proveito da efetividade, estariam a agir com esteio nas tais "razões de Estado", correndo o risco de engrossarem a lista de "príncipes" que o Direito desejaria, por premissa e justamente em sentido contrário, esvaziar.]". CONRADO, Paulo Cesar. *Efetividade do processo, segurança jurídica e tutela jurisdicional diferençada*, p. 52-54.

processual. Nesse plano (abstrato), não há que se falar em qualquer espécie de adjetivação do substantivo "processo", pois o regime jurídico processual constitucional é o mesmo em todos os casos, é dizer: há um único e exclusivo *modelo constitucional de processo* jurisdicional que se aplica a todos os conflitos materiais, independentemente de seu conteúdo.

Quando nos voltamos, todavia, à análise do fenômeno processual sob a perspectiva concreta, em que a formação da estrutura dialética básica (relação jurídico-processual angular) se volta, primordialmente, a promover a paridade de armas entre os sujeitos de direito, temos a oportunidade de segregar e identificar a particular forma de manifestação concreta do modelo constitucional de processo no âmbito das diferentes espécies de conflituosidade substancial.

Essa óptica de análise do fenômeno processual tem especial relevo para a promoção e a implementação da justiça tributária.

Com efeito, e conforme anotamos noutra oportunidade, a disparidade de forças entre os sujeitos de direito tributário consubstancia uma das características mais marcantes das relações jurídico-tributárias, principalmente quando tomamos em conta o fato de os atos de imposição tributários, no mais das vezes, serem praticados de forma impositiva e unilateral, o que não impede que estejam acobertados pelo manto da presunção de legalidade.

O processo jurisdicional, nesse contexto, presta-se a propiciar os meios indispensáveis à equiparação dos sujeitos de direito tributário, atribuindo ao contribuinte, sujeito *vulnerável* (JAMES MARINS) por excelência, os instrumentos necessários ao afastamento da presunção de legitimidade dos atos de imposição tributários que, eventualmente, hajam sido praticados (ou estejam na iminência de sê-lo) à margem dos limites constitucionais e legais prescritos pelo sistema tributário.

Por outro lado, o processo jurisdicional também fornece ao Estado-fisco os instrumentos adequados à invasão do patrimônio do sujeito passivo tributário com a finalidade precípua de ver satisfeita a obrigação tributária inadimplida, atividade que não está, por ausência de autorização legal, abarcada pelo âmbito de incidência do princípio da autoexecutoriedade dos atos administrativos.

A diferenciação do processo tributário, portanto, só é possível pela análise do conteúdo substancial do fato litigioso formalizado no âmbito concreto de aplicação do modelo constitucional de processo, aqui entendido como o fato jurídico-processual desencadeador da atividade jurisdicional. É o mesmo que dizer, destarte, que a noção de processo tributário há de ser construída a partir da ideia de lide tributária, tal qual formalmente deduzida.

Acerca conceito de "processo tributário", anota PAULO CESAR CONRADO:

> Sobre a relação jurídica, efetiva ou potencial, da qual o processo é instrumento é que incide a noção de conflito. Mais: é essa relação (de direito material, onde o conflito se põe) que revela, adotado um certo modo de classificar, a natureza do processo. Falaremos, com efeito, ora em processo civil, ora em processo penal, sempre de acordo com a índole das relações jurídicas conflituosas. Regra: a natureza da relação jurídica onde a noção de conflito se põe denuncia a natureza da relação processual.
>
> Não obstante expressos no seio do direito positivo (art. 1º do Código de Processo Civil), os predicados civil e penal merecem reelaboração, e assim principalmente o primeiro deles. É que por civil o sistema do direito positivo nacional entendendo as realidades jurídico-processuais que não operem debaixo do fundamento do fato jurídico crime, único que justificaria a aplicação do conceito processo penal. Temos, portanto, que a expressão processo civil, ostentando nítido caráter supletivo, permite alcançar muito mais do que o atributo (civil) revela, espraiando-se também sobre as relações de caráter tributário.
>
> Num certo sentido, devemos convir, portanto, que processo tributário é processo civil, particularizado pela circunstância, única, de a relação jurídica que o precede logicamente alinhar-se ao específico ramo didático do direito tributário.
>
> Nada disso está a significar que não se possa falar em processo tributário – negaríamos, se assim fosse, nosso próprio foco

> temático. Sem afastar o cabimento da locução, o que pretendemos com a afirmação há pouco produzida (de que processo tributário é processo civil) é situar o conceito de processo no escaninho do direito positivo que reputamos mais adequado, considerando, para tanto, o quadro de possibilidades que sua textura (do direito positivo) propicia.[167]

O processo tributário se apresenta, desse modo, como um instrumento vocacionado ao exercício da atividade jurisdicional desencadeada sob o pretexto da resolução de lides tributárias, de maneira a propiciar a defesa e a realização dos direitos e deveres atribuídos aos sujeitos de direito tributário que não hajam sido espontaneamente concretizados.

A partir dessa noção de "instrumentalidade normativa", acima delineada, afirmamos, junto com PAULO CESAR CONRADO, que o processo tributário – índice temático de nossas investigações – pode ser definido como o próprio direito tributário reconstituído em linguagem de patologia.[168] Falar de processo tributário, portanto, é falar da linguagem constitutiva do conflito tributário e, assim, do próprio direito tributário.[169]

Sob essa perspectiva, a processualidade tributária se apresenta como um discurso jurídico-dialético por meio do qual são constituídos o direito material tributário conflituoso e, também, as normas-tutelas vocacionadas à sua composição.

Assim, "falar de processo tributário, mais do que falar de 'conflito tributário' e de sua constituição em linguagem, é falar do(s) meio(s) de (re)elaboração das normas de direito (material) tributário. É falar da linguagem que, por presunção, constitui a solução daqueles conflitos, normas individuais e concretas de direito tributário".[170] O conflito tributário e a tutela jurisdicional tributária perfazem,

---

167. CONRADO, Paulo Cesar. *Processo tributário*, p. 25-26.

168. Idem, p. 16.

169. Ibidem, p. 15, *ipsis litteris*.

170. CONRADO, Paulo Cesar. *Processo tributário*, p. 16.

nesse sentido, os fatos jurídicos processuais inicial e final do processo tributário.

É de se concluir, assim, que as normas que disciplinam o processo tributário em sentido estrito são aquelas voltadas a regular o exercício concreto da função jurisdicional, quando desencadeada a pretexto da composição de conflitos tributários, razão pela qual haverão de observar os esquemas jurídicos processuais estabelecidos pela legislação infraconstitucional que materializam o modelo constitucional de devido processo legal.

3.1.6 Classificação dos processos tributários

Quando nos dedicamos à análise dos tipos normativos básicos que compõem os sistemas jurídicos ditos secundários (capítulo I, item 1.1), mencionamos duas espécies de enunciados prescritivos comuns a todos os sistemas jurídicos processuais modernos: (a) enunciados que estabelecem as condições em que os juízes podem julgar e as questões que podem apreciar (competência), mediante a observância de determinadas formalidades (procedimento); e (b) enunciados por meio dos quais são construídas as normas que estabelecem determinadas obrigações e proibições aos juízes.[171]

Anotamos, naquela oportunidade, que o primeiro grupo é composto pelas normas que investem os juízes da própria função jurisdicional, isto é, atribuem-lhes a aptidão para julgar, pois constitutivas da própria autoridade jurisdicional e dos limites em que haverá de ser exercida. Essas regras, quando concretamente identificadas no âmbito dos sistemas processuais positivos, costumam ser nominadas pela processualística como normas fixadoras das competências jurisdicionais, e, em conjunto com as regras de procedimento, parametrizam o exercício da atividade jurisdicional.

Competência e procedimento são, portanto, os dois elementos normativos que distinguem, no plano

171. ALCHOURRÓN, Carlos; BULYGIN, Eugenio. *Introducción a la metodología de las ciencias jurídicas y sociales*, p. 208.

infraconstitucional, os modos de manifestação do processo jurisdicional, inclusive os de índole tributária. O primeiro elemento aponta para os órgãos ejetores das decisões normativo-jurisdicionais; o segundo, por sua vez, revela o modo pelo qual tal atividade é efetivamente concretizada.

Nesse contexto, a manifestação concreta do processo tributário se dá mediante a aplicação dos diversos esquemas jurídicos processuais previamente fixados, sejam aqueles previstos pelo regime jurídico geral de direito processual (Código de Processo Civil), sejam os estipulados pelos regimes jurisdicionais específicos (judiciais ou administrativos) de composição de conflitos tributários.

Os mencionados esquemas normativos processuais, outrossim, são responsáveis pela fixação dos órgãos autorizados a emitir a decisão jurisdicional tributária (normas de competência), bem como das regras que disciplinam o modo de desenvolvimento do discurso processual tributário (procedimentos).

Nesse sentido, tanto os enunciados jurídicos que fixam os órgãos competentes para apreciar as lides tributárias, isto é, as normas de competência jurisdicional tributária, quanto os esquemas processuais que materializam os diversos procedimentos utilizados nas soluções dos conflitos tributários são considerados elementos integrativos do fenômeno processual tributário que, nesta condição, podem ser alçados à condição de critérios de classificação do processo tributário.

Com efeito, a competência jurisdicional, no sistema jurídico brasileiro, é função típica dos órgãos que integram o Poder Judiciário. Nada obstante, os demais Poderes do Estado podem vir a exercer, atipicamente, atividades normativas de composição de conflitos, quando deverá ser observado, por determinação constitucional, o modelo dialético próprio aos processos jurisdicionais. Portanto, da combinação entre os critérios normativos que fixam a competência dos órgãos jurisdicionais tributários, é possível identificarmos as classes, subclasses e espécies de processos tributários previstos, atualmente, pelo sistema processual tributário.

Assim, a partir do critério que aponta para o "centro estatal competente" (Poder), deduzimos as duas primeiras subclasses: (i) a do processo judicial tributário; e (ii) a do processo administrativo-tributário. Pertencem a essas subclasses os seguintes elementos: (i) o processo judicial tributário da União; (ii) o processo judicial tributário dos Estados; (iii) o processo administrativo-tributário federal; (iv) o processo administrativo-tributário dos Estados; e (v) o processo administrativo-tributário dos Municípios.

Nesse ponto, esgotam-se as possibilidades de novas divisões a serem perpetradas no âmbito dos processos administrativos tributários, de forma que uma classificação geral do processo tributário pode ser encerrada nesta etapa. Se quisermos, no entanto, prosseguir com as operações de divisão, podemos manter o mesmo critério de classificação (competência) para tomar os processos tributários judiciais na condição de classe universal, extraindo, a partir dela, outras subclasses.

Ao final, chegamos a um esquema geral de classificação dos processos tributários que, à luz do sistema jurídico-positivo vigente, pode ser representado da seguinte forma:

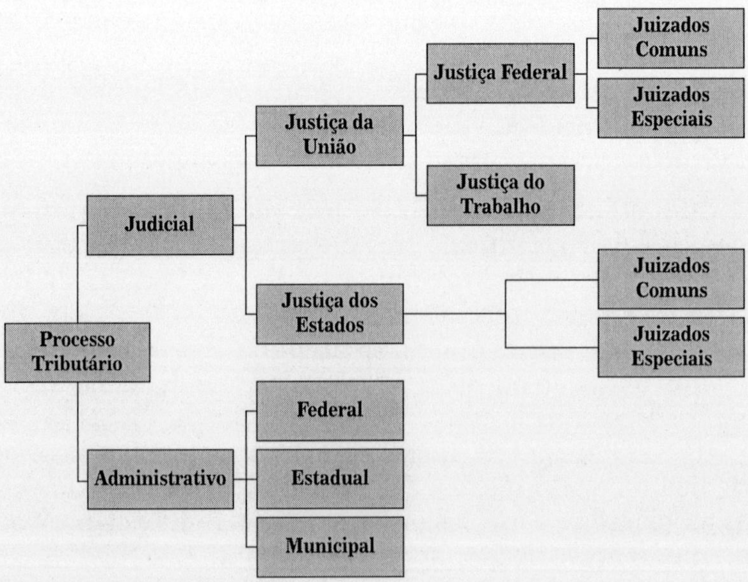

CAPÍTULO IV

DA JURISDIÇÃO TRIBUTÁRIA

4.1 Jurisdição, jurisdição tributária e tutelas jurisdicionais tributárias

4.1.1 Função jurisdicional e a jurisdição tributária no sistema jurídico brasileiro

O enunciado do art. 5º, inciso XXXV, da Constituição Federal, ao prescrever que "a lei não excluirá da apreciação do Poder Judiciário lesão ou ameaça de lesão a direito", deixa às claras a natureza da função normativa a ser desempenhada tipicamente por aquele específico centro de competência do Estado (Poder Judiciário).

Merece relevo no enunciado constitucional da inafastabilidade da jurisdição aquilo que ele revela acerca do conteúdo nuclear da atividade jurisdicional, isto é, o dever de apreciação de lesões ou ameaças de lesões a direitos, a ser implementado por meio de uma específica atividade que, erigida à condição de função principal de um dos três centros de poder da República, qualifica-se como uma *função típica de Estado.*

O conceito de jurisdição, nessa medida, deve ser apreendido a partir de dois elementos normativos que, na condição de critérios definidores, se afiguram como necessários e suficientes à sua identificação, quais sejam: (i)o elemento objetivo, que se prende à noção de atividade de produção normativa vocacionada à composição de conflitos; e (ii) o subjetivo, representado pela figura do único ente competente para o exercício tal função: o Estado.

Assim, parece-nos óbvio que, toda vez que o Estado, mediante qualquer um de seus centros de competência (Legislativo, Executivo ou Judiciário), exercer atividade normativa voltada à apreciação de lesão ou ameaça de lesão a direito, ter-se-á efetivo desempenho de função jurisdicional, pois presentes os dois elementos constitutivos do conceito de jurisdição: (i) o objetivo, que diz com a atividade compositiva de conflitos; e (ii) o subjetivo, representado pela figura do Estado.

Por essa razão, qualquer pretensão de se atribuir extensões (qualificações) à conotação do termo "jurisdição" deverá tomar como ponto de referência as aludidas características definidoras (subjetiva e objetiva) sobre as quais falamos anteriormente. Essa advertência vale, inclusive, para as especulações que se voltem à identificação de um possível conceito jurídico de "jurisdição tributária".

Assim é que, no que tange à atividade jurisdicional típica, exercida em caráter precípuo pelo Poder Judiciário, não se verifica, no texto constitucional, previsão alguma a respeito de um plexo orgânico com competência jurisdicional especificamente destinada à resolução de lides tributárias, ao contrário do que ocorre com outros sub-ramos do direito material, tais como o eleitoral, o trabalhista e o militar. Por esse motivo, os conflitos tributários acabam por ser alocados, no mais das vezes, na competência residual da Justiça Comum (Federal e Estadual), sendo processados e julgados no âmbito das "varas cíveis".

Por essa razão, quaisquer especulações acerca da existência de uma "jurisdição tributária" exercida no âmbito de competência dos órgãos judiciais deverão ser demonstradas a partir de dados empíricos apanhados no plano objetivo e concreto do exercício da função jurisdicional. Sob essa perspectiva, ter-se-á jurisdição tributária toda vez que uma lide de índole equivalente houver sido formulada a um órgão judicial e segundo as normas de competência postas pela legislação processual.

Analisando a questão sob esta óptica, verificamos que a solução de conflitos tributários por órgãos pertencentes ao Poder Judiciário é, por assim dizer, difusa por natureza, concretizando-se nas mais variadas frentes, a saber: (i) na Justiça Federal comum, competente para julgar os conflitos havidos entre Fisco federal e sujeitos de direito que se constituam sob forma de pessoa jurídica de direito público federal; (ii) na Justiça Estadual comum, competente para apreciar os litígios que envolvam os Fiscos estaduais e municipais; e, por fim, (iii) na Justiça do Trabalho, competente para apreciar os litígios tributários que decorram da incidência de contribuição previdenciária sobre fatos tributários constituídos pelas sentenças trabalhistas (art. 114, inciso VIII, da CF/88).

Não há que se falar, portanto, numa "Justiça Tributária" constitucionalmente concebida para o exercício de atividade jurisdicional voltada, com foros de exclusividade, à composição de conflitos tributários. É justamente a ausência de um aparato normativo e institucional especialmente destinado a dar conta das complexidades próprias às lides tributárias que tornam ainda mais urgentes os estudos que procuram, pragmaticamente, interpretar e aplicar as regras gerais de direito processual à luz das particularidades dos conflitos tributários.

Essa circunstância nos inspira a investigar cada uma das formas de manifestação concreta da atividade jurisdicional, materializada no fenômeno que a processualística nomina "tutela jurisdicional", quando produzida sob o pretexto da composição de litígios tributários.

4.1.2 Tutela jurisdicional: conteúdos, eficácias e efeitos normativos

A ideia de "tutela jurisdicional", assim entendida como o ato-fim da atividade estatal especialmente vocacionada à composição de conflitos (lesões ou ameaças de lesões a direitos), pode ser analisada e estudada a partir de perspectivas teóricas que, conquanto distintas, são altamente complementares.

De um lado, tem-se a tutela jurisdicional em sentido "técnico-processual", que corresponde à forma como a Dogmática de Direito Processual Civil estuda o ato derradeiro da atividade jurisdicional, levando em conta, principalmente, aspectos sociológicos que revelam como os direitos subjetivos são efetivamente protegidos por meio a atuação jurisdicional.

Sob esse específico enfoque dogmático, as tutelas jurisdicionais costumam ser analisadas à luz de seus "conteúdos" e, principalmente, de suas "eficácias".

Quando falamos em "conteúdo" da tutela jurisdicional, queremos nos referir ao substrato "locucionário" emanado do núcleo do enunciado constante da parte dispositiva da sentença, isto é, o que ele "diz", que equivale exatamente à sua natureza técnico-processual: "declarar", (des) constituir; condenar; e/ou ordenar.[172] Quando falamos em "eficácia" das tutelas jurisdicionais, por sua vez, queremos

172. "Austin denomina ato "locucionário" à totalidade de ação linguística em todas as suas dimensões, e a teoria que desses atos sob essa perspectiva de "pesquisa de locuções": cada procedimento linguístico é, pois, um tipo de ação humana, isto é, um ato locucionário". OLIVEIRA. Manfredo Araújo de. *Reviravolta linguístico--pragmática na filosofia contemporânea*, p. 157.

apontar para aquilo que a tutela jurisdicional efetivamente realiza no plano material, ou seja, o que ele "faz", o que corresponde à sua força "ilocucionária".[173]

Em princípio, é possível afirmar que a cada "conteúdo" corresponde uma "eficácia" que lhe é própria.

Desse modo, uma decisão cujo conteúdo seja o de "declarar a existência ou a inexistência de relação jurídica" terá como eficácia natural "a resolução de uma incerteza jurídica" (eficácia declaratória); o pronunciamento jurisdicional cujo conteúdo seja o de "anular o auto de infração XPTO" terá como eficácia a "alteração do mundo jurídico mediante o estancamento de um estado de ilegalidade" (eficácia desconstitutiva); por fim, a decisão judicial que tenha por conteúdo a expressão "condeno fulano a restituir o valor pago indevidamente" terá como eficácia natural o reconhecimento de um estado de inadimplemento e a criação das condições para a prática de atos sub-rogatórios ou coativos destinados à realização da obrigação inadimplida (eficácia condenatória).

Essa correspondência entre "conteúdos" e "eficácias", contudo, como bem explica JUNIOR ALEXANDRE MOREIRA PINTO, comporta exceções, pois não é incomum que, a depender das especificidades do direito material controvertido, se verifique a dissociação entre conteúdo e eficácia das tutelas jurisdicionais.[174]

---

173. "É considerando o próprio ato locucionário que Austin vai descobrir uma outra dimensão do ato de fala que ele denomina ato 'ilocucionário': no ato de dizer algo, fazemos também algo. Para poder determinar que ato ilocucionário está em questão, temos que nos perguntar como o ato ilocucionário é usado, isto é, se para informar, levanta uma questão, exprimir uma intenção, fazer um juízo, apelar, ameaçar etc. (...) A linguagem tem muitas funções, e o ato ilocucionário significa a expressão de determinada função. É muito importante distinguir essas diversas funções, isto é, distinguir a força ilocucionária de nossos atos locucionários. O ato ilocucionário é aquele que se executa na medida em que se diz algo, isto é, na medida em que se executa um ato locucionário OLIVEIRA. Manfredo Araújo de. *Reviravolta linguístico-pragmática na filosofia contemporânea*, p. 158-159.

174. "Diante da diversidade de situações surgidas no âmbito das relações de direito material, que tendem a exigir do instrumento voltado à solução dos conflitos,

É esse, exatamente, o caso da tutela jurisdicional voltada à declaração do direito à compensação tributária, a qual, para além de sua inerente eficácia declaratória, também emana eficácia eminentemente condenatória, pois – a teor do quanto firmado por pacífica orientação jurisprudencial vinculante – o titular do direito à compensação reconhecido por sentença judicial poderá optar pela efetiva compensação do crédito ou, se preferir, pelo recebimento do indébito, via procedimento de cumprimento de sentença.[175]

Importante sempre recordar que a ideia subjacente à noção de tutela jurisdicional é, fundamentalmente, a de instrumento destinado à efetivação do direito material. Nesse sentido, as "eficácias" produzidas por cada uma das espécies de tutela jurisdicional nem sempre podem ser identificadas por meio da análise pura e simples de seus respectivos conteúdos técnico-processuais, sendo indispensável a análise do direito material conflituoso subjacente ao desencadeamento da atividade jurisdicional.

---

mecanismos aptos à resolução das crises, criaram-se tutelas de conteúdo distintos. E a natureza do provimento jurisdicional deverá ser apta a eliminar o litígio. Daí, no processo de conhecimento, a existência da conhecida classificação entre tutelas condenatória, constitutiva e meramente declaratória. Trata-se de conteúdos que, como apontado, são destinados à formação de feitos voltados à eliminação de conflitos surgidos nas relações sociais.
Para que tais tutelas jurisdicionais sejam realmente efetivas no cumprimento de suas funções, extraem-se de cada uma delas efeitos correspondentes, estes destinados a projetar a eficácia dos provimentos no plano material. Se a regra fixa uma necessária correlação entre o conteúdo e seus respectivos efeitos, não há óbice que exista no ordenamento em vigor, hipóteses em que se extraem efeitos múltiplos e diversos das decisões, rompendo com a tradicional construção doutrinária que liga indissociavelmente o conteúdo e os efeitos das decisões". PINTO, Junior Alexandre Moreira. *Conteúdos e efeitos das decisões judiciais*, p. 70-71.

175. Súmula 461 do STJ – "O contribuinte pode optar por receber, por meio de precatório ou por compensação, o indébito certificado por sentença declaratória transitada em julgado". Note-se que a admissão de que o indébito reconhecido por meio de sentença declaratória do direito à compensabilidade pode ser recebido por meio de precatório nada mais é que admitir a produção de eficácia tipicamente condenatória por tutela jurisdicional de conteúdo meramente declaratório.

Vale advertir, ainda, que, quando a processualística se refere aos "conteúdos" e às "eficácias" das tutelas jurisdicionais, está se voltando, exclusivamente, para a análise da parte dispositiva das decisões judiciais exaradas nos processos de conhecimento, nos quais a apreciação do direito material controvertido serve de pressuposto para a resolução do litígio. São irrelevantes para essa forma de abordagem do fenômeno decisório jurisdicional os enunciados constantes do relatório e dos fundamentos do pronunciamento.

O conceito de "tutela jurisdicional", outrossim, também pode ser investigado a partir de uma perspectiva analítica – ao modo do constructivismo lógico-semântico –, a qual pressupõe um método de aproximação do indigitado fenômeno pautado em gramáticas normativas e modelos teóricos que pretendem examinar o ato-fim da atividade jurisdicional sob o prisma eminentemente normativo, revelando sua estrutura sintático-semântica e identificando a forma pela qual cada uma das espécies de tutela atua, pragmaticamente, sobre a conduta dos seus destinatários.

Sob essa perspectiva, a tutela jurisdicional é analisada em sua integridade enunciativa, desde os enunciados dêiticos de tempo, espaço, autoridade e procedimento – os quais vinculam os destinatários da decisão ao seu conteúdo –, passando pelo relatório do pronunciamento – que descreve os atos e fatos que compõe o *iter* procedimental que o antecede – e pelos enunciados constantes dos fundamentos da decisão – onde se encontra o conteúdo normativo-decisório decorrente da aplicação do direito material – até, finalmente, a parte dispositiva da decisão – responsável pela realização do direito violado ou, em alguns casos, pela criação das condições para tal.

Pelo enfoque analítico-constructivista, portanto, a tutela jurisdicional, na condição de ato de aplicação do direito (normas abstratas e gerais), é estudada a partir de seu conteúdo normativo, ou seja, (i) das normas que efetivamente veicula; (ii) e da forma pela qual regula a conduta de seus destinatários, isto é, de seus específicos "efeitos normativos".

Quando falamos em "efeitos normativos" da tutela jurisdicional, queremos referir a forma pela qual a conduta das partes é direta ou indiretamente influenciada pelo provimento exarado, mesmo que tais efeitos não decorram, diretamente, de normas concretas e individuais constituídas no pronunciamento jurisdicional. Estamos a falar, portanto, de seus "efeitos perlocucionários".[176]

Essa dissociação entre "normas" em sentido estrito e "efeitos normativos" será melhor explicada nos tópicos que se seguem. Por ora, é preciso deixar claro que, conquanto tentadora, a identificação dos conceitos de "conteúdo" e "eficácia" – próprios à forma de investigação da processualística – à dualidade "norma" e "efeitos normativos" – que dizem com o método de aproximação analítico – não é, em absoluto, teoricamente viável.

Estamos a falar de formas autônomas de aproximação do fenômeno processual, as quais, a despeito de serem complementares – pois ampliativas da capacidade explicativa uma da outra –, não podem ser traduzidas entre si. Trata-se, desse modo, de categorias que se relacionam, mas não se identificam, pois pertencentes a sistemas de referência distintos.

Poder-se-ia dizer, no máximo, que "conteúdo" (o "dizer" – força locucionária); "eficácia" (a "ação" – força ilocucionária), "norma decisória" (proposição resultante do

---

176. "Além disso, executando atos locucionários e ilocucionários podemos realizar ainda outra ação: é a terceira dimensão do ato de fala, que Austin denomina ato 'perlocucionário', isto é, provocar, por meio de expressões linguísticas, certos efeitos nos sentimentos, pensamentos, e ações de outras pessoas. A expressão linguística pode ser proferida tendo como finalidade produzir esses efeitos, isto é, exercer influência, de uma forma determinada (convencer, levar a uma decisão, levar a um protesto etc.), sobre outras pessoas". OLIVEIRA. Manfredo Araújo de. *Reviravolta linguístico-pragmática na filosofia contemporânea*, p. 159-160.

direito material ou processual produzida pela atividade jurisdicional); e "efeitos normativos" (o "influenciar" – força perlucionária) são aspectos ou dimensões de um mesmo fenômeno linguístico: o ato (de fala) de julgar, responsável justamente pela produção da tutela jurisdicional.

É preciso deixar muito claro, nesse tocante, que "declarar", "(des)constituir", "condenar" e "ordenar" são categorias eminentemente processuais, as quais materializam técnicas institucionais voltadas à efetivação do direito material constituído, normativamente, nos fundamentos dos pronunciamentos jurisdicionais. Por essa razão, não é legítimo contrapor a ideia de "constitutividade", inerente ao fenômeno normativo que se expressa pela via das tutelas jurisdicionais, às noções de "declaratoriedade", "constitutividade", "condenatoriedade" e "mandamentariedade", que dizem com os enunciados veiculados nas partes dispositivas dos pronunciamentos jurisdicionais e se destinam, exclusivamente, à efetivação do direito material.

Nesse sentido, o caráter constitutivo – de normas concretas e individuais – que, sob a perspectiva analítico-constructivista, caracteriza as tutelas jurisdicionais, não se contrapõe à natureza "declaratória", "constitutiva", "condenatória" ou "mandamental" que esses mesmos pronunciamentos possam vir a ter quando analisados à luz do sistema de referência característico da processualística tradicional. Ao contrário, complementa-o.

E isso não só em razão das particularidades que diferenciam os mencionados sistemas de referência, mas principalmente porque cada uma das formas de aproximação em comento se volta para aspectos distintos do fenômeno decisório-jurisdicional.

Por esse motivo, cremos fortemente que o modelo de investigação tradicional, próprio à processualística clássica, e a forma de aproximação hermenêutico-analítica, realizada ao modo do constructivismo lógico-semântico, conquanto não traduzíveis entre si, podem ser associados para fins de uma descrição mais precisa do fenômeno processual jurisdicional, em especial na análise de seu ato-fim, isto é, da tutela jurisdicional.

4.1.2.1 A tutela jurisdicional como norma e como ato de cumprimento da função jurisdicional: a obrigação de "dizer" o direito e o resultado de sua implementação

A função jurisdicional, sob certa perspectiva, apresenta-se como uma atividade eminentemente normativa, que toma como pressuposto de atuação um fato jurídico conflituoso (lesão ou ameaça de lesão a direito), constituído pelo ato inicial de provocação do juízo (ação) e apreciado mediante regime jurídico-procedimental dialético (processo), culminado pelo ato normativo compositivo do conflito, o qual, à guisa de pôr fim ao conflito deduzido, aplica o direito material e também o realiza.[177]

Ao ato-norma de decisão compositivo da situação jurídico-material conflituosa chamamos tutela jurisdicional.

O conceito de tutela jurisdicional como fenômeno eminentemente normativo é definido por PAULO CESAR CONRADO com rara precisão, confira-se:

> Tutela jurisdicional, guardadas tais observações, é: (i) o ato fim do processo, (ii) produzido pelo órgão que responde pela missão jurisdicional (Estado-juiz), (iii) tendo por objetivo a composição do conflito traduzido no ato-início do processo. Ademais dessas

177. "A decisão é ato que *qualifica deonticamente* a situação controvertida. O ato jurisdicional não se constitui com uma *proposição* declarativa (descritiva ou teorética), mas como proposição prescritiva. Uma controvérsia pede decisão, que se verte em norma. O juiz nem pronuncia juízo-de-realidade, nem puro juízo-de-valor. O existencial do fato e o critério-de-valor entram como componentes do juízo normativo. E esse juízo normativo não é de ordem moral, ou religiosa, ou atinente à etiqueta, ou aos usos-e-costumes. É especificamente jurídico". VILANOVA, Lourival. *As estruturas lógicas e o sistema do direito positivo*, p. 246.

> três vertentes conceptuais, possível identificar, naquilo que estamos a chamar de tutela jurisdicional, uma outra (valiosíssima) particularidade: sua face normativa. Lembre-se: (i) o fato jurídico ensejador da relação processual (o conflito), embora constituído por instrumento de linguagem (petição inicial, *v.g.*) que não se aporta no "direito material", a ele sempre se referirá – o processo não é um fim em si mesmo – (ii) derivando, assim, do "direito material", nele próprio encontrará sua razão, vale dizer, a produção de norma individual e concreta (de "direito material"). Pois é justamente tal norma (individual e concreta) que encarna a noção de tutela jurisdicional.
>
> O que se conclui, portanto e já de logo, é que o ato estatal de que falamos não se apresenta com um fato jurídico de caráter exclusivamente processual; é, ademais disso, fato (fato-norma) aprisionado ao universo do "direito material".
>
> Tal concepção, associada à afirmação de que sem linguagem não há norma (e assim também o próprio direito), cumprirá relevante papel na estrutura que buscamos desenvolver: sem prejuízo da ideia de ato processual, a tutela jurisdicional, como norma, pode e deve ser avaliada como porção de linguagem (forma) que retém, idealmente, conteúdo de "direito material.[178]

O que há de essencial à concepção normativa de tutela jurisdicional está, definitivamente, insculpido na passagem acima transcrita. Resta-nos, tão somente, atuar na periferia dessa construção, discorrendo acerca de alguns de seus desdobramentos, especialmente aqueles relativos aos meandros de sua estrutura normativa, do conteúdo da norma-tutela e dos seus efeitos.

Para tanto, precisaremos retomar algumas premissas teórico-gerais concernentes às noções de sistema e de norma jurídico-processuais, delimitadas no capítulo I do título I, agregando a elas alguns outros elementos teóricos destinados a nos auxiliar na análise da peculiar estrutura normativa de que se revestem os atos de aplicação normativa, emanados no exercício da atividade jurisdicional.

---

178. CONRADO, Paulo Cesar. *Processo tributário*, p. 139-140.

DANIEL MONTEIRO PEIXOTO, em trabalho especificamente dedicado à análise estrutural das normas oriundas do exercício da competência administrativa tributária, identifica três referências normativas básicas (formal, desempenho e material) comuns aos atos normativos emanados pelas diferentes fontes estatais (executiva, legislativa e jurisdicional) desencadeadoras de atividade nomothética. Confira-se:

> O exercício de autorização para produzir normas jurídicas, seja na produção de leis ou de sentenças judiciais a partir dos ditames legais/constitucionais, é orientado por três referências básicas: (i) quanto à obrigatoriedade ou facultatividade do próprio exercício da competência ante determinadas circunstâncias fácticas; (ii) quanto à forma de produção (agente competente, procedimento, tempo e espaço) e; (iii) quanto aos limites materiais das normas a serem produzidas. Condicionantes denominadas, respectivamente, de referência de desempenho; referência formal e referência material.
>
> (...)
>
> Exemplificando, os requisitos para a edição do veículo normativo Emenda Constitucional, encontrados a partir de diversos enunciados prescritivos da Constituição Federal, podem ser assim decompostos:
>
> (i) referências de desempenho: impulsionam o próprio exercício da competência, estabelecendo, diante da circunstância de "ser Estado Brasileiro", a facultatividade para a elaboração destes instrumentos normativos.
>
> (ii) referências formais: estabelecem o órgão competente (Estado Brasileiro, por meio do Congresso Nacional), o procedimento (trâmites legislativos previstos no artigo 60, incisos, e parágrafos 2º e 3º da CF), bem como o tempo (qualquer tempo, exceto durante a vigência de intervenção federal, de estado de defesa ou de estado de sítio – art. 60, § 1º da CF) e o local (Brasília) em que deve ocorrer a atividade de produção normativa.
>
> (iii) referências materiais: no exemplo tomado, estabelecem os limites negativos da matéria que pode ser tratada via Emenda Constitucional – "Art. 60, § 4º: não será objeto de deliberação a proposta de emenda tendente a abolir: I – a forma federativa de Estado; II – o voto direto, secreto, universal e periódico; III – a separação de poderes; e IV – os direitos e garantias individuais.
>
> (...)

> Estas condicionantes relativas ao exercício da competência administrativa são reconduzidas à estrutura de três normas:
>
> (1) a *norma de competência desempenho* é a que prevê, diante da ocorrência de determinado fato jurídico (motivo), a obrigação ou faculdade de se produzir o ato. Seu antecedente e seu consequente "conformam os requisitos de emanação";
>
> (2) a *norma de competência formal* é a que traz em seu antecedente os critérios que irão orientar a atividade de enunciação (*pessoa, espaço, tempo e procedimento*) e, no consequente, a prescrição do dever geral de obediência aos enunciados introduzidos em função daquela atividade. "Requisitos formais" do ato administrativo são os critérios da sua hipótese, e;
>
> (3) a *norma de competência material*, também chamada "regra de conduta" por grande parte da doutrina do direito tributário, é aquela que, no antecedente, estabelece os critérios para a composição do fato jurídico e, no consequente, a respectiva relação jurídica – estabelece, tanto na hipótese como no consequente os "requisitos materiais" do ato administrativo.[179]

As três referências que orientam a produção dos atos administrativos e legislativos (formal, de desempenho e material) – como bem antecipa o citado Professor capixaba – também se manifestam, talvez até com maior evidência, nos pronunciamentos jurisdicionais, dando oportunidade à identificação de uma tríade composta por três normas concretas e individuais, quais sejam: (i) a norma introdutora (formal); (ii) a norma de julgamento (desempenho); e (iii) a norma de decisão (material).

Significa dizer que, ao exercer a função que lhe é precípua, a autoridade jurisdicional produz, em regra, pelo menos três normas jurídicas: (i) a norma concreta e individual introdutora, construída a partir dos enunciados dêiticos de tempo, espaço e autoridade objetivados (enunciação-enunciada) no documento normativo (sentença, decisão interlocutória, acórdão) exarado no regular exercício da

179. PEIXOTO, Daniel Monteiro. *Competência administrativa na aplicação do direito tributário*, p. 82/84/135.

competência jurisdicional; (ii) a norma concreta e individual de desempenho da função jurisdicional (julgamento), que regula a própria conduta da autoridade judicial e diz com a obrigação de julgar segundo as normas do sistema jurídico-positivo (*norma de julgamento*); e (iii) a norma concreta e individual de *decisão*, que disciplina a conduta das partes e decorre, em regra, da aplicação do direito material pertinente ao caso (*norma de decisão*).

Convém-nos analisar, de forma apartada e pormenorizada, as características que são próprias a cada uma das normas veiculadas pelos atos decisórios jurisdicionais.

4.1.2.1.1 As fontes do direito concretamente produzido pela atividade jurisdicional: as enunciações jurisdicionais e as normas introdutoras das decisões judiciais

O primeiro elemento da sobredita tríade normativa está relacionado às referências formais objetivadas por intermédio da chamada "enunciação-enunciada",[180] que nada mais é do que o enunciado jurídico a partir do qual se constrói a norma introdutora dos pronunciamentos judiciais propriamente ditos, resultante da incidência da norma de "competência jurisdicional" que atribui à autoridade julgadora o poder de julgar.[181]

---

180. "Enunciação-enunciada *são os enunciados (i.e. frases, sentenças), presentes no documento normativo*, que informam sobre o processo, o motivo, o local, as datas e os agentes participantes da atividade enunciativa. São as marcas do processo (enunciação) que ficam no produto". CARVALHO, Aurora Tomazini de. *Curso de teoria geral do direito*: o constructivismo lógico-semântico, p. 642-643.

181. "Por fim, o veículo introdutor (6) é aquilo que os estudiosos da linguagem (NOAM CHOMSKY) chamam de atuação da competência, ou seja, a norma que tem no seu antecedente um acontecimento concreto, aplicação-produto, ou seja, o exercício da competência "x" e do procedimento "y", e no seu consequente uma relação jurídica que estabelece a obrigação de todos observarem os enunciados criados pelo exercício de competência.
(...)
O veículo introdutor é construído a partir da leitura da enunciação-enunciada (entendida aqui como suporte físico) e é o resultado da aplicação da norma de produção

A enunciação-enunciada expressa, fundamentalmente, as condições (dêiticos) de tempo, espaço, autoridade e procedimento em função das quais a atividade de enunciação normativa – fonte do direito em sentido estrito – fora concretizada. É na enunciação-enunciada que constam os dados do emissor do ato normativo (autoridade competente) que permitem ao destinatário das normas introduzidas identificar a própria prescritividade do ato de enunciação, a qual pressupõe a preexistência daquele vínculo de subordinação que LOURIVAL VILANOVA denomina de relação mando/obediência, constituído pelos enunciados instauradores das competências normativas estatais.

As normas introdutoras, desse modo, têm a precípua função de fixar os critérios de identificação do vínculo instaurado entre os destinatários das normas introduzidas aos seus respectivos conteúdos normativos. Em outros termos, são as normas introdutoras as responsáveis por responder, concreta e pragmaticamente, à seguinte pergunta: por que devo obedecer às normas introduzidas neste documento? A resposta – que é intuitiva – é a seguinte: porque, nos termos do que consta no conteúdo da norma introdutora, tais enunciados foram produzidos por autoridade competente, isto é, por "autoridade" a quem o destinatário deve, institucionalmente, obediência (relação mando/obediência).

Daí a estrutura sintática característica das normas introdutoras: dado o fato de autoridade "X", no dia "Y", no local "Z", ter emitido os enunciados normativos veiculados na Lei "A", então *deve ser* a obrigação de observância das normas introduzidas por seus destinatários.

Nessa medida, é a norma introdutora que estabelece as condições para que o destinatário das normas introduzidas saiba que elas foram efetivamente produzidas no exercício legítimo da linguagem em sua função (juridicamente)

---

normativa". MOUSSALLEM, Tárek Moysés. *Fontes do direito tributário*, p. 102/148.

prescritiva, tal qual determinado pelo sistema, o que implica a vinculação ao conteúdo normativo a ele dirigido pelos preceitos normativos introduzidos.

A juridicidade de uma norma, por sua vez, é função de sua força vinculante, de modo que "existência jurídica" e "vinculação", conquanto perfaçam conceitos distintos, são fenômenos que se implicam mutuamente, pois decorrem de uma mesma circunstância fática: a enunciação juridicamente prescritiva. Nessa medida, se uma norma existe juridicamente, será ela necessariamente vinculante da conduta de seus destinatários, e vice-versa.

À falta de um ato de "enunciação juridicamente prescritivo", que é justamente aquele documentado nas enunciações-enunciadas, e de cuja interpretação se constroem as normas introdutoras, não há que se falar em existência de norma jurídica e, consequentemente, em vinculação (jurídica) dos destinatários do ato. Vem daí a ideia, tão bem definida por AURORA TOMAZINI DE CARVALHO, segundo a qual "nenhuma norma jurídica ingressa no direito positivo sem ser através de outra norma jurídica (veículo introdutor), pois a fórmula que o sistema estipula para nele introduzir regras é a produção de uma norma introdutora".[182]

Pois bem. Quer nos parecer, *data maxima venia*, que as normas introdutoras não sejam, propriamente, normas concretas e gerais, como é comum se afirmar na Dogmática constructivista tradicional.[183] Estamos a falar, em verdade,

---

182. CARVALHO, Aurora Tomazini de. *Curso de teoria geral do direito*: o constructivismo lógico-semântico, p. 649.
(...) *regra jurídica alguma ingressa no sistema do direito positivo sem que seja introduzida por outra norma, que chamamos, aqui avante, de veículo introdutor de normas. Isso já nos autoriza a falar em normas introduzidas e normas introdutoras, ou, em outras palavras, afirmar que as normas vêm sempre aos pares*". CARVALHO, Paulo de Barros. *Direito tributário, linguagem e método*, p. 393.

183. "Rememoremos que a norma sobre a produção jurídica descreve, em seu antecedente, um agente competente e o procedimento prescrito pelo ordenamento para a produção normativa e, em seu consequente, prescreve a obrigação de todos

de típicas normas concretas e individuais, que regulam a obrigação de observância das normas introduzidas por seus destinatários, os quais, embora não identificados nominalmente no documento, são plenamente identificáveis.

Isso porque a "generalidade" perfaz característica que se vincula diretamente à natureza do consequente normativo, pressupondo, tanto quanto a hipótese abstrata, um enunciado conotativo, ou seja, uma conduta "tipo" atribuída a uma "classe de sujeitos". As normas construídas a partir das enunciações-enunciadas (normas introdutoras), todavia, são compostas por proposições denotativas, seja no antecedente, seja no consequente, de sorte que este último, em se tratando de normas introdutoras, não é composto por uma classe de sujeitos, mas por sujeitos de direito que, conquanto não estejam expressamente identificados, são plenamente identificáveis.

Nessa medida, a questão da individualidade da norma não diz, propriamente, com a quantidade de sujeitos passivos a que ela é destinada ou, ainda, com a expressa identificação de cada um deles no documento, mas à regulação concreta da conduta de seus destinatários, materializada por meio de enunciado denotativo do fato jurídico relacional que vincula, concretamente, os destinatários da

---

respeitarem as disposições inseridas, pelo próprio veículo introdutor, no sistema do direito positivo.
Assim, a norma denominada veículo introdutor é da espécie concreta e geral. Concreta, porque contém, no seu antecedente, um fato jurídico molecular (agente competente + procedimento, englobada a publicação) acontecido em determinado espaço e local, furto da aplicação da norma sobre produção jurídica. Geral, porque, no seu consequente, estabelece uma relação jurídica que torna obrigatória a observação de seus dispositivos". MOUSSALLEM, Tárek Moysés. *Fontes do direito tributário*, p. 139.
"A norma introdutora é da espécie geral e concreta: concreta porque seu antecedente relata um fato passado, mais precisamente o exercício da competência normativa realizada no plano dos acontecimentos sociais (enunciação); e geral porque no seu consequente se estabelece um vínculo em que um dos polos é composto por sujeitos indeterminados (todos os membros da sociedade). CARVALHO, Aurora Tomazini de. *Curso de teoria geral do direito*: o constructivismo lógico-semântico, p. 650.

norma. Um consequente normativo denotativo capaz de regular concretamente a conduta de vários indivíduos que, conquanto (nominalmente) não individualizados, são perfeitamente "individualizáveis", é muito diferente do consequente normativo conotativo que tipifica a regulação da conduta de uma "classe de sujeitos", este sim próprio às normas "gerais".

A tomada de posição de EUGENIO BULYGIN e DANIEL MENDONCA acerca do problema parece corroborar nossa intuição. Confira-se:

> Uma distinção muito importante para o direito é a distinção entre normas gerais e normas individuais. Como mostra von Wright, essa classificação não é unívoca (von Wright 1963: 95-99). Uma norma pode ser individual ou geral em relação ao sujeito normativo, conforme o destinatário da norma seja um ou vários sujeitos individualizados ou uma classe de sujeitos, ou individual ou geral em relação à ocasião, conforme a norma se refira a uma ou várias ocasiões concretas ou uma classe de ocasiões. Os dois critérios são independentes e, consequentemente, uma norma pode ser geral em um sentido e individual em outro. Se a norma é geral, tanto em relação ao sujeito quanto em relação à ocasião, é uma norma eminentemente geral.[184]

É possível concluir, portanto, que a diferença que se estabelece entre normas abstratas/gerais e concretas/individuais refere-se, fundamentalmente, à natureza das proposições que compõem o antecedente e o consequente normativos de cada qual.

---

184. (Una distinción muy importante para el derecho es la distinción entre normas generales y normas individuales. Como ha mostrado von Wright, esta clasificación no es unívoca (von Wright 1963: 95-99). Una norma puede ser individual o general respecto del sujeto normativo, según que el destinatario de la norma sea uno o sean varios sujetos individualizados o una clase de sujetos, o individual o general respecto de la ocasión, según que la norma se refiera a una o varias ocasiones concretas o una clase de ocasiones. Los dos criterios son independientes y, por consiguiente, una norma puede ser general en un sentido e individual en otro. Si la norma es general, tanto respecto del sujeto como respecto de la ocasión, es una norma eminentemente general.) BULYGIN, Eugenio; MENDONCA, Daniel. *Normas y sistemas normativos*, p.17. (tradução nossa) (grifamos)

Teremos norma abstrata e geral quando as proposições que representam os dois termos, que compõem a proposição normativa (hipótese e consequência), constituírem, respectivamente, uma classe de fatos e uma classe de sujeitos (enunciados conotativos). De outro lado, teremos norma concreta e individual nas ocasiões em que os termos antecedente e consequente da proposição normativa expressarem fatos e relações jurídicas (enunciados denotativos), ambos denotativos de eventos sociais efetivamente concretizados.

As normas abstratas e gerais, portanto, consubstanciam típicas "regras de incidência", pois apontam para fatos e relações jurídicas futuras, cuja verificação dará ensejo à dupla operação lógica que caracteriza o fenômeno da incidência: a subsunção e a implicação. Normas concretas e individuais, por outro lado, consubstanciam o resultado do fenômeno de incidência, de forma que a jurisdicização de um evento por meio de ato de aplicação que o verta em fato jurídico (subsunção) pressupõe o nascimento automático e infalível da correspondente relação jurídica (implicação).

Por isso, em nosso sentir, não é, teórica e pragmaticamente, possível falarmos em normas introdutoras como típicas normas concretas e gerais, pois o fato jurídico constituído no antecedente de uma norma concreta induz, necessariamente, uma relação jurídica que vinculará sujeitos de direito individualizados ou individualizáveis.

Havemos de convir, nesse tocante, que o conjunto de "todos os membros da sociedade" (consequente da norma introdutora) é, efetivamente, um enunciado denotativo de um conjunto finito de sujeitos que, conquanto não estejam expressamente nominados, são plenamente determináveis, e não um enunciado delimitador dos critérios de aferição de uma "classe de sujeitos".

Da mesma forma, e tomando como referência os mesmos critérios acima, não há que se falar em normas abstratas e individuais, pois todo antecedente normativo abstrato (conotativo de situações fáticas de possível ocorrência) pressupõe, necessariamente, um consequente geral, composto por enunciado definidor de uma classe de sujeitos, e não de sujeitos de direito concretamente considerados. Isso ocorre, inclusive, com as normas dispostas em contratos bilaterais firmados entre sujeitos de direito concretamente identificados.

Com efeito, é muito comum que tais documentos veiculem verdadeiras normas abstratas, compostas por enunciados conotativos de fatos de possível ocorrência durante a vigência do acordo de vontades. Tais normas – a despeito de indicarem, em regra, os signatários do contrato como os sujeitos de direito a ocuparem os polos ativo e passivo da futura relação jurídica a ser instaurada em caso de efetiva ocorrência do fato descrito na hipótese normativa abstrata – não podem ser chamadas de regras individuais, pois também objetivam enunciados descritivos de "uma classe de sujeitos", cujo critério de inclusão, todavia, é muito mais restrito que na maioria das normas gerais.

Assim é que a classe dos "Joãos da Silva", que possuem RG 2.222.222-2 e CPF 333.333.333-03, não pode ser confundida com o sujeito de direito João da Silva, portador do RG 2.222.222-2 e do CPF 333.333.333-03, o qual, apesar de preencher todos os critérios de inclusão *(pertencimento)* na sobredita classe de sujeitos, com ela não se confunde.

Por essas específicas razões, entendemos, particularmente, que toda norma com antecedente abstrato será composta, necessariamente, por um consequente geral. Do mesmo modo, qualquer norma resultante de um ato de incidência/aplicação, dando ensejo à jurisdicização de situação fática conotada na hipótese de norma abstrata e geral, será, necessariamente, uma norma concreta e individual, haja vista não ser possível verificar um fato jurídico molecular sem que dele resulte um fato jurídico relacional que vincule, concretamente, sujeitos de direito expressamente determinados ou, ainda, plenamente determináveis.

Sendo a norma introdutora a responsável pela documentação do fato do exercício da competência normativa, cujos termos (antecedente e consequente) materializam enunciados denotativos, não há como afastar sua natureza eminentemente concreta e individual.

Dito isso, convém-nos, por agora, identificar a estrutura normativa que corresponde àquilo que pode ser um exemplo de norma introdutora característica dos pronunciamentos jurisdicionais. Confira-se:

Antecedente: dado o fato do exercício da competência jurisdicional por autoridade regularmente investida e mediante o procedimento prescrito em lei, no tempo "X" e na "Y" Vara da Comarca "K";

(deve ser)

Consequente: a vinculação das partes aos enunciados normativos introduzidos pela autoridade judicial por meio de sua decisão.

4.1.2.1.2 A norma de julgamento e o desempenho da atividade jurisdicional: o dever concreto de julgar

O sistema jurídico secundário, dito processual, conforme observamos no capítulo I deste título, está voltado à disciplina da atividade jurisdicional – normativa por excelência –, tendo por finalidade precípua garantir a eficácia do sistema jurídico primário, dito material. O sistema processual, também já o dissemos, é composto por duas normas básicas, ambas dirigidas ao juiz, as quais veiculam, respectivamente, (i) a obrigação de julgar; e (ii) a obrigação de fundamentar a decisão nas normas que compõem o sistema primário.

Assim é que, sob o pretexto de aplicar o direito com vistas à composição de um conflito, o juiz cumpre seu dever institucional, o que nos autoriza a concluir que a decisão jurisdicional, mais que norma, também materializa o ato de cumprimento do dever de julgar.

Tal circunstância, aliás, não passou despercebida à análise de EUGÊNIO BULYGIN. Confira-se:

> Quando o juiz tem que escolher entre as normas "a" e "b" e decide por "b", não se dirá que ele não obedeceu a norma "a". Pode-se acusá-lo de que sua sentença não está justificada e inclusive é possível que seja revogada por falta de fundamentação adequada, mas não se pode falar aqui de desobediência, e muito menos da violação da norma. E onde não há desobediência, tampouco há obediência. **Ao sentenciar, o juiz obedece a norma que obriga a sentenciar (de acordo com a qual não pode negar-se a falar), mas as normas que aplica são usadas, não obedecidas por ele.**[185]

A obrigação de julgar e de fundamentar a decisão em regras do ordenamento positivo perfaz, no sistema jurídico processual brasileiro, uma decorrência direta dos comandos enunciados nos arts. 5º, inciso XXXV, e 93, inciso IX, da CF/88,[186] os quais encontram eco, no plano legal,

---

185. (Cuando el juez tiene que elegir entre las normas "a" y "b" y se decide por "b", no se dirá que no ha obedecido a norma "a". Se le puede reprochar que su sentencia no está justificada e incluso es posible que sea revocada por falta de fundamentación adecuada, pero no se puede hablar aquí de desobediencia y mucho menos de la violación de la norma. Y donde no hay desobediencia, tampoco hay obediencia. **Al sentenciar, el juez obedece la norma que obliga a sentenciar (de acuerdo con la cual no puede negarse a hablar), pero las normas que aplica son usadas, no obedecidas por él.**) BULYGIN, Eugenio. El concepto de validez y eficacia del derecho. In: *Validez y eficacia del derecho*, p. 32. (tradução nossa) (destacamos)

186. "Art. 5º (...)
(...)
XXXV - a lei não excluirá da apreciação do Poder Judiciário lesão ou ameaça a direito;
Art. 93. (...)
(...)
IX - todos os julgamentos dos órgãos do Poder Judiciário serão públicos, e **fundamentadas todas as decisões, sob pena de nulidade**, podendo a lei limitar a

na disposição constante do art. 140 do CPC,[187] enunciado a partir do qual a norma de julgamento abstrata e geral pode ser efetivamente construída, e cuja efetiva aplicação dará ensejo à produção dos outros dois elementos que compõem a tríade normativo-jurisdicional a que nos referimos anteriormente: a norma de desempenho jurisdicional (*norma de julgamento*); e a *norma de decisão*.

A estrutura sintática da norma de desempenho jurisdicional pode ser, genericamente, representada da seguinte maneira:

Antecedente: dado o fato de o autor ter formulado pretensão nos termos X, o réu exercido regularmente seu direito de defesa nos termos Y, e decorrido os trâmites procedimentais devidos;
(deve ser)
Consequente: a obrigação de julgar a demanda (art. 140 do CPC), nos limites por ela delimitados (arts. 141, 490, 492 do Código de Processo Civil) e segundo as provas produzidas pelas partes e as regras de direito positivo aplicáveis.

A norma de desempenho jurisdicional (*norma de julgamento*) concreta e individual é construída a partir dos enunciados constantes do relatório das decisões jurisdicionais, onde são reproduzidos, basicamente, o conteúdo controvertido da demanda e os principais atos processuais (praticados pelas partes e pelo próprio juiz), isto é, o *iter*

presença, em determinados atos, às próprias partes e a seus advogados, ou somente a estes, em casos nos quais a preservação do direito à intimidade do interessado no sigilo não prejudique o interesse público à informação" (destacamos)

187. Art. 140. O juiz não se exime de decidir sob a alegação de lacuna ou obscuridade do ordenamento jurídico.
Parágrafo único. O juiz só decidirá por equidade nos casos previstos em lei.

procedimental percorrido pelos sujeitos do processo até o momento derradeiro de realização do julgamento.[188]

Nesse sentido, os conteúdos fáticos descritos nos relatórios das decisões judiciais denotam, exatamente, os critérios conotados no antecedente da norma de julgamento abstrata e geral, e antecedem, lógica e cronologicamente, o início do julgamento propriamente dito (a partir do qual se constituirá a *norma de decisão*), que nada mais é que o próprio cumprimento da obrigação de julgar (consequente da norma de desempenho judicial).

Sugestivas, aliás, as expressões usadas pelos juízes por ocasião do encerramento do relatório: "posto isso, passo ao exame do mérito"; "sendo esse o relatório, passo a julgar"; ou, simplesmente, "julgo". Interessante notar que essas frases, como muitas outras formas de expressão usadas nessas ocasiões, são formuladas em primeira pessoa do singular, apontando para uma ação que está a se iniciar: justamente a de cumprimento da obrigação constituída por meio dos enunciados que lhes antecederam.

Daí que a regra de desempenho que veicula a obrigação de julgar abarca, a um só tempo, a obrigação de fundamentar a decisão no direito material positivo – produzindo

---

188. "O relatório nada mais é que o resumo histórico do processo, ou seja, é no relatório em que se verifica os fatos mais relevantes ocorridos no processo a partir de um encadeamento lógico e cronológico que espelha todo o arco procedimental percorrido. Nele constatam-se os eventos mais importantes do processo. Na estrutura do procedimento comum ordinário, deverão estar presentes no relatório os pontos mais relevantes das seguintes fases: I) fase postulatória, em que as partes encartam aos autos as suas razões (petição inicial, exceções rituais, contestação, reconvenção e sua resposta, impugnação ao valor da causa, ação declaratória incidental e sua resposta, intervenções de terceiros); II) fase ordinatória, em que o julgador verifica e decide acerca da presença ou não dos pressupostos de admissibilidade ao julgamento do mérito, se o processo está ou não apto a ser sentenciado neste momento, bem como se pronuncia sobre o deferimento ou o indeferimento de provas; III) em seguida, se deferidas as provas, passa-se à fase instrutória, com a produção das provas propriamente ditas". LUCON, Paulo Henrique dos Santos. *Coisa julgada e efeitos da sentença*: sentença inconstitucional e embargos à execução contra a Fazenda Pública (ex vi art. 741, parágrafo único), p. 3-4.

a norma concreta e individual de decisão – e o dever de realizar (ou criar as condições para tal) o direito material violado por meio de uma das técnicas previstas no sistema secundário – declarar, (des)constituir, condenar ou ordenar –, o que se materializará no bojo do enunciado veiculado na parte dispositiva da decisão.

4.1.2.1.3 O dever aplicar as normas do sistema jurídico: a norma de decisão e a positivação jurisdicional do direito material

Aquilo que, no item anterior, chamamos de *norma de julgamento* coincide justamente com o preceito que materializa o dever de desempenho da atividade jurisdicional (dever de julgar) numa situação litigiosa, cujo comando se constitui na obrigação de o juiz decidir o caso segundo as prescrições jurídico-positivas (abstratas e gerais).

Nessa medida, se a regra de julgamento, concreta e individual, dispõe, em seu consequente, sobre o dever jurídico de julgar segundo o direito positivo material, certo é, também, que da efetiva objetivação do ato de julgamento (cumprimento do dever de julgar) decorrerá outra norma concreta e individual, que é justamente aquela resultante da aplicação de norma abstrata e geral de direito substancial, reguladora das condutas dos sujeitos parciais do processo, e que materializa o próprio objeto da demanda.

Significa dizer que o conteúdo da norma concreta e individual que impõe o dever de julgar é, exatamente, a obrigação de produzir outra norma concreta e individual, mediante aplicação do direito material (referência material) pertinente ao caso concreto. É justamente esta norma concreta e individual, resultante do ato de cumprimento do dever de julgar, que denominamos *norma de decisão*.

Podemos assentir, portanto, que a norma (abstrata e geral) a ser aplicada por meio do ato de cumprimento do dever de julgar é justamente aquela que se refere diretamente ao direito material controvertido. Seu conteúdo semântico, naturalmente, dependerá das questões de fato e de direito levadas a juízo pelas partes.

A título de exemplo, consideremos uma demanda que tenha por objeto um ato de lançamento constituído com fundamento em regra de incidência aplicada sem a observância do princípio constitucional da capacidade contributiva e que venha a ser acolhida pela autoridade jurisdicional. Nesse caso, a estrutura da *norma de decisão* produzida pela autoridade jurisdicional poderá ser assim representada:

> **Antecedente:** dado o fato de o ato constitutivo do crédito ter sido fundado em norma tributária inconstitucional;
>
> (deve ser)
>
> **Consequente:** o direito do autor à anulação do ato de lançamento e o dever jurídico da Fazenda Pública de submissão ao ato (judicial) de desconstituição.

Se, no entanto, a pretensão deduzida for rechaçada, teremos a seguinte estrutura normativa:

> **Antecedente:** dado o fato de o ato constitutivo do crédito ter sido regularmente constituído, visto que a norma tributária aplicada é plenamente constitucional;
>
> (deve ser)
>
> **Consequente:** o direito do réu (Fisco) de exigir o crédito constituído e o dever jurídico do sujeito passivo de se submeter aos atos de cobrança a serem realizados pelo Fisco.

É preciso advertir, contudo, que nem sempre a norma de decisão decorrerá da aplicação de regras abstratas e gerais veiculadas no sistema primário e diretamente relacionadas ao mérito da demanda. Em alguns casos, conhecidos de todos, a *norma de decisão* decorrerá da aplicação de preceito constante do próprio sistema processual. É exatamente o caso das "sentenças meramente processuais", oriundas, por exemplo, da ausência de um dos requisitos de apreciação do mérito previstos no art. 485 do CPC.

Dissemos, outrora, que, entre as obrigações básicas do juiz, está a de julgar com fundamento em normas do direito material, isto é, segundo os preceitos normativos constantes do sistema primário. Há, entretanto, ocasiões em que o juiz deverá aplicar normas pertencentes ao próprio sistema secundário. Daí que, a título de ajuste, talvez seja mais preciso, sob o ponto de vista pragmático, afirmar que a autoridade jurisdicional está obrigada a julgar com fundamento nas normas do direito positivo como um todo, mormente, e sempre que possível, nas normas que integram o sistema primário.

Nas situações em que o pronunciamento judicial veicular conteúdo meramente processual, a relação jurídica prevista na norma concreta e individual (*norma de decisão*) posta pelo juízo vinculará o próprio órgão jurisdicional e as partes do processo. A estrutura normativa de uma possível decisão judicial que reconheça a ausência de uma das condições da ação – a legitimidade de partes, por exemplo – será a seguinte:

Antecedente: dado o fato de o autor não ter legitimidade para pleitear a tutela deduzida;

(deve ser)

Consequente: o direito subjetivo do réu à extinção do processo sem julgamento do mérito e o dever jurídico da autoridade judicial de proceder à extinção.

A norma concreta e individual de *decisão* (material ou processual), por seu turno, é construída a partir dos enunciados constantes dos fundamentos dos pronunciamentos jurisdicionais. É no fundamento das decisões jurisdicionais que as questões fáticas e jurídicas são apreciadas e, consequentemente, onde os direitos subjetivos *afirmados* são reconhecidos ou não.[189]

A esse respeito, aliás, vale lembrar, novamente, que a autoridade jurisdicional está obrigada a julgar com *fundamento no direito material ou processual positivo*, isto é, o direito material (ou processual) objeto da atividade jurisdicional resta constituído nos fundamentos da decisão judicial, *locus* no qual a atividade cognitiva do direito controvertido se encontra verdadeiramente objetivada.

A análise empírica de qualquer decisão judicial, por mais simples que seja, revela com precisão aquilo que estamos a afirmar, isto é, que, tratando-se de aplicação jurisdicional do direito, os enunciados prescritivos responsáveis pelo reconhecimento ou afastamento de direitos e deveres das partes litigantes estão veiculados nos fundamentos dos pronunciamentos judiciais, e não em suas partes dispositivas.

Tanto é assim que o próprio Código de Processo Civil reconhece, expressamente, que os "motivos" da decisão, conquanto não estejam abarcados pela coisa julgada, são importantes para a delimitação do seu alcance (art. 504, inciso I, do CPC). Com efeito, o que a legislação processual

---

189. "Já na motivação estão os fundamentos pelos quais o julgador decidirá desta ou daquela forma os pedidos deduzidos na petição inicial. Para o fenômeno da coisa julgada, não interessam as decisões que constituem as premissas da conclusão acerca dos pedidos. A motivação espelha o convencimento do juiz sobre o caso concreto. **Existem,** portanto, **decisões na motivação,** mas são atos que espelham diversos juízos lógicos sobre pontos de fato ou de direito suscitados no caso concreto. A motivação abrange **(I) a interpretação das normas aplicadas; (II) o reconhecimento dos fatos; (III) a qualificação jurídica da fattispecie e (IV) a declaração das consequências jurídicas derivantes da decisão**". LUCON, Paulo Henrique dos Santos. *Coisa julgada e efeitos da sentença*: sentença inconstitucional e embargos à execução contra a Fazenda Pública (*ex vi* art. 741, parágrafo único), p. 4. (destacamos)

chama de "alcance" está, necessariamente, atrelado aos direitos e deveres reconhecidos nos fundamentos dos pronunciamentos jurisdicionais decisórios, apesar de a parte dispositiva ser a única abarcada pela imutabilidade decorrente do trânsito em julgado.

É dessa circunstância, aliás, que decorre a máxima difundida pela processualística clássica, segundo a qual toda sentença de mérito tem um mínimo de "declaratoriedade", dogma que explicita o fato de os pronunciamentos jurisdicionais trazerem em seus fundamentos os enunciados responsáveis por constituir os direitos e deveres das partes litigantes.

Essa constatação assume grande relevância em tempos atuais, quando consideramos o peculiar regime de formação dos precedentes judiciais de observação obrigatória, instituído pelo CPC/2015, mormente a regra prevista no art. 927,[190] cujas bases estão fincadas justamente no

---

190. Art. 927. Os juízes e os tribunais observarão:
I - as decisões do Supremo Tribunal Federal em controle concentrado de constitucionalidade;
II - os enunciados de súmula vinculante;
III - os acórdãos em incidente de assunção de competência ou de resolução de demandas repetitivas e em julgamento de recursos extraordinário e especial repetitivos;
IV - os enunciados das súmulas do Supremo Tribunal Federal em matéria constitucional e do Superior Tribunal de Justiça em matéria infraconstitucional;
V - a orientação do plenário ou do órgão especial aos quais estiverem vinculados.
§ 1º. Os juízes e os tribunais observarão o disposto no art. 10 e no art. 489, § 1º, quando decidirem com fundamento neste artigo.
§ 2º. A alteração de tese jurídica adotada em enunciado de súmula ou em julgamento de casos repetitivos poderá ser precedida de audiências públicas e da participação de pessoas, órgãos ou entidades que possam contribuir para a rediscussão da tese.
§ 3º. Na hipótese de alteração de jurisprudência dominante do Supremo Tribunal Federal e dos tribunais superiores ou daquela oriunda de julgamento de casos repetitivos, pode haver modulação dos efeitos da alteração no interesse social e no da segurança jurídica.
§ 4º. A modificação de enunciado de súmula, de jurisprudência pacificada ou de tese adotada em julgamento de casos repetitivos observará a necessidade de fundamentação adequada e específica, considerando os princípios da segurança jurídica, da proteção da confiança e da isonomia.
§ 5º. Os tribunais darão publicidade a seus precedentes, organizando-os por questão jurídica decidida e divulgando-os, preferencialmente, na rede mundial de computadores.

conteúdo normativo que emana dos fundamentos das decisões judiciais.

Eis, aí, a importância dos dispositivos legais que disciplinam, pormenorizadamente, o dever (constitucional) de fundamentar as decisões judiciais, como é o caso do art. 498 do CPC,[191] pois é justamente no fundamento dos pronunciamentos judiciais que são objetivados os enunciados a partir dos quais são construídas as normas de decisão resultantes da aplicação judicial das normas de direito material, no âmbito das quais se encontram os direitos e deveres subjetivos das partes litigantes.

4.1.2.2 A tutela jurisdicional como ato de efetivação (realização) do direito violado: o conteúdo e a função da parte dispositiva dos pronunciamentos jurisdicionais

---

191. Art. 489. São elementos essenciais da sentença:
I - o relatório, que conterá os nomes das partes, a identificação do caso, com a suma do pedido e da contestação, e o registro das principais ocorrências havidas no andamento do processo;
II - os fundamentos, em que o juiz analisará as questões de fato e de direito;
III - o dispositivo, em que o juiz resolverá as questões principais que as partes lhe submeterem.
§ 1º. Não se considera fundamentada qualquer decisão judicial, seja ela interlocutória, sentença ou acórdão, que:
I - se limitar à indicação, à reprodução ou à paráfrase de ato normativo, sem explicar sua relação com a causa ou a questão decidida;
II - empregar conceitos jurídicos indeterminados, sem explicar o motivo concreto de sua incidência no caso;
III - invocar motivos que se prestariam a justificar qualquer outra decisão;
IV - não enfrentar todos os argumentos deduzidos no processo capazes de, em tese, infirmar a conclusão adotada pelo julgador;
V - se limitar a invocar precedente ou enunciado de súmula, sem identificar seus fundamentos determinantes nem demonstrar que o caso sob julgamento se ajusta àqueles fundamentos;
VI - deixar de seguir enunciado de súmula, jurisprudência ou precedente invocado pela parte, sem demonstrar a existência de distinção no caso em julgamento ou a superação do entendimento.
§ 2º. No caso de colisão entre normas, o juiz deve justificar o objeto e os critérios gerais da ponderação efetuada, enunciando as razões que autorizam a interferência na norma afastada e as premissas fáticas que fundamentam a conclusão.
§ 3º. A decisão judicial deve ser interpretada a partir da conjugação de todos os seus elementos e em conformidade com o princípio da boa-fé.

O "dever de julgar", consequente da norma de desempenho jurisdicional (*norma julgamento*), abarca tanto a atividade de produção da norma concreta e individual de *decisão* (de direito material, em regra) quanto a atividade de realização do direito subjetivo por meio dela reconhecido.

A tutela jurisdicional, nesse sentido, não se presta, exclusivamente, a aplicar o direito material, mas também, e *principalmente,* a efetivá-lo. Para além de constituir normas concretas e individuais de decisão, a tutela jurisdicional se volta à "realização do direito" por ela reconhecido. É essa, exatamente, a relação que se estabelece entre os enunciados veiculados nos fundamentos das decisões judiciais e os constantes de suas partes dispositivas: enquanto os primeiros *dizem o direito*, os segundos se destinam a *realizar o direito*.[192]

Conforme anotamos no item 4.1.2 supra, os atos de *declarar*, *(des)constituir, condenar e ordenar*, concretizados nas partes dispositivas dos pronunciamentos judiciais, não resultam da incidência de regras de direito material – cuja aplicação se dá, repise-se, no âmbito dos fundamentos do *decisum* (norma de decisão) –, mas sim de técnicas processuais por meio das quais a autoridade julgadora substitui a vontade das partes com o objetivo precípuo de realizar o direito material.

Explicamos. Os pedidos deduzidos pela parte autora são compostos por duas pretensões: (i) a pretensão processual, relativo ao direito a um pronunciamento jurisdicional de mérito; e (ii) a pretensão material, que diz com a realização, por técnica processual própria, do direito material dito violado. A primeira pressupõe uma relação jurídica

192. Se quisermos traçar um "paralelo" entre as normas concretas e individuais tributárias emanadas no âmbito judicial tributário e aquelas produzidas no âmbito administrativo tributário, é possível dizer que as decisões judiciais se assemelham mais às declarações de compensação, por meio das quais o contribuinte constitui o crédito tributário e realiza-o, no mesmo ato, pela compensação, do que aos atos meramente constitutivos do crédito tributário (lançamento e autolançamento), onde a norma concreta e individual não vem acompanhada pelo ato-fato institucional de realização do direito.

estabelecida entre as partes e o órgão julgador, enquanto a segunda se refere a uma relação jurídica vinculadora dos sujeitos parciais do processo (demandante e demandado). O reconhecimento da inexistência da primeira, por via de consequência, impede a apreciação da segunda.

A sentença que julga procedente o pedido deduzido na demanda, a um só tempo, realiza o direito à prestação jurisdicional e o direito material violado. A improcedência do pedido, entretanto, pressupõe a realização da pretensão processual e a negação do direito material afirmado. Já a extinção do processo sem resolução do mérito nega o direito à pretensão processual (pedido imediato) e impede a apreciação da pretensão material (pedido mediato).

Tomemos como exemplo, novamente, a tutela anulatória do débito fiscal. A autoridade jurisdicional, ao reconhecer, no fundamento do pronunciamento judicial, o direito do autor à anulação do débito (norma de decisão), aplica o direito material pertinente ao caso. Ao assim proceder, coloca-se na obrigação de emitir outro enunciado, veiculado na parte dispositiva da sentença, que realiza o direito à anulação do débito, fazendo-o nos seguintes termos: "julgo procedente e *anulo* o débito XPTO".

Não é difícil constatar que, na expressão "julgo procedente e *anulo* o débito XPTO", não há qualquer reconhecimento do direito material, mas tão somente um enunciado institucional destinado à sua efetivação. O ato de anular, nesse contexto, é justamente a concretização do direito material (direito subjetivo à anulação) enunciado no consequente da norma de decisão veiculada nos fundamentos do pronunciamento jurisdicional.

Assim, nos "processos de conhecimento", o juiz conhece o direito material, constituindo-o nos fundamentos do pronunciamento judicial para, logo em seguida realizá-lo (*tutelas jurisdicionais independentes ou intransitivas*) ou, em alguns casos, criar as condições para sua realização posterior (*tutelas jurisdicionais dependentes ou transitivas*).

A parte dispositiva da sentença, portanto, constitui-se na condição de enunciado por meio do qual o juiz realiza ou cria as condições para a realização do direito material constituído no fundamento da decisão. Não por outro motivo, a processualística se volta, eminentemente, para o estudo deste específico capítulo dos pronunciamentos jurisdicionais, extraindo-se daí aquilo que denominamos acima de "conteúdos" e "eficácias" das tutelas jurisdicionais.

Estamos a falar do ato de julgamento propriamente dito, o qual, a um só tempo, cumpre com o dever de julgar e realiza o direito material, o que corresponde à função precípua da tutela jurisdicional e do próprio sistema secundário: garantir a eficácia do direito material violado, tal qual (re)conhecido nos fundamentos da sentença.

Os enunciados das partes dispositivas das decisões judiciais, em verdade, têm natureza eminentemente performativa, isto é, ao serem objetivados, constituem fatos realizadores tanto da ação de julgar (dever do juiz) quanto da conduta de realizar – em substituição à vontade das partes – o direito subjetivo constituído/reconhecido/declarado nos fundamentos da decisão judicial.[193]

---

193. Os enunciados performativos, na obra de J. L. AUSTIN, são aqueles que expressam ações executadas pelos sujeitos que os enunciam, tais como: "digo sim ao juiz ou ao padre no casamento". Nesse sentido, disserta MANFREDO ARAÚJO DE OLIVEIRA: "Faz-se necessária uma distinção clara entre os diversos tipos de enunciados. Austin introduz, então, uma distinção importante, ele chama de 'enunciados constatativos' (e não descritivos, pois a descrição é apenas uma das funções desses enunciados) aos enunciados de fato, de pura constatação. Mas além desses enunciados, há outros, que não constatam fatos ou ações, mas antes eles mesmos executam uma ação, fazem parte de uma operação. A própria declaração das palavras, realizada em certas condições, significa a execução de uma ação. (...)
(...) A esse tipo de expressão linguística Austin chama de 'performativa' (do verbo inglês to perform) precisamente para distingui-las das proposições comumente consideradas – aquelas que exprimem um ato de constatação –, pois a própria designação executa uma ação". OLIVEIRA. Manfredo Araújo de. *Reviravolta linguístico-pragmática na filosofia contemporânea*, p. 151-152.

Trata-se de uma ação ("julgo procedente" e "condeno/declaro/constituo/mando") cuja força ilocucionária é o próprio ato de cumprimento do dever de julgar e de realizar o direito material reconhecido (constituído) no fundamento da sentença. Diante da recusa do titular do dever jurídico em realizar a conduta devida, é o juiz que, em caráter substitutivo, dá efetividade ao direito subjetivo violado.

É possível dizer, portanto, que a atividade de produção normativa (norma de decisão) – a qual corresponde ao aspecto cognitivo da função jurisdicional e se dá sob o pretexto da violação – é sucedida por um ato que se pretende efetivador do direito subjetivo violado, que é justamente o enunciado performativo objetivado na parte dispositiva do pronunciamento jurisdicional.

Dada a recusa do destinatário da norma (réu) em observá-la – que é o pressuposto da atuação judicial –, o juiz age em *substituição* à sua vontade, realizando a conduta que, originariamente, deveria ser implementada espontaneamente pelo réu.

É possível concluir, portanto, que "declarar", "constituir", "condenar" e "ordenar" são categorias pertencentes ao plano processual exclusivamente, e correspondem aos "conteúdos" das partes dispositivas dos pronunciamentos judiciais, expressando ações (técnicas) que se pretendem substitutivas das condutas necessárias à efetivação do direito subjetivo violado, reconhecido (constituído) nos fundamentos das decisões judiciais.

4.1.2.2.1 O específico caso das tutelas jurisdicionais transitivas ou dependentes: a tutela condenatória e sua natureza processual

A *realização* do direito material, promovida *institucionalmente* pelo enunciado constante da parte dispositiva dos pronunciamentos jurisdicionais, não constitui uma característica que abrange todas as espécies de tutela jurisdicional de viés cognitivo.

Alguns pronunciamentos jurisdicionais se prestam tão somente à concretização de atos coativos voltados a estimular o cumprimento espontâneo do dever por parte do sujeito passivo. Em situações desse jaez, a parte dispositiva da tutela jurisdicional, menos que realizar o dever jurídico descumprido, limita-se a criar as condições para que o direito material seja realizado por rotas indiretas.

É esse, exatamente, o caso das tutelas condenatórias, especificamente forjadas para a proteção de direitos subjetivos do tipo *prestacionais*.

Conforme anotamos por ocasião da delimitação dos conceitos de relação jurídica e direito subjetivo (capítulos I e II deste título), são várias as técnicas utilizadas pelo legislador para a regulação das condutas. Cada uma dessas técnicas normativas, vale repisar, corresponde a uma espécie distinta de "direito subjetivo", cuja violação pressupõe uma técnica processual específica de reparação (tutela).[194]

Quando, ao direito material a ser realizado, subjaz uma técnica de regulação de comportamentos que possa ser materializada por mero ato institucional, tais como o direito potestativo (direito à anulação do débito, por exemplo), é possível estabelecer uma técnica de tutela jurisdicional que, ao ser efetivada, seja suficiente à plena realização do direito violado, ocasiões em que a substituição da vontade da parte ocorre, institucionalmente, por intermédio do ato judicial decisório.

Estamos a falar, nesse caso, de tutelas jurisdicionais independentes ou, como prefere CÁSSIO SCARPINELLA BUENO, *intransitivas,* pois prescindem de providência

194. "O que distingue uma tutela de outra reside especificamente nas técnicas a serem adotadas para a tutela do direito constante do título executivo judicial". BUENO, Cassio Scarpinella. *Curso sistematizado de direito processual civil*, v. 1, 2007, p. 313.

ulterior para realização do direito material violado. É esse, exatamente, o caso das tutelas jurisdicionais declaratórias e (des)constitutivas.[195]

Em se tratando de técnicas de regulação de conduta que tenham por objeto uma prestação (de dar, fazer ou não fazer) a ser concretizada por ato exclusivo do sujeito passivo da relação jurídica conflituosa, não é pragmaticamente possível que, por simples ato institucional, a autoridade judicial substitua a vontade comissiva do devedor, ocasião em que a tutela jurisdicional restringir-se-á a criar as condições necessárias para que o direito se realize mediante a aplicação de expedientes normativos sub-rogatórios (expropriação forçada do patrimônio do devedor, por exemplo), a serem efetivados por intermédio de outra tutela jurisdicional (a executiva, por exemplo).

Estamos a falar, agora, das tutelas jurisdicionais *dependentes* ou *transitivas*,[196] cujo exemplo clássico é, justamente, a tutela condenatória.[197]

---

195. "É que as tutelas declaratória e constitutiva bastam por si próprias. São, por assim dizer, tutelas jurisdicionais "autossuficientes", "bastantes", intransitivas, portanto, porque dispensam qualquer providência do réu ou do aparato jurisdicional para que seus efeitos sejam sentidos regularmente no plano material". BUENO, Cassio Scarpinella. *Curso sistematizado de direito processual civil*, v. 1, 2007, p. 311.

196. "As tutelas condenatória, executiva e mandamental, no entanto, necessitam de atividades exteriores para que seus efeitos sejam sentidos, exceção feita, evidentemente, à hipótese de serem acatadas, espontaneamente, por quem de direito. Em virtude desta sua característica, elas podem ser chamadas de "tutelas jurisdicionais transitivas", já que dependentes de uma complementação, da prática de alguma atividade ou de algum ato, do próprio juiz, ou, mais amplamente, da máquina judiciária ou do destinatário da prestação jurisdicional (réu), a elas externas para serem completas, para serem eficazes, para realizarem-se e, do ponto de vista que a questão mais interessa no presente estudo, para satisfazerem seu beneficiário (autor)". BUENO, Cassio Scarpinella. *Curso sistematizado de direito processual civil*, v. 1, 2007, p. 312.

197. É preciso anotar que, na versão "reescrita" de seu "Curso Sistematizado" (8ª edição), publicada após o advento do CPC/2015 e à luz de suas inovações, CASSIO SCARPINELLA BUENO abandona – sem, no entanto, negá-la – a classificação das tutelas jurisdicionais cognitivas em "transitivas" e "intransitivas". Em substituição, propõe o prestigiado Professor uma classificação que, a partir de critérios semelhantes (eficácia), divide as tutelas jurisdicionais em "não executiva" e "executiva". Por

Na sentença condenatória, o juiz reconhece, no fundamento da decisão, a existência não só da relação jurídica de direito material (prestacional), mas também de seu *inadimplemento* (lesão), fato jurídico necessário e suficiente ao nascimento do direito de exigir o crédito por intermédio de atos coativos de cobrança (relação jurídica pretensão/responsabilidade).

A condenação do réu, tal qual veiculada no enunciado posto na parte dispositiva da sentença, além materializar a prática de um típico ato de cobrança – realizador do direito subjetivo de exigir, constituído no fundamento da decisão –, cria as condições para que, em caso de manutenção do estado de inadimplemento, o credor possa, por meio de outra tutela jurisdicional (tutela executiva), sub-rogar-se nos direitos patrimoniais do réu. Trata-se, assim, de uma técnica jurisdicional de efetivação indireta do direito subjetivo violado.

Sobre o conteúdo específico da parte dispositiva da tutela condenatória, são esclarecedoras as lições de JUNIOR ALEXANDRE MOREIRA PINTO:

> O conteúdo específico da tutela condenatória é a eliminação do inadimplemento da obrigação, de sorte que será formado um título hábil a proporcionar a futura submissão do devedor ao crédito reconhecido pela decisão judicial. Tem como pressuposto a violação de um dever jurídico. Diante do comando condenatório decorrente da decisão, estará o credor dotado de mecanismos hábeis a exigir, explicitamente, o pagamento, sob pena de o devedor ter de se sujeitar, patrimonialmente, a esta previsão. Tem como efeito a tutela condenatória (ao menos a ordinária) a formação de um título executivo judicial.[198]

Algo semelhante ocorre com as tutelas específicas de efetivação de obrigações de fazer ou não fazer, nos termos

---

nos parecer que a primeira proposta tem uma capacidade analítico-explicativa mais adequada, *data maxima venia*, continuaremos nos valendo da classificação original.

198. PINTO, Junior Alexandre Moreira. *Conteúdos e efeitos das decisões judiciais*, p. 92.

dos arts. 497 e 536 do Código de Processo Civil. Nas situações que dão oportunidade à prestação jurisdicional deste jaez, a autoridade judicial está autorizada a estabelecer medidas coercitivas com vistas a coagir o réu a realizar a conduta devida, de sorte que a realização do direito material, também neste caso, é buscada/atingida de forma indireta.[199]

Assim, por se tratar de uma *obrigação de prestar* (dar, fazer ou deixar de fazer) atribuída ao sujeito passivo da relação jurídica, a conduta do sujeito devedor não pode, pura e simplesmente, ser substituída por um ato institucional da autoridade judicial, fazendo-se necessária a prática de atos de coação que induzam o devedor a realizar, espontaneamente, a conduta que lhe é atribuída ou, ainda, a prática de atos materiais sub-rogatórios de seus direitos patrimoniais.

A tutela condenatória cumpre, a um só tempo, essas duas funções: (i) a de coagir o devedor a cumprir seu dever de forma espontânea, sob pena de serem desencadeados os atos expropriatórios do seu patrimônio; e (ii) na condição de título executivo judicial, a de criar as condições necessárias à prática dos referidos atos materiais sub-rogatórios.

Nesse tocante, pertinentes as lições de CARLOS ALBERTO ALVARO DE OLIVEIRA:

> A *tutela condenatória* é própria e exclusiva das assim chamadas obrigações pecuniárias, antigamente chamadas de obrigações de dar dinheiro, visto que, em caso de eventual desatendimento pelo obrigado do comando condenatório, a futura execução sub-rogatória é normalmente a que melhor atende à norma de princípio

199. As tutelas veiculadas nos arts. 497 e 536 do Código de Processo Civil, nada mais são que "condenações acompanhadas de atos de efetivação". A diferença é que os indigitados atos de efetivação são específicos para a realização de prestações de fazer/não fazer. Tais relações prestacionais demandam técnicas jurisdicionais de efetivação diversas daquelas usadas para a realização das prestações de dar dinheiro. São essas diferenças, relativas às técnicas de realização do direito violado, que fazem com que a doutrina as reclassifique em tutelas jurisdicionais "mandamentais" e "executivas *latu senso*". O que importa anotar, no entanto, é que todas elas assumem a condição de tutelas jurisdicionais transitivas ou dependentes.

> da efetividade, pois é a mais adequada para extrair dinheiro do patrimônio do demandado e assim satisfazer o autor. Aqui se está no plano estrito do inadimplemento da obrigação pecuniária, em que se verificou uma crise de cooperação por parte do devedor.
>
> (...)
>
> Note-se finalmente que, ao contrário das tutelas declaratórias e constitutivas, o comportamento esperado do demandado é ativo: pagar a dívida.
>
> Nela inexiste "ordem de prestar" dirigida pelo juiz ao responsável, para que adote a conduta o comportamento que a própria condenação determina, visto que o comando de prestar dirigido ao obrigado já está inteiramente contido na lei de direito material.[200]

Como bem observa o saudoso processualista gaúcho, não há que se falar em "ordem de prestar" como conteúdo emanado da parte dispositiva das tutelas condenatórias.

A obrigação de prestar e o fato do seu inadimplemento, em verdade, constam da norma concreta e individual (norma de decisão) veiculada no fundamento da sentença condenatória, de modo que o "comando" dispositivo condenatório se presta, tão somente, a coagir o devedor a adimplir a obrigação, sob pena de serem desencadeados os atos expropriatórios voltados ao seu patrimônio.

A realização dos direitos subjetivos prestacionais, portanto, se dá, ordinariamente, em duas etapas: (a) a etapa cognitiva do fato do inadimplemento da obrigação (causa de pedir da demanda condenatória), ocasião em que a relação jurídica de responsabilidade patrimonial é constituída e são criadas as condições jurídicas para a expropriação do patrimônio do devedor (tutela condenatória – título executivo judicial); e (b) a etapa realizadora da obrigação, por meio da qual o credor sub-roga-se nos direitos patrimoniais do devedor por intermédio dos procedimentos próprios ao cumprimento de sentença.

---

200. OLIVEIRA. Carlos Alberto Alvaro. *Teoria e prática da tutela jurisdicional*, p. 174.

Daí afirmarmos, com CASSIO SCARPINELLA BUENO,[201] que, sob o ponto de vista técnico-processual, os enunciados das partes dispositivas das sentenças condenatórias são constitutivos dos meios de realização do direito subjetivo, cuja violação restou reconhecida no fundamento da decisão.

Em verdade, e conforme antecipamos no item 2.3.2.4 do capítulo II deste título, as tutelas condenatórias são, a um só tempo, constitutivas e realizadoras do direito (material) de cobrança do credor perante o devedor, isto é, do direito de exigir – núcleo da relação jurídica de pretensão/responsabilidade sobre a qual falamos no item 1.3.1 do capítulo I, nascida a partir do fato do inadimplemento da relação jurídico-prestacional (obrigações em *sentido estrito*).

É preciso advertir, por fim, que essa técnica de realização processual do direito material, a ser realizada em duas etapas distintas (cobrança e expropriação patrimonial), não se materializa nos casos em que o devedor é a Fazenda Pública, pelo menos não nos exatos termos em que a descrevemos acima. E isso porque a Fazenda Pública é titular de prerrogativa processual especialíssima, decorrente de expressa determinação constitucional (art. 100 da CF/88), que a exonera da responsabilização patrimonial propriamente dita.

Esse específico regime processual de cobrança e realização de créditos em face da Fazenda Pública, veremos adiante, tem especial relevância na delimitação dos efeitos emanados pelas tutelas condenatórias exaradas no contexto das ações de repetição do indébito tributário, as quais serão objeto de posterior análise a ser realizada no item 4.1.3.1.3.

---

201. BUENO, Cassio Scarpinella. *Curso sistematizado de direito processual civil*, v.1, 2007, p. 312.

4.1.2.2.2 O específico caso das tutelas ordenatórias/mandamentais (writs)

Afirmar que a normatividade própria às tutelas jurisdicionais se revela, concretamente, a partir dos enunciados veiculados nos fundamentos dos pronunciamentos jurisdicionais, e não em suas partes dispositivas, tende a gerar certa perplexidade, especialmente diante da ideia, tão disseminada na Dogmática clássica de Direito Processual, de que, na parte dispositiva da sentença, é que se encontraria o "comando" da decisão.

Dificulta ainda mais a compreensão dessa ideia o fato de que, nas tutelas ditas ordenatórias, também chamadas de mandamentais, que são justamente aquelas emanadas pelos chamados *writs* (*habeas corpus*, mandado de segurança, *habeas data* e mandado de injunção), tem-se claramente uma ordem direta exarada na parte dispositiva da decisão jurisdicional.

Com efeito, ao se expressar nos seguintes termos "determino que a autoridade impetrada proceda da forma xyz (...)", os enunciados decisórios constantes da parte dispositiva dessas espécies de pronunciamentos judiciais fazem com que seja quase intuitiva a conclusão de que normas em sentido estrito estejam sendo expressas por intermédio dessas formulações.

E, de fato, os *writs* se definem por serem tutelas jurisdicionais caracterizadas pela emanação de ordens que apontam diretamente para as condutas do destinatário da decisão judicial, cujo cumprimento é essencial à realização do direito material reconhecido. As partes dispositivas desses específicos pronunciamentos jurisdicionais se materializam na forma de verdadeiras *normas categóricas*,[202] que se

---

202. "Outra distinção importante é aquela que diferencia normas categóricas de normas condicionais. Uma norma é condicional quando a obrigação, proibição ou permissão que estabelece está sujeita a uma condição como, por exemplo, a norma

destinam a influenciar/coagir as condutas de seus destinatários, com vistas a realizar o direito material constituído no fundamento das decisões que lhes veiculam.

É exatamente o caso do impetrante que, pelo fundamento de uma sentença emanada em sede de mandado de segurança, tem reconhecido o seu direito à expedição de certidão negativa de débitos fiscais. A tutela de segurança concedida nessas específicas circunstâncias se materializa mediante ordem (constante do dispositivo da decisão) diretamente dirigida à autoridade coatora, com vistas à expedição do referido documento, que nada mais é que o ato de realização do direito material violado.[203] Tanto quanto os pronunciamentos condenatórios, constituem verdadeiras tutelas transitivas/dependentes, pois dependem da conduta do destinatário para que haja a efetiva realização do direito material constituído no fundamento da decisão.

Também nesses casos, estamos a falar de tutelas que se voltam para o estímulo da conduta do sujeito passivo da relação jurídica de direito material e que, por si e em si, não são capazes de realizar o direito material reconhecido no fundamento da decisão judicial.

---

que dispõe "se p, então é obrigatório q". Se a obrigação, proibição ou permissão prescrita pela norma não está sujeita a condição alguma, por exemplo, "é obrigatório q", a norma é categórica". (Otra distinción importante es la distinción entre normas categóricas y normas condicionales. Una norma es condicional cuando la obligación, prohibición o permisión que establece está sujeta a una condición como, por ejemplo, la norma que dispone "si p, entonces es obligatorio q". Si la obligación, prohibición o permisión prescrita por la norma no está sujeta a condición alguna, por ejemplo "obligatorio p", la norma es categórica.) BULYGIN, Eugenio; MENDONCA, Daniel. *Normas y sistemas normativos*, p. 17. (tradução nossa)

203. Não é esse o caso, conforme veremos em tópico específico, da tutela emanada em sede de mandado de segurança cujo objeto seja a exigibilidade de tributos. Nesses casos, a despeito da "ordem" que lhe é peculiar, a tutela de segurança dispensa qualquer providência por parte da autoridade impetrada para que produza o efeito social pretendido, que será declaratório negativo no mandado de segurança preventivo e anulatório no mandado de segurança repressivo. E isso por conta do que prescreve o art. 156, inciso X, do CTN, que elenca, entre as causas extintivas do crédito tributário, a decisão judicial passada em julgado, incluída aquela exarada em mandado de segurança.

É importante ter muito bem esclarecido que o fato de admitirmos a existência de normas jurídicas categóricas veiculadas nas partes dispositivas das sentenças ordenatórias não significa exceptuar, pelo menos não necessariamente, o postulado da homogeneidade sintática das normas jurídicas, tão caro ao sistema de referência próprio ao constructivismo lógico-semântico, e que dispõe sobre a necessária estruturação hipotético-condicional das proposições jurídico-normativas.[204]

Havemos de lembrar, nesse tocante, que a redução dos componentes mínimos dos sistemas jurídicos – as normas jurídicas – a juízos hipotético-condicionais consta, originalmente, da obra de HANS KELSEN. A despeito disso, é o próprio KELSEN que admite, na mesma obra (Teoria Pura do Direito) em que postula a homogeneidade sintático-estrutural das normas jurídicas, a possibilidade de emissão, por parte dos juízes, de enunciados categóricos isolados.[205] Confira-se:

> Também isto mostra que todas as normas gerais de uma ordem social empírica, incluindo as normas gerais de omissão, apenas podem prescrever uma conduta sob condições ou pressupostos bem determinados, e que, por isso, toda a norma geral produz uma conexão entre dois factos, conexão essa que pode ser descrita pelo enunciado segundo o qual, sob um determinado pressuposto, deve realizar a uma determinada consequência. (...)
>
> **Apenas as normas individuais podem ser categóricas, no sentido de que prescrevem, autorizam ou positivamente permitem uma dada conduta de determinado indivíduo sem a vincular a**

---

204. "O que confere homogeneidade a todas as regras de Direito positivo é a sua normatividade. O ponto de partida é normativo: a norma fundamental, para tomarmos o modelo kelseniano de explicação. Consiste essa homogeneidade estrutural no modo constante de relacionar os dados ou elementos (fatos e condutas) da experiência. Se o relacionamento segue o esquema da causa/efeito, temos natureza; se o nexo é de dever-ser (dado A, deve-ser B), termos a imputação". VILANOVA, Lourival. *As estruturas lógicas e o sistema do direito positivo*, p. 166.

205. Essa circunstância leva-nos a especular e cogitar se o chamado "princípio da homogeneidade sintática" das normas jurídicas não seria aplicável exclusivamente ao âmbito das normas abstratas e gerais.

> **determinado pressuposto.** É o que se passa quando, por exemplo, um tribunal decide que um certo órgão tem de proceder a certa execução num determinado patrimônio, ou que certo órgão deve colocar numa prisão, por um determinado período de tempo, um certo réu. [206] (destacamos)

Relevante consignar, também, que o chamado "princípio da homogeneidade sintática" – o qual postula a necessária estruturação das proposições jurídico-normativas sob a forma de juízos hipotético-condicionais – está necessariamente relacionado a uma técnica de regulação de condutas que se impõe ante a impossibilidade de contato direto do sujeito emissor da mensagem normativa com o destinatário da norma.

Explicamos. Se o sujeito prescritor puder emitir a mensagem normativa diretamente ao destinatário, no momento em que a conduta deve ser realizada, não haverá a necessidade de se delimitar, previamente, as circunstâncias fáticas que justificarão a emissão da ordem dirigida à conduta que se pretende ver realizada pelo destinatário, bastando que o emissor emane a prescrição diretamente ao destinatário.

O exemplo comumente dado pela literatura especializada – no mais das vezes, por jusfilósofos de formação analítico-filosófica – é o da mãe que, ao verificar que o filho está a brincar diante de uma janela aberta, percebe que o vento frio que começa a soprar pode deixá-lo enfermo. Diante disso, a mãe se dirige diretamente ao filho e ordena (prescreve): "feche a janela"; sem que, para tanto, enuncie a razão pela qual emitiu a ordem, isto é, o fato de estar ventando.

No dia seguinte, a mesma mãe, ao se preparar para sair para o trabalho, se dá conta de que o filho está a brincar no mesmo lugar do dia anterior e, ainda, que a janela se encontra novamente aberta. Nessa ocasião, contudo, o vento

---

206. KELSEN, Hans. *Teoria pura do direito*, p. 154.

frio não está a soprar, o que torna injustificável a emissão de ordem idêntica àquela dada na primeira ocasião. Apesar disso, a mãe tem consciência de que, no decorrer o dia, o vento frio que justificou a ordem de fechamento da janela emitida no dia anterior poderá voltar à tona. Diante disso, antes de sair de casa, a mãe se dirige novamente ao filho e prescreve: "se ventar, feche a janela".

O exemplo acima pretende demonstrar que, nas situações nas quais emissor e destinatário da prescrição se encontram em contato por ocasião da ocorrência do fato necessário e suficiente à emissão da mensagem normativa, esta dar-se-á por meio dos chamados imperativos categóricos, os quais prescindem da previsão hipotética das circunstâncias fáticas que servem de pressuposto à realização da conduta a qual se pretende atingir.

E isso porque os imperativos hipotético-condicionais se prestam à regulação da conduta do destinatário da mensagem normativa nas circunstâncias em que não é possível que o emissor da prescrição esteja em contato direto com o destinatário por ocasião da verificação da situação fática que dá ensejo a emissão da prescrição (vedação, obrigação ou permissão) destinada a atingir a conduta do destinatário.

A normatização jurídica, em regra, ocorre por meio dessa técnica, isto é, por intermédio de imperativos hipotético-condicionais.

Em direito, o emissor ordinário da norma jurídica geral e abstrata – o legislador – não está em contato direto com o destinatário da mensagem prescritiva, motivo pelo qual não pode verificar, por exemplo, quando o sujeito passivo tributário adquire renda ou realiza operações de circulação de mercadorias, para, então emitir, diretamente, a ordem de recolher o imposto sobre a renda ou o imposto sobre circulação de mercadorias.

Diante disso, o legislador lança mão de mensagens normativas estruturadas sob a forma de juízos hipotético-condicionais por meio das quais fixa, conotativamente, as circunstâncias fáticas em que o destinatário da norma deverá realizar tal conduta. É o aplicador do direito, no entanto, que, ao tomar contato com a facticidade prevista no antecedente das normas abstratas e gerais, procede ao ato de identificação dos sujeitos destinatários da norma individual, ocasião em que a conduta é efetiva e diretamente regulada.

Não obstante, na atividade normativa jurisdicional, diferentemente do que ocorre com a função legislativa, verifica-se uma relação direta do juiz com as partes, havendo, portanto, plenas condições para a emissão de uma norma categórica. Assim, se o ato de realização do direito subjetivo material constituído na norma individual e concreta constante do fundamento de uma determinada tutela jurisdicional pressupõe a necessária emissão de ordem (norma categórica) diretamente dirigida à parte, isso será feito como condição de efetivação do direito material e de cumprimento do dever jurisdicional.

A emissão da ordem (norma categórica) que caracteriza os *writs*, portanto, não se apresenta como o resultado da aplicação de norma abstrata e geral, mas na condição de enunciado prescritivo que, a um só tempo, formaliza o ato de cumprimento da norma de julgamento (concreta e individual) e se volta à realização do direito subjetivo constituído no consequente da norma concreta e individual de direito material posta no fundamento da decisão (norma de decisão).

Por isso, as normas categóricas que se concretizam na parte dispositiva dessas espécies de tutela jurisdicionais (ordenatórias) constituem, tanto quanto as demais, meros atos de cumprimento do dever de solucionar a lide e efetivar (ou criar as condições para tal) o direito material.

4.1.2.2.3 Normas concretas e individuais constituídas nas partes dispositivas das decisões judiciais

Afirmamos há pouco que, em regra, os atos judiciais decisórios (sentença, acórdão ou decisão interlocutória) veiculam, ordinariamente, três espécies de normas concretas e individuais: (i) *a norma introdutora* (enunciados dêiticos de tempo, espaço e autoridade); (ii) *a norma de julgamento* (relatório); e (iii) a norma de decisão (fundamento).

Para além dessas três proposições normativas básicas, observa-se ainda, na estrutura das decisões judiciais emanadas a partir de atividade cognitiva, formulações de ordem eminentemente performativa, que compõem a parte dispositiva dos pronunciamentos judiciais – denominados (iv) *enunciados prescritivos realizadores* –, os quais se voltam à efetivação dos direitos subjetivos constituídos no consequente das normas de decisão.

Sem negar o que foi dito até o momento, é preciso acrescentar que existem algumas normas decisórias, concretas e individuais, provenientes da aplicação de regras formalmente processuais (abstratas e gerais), mas que fogem às características das normas processuais em geral, pois, ao invés de regularem a conduta das partes enquanto partes, estabelecem verdadeiros vínculos jurídicos de caráter material.

É exatamente o caso das normas que reconhecem a obrigação da parte sucumbente ao pagamento de honorários.

Interessante notar que as normas abstratas e gerais cuja incidência acima referimos, não obstante serem veiculadas no sistema secundário e incidirem sobre fatos eminentemente processuais, constituem típicas normas de direito material, pois regulam as condutas das partes entre si, e não destas com o juiz.

Nesse ponto, vale reavivar aquilo que alinhavamos no item 1.1 do capítulo I, isto é, que as normas processuais regulam a atividade das partes, enquanto partes, e do juiz, enquanto juiz, de sorte que as relações jurídicas formadas no âmbito processual são sempre angulares, estrutura que viabiliza o estabelecimento de um diálogo intermediado em que o sujeito imparcial (juiz) atua na condição de canal entre os sujeitos parciais do processo (as partes).

Não é exatamente isso que ocorre, todavia, com a relação jurídica estabelecida entre as partes em decorrência do dever de arcar com o ônus da sucumbência (custas processuais) e, muito menos, com aquela formada entre o patrono da parte vencedora e a parte sucumbente. Com efeito, o fato jurídico "sucumbência" é constituído por ocasião do julgamento do pedido, fazendo nascer, neste instante, as correlatas obrigações de arcar com os custos do processo e de pagar os honorários.

As relações jurídicas relativas aos deveres de pagamento dos honorários sucumbenciais nascem da incidência de normas abstratas e gerais formalmente processuais – visto que veiculadas pelo sistema secundário e descritoras de fatos jurídicos processuais –, cujos conteúdos, todavia, têm natureza eminentemente substancial, pois se trata de normas instauradoras de vínculo jurídico entre o sujeito sucumbente no processo e o patrono da parte contra-adversa, e não entre estes e o órgão julgador.

Daí podermos falar em normas formalmente processuais que, sob a óptica de seus respectivos conteúdos, são substancialmente materiais, e cujas incidências implicam a instauração de relações jurídicas que vinculam diretamente os sujeitos parciais do processo.

4.1.2.2.4 Tutelas jurisdicionais provisórias

O modelo constitucional de processo dispõe sobre institutos e mecanismos especialmente voltados à perenização dos efeitos das tutelas jurisdicionais, fazendo-o com inegável objetivo de implementação do valor "segurança jurídica". Verifica-se, nesse tocante, uma íntima relação entre dois princípios constitucionais que, até do ponto de vista topológico, encontram-se vinculados: o princípio da inafastabilidade da jurisdição, veiculado no art. 5º, inciso XXXV, da CF/88; e o princípio da coisa julgada, enunciado pelo inciso XXXVI do mesmo dispositivo constitucional.

Conquanto seja correto supor que as tutelas jurisdicionais, na condição de atos normativos concretamente destinados à solução de conflitos e à realização de direitos, emanem efeitos vocacionados à perenidade – sob pena de restar comprometida e até inviabilizada a eficácia e os escopos sociais destes provimentos –, essa regra comporta exceções.

É exatamente a ausência de vocação para a definitividade a característica fundamental de um tipo específico de tutela jurisdicional que está, ordinariamente, disciplinada pelo art. 294 e seguintes do CPC[207]: a tutela provisória.

Afirmar, como de fato afirmamos, que a norma-tutela é o ato-fim do processo jurisdicional, significa dizer que ela que se presta, efetivamente, à proteção do direito material deduzido, mas não necessariamente que, em todos os casos, tal pronunciamento tenha o condão de pôr fim ao conflito e de se tornar definitivo sob o ponto de vista eficacial.

Sob essa perspectiva, as tutelas provisórias são, tanto quanto as tutelas definitivas, atos-fim do processo, inclusive no que diz respeito à realização do direito material. A mera circunstância de serem produzidas mediante cognição sumária do direito material e de terem sua eficácia no tempo limitada não altera em nada a natureza das "tutelas provisórias".

Com efeito, ninguém haverá de não admitir que a decisão concessiva de pedido de tutela provisória que tenha por efeito, por exemplo, a suspensão da exigibilidade do crédito

---

207. Art. 294. A tutela provisória pode fundamentar-se em urgência ou evidência.

tributário, está a reconhecer e proteger, mesmo que de forma provisória, parcial e superficial, o direito material do autor.

Nesse sentido, a referida vocação à definitividade, a despeito de ser um valor desejável e uma característica importante dos pronunciamentos judiciais de natureza cognitiva, não constitui, por si só, critério definidor do conceito de tutela jurisdicional, até porque é possível, teórica e pragmaticamente, que uma tutela jurisdicional com vocação para a definitividade, sobre qual haja recaído a eficácia da coisa julgada, venha a ser modificada pela via da ação rescisória.

Do mesmo modo, é juridicamente possível que uma tutela jurisdicional provisória – uma tutela antecipatória, no caso –, cuja característica principal é justamente seu caráter precário, venha a ter seus efeitos perenizados, caso sejam verificadas as condições de estabilização prescritas no art. 304, §5º, do CPC.

Eis a razão para falarmos em "vocação à perenidade" como critério diferenciador entre as tutelas definitivas e as provisórias, sem embargo de essa dita "vocação" poder vir a ser concretamente infirmada em circunstâncias específicas expressamente autorizadas pela lei processual.

No novel regime processual implementado pelo CPC/2015, o gênero "tutela provisória", tal qual definido no art. 294, subdivide-se em duas espécies, cuja diferenciação está diretamente ligada aos fundamentos que justificam a concessão de uma ou outra espécie. Assim, têm-se, de um lado, as tutelas provisórias de urgência, concedidas a partir de juízos de cognição sumária voltados à verificação de elementos que evidenciem a probabilidade do direito invocado e do perigo de dano e/ou risco ao resultado útil do processo. De outro lado, têm-se as tutelas jurisdicionais da evidência, cuja concessão depende, exclusivamente, da efetiva identificação das circunstâncias de fato e de direito expressamente enumeradas nos incisos do art. 311 do CPC.[208]

Nota-se, desde logo, que o critério jurídico-distintivo entre os conceitos de tutela provisória de urgência e da evidência diz, essencialmente, com as razões (fundamentos) que dão ensejo e justificam a concessão de uma ou outra, isto é, com aspectos relativos ao conteúdo do antecedente das normas de decisão que concedem (ou denegam) cada uma delas.

Daí que, enquanto os atos de cognição emanados a pretexto de apreciar pleitos relativos às tutelas provisórias de urgência ensejam juízos sobre a "plausibilidade do direito afirmado" e o "risco de perecimento (do direito) ou ineficácia da tutela principal", realizados à luz de cada caso concreto, as tutelas provisórias da evidência ensejam juízos sobre a presença das situações objetivas enumeradas nos incisos do art. 311 do CPC, as quais nada dizem com aspectos relacionados a eventuais riscos de perecimento do direito ou de ineficácia da tutela principal.

Há que se deixar claro, portanto, que "direito evidente", para fins de concessão da tutela da evidência, corresponde necessariamente à identificação concreta das situações definidas, objetivamente, nos incisos do art. 311 do CPC, nada mais.

---

208. Art. 311. A tutela da evidência será concedida, independentemente da demonstração de perigo de dano ou de risco ao resultado útil do processo, quando:
I - ficar caracterizado o abuso do direito de defesa ou o manifesto propósito protelatório da parte;
II - as alegações de fato puderem ser comprovadas apenas documentalmente e houver tese firmada em julgamento de casos repetitivos ou em súmula vinculante;
III - se tratar de pedido reipersecutório fundado em prova documental adequada do contrato de depósito, caso em que será decretada a ordem de entrega do objeto custodiado, sob cominação de multa;
IV - a petição inicial for instruída com prova documental suficiente dos fatos constitutivos do direito do autor, a que o réu não oponha prova capaz de gerar dúvida razoável.
Parágrafo único. Nas hipóteses dos incisos II e III, o juiz poderá decidir liminarmente.

Verifica-se, ainda, uma segunda distinção entre as tutelas provisórias, diretamente relacionada aos efeitos materiais por elas emanados. Sob essa perspectiva, as tutelas provisórias podem ser classificas em cautelares ou antecipadas. Aqui, diferentemente do que ocorre com divisão entre tutelas de urgência e da evidência, o critério disjuntivo responsável pela dualidade (cautelar/antecipada) está vinculado aos efeitos próprios ao pronunciamento provisório.

Com efeito, ter-se-á tutela cautelar quando a providência material pretendida pela parte for capaz de estancar o perigo de dano ou risco ao resultado útil do processo sem que, para tanto, antecipe os efeitos materiais nucleares (pedido mediato) da tutela jurisdicional principal pretendida. De outro lado, verificar-se-á tutela antecipada quando a providência material pretendida corresponda, total ou parcialmente, ao núcleo da tutela principal deduzida, isto é, satisfaça o direito material invocado.

Assim, a distinção conceitual (jurídico-positiva) entre os fenômenos da cautelaridade e da antecipatoriedade está intimamente relacionada à forma como o provimento se *relaciona* com a pretensão material de fundo, isto é, à possibilidade ou não de se verificar, no conteúdo da tutela de provisória, aspectos atinentes ao núcleo da tutela principal pretendida (declaratória, constitutiva, condenatória ou mandamental).[209]

---

209. "O critério que me parece mais útil para distinguir a tutela antecipada da tutela cautelar é verificar em que condições aquilo que se pretende 'antecipar' (v. item 2.6, seguinte) coincide ou não com o que se pretende a final. Na exata medida em que houver uma coincidência total ou parcial – a tutela antecipada, diz o art. 273, *caput*, pode ser concedida total ou parcialmente –, o caso será de tutela antecipada. Na ausência dessa coincidência, seja ela total ou parcial, a hipótese é de tutela cautelar.
(...)
Por isso mesmo é que me parece útil, a palavra é proposital, entender tutela antecipada como a providência jurisdicional que, antecipada, coincide, total ou parcialmente, com os efeitos que, a final, busca-se com a sentença. A coincidência, posto poder ser total ou parcial, nos termos do art. 273, caput, deve ser do efeito preponderante". BUENO, Cassio Scarpinella. *Tutela antecipada*, v. 1, 2018, p. 26.
"Sem prejuízo da ressalva que conclui o numero anterior, importa trazer à tona

É importante ressaltar que a delimitação e a consequente distinção entre os conceitos de tutela cautelar e de tutela antecipada, que à época da vigência do CPC/73 era, por assim dizer, pragmaticamente irrelevante, passou a ter importância fundamental com o advento do CPC/2015,[210] tendo em vista o fato de os regimes jurídicos próprios a cada uma das sobreditas espécies de tutela provisória passarem a ser, no sistema processual de 2015, díspares, de forma que a identificação do tipo de medida pretendida (acautelatória ou antecipatória) tornou-se fator determinante à correta adoção do regime processual a ser aplicado.

Nesse tocante, e segundo a disciplina implementada pelo CPC/2015, tanto a tutela cautelar quanto a tutela antecipada poderão ser requeridas antes (tutelas de urgência antecedentes), durante ou após (tutelas de urgência incidentais) a propositura da demanda principal. Em se tratando, contudo, de tutelas antecipatórias requeridas em caráter antecedente, dispõe o art. 304 do CPC que, no caso de o provimento provisório concedido não ser objeto de recurso da parte demandada, seus efeitos estabilizar-se-ão.

Essa "estabilização" dos efeitos emanados pelas tutelas antecipatórias irrecorríveis, que corresponde à manutenção, no tempo, de sua eficácia, perpetuar-se-á no caso de as

---

distinção feita pelo precitado parágrafo único do art. 294 do Código de Processo Civil, que distingue o que lá é chamado de "tutela *antecipada*" da 'tutela *cautelar*'. É elemento que pertence ao estudo da tutela jurisdicional como um todo e não apenas a uma de suas classificações, a provisória, como sugere aquele dispositivo.
O critério empregado diz respeito ao modo em que a tutela jurisdicional se relaciona com o direito material. Qual ela envolver técnicas predestinadas à satisfação do direito, a tutela será, na linguagem do Código de Processo Civil, antecipada. Quando se tratar de técnicas destinadas a salvaguardar ou assegurar o direito (sem satisfazê-lo), a tutela será, também na nomenclatura empregada pelo Código de Processo Civil, cautelar". BUENO, Cassio Scarpinella. *Curso sistematizado de direito processual civil*, v. 1, 2018.

210. Ao menos no âmbito tributário, pois os efeitos materiais próprios às tutelas cautelares e antecipadas exaradas em demandas antiexacionais sempre foram definidos pelo direito material tributário, mais especificamente pelo art. 151, inciso V, do CTN, que determina que tais medidas impliquem a suspensão da exigibilidade do crédito.

partes não demandarem via ação anulatória (art. 304, §2º, do CPC), a ser proposta no prazo de dois anos da concessão do pronunciamento antecipatório (art. 304, §5º, do CPC).

É de se concluir, assim, que a principal diferença entre os regimes jurídico-processuais próprios às tutelas provisórias cautelar e antecipada está no efeito "estabilizador" da eficácia emanada pelo provimento antecipatório, fenômeno que, conforme prescreve o art. 304 do CPC, torna perene o conteúdo e a eficácia de uma tutela jurisdicional originalmente vocacionada à precariedade.

Feitas essas observações, resta-nos examinar a estrutura normativa própria à *norma de decisão* veiculada nos pronunciamentos judiciais interlocutórios concessivos de tutelas provisórias, bem como os possíveis efeitos materiais dos enunciados constantes de suas partes dispositivas.

As normas de decisão postas nos pronunciamentos interlocutórios concessivos de tutelas provisórias, apesar de incidirem sobre situações fático-processuais indiciárias que se relacionam ao direito material afirmado na demanda, têm natureza eminentemente processual.

A urgência da medida, tanto quanto a evidência do direito afirmado são fatos jurídicos eminentemente processuais, cuja verificação dá ensejo ao nascimento do dever jurisdicional de concessão da pretensão provisória requerida. Por essa razão, as relações jurídicas situadas nos consequentes das normas de decisão veiculadas nos fundamentos das tutelas jurisdicionais provisórias vinculam o requerente (autor) e o Estado-juiz, sendo o primeiro titular do direito subjetivo (processual) à providência (antecipatória ou acautelatória) pretendida, e o segundo, do dever jurídico (processual) de prestá-la.

Para estruturar uma possível norma concreta e individual de decisão concessiva de tutela provisória, nos valeremos de exemplo (hipotético) de pronunciamento emanado com fundamento no art. 311, inciso II, do CPC (tutela da evidência) nos autos de ação anulatória de débito fiscal, de viés eminentemente acautelatório:

Antecedente: dado o fato de as alegações do autor estarem comprovadas documentalmente e a tese jurídica defendida (prescrição tributária quinquenal) restar reconhecida pela Súmula Vinculante n. 8 do STF.
(deve ser)
Consequente: o direito subjetivo do autor (e o dever jurídico do órgão jurisdicional) à tutela provisória de evidência, com vistas à suspensão da exigibilidade do crédito exigido.

A parte dispositiva do pronunciamento judicial que veicular norma de decisão (provisória) desse jaez, por sua vez, corresponderá ao próprio enunciado que efetiva a suspensão da exigibilidade do crédito tributário cuja anulação consubstancia o objeto principal do processo. Daí a natureza eminentemente cautelar do pronunciamento jurisdicional provisório.

Em se tratando, no entanto, de tutelas de cunho antecipatório, a norma de decisão constituída no fundamento do pronunciamento provisório reconhecerá, pelas mesmas razões fático-processuais acima referidas (urgência ou evidência), o direito subjetivo do autor à antecipação, total ou parcial, do núcleo eficacial da tutela principal pretendida, sendo a parte dispositiva a responsável por satisfazer a pretensão material do autor ou criar as condições para tal.

É exatamente o caso da liminar em mandado de segurança que tenha por objeto principal a emissão de certidão negativa de débitos. A natureza eminentemente antecipatória da tutela provisória concedida nos autos de ação desse jaez, e que vier a determinar a imediata emissão de certidão negativa débitos, decorrerá da circunstância de a eficácia satisfativa da tutela provisória corresponder exatamente à eficácia a ser emanada pela tutela de segurança pretendida.

4.1.2.2.5 Tutelas jurisdicionais exclusivamente realizadoras do direito material: a tutela jurisdicional executiva

Algumas atividades jurisdicionais se voltam, exclusivamente, à realização do direito material violado, cuja existência resta presumida por documento a que o sistema atribui a condição de título executivo, dispensando o desencadeamento de atividade jurisdicional cognitiva destinada à sua constituição. Estamos a falar, aqui, das tutelas jurisdicionais executivas, cujo regime jurídico-processual opera sob a ideia de presunção de existência do direito material que fundamenta a pretensão do autor (obrigação líquida, certa e exigível), presunção é subjacente à noção de título executivo, cabendo ao órgão jurisdicional, tão somente, a função de implementar os atos materiais tendentes à efetivação do direito do credor.

Em verdade, os documentos a que o sistema jurídico atribui a condição de títulos executivos extrajudiciais, mais que a própria obrigação inadimplida, veiculam outra norma concreta e individual cujo consequente é composto pela relação jurídica mencionada no capítulo II, itens 3.2.1 e 3.2.1.1 (aos quais remetemos o leitor), na qual se encontra a responsabilidade patrimonial, que atribui ao credor o poder de sub-rogar-se nos direitos patrimoniais do devedor por meio de atos expropriatórios do patrimônio deste.

Sendo vedado ao credor praticar tais atos expropriatórios por "mão própria", é o Poder Judiciário que, por meio da tutela executiva, e a requerimento do credor, efetiva os atos necessários à realização do crédito inadimplido. Nesse instante, a responsabilidade patrimonial, típico instituto de direito material, se converte em técnica processual de sub-rogação, isto é, em responsabilidade processual.

Eis aí o porquê de o direito subjetivo próprio a esse tipo de relação jurídica se caracterizar pela permissão ao credor de se sub-rogar nos direitos patrimoniais do devedor, o que se dá, em regra, por intermédio dos atos constritivos e expropriatórios realizados pela autoridade judicial no âmbito dos processos executivos, restando ao devedor, tão somente, o dever de se submeter a tais atos (responsabilidade patrimonial).

É essa a razão para insistirmos na circunstância, não tão clara para alguns, de que os títulos executivos constituem documentos veiculadores do direito do credor de avançar sobre os direitos patrimoniais do devedor devido à "resistência" à sua pretensão.

Assim, se a relação jurídica prestacional inadimplida estiver plasmada em documento a que o sistema jurídico processual atribui a condição de título executivo extrajudicial (art. 784 do CPC), e que, por essa razão, goze de presunção de liquidez, certeza e exigibilidade (art. 786 do CPC), a realização do direito subjetivo violado dar-se-á diretamente pela via jurisdicional (tutela executiva), pois as condições de efetivação do direito (obrigação líquida, certa e exigível) restam presumidas pelo indigitado título, o que dispensa a via jurisdicional cognitivo-condenatória.

No processo executivo, não se verifica apenas um único veículo normativo introdutor de norma tutela, mas vários, produzidos subsequentemente até que o resultado prático pretendido (satisfação da obrigação) seja obtido. Parece-nos correto afirmar, portanto, que cada um dos atos coativos (constritivos e expropriatórios) exarados contra o devedor, tendentes a atingir o seu patrimônio, (citação para pagar, penhora, adjudicação, alienação etc.) perfaz veículo normativo autônomo, destinado a constranger o devedor e/ou seu patrimônio.

A despeito disso, são os atos expropriatórios propriamente ditos (alienação, adjudicação ou apropriação de frutos, rendimentos e outros bens) que verdadeiramente se prestam à realização direta do direito do exequente. É exatamente isso que revelam, aliás, os enunciados dos arts. 824, 825 e 904 do CPC,[211] os quais prescrevem, respectivamente, a forma por meio da qual se materializa a tutela executiva (pedido imediato) e o resultado material por ela almejado (pedido mediato).

A estrutura normativa da norma-tutela de execução, contudo, difere daquelas produzidas por meio das tutelas cognitivas.

Na tutela executiva, a tríade normativa referida no item 4.1.2.1 supra se reduz a um duo, pois não há aplicação da norma de direito material (não há a norma de decisão), o qual já está pressuposto pelo título executivo que aparelha a execução, cabendo ao juiz, exclusivamente, desempenhar sua função realizadora do direito sem que seja necessário constituí-lo (reconhecê-lo ou declará-lo, para usarmos a linguagem comum à processualística clássica).

As normas veiculadas nas tutelas executivas constritivas e expropriatórias são dirigidas aos servidores judiciários que, na condição de *longa manus* do Juízo, realizam e concretizam os atos executivos propriamente ditos. São

---

211. "Art. 824. A execução por quantia certa realiza-se pela expropriação de bens do executado, ressalvadas as execuções especiais".
"Art. 825. A expropriação consiste em:
I - adjudicação;
II - alienação;
III - apropriação de frutos e rendimentos de empresa ou de estabelecimentos e de outros bens".
"Art. 904. A satisfação do crédito exequendo far-se-á:
I - pela entrega do dinheiro;
II - pela adjudicação dos bens penhorados".

normas eminentemente processuais, cujo cumprimento, todavia, enseja efeitos predominantemente materiais.

É preciso advertir, todavia, que o modelo de tutela executiva a que nos referimos acima diz, exclusivamente, com uma específica técnica processual que se presta à realização de direitos subjetivos prestacionais cujo objeto é a obrigação de dar dinheiro, ou seja, as chamadas execuções por quantia certa.

As técnicas processuais executivas, em verdade, variam de acordo com o objeto da relação jurídica prestacional violada, verificando-se, no âmbito do regime geral de direito processual (CPC), tutelas específicas de realização de direitos subjetivos relacionados a obrigações de entrega de coisas (arts. 806 a 813 do CPC) e de fazer ou não fazer (arts. 814 a 823 do CPC).

Há, ainda, as tutelas executivas que, em razão da especial condição do sujeito devedor (Estado), não se materializam por meio de atos expropriatórios do patrimônio, mas por intermédio de ordens dirigidas ao ente devedor para inclusão do valor devido na Lei orçamentária anual, possibilitando, assim, a realização do débito. É esse o caso do indébito tributário reconhecido por sentença condenatória, cuja realização haverá de observar os preceitos constitucionais prescritos no art. 100 da CF e o procedimento constante do art. 534 e seguintes do CPC.

Em todas as situações, contudo, o provimento produzido em atividade jurisdicional meramente realizadora diferencia-se daqueles em que a atividade jurisdicional é predominantemente cognitiva do direito pela circunstância de se voltar, exclusivamente, à realização do direito material previamente constituído por documento ao qual o sistema atribui a condição de título executivo.

4.1.3 Tutelas jurisdicionais tributárias

4.1.3.1 Tutelas jurisdicionais tributárias cognitivas: conteúdos, eficácias e efeitos normativos

O exercício da atividade jurisdicional com a finalidade específica de composição de conflitos tributários se concretiza por meio da produção de ato derradeiro de aplicação e realização do direito subjetivo tido por violado, qual seja: a tutela jurisdicional tributária, assim entendida como o ato-norma produzido pelo Estado-juiz com vistas à composição da lide e à realização do direito material tributário.

Quando afirmamos, porém, que os fins específicos das tutelas jurisdicionais tributárias apontam para a composição de lides daquela natureza, queremos expressar sua condição de ato vocacionado à produção de efeitos materiais concretos, incidentes sobre o percurso de concretização do direito tributário ao qual nos referimos anteriormente, onde se materializam as condutas normativamente reguladas, os atos de violação que se pretende suplantar e os direitos subjetivos que se pretende efetivar.

Dessa forma, as relações de adequação instrumental, que estabelecemos no item 2.1.4 do capítulo II deste título, verificadas entre as ações tributárias e os diferentes tipos de direitos subjetivos tributários que têm lugar em cada uma das fases do percurso de concretização do direito tributário, podem ser transpostas, sem reparos, para este específico capítulo, pois as pretensões deduzidas nas referidas demandas espelham, exatamente, os conteúdos das tutelas jurisdicionais a serem exaradas em caso de acolhimento do pleito.

Significa afirmar, portanto, que, ordinariamente, a toda ação tributária antiexacional ou exacional corresponderá uma tutela jurisdicional tributária antiexacional ou exacional, respectivamente. De idêntico modo, as ações tributárias preventivas ou repressivas darão azo à produção de tutelas jurisdicionais preventivas ou repressivas. Por fim, as pretensões processuais tributárias declaratória, anulatória e condenatória implicarão, se acolhidas, a produção de tutelas jurisdicionais de natureza idêntica.[212]

Cada uma das tutelas jurisdicionais tributárias acima referidas terá o condão de constituir e realizar (ou criar as condições para tal) o direito subjetivo material tributário tido por violado, levando-nos a concluir, assim, que, apesar de serem produzidas via atividade secundária e de restarem veiculadas por instrumentos introdutores tipicamente processuais, consubstanciam verdadeiras normas jurídico-materiais,[213] produzidas sob o pretexto da resolução de conflitos tributários.

Mais que isso, apresentam-se como atos efetivadores do direito material tributário violado, fortes na ideia de que para além de "dizer" o direito, a atividade jurisdicional se volta a realizá-lo.

Por fim, parece-nos oportuno retomar a advertência feita em tópico anterior (4.2.1) quanto às diferentes formas de aproximação a partir das quais é possível se proceder à análise do fenômeno decisório materializado no ato-fim da atividade jurisdicional.

Não podemos confundir, desse modo, "norma concreta e individual de decisão", "efeitos normativos", "conteúdos" e "eficácias" das tutelas jurisdicionais, categorias que apontam para diferentes aspectos do ato decisório jurisdicional e representam a descrição do referido fenômeno a

212. Dizemos "ordinariamente" porque partimos do pressuposto da procedência do pedido formulado no ato inaugural do processo. No entanto, uma ação antiexacional – declaratória negativa, por exemplo –, ao ser julgada improcedente, dará ensejo, por via oblíqua, a uma tutela jurisdicional exacional, visto que reconhecerá o direito da parte adversa – a Fazenda Pública – de constituir o crédito tributário.

213. CONRADO, Paulo Cesar. *Processo tributário*, p. 140.

partir de sistemas de referência que, conquanto distintos, são complementares.

Nesse sentido, a norma de decisão jurisdicional, concreta e individual, resultante da aplicação judicial das normas abstratas e gerais que compõem o sistema primário, manifesta-se, exclusivamente, a partir dos enunciados que integram os fundamentos do pronunciamento judicial e se prestam, fundamentalmente, a "dizer" o direito material a ser efetivado.

Os enunciados veiculados nas partes dispositivas dos indigitados atos decisórios jurisdicionais, por sua vez, são os responsáveis por produzir os "conteúdos" e as respectivas "eficácias" técnico-processuais das tutelas jurisdicionais, e se voltam, precipuamente, à realização do direito material constituído nos fundamentos da decisão.

4.1.3.1.1 A norma de decisão, o conteúdo, a eficácia e os efeitos normativos das tutelas jurisdicionais tributárias preventivas: a tutela declaratória negativa em matéria tributária

As tutelas jurisdicionais tributárias preventivas, gênero do qual a tutela declaratória negativa é espécie, destinam-se a evitar que ilícitos tributários que estejam na iminência de ocorrer se materializem no mundo jurídico.

Nesse tocante, é sempre importante reavivar a premissa, firmada no item 2.1.4 do capítulo II deste título, segundo a qual o risco de lesão à esfera jurídica do sujeito passivo que justifica, sob a perspectiva do interesse processual, a dedução da demanda declaratória negativa, aponta para a incerteza jurídica sobre a possibilidade de exercício do direito potestativo do Fisco de constituir o crédito tributário em determina circunstância específica.

É a divergência entre os sujeitos de direito tributário acerca da interpretação de determinada situação fático-normativa, bem como a própria recusa do primeiro em reconhecer espontaneamente o direito de o segundo não ser tributado naquela específica circunstância, que caracteriza a crise de incerteza a ser dirimida pela via da tutela declaratória negativa tributária. Essa assertiva leva a pressupor que a declaração de inexistência do direito fazendário, por si só, haverá de ser capaz de satisfazer o interesse do autor.

Por conta disso, a norma de decisão a ser exarada nos fundamentos da sentença que acolhe a pretensão declaratória negativa em matéria tributária prestar-se-á a reconhecer, em seu antecedente, que, nas circunstâncias fáticas e jurídicas delimitadoras do litígio, a Fazenda Pública não está autorizada a exercer seu direito potestativo de constituir o crédito tributário, o que, *a contrario sensu*, corresponde a afirmar que o autor tem o direito subjetivo de não ser tributado naquela específica situação.

É dizer: dado o fato de não estarem presentes as condições de fato e/ou de direito autorizadoras do desempenho da competência administrativa tributária, então *deve ser* o direito do sujeito de direito de não ser tributado e a vedação ao Fisco de constituir o crédito tributário.

Como decorrência lógica, o comando emanado da norma concreta e individual posta nos fundamentos do pronunciamento judicial declaratório negativo, o enunciado exarado na parte dispositiva do *decisum* prestar-se-á a pôr fim à situação de dúvida (crise de incerteza) que paira sobre o caso, fazendo-o por intermédio da locução "julgo procedente o pedido e declaro a inexistência da relação jurídico-tributária" (conteúdo).

Sob o ponto de vista de seu "conteúdo" e de sua "eficácia" técnico-processuais, portanto, o enunciado do dispositivo de uma tutela que acolhe pedido formulado em ação declaratória de inexistência de relação jurídico-tributária, ao enunciar "julgo procedente o pedido e declaro inexistente a relação jurídico-tributária X" (conteúdo declaratório), realiza a ação institucional de "pôr fim ao estado de incerteza jurídica (eficácia declaratória)" que recai sobre a situação debatida.

Esse reconhecimento se sobrepõe à vontade de ambas as partes, imunizando o sujeito de direito de futuras insurgências fiscais. Por isso é que, muito embora não constituam normas jurídicas em sentido estrito, os enunciados veiculados nas partes dispositivas das sentenças declaratórias negativas possuem a capacidade de produzir "efeitos normativos secundários", obstativos do direito da Fazenda Pública de constituir o crédito tributário.

E isso porque a dissolução da incerteza jurídica acerca da possibilidade da exigência de determinado tributo numa dada situação de fato, quando analisada em conjunto com os regimes de estrita legalidade e vinculação a que se submete a atividade impositiva, acaba por acarretar, por vias oblíquas, esse "efeito proibitivo" do poder de constituição do crédito tributário. Ora, se não há dúvidas sobre a ilegalidade da exigência do tributo, é a própria noção de atividade plenamente vinculada à Lei que atuará de forma a inibir a atuação fiscal.

A incerteza causada pela recusa do réu em reconhecer o direito do sujeito de direito tributário de não ser tributado consubstancia ameaça de lesão ao direito subjetivo do autor (constituído no fundamento da sentença), pois o coloca à mercê de autuações decorrentes da ausência deste reconhecimento por parte do Estado-fisco.

Dirimida a dúvida acerca da possibilidade de imposição tributária no enunciado da parte dispositiva da sentença declaratória negativa, ter-se-á, como "efeito normativo" reflexo – decorrência direta da noção constitucional de estrita legalidade – a vedação ao Fisco de exigir do sujeito passivo o tributo nas circunstâncias fáticas e jurídicas delimitadas na demanda. A constituição do direito de não ser tributado (fundamento), portanto, implica a "declaração" da certeza quanto à *inexistência do direito potestativo do Estado de constituir o crédito.*

Desse modo, pelo enunciado da parte dispositiva das tutelas declaratórias negativas tributárias, põe-se fim à incerteza jurídica quanto à (in)existência do direito da Fazenda de constituir o crédito, obstando-se, por via oblíqua, a realização da cobrança. O que se realiza por meio da parte dispositiva dessas sentenças, portanto, é o direito do autor ao reconhecimento, pelo réu, da existência ou inexistência de uma dada relação jurídica. O juiz, nesse caso, substitui a vontade do Fisco quanto ao reconhecimento (da existência ou inexistência) de um direito subjetivo.

Diante disso, a parte dispositiva da sentença declaratória negativa se presta a afirmar a ausência de dúvida quanto à impossibilidade de o sujeito de direito ser constrangido à tributação. Isso, por si só, já é suficiente para que o direito do autor seja resguardado, na medida em que, se a autoridade judicial reconhece não haver dúvidas a respeito da inexistência do direito do Fisco de constituir o débito, acaba, indiretamente, por proibi-lo de fazê-lo, tendo em vista a circunstância de as autoridades fiscais terem sua atividade abarcada pelas noções de vinculação e de estrita legalidade.

Não se trata, vale advertir, de "norma proibitiva" em sentido estrito (nem hipotética nem categórica), mas de mero efeito normativo secundário, decorrente de uma específica técnica jurisdicional voltada à solução da incerteza sobre a incidência de determinado preceito normativo, técnica esta que, associada à normatividade limitadora inerente aos cânones da estrita legalidade e da atividade plenamente vinculada, tem o condão de produzir essa eficácia obstativa, tão característica da tutela declaratória negativa em matéria tributária.

Por esse motivo, dizer que o enunciado constante do dispositivo da sentença declaratória negativa não veicula norma em sentido estrito não é o mesmo que afirmar a impossibilidade de o referido enunciado produzir, por via oblíqua e em combinação com outros enunciados do sistema, *efeitos normativos secundários* (proibitivos, no caso).

Sobre os efeitos normativos secundários que caracterizam as sentenças declaratórias, confira-se a lição de CARLOS E. ALCHOURÓN e EUGÊNIO BULYGIN:

> As sentenças declaratórias são enunciados da forma "i pertence a q" ou "i não pertenço a q" (onde "i" é um caso individual e "que", um caso genérico). Estas sentenças não contêm normas. Mas isso não quer dizer que não possam ter efeitos normativos. Temos que distinguir entre duas classes de efeitos normativos de uma sentença: a) quando a sentença contém uma norma (que qualifica uma ação como obrigatória, proibida ou permitida), diremos que tem efeitos normativos primários. Tais efeitos são originados na própria sentença. b) quando uma norma (distinta da sentença) vincula determinadas consequências normativas a esta última, diremos que a sentença tem efeitos normativos secundários. Os efeitos secundários não se originam na sentença, a qual funciona apenas como fato condicionante de certos efeitos (que são normativos em virtude de alguma outra norma).
>
> Sendo assim, as sentenças declarativas costumam ter efeitos normativos secundários, mas, como não contêm normas, carecem de efeitos normativos primários. [214]

---

214. (Las sentencias declarativas son enunciados de la forma "i pertenece a q" o "i no pertenece a q" (donde "i" es un caso individual y "que", un caso genérico). Estas sentencias no contienen normas. Pero eso no quiere decir que no puedan tener efectos normativos. Tenemos que distinguir entre dos clases de efectos normativos de una sentencia: a) Cuando la sentencia contiene una norma (que califica una acción como obligatoria, prohibida o permitida), diremos que tiene efectos normativos primarios. Tales efectos se originan en la sentencia misma. b) Cuando una norma (distinta de la sentencia) enlaza, a esta última, determinadas consecuencias normativas, diremos que la sentencia tiene efectos normativos secundarios. Los efectos secundarios no se originan en la sentencia, la cual sólo funciona como hecho condicionante de ciertos efectos (que son normativos en virtud de alguna otra norma).
Ahora bien, las sentencias declarativas suelen tener efectos normativos secundarios, pero como no contienen normas, carecen de efectos normativos primarios.) ALCHOURRÓN, Carlos; BULYGIN, Eugenio. *Introducción a la metodología de las ciencias jurídicas y sociales*, p. 206-207. (tradução nossa)

De toda sorte, se quisermos apontar para uma efetiva norma de proibição veiculada pelas tutelas declaratórias tributárias negativas, haveremos de identificá-la na norma de decisão veiculada nos fundamentos do pronunciamento jurisdicional, a qual pode, perfeitamente, ser (re)construída sob a forma de regra obstativa do desempenho da competência administrativa tributária nas específicas circunstâncias discutidas no processo, e cujos efeitos normativos (primários) contaminam, *transcendentalmente*, a teor do que dispõe o inciso I do art. 504 do CPC,[215] o alcance da coisa julgada incidente sobre a parte dispositiva da sentença.

Significa dizer, por outros termos, que os efeitos proibitivos primários emanados da norma concreta e individual constituída nos fundamentos da tutela jurisdicional tributária negativa transmutam-se em efeitos obstativos secundários quando analisados a partir do "comando" veiculado na parte dispositiva do pronunciamento jurisdicional, o que permite que sejam indiretamente abarcados pela definitividade ínsita à noção de coisa julgada.

É justamente essa peculiar forma de manifestação da normatividade jurídico-processual que explica o fenômeno que PAULO CESAR CONRADO descreve como eficácia proibitiva *ex nunc* das tutelas declaratórias negativas tributárias.[216]

---

215. Art. 504. Não fazem coisa julgada:
I - os motivos, ainda que importantes para determinar o alcance da parte dispositiva da sentença;

216. "Supondo-se anterior à constituição da obrigação tributária, a atividade processual engendrada pelo contribuinte via 'ação declaratória' objetiva, em suma, a produção de norma individual e concreta (sentença) veiculadora de proibição dirigida ao Estado-fisco. Julgando-a procedente, dirá o Estado-juiz, com efeito: Estado-fisco Y, não constituía a obrigação tributária (ou, não produza o lançamento) em face do contribuinte X.
A proibição estabelecida por meio de norma individual e concreta não projeta efeitos absolutos; antes disso, dependerá, sempre, da qualidade dos fatos e das normas gerais abstratas que oportunizam sua produção. Quer isso significar que a proibição de que falamos projetar-se-á em face do arquétipo fáctico e normativo pelo Estado-juiz apreciado, perdurando enquanto tais arquétipos não cambiarem". CONRADO, Paulo Cesar. *Processo tributário*, p. 115-116.

4.1.3.1.2 A norma de decisão, o conteúdo, a eficácia e os efeitos normativos das tutelas jurisdicionais repressivas corretivas em matéria tributária: as tutelas anulatória (do débito fiscal) e consignatória (do pagamento do tributo)

As tutelas jurisdicionais tributárias repressivo-corretivas se destinam ao desfazimento de ilícito que, a despeito de empiricamente concretizado, ainda não resultou em dano efetivo à esfera jurídico-patrimonial do sujeito de direito tributário. É esse, exatamente, o caso das tutelas jurisdicionais exaradas no bojo das ações anulatória de débito fiscal e de consignação em pagamento em matéria tributária.

A instalação do conflito característico à demanda anulatória de débito fiscal, vale repisar, se dá a pretexto da "ilegalidade" do ato constitutivo do crédito tributário, aqui definida como toda e qualquer espécie de irregularidade normativa que comprometa, formal ou materialmente, a higidez da obrigação tributária documentada pelo ato que se pretende anular. É justamente a constituição indevida do crédito tributário, atrelada à inércia do Fisco em exercer seu poder/dever de controle e revisão dos próprios atos, que implica o direito do sujeito passivo à anulação judicial do débito fiscal.

Não por outro motivo, a sentença que julga procedente a ação anulatória de débito fiscal constitui, em seu fundamento, norma concreta e individual de decisão cujo antecedente é composto pelo fato jurídico da ilegalidade (formal ou material; total ou parcial) do ato constitutivo do crédito tributário, e, em seu consequente, o direito potestativo do autor à desconstituição (total ou parcial) da respectiva obrigação.

Os enunciados das partes dispositivas das tutelas anulatórias, por seu turno, ao expressarem "julgo procedente o pedido e anulo o débito fiscal XPTO" (conteúdo), produzem, como "eficácia" técnico-processual, a extirpação/restrição da eficácia jurídica emanada das normas veiculadas no ato constitutivo do crédito tributário, o que corresponde à realização do direito potestativo do autor reconhecido no fundamento da decisão. Seu "efeito normativo", por sua vez, corresponderá à vedação de a Fazenda Pública prosseguir com a cobrança do débito anulado.

Desse modo, o ato de anulação, enquanto técnica utilizada pelo direito positivo para controlar o produto da enunciação, presta-se à extirpação, total ou parcial, da eficácia emanada do fato jurídico produzido em dissonância com parâmetros normativos. Podemos cogitar, dessa forma, acerca do controle e da anulação judiciais do lançamento-enunciação-enunciada (extirpação da eficácia jurídica fato-antecedente da norma introdutora) e do lançamento-enunciado-enunciado (extirpação da eficácia jurídica do fato jurídico tributário, antecedente da norma concreta e individual introduzida).

Já as tutelas jurisdicionais exaradas a pretexto do julgamento de ações de consignação em pagamento em matéria tributária constituem, em seus fundamentos, o fato jurídico (antecedente) da dúvida objetiva sobre o sujeito ativo da obrigação tributária ou da recusa ilegítima ao recebimento do valor por parte do credor tributário, e – no consequente – o direito subjetivo de extinguir o crédito tributário mediante o pagamento por consignação (depósito), previamente realizado.

Trata-se, nesse caso, de reconhecer o direito do sujeito passivo de cumprir seu dever jurídico por meio da modalidade de pagamento prescrita no art. 156, inciso VIII, do CTN, a qual tem lugar nas situações em que se faz presente um tipo peculiar de conflituosidade, denominada, pela processualística, de "crise de inadimplemento do credor".

A parte dispositiva desses específicos pronunciamentos judiciais, por seu turno, "declaram a (certeza sobre) existência do direito ao pagamento do débito por consignação e a suficiência do depósito realizado" (conteúdo declaratório), operando, por via de consequência, "a extinção do crédito tributário" (eficácia desconstitutiva). Eis, aqui, um típico caso de dissociação entre "conteúdo" (declaratório) e "eficácia" (desconstitutiva) da tutela jurisdicional.

Os efeitos normativos das tutelas jurisdicionais exaradas no âmbito das ações consignatórias em matéria tributária equivalem, ordinariamente, à vedação à cobrança do(s) crédito(s) que serviram de pretexto ao ajuizamento da demanda. A despeito disso, e conforme teremos oportunidade de verificar por ocasião do estudo individualizado da ação consignatória tributária (item 1.3 do capítulo I do Título II), haverá situações em que a tutela consignatória produzirá eficácia normativa obstativo-prospectiva típica das tutelas declaratórias negativas, ocasiões em que estará o sujeito de direito imune a novas insurgências fiscais de idêntica natureza.

4.1.3.1.3 A norma de decisão, o conteúdo, a eficácia e os efeitos normativos das tutelas jurisdicionais repressivas reparadoras em matéria tributária: a tutela condenatória da restituição do tributo e declaratória do direito à compensação

As tutelas jurisdicionais tributárias reparadoras se destinam à reconstituição do dano efetivamente concretizado na esfera jurídico-patrimonial do sujeito de direito tributário em decorrência do pagamento de tributo indevidamente exigido. Nesse escaninho estão inseridas (i) a tutela condenatória de repetição do indébito tributário; e (ii) a tutela declaratória do direito à compensação.

O conflito que subjaz à demanda condenatória de repetição do indébito tributário, já o dissemos, revela-se a partir da não restituição espontânea dos valores pagos indevidamente pelo sujeito passivo a título de tributo, na forma prescrita pelo art. 165 do CTN, fazendo nascer o interesse processual ao pleito condenatório, que se volta, justamente, (i) ao reconhecimento do fato do inadimplemento do Fisco; e (ii) à criação das condições necessárias para que o sujeito passivo se valha dos instrumentos processuais adequados à "realização" do indébito tributário.

A norma de decisão veiculada no fundamento da sentença condenatória que acolhe a pretensão do sujeito passivo tributário constitui, em seu antecedente, o fato do inadimplemento do dever de restituir o tributo recolhido indevidamente e, em seu consequente, o direito subjetivo de exigir o pagamento por meio das técnicas processuais aplicáveis, em contraposição ao dever da Fazenda Pública de se submeter aos atos de cobrança (responsabilidade) que se materializarão sob a forma de requisição judicial (precatório) para inclusão do valor correspondente ao crédito inadimplido na Lei orçamentária do ente estatal devedor.

A parte dispositiva da sentença que acolhe a pretensão de repetição do indébito tributário, portanto, quando enuncia em seu conteúdo "julgo procedente o pedido e condeno a ré a devolver o montante pago indevidamente a título de tributo", expressa o estado de inadimplência da relação jurídica de indébito (eficácia condenatória), criando as condições necessárias para que o autor solicite ao Estado-juiz a emissão, segundo as regras procedimentais prescritas nos arts. 534 e 535 do CPC, de ordem judicial (precatório) que exorte a Fazenda Pública devedora a incluir, em seu orçamento anual, o valor devido a título de restituição.

É essa a peculiar forma de materialização da responsabilidade patrimonial do Estado, a qual, diferentemente do que ocorre no âmbito privado, não pressupõe a prática de atos expropriatórios do patrimônio do devedor, mas a emanação de requisição judicial de pagamento, a ser realizada nos moldes prescritos no art. 100 da CF/88.

Bem se vê que a eficácia própria às tutelas condenatórias exaradas contra a Fazenda Pública difere sensivelmente daquelas que caracterizam as sentenças condenatórias em geral, pois, no regime jurídico ordinário de realização do preceito condenatório, tem-se, efetivamente, a constituição do direito à prática de medidas sub-rogatórias (expropriatórias) do patrimônio do réu.

Tratando-se de cumprimento de sentença condenatória exarada contra a Fazenda Pública, contudo, a "realização" da obrigação inadimplida ocorre necessariamente por meio da emissão de ordem de pagamento dirigida ao órgão estatal devedor (precatório), não havendo que se falar – em prestígio ao cânone da indisponibilidade dos bens públicos e da continuidade dos serviços públicos – na prática de atos constritivos e expropriatórios do patrimônio público.

Dada a impossibilidade de, pelas vias ordinárias, sancionar-se o Estado pelo não atendimento da ordem de pagamento no prazo constitucionalmente fixado, o grau de eficácia das decisões condenatórias proferidas em desfavor da Fazenda Pública é consideravelmente baixo.[217]

Já o conflito que fundamenta a pretensão declaratória do direito à compensação, para além de versar sobre o direito à compensabilidade, *pode*, também, dizer com o próprio fato do inadimplemento do indébito tributário – elemento da compensação –, o que resultará na produção de

217. O cumprimento de sentença em face da Fazenda Pública, conquanto se preste à realização da obrigação por quantia certa, diferentemente do que ocorre com as sentenças condenatórias exaradas em processos relativos a litígios privados, não se concretiza por meio de atos expropriatórios (sub-rogatórios), tendo em vista a ideia de indisponibilidade do bem público que, no regime jurídico previsto pelo art. 100 da CF/88, restou expressamente prestigiada. Assim, a realização jurisdicional da obrigação por quantia certa contra a Fazenda Pública ocorre mediante ordem emitida pelo órgão jurisdicional ao ente público inadimplente, o que evidentemente reduz consideravelmente a efetividade dessa espécie de tutela jurisdicional. A "sanção possível", *in casu*, seria a decretação de intervenção federal, mediante autorização expressa do Supremo Tribunal Federal. Historicamente, no entanto, não há registros de ocorrência de ato deste jaez.

um tipo de tutela jurisdicional um tanto mais complexa que a descrita anteriormente, pois composta por duas normas de decisão e caracterizada pela assimetria entre o conteúdo e a eficácia que lhes são próprios.

Daí que, se, para constituir o direito subjetivo à compensabilidade, for necessário, incidentalmente, reconhecer também a existência do direito à restituição do indébito tributário inadimplido, a tutela jurisdicional a ser exarada veiculará duas normas de decisão, a saber: a primeira (incidental), constitutiva do direito de exigir do indébito tributário; e a segunda (principal) declaratória do direito à compensabilidade.

A tutela jurisdicional que declarar o direito à compensação nessas específicas circunstâncias, ao expressar "julgo procedente o pedido e declaro o direito do autor a compensar o crédito X com o débito Y (conteúdo)", estará enunciando que "não há qualquer dúvida a respeito do direito de o autor compensar o crédito X com o débito Y" (eficácia). Seu efeito normativo secundário, por consequência, equivalerá à proibição de a Fazenda Pública impor qualquer penalidade ou óbice ao exercício do referido direito.

Sob essa perspectiva, as tutelas declaratórias do direito à compensação constituem também tutelas jurisdicionais tributárias tipicamente intransitivas, pois a realização do direito à compensação, após declarado, depende de conduta exclusiva do autor.

Nesse tocante, é sempre relevante destacar que, no âmbito competencial da União Federal,[218] a compensação

218. A compensação tributária, a teor do que dispõe o art. 170 do CTN, é instituto cuja existência depende de Lei específica do Ente político tributante. Com exceção da União Federal, a efetiva edição de Lei por parte das demais Pessoas Políticas é rara, para não dizer inexistente. Por esse motivo, praticamente todas as construções dogmáticas e jurisprudenciais atinentes ao instituto da compensação tomam por base a experiência havida no âmbito legislação federal – Lei 9.430/96 –, e que estabelece o regime jurídico de compensação exclusivamente no que tange aos tributos federais.

de tributos ocorre mediante procedimento específico por meio do qual o próprio sujeito passivo procede ao encontro de contas por meio do qual se materializa a extinção do crédito tributário, não sendo atribuição do Poder Judiciário realizar a compensação ou mesmo homologar as compensações realizadas pelo sujeito passivo por sua conta e risco. Cabe à autoridade judicial, exclusivamente, reconhecer, diante de um determinado caso concreto, a existência ou não do direito à compensação, cuja efetiva materialização dar-se-á por ato do próprio do sujeito passivo.

A despeito disso, há uma segunda "eficácia potencial" produzida pela tutela declaratória do direito à compensação, fundado em indébito tributário concretamente identificado – intimamente relacionada a uma orientação jurisprudencial sumulada no âmbito do Superior Tribunal de Justiça que equipara a declaração judicial do direito à compensação à condenação ao pagamento do tributo pago indevidamente, vertendo-a em típica tutela jurisdicional transitiva, naquelas circunstâncias em que o direito à compensabilidade pressupõe o reconhecimento incidental do fato do inadimplemento do indébito tributário (elemento da compensação).[219]

Segundo essa orientação, o sujeito de direito tributário que haja obtido em seu favor tutela declaratória do direito à compensação concedida sob o pressuposto do reconhecimento prévio do indébito tributário poderá optar por efetivar a compensação mediante a competente habilitação administrativa do crédito ou, se preferir, dar início a procedimento de cumprimento de sentença destinado à expedição de ofício requisitório (precatório) que viabilizará o recebimento, em espécie, do tributo recolhido indevidamente.

219. Súmula 461 do STJ – "O contribuinte pode optar por receber, por meio de precatório ou por compensação, o indébito certificado por sentença declaratória transitada em julgado".

Essa eficácia condenatória "anômala", vale advertir, se manifestará somente nas demandas declaratórias da compensabilidade, cujo fundamento seja a discussão acerca da existência do indébito tributário que constitui um dos elementos do direito à compensação. Significa dizer, a contrário senso, que as tutelas declaratórias da compensabilidade fundadas exclusivamente em questões atinentes ao regime jurídico de compensação não terão o condão de produzir a eficácia "condenatória" a que se refere a Súmula 461 do STJ. Essa questão será retomada e analisada com maior profundidade no item 1.4.5 do capítulo I do título II.

4.1.3.1.4 A norma de decisão, o conteúdo, a eficácia e os efeitos normativos das tutelas jurisdicionais mandamentais em matéria tributária

A tutela jurisdicional tributária produzida em sede de mandado de segurança voltado à resolução de lides tributárias, a despeito de seu conteúdo eminentemente ordenatório (mandamental), terá sua eficácia forjada, de acordo com as necessidades jurídico-materiais subjacentes ao conflito a ser dirimido.

A depender, portanto, da espécie de conflituosidade materializada pelo ato de autoridade cujos efeitos se pretende estancar (crise de incerteza, crise de legalidade ou crise de inadimplemento), a tutela mandamental terá plena capacidade de produzir eficácia (i) declaratória negativa; (ii) constitutivo-negativa (anulatória), (iii) declaratória positiva (compensabilidade); e até (iv) condenatória (restituição do indébito).

Por essa razão, as normas de decisão constituídas nos fundamentos das tutelas mandamentais tributárias preventivas e repressivas não diferem, em conteúdo, daquelas veiculadas nos pronunciamentos de mesma natureza exarados no âmbito das demandas processadas sob o rito comum.

Assim, a tutela de segurança em matéria tributária terá natureza eminentemente preventiva, produzindo típica eficácia declaratória negativa, quando exarada em momento anterior à constituição do crédito tributário, com vistas a obstar a prática de ato ilegal da autoridade fiscal tendente a constituir, ilegitimamente, o crédito tributário. Terá, por outro lado, natureza repressivo-corretiva, produzindo eficácia puramente desconstitutiva, quando prolatada em face de ato (ilegal) de autoridade, constitutivo do crédito tributário, devidamente formalizado.

Desse modo, a despeito de o "conteúdo" da tutela exarada em mandado de segurança voltado ao afastamento de exigências fiscais ser, também, "ordenatório/mandamental", diante das eficácias declaratória e anulatória por elas emanadas, o cumprimento da "ordem" dirigida à autoridade impetrada torna-se absolutamente dispensável à realização do direito do impetrante. Em regra, tanto no caso da tutela de segurança tributária preventiva quanto no da repressiva, não haverá qualquer providência a ser realizada pela autoridade impetrada com vistas à realização do direito material discutido, bastando o trânsito em julgado da decisão para que os efeitos materiais pretendidos sejam plenamente verificados.

O fato de prescindirem de qualquer providência complementar para sua efetivação faz das tutelas de segurança em matéria tributária, diferentemente do que sói acontecer em outras áreas do direito público, verdadeiras tutelas jurisdicionais intransitivas. É a prova cabal de que o direito material, conforme temos insistido neste trabalho, influencia a eficácia e a própria natureza de institutos de direito processual.

Nesse tocante, todavia, duas observações nos parecem oportunas.

A primeira diz respeito ao efeito "normativo proibitivo da atividade fiscal" que outrora afirmamos ser "secundário" no âmbito das tutelas declaratórias negativas, o qual, em se tratando de tutela mandamental preventiva, passa a ser eminentemente "primário". Isso porque à eficácia declaratória negativa (dirigida à Pessoa política tributante) emanada pelo pronunciamento mandamental preventivo agrega-se, também, a eficácia ordenatória (dirigida à autoridade coatora) que lhe é naturalmente peculiar.

Assim, diferentemente do que ocorre na tutela jurisdicional preventiva exarada em demanda processada sob o rito ordinário, em tutelas mandamentais tributárias desse jaez, verifica-se verdadeira ordem proibitiva (norma categórica) dirigida à autoridade impetrada, cujo descumprimento poderá ensejar, inclusive, crime de desobediência.[220]

---

220. PROCESSO CIVIL E TRIBUTÁRIO. SUSPENSÃO DO CRÉDITO TRIBUTÁRIO. CAUSA SUSPENSIVA CONSISTENTE EM LIMINAR ANTECIPATÓRIA CONCEDIDA EM MANDADO DE SEGURANÇA. APLICAÇÃO DO ART. 151, IV, DO CTN.
1. À luz das hipóteses enumeradas no art. 151 do CTN é possível entrever que há causas suspensivas que antecedem à constituição do crédito tributário pelo lançamento e outras que o encontram constituído.
2. Em qualquer caso, emitida a ordem judicial suspensiva não é lícito à Administração Tributária proceder a qualquer atividade que afronte o comando judicial, sob pena de cometimento do delito de desobediência, hodiernamente consagrado e explicitado no art. 14, VI e parágrafo único, Código de Processo Civil.
3. É vedado à Administração agir com desconsideração ao provimento liminar e com desprezo pelo Poder Judiciário sob o argumento de que a decisão liminar não corresponde ao trânsito em julgado da decisão final, porquanto esse argumento sofismático implica negar eficácia à antecipação da tutela que é autoexecutável e mandamental.
4. Exsurgindo a suspensão prevista no art. 151, IV, do CTN no curso do procedimento de constituição da obrigação tributária, o que se opera é o 'impedimento à constituição do crédito tributário'.
5. O Judiciário ao sustar a exigibilidade do crédito tributário tanto pode endereçar a sua ordem à que não se constitua o crédito, posto do seu surgimento gerar ônus ao contribuinte até mesmo sob o ângulo da expedição de certidões necessárias ao exercício de atividades laborais, como também vetar a sua cobrança, ainda que lançado o tributo previamente à ordem.
6. Prosseguir na atividade constitutiva do crédito tributário, suspensa a sua **exigibilidade** por força de liminar judicial, caracteriza, inequivocamente, o que a doutrina do tema denomina de Contempt of Court, por influência anglo-saxônica, hodiernamente verificável nos sistemas do civil law.
7. Precedente.
8. Recurso especial conhecido e improvido.
(REsp n. 453762 / RS; 1ª Turma; Rel. Min. Luiz Fux; DJ 17/11/2003).

A segunda observação diz com os mandados de segurança que não têm como objeto principal controvérsias atinentes à existência/inexistência e à legalidade/ilegalidade de tributos, mas que estão indiretamente relacionados à efetivação de outros direitos ligados a questões de natureza fiscal. É o caso, por exemplo, dos mandados de segurança voltados, exclusivamente, à emissão de certidões; à apreciação de pedidos de compensação/restituição; ou, ainda, à liberação de créditos homologados.

Nessas específicas situações, em face da circunstância de as pretensões deduzidas dependerem de condutas comissivas da autoridade impetrada, o mandado de segurança produzirá verdadeira tutela transitiva (ordenatória/mandamental), cuja efetivação dependerá do concreto acolhimento, pela autoridade impetrada, da ordem emanada pelo Poder Judiciário.

Por fim, cabe tratar da tutela de segurança que tenha por objeto a constituição do direito subjetivo à compensação de tributos.[221] A essa específica forma de reconhecimento judicial da compensabilidade são transmutáveis todas as observações que fizemos adrede sobre o conteúdo e a eficácia da tutela declaratória do direito à compensação exarada em demanda processada sob o rito comum.

A tutela mandamental que tenha por objeto o reconhecimento do direito à compensação, assim como os pronunciamentos de mesma natureza exarados pelo procedimento comum, a depender do tipo de questão controvertida, levada à apreciação do órgão judicial, terá potencial capacidade de produção simultânea de eficácia declaratória e condenatória.

A possibilidade de a tutela mandamental que verse sobre o direito à compensação tributária produzir eficácia condenatória vem sendo reiteradamente reconhecida

---

221. "Súmula 213 do STJ - O mandado de segurança constitui ação adequada para a declaração do direito à compensação tributária".

pela pragmática,[222] a despeito da orientação jurisprudencial histórica firmada na Súmula 271 do STF,[223] no sentido de vedar a utilização do mandado de segurança com intuito de produção de "efeitos patrimoniais pretéritos", que é, *data venia*, justamente o que se faz quando se atribui eficácia condenatória à tutela jurisdicional de conteúdo "declaratório-mandamental".

Essa interpretação larga das eficácias emanadas pelas tutelas jurisdicionais declaratórias do direito à compensação – produzidas tanto a partir das demandas processadas sob o procedimento comum quanto no contexto daquelas que se

---

222. TRIBUTÁRIO. MANDADO DE SEGURANÇA. EFICÁCIA EXECUTIVA DE SENTENÇA DECLARATÓRIA. VIA ADEQUADA. ENTENDIMENTO FIRMADO EM RECURSO REPETITIVO. RESP PARADIGMA 1.114.404/MG. SÚMULAS 213 E 461 DO STJ.
1. "A sentença do Mandado de Segurança, de natureza declaratória, que reconhece o direito à compensação tributária (Súmula 213/STJ: 'O mandado de segurança constitui ação adequada para a declaração do direito à compensação tributária'), é título executivo judicial, de modo que o contribuinte pode optar entre a compensação e a restituição do indébito (Súmula 461/STJ: 'O contribuinte pode optar por receber, por meio de precatório ou por compensação, o indébito tributário certificado por sentença declaratória transitada em julgado')" (REsp 1.212.708/RS, Rel. Ministro HERMAN BENJAMIN, SEGUNDA TURMA, julgado em 11/4/2013, DJe 9/5/2013).
2. O mandado de segurança transitado em julgado reconheceu à empresa contribuinte restituir-se dos valores pagos a maior em decorrência da declaração de inconstitucionalidade dos Decretos-Leis n. 2.445/88 e 2.448/88, o que legitima à recorrente a "opção entre a compensação e o recebimento do crédito por precatório ou requisição de pequeno valor (...) pelo indébito tributário, haja vista que constituem, todas as modalidades, formas de execução do julgado colocadas à disposição da parte quando procedente a ação que teve a eficácia de declarar o indébito" (REsp 1114404/MG, Rel. Ministro MAURO CAMPBELL MARQUES, PRIMEIRA SEÇÃO, julgado em 10/2/2010, DJe 1º/3/2010 - submetido ao rito dos recursos repetitivos).
3. A possibilidade de a sentença mandamental declarar o direito à compensação (ou creditamento), nos termos da Súmula 213/STJ, de créditos ainda não atingidos pela prescrição não implica concessão de efeitos patrimoniais pretéritos à impetração. O referido provimento mandamental, de natureza declaratória, tem efeitos exclusivamente prospectivos, o que afasta os preceitos da Súmula 271/STF. Precedentes.
Agravo regimental improvido.
(AgRg no REsp 1466607/RS, Rel. Ministro HUMBERTO MARTINS, SEGUNDA TURMA, julgado em 05/03/2015, DJe 11/03/2015).

223. Súmula 271 do STF – "Concessão de mandado de segurança não produz efeitos patrimoniais em relação a período pretérito, os quais devem ser reclamados administrativamente ou pela via judicial própria".

valem do rito especial do mandado de segurança – decorre diretamente da complexidade própria à conflituosidade que caracteriza essa espécie de demanda. Em se tratando de ações (comuns ou especiais) que versem sobre o reconhecimento do direito à compensação, a apreciação da "crise de incerteza" que redundará no reconhecimento da existência ou não do indigitado direito à compensação, em alguns casos, conforme aludimos no item 4.1.3.1.3 supra, pode ser precedida pela resolução incidental da "crise de inadimplemento" que reconhece a existência da relação de indébito tributário e perfaz um dos elementos da compensabilidade.

Sob o ponto de vista pragmático, portanto, o que se faz quando se atribui eficácia condenatória à tutela jurisdicional declaratória do direito à compensação, incluídas aquelas exaradas no âmbito do mandado de segurança, é simplesmente converter em questão principal uma matéria, tecnicamente, deduzida na condição de mera questão incidental, que é justamente a pretensão atinente ao reconhecimento da existência (ou não) do indébito tributário.

4.1.3.2 Tutelas jurisdicionais provisórias em matéria tributária

As tutelas provisórias exaradas no âmbito das diversas espécies de ações tributárias, exacionais ou antiexacionais, têm suas respectivas naturezas definidas pela análise concreta dos fundamentos que as autorizam (urgência/evidência) e, também, pela eficácia material pretendida pelo requerente (acautelatória/antecipatória).

A questão da correta identificação das espécies de tutela provisória assume importância fulcral quando analisada à luz das ações tributárias antiexacionais, pois, a teor do que dispõe o art. 151, incisos IV e V, do CTN, a eficácia emanada por tutelas provisórias exaradas no bojo de ações tributárias desse jaez – que se prestam, fundamentalmente, a afastar a exigência de tributos – é, ordinariamente, a de suspensão da exigibilidade do crédito tributário atacado.

Por "suspensão da exigibilidade" deve-se entender a vedação imposta ao Fisco para a prática de qualquer ato tendente à cobrança do crédito tributário questionado até que sobrevenha decisão definitiva sobre a pretensão principal deduzida pelo sujeito passivo.

A depender, portanto, da espécie de ação antiexacional (preventiva ou repressiva) e do momento do percurso de positivação em que a tutela de urgência é concedida (antes do lançamento, após o lançamento e antes da inscrição do débito; após a inscrição do débito e antes da propositura da ação executiva fiscal; ou após a propositura da execução fiscal), esse óbice poderá implicar: (i) proibição de constituição do crédito tributário; (ii) constituição do crédito com a exigibilidade suspensa; (iii) vedação à inscrição do débito em dívida ativa; (iv) vedação à prática de atos extrajudiciais de cobrança (protesto extrajudicial; inscrição em cadastro de devedores); (v) vedação à propositura da ação executiva fiscal; e (vi) suspensão do processo executivo fiscal.

Destarte, sob a óptica estritamente normativa, as tutelas provisórias suspensivas da exigibilidade do crédito tributário atuarão de modo a comprometer, temporariamente, a aplicabilidade (eficácia técnico-sintática) das normas abstratas e gerais cujas incidências tiverem lugar – considerado o fluxo de causalidade jurídica próprio à cobrança do crédito tributário – em momento imediatamente posterior àquele em que a indigitada tutela provisória haja sido concedida.

É possível concluir, portanto, que a tutela provisória suspensiva da exigibilidade do crédito tributário atua diretamente sobre a força perlocucionária do ato de fala constitutivo do crédito tributário, mitigando-o de forma a obstar seus efeitos sobre a conduta do sujeito passivo. Em alguns casos, os atos de cobrança já praticados terão sua eficácia social comprometida pelo advento da tutela suspensiva da exigibilidade do crédito tributário, pois não terão capacidade para produzir seus peculiares efeitos sociais. É o que ocorre, por exemplo, com os atos indiretos de cobrança do débito fiscal (negativa de certidões; protestos extrajudiciais; anotações em cadastros de devedores etc.).

Já do ponto de vista técnico-processual, a questão que se coloca diz com a natureza processual (acautelatória ou antecipatória) da tutela de urgência que emana eficácia suspensiva da exigibilidade do crédito tributário, cujo fundamento último, vale repisar, é eminentemente jurídico-material (art. 151 do CTN).

Um dado que nos parece indicativo da natureza processual das tutelas de urgência dessa natureza se refere ao fato de as vedações às atividades impositivas subsequentes ao ato decisório que concede a suspensão da exigibilidade do crédito tributário corresponderem, justamente, aos efeitos normativos secundários produzidos pelas tutelas jurisdicionais tributárias preventivas e repressivas.

A eficácia obstativa da cobrança emanada da tutela de provisória tributária – materialmente traduzida pela expressão "suspensão da exigibilidade do crédito tributário"–, independentemente do momento do processo de concretização em que haja sido concedida, sempre consubstanciará efeito normativo secundário a ser produzido pelo provimento principal deduzido em ações antiexacionais preventivas e repressivas, o que equivale a dizer que sempre produzirão eficácia acautelatória.

Diante disso, a suspensão da exigibilidade do crédito tributário, oriunda de tutela provisória concedida, sob qualquer fundamento (urgência ou da evidência), no bojo de ações tributárias de cunho preventivo ou repressivo, nunca poderá ser qualificada como antecipatória do efeito nuclear das respectivas tutelas principais pretendidas (declaratório negativo ou anulatório do débito fiscal), o que naturalmente afasta a possibilidade de incidência da regra processual que dispõe sobre a estabilização dos efeitos emanados por pronunciamentos de cunho antecipatório (art. 304 do CPC).

Não é esse o caso, no entanto, da tutela provisória concedida em ação que tenha por objeto principal a realização de atos concretos do Fisco em face do sujeito passivo tributário, tal como a concedida em ação que tenha como objeto principal a emissão de certidão (negativa ou positiva com efeitos de negativa) ou, ainda, aquela que ordena a apreciação de pedidos de compensação. Isso porque, em ambas as situações, a implementação da tutela provisória se volta à concreta realização dos efeitos principais da tutela principal pretendida, o que nos leva à inexorável conclusão de que estamos a tratar de típicas tutelas antecipatórias.

Vale cogitar, ainda, acerca da possibilidade de concessão de tutelas provisórias fundadas em evidência no âmbito das demandas antiexacionais tributárias.

Esse tipo específico de tutela provisória se diferencia das demais (tutelas provisórias de urgência) exclusivamente em virtude de seus fundamentos – justamente aqueles expressamente enumerados no art. 311 do CPC –, razão pela qual poderá assumir, a depender dos efeitos materiais que vier a produzir, ora caráter acautelatório, ora natureza antecipatória.

Assim, se a tutela provisória for concedida mediante a verificação de uma das situações descritas nos incisos do art. 311 do CPC e o provimento material pretendido for, por exemplo, a suspensão da exigibilidade do crédito tributário, estaremos diante de uma tutela da evidência com típicos efeitos acautelatórios.

Se, por outro lado, a tutela da evidência tiver como escopo a realização de providências materiais que se confundam com o mérito da demanda – tais como a compensação de débitos ou, ainda, a expedição de certidão –, ter-se-á tutela da evidência com eficácia tipicamente antecipatória.

O mesmo pode ser dito a respeito da liminar em mandado de segurança, a qual também consubstancia uma espécie de tutela provisória prevista em contexto procedimental específico – justamente aquele disciplinado pela Lei 12.016/2009 –, mas que, tanto quanto as tutelas provisórias prescritas no regime geral de direito processual (CPC), poderá produzir eficácia acautelatória ou antecipatória, a depender dos efeitos materiais pretendidos.

A liminar em mandado de segurança, importante destacar, a teor das razões que dão ensejo à sua concessão – *fundamento relevante e risco de ineficácia da* medida –, e que constam expressamente do art. 7º, inciso III, da Lei 12.016/2009, perfaz típica tutela provisória de urgência, haja vista imprescindir da identificação do necessário *periculum in mora*.

Não descartamos, entretanto, que – ante o advento do CPC/2015 e da necessidade de integração e absorção dos novos paradigmas processuais gerais pelos subsistemas processuais especiais – seja possível vislumbrar a possibilidade de concessão de liminar em mandado de segurança respaldada exclusivamente na "evidência" do direito pretendido, tal qual definida nos incisos do art. 311 do CPC.

Essa possibilidade, contudo, há que ser admitida com ponderações, pois o novel conceito de "evidência", insculpido positivamente pelo regime geral de direito processual, confunde-se, ao menos em parte, com a noção de "direito líquido e certo", ínsita à noção de tutela de segurança.

Dessa forma, um juízo que haja, por exemplo, reconhecido o direito à concessão de tutela provisória de evidência (decisão interlocutória) com fundamento na identificação dos elementos prescritos no inciso II do art. 311 do CPC, poderia muito bem justificar o acolhimento da pretensão principal (sentença), pois, se há efetiva comprovação das alegações de fato por meio de prova documental reconhecida pelo juízo, tem-se, automaticamente, o reconhecimento do direito líquido e certo necessário e suficiente à concessão da segurança definitiva.

Nessa medida, uma eventual concessão de medida liminar (tutela provisória) em mandado de segurança que tenha por fundamento direito "evidente", aferido com base no art. 311, inciso II, do CPC, somente será viável se concedida *inaudita altera parte*, isto é, antes da notificação da autoridade coatora e da cientificação do órgão de representação judicial do ente público impetrado. E isso porque, tomando como premissa aquilo que alinhavamos no parágrafo anterior, se o mesmo juízo de "evidência" for emanado após a manifestação das partes impetradas, não mais haverá interesse na concessão de tutela provisória, mas sim na prolação direta, pura e simples, de tutela de segurança definitiva.

Desse modo, a concessão de tutela da evidência em mandado de segurança somente será viável nas circunstâncias prescritas nos incisos II e III do art. 311 – únicos dispositivos que autorizam, a teor do parágrafo único do referido artigo, a concessão *in limine* da indigitada tutela da evidência.[224]

---

224. Art. 311. A tutela da evidência será concedida, independentemente da demonstração de perigo de dano ou de risco ao resultado útil do processo, quando:
I - ficar caracterizado o abuso do direito de defesa ou o manifesto propósito protelatório da parte;
II - as alegações de fato puderem ser comprovadas apenas documentalmente e houver tese firmada em julgamento de casos repetitivos ou em súmula vinculante;
III - se tratar de pedido reipersecutório fundado em prova documental adequada do contrato de depósito, caso em que será decretada a ordem de entrega do objeto custodiado, sob cominação de multa;
IV - a petição inicial for instruída com prova documental suficiente dos fatos constitutivos do direito do autor, a que o réu não oponha prova capaz de gerar dúvida razoável.
Parágrafo único. Nas hipóteses dos incisos II e III, o juiz poderá decidir liminarmente. (destacamos)

Essa restrição é ainda maior quando pensamos, pragmaticamente, no mandado de segurança em matéria tributária, seara na qual a hipótese prevista no inciso III do art. 311 (pedido reipersecutório, fundado em prova documental adequada de contrato de depósito) perfaz situação estranha às lides tributárias. Por essa razão, em se tratando de mandado de segurança de viés tributário, a tutela provisória de evidência somente poderá ser concedida nas situações em que presentes os requisitos prescritos no inciso II do art. 311 do CPC.

Cabe-nos investigar, por fim, as tutelas provisórias exaradas no âmbito das ações tributárias exacionais, tipicamente realizadoras, cujos regimes jurídicos procedimentais se caracterizam pela especialidade normativa, escapando, portanto, à disciplina ordinária do art. 294 e seguintes do CPC.

Nesse escaninho, podemos alocar três espécies de pronunciamentos provisórios, todos fundados na urgência e, também, emanadores de efeitos tipicamente acautelatórios, pois voltados a resguardar os interesses fazendários quanto à realização do crédito tributário pela via da tutela executiva fiscal. São eles: (i) a tutela cautelar fiscal, procedimentalmente regida pela Lei 8.397/92; (ii) o arresto cautelar, previsto no art. 7º, inciso III, da Lei n. 6.830/80; e (iii) o bloqueio eletrônico de bens e direitos, previsto no art. 185-A do CTN.

Os fundamentos que justificam a concessão da tutela cautelar fiscal (ver arts. 2º e 3º da Lei 8.397/92),[225] do arresto

---

225. "Art. 2º A medida cautelar fiscal poderá ser requerida contra o sujeito passivo de crédito tributário ou não tributário, quando o devedor:

I - sem domicílio certo, intenta ausentar-se ou alienar bens que possui ou deixa de pagar a obrigação no prazo fixado;

II - tendo domicílio certo, ausenta-se ou tenta se ausentar, visando a elidir o adimplemento da obrigação;

III - caindo em insolvência, aliena ou tenta alienar bens;

IV - contrai ou tenta contrair dívidas que comprometam a liquidez do seu patrimônio;

cautelar fiscal (ver art. 7º, inciso III, da Lei 6.830/80)[226] e o bloqueio eletrônico de bens e direitos do devedor (art. 185-A do CTN)[227] induzem situações fáticas específicas que, a despeito de seu caráter denotativo, são perfeitamente redutíveis aos conceitos de plausibilidade (*fumus*) e risco (*periculum*) típicos das tutelas de urgência.

Também de forma assemelhada, os três provimentos provisórios exacionais em referência, quando concedidos (cada qual a seu modo), resultam na indisponibilização de bens e direitos do devedor tributário, providência que visa, fundamentalmente, a resguardar a eficácia da tutela executiva fiscal (função acautelatória), e não antecipar os efeitos

---

V - notificado pela Fazenda Pública para que proceda ao recolhimento do crédito fiscal:
a) deixa de pagá-lo no prazo legal, salvo se suspensa sua exigibilidade;
b) põe ou tenta por seus bens em nome de terceiros;
VI - possui débitos, inscritos ou não em Dívida Ativa, que somados ultrapassem trinta por cento do seu patrimônio conhecido;
VII - aliena bens ou direitos sem proceder à devida comunicação ao órgão da Fazenda Pública competente, quando exigível em virtude de lei;
VIII - tem sua inscrição no cadastro de contribuintes declarada inapta, pelo órgão fazendário;
IX - pratica outros atos que dificultem ou impeçam a satisfação do crédito.
Art. 3° Para a concessão da medida cautelar fiscal é essencial:
I - prova literal da constituição do crédito fiscal;
II - prova documental de algum dos casos mencionados no artigo antecedente".

226. Art. 7º - O despacho do Juiz que deferir a inicial importa em ordem para:
(...)
III - arresto, se o executado não tiver domicílio ou dele se ocultar;

227. "Art. 185-A. Na hipótese de o devedor tributário, devidamente citado, não pagar nem apresentar bens à penhora no prazo legal e não forem encontrados bens penhoráveis, o juiz determinará a indisponibilidade de seus bens e direitos, comunicando a decisão, preferencialmente por meio eletrônico, aos órgãos e entidades que promovem registros de transferência de bens, especialmente ao registro público de imóveis e às autoridades supervisoras do mercado bancário e do mercado de capitais, a fim de que, no âmbito de suas atribuições, façam cumprir a ordem judicial.
§ 1º. A indisponibilidade de que trata o caput deste artigo limitar-se-á ao valor total exigível, devendo o juiz determinar o imediato levantamento da indisponibilidade dos bens ou valores que excederem esse limite.
§ 2º. Os órgãos e entidades aos quais se fizer a comunicação de que trata o caput deste artigo enviarão imediatamente ao juízo a relação discriminada dos bens e direitos cuja indisponibilidade houverem promovido".

expropriatórios/sub-rogatórios que compõem o núcleo do provimento executivo. Daí falarmos em tutelas provisórias exacionais tipicamente cautelares.

4.1.3.3 Tutelas jurisdicionais realizadoras em matéria tributária

As tutelas jurisdicionais meramente realizadoras ou executivas, já o dissemos (item 4.1.2.2.5), revelam-se, no mais das vezes, a partir de técnicas normativo-processuais sub-rogatórias que se concretizam pela prática de atos materiais voltados à realização forçada do direito material violado.

Oportuno anotar, nesse tocante, que a cada espécie de relação jurídico-prestacional (obrigação de dar; fazer ou não fazer; entregar coisa certa) corresponde uma técnica processual sub-rogatória específica, a qual se ajusta à conduta a qual pretende substituir e, principalmente, ao "bem da vida" que se presta a realizar. Por razões óbvias, nossas atenções, neste trabalho, voltam-se às técnicas processuais de realização de obrigações de dar dinheiro, gênero do qual a obrigação tributária em sentido estrito e a relação jurídica de indébito tributário são espécies.

A Lei 6.830/80 – Lei de Execuções Fiscais (LEF) – disciplina o procedimento de realização judicial de créditos fiscais, gênero do qual o crédito tributário é espécie, valendo-se das referidas técnicas sub-rogatórias para perseguir a satisfação do crédito tributário, cujo inadimplemento restar devidamente documentado em um específico tipo de título executivo produzido, extrajudicialmente, pelo próprio credor tributário, qual seja: a certidão de dívida ativa (CDA) – art. 784, inciso IX, do CPC.

O processo executivo fiscal, conquanto procedimentalmente especial e autônomo, apropria-se dos métodos constritivos e expropriatórios previstos no Código de Processo Civil, mais especificamente daqueles prescritos no capítulo dedicado à "execução por quantia certa", gênero do qual a ação executiva fiscal é espécie.

A definição jurídico-normativa de "tutela executiva por quantia certa", incluída a de natureza fiscal, encontra--se expressamente enunciada no art. 824 do CPC, que assim dispõe:

> *Art. 824. A execução por quantia certa realiza-se pela expropriação de bens do executado, ressalvadas as execuções especiais.*

Desse modo, adjudicação, alienação (judicial e extrajudicial) e apropriação de frutos e rendimentos de empresa ou de estabelecimentos e de outros bens consubstanciam técnicas expropriatórias que, embora (parcialmente) previstas na Lei 6.830/80, têm o seus respectivos *modus operandi* prescritos no âmbito do Código de Processo Civil, cuja disciplina é de observância obrigatória pelo Juízo executivo fiscal.[228]

Ao final, como eficácia mediata pretendida pelos indigitados atos de expropriação, tem-se a satisfação do crédito fiscal, fenômeno que, a teor do que revelam os incisos I e II do art. 904 do CPC,[229] objetiva-se pela entrega do dinheiro obtido em alienação ou pela adjudicação do bem constrito pelo credor exequente.

É preciso insistir, entretanto, no fato de nem todas as tutelas jurisdicionais voltadas à realização de obrigações por quantia certa se materializarem por meio das técnicas expropriatórias referidas acima, o que nos dá a oportunidade

228. "Art. 825. A expropriação consiste em:
I - adjudicação;
II - alienação;
III - apropriação de frutos e rendimentos de empresa ou de estabelecimentos e de outros bens.

229. Art. 904. A satisfação do crédito exequendo far-se-á:
I - pela entrega do dinheiro;
II - pela adjudicação dos bens penhorados".

de uma outra forma de tutela jurisdicional executiva, a qual se volta, exclusivamente, à realização de créditos constituídos contra a Fazenda Pública e que, além de fundamento constitucional específico (art. 100 da CF/88),[230] também faz jus a um regime jurídico processual diferenciado.

A tutela de realização de créditos exigidos da Fazenda Pública está adstrita a dois regimes jurídicos processuais, os quais, na prática, diferenciam-se pela natureza do título executivo (judicial ou extrajudicial) que veicula o direito creditório, quais sejam: (i) a execução (de título extrajudicial) contra a Fazenda Pública (art. 910 e seguintes do CPC); e (ii) o cumprimento de sentença contra a Fazenda Pública (art. 534 e seguintes do CPC).

Em se tratando de tutelas jurisdicionais tributárias, é de especial interesse o procedimento de cumprimento de sentença contra Fazenda Pública, regulado pelos arts. 534 e seguintes do CPC, que define a forma pela qual o indébito tributário, reconhecido por tutela condenatória, há de ser realizado após o trânsito em julgado da sentença.

Por essa específica técnica de "realização" de direitos creditórios, os atos expropriatórios do patrimônio do devedor são substituídos por ato ordenatório emanado pelo Poder Judiciário, denominado precatório (art. 535, §3º, inciso I, do CPC),[231] e dirigido ao ente estatal devedor com vistas à

---

230. "Art. 100. Os pagamentos devidos pelas Fazendas Públicas Federal, Estaduais, Distrital e Municipais, em virtude de sentença judiciária, far-se-ão exclusivamente na ordem cronológica de apresentação dos precatórios e à conta dos créditos respectivos, proibida a designação de casos ou de pessoas nas dotações orçamentárias e nos créditos adicionais abertos para este fim".

231. Art. 535. A Fazenda Pública será intimada na pessoa de seu representante judicial, por carga, remessa ou meio eletrônico, para, querendo, no prazo de 30 (trinta) dias e nos próprios autos, impugnar a execução, podendo arguir:
(...)
§ 3º. Não impugnada a execução ou rejeitadas as arguições da executada:
I - expedir-se-á, por intermédio do presidente do tribunal competente, precatório em favor do exequente, observando-se o disposto na Constituição Federal;
II - por ordem do juiz, dirigida à autoridade na pessoa de quem o ente público foi

inclusão do valor devido em Lei Orçamentária, o que possibilitará que o crédito seja satisfeito no exercício fiscal em que a respectiva dotação orçamentária for executada.

Não há, por essa específica técnica processual de realização de direitos creditórios, a prática de atos coativos em face do devedor fazendário, nem expropriatórios do patrimônio público, estando subjacente aos seus fundamentos – eminentemente constitucionais, vale repisar – as ideias de supremacia e indisponibilidade do interesse público, bem como de continuidade das atividades estatais.

4.1.3.4 Classificação das tutelas jurisdicionais tributárias

Uma proposta de classificação das tutelas jurisdicionais tributárias que se pretenda abarcante de todos os pronunciamentos tratados neste capítulo, dada a complexidade de conjugação das diferentes técnicas processuais de resolução de conflitos sobre as quais nos debruçamos, não permite a observância rigorosa daquela regra de divisão, tão cara à lógica formal, que determina a utilização de um só critério para cada uma das etapas do processo classificatório.

Portanto, por razões eminentemente didáticas, abriremos mão do rigor lógico observado nos itens 2.1.5 do capítulo II (classificação das ações tributárias) e 3.1.4 do capítulo III (classificação dos processos tributários), para propor um esquema classificatório dos pronunciamentos jurisdicionais que, a despeito de se valer de método eminentemente pragmático, parece-nos muito satisfatório quando analisado sob a óptica de sua capacidade explicativa.

Assim, conforme advertimos há pouco, uma das mais importantes formas de diferenciação entre as diversas tutelas jurisdicionais é aquela que aponta para a atividade

---

citado para o processo, o pagamento de obrigação de pequeno valor será realizado no prazo de 2 (dois) meses contado da entrega da requisição, mediante depósito na agência de banco oficial mais próxima da residência do exequente.

realizada pela autoridade judicante por ocasião da emanação do pronunciamento jurisdicional.

Tomando como base esse específico critério, temos, de um lado, os pronunciamentos jurisdicionais que se caracterizam por serem originados de atividade verdadeiramente constitutiva do direito material (constitutiva de normas concretas e individuais de direito material), dando ensejo à emanação das tutelas jurisdicionais cognitivas. De outro lado, temos aqueles pronunciamentos jurisdicionais concretos que se prestam exclusivamente à realização do direito material previamente constituído; eis, aqui, as tutelas jurisdicionais executivas ou meramente realizadoras.

No âmbito das tutelas jurisdicionais tributárias cognitivas, há aquelas cujas eficácias, por si sós, são suficientes à efetivação do direito material, as quais podemos denominar de tutelas jurisdicionais tributárias *independentes* ou *intransitivas*. Nesse escaninho, encontram-se: a tutela jurisdicional (i) declaratória de inexistência de relação jurídico-tributária (produzida pela via ordinária ou pela especial do mandado de segurança); (ii) anulatória do débito fiscal em sentido amplo (classe onde também estão incluídas as tutelas jurisdicionais produzidas pelas vias do mandado de segurança repressivo e dos embargos à execução); e (iii) declaratória da extinção do crédito por consignação em pagamento.

A par das normas-tutelas tributárias cognitivas *independentes* ou *intransitivas*, temos também as denominadas tutelas jurisdicionais tributárias cognitivas *dependentes* ou *transitivas*, assim entendidas como aquelas que constituem o direito material (fundamento) para, em seguida, criar as condições necessárias para que, por meio de outras tutelas jurisdicionais, possam ser concretizadas as atividades sub-rogatórias destinadas à efetivação do direito material. É justamente nessa classe que se encontra a tutela condenatória de repetição do indébito tributário.

As tutelas declaratórias do direito à compensação, por sua vez, dada a sua capacidade de produção de "dupla eficácia" (declaratória e condenatória), poderão ser transitivas ou intransitivas, a depender do modo pelo qual o autor pretender realizar o direito material por elas reconhecido.

Ainda no âmbito das tutelas jurisdicionais tributárias, temos aquelas ditas definitivas, cuja vocação é a composição permanente do conflito e a realização perene do direito violado. A estas, contrapõem-se as tutelas jurisdicionais tributárias provisórias, exaradas com o objetivo específico de tutelar temporariamente o direito material invocado, até o advento da tutela definitiva.

A divisão das tutelas jurisdicionais tributárias em definitivas, de um lado, e provisórias, de outro, se dá, portanto, mediante a invocação de um específico critério relacionado à "vocação para perenidade" subjacente ao pronunciamento jurisdicional, atributo presente nas primeiras, mas ausente nas segundas.

A classe das tutelas jurisdicionais tributárias provisórias, por sua vez, quando analisada sob a perspectiva dos fundamentos que lhe dão respaldo, pode ser dividida em duas outras subclasses, a saber: (i) a classe das tutelas jurisdicionais tributárias (provisórias) de urgência; e (ii) a classe das tutelas jurisdicionais tributárias (provisórias) de evidência.

Tais pronunciamentos provisórios ainda podem ser novamente divididos segundo o critério da eficácia por eles emanada, a partir do qual podemos cindi-las em: (i) tutelas jurisdicionais tributárias provisórias (de urgência ou de evidência) cautelares; e (ii) tutelas jurisdicionais tributárias provisórias (de urgência ou de evidência) antecipatórias.

Por fim, temos as tutelas jurisdicionais tributárias meramente realizadoras, as quais se destinam, única e exclusivamente, à realização do direito material tributário cuja existência esteja presumida por documento a que a legislação atribua *status* de título executivo.

No âmbito tributário, as tutelas jurisdicionais meramente realizadoras são exaradas a partir de dois títulos executivos produzidos em ambientes distintos: (i) o título executivo extrajudicial denominado "certidão de dívida ativa", produzido pelo credor tributário em procedimento administrativo próprio; e (ii) o título executivo judicial consubstanciado na sentença de natureza condenatória exarada no âmbito das ações tributárias antiexacionais reparadoras (repetição do indébito tributário, por exemplo).

As tutelas jurisdicionais tributárias meramente realizadoras, por sua vez, diferenciam-se pelas técnicas de efetivação do direito material creditório inadimplido, critério a partir do qual podemos dividi-las em: (i) tutelas jurisdicionais tributárias expropriatórias, que se utilizam de técnicas processuais sub-rogatórias dos direitos patrimoniais do devedor tributário (tutela executiva fiscal); e (ii) tutelas jurisdicionais tributárias ordenatórias, que se materializam por meio de ordem (requisição/precatório) dirigida ao ente estatal devedor para que inclua o valor devido ao sujeito passivo na Lei orçamentária anual, com vistas à realização do pagamento (cumprimento de sentença contra a Fazenda Pública).

Feitas essas advertências, tem-se que a combinação dos critérios acima referidos nos possibilita dividir as tutelas jurisdicionais tributárias em classes e subclasses, que podem ser assim representadas:

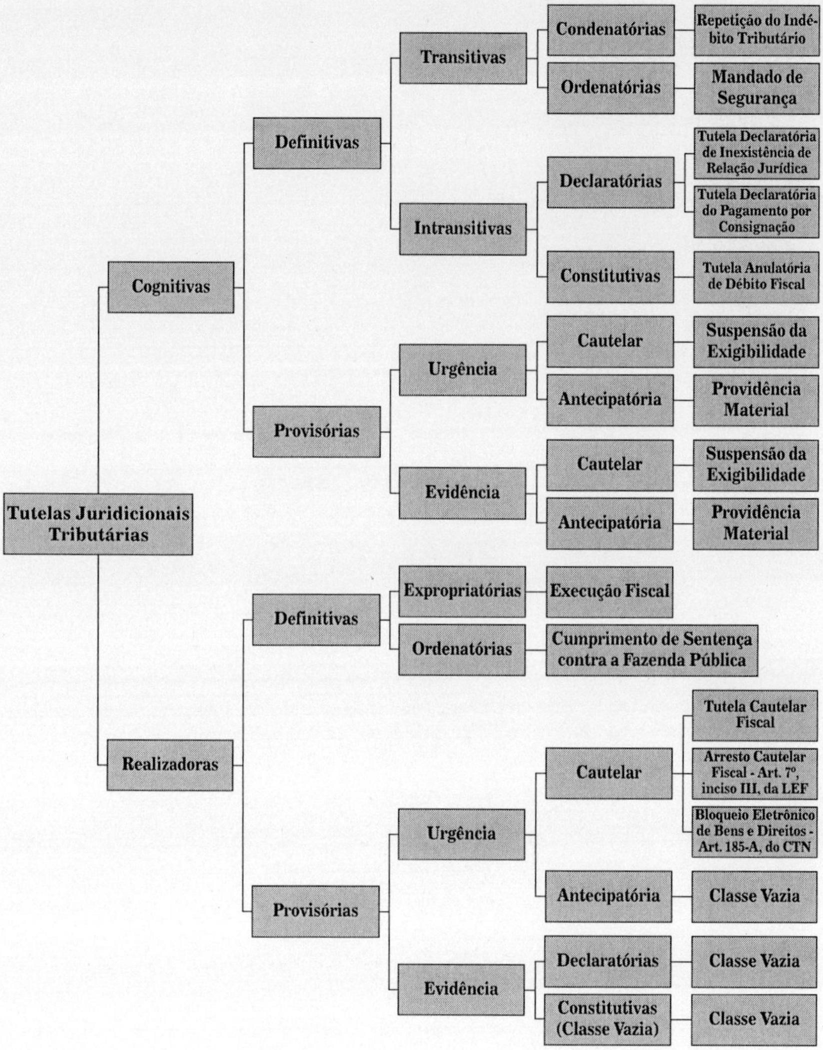
Tutelas Juridicionais Tributárias
Cognitivas
Definitivas
Transitivas
Condenatórias
Repetição do Indébito Tributário
Ordenatórias
Mandado de Segurança
Intransitivas
Declaratórias
Tutela Declaratória de Inexistência de Relação Jurídica
Tutela Declaratória do Pagamento por Consignação
Constitutivas
Tutela Anulatória de Débito Fiscal
Provisórias
Urgência
Cautelar
Suspensão da Exigibilidade
Antecipatória
Providência Material
Evidência
Cautelar
Suspensão da Exigibilidade
Antecipatória
Providência Material
Realizadoras
Definitivas
Expropriatórias
Execução Fiscal
Ordenatórias
Cumprimento de Sentença contra a Fazenda Pública
Provisórias
Urgência
Cautelar
Tutela Cautelar Fiscal
Arresto Cautelar Fiscal - Art. 7º, inciso III, da LEF
Bloqueio Eletrônico de Bens e Direitos - Art. 185-A, do CTN
Antecipatória
Classe Vazia
Evidência
Declaratórias
Classe Vazia
Constitutivas (Classe Vazia)
Classe Vazia

Título II
PRAGMÁTICA DO DIREITO PROCESSUAL TRIBUTÁRIO

CAPÍTULO I
AÇÕES TRIBUTÁRIAS ANTIEXACIONAIS EM ESPÉCIE

1.1 A ação declaratória de inexistência de relação jurídico-tributária e os limites ao desempenho da competência administrativa tributária

1.1.1 O objeto da ação declaratória negativa tributária: o direito de constituir o crédito tributário

A instituição da regra-matriz de incidência tributária e sua efetiva capacidade de produção de efeitos (aplicabilidade) constituem os pressupostos inaugurais tanto do desencadeamento da atividade fiscal de exigência do tributo quanto das condições de instauração de conflitos tributários. Sem tributo devidamente instituído, não é possível vislumbrar a mínima possibilidade de exigência fiscal concreta e, consequentemente, de lesão ou ameaça de lesão a direitos do sujeito de direito tributário.[232]

---

232. Desse modo, até que seja efetivamente instituído, o imposto sobre grandes fortunas (art. 153, inciso VII, da CF/88) nunca será objeto de questionamento judicial, pois a mera atribuição de competência à União Federal pelo texto constitucional

Isso não quer dizer, por óbvio, que a atividade jurisdicional não possa ser desencadeada a partir da mera atribuição, pela Constituição Federal, de competências tributárias aos entes políticos estatais. Com efeito, eventual novação no regime originário de competências constitucionais tributárias que venha a ser inserida no texto magno via emenda constitucional, e que seja afrontosa a preceitos constitucionais duros (cláusulas pétreas), poderá ser questionada pelos instrumentos processuais do sistema de controle jurisdicional abstrato de constitucionalidade (ADI, ADC e ADPF).

Essa possibilidade, contudo, pressupõe a instauração de um tipo específico de atividade jurisdicional que se caracteriza por ser eminentemente objetiva, e cuja "conflituosidade" – se é que podemos dizer que existe – é exclusivamente normativa, não havendo que se falar em lesão ou ameaça de lesão direta a direitos subjetivos.

Por isso, ao falarmos de ação declaratória de inexistência de relação jurídico-tributária, a ser manejada com substrato no art. 19 do CPC,[233]estamos a referir um específico instrumento processual que tem como pressuposto a incerteza jurídica imposta ao sujeito passivo ante a concreta possibilidade de desencadeamento de atividade fiscal com potencial para dar ensejo à constituição ilegítima de determinado crédito tributário.

Trata-se, em verdade, de um estado de imprevisibilidade quanto à correta aplicação do direito tributário em determinada situação concreta, isto é, acerca da possibilidade iminente do exercício ilegítimo da atividade fiscal em

---

não tem, antes de ser efetivamente exercida, potencial lesivo a direitos patrimoniais do sujeito de direito tributário.

233. Art. 19. O interesse do autor pode limitar-se à declaração:
I - da existência, da inexistência ou do modo de ser de uma relação jurídica;
II - da autenticidade ou da falsidade de documento.

circunstâncias específicas – diretamente relacionada aos limites do poder (administrativo) de tributar –, bem como do risco de violação ao direito do sujeito de direito tributário, de ser tributado nos estritos marcos jurídicos constitucional e legalmente fixados.

Do ponto de vista jurídico-material, portanto, o que verdadeiramente se contrapõe na lide instaurada por meio desse específico instrumento processual é, de um lado, o direito potestativo do Fisco à constituição do crédito tributário e, de outro, o direito absoluto do sujeito passivo de não ser tributado fora dos parâmetros legais e constitucionais positivados.

Dessa forma, a "declaração de inexistência" do direito de constituir o crédito tributário, efetivamente plasmada no núcleo da parte dispositiva da sentença, que acolhe a pretensão deduzida, pressupõe a "declaração de existência" do direito do sujeito passivo não ser tributado naquela específica situação de fato e de direito objeto da demanda, declaração esta que constará dos fundamentos da tutela jurisdicional que apreciar a pretensão deduzida.

O direito de somente ser tributado nos limites (constitucionais e legais) fixados pelo sistema é uma decorrência direta da noção de "propriedade" e se encontra no topo da cadeia de positivação do direito tributário, tendo como fato jurídico necessário e suficiente a mera circunstância de ser potencial sujeito passivo de um determinado tributo.

Estamos a falar, desse modo, de uma espécie de ação tributária que tem por objeto a limitação ao próprio exercício do poder de tributar, quando considerado sob a perspectiva do desempenho concreto das competências administrativas tributárias.

Note-se, assim, que a relação jurídica a ser "declarada inexistente" pelas tutelas jurisdicionais declaratórias negativas não é a relação jurídico-tributária em sentido estrito (obrigação tributária) – que, de fato e de direito, ainda não existe por ocasião do ajuizamento da demanda –, mas sim a relação jurídica na qual se encontra o direito subjetivo potestativo da Fazenda Pública de constituir o débito pelo lançamento. Em verdade, é o "desempenho" abusivo desse poder que se pretende obstar por meio da tutela declaratória negativa.[234]

Sobre esse vínculo jurídico, núcleo da conflituosidade que é ínsita à demanda declaratória negativa, cabem alguns esclarecimentos.

A relação jurídica na qual se identifica o direito de constituir o crédito tributário tem por pressuposto a verificação, no plano social, daquele acontecimento previsto no antecedente da norma padrão de incidência, evento este que somente haverá de ser juridicamente identificado por ocasião do competente procedimento fiscal. Diante disso, o que se pretende coibir com a ação declaratória negativa, em verdade, não é o desencadeamento da atividade fiscal, mas o ato final dela resultante, destinado a constituir o crédito tributário. E isso, vale advertir, exclusivamente no que tange às situações de fato e de direito que compõem o objeto da demanda declaratória negativa.

Interessante notar que, paralelamente à relação jurídica que materializa o poder do ente estatal de constituir o crédito tributário – a qual se estabelece entre os sujeitos de direito tributário –, verifica-se outro vínculo jurídico – que contrapõe o agente fiscal (tributos sujeitos ao lançamento de ofício) ou o próprio sujeito passivo (tributos sujeitos ao autolançamento) com a pessoa política tributante –, no

234. O vocábulo "desempenho" é utilizado nos exatos termos em que propostos por DANIEL MONTEIRO PEIXOTO, isto é, como norma "que prevê, diante da ocorrência de determinado fato jurídico (motivo), a obrigação ou faculdade de se produzir o ato. Seu antecedente e seu consequente 'conformam os requisitos de emanação'". PEIXOTO, Daniel Monteiro. *Competência administrativa na aplicação do direito tributário*, p. 135.

qual se encontra o dever jurídico de realizar a incidência da regra padrão que instrumentalizará o exercício do direito do Fisco de constituir a obrigação tributária.

Eis, aí, a dicotomia que se estabelece entre o poder de constituir o crédito tributário e o dever de fazê-lo, manifestada em duas relações jurídicas que se implicam mutuamente, a saber: (i) a relação jurídica na qual se encontra o "poder de lançar", e que tem como sujeito ativo o Estado-administração; e (ii) o vínculo que se estabelece entre o ente estatal e a autoridade fiscal, funcional por natureza, que estabelece o dever jurídico deste último de *desempenhar* a referida competência.

No contexto da relação jurídica que estabelece o dever de *desempenho* da competência administrativa, a autoridade fiscal ocupará a posição de sujeito passivo, submetendo-se , inclusive, às devidas sanções funcionais nos casos em que, presentes os requisitos indispensáveis à formalização do crédito, recusar-se a fazê-lo. Trata-se, a propósito, da mesma posição jurídica ocupada pelo sujeito passivo nas ocasiões em que a legislação lhe atribuir a condição de titular do dever de constituir o crédito tributário, isto é, nos casos dos tributos sujeitos ao regime do lançamento por homologação.

Nesses termos, o poder (competência) de constituir o crédito tributário pertencerá, invariavelmente, à pessoa política tributante, enquanto o "dever" de desempenhá-lo ora será atribuído à autoridade fiscal (tributos sujeitos ao lançamento de ofício ou por declaração), ora ao próprio sujeito passivo tributário (tributos sujeitos ao lançamento por homologação).

Pois bem. É por meio do exercício do direito e do dever acima descritos que se realiza a incidência da norma tributária padrão, em face da ocorrência do fato previsto em sua hipótese, cuja verificação empírica dar-se-á no bojo de procedimento fiscal, especialmente desencadeado para tal finalidade.

É sempre bom recordar, nesse tocante, que as circunstâncias de fato que dão oportunidade ao exercício do direito de constituir o crédito tributário são, em parte, as mesmas que dão ensejo ao nascimento da obrigação tributária em sentido estrito. Noutro falar, o exercício (desempenho) do direito de lançar só se justifica ante a verificação do evento tributário (fato gerador) que serve de substrato à incidência da regra-matriz tributária, e que corresponde justamente ao "motivo" do ato administrativo de lançamento.[235]

Parece certo, ainda, que do ponto de vista lógico e cronológico, o exercício do direito de formalizar o crédito tributário constitui pressuposto necessário ao ato de constituição do crédito tributário. Significa dizer que, de rigor, os vícios, fáticos ou jurídicos, que possam comprometer a legitimidade da obrigação tributária em sentido estrito, devidamente formalizada, também afetam, *ex ante*, a legitimidade do exercício do direito de lançar, de sorte que quaisquer questões de fato ou de direito que tornem ilegítima (inconstitucional ou ilegal) uma eventual-provável-futura exigência fiscal também haverão de comprometer o exercício concreto da competência administrativa tributária.

Nessa medida, o risco de desempenho ilegítimo ou abusivo dessa potestade estatal implica ameaça direta ao direito subjetivo do potencial sujeito passivo de ser tributado nos estritos limites constitucionais e legais. Por isso, a relação jurídica conflituosa objetivada na *causa de pedir* própria à demanda declaratória de inexistência de relação jurídico-tributária é aquela em que consta o direito subjetivo do sujeito de direito de não ser tributado em circunstâncias nas quais não estejam verificadas as condições fáticas

235. "Pressupostos do ato-norma administrativo de lançamento são os fatos jurídicos que integram o suporte factivo do fato jurídico suficiente para a produção do ato-norma de lançamento tributário: (i) agente competente; (ii) procedimento previsto em lei; (iii) o motivo do ato e (iv) a publicidade (sinopse VIII.4.1)". SANTI, Eurico Marcos Diniz. *Lançamento tributário*, p. 278.

e normativas para tal, e não, propriamente, a potencial obrigação tributária a ser constituída pelo exercício ilegítimo do direito de lançar.

O afastamento do poder atribuído ao Estado-administração, via tutela declaratória negativa, implica, automaticamente, o afastamento dos deveres atribuídos ao agente fiscal (lançamento de ofício) e ao sujeito passivo tributário (lançamento por homologação), estando o primeiro imune a eventuais acusações de descumprimento de seus deveres funcionais, e o segundo de eventuais acusações de não cumprimento de deveres instrumentais.

Não descartamos, também, a possibilidade de uma ação declaratória de inexistência de relação jurídico-tributária se voltar, exclusivamente, para questões atinentes à obrigatoriedade ou não de submissão do sujeito de direito a determinada obrigação tributária dita "acessória", com vistas à declaração de inexistência do dever de submissão a determinado dever instrumental.

Conquanto tal contingência seja teórica e pragmaticamente plausível, não é esse o motivo mais comum para a utilização desse instrumento processual que, no mais das vezes, tem, como objeto, questões relacionadas à possibilidade ou não de desempenho do poder por meio do qual se concretiza o vínculo prestacional peculiar à "obrigação tributária dita principal".

Diante disso, e analisando a questão sob o ponto vista socioeconômico, a ideia de uma tutela declaratória negativa que delimite, *ex ante,* as condições de fato e de direito em que determinada atividade pode ou não ser objeto de tributação está intimamente relacionada à criação de um ambiente de *certeza* e segurança jurídica que permita ao sujeito de direito tributário planejar, economicamente, seu negócio, sem ficar sob risco de contingências fiscais inesperadas.

Nesse ponto, a eficácia social emanada da tutela declaratória negativa é muito similar àquela que decorre das resoluções de consulta tributária, a qual também tem o condão de implementar um ambiente de certeza jurídica acerca da correta aplicação da legislação tributária, fazendo-o sempre de forma vinculativa dos sujeitos de direito tributário relativamente a todas as situações futuras em que se verificarem as condições fáticas e jurídicas abarcadas pela resposta à consulta.

1.1.2 As condições da ação e a demanda declaratória negativa tributária

As condições da ação, já o dissemos (item 2.1.2 e subitens do capítulo 2 do título I), constituem categorias normativo-processuais que se materializam sob a forma de relações (de identidade e de adequação), identificadas a partir do cotejo dos elementos constitutivos da demanda (partes, causa de pedir e pedido), tal qual afirmados pelo autor.

A reboque disso, a legitimidade *ad causam*, daqueles que vierem a ocupar os polos ativo e passivo nas ações declaratórias negativas tributárias, se verifica a partir da necessária *relação de identidade* entre os sujeitos parciais do processo (autor e réu) e os sujeitos (ativo e passivo) que compõem a relação jurídica de direito potestativo público, cujo desempenho resultará na constituição da obrigação tributária que se pretende obstar. Serão os sujeitos de direito potencialmente titulares da obrigação tributária cuja constituição se quer evitar, portanto, os legitimados a figurar nos polos ativo e passivo da demanda declaratória negativa.

O expediente por meio do qual se procede à determinação dos sujeitos legitimados a ocupar os polos ativo e passivo nas ações declaratórias tributárias negativas – a despeito da abstração inerente à ausência, no instante da propositura da ação, de linguagem jurídica constitutiva da obrigação tributária – tende a ser muito trivial, ao menos nas situações ordinárias, nas quais o pretenso titular do direito de não ser tributado é facilmente identificável a partir dos fatos cuja tributação se pretende evitar, e o titular da capacidade tributária ativa está personificado no ente político titular do poder de tributar.

Em algumas situações específicas, todavia, a identificação do sujeito legitimado/interessado para ocupar o polo ativo da demanda declaratória negativa tributária, conforme adiantamos no item 2.1.2.4.2.1 do capítulo II do título I, impõe-nos inferências, ponderações um tanto mais complexas.

É esse, exatamente, o caso do responsável tributário que eventualmente se sinta ameaçado por eventual-provável-futura insurgência do Fisco e, por essa razão, pretenda se valer da indigitada ação preventiva com o objetivo de evitar que o lançamento de tributo decorrente de fato tributário praticado por outrem (o contribuinte) seja lavrado diretamente contra ele, em regime de solidariedade ou, até mesmo, de exclusividade.

A legitimidade ativa do responsável tributário, bem como seu interesse processual na obtenção de tutela preventiva deste jaez, é plenamente justificável sob o ponto de vista jurídico-normativo, pois as regras de responsabilidade tributária autorizam o Fisco a constituir a obrigação tributária diretamente em face do responsável nas circunstâncias em que os pressupostos de imputação da responsabilidade estejam demonstrados.

Não é incomum, aliás, que autos de infração sejam lavrados diretamente contra o responsável tributário, razão pela qual qualquer sujeito de direito que, potencialmente, possa figurar no polo passivo de uma obrigação tributária terá, em tese, legitimidade para figurar no polo ativo da ação declaratória de inexistência de relação jurídico-tributária.

No plano concreto, todavia, a demonstração da legitimidade e, principalmente, do interesse processual do "possível responsável" ficará à mercê de uma criteriosa verificação da concreta possibilidade de o auto de infração ser lavrado diretamente contra ele, algo que nem sempre é fácil de se realizar, tendo em vista a grande dificuldade de se amealhar dados objetivos capazes de antecipar um juízo a ser exarado pela autoridade fiscal acerca da ilicitude da conduta perpetrada pela pessoa física para fins de imputação de responsabilidade tributária.

Algumas situações, no entanto, são altamente indiciárias do risco de imputação de responsabilidade tributária por débito de outrem, autorizando, por conseguinte, o manejo da ação declaratória negativa por parte da pessoa física que esteja sob ameaça do Fisco.

É esse o caso, por exemplo, do sócio notificado da abertura contra si de procedimento administrativo de reconhecimento de responsabilidade tributária (PARR), instituído pela Portaria PGFN 948/2017,[236] ou de procedimento similar, instaurado no âmbito da Receita Federal do Brasil, disciplinado na Instrução Normativa RFB 1.862/2018.[237] Em tais circunstâncias, a legitimidade ativa e o interesse processual do terceiro que se encontre sob "fiscalização"

---

236. "Art. 1º Esta Portaria regulamenta o procedimento administrativo para apuração de responsabilidade de terceiros pela prática da infração à lei consistente na dissolução irregular de pessoa jurídica devedora de créditos inscritos em dívida ativa administrados pela PGFN".

237. Art. 1º Esta Instrução Normativa dispõe sobre a imputação de responsabilidade tributária no âmbito da Secretaria da Receita Federal do Brasil (RFB).
Parágrafo único. Para fins do disposto nesta Instrução Normativa, considera-se que:
I - a responsabilidade tributária pressupõe a existência da regra-matriz de incidência tributária, referente à obrigação tributária, e da regra-matriz de responsabilidade tributária;
II - a imputação de responsabilidade tributária é o procedimento administrativo para atribuir responsabilidade tributária a terceiro que não consta da relação tributária como contribuinte ou como substituto tributário, nas hipóteses legais.

fazendária, para fins de manejo da ação declaratória negativa, restará plenamente demonstrado.

Em regra, as legislações tributárias descrevem as situações de fato em que o terceiro diverso daquele que realiza o fato tributário pode ser alçado diretamente à condição de sujeito passivo da obrigação tributária. Por isso, nas situações em que se verificar indícios concretos que permitam inferir o risco de atribuição direta da responsabilidade tributária, o terceiro que estiver à mercê da iminente cobrança ilegítima poderá se valer da ação declaratória negativa para evitar que o lançamento seja lavrado diretamente contra ele.

Pois bem. O fato de estar na iminência de ser submetido a uma tributação ilegítima materializa a ameaça de lesão que viabiliza o ajuizamento da demanda declaratória negativa em matéria tributária. Desse modo, a *incerteza jurídica* que se instaura em razão da possibilidade concreta de desempenho arbitrário da competência administrativa tributária e, consequentemente, da violação ao direito de propriedade do sujeito de direito tributário é exatamente o que configura a ameaça de lesão, a justificar o *interesse processual* na propositura da ação declaratória de inexistência de relação jurídico-tributária.

A necessidade de uma tutela cuja eficácia seja dirimente da *incerteza* quanto à legitimidade do exercício do direito de formalizar o crédito tributário diz, justamente, com a preservação da segurança jurídica. E isso porque ameaça de lesão que opera sobre o direito subjetivo do potencial sujeito passivo (de ser tributado nos estritos limites da lei) só pode ser afastada por meio de instrumentos processuais com o condão de instar, preventivamente, o Estado-juiz a produzir uma específica tutela jurisdicional dotada da capacidade de evitar que a lesão efetivamente ocorra.

A ação declaratória de inexistência de relação jurídico tributária se presta exatamente a esse papel, isto é, o de instrumento ordinário de veiculação de pretensão especificamente destinada a obstar o eventual-provável-iminente desencadeamento de atividade fiscal, e a consequente constituição do crédito tributário, em situações em que a pretensão fiscal se mostre ilegítima, tendo lugar, portanto, sempre que houver efetivo risco de exigência ilegítima de tributo que não haja ainda sido objeto de constituição, inclusive no que tange a fatos geradores anteriores à propositura da ação.

Desse modo, o interesse processual próprio à ação declaratória negativa tributária se revela pela efetiva e atual possibilidade de desempenho abusivo ou ilegítimo da competência administrativa tributária, ocasião em que o sujeito de direito tributário necessita de tutela jurisdicional especialmente voltada a impedir o exercício do direito potestativo fazendário de constituir o crédito tributário.

Esse risco, que costuma estar relacionado às peculiaridades fáticas do caso, há que ser efetiva e pormenorizadamente caracterizado, inclusive para evitar que o órgão judicial se desincumba do dever de apreciar o pedido por meio do fácil e cômodo argumento da "ação contra lei em tese".[238]

O interesse processual na propositura da ação declaratória negativa perdurará enquanto se mantiver o risco de se concretizar a exigência indevida e até que haja a efetiva constituição do crédito tributário, não havendo que se falar em "prazo" certo para seu manejo.

---

238. "O interesse que legitima a ação declaratória, entretanto, deve ser demonstrado objetivamente. A mera existência de dúvida pela parte autoria revela-se insuficiente para obter a sentença de mérito. Parece claro, portanto, ser indispensável a demonstração de um fato concreto, apto a gerar prejuízos ao autor". PANDOLFO. Rafael. *Fundamentos do direito processual tributário*, p. 95.

Dessa maneira, enquanto subsistir a situação de incerteza jurídica acerca da legitimidade ou não do exercício do direito de constituir o crédito tributário, que caracteriza essa específica lide tributária, haverá oportunidade para a utilização da ação declaratória de inexistência de relação jurídico-tributária.

1.1.3 As regras de competência e de procedimento aplicáveis à ação declaratória negativa em matéria tributária

Por se tratar de típica demanda fundada em direito pessoal, na vigência do CPC/73, o foro competente para ajuizamento da ação declaratória de inexistência de relação jurídica era o do domicílio do réu, submetendo-se o autor, naquela ocasião, à regra geral de competência de foro contida no art. 94 do CPC/73,[239] a qual só era excetuada para as demandas em que a União Federal figurava como ré, circunstância em que os critérios de identificação do foro competente eram – como de fato ainda são – aqueles constantes na regra veiculada no art. 109, §2º, da CF/88,[240] a qual faculta ao autor escolher entre (i) o foro da seção judiciária em que for domiciliado; (ii) o foro em que houver ocorrido o ato ou fato que deu origem à demanda; (iii) o foro em que esteja situada a coisa; ou, ainda, (iv) o Distrito Federal.

Com o advento do CPC/2015, a regra do art. 109, §2º, da CF/88, foi reproduzida pelo art. 51, parágrafo único, e ampliada pelo art. 52, parágrafo único, do CPC,[241] momento a

239. "Art. 94. A ação fundada em direito pessoal e a ação fundada em direito real sobre bens móveis serão propostas, em regra, no domicílio do réu".

240. "Art. 109. Aos juízes federais compete processar e julgar:
(...)
§ 2º As causas intentadas contra a União poderão ser aforadas na seção judiciária em que for domiciliado o autor, naquela onde houver ocorrido o ato ou fato que deu origem à demanda ou onde esteja situada a coisa, ou, ainda, no Distrito Federal".

241. "Art. 51. É competente o foro de domicílio do réu para as causas em que seja autora a União.
Parágrafo único. Se a União for a demandada, a ação poderá ser proposta no foro

partir do qual os mesmos critérios de identificação do foro competente prescritos no texto constitucional para fins de ajuizamento de demandas em face da União Federal foram estendidos às ações propostas em face dos Estados e do Distrito Federal, o que significa, em termos de demandas tributárias, atribuir ao sujeito passivo a faculdade de propor a ação declaratória negativa no foro do próprio domicílio.[242]

Essa faculdade atribuída ao sujeito passivo demandante, no entanto, deve observar os limites territoriais impostos pela "interpretação conforme" dada ao dispositivo legal em questão pelo Supremo Tribunal Federal quando do julgamento das ADIs nº 5.492/RJ e 5.737/DF, onde restou firmada a tese segundo a qual *é inconstitucional a regra de competência que permita que os entes subnacionais sejam demandados perante qualquer comarca do país, devendo*

---

de domicílio do autor, no de ocorrência do ato ou fato que originou a demanda, no de situação da coisa ou no Distrito Federal".

"Art. 52. É competente o foro de domicílio do réu para as causas em que seja autor Estado ou o Distrito Federal.

Parágrafo único. Se Estado ou o Distrito Federal for o demandado, a ação poderá ser proposta no foro de domicílio do autor, no de ocorrência do ato ou fato que originou a demanda, no de situação da coisa ou na capital do respectivo ente federado".

242. *PROCESSUAL CIVIL. CONFLITO DE COMPETÊNCIA. AÇÃO INDENIZATÓRIA. DEMANDA CONTRA ESTADO DA FEDERAÇÃO. COMPETÊNCIA CONCORRENTE. FORO DO DOMICÍLIO DO AUTOR. OPÇÃO.*

1. O art. 52, parágrafo único, do CPC/2015, ao enunciar que, se o Estado ou o Distrito Federal for demandado, a ação poderá ser proposta no foro de domicílio do autor, no de ocorrência do ato ou fato que originou a demanda, no de situação da coisa ou na capital do respectivo ente federado, estabelece a competência concorrente entre os juízos para o ajuizamento da ação, constituindo-se em verdadeira opção do seu promovente.

2. No caso, levando em consideração que a distribuição originária do feito deu-se na comarca do domicílio do autor, evidencia-se a competência do suscitado.

3. Impossibilidade de reconhecimento de ofício da incompetência relativa, a teor da Súmula 33 do STJ.

4. A pendência de ação direta de inconstitucionalidade perante o STF não tem o condão de autorizar o sobrestamento do presente conflito, à míngua de previsão legal. Precedentes: AgInt no CC 158781/DF, de minha relatoria, PRIMEIRA SEÇÃO, DJe 21/03/2019; AgInt no CC 157479/SE, rel. Min. REGINA HELENA COSTA, PRIMEIRA SEÇÃO, DJe 04/12/2018 5. Agravo interno desprovido.

(STJ - AgInt no CC nº 163.985/MT; Primeira Seção; Relator Ministro Gurgel de Faria; julgado em 18/06/2019; publicado em 25/06/2019 – Destacamos e grifamos)

a fixação do foro restringir-se aos seus respectivos limites territoriais.

Significa dizer, por outros termos, que na contingência de um sujeito passivo, sediado num determinado Estado, estar à mercê de ser autuado por outro ente subnacional – por divergência acerca da correta apuração do diferencial de alíquotas em operação de remessa interestadual de mercadorias, por exemplo –, não poderá invocar o permissivo constante do art. 52, parágrafo único, do CPC, para ajuizar ação declaratória negativa no foro da comarca na qual se encontra estabelecido, devendo fazê-lo, obrigatoriamente, no foro da comarca na qual se deu a autuação ou no da capital do Estado de destino da mercadoria.

Já no que respeita às demandas declaratórias negativas propostas em razão de eventuais exigências fiscais atribuídas à competência constitucional dos Municípios, ante a ausência de norma específica, a regra geral de ajuizamento no foro do "domicílio do réu", agora veiculada no art. 46, *caput*, do CPC, permanece plenamente vigente.

Sob o ponto vista procedimental, a ação declaratória de inexistência de relação jurídico-tributária deve ser processada sob o rito comum (equivalente, no regime do CPC/2015, ao procedimento ordinário do CPC/73), ficando adstrita, portanto, às quatro fases procedimentais que lhes são próprias, a saber: postulatória, ordinatória, instrutória e decisória.

Não obstante, é muito comum que demandas desse jaez sejam finalizadas por meio de julgamento antecipado do mérito (art. 355, inciso I, do CPC), já que a característica principal de boa parte das discussões realizadas pela via da ação declaratória negativa é justamente o fato de estarem relacionadas a questões eminentemente normativas, ou seja, a teses jurídicas relativas à interpretação controvertida de preceitos legais e constitucionais (lacunas de conhecimento) e enquadramentos fiscais (lacunas de reconhecimento).

Com efeito, o fato de a ação declaratória negativa poder ser manejada à revelia da instauração de qualquer procedimento fiscal anterior que evolva a efetiva apreciação de questões fáticas, técnico-escriturais ou técnico-contábeis que demandem uma produção probatória tecnicamente mais robusta e sofisticada, torna ainda mais marcante essa característica.

Essa regra, contudo, também comporta exceções.

Isso porque algumas discussões, mesmo que passíveis de serem levadas à apreciação judicial em caráter preventivo, podem demandar a produção de prova técnico-pericial, o que tornará imprescindível a instauração da fase instrutória.

É o caso, por exemplo, das discussões quanto ao enquadramento de situações fáticas a hipóteses normativas semanticamente abertas, tais como aquelas referentes ao enquadramento de bens e serviços ao conceito de insumo para fins de apropriação de créditos relativos a tributos não cumulativos, circunstâncias em que haverá de se estabelecer, segundo as peculiaridades do caso concreto, por meio de prova pericial, o modo pelo qual determinados bens e serviços são efetivamente utilizados em cada processo produtivo, para, somente então, concluir-se pela possibilidade de subsunção da situação concreta à hipótese normativa.

1.1.4 A tutela provisória e o depósito judicial no âmbito das ações declaratórias negativas em matéria tributária

O fato de serem processadas sob o rito comum resulta, naturalmente, na possibilidade de se pleitear, no bojo das ações declaratórias negativas tributárias, tutelas provisórias a serem concedidas com fundamento no art. 294 e seguintes do CPC.

Dessa forma, verificados os requisitos prescritos no art. 300, *caput*, do CPC – probabilidade do direito e perigo de dano ou risco ao resultado útil do processo –, a concessão de tutela provisória de urgência se mostra plenamente viável no contexto das ações declaratórias negativas. O mesmo pode ser dito acerca da possibilidade de concessão de tutela provisória de evidência, bastando, parta tanto, que uma das situações prescritas nos incisos do art. 311 do CPC restem verificadas.

As tutelas provisórias concedidas em processos que tenham como objeto a declaração de inexistência de relação jurídico-tributária, independentemente de seus fundamentos (urgência ou evidência), sempre produzirão eficácias eminentemente acautelatórias (vide capítulo IV, item 4.1.3.1), consubstanciadas naquilo que a norma material veiculada no art. 151, inciso V, do CTN, denomina "suspensão da exigibilidade do crédito tributário", e que, em se tratando de ações declaratórias negativas, pode significar: (i) expressa vedação à constituição do crédito tributário enquanto pendente de julgamento a demanda;[243] ou – o que é

243. PROCESSO CIVIL E TRIBUTÁRIO. SUSPENSÃO DO CRÉDITO TRIBUTÁRIO. CAUSA SUSPENSIVA CONSISTENTE EM LIMINAR ANTECIPATÓRIA CONCEDIDA EM MANDADO DE SEGURANÇA. APLICAÇÃO DO ART. 151, IV, DO CTN.

1. À luz das hipóteses enumeradas no art. 151 do CTN é possível entrever que há causas suspensivas que antecedem à constituição do crédito tributário pelo lançamento e outras que o encontram constituído.

2. Em qualquer caso, emitida a ordem judicial suspensiva não é lícito à Administração Tributária proceder a qualquer atividade que afronte o comando judicial, sob pena de cometimento do delito de desobediência, hodiernamente consagrado e explicitado no art. 14, VI e Parágrafo único Código de Processo Civil.

3. É vedado à Administração agir com desconsideração ao provimento liminar e com desprezo pelo Poder Judiciário sob o argumento de que a decisão liminar não corresponde ao trânsito em julgado da decisão final, porquanto esse argumento sofismático implica negar eficácia à antecipação da **tutela** que é autoexecutável e mandamental.

4. Exsurgindo a **suspensão** prevista no art. 151, IV, do CTN no curso do procedimento de constituição da obrigação tributária, o que se opera é o "impedimento à constituição do crédito tributário".

5. O Judiciário ao sustar a **exigibilidade** do crédito tributário tanto pode endereçar

mais comum – (ii) a possibilidade de constituição do crédito com a exigibilidade suspensa, obstando-se a realização dos atos de cobrança subsequentes.[244]

Nesse contexto, os entes políticos costumam disciplinar expressamente o procedimento a ser adotado pela autoridade fiscal nas circunstâncias em que haja a concessão de tutela provisória, suspensiva da exigibilidade do crédito tributário, no bojo de ações tributárias preventivas, cuja natureza pressupõe a inexistência de obrigação tributária efetivamente formalizada por ocasião da concessão da tutela provisória.

No âmbito da União Federal, por exemplo, o art. 63 da Lei 9.430/96,[245] determina que a constituição do crédito tributário, nessas situações, ocorra sem imposição de multa, o que parece coerente com a "ausência de exigibilidade", que resulta em desoneração provisória do sujeito passivo do dever de constituir e de cumprir a obrigação tributária.[246]

---

a sua ordem à que não se constitua o crédito, posto do seu surgimento gerar ônus ao contribuinte até mesmo sob o ângulo da expedição de certidões necessárias ao exercício de atividades laborais, como também vetar a sua **cobrança**, ainda que lançado o tributo previamente à ordem.
6. Prosseguir na atividade constitutiva do crédito tributário, suspensa a sua **exigibilidade** por força de liminar judicial, caracteriza, inequivocamente, o que a doutrina do tema denomina de *Contempt of Court*, por influência anglo-saxônica, hodiernamente verificável nos sistemas do *civil law*.
7. Precedente.
8. Recurso especial conhecido e improvido.
(REsp n. 453762 / RS; 1ª Turma; Rel. Min. Luiz Fux; DJ 17/11/2003)

244. Tese firmada por ocasião do julgamento do tema 271 do STJ: "Os efeitos da suspensão da exigibilidade pela realização do depósito integral do crédito exequendo, quer no bojo de ação anulatória, quer no de ação declaratória de inexistência de relação jurídico-tributária, ou mesmo no de mandado de segurança, desde que ajuizados anteriormente à execução fiscal, têm o condão de impedir a lavratura do auto de infração, assim como de coibir o ato de inscrição em dívida ativa e o ajuizamento da execução fiscal, a qual, acaso proposta, deverá ser extinta".

245. "Art. 63. Na constituição de crédito tributário destinada a prevenir a decadência, relativo a tributo de competência da União, cuja exigibilidade houver sido suspensa na forma dos incisos IV e V do art. 151 da Lei 5.172, de 25 de outubro de 1966, não caberá lançamento de multa de ofício".

246. Não é essa, no entanto, a postura adotada no âmbito da legislação tributária

A literalidade do referido dispositivo legal dá conta de expressar o verdadeiro objetivo da regra que dispõe sobre a constituição do crédito com a exigibilidade suspensa, qual seja: "a prevenção da decadência".

Essa circunstância nos leva a indagar sobre os casos – raros, mas verificáveis – em que a tutela provisória concedida em sede de ação declaratória negativa impuser, expressamente, a vedação à constituição do crédito tributário, pois, nessa situação, a proibição expressa imputada à autoridade fiscal para realizar a constituição preventiva do crédito tributário terá impacto direto na fluência do prazo decadencial.[247]

Conquanto não haja norma expressa que regule tal situação, a lógica, por si só, é capaz de nos levar à conclusão de que, nesses específicos casos, não há que se falar em fluência do prazo decadencial. Isso porque, sendo a "decadência" um fenômeno que pressupõe a inércia desidiosa do titular do

---

(art. 30, § 3º, da Lei Estadual n. 13.457/2009) do Estado de São Paulo que regula o procedimento de constituição do crédito tributário para fins de prevenção da decadência (prevendo que a desoneração da multa somente ocorrerá nas circunstâncias em que a causa suspensiva for decorrente de depósito do montante integral do crédito. Confira-se:

"Art. 30 - Não impede a lavratura do auto de infração a propositura pelo autuado de ação judicial por qualquer modalidade processual, com o mesmo objeto, ainda que haja ocorrência de depósito ou garantia.

§ 1º - A propositura de ação judicial importa renúncia ao direito de litigar no processo administrativo tributário e desistência do litígio pelo autuado, devendo os autos serem encaminhados diretamente à Procuradoria Geral do Estado, na fase processual em que se encontrarem.

§ 2º - O curso do processo administrativo tributário, quando houver matéria distinta da constante do processo judicial, terá prosseguimento em relação à matéria diferenciada, conforme dispuser o regulamento.

§ 3º - Estando o crédito tributário com a exigibilidade suspensa, nos termos do art. 151, incisos II, da lei federal n. 5172 de 25 de outubro de 1966, a autuação será lavrada para prevenir os efeitos da decadência, porém sem a incidência de penalidades". (destacamos)

247. Eventual ordem para não lançar, eventualmente exarada no bojo das tutelas provisórias concedidas em ações tributárias preventivas (declaratória negativa e mandado de segurança preventivo), justifica-se plenamente naquelas situações que há prova cabal de que a simples constituição, mesmo que precária, do crédito tributário implicará danos de monta ao contribuinte.

direito potestativo à constituição do crédito tributário, torna-se impossível imputar tal "vício" à autoridade fiscal que deixar de formalizar o crédito em cumprimento de expressa ordem judicial. Não se afiguraria juridicamente aceitável a pretensão de penalizar alguém por se abster da prática de um ato cuja realização estava vedada por ordem judicial expressa.

Há que se admitir, portanto, com as *venias* da civilística clássica – segundo a qual os prazos decadenciais "não se interrompem e nem se suspendem" –, que, tratando-se de decadência do direito de constituir o crédito tributário, eventual tutela provisória que determine que a autoridade se abstenha de efetuar o lançamento consubstanciará típica causa obstativa do prazo decadencial.

A constituição do crédito tributário com vistas à prevenção da decadência também revela um aparente paradoxo acerca da compatibilidade da indigitada medida com os escopos da tutela declaratória negativa em matéria tributária. Isso porque, se é verdade que o objeto da ação declaratória negativa é a produção de tutela jurisdicional cujos efeitos normativos são obstativos do lançamento, soaria um tanto quanto paradoxal admitir a convivência de crédito constituído na pendência de ação tributária dessa natureza, em especial nos casos em que haja sido concedida tutela provisória "suspensiva da exigibilidade do crédito tributário".

De fato, a vocação da ação declaratória de inexistência de relação jurídico-tributária é, realmente, a de produzir tutela jurisdicional obstativa do lançamento, cujos efeitos são eminentemente prospectivos (*ex nunc*). Da mesma forma, e conforme anotamos acima, esse efeito obstativo deve abarcar todos dos fatos geradores (passados, presentes e futuros) que não tenham sido objeto de formalização por ocasião da propositura da demanda declaratória.

Assim, constituir o crédito tributário durante o curso da demanda declaratória negativa poderia resultar em sensível mitigação da eficácia da tutela a ser exarada ao final do processo, pois os efeitos declaratórios negativos, prospectivos por vocação, não teriam o condão de anular os débitos constituídos no curso do processo.

Não é esse, por sua vez, o caso.

É que os atos constitutivos do crédito tributário, precariamente levados a efeito durante o trâmite da ação declaratória negativa, sejam aqueles destinados a prevenir a decadência, sejam aqueles decorrentes da mera inexistência de óbices provisórios (causas suspensivas da exigibilidade do crédito), são exarados sob condição resolutória, consubstanciada na ulterior procedência da ação.

Significa dizer que a tutela declaratória negativa, para além dos efeitos obstativos que lhe são peculiares, também produzirá, com relação aos atos de constituição do crédito exarados após a sua propositura, eficácia desconstitutiva anômala, decorrente da "precariedade" própria aos lançamentos realizados em situações em que o direito de constituir o crédito está *sub judice*.

E não poderia ser diferente, já que o objeto litigioso na ação declaratória negativa é, justamente, o direito de constituir o crédito tributário, cuja existência, para o caso *sub judice*, é posta em estado de (litis)pendência desde a citação da Fazenda Pública, nos exatos termos do que dispõe o art. 240 do CPC.[248] Esse estado de (litis)pendência acerca da existência ou não do direito à constituição do crédito tributário faz com que todo e qualquer lançamento realizado após a instauração da relação jurídico-processual que instrumentaliza a demanda declaratória negativa seja um ato precário, cuja subsistência está condicionada, necessariamente, à posterior rejeição da pretensão deduzida.

---

248. "Art. 240. A citação válida, ainda quando ordenada por juízo incompetente, induz litispendência, torna litigiosa a coisa e constitui em mora o devedor, ressalvado o disposto nos arts. 397 e 398 da Lei 10.406, de 10 de janeiro de 2002 (Código Civil)."

O mesmo raciocínio deve ser utilizado com relação aos débitos apurados e constituídos pelo próprio sujeito passivo durante o trâmite da demanda declaratória, a pretexto de identificar o valor do débito correspondente aos fatos geradores objeto da controvérsia, com vistas à realização de depósito judicial que tenha o condão de suspender a exigibilidade do crédito.

Nessa específica situação, a mera formalização do depósito do montante integral do débito – direito subjetivo do autor – equivale à sua constituição, que, como nos demais casos, ocorrerá sob condição precária, vinculada ao resultado da demanda. Ao final, em caso de improcedência da demanda, bastará à Fazenda Pública proceder à conversão do depósito em renda, sem que haja necessidade de se instaurar qualquer procedimento destinado a constituir o crédito tributário. Ao contrário, sendo acolhida a pretensão declaratória deduzida, os "autolançamentos" efetuados com o objetivo de viabilizar a realização dos depósitos perderão eficácia, o que permitirá o levantamento, pela parte vencedora, dos valores depositados.

Com efeito, apesar dessa eficácia "desconstitutiva" anômala que a tutela declaratória negativa possa vir a produzir com relação a lançamentos realizados precariamente durante o seu trâmite, não se pode admitir que uma ação dessa natureza produza eficácia desconstitutiva de débitos formalizados antes da sua propositura, mesmo que os fundamentos da exigência hajam sido expressamente afastados pela sentença declaratória. Estar-se-ia, nesse caso, atribuindo-se à sentença declaratória natureza diversa daquela que originalmente fora pleiteada pela parte, o que implicaria afronta direta ao princípio do dispositivo e às regras veiculadas pelos arts. 141 e 492 do CPC.[249]

---

249. "Art. 141. O juiz decidirá o mérito nos limites propostos pelas partes, sendo-lhe vedado conhecer de questões não suscitadas a cujo respeito a lei exige iniciativa da parte".
"Art. 492. É vedado ao juiz proferir decisão de natureza diversa da pedida, bem como condenar a parte em quantidade superior ou em objeto diverso do que lhe foi demandado".

É óbvio que não estamos a falar, aqui, daquelas demandas que, embora nominadas "ações declaratórias de inexistência de relação jurídico-tributária", deduzem efetiva pretensão anulatória, por meio da descrição e impugnação de verdadeiro ato constitutivo do crédito tributário devidamente individualizado na ação.

Nesses casos, a despeito do *nomem juris* que batiza a demanda, não se verifica uma pretensão declaratória negativa propriamente dita, mas sim uma demanda anulatória com rótulo equivocado, o que não resulta, absolutamente, em modificação de sua natureza, a qual é dada pelo objeto litigioso que por meio dela é efetivamente deduzido.[250]

1.1.5 A tutela declaratória negativa de inexistência de relação jurídico-tributária

Concedida, ao final, a tutela declaratória negativa, e passada em julgado a sentença que a veicular, espera-se que o sujeito passivo fique protegido de qualquer insurgência fiscal relacionada às questões decidas no processo, de maneira que, enquanto verificadas, no mundo social, as mesmas situações fáticas e jurídico-normativas discutidas na demanda declaratória negativa, o Estado-fisco estará proibido de constituir o crédito tributário em face do sujeito autor.

---

250. PROCESSUAL CIVIL. AÇÃO DECLARATÓRIA COM PEDIDO ANULATÓRIO. IRRELEVÂNCIA DO NOMEN IURIS. RETORNO DOS AUTOS À ORIGEM PARA APRECIAÇÃO DO MÉRITO.
1. Conforme a jurisprudência do STJ, a natureza jurídica da ação é definida por meio do pedido e da causa de pedir, não tendo relevância o nomen iuris dado pela parte autora.
2. No caso sob exame, apesar de a ação ter sido designada Declaratória de Inexistência de Débito, o pedido formulado e a causa de pedir exposta contêm pretensão de reconhecimento da ilegalidade do Auto de Infração e, consequentemente, do débito relativo ao ICMS.
3. O acórdão recorrido, que decidiu pela carência de ação – ao entendimento de inadequação da via eleita –, deve ser reformado, com o retorno dos autos à origem para fins de apreciação do mérito.
4. Agravo Regimental não provido.
(REsp n. 594.308. 2ª Turma; Rel. Min. Herman Benjamin; DJe de 20/08/2009).

Nesse tocante, remetemos o leitor ao item 4.1.3.1.1 do capítulo IV do título I, onde analisamos, com pormenores, os aspectos atinentes ao conteúdo, à eficácia e aos efeitos normativos emanados pela tutela declaratória negativa em matéria tributária.

Por agora, é preciso enfatizar a circunstância de que os efeitos obstativos da atividade fiscal emanados por esse específico provimento jurisdicional perdurarão no tempo enquanto não alteradas as condições objetivas e subjetivas delimitadoras da demanda e objetivadas na decisão. E isso para que se afaste qualquer pretensão de mitigação dos efeitos temporais dessa específica forma de tutela jurisdicional, a ser realizada, por exemplo, sob o pretexto de se observar da orientação firmada na Súmula 239 do STF.[251]

Nesse ponto, aliás, Supremo Tribunal Federal (ARE 861473/BA) e Superior Tribunal de Justiça (REsp n. 1.118.893/MG) estão de pleno acordo quanto à inaplicabilidade do verbete 239 do STF às decisões judiciais que determinam o afastamento da cobrança de tributo com fundamento no reconhecimento da ilegitimidade da pretensão fiscal em si, que é exatamente o caso da tutela declaratória negativa em matéria tributária.[252]

---

251. Súmula 239 do STF – "Decisão que declara indevida a cobrança do imposto em determinado exercício não faz coisa julgada em relação aos posteriores".

252. EMENTA: AGRAVO REGIMENTAL EM RECURSO EXTRAORDINÁRIO COM AGRAVO. CONTRIBUIÇÃO SOCIAL SOBRE O LUCRO LÍQUIDO. INCONSTITUCIONALIDADE. COISA JULGADA EM FAVOR DO CONTRIBUINTE. MANUTENÇÃO DA DECISÃO. CARÁTER INFRACONSTITUCIONAL DA CONTROVÉRSIA.
1. A formação de coisa julgada assentada em uma inconsistência da regra-matriz da incidência da contribuição, por ausência de conformação com o pressuposto de validade, torna imperativa a manutenção da decisão firmada em favor do contribuinte.
2. Dissentir das conclusões adotadas pelo Tribunal de origem quanto à existência de novo contexto capaz de legitimar a cobrança do tributo demandaria o reexame do acervo probatório constante dos autos e da legislação infraconstitucional correlata, providência vedada nesta fase processual. 3. Agravo regimental a que se nega provimento.

(ARE n. 861.453/BA; Rel. Min. Roberto Barroso; Plenário; julgado em 28/04/2015; DJe de 19/05/2015)
"CONSTITUCIONAL. TRIBUTÁRIO. PROCESSUAL CIVIL. RECURSO ESPECIAL REPRESENTATIVO DE CONTROVÉRSIA. RITO DO ART. 543-C DO CPC. CONTRIBUIÇÃO SOCIAL SOBRE O LUCRO - CSLL. COISA JULGADA. DECLARAÇÃO DE INCONSTITUCIONALIDADE DA LEI 7.689/88 E DE INEXISTÊNCIA DE RELAÇÃO JURÍDICO-TRIBUTÁRIA. SÚMULA 239/STF. ALCANCE. OFENSA AOS ARTS. 467 E 471, CAPUT, DO CPC CARACTERIZADA. DIVERGÊNCIA JURISPRUDENCIAL CONFIGURADA. PRECEDENTES DA PRIMEIRA SEÇÃO DO STJ. RECURSO ESPECIAL CONHECIDO E PROVIDO.
1. Discute-se a possibilidade de cobrança da Contribuição Social sobre o Lucro - CSLL do contribuinte que tem a seu favor decisão judicial transitada em julgado declarando a inconstitucionalidade formal e material da exação conforme concebida pela Lei 7.689/88, assim como a inexistência de relação jurídica material a seu recolhimento.
2. O Supremo Tribunal Federal, reafirmando entendimento já adotado em processo de controle difuso, e encerrando uma discussão conduzida ao Poder Judiciário há longa data, manifestou-se, ao julgar ação direta de inconstitucionalidade, pela adequação da Lei 7.689/88, que instituiu a CSLL, ao texto constitucional, à exceção do disposto no art 8º, por ofensa ao princípio da irretroatividade das leis, e no art. 9º, em razão da incompatibilidade com os arts. 195 da Constituição Federal e 56 do Ato das Disposições Constitucionais Transitórias - ADCT (ADI 15/DF, Rel. Min. SEPÚLVEDA PERTENCE, Tribunal Pleno, DJ 31/8/07).
3. O fato de o Supremo Tribunal Federal posteriormente manifestar-se em sentido oposto à decisão judicial transitada em julgado em nada pode alterar a relação jurídica estabilizada pela coisa julgada, sob pena de negar validade ao próprio controle difuso de constitucionalidade.
4. Declarada a inexistência de relação jurídico-tributária entre o contribuinte e o fisco, mediante declaração de inconstitucionalidade da Lei 7.689/88, que instituiu a CSLL, afasta-se a possibilidade de sua cobrança com base nesse diploma legal, ainda não revogado ou modificado em sua essência.
5. "Afirmada a inconstitucionalidade material da cobrança da CSLL, não tem aplicação o enunciado n. 239 da Súmula do Supremo Tribunal Federal, segundo o qual a "Decisão que declara indevida a cobrança do imposto em determinado exercício não faz coisa julgada em relação aos posteriores" (AgRg no AgRg nos EREsp 885.763/GO, Rel. Min. HAMILTON CARVALHIDO, Primeira Seção, DJ 24/2/10).
6. Segundo um dos precedentes que deram origem à Súmula 239/STF, em matéria tributária, a parte não pode invocar a existência de coisa julgada no tocante a exercícios posteriores quando, por exemplo, a tutela jurisdicional obtida houver impedido a cobrança de tributo em relação a determinado período, já transcorrido, ou houver anulado débito fiscal. Se for declarada a inconstitucionalidade da lei instituidora do tributo, não há falar na restrição em tela (Embargos no Agravo de Petição 11.227, Rel. Min. CASTRO NUNES, Tribunal Pleno, DJ 10/2/45).
7. "As Leis 7.856/89 e 8.034/90, a LC 70/91 e as Leis 8.383/91 e 8.541/92 apenas modificaram a alíquota e a base de cálculo da contribuição instituída pela Lei 7.689/88, ou dispuseram sobre a forma de pagamento, alterações que não criaram nova relação jurídico-tributária. Por isso, está impedido o Fisco de cobrar a exação

Desse modo, não há dúvidas de que a tutela declaratória negativa em matéria tributária constitui típica decisão determinativa, cuja vocação natural é a de produzir efeitos prospectivos obstativos da atividade fiscal, e que se destina, fundamentalmente, à implementação do desejado sentimento de segurança e previsibilidade tão necessário ao desenvolvimento das atividades econômicas.

1.2 A ação anulatória de débito fiscal e a crise de legalidade que lhe é peculiar

1.2.1 O objeto da ação anulatória de débito fiscal: o direito à desconstituição do crédito tributário

A edição do ato constitutivo da obrigação tributária, realizada por uma das formas previstas nos arts. 142 a 150 do Código Tributário Nacional, dá oportunidade à verificação de um tipo específico de conflituosidade que se materializa sob a forma de uma típica "crise de legalidade", cujo pressuposto é, precisamente, a cobrança ilegítima de tributo devidamente formalizada pelo lançamento tributário (ver item 2.1.4 do capítulo II do título I).

Nesse contexto, a constituição do crédito tributário perpetrada à revelia da observância dos parâmetros normativos que balizam a atividade impositiva materializa o fato ilícito necessário e suficiente ao nascimento do direito subjetivo à anulação do débito ilegitimamente constituído, direito este que não pode ser exercido de "mão própria" por seu titular, cabendo a ele, neste momento, deduzir a

---

relativamente aos exercícios de 1991 e 1992 em respeito à coisa julgada material" (REsp 731.250/PE, Rel. Min. ELIANA CALMON, Segunda Turma, DJ 30/4/07).

8. Recurso especial conhecido e provido. Acórdão sujeito ao regime do art. 543-C do Código de Processo Civil e da Resolução 8/STJ".

(REsp n. 1.118.893/MG, representativo da controvérsia; 1ª Seção; Rel. Min. Arnaldo Esteves Lima; DJe de 06/04/2011). (destacamos)

adequada pretensão capaz de resultar na prolação de tutela jurisdicional especificamente destinada a reconhecer e realizar seu direito subjetivo à anulação do débito tributário.

Estamos a falar, assim, de um ilícito (ilegalidade) que se qualifica como efetiva lesão a direito subjetivo, conquanto não tenha ele, ainda, implicado dano material à esfera jurídico-patrimonial do sujeito passivo a ponto de lhe causar prejuízo material concreto, o que ocorrerá somente no caso se submeter à cobrança ilegítima e recolher o tributo que lhe é exigido.

Exatamente por essa razão a ação anulatória de débito fiscal perfaz típica ação tributária antiexacional repressiva corretiva, pois, embora se funde em ilícito concreto (lesão a direito), atua de forma a corrigir a crise de legalidade que vicia o vínculo obrigacional tributário, antes que dessa ilegalidade resulte efetivo dano ao patrimônio do sujeito passivo.

1.2.2 Os requisitos e as condições da ação anulatória de débito fiscal

A ação anulatória a que nos referimos neste tópico, vale advertir, não é aquela prevista expressamente no art. 169 do CTN,[253] muito menos a mencionada na parte final do enunciado do art. 156, inciso IX, do mesmo diploma,[254] mas sim a ação a que se refere o art. 38, *caput*, da Lei 6.830/80,[255]

---

253. "Art. 169. Prescreve em dois anos a ação anulatória da decisão administrativa que denegar a restituição".

254. "Art. 156. Extinguem o crédito tributário:
(...)
IX - a decisão administrativa irreformável, assim entendida a definitiva na órbita administrativa, **que não mais possa ser objeto de ação anulatória**;" (destacamos)

255. "Art. 38, *caput* - A discussão judicial da Dívida Ativa da Fazenda Pública só é admissível em execução, na forma desta Lei, salvo as hipóteses de mandado de segurança, ação de repetição do indébito ou ação anulatória do ato declarativo da dívida, esta precedida do depósito preparatório do valor do débito, monetariamente corrigido e acrescido dos juros e multa de mora e demais encargos".

a qual tem como pressuposto a existência do assim chamado "ato declarativo do crédito tributário".

É bem verdade que o indigitado art. 38 da Lei 6.830/80 impõe, para além da efetiva formalização do crédito tributário, um outro pressuposto para manejo da ação anulatória de débito fiscal, que diz com a necessidade de realização prévia do depósito do valor do débito questionado.

Essa exigência, entretanto, de tão flagrantemente afrontosa à noção constitucional de inafastabilidade da jurisdição, fora sumariamente afastada pela jurisprudência, dando ensejo, inclusive, à edição de preceito sumular por parte do extinto Tribunal Federal de Recursos (Súmula 247 do TFR),[256] orientação que, posteriormente, inspirou o precedente vinculante firmado no REsp n. 962.838/BA, o qual deu origem à tese firmada no tema repetitivo n. 241 do STJ.[257]

---

256. Súmula 247 do TFR - "Não constitui pressuposto da ação anulatória do débito fiscal o depósito de que cuida o art. 38 da Lei 6.830/80."

257. PROCESSUAL CIVIL E TRIBUTÁRIO. RECURSO ESPECIAL REPRESENTATIVO DE CONTROVÉRSIA. ART. 543-C, DO CPC. AJUIZAMENTO DE AÇÃO ANULATÓRIA DO CRÉDITO FISCAL. CONDICIONAMENTO AO DEPÓSITO PRÉVIO DO MONTANTE INTEGRAL. IMPOSSIBILIDADE. VIOLAÇÃO DO ART. 535, II, DO CPC. INOCORRÊNCIA.
1. A propositura de ação anulatória de débito fiscal não está condicionada à realização do depósito prévio previsto no art. 38 da Lei de Execuções Fiscais, posto não ter sido o referido dispositivo legal recepcionado pela Constituição Federal de 1988, em virtude de incompatibilidade material com o art. 5º, inciso XXXV, verbis: "a lei não excluirá da apreciação do Poder Judiciário lesão ou ameaça a direito".
2. "Ação anulatória de débito fiscal. art. 38 da lei 6.830/80. Razoável a interpretação do aresto recorrido no sentido de que não constitui requisito para a propositura da ação anulatória de débito fiscal o depósito previsto no referido artigo. Tal obrigatoriedade ocorre se o sujeito passivo pretender inibir a Fazenda Pública de propor a execução fiscal. Recurso extraordinário não conhecido". (RE 105552, Relator Min. DJACI FALCAO, Segunda Turma, DJ 30-08-1985)
3. Deveras, o depósito prévio previsto no art. 38, da LEF, não constitui condição de procedibilidade da ação anulatória, mas mera faculdade do autor, para o efeito de suspensão da exigibilidade do crédito tributário, nos termos do art. 151 do CTN, inibindo, dessa forma, o ajuizamento da ação executiva fiscal, consoante a jurisprudência pacífica do E. STJ. (Precedentes do STJ: AgRg nos EDcl no Ag 1107172/PR, Rel. Ministro HERMAN BENJAMIN, SEGUNDA TURMA, julgado em 03/09/2009, DJe 11/09/2009; REsp 183.969/SP, Rel. Ministro MILTON LUIZ PEREIRA, PRIMEIRA TURMA, julgado em 21/03/2000, DJ 22/05/2000; REsp 60.064/SP, Rel. Ministro

Por vias outras, a análise da questão sob o enfoque constitucional resultou nos precedentes que deram origem ao enunciado da Súmula Vinculante 28 do STF,[258] que reconhece peremptoriamente a inconstitucionalidade da exigência de depósito como requisito de admissibilidade de qualquer ação que tenha por objeto o questionamento de débitos fiscais.[259]

O que se consolidou, portanto, foi a orientação segundo a qual, longe de ser um pressuposto de procedimentalidade da ação anulatória de débito fiscal, o depósito do montante integral do débito, realizado com fundamento no art. 151, inciso II, do CTN, perfaz uma faculdade do sujeito passivo que pretenda suspender a exigibilidade do crédito discutido, para que a controvérsia acerca da legitimidade da exigência seja realizada sem o risco da prática de atos de cobrança, prejudiciais à atividade do sujeito

---

DEMÓCRITO REINALDO, PRIMEIRA TURMA, julgado em 26/04/1995, DJ 15/05/1995; REsp 2.772/RJ, Rel. Ministro HUMBERTO GOMES DE BARROS, PRIMEIRA TURMA, julgado em 15/03/1995, DJ 24/04/1995).

4. O art. 535 do CPC resta incólume se o Tribunal de origem, embora sucintamente, pronuncia-se de forma clara e suficiente sobre a questão posta nos autos. Ademais, o magistrado não está obrigado a rebater, um a um, os argumentos trazidos pela parte, desde que os fundamentos utilizados tenham sido suficientes para embasar a decisão.

5. Recurso especial provido. Acórdão submetido ao regime do art. 543-C do CPC e da Resolução STJ 08/2008. (REsp n. 962.838/BA; 1ª Seção; Rel. Min. Luiz Fux; DJe de 18/12/2009).

258. Súmula Vinculante 28 do STF - "É inconstitucional a exigência de depósito prévio como requisito de admissibilidade de ação judicial na qual se pretenda discutir a exigibilidade de crédito tributário".

259. Sobre o conteúdo da Súmula Vinculante n. 28, anota JOSÉ RENATO CAMILOTTI: "(...) o núcleo fundamental das decisões de aplicação da Súmula Vinculante n. 28 é o juízo de que a exigência de depósitos em dinheiro como condição de acesso ao Poder Judiciário ofende ao princípio constitucional da inafastabilidade da jurisdição, conforme prescrito no art. 5º, XXXV, e dos princípios da ampla defesa e do contraditório, este no art. 5º, LV, todos da Carta da República, porque obstaria o acesso à Justiça e, por consequência, mitigaria os recursos da ampla defesa e do contraditório em casos de impossibilidade de disposição de recursos". CAMILOTTI, José Renato. Precedentes judiciais em matéria tributária no STF: pragmática da aplicação das súmulas vinculantes e os critérios de verificação para aplicação e distinção (distinguishing), p. 527.

passivo, haja vista a mera propositura da ação anulatória não impedir a inscrição do débito em dívida ativa e, conforme dispõe o art. 784, §1º, do CPC,[260] a ulterior propositura da ação executiva fiscal.

Ao direito subjetivo (faculdade) de o autor realizar o depósito do montante integral do débito, no entanto, segundo a orientação jurisprudencial predominante,[261] não

---

260. Art. 784. São títulos executivos extrajudiciais:
(...)
§ 1º A propositura de qualquer ação relativa a débito constante de título executivo não inibe o credor de promover-lhe a execução.

261. TRIBUTÁRIO. PROCESSUAL CIVIL. DEPÓSITO JUDICIAL DO VALOR DO TRIBUTO. NATUREZA. EFEITOS. LEVANTAMENTO, PELO CONTRIBUINTE, CONDICIONADO AO TRÂNSITO EM JULGADO DE SENTENÇA DE MÉRITO EM SEU FAVOR. PRECEDENTE DA 1ª SEÇÃO.
1. O depósito do montante integral, na forma do art. 151, II, do CTN, constituiu modo, posto à disposição do contribuinte, para suspender a exigibilidade do crédito tributário. Porém, uma vez realizado, o depósito opera imediatamente o efeito a que se destina, inibindo, assim, qualquer ato do Fisco tendente a haver o pagamento. No caso, o depósito ensejou, além disso, o imediato desembaraço aduaneiro da mercadoria. Sob esse aspecto, tem função assemelhada à da penhora realizada na execução fiscal, que também tem o efeito de suspender os atos executivos enquanto não decididos os embargos do devedor.
2. O direito - ou faculdade - atribuído ao contribuinte, de efetuar o depósito judicial do valor do tributo questionado, não importa o direito e nem a faculdade de, a seu critério, retirar a garantia dada, notadamente porque, suspendendo a exigibilidade do crédito tributário, ela operou, contra o réu, os efeitos próprios de impedi-lo de tomar qualquer providência no sentido de cobrar o tributo ou mesmo de, por outra forma, garanti-lo.
3. As causas de extinção do processo sem julgamento do mérito são invariavelmente imputáveis ao autor da ação, nunca ao réu. Admitir que, em tais casos, o autor é que deve levantar o depósito judicial, significaria dar-lhe o comando sobre o destino da garantia que ofereceu, o que importaria retirar do depósito a substância fiduciária que lhe é própria.
4. Assim, ressalvadas as óbvias situações em que a extinção do processo decorre da circunstância de não ser a pessoa de direito público parte na relação de direito material questionada, o depósito judicial somente poderá ser levantado pelo contribuinte que, no mérito, se consagrar vencedor. Nos demais casos, extinto o processo sem julgamento de mérito, o depósito de converte em renda. Precedente da 1ª Seção: EREsp 479725/ BA, Min. José Delgado, DJ 26.09.2005.
5. No caso específico, o depósito operou também outro efeito: o de permitir o imediato desembaraço aduaneiro e a entrega ao seu destinatário de mercadorias importadas, retirando, assim, mais uma garantia do Fisco, situação que não tem como ser recomposta ante a extinção do processo sem julgamento de mérito.
6. Embargos de divergência providos.
(EREsp n. 227835/SP; 1ª Seção; Rel. Min. José Delgado; DJ de 05/12/2005).

corresponde a faculdade de proceder ao levantamento dos valores depositados quando melhor lhe aprouver, mesmo que isso represente a retomada da exigibilidade do crédito objeto do litígio. Por conseguinte, os valores depositados estarão fadados à conversão em renda se o desfecho da demanda for outro que não a procedência do pedido, o que vale, inclusive, para os casos em que a demanda anulatória se findar por sentença meramente terminativa.[262]

---

262. Nesse sentido, ver o disposto no art. 1º, §3º, inciso II, da Lei n. 9.703/98, bem como no REsp n. 1.106.765/SP:

Art. 1º. Os depósitos judiciais e extrajudiciais, em dinheiro, de valores referentes a tributos e contribuições federais, inclusive seus acessórios, administrados pela Secretaria da Receita Federal do Ministério da Fazenda, serão efetuados na Caixa Econômica Federal, mediante Documento de Arrecadação de Receitas Federais - DARF, específico para essa finalidade.

§ 1º. O disposto neste artigo aplica-se, inclusive, aos débitos provenientes de tributos e contribuições inscritos em Dívida Ativa da União.

§ 2º. Os depósitos serão repassados pela Caixa Econômica Federal para a Conta Única do Tesouro Nacional, independentemente de qualquer formalidade, no mesmo prazo fixado para recolhimento dos tributos e das contribuições federais.

§ 3º. Mediante ordem da autoridade judicial ou, no caso de depósito extrajudicial, da autoridade administrativa competente, o valor do depósito, após o encerramento da lide ou do processo litigioso, será:

I - devolvido ao depositante pela Caixa Econômica Federal, no prazo máximo de vinte e quatro horas, quando a sentença lhe for favorável ou na proporção em que o for, acrescido de juros, na forma estabelecida pelo § 4º do art. 39 da Lei nº 9.250, de 26 de dezembro de 1995, e alterações posteriores; ou

II - transformado em pagamento definitivo, proporcionalmente à exigência do correspondente tributo ou contribuição, inclusive seus acessórios, quando se tratar de sentença ou decisão favorável à Fazenda Nacional.

TRIBUTÁRIO. AGRAVO REGIMENTAL NOS EMBARGOS DE DIVERGÊNCIA. DEPÓSITOS JUDICIAIS REALIZADOS EM MEDIDA CAUTELAR. EXTINÇÃO DO FEITO SEM JULGAMENTO DE MÉRITO. CONVERSÃO DOS VALORES DEPOSITADOS EM RENDA DA UNIÃO. POSSIBILIDADE. ACÓRDÃO EMBARGADO EM SINTONIA COM A JURISPRUDÊNCIA DA PRIMEIRA SEÇÃO. APLICAÇÃO DA SÚMULA 168/STJ. 1. Agravo regimental contra decisão que indeferiu liminarmente os embargos de divergência (art. 266, § 3º, do RISTJ).

2. Conforme consignado pela decisão agravada, a Primeira Seção, em 9/11/2005, por ocasião do julgamento do EREsp 227.835/SP, Rel. Min. Teori Albino Zavascki, consolidou o entendimento de que os depósitos judiciais realizados com o escopo de suspender a exigibilidade do crédito tributário somente poderão ser levantados pelo contribuinte nos casos em que ele, na questão de mérito na qual se discute a exigibilidade das respectivas exações, se consagrar vencedor. Nessa esteira, concluiu-se na mesma assentada que, nas hipóteses em que o processo vier a ser extinto sem julgamento de mérito, os depósitos judiciais deverão ser convertidos em

A ação anulatória de débito fiscal terá como legitimados os sujeitos de direito que ocuparem as posições ativa (ente político ou terceiro titular de capacidade tributária ativa) e passiva (contribuinte, seus sucessores ou responsável) na obrigação tributária formalizada pelo ato constitutivo do crédito tributário que se pretende anular.

Nos casos em que se verificar o fenômeno jurídico-tributário conhecido por "parafiscalidade", caracterizado pela transferência da capacidade tributária ativa de seu titular constitucionalmente originário – o ente político detentor da competência tributária – para terceiro, este último será o legitimado para ocupar o polo passivo da demanda anulatória, visto ser ele o sujeito ativo da relação jurídico-tributária conflituosa.

O interesse processual no manejo da ação anulatória, a seu turno, emerge da mera formalização do crédito tributário, tenha sido ela realizada por meio de ato administrativo em sentido estrito (lançamento de ofício), nos termos do art. 142 do CTN, ou, ainda, por ato do próprio sujeito passivo, nos termos do art. 150 do referido diploma.

Nesse último caso (lançamento por homologação), o interesse de agir está diretamente relacionado ao fato de o sujeito passivo, a despeito de estar obrigado por lei a apurar e constituir o crédito tributário, não ter poderes para

---

renda da União. Precedentes da Primeira Seção no mesmo sentido: EREsp 813.554/PE, Rel. Ministra Eliana Calmon, DJe 10/11/2008; REsp 901.052/SP, Rel. Ministro Castro Meira, DJe 3/3/2008; EREsp 548.224/CE, Rel. Ministro Humberto Martins, DJ 17/12/2007.
3. No caso concreto, a ação cautelar na qual foram efetuados os depósitos judiciais foi extinta sem julgamento do mérito porque sequer houve a propositura da ação principal (art. 806 do CPC). Assim, inexistindo provimento de mérito favorável ao contribuinte, os valores por ele depositados devem ser convertidos em renda da União.
4. Incidência da Súmula 168/STJ: "Não cabem embargos de divergência, quando a jurisprudência do Tribunal se firmou no mesmo sentido do acórdão embargado".
5. Agravo regimental não provido.
(AgRg nos EResp n. 1.106.765/SP; 1ª Seção; Rel. Min. Benedito Gonçalvez; DJe de 30/11/2009).

desfazê-lo, ficando à mercê da vontade do Poder tributante. Não bastasse isso, a omissão ao cumprimento de deveres instrumentais por parte do sujeito passivo é, por vezes, muito mais gravosa do que a supressão do recolhimento do tributo propriamente dito – desde que devidamente declarado –, podendo resultar na aplicação de sanções (administrativas e penais) que vão muito além da mera exigência da exação.

Essa contingência, por si só, justifica o expediente "conservador", por assim dizer, adotado por vários sujeitos passivos, de proceder à constituição do crédito tributário para, ato contínuo, questioná-lo judicialmente via ação anulatória.

Na ausência de norma específica que estabeleça o prazo para a propositura da ação anulatória do débito fiscal, há que se lançar mão da regra geral de "prescrição" quinquenal para o exercício de "direitos" e "ações" contra a Fazenda Pública (federal, estaduais e municipais), prescrita pelo art. 1º do Decreto 20.910/32.[263]

---

263. "Art. 1º As dívidas passivas da União, dos Estados e dos Municípios, bem assim todo e qualquer direito ou ação contra a Fazenda federal, estadual ou municipal, seja qual for a sua natureza, prescrevem em cinco anos contados da data do ato ou fato do qual se originarem".

PROCESSO CIVIL E TRIBUTÁRIO. RECURSO ESPECIAL REPRESENTATIVO DE CONTROVÉRSIA. ART. 543-C, DO CPC. IPTU, TCLLP E TIP. INCONSTITUCIONALIDADE DA COBRANÇA DO IPTU PROGRESSIVO, DA TCLLP E DA TIP. AÇÃO ANULATÓRIA DE LANÇAMENTO FISCAL. CUMULADA COM REPETIÇÃO DE INDÉBITO. PRESCRIÇÃO. TERMO A QUO. ILEGITIMIDADE DO NOVO ADQUIRENTE QUE NÃO SUPORTOU O ÔNUS FINANCEIRO. VIOLAÇÃO AO ART. 535 DO CPC. INOCORRÊNCIA. REDUÇÃO DOS HONORÁRIOS ADVOCATÍCIOS. SÚMULA 07 DO STJ.

1. O prazo prescricional adotado em sede de ação declaratória de nulidade de lançamentos tributários é quinquenal, nos moldes do art. 1º do Decreto 20.910/32.

(...)

2. Isto porque o escopo da demanda é a anulação total ou parcial de um crédito tributário constituído pela autoridade fiscal, mediante lançamento de ofício, em que o direito de ação contra a Fazenda Pública decorre da notificação desse lançamento.

3 (...); 4 (...); 5 (...); 6 (...); 7 (...); 8 (...); 9 (...); 10 (...); 11 (...).

12. Recurso especial parcialmente provido, para reconhecer a ilegitimidade ativa ad causam da autora Ruth Raposo Pereira. Acórdão submetido ao regime do art. 543-C do CPC e da Resolução STJ 08/2008. Embargos de declaração dos recorridos prejudicados.

(REsp repetitivo n. 947.206/RJ; 1ª Seção; Rel. Min. Luiz Fux; DJe de 26/10/2010).

Com efeito, se o interesse processual para a propositura da ação anulatória de débito fiscal, conforme anotamos adrede, nasce com a notificação do ato constitutivo do crédito tributário, é certo também que o *dies a quo* do prazo de 5 (cinco) anos para o ajuizamento da referida demanda haverá de corresponder, precisamente, à data de ocorrência do indigitado ato de comunicação. A contagem do prazo quinquenal será interrompida, contudo, pela resistência eventualmente oferecida pelo sujeito passivo por meio de impugnação administrativa ao débito fiscal, assim permanecendo até que o respectivo processo seja definitivamente julgado pelo órgão competente, tornando "definitivo", no âmbito administrativo, o lançamento tributário.

Desse modo, enquanto restar pendente de apreciação eventual insurgência administrativa do sujeito passivo em face do lançamento, não haverá que se falar em retomada da contagem do prazo, tendo em vista não estar configurada a "definitividade" necessária a tornar indispensável a adoção da medida judicial em comento.[264]

---

264. "AÇÃO DECLARATÓRIA DE NULIDADE DE DÉBITO FISCAL. PROCEDIMENTO ADMINISTRATIVO FISCAL. PRESCRIÇÃO DA PRETENSÃO DO CONTRIBUINTE. APLICAÇÃO DO ART. 1º DO DECRETO 20.910/32. APELAÇÃO NÃO PROVIDA.

I - **No caso, houve processo administrativo fiscal, através do qual o contribuinte, ora apelante, manifestou sua resistência à pretensão fiscal, com a finalidade de revisar o lançamento, a fim de que fossem corrigidos eventuais equívocos da obrigação tributária, num controle prévio da legalidade e legitimidade daquela.**

II - Ao contribuinte é dado recorrer a esfera judicial para questionar a legalidade do procedimento administrativo fiscal adotado pela Administração Pública, entretanto, não se pode admitir o entendimento de que tal faculdade possa ser exercida a qualquer tempo.

III - Apenas a ação declaratória pura é imprescritível, não o sendo aquela de natureza condenatória, constitutiva ou desconstitutiva. À míngua de previsão legal em Lei específica, deverá ser aplicada à hipótese o prazo quinquenal previsto no art. 1º, do Decreto 20.910/32.

IV - **A intimação da apelante acerca da decisão final dó processo administrativo fiscal ocorreu em 25/11/1996, data esta em que se iniciou a pretensão de revisão do ato administrativo**, sendo, portanto, possível o ajuizamento da ação até 25/11/2001. Ajuizada a presente demanda em setembro/2005, impõe-se o reconhecimento da prescrição da pretensão da parte autora.

1.2.3 O ajuizamento e o processamento da demanda anulatória de débito fiscal

A ação anulatória de débito fiscal, tal qual ocorre com a demanda declaratória negativa, volta-se à dedução de pretensão em desfavor da Fazenda Pública, motivo pelo qual as considerações que fizemos acerca do foro competente para ajuizamento da segunda são integralmente aplicáveis à primeira.

Desta feita, as regras de competência prescritas nos arts. 51, parágrafo único, e 52, parágrafo único, do CPC também são plenamente aplicáveis à ação anulatória a ser promovida, respectivamente, em face da União Federal, de um lado, e dos Estados e do Distrito Federal de outro. Tratando-se, todavia, de ação anulatória proposta em face de Municípios e respectivas autarquias, o sujeito passivo autor deverá se orientar pela regra geral do "foro do domicílio do réu", veiculada no art. 46 do CPC.

Estamos a falar, aqui, também à semelhança do que ocorre com a ação declaratória negativa, de demanda a ser processada pelo procedimento comum, circunstância que permite aos litigantes se valerem dos variados e sofisticados meios de prova próprios a esse rito.

Esse dado assume grande importância quando levamos em conta o fato de o litígio subjacente à demanda anulatória de débito fiscal tender a ser sensivelmente mais "sofisticado/complexo" que aquele característico da ação declaratória negativa, podendo envolver questões de alta complexidade fática e normativa, cujas nuances e particularidades fazem das circunstâncias que serviram de pretexto à constituição do débito tributário atacado um universo factual muitas vezes irrepetível, isto é, de difícil enquadramento em casos precedentes.

V - Apelação não provida" (fl. 436e).
(TRF5 – AC n. 458692/SE; 4ª Turma; Rel. Des. Fed. Edilson Pereira Nobre Junior; julgado em 22/11/2011; DJe de 25/11/2011).

É por isso que, em demandas anulatórias de débito fiscal, a pragmática impõe o desencadeamento de uma dinâmica processual que difere, na maior parte das vezes, daquela implementada no processamento das ações declaratórias negativas, as quais, em regra, submetem-se à técnica de julgamento antecipado, dada a sua vocação natural para versar sobre questões eminentemente jurídico-normativas (teses).

Por essa razão, tem-se nas demandas anulatórias de débito fiscal um uso mais frequente dos instrumentos processuais próprios à fase instrutória do procedimento comum, especialmente aqueles relacionados à produção de prova pericial, que se voltam ao preciso dimensionamento da facticidade sobre a qual recai a lide, a ser realizado como o objetivo precípuo de viabilizar o correto enquadramento normativo dos fatos (subsunção).

Não se nega, por óbvio, a possibilidade de a ação anulatória de débito fiscal restar fundada em alegações e fundamentos meramente normativos (teses), até porque toda matéria que puder ser objeto de questionamento via ação declaratória negativa poderá, também, ser utilizada e replicada no plano concreto das exigências fiscais impugnadas nas demandas anulatórias.

Em sede de ação anulatória de débito fiscal, contudo, aos argumentos eminentemente normativos pode ser agregada uma série de objeções voltadas a aspectos concretos da cobrança e que dizem com (i) a regularidade do procedimento fiscal que deu origem ao débito impugnado; (ii) o efetivo cumprimento dos prazos decadenciais a serem aferidos concretamente a partir de cada "fato gerador" objeto da fiscalização; (iii) o preciso enquadramento jurídico de cada situação fática levada à tributação; (iv) a precisa identificação das bases tributáveis e das alíquotas aplicáveis; (v) a correta identificação da culpa ou do dolo que leve à aplicação de multas qualificadas e agravadas; além de uma série de outras questões que somente podem ser identificadas a partir de exigências fiscais concretamente consideradas.

1.2.4 As tutelas jurisdicionais, provisória e definitiva, exaradas em sede de ação anulatória de débito fiscal e os efeitos que lhes são próprios

A ação anulatória de débito fiscal também é *locus* processual adequado à concessão de tutela provisória, de urgência ou de evidência, cujos efeitos serão, invariavelmente, acautelatórios, pois obstativos da prática de quaisquer atos de cobrança que se sigam à concessão da medida judicial, dentre os quais (i) a inscrição do débito em dívida ativa; (ii) a prática de atos extrajudiciais de cobrança (protesto extrajudicial; inscrição em cadastro de devedores); (iii) a propositura da ação executiva fiscal; e (iv) a prática de atos executivos (suspensão do processo executivo fiscal), tudo a depender do instante em que a referida tutela provisória for concedida.[265]

---

265. PROCESSUAL CIVIL E TRIBUTÁRIO. RECURSO ESPECIAL REPRESENTATIVO DE CONTROVÉRSIA. ART. 543-C, DO CPC. AÇÃO ANTIEXACIONAL ANTERIOR À EXECUÇÃO FISCAL. DEPÓSITO INTEGRAL DO DÉBITO. SUSPENSÃO DA EXIGIBILIDADE DO CRÉDITO TRIBUTÁRIO (ART. 151, II, DO CTN). ÓBICE À PROPOSITURA DA EXECUÇÃO FISCAL, QUE, ACASO AJUIZADA, DEVERÁ SER EXTINTA. 1. O depósito do montante integral do débito, nos termos do art. 151, inciso II, do CTN, suspende a exigibilidade do crédito tributário, impedindo o ajuizamento da execução fiscal por parte da Fazenda Pública. (...)
2. É que as causas suspensivas da exigibilidade do crédito tributário (art. 151 do CTN) impedem a realização, pelo Fisco, de atos de cobrança, os quais têm início em momento posterior ao lançamento, com a lavratura do auto de infração.
3. O processo de cobrança do crédito tributário encarta as seguintes etapas, visando ao efetivo recebimento do referido crédito:
a) a cobrança administrativa, que ocorrerá mediante a lavratura do auto de infração e aplicação de multa: exigibilidade-autuação;
b) a inscrição em dívida ativa: exigibilidade-inscrição;
c) a cobrança judicial, via execução fiscal: exigibilidade-execução.
4. Os efeitos da suspensão da exigibilidade pela realização do depósito integral do crédito exequendo, quer no bojo de ação anulatória, quer no de ação declaratória de inexistência de relação jurídico-tributária, ou mesmo no de mandado de segurança, desde que ajuizados anteriormente à execução fiscal, têm o condão de impedir a lavratura do auto de infração, assim como de coibir o ato de inscrição em dívida ativa e o ajuizamento da execução fiscal, a qual, acaso proposta, deverá ser extinta.

O conteúdo e a eficácia da sentença que julga a demanda anulatória de débito fiscal, acolhendo a pretensão deduzida (ver item 4.1.3.1.2 do capítulo IV do título I), voltar-se-ão, a rigor, contra o ato formalizador do crédito tributário atacado, desconstituindo-o desde o seu nascedouro.

Por "desconstituição do crédito tributário" há que se entender o efeito emanado da tutela jurisdicional anulatória a qual se presta a neutralizar a eficácia do fato jurídico tributário – que é a própria relação jurídica obrigacional tributária –, quebrando o vínculo jurídico-causal que se estabelecera, originariamente, entre os termos antecedente e consequente da norma concreta e individual veiculada pelo indigitado ato.

Mas não só isso. Em se tratando de demanda anulatória, fundada em vícios de índole formal (competência e procedimento) do ato de lançamento, a eficácia a ser atingida pela tutela anulatória será aquela que emana do fato jurídico que ocupa a função sintática de antecedente da norma

---

5. A improcedência da ação antiexacional (precedida do depósito do montante integral) acarreta a conversão do depósito em renda em favor da Fazenda Pública, extinguindo o crédito tributário, consoante o comando do art. 156, VI, do CTN, na esteira dos ensinamentos de abalizada doutrina, verbis: (...)
6. *In casu*, o Tribunal a quo, ao conceder a liminar pleiteada no bojo do presente agravo de instrumento, consignou a integralidade do depósito efetuado, às fls. 77/78: (...)
7. A ocorrência do depósito integral do montante devido restou ratificada no aresto recorrido, consoante dessume-se do seguinte excerto do voto condutor, in verbis: (...)
8. In casu, o Município recorrente alegou violação do art. 151, II, do CTN, ao argumento de que o depósito efetuado não seria integral, posto não coincidir com o valor constante da CDA, por isso que inapto a garantir a execução, determinar sua suspensão ou extinção, tese insindicável pelo STJ, mercê de a questão remanescer quanto aos efeitos do depósito servirem à fixação da tese repetitiva. 9. Destarte, ante a ocorrência do depósito do montante integral do débito exequendo, no bojo de ação antiexacional proposta em momento anterior ao ajuizamento da execução, a extinção do executivo fiscal é medida que se impõe, porquanto suspensa a exigibilidade do referido crédito tributário. 10. Recurso especial desprovido. Acórdão submetido ao regime do art. 543-C do CPC e da Resolução STJ 08/2008.
(REsp repetitivo n. 1.140.956/SP; 1ª Seção; Rel. Min. Luiz Fux; julgado em 24/11/2010; DJe de 03/12/2010).

concreta e individual introdutora da obrigação tributária, extirpando do mundo jurídico a obrigatoriedade de observância, pelos destinatários, das normas por ele (lançamento) veiculadas, o que equivale, na prática, a suprimir a própria juridicidade do ato de lançamento.[266]

Não por outro motivo, a tutela jurisdicional em comento produzirá efeitos retrospectivos, para atingir o vínculo obrigacional tributário desde o seu nascedouro, de sorte que tanto o débito atacado quanto os consectários legais sobre ele incidentes restarão totalmente extintos pela tutela anulatória.

Os efeitos emanados pela tutela anulatória, vale observar, restringem-se ao débito efetivamente atacado na demanda, não havendo que se falar – em observância às regras dos arts. 141 e 492 do CPC[267] – em eficácia prospectiva (eficácia declaratória negativa) da tutela que acolher a

---

266. Vale, por oportuno, rememorar aquilo que anotamos no item 4.1.3.1.2 do capítulo IV do título I acerca da eficácia "desconstitutiva" das tutelas anulatórias de débito fiscal:

"Os enunciados das partes dispositivas das tutelas anulatórias, por seu turno, ao expressarem "julgo procedente o pedido e anulo o débito fiscal XPTO" (conteúdo), produzem, como "eficácia" técnico-processual, a extirpação/restrição da eficácia jurídica emanada das normas veiculadas no ato constitutivo do crédito tributário, o que corresponde à realização do direito potestativo do autor reconhecido no fundamento da decisão. Seu "efeito normativo", por sua vez, corresponderá à vedação de a Fazenda Pública prosseguir com a cobrança do débito anulado.

Desse modo, o ato de anulação, enquanto técnica utilizada pelo direito positivo para controlar o produto da enunciação, presta-se à extirpação, total ou parcial, da eficácia do fato jurídico produzido em dissonância com parâmetros normativos. Podemos cogitar, dessa forma, acerca do controle e da anulação judiciais do lançamento-enunciação-enunciada (extirpação da eficácia jurídica fato-antecedente da norma introdutora) e do lançamento-enunciado-enunciado (extirpação da eficácia jurídica do fato jurídico tributário, antecedente da norma concreta e individual introduzida).

267. "**Art. 141.** O juiz decidirá o mérito nos limites propostos pelas partes, sendo-lhe vedado conhecer de questões não suscitadas a cujo respeito a lei exige iniciativa da parte".

"**Art. 492.** É vedado ao juiz proferir decisão de natureza diversa da pedida, bem como condenar a parte em quantidade superior ou em objeto diverso do que lhe foi demandado".

pretensão anulatória, com vistas a atingir relações jurídicas futuras de conteúdo similar àquela objeto de anulação.

Trata-se aqui, precisamente, de situação que se enquadra no âmbito de aplicação da já aludida Súmula 239 do STF, segundo a qual a "decisão que declara indevida a cobrança do imposto em determinado exercício não faz coisa julgada em relação aos posteriores".

Nessa medida, eventual pretensão do sujeito passivo em obter tutela jurisdicional que produza, para além da eficácia desconstitutiva, também eficácia declaratória negativa, deverá ser expressamente formalizada por meio de pretensão desse jaez, a qual deverá ser cumulada ao pedido anulatório.

Por fim, a sentença que eventualmente deixar de acolher a pretensão anulatória fiscal terá o condão de confirmar a exigibilidade do débito tributário, deixando livre o caminho para a prática, pela Fazenda Pública, dos atos de cobrança necessários à realização do seu direito creditório.

1.2.5 As possíveis relações entre ação anulatória de débito fiscal, execução fiscal e embargos do devedor

No caso de não se verificar nenhuma das causas suspensivas da exigibilidade do crédito tributário prescritas no art. 151 do CTN, o questionamento judicial do crédito tributário devidamente constituído poderá ocorrer em paralelo à prática de atos de cobrança, inclusive judiciais, tendentes a coagir o sujeito passivo a cumprir a obrigação tributária inadimplida.

Em tais situações, é possível que a Fazenda Pública, até para que não se opere a prescrição do direito de cobrança do crédito tributário (art. 174 do CTN), proceda à inscrição do débito em dívida ativa e, em seguida, promova, com fundamento no já referido art. 784, §1º, do CPC, a competente ação executiva fiscal.

Essa possibilidade tem repercussões importantes no plano processual, em especial no que diz com a relação – segundo construção doutrinária e pretoriana – de *conexão por prejudicialidade* que se estabelece entre as demandas anulatória e executiva fiscal, influenciando diretamente a (re)definição do foro competente para ajuizamento e processamento das indigitadas demandas.

É que o §2º do art. 55 do CPC/2015,[268] incorporando orientação jurisprudencial construída no âmbito do Superior Tribunal de Justiça, atribui os mesmos efeitos processuais da conexão – isto é, o dever de reunião dos processos para decisão conjunta – aos casos em que se verifique a tramitação simultânea de processos que, de um lado, questionem a legitimidade de débitos tributários regularmente inscritos em dívida ativa e, de outro, se prestem a exigi-lo.[269]

É esse, exatamente, o caso da ação anulatória que tenha por objeto débito tributário cobrado via execução fiscal proposta ulteriormente.

---

268. Art. 55. Reputam-se conexas 2 (duas) ou mais ações quando lhes for comum o pedido ou a causa de pedir.
§ 1º. Os processos de ações conexas serão reunidos para decisão conjunta, salvo se um deles já houver sido sentenciado.
§ 2º. Aplica-se o disposto no caput:
I - à execução de título extrajudicial e à ação de conhecimento relativa ao mesmo ato jurídico; (destacamos)

269. "Trata-se de regra que não estava no CPC/73. A possibilidade de reunião de execução e ação de conhecimento foi objeto de discussão, sob o argumento de que a reunião das ações não seria possível poisos procedimentos são distintos e não haveria julgamento conjunto. Defendia-se, assim, a reunião entre a ação de conhecimento e os embargos do executado (natureza de ação de conhecimento). Assim, se a execução tivesse sido proposta em primeiro lugar e estivesse embragada, sendo promovida ação de conhecimento relativa ao título que ensejou a execução, dar-se-ia a reunião para julgamento conjunto das duas ações de conhecimento.
Entretanto, o entendimento que vinha prevalecendo no STJ, antes do advento do CPC de 2015, era no sentido da reunião das ações quando elas tivessem a mesma origem, isto é, se fundamentasse em fatos comuns ou nas mesmas relações jurídicas". PIZZOL, Patrícia. In: *Comentários ao Código de Processo Civil*, p. 380. (destacamos)

O reconhecimento da conexão e a reunião dos autos das ações anulatória de débito e executiva fiscais para julgamento conjunto, no entanto, estão condicionados a dois requisitos expressamente prescritos na legislação processual, quais sejam: (i) que as competências para julgamento dos referidos processos sejam relativas (art. 54 do CPC);[270] e (ii) que nenhum dos processos haja sido sentenciado (art. 55, §1º, *in fine*, do CPC).

Verificados os requisitos legais, a reunião dos autos para julgamento conjunto se dará em favor do Juízo prevento (art. 58 do CPC) [271] – isto é, do Juízo no qual o registro/distribuição da petição inicial haja sido efetuado em primeiro lugar (art. 59 do CPC).[272]

Não é difícil inferir que o principal óbice pragmático à aplicação da regra de reunião dos feitos anulatório e executivo fiscais para trâmite conjunto diz com o fato de ser comum a instalação de varas especializadas no processamento de ações executivas fiscais, detentoras de competência absoluta para processar e julgar demandas desse jaez, o que inviabiliza o efeito processual fulcral da conexão, que é, justamente, a modificação da competência.[273]

---

270. Art. 54. "A competência relativa poderá modificar-se pela conexão ou pela continência, observado o disposto nesta Seção".

271. Art. 58. "A reunião das ações propostas em separado far-se-á no juízo prevento, onde serão decididas simultaneamente".

272. Art. 59. "O registro ou a distribuição da petição inicial torna prevento o juízo".

273. PROCESSO CIVIL. CONFLITO DE COMPETÊNCIA. EXECUÇÃO FISCAL. AÇÃO ANULATÓRIA AJUIZADA ANTERIORMENTE. CONEXÃO. NORMA DE ORGANIZAÇÃO JUDICIÁRIA. EXISTÊNCIA DE VARA ESPECIALIZADA PARA JULGAR EXECUÇÕES FISCAIS. REUNIÃO DOS PROCESSOS. IMPOSSIBILIDADE. SUSPENSÃO DA EXECUÇÃO. GARANTIA DO JUÍZO. NECESSIDADE. 1. Cuida-se de conflito negativo de competência instaurado entre o juízo da 4ª Vara Federal de Santos/SP, suscitante, e o juízo da 1ª Vara Federal e Juizado Especial Cível de Foz do Iguaçu/PR, suscitado, nos autos de execução fiscal movida pela União Federal. Discute-se a possibilidade de serem reunidas execução fiscal e ação anulatória de débito precedentemente ajuizada, quando o juízo em que tramita esta última não é vara especializada em execução fiscal, nos termos consignados em norma

A despeito disso, quer nos parecer que as regras processuais que fixam os critérios e, principalmente, os limites para a reunião dos processos de conhecimento (anulatória) e executivo (execução fiscal) para julgamento conjunto diferem a depender do momento em que cada uma das demandas (cognitiva e executiva) for proposta.

Com efeito, para os casos em que a propositura da ação anulatória precede a propositura da ação executiva fiscal, a limitação prescrita no art. 54 do CPC, que restringe a modificação da competência à condição de ser ela relativa, é plenamente justificável, dada a impossibilidade de se processar a ação executiva fiscal em juízo diverso daquele tido por materialmente especializado.

A recíproca, todavia, não nos parece verdadeira, pois, no caso de a demanda executiva fiscal haver sido registrada/distribuída em juízo especializado, em momento anterior à propositura da ação anulatória de débito fiscal, a regra de prevenção a ser aplicada deverá ser, em nosso sentir, aquela prescrita no art. 61 do CPC, segundo a qual

---

de organização judiciária.
2. Em tese, é possível a conexão entre a ação anulatória e a execução fiscal, em virtude da relação de prejudicialidade existente entre tais demandas, recomendando-se o simultaneus processus. Precedentes.
3. Entretanto, nem sempre o reconhecimento da conexão resultará na reunião dos feitos. A modificação da competência pela conexão apenas será possível nos casos em que a competência for relativa e desde que observados os requisitos dos §§ 1º e 2º do art. 292 do CPC.
4. A existência de vara especializada em razão da matéria contempla hipótese de competência absoluta, sendo, portanto, improrrogável, nos termos do art. 91 c/c 102 do CPC. Dessarte, seja porque a conexão não possibilita a modificação da competência absoluta, seja porque é vedada a cumulação em juízo incompetente para apreciar uma das demandas, não é possível a reunião dos feitos no caso em análise, devendo ambas as ações tramitarem separadamente.
5. Embora não seja permitida a reunião dos processos, havendo prejudicialidade entre a execução fiscal e a ação anulatória, cumpre ao juízo em que tramita o processo executivo decidir pela suspensão da execução, caso verifique que o débito está devidamente garantido, nos termos do art. 9º da Lei 6.830/80.
6. Conflito conhecido para declarar a competência do juízo suscitado.
(CC 106.041/SP; 1ª Seção; Rel. Min. Castro Meira; DJe de 09/11/2009).

"a ação acessória será proposta no juízo competente para ação principal".[274]

Nesse tocante, havemos de recordar que o pressuposto que subjaz à regra prescrita no art. 55, §2º, inciso I, do CPC, está relacionado à "identidade" entre os débitos que são, simultaneamente, objeto da ação anulatória e da ação executiva, o que nos permite concluir que as "matérias" versadas em ambas as demandas são as mesmas, de sorte que, por essa razão, o juízo especializado não estaria tratando de matéria estranha à sua competência ao apreciar a pretensão anulatória.

Além disso, da análise dos precedentes que antecederam – e certamente inspiraram – a inovação advinda com a regra do art. 55, §2º, inciso I, do CPC, verifica-se que a ideia por detrás do instituto diz com o reconhecimento de que a ação anulatória, ao se voltar contra débito fiscal objeto de cobrança via ação executiva, assume a função de "embargos do devedor", fazendo-lhe as vezes.[275]

---

274. "Considera-se acessória a ação que guarda relação com outra ação, sendo esta considerada principal em relação a outra. Assim, para que se dê um melhor exercício da função jurisdicional, as duas devem ser processadas e julgadas no mesmo juízo. Pode-se afirmar que a reunião das ações propicia economia processual, pois as provas produzidas podem ser utilizadas para o julgamento das duas causas, e, especialmente, permite que as decisões sejam harmônicas. Assim pode-se afirmar que o órgão competente para a ação principal tem competência funcional (absoluta) para o julgamento da ação acessória. Se a ação principal já tiver sido ajuizada, a acessória será "distribuída" por dependência ao juízo da principal; se a acessória for proposta antes, deverá sê-lo no juízo que será o competente para a principal". PIZZOL, Patrícia. In: *Comentários ao Código de Processo Civil*, p. 386.

275. PROCESSO CIVIL. EXECUÇÃO FISCAL E AÇÃO ANULATÓRIA DO DÉBITO. CONEXÃO.
1. Se é certo que a propositura de qualquer ação relativa ao débito constante do título não inibe o direito do credor de promover-lhe a execução (CPC, art. 585, § 1º), o inverso também é verdadeiro: o ajuizamento da ação executiva não impede que o devedor exerça o direito constitucional de ação para ver declarada a nulidade do título ou a inexistência da obrigação, seja por outra ação declaratória ou desconstitutiva. Nada impede, outrossim, que o devedor se antecipe à execução e promova, em caráter preventivo, pedido de nulidade do título ou declaração de inexistência da relação obrigacional.
2. **Ações dessa espécie têm natureza idêntica à dos embargos do devedor, e quando os antecedem, podem até substituir tais embargos, já que repetir seus funda-**

Ora, os embargos do devedor perfazem um dos exemplos mais comuns daquilo que a processualística denomina "ação acessória", que assim se coloca diante da ação executiva que, nesse contexto, qualifica-se como "ação principal".[276] Sendo a ação anulatória, quando proposta ulteriormente à ação executiva fiscal, um sucedâneo dos embargos do devedor, deverá ser ela considerada verdadeira demanda acessória, atraindo para si a incidência da regra de prevenção veiculada no art. 61 do CPC.[277]

---

mentos e causa de pedir importaria litispendência.
3. **Assim como os embargos, a ação anulatória ou desconstitutiva do título executivo representa forma de oposição do devedor aos atos de execução**, razão pela qual quebraria a lógica do sistema dar-lhes curso perante juízos diferentes, comprometendo-se a unidade natural que existe entre pedido e defesa
4. **É certo, portanto, que entre ação de execução e outra ação que se oponha ou possa comprometer os atos executivos, há evidente laço de conexão (CPC, art. 103), a determinar, em nome da segurança jurídica e da economia processual, a reunião dos processos, prorrogando-se a competência do juiz que despachou em primeiro lugar (CPC, art. 106).** Cumpre a ele, se for o caso, dar à ação declaratória ou anulatória anterior o tratamento que daria à ação de embargos com idêntica causa de pedir e pedido, inclusive, se garantido o juízo, com suspensão da execução. (CC 38.045/MA; Relatora Min. Eliana Calmon; 1ª Seção; DJ de 09/12/2003) (destacamos).

276. "PROCESSUAL - CONFLITO NEGATIVO DE COMPETÊNCIA - EXECUÇÃO FISCAL E AÇÃO ANULATÓRIA DE DÉBITO FISCAL - VARA DA FAZENDA E JUÍZO DO INTERIOR - COMPETÊNCIA DO ÚLTIMO - PRECEDENTES JURISPRUDENCIAIS.
A ação anulatória de débito fiscal sendo acessória à de execução fiscal, não desloca a competência do Juízo do domicílio do devedor. "Tratando de conexão por acessoriedade, a competência do Juiz da ação principal existe, sendo irrelevante que a ação acessória seja ajuizada antes, durante ou depois de terminado a ação principal". (TJ-SC - CC: 7288 SC 1996.000728-8; 1ª Câmara de Direito Comercial; Rel. Des. Amaral Silva; Julgamento de 20/08/1996) (destacamos)
PROCESSUAL - CONFLITO NEGATIVO DE COMPETÊNCIA - EXECUÇÃO FISCAL E AÇÃO ANULATÓRIA DE DÉBITO FISCAL - VARA DA FAZENDA E JUÍ ZO DO INTERIOR - COMPETÊNCIA DO ÚLTIMO - PRECEDENTES JURISPRUDENCIAIS.
A ação anulatória de débito fiscal sendo acessória à de execução fiscal, não desloca a competência do Juízo do domicílio do devedor. "Tratando de conexão por acessoriedade, a competência do Juiz da ação principal existe, sendo irrelevante que a ação acessória seja ajuizada antes, durante ou depois de terminado a ação principal". (TJ-SC - CC: 7270 SC 1996.000727-0; 1ª Câmara de Direito Comercial; Rel. Des. Amaral e Silva, Julgamento: 20/08/1996; (destacamos)

277. Art. 61. A ação acessória será proposta no juízo competente para a ação principal.

Por essa razão, entendemos que a ação anulatória de débito fiscal dirigida contra débito objeto de execução fiscal efetivamente proposta deverá ser distribuída por dependência ao juízo em que estiver sendo processado o feito executivo, independentemente de se tratar de vara especializada (competência absoluta).

Dito isso, cabe asseverar que o manejo da ação anulatória de débito fiscal em momento posterior à propositura da ação executiva fiscal comporta limites, os quais estão relacionados (i) ao decurso do prazo de 5 (cinco) anos, contados do momento em que se tornar definitivo o ato constitutivo do crédito tributário; e (ii) ao desencadeamento do prazo para a oposição de embargos à execução.

Quanto ao prazo para a propositura da demanda anulatória, remetemos o leitor às considerações que fizemos acerca do assunto no tópico antecedente.

O segundo limite a que nos referimos está intimamente ligado à ideia – discutida há pouco – de relação de "equivalência" estabelecida entre a demanda anulatória e os embargos do devedor nas circunstâncias em que a primeira é proposta ulteriormente ao ajuizamento ação executiva fiscal. Sob tal perspectiva, o interesse processual na propositura da ação anulatória resulta justamente da impossibilidade de se fazer uso dos embargos à execução fiscal, cuja oposição, segundo a disciplina do §1º do art. 16 da Lei 6.830/80,[278] diferentemente do que se dá no regime geral de execução de títulos extrajudiciais (CPC), ainda está condicionada à garantia do juízo.

Tendo sido efetivada a garantia do juízo, desencadeando-se, consequentemente, o prazo para oposição dos embargos, carecerá o devedor tributário, em tese, de interesse

278. "Art. 16 – (...)
(...)
§ 1º - Não são admissíveis embargos do executado antes de garantida a execução".

para a propositura da ação anulatória de débito fiscal, tendo em vista que toda a matéria que poderia ser objeto de questionamento pela via da demanda anulatória também poderá sê-lo em sede de embargos do devedor.

Não se justificaria, nesse caso, a utilização da anulatória como sucedâneo dos embargos, até porque, a teor do que dispõe o art. 16, §2º, da Lei 6.830/80,[279] o devedor tributário deverá alegar, no prazo para oposição de embargos, toda a matéria útil à defesa, bem como requerer as provas e os documentos necessários ao acolhimento de sua pretensão, tudo isso sob pena de preclusão do seu direito.

Essa conclusão, contudo, comporta algumas ponderações.

O dispositivo legal em questão – art. 16, §2º, da Lei 6.830/80 – diz com um aspecto dos embargos do devedor que revela sua vocação processual de instrumento de defesa do devedor em face da pretensão executiva. Trata-se, portanto, de uma espécie de manifestação do princípio da eventualidade no específico ambiente procedimental próprio aos executivos fiscais.

Quando analisamos os embargos do devedor sob a perspectiva eminentemente formal, isto é, como uma espécie de ação contra o débito exequendo com vistas ao afastamento da pretensão executiva, mediante a prolação de sentença de mérito, há que se admitir que a emanação daqueles efeitos obstativos que a processualística chama de "eficácia preclusiva da coisa julgada", enunciada no art. 508 do CPC, está vinculada ao efetivo ajuizamento da "ação" de embargos.

---

279. Art. 16 – (...)
(...)
§ 2º - No prazo dos embargos, o executado deverá alegar toda matéria útil à defesa, requerer provas e juntar aos autos os documentos e rol de testemunhas, até três, ou, a critério do juiz, até o dobro desse limite.

Isso porque a regra que dispõe sobre o dever de alegar toda a matéria útil à defesa no prazo para embargos (art. 16, §2º, da Lei 6.830/80) só faz sentido ante a incidência da regra que estabelece que, com o "transitado em julgado a decisão de mérito, considerar-se-ão deduzidas e repelidas todas as alegações e as defesas que a parte poderia opor, tanto ao acolhimento, quanto à rejeição do pedido" (art. 508 do CPC – eficácia preclusiva da coisa julgada), o que, por si só, pressupõe que os embargos sejam efetivamente opostos e apreciados quanto ao mérito. É essa condição que tornará inviável a insurgência do devedor, pela via da ação anulatória, após o trânsito em julgado de sentença de mérito exarada em sede de embargos.

Sob essa óptica, portanto, os embargos do devedor, caso efetivamente opostos, darão ensejo à sentença de mérito vocacionada à imutabilidade, decorrência natural da ideia de coisa julgada. Nessas circunstâncias, eventual não acolhimento da pretensão deduzida nos embargos impedirá, por força das regras acima referidas (eventualidade e eficácia preclusiva da coisa julgada), que novas alegações sejam deduzidas em sede de ação anulatória (art. 505, *caput*, do CPC).[280]

Assim, não é a mera abertura de oportunidade para a oposição de embargos do devedor que resultará no esgotamento do interesse processual na propositura da ação anulatória de débito fiscal, mas sim o efetivo manejo do referido instrumento e, ainda assim, desde que haja prolação de sentença de mérito sobre a qual incida a imutabilidade própria à noção de coisa julgada.[281] Somente a efetiva oposição

280. "Art. 505 – Nenhum juiz decidirá novamente as questões já decidias relativas à mesma lide, salvo: (..)"

281. PROCESSUAL CIVIL. CONFLITO DE COMPETÊNCIA. PROCESSO JUDICIAL TRIBUTÁRIO. EXACIONAL (EXECUÇÃO FISCAL) X ANTIEXACIONAL (AÇÃO DECLARATÓRIA DE INEXISTÊNCIA DA RELAÇÃO JURÍDICA TRIBUTÁRIA DA QUAL DEFLUI O DÉBITO EXECUTADO). CONEXÃO. ART. 103, DO CPC. REGRA PROCESSUAL QUE EVITA A PROLAÇÃO DE DECISÕES INCONCILIÁVEIS.
1. A propositura de qualquer ação relativa ao débito constante do título executivo não inibe o credor de promover-lhe a execução (§ 1º, do art. 585, do CPC).

dos embargos e, ainda, a concreta prolação de sentença de mérito sobre a qual recaia a eficácia da coisa julgada terão o condão de inviabilizar a propositura da ação anulatória. Por essa razão, nas situações em que se verifique o transcurso *in albis* do prazo para oposição de embargos ou, ainda, em caso de sentença meramente terminativa, o interesse processual na propositura de ação anulatória de débito fiscal, desde que observado o quinquênio legal, remanescerá.

É possível que se verifique, ainda, o trâmite simultâneo da ação anulatória de débito fiscal e dos embargos do devedor, inclusive nos casos em que ambas as demandas tenham por objeto o mesmo débito exequendo. Essa possibilidade, no entanto, deve ser analisada exclusivamente

---

2. A finalidade da regra é não impedir a execução calcada em título da dívida líquida e certa pelo simples fato da propositura da ação de cognição, cujo escopo temerário pode ser o de obstar o processo satisfativo desmoralizando a força executória do título executivo.
3. À luz do preceito e na sua exegese teleológica, colhe-se que a recíproca não é verdadeira, vale dizer: proposta a execução torna-se despiscienda e, portanto, falece interesse de agir a propositura de ação declaratória porquanto os embargos cumprem os desígnios de eventual ação autônoma.
4. Conciliando-se os preceitos, tem-se que, precedendo a ação anulatória à execução, aquela passa a exercer perante esta inegável influência prejudicial a recomendar o simultaneus processus, posto conexas pela prejudicialidade, forma expressiva de conexão a recomendar a reunião das ações, como expediente apto a evitar decisões inconciliáveis.
5. O juízo único é o que guarda a mais significativa competência funcional para verificar a verossimilhança do alegado na ação de conhecimento e permitir prossiga o processo satisfativo ou se suspenda o mesmo.
6. Refoge à razoabilidade permitir que a ação anulatória do débito caminhe isoladamente da execução calcada na obrigação que se quer nulificar, por isso que, exitosa a ação de conhecimento, o seu resultado pode frustrar-se diante de execução já ultimada (Recentes precedentes desta Corte sobre o tema: REsp 887607/SC, Relatora Ministra Eliana Calmon, Segunda Turma, publicado no DJ de 15.12.2006; REsp 722303/RS, desta relatoria, Primeira Turma, publicado no DJ de 31.08.2006; REsp 754586/RS, Relator Ministro Teori Albino Zavascki, Primeira Turma, publicado no DJ de 03.04.2006).
7. In casu, a execução fiscal restou ajuizada enquanto pendente a ação declaratória da inexistência da relação jurídica tributária, o que reclama a remessa dos autos executivos ao juízo em que tramita o pleito ordinário, em razão da patente conexão.
8. Conflito conhecido para declarar a competência do Juízo da 7ª Vara Federal de Campinas/SP.
(CC 81.290/SP; 1ª Seção; Rel. Min. Luiz Fux; DJe. De 15/12/2008) (destacamos).

sob a perspectiva que considera a preexistência da ação anulatória à oposição dos embargos, pois a situação inversa, conforme anotamos acima, é de impossível verificação.

Com efeito, as relações processuais que se estabelecem em decorrência da existência simultânea da ação anulatória e dos embargos do devedor – nos casos em que a primeira ação preceda a segunda – variam de acordo com a identificação ou não de algumas circunstâncias concretas muito particulares. Isso porque, se houver total identidade (partes, causa de pedir e pedido) entre as demandas, tendo os embargos do devedor sido opostos em momento posterior à ação anulatória de débito fiscal, estarão eles fadados à extinção (art. 485, inciso V, do CPC), seja por força da litispendência,[282] seja em razão da coisa julgada.[283]

---

282. PROCESSUAL CIVIL E TRIBUTÁRIO. AGRAVO REGIMENTAL NO AGRAVO EM RECURSO ESPECIAL. **LITISPENDÊNCIA ENTRE AÇÃO ANULATÓRIA E EMBARGOS À EXECUÇÃO FISCAL. POSSIBILIDADE, SE RECONHECIDA A TRÍPLICE DENTIDADE**. HONORÁRIOS ADVOCATÍCIOS. JUÍZO DE EQUIDADE. REVISÃO. IMPOSSIBILIDADE. SÚMULA 7/STJ.
(...)
2. "É pacífico nas Turmas que integram a Primeira Seção desta Corte o entendimento no sentido de que deve ser reconhecida a litispendência entre os embargos à execução e a ação anulatória ou declaratória de inexistência do débito proposta anteriormente ao ajuizamento da execução fiscal, se identificadas as mesmas partes, causa de pedir e pedido, ou seja, a tríplice identidade a que se refere o art. 301, § 2º, do CPC" (REsp 1.156.545/RJ, Rel. Ministro Mauro Campbell Marques, Segunda Turma, DJe 28/04/2011). No mesmo sentido: AgRg nos EREsp 1.156.545/RJ, Rel. Ministro Benedito Gonçalves, Primeira Seção, DJe 04/10/2011; REsp 1.040.781/PR, Rel. Ministra Eliana Calmon, Segunda Turma, DJe 17/3/2009; REsp 719.907/RS, Primeira Turma, Rel. Ministro. Teori Albino Zavascki, DJe de 5.12.2005.
3. Os invocados dispositivos da LEF (arts. 18, 19 e 24) não contem comando normativo capaz de infirmar o fundamento do acórdão atacado, o que atrai a aplicação da Súmula 284/STF. Isso porque tais arts. não tratam diretamente dos institutos da litispendência ou da conexão entre ações, mas dos efeitos da oposição dos embargos na tramitação da execução respectiva. Lado outro, na espécie, a mesma garantia prestada nos embargos (depósito integral do débito exequendo) já poderia ter sido apresentada anteriormente e suspendido a exigibilidade do crédito tributário, nos termos do art. 151, II, do CTN.
(...)
5. Agravo regimental não provido.
(AgRg no AREsp 208.266/RJ; 1ª Turma; Rel. Min. Benedito Gonçalvez; DJe de 14/05/2013). ()

283. PROCESSUAL CIVIL E TRIBUTÁRIO. RECURSO ESPECIAL. VIOLAÇÃO DO ART. 535, II, DO CPC. INOCORRÊNCIA. AÇÃO ANULATÓRIA DE DÉBITO FISCAL

Por outro lado, nas situações em que a identidade das demandas for meramente parcial, operar-se-á o fenômeno da conexão, dando ensejo ao apensamento dos feitos para julgamento simultâneo, exatamente nos termos do que prescreve o art. 55, §1º, do CPC.

Essa possibilidade é especialmente verificável devido à possível ocorrência de fatos "exonerativos" posteriores à propositura da ação anulatória, tais como a prescrição do débito, a declaração da inconstitucionalidade do tributo ou, ainda, a eventual nulidade relativa à formação do título executivo (certidão de dívida ativa) que aparelha a ação executiva fiscal. Esses fatos são, por razões eminentemente cronológicas, estranhos às alegações deduzidas na ação anulatória proposta anteriormente, o que justifica e viabiliza a oposição dos embargos do devedor.

Ainda tomando por premissa de análise as situações em que ação anulatória seja precedente aos embargos do devedor, será possível verificar-se relação de *continência* que resulte em reunião das referidas demandas para

---

E EXECUÇÃO FISCAL. CONEXÃO. ART. 103 DO CPC. REGRA PROCESSUAL QUE EVITA A PROLAÇÃO DE DECISÕES INCONCILIÁVEIS. **IMPOSSIBILIDADE DE JUNÇÃO DOS FEITOS. EFICÁCIA PRECLUSIVA PREJUDICIAL DA COISA JULGADA QUE OPEROU-SE NA ANULATÓRIA. IRRADIAÇÃO DOS EFEITOS SOBRE OS EMBARGOS À EXECUÇÃO FISCAL. SUPERVENIENTE AUSÊNCIA DE INTERESSE RECURSAL**. INADMISSIBILIDADE DO RECURSO.
(...)
8. Refoge à razoabilidade permitir que a ação anulatória do débito caminhe isoladamente da execução calcada na obrigação que se quer nulificar, por isso que, exitosa a ação de conhecimento, o seu resultado pode frustrar-se diante de execução já ultimada.
9. **Todavia, revelando-se inviável a junção dos autos da anulatória e da ação de embargos do devedor, pelo fato de encontrar-se findo o primeiro feito, com decisão trânsita, há que se reconhecer nos embargos a eficácia preclusiva prejudicial da coisa julgada que na anulatória se operou**, fato este que no processo sub examine evidencia a irrelevância de se discutir no presente momento e na via especial, se conexas ou litispendentes as referidas demandas, impondo o desprovimento da irresignação recursal, por ausência de requisito intrínseco de admissibilidade, qual seja, o interesse em recorrer.
10. Recurso especial não conhecido.
(REsp n. 714.792/RS; 1ª Turma; Rel. Min. Luiz Fux; DJ de 01/06/2006) (destacamos).

julgamento simultâneo, na forma prescrita no art. 57 do CPC,[284] mas isso naquelas raras situações em que o objeto litigioso dos embargos do devedor seja mais amplo que o deduzido na demanda anulatória.

Como bem observa PAULO CESAR CONRADO, "toda situação de continência, **porque supõe a noção de cumulação de pedidos**, pode ser indutiva da litispendência, cuja consequência jurídica é sabidamente distinta [extinção do processo mais recente, nos termos do art. 267, inciso V (correspondente, no Código de Processo Civil de 2015: art. 485, inciso V)]". [285] (grifamos e destacamos)

Significa dizer que a continência que resulta na reunião dos processos para julgamento simultâneo, a teor do dispõe o art. 57 do CPC, é aquela em que a ação "conteúdo" (contida) preceda a ação "continente". Caso contrário, o que se operará, verdadeiramente, é o efeito próprio à litispendência, com a extinção da demanda proposta ulteriormente.

Em se tratando de situações em que se verifica a existência simultânea de ação anulatória débito precedente aos embargos à execução fiscal, as condições para reunião dos feitos em razão da continência pressuporiam a cumulação de pedidos no âmbito dos embargos, que é justamente a demanda ajuizada em momento posterior.

Essa condição, por sua vez, é pragmaticamente improvável, tendo em vista o que dispõe o § 3º do art. 16 da Lei 6.830/80, *in verbis*:

> *Art. 16 – (...):*
>
> *(...)*

---

284. "Art. 57. Quando houver continência e a ação continente tiver sido proposta anteriormente, no processo relativo à ação contida será proferida sentença sem resolução de mérito, caso contrário, as ações serão necessariamente reunidas".

285. CONRADO, Paulo Cesar. *Execução fiscal*, p. 147.

> *§ 3º - Não será admitida reconvenção, nem compensação, e as exceções, salvo as de suspeição, incompetência e impedimentos, serão arguidas como matéria preliminar e serão processadas e julgadas com os embargos.*

Ao vedar a formulação de pleito reconvencional por intermédio dos embargos, o que o enunciado do referido art. 16, §3º, da Lei 6.830/80 proíbe, em verdade, é que se possa deduzir pedido cumulativo àquele que se volta contra a pretensão executiva fiscal (razão principal dos embargos).[286]

Não havendo possibilidade de cumulação de pedidos nos embargos à execução fiscal – os quais deverão veicular, exclusivamente, pretensões que apontem para a obstacularização dos atos executivos –, torna-se inesperável a instauração de relação de continência entre a ação anulatória e os embargos do devedor, o que somente ocorrerá se nova questão de mérito que comprometa a higidez do débito exequendo, surgida após o ajuizamento da demanda anulatória, puder ser deduzida autonomamente nos embargos ou, ainda, se o objeto da execução fiscal impugnada pela via dos embargos abarque outros débitos tributários além dos atacados pela demanda anulatória, ocasião em que o objeto dos embargos será mais amplo que o da referida ação de rito comum.

1.3 A ação de consignação em pagamento em matéria tributária e o direito subjetivo (ao cumprimento do dever jurídico) de pagar o tributo

O marco seguinte do processo de concretização do direito tributário é aquele que, ordinariamente, seria o

---

286. A natureza "híbrida" dos embargos do devedor – defesa em sentido material, ação em sentido formal – é confusa inclusive no âmbito da legislação. Isso porque, sendo os embargos "formalmente uma ação", não nos parece que a utilização do termo "reconvenção" – espécie do gênero "resposta", cujo exercício se dá no âmbito das "defesas" –, tenha sido uma opção feliz do legislador da LEF.

responsável pelo encerramento da cadeia de aplicação normativa desencadeada sob o pretexto do exercício da atividade impositiva tributária, ocasião em que tem lugar a realização do ato que se presta a materializar a forma esperada de extinção da obrigação tributária, qual seja: o pagamento.

Pressupondo que não se tenha verificado qualquer irregularidade nos atos de aplicação que deram origem à obrigação tributária, deverá o sujeito passivo cumprir seu dever jurídico de adimpli-la, sem que lhe seja oferecida qualquer resistência ou dificuldade para tal.

Eis, aqui, a pedra de toque que poderá dar origem a uma específica forma de conflituosidade atrelada ao direito do devedor de cumprir regularmente seu dever jurídico.

Conforme anotamos no item 1.3.2.3 do capítulo I do título I, a obrigação tributária materializa espécie do gênero "relação jurídica prestacional" que vincula, de um lado, o Estado-fisco – titular do direito subjetivo de perceber o montante devido a título de tributo – e, de outro, o sujeito passivo tributário – titular do dever jurídico de pagar o referido valor.

Nas relações jurídicas desse jaez, as situações jurídicas subjetivas contrapostas – "direito subjetivo" X "dever jurídico" – perfazem vínculos jurídicos distintos, porém complementares (relações jurídicas principal e conversa, respectivamente). Trata-se, em verdade, de vínculos que regulam condutas diversas, porém interdependentes, pois uma não se realiza sem a materialização da outra.[287]

Tratando-se de obrigação tributária, havemos de considerar duas condutas juridicamente reguladas: a primeira do titular do dever jurídico (diretamente regulada),

287. "Relação conversa é aquela que se obtém pela inversão da ordem de sucessão de seus membros. Opera-se uma troca de posições, em que o sucessor passa o tópico de predecessor e este assume o lugar do sucessor. Com tal modificação, ressalvado o caso das relações simétricas, altera-se o vínculo. CARVALHO, Paulo de Barros. *Direito tributário, linguagem e método*, p. 104-105. (grifamos)

substanciada na "obrigação" de levar aos cofres públicos determinada quantia; e a segunda, do titular do direito subjetivo (indiretamente regulada), materializada na "obrigação" de receber a quantia paga pelo sujeito passivo. É de se verificar, nesse contexto, que a relação jurídico-tributária dita "principal", cujo núcleo é o dever jurídico (obrigação) de levar aos cofres públicos o montante devido a título de tributo, pressupõe, como condição lógico-deôntica, o direito subjetivo (permissão) de o devedor adimplir a obrigação.

Desse modo, se o sujeito passivo da obrigação tributária, titular do dever jurídico de adimplir a prestação, estiver injustamente impedido de cumprir a obrigação que lhe fora atribuída, automaticamente terá violado seu direito subjetivo de fazê-lo, dando oportunidade à instauração de um tipo específico de conflituosidade que reclama uma espécie de tutela jurisdicional apta a realizar o direito/dever do sujeito passivo à extinção da obrigação tributária pelo pagamento.

É justamente esse o caso do conflito instaurado a partir da verificação de uma das situações expressamente enumeradas no art. 164, incisos I, II e III do CTN,[288] ocasião em que o sujeito passivo poderá se valer de uma técnica específica de extinção do crédito tributário, prescrita no art. 156, inciso VIII, do CTN,[289] cuja materialização ocorre, exclusivamente, em ambiente judicial, qual seja: o pagamento por consignação.

---

288. Art. 164. A importância de crédito tributário pode ser consignada judicialmente pelo sujeito passivo, nos casos:
I - de recusa de recebimento, ou subordinação deste ao pagamento de outro tributo ou de penalidade, ou ao cumprimento de obrigação acessória;
II - de subordinação do recebimento ao cumprimento de exigências administrativas sem fundamento legal;
III - de exigência, por mais de uma pessoa jurídica de direito público, de tributo idêntico sobre um mesmo fato gerador.

289. Art. 156. Extinguem o crédito tributário:
(...)
VIII - a consignação em pagamento, nos termos do disposto no § 2º do art. 164;

Estamos a falar, fundamentalmente, de um método de extinção do crédito tributário por meio do qual o sujeito passivo impedido de cumprir seu dever em razão de óbice ilegítimo possa dele se desincumbir sem depender da anuência do credor.

Eis, aqui, a delimitação do conflito próprio à ação de consignação em pagamento em matéria tributária, que tem, em seu núcleo ativo, o direito subjetivo de adimplir o débito tributário e, no plano passivo, o fato da recusa do Fisco (mora do credor) em receber o pagamento (art. 164, incisos I e II, do CTN) ou a dúvida acerca do credor tributário (art. 164, inciso III, do CTN).

Em verdade, aquilo que estamos chamando de "mora (recusa)" e "dúvida" quanto ao credor tributário pode ser, como bem observa CAMILA CAMPOS VERGUEIRO, analiticamente decomposto em seis condutas distintas: (i) a recusa ao recebimento do tributo; (ii) a subordinação do recebimento do tributo ao pagamento de outro tributo; (iii) a subordinação do recebimento do tributo ao pagamento de penalidade; (iv) a subordinação do recebimento do tributo ao cumprimento de dever instrumental; (v) a subordinação do recebimento do tributo ao cumprimento de pretensões administrativas ilegais; e (vi) a exigência por sujeitos de direito público distintos de tributo incidente sobre o mesmo fato tributário.[290]

---

290. VERGUEIRO, Camila Campos. A ação de consignação em pagamento e a extinção do crédito tributário. In: *Processo tributário analítico*, p. 156-157.
Neste específico ponto, fazemos um pequeno "acertamento" à descrição da conduta relativa à consignação fundada em dúvida, tal qual proposta por Camila Campos Vergueiro, para quem a causa de pedir revelada no inciso III do art. 164 do CTN seria a exigência por sujeitos de direito público distintos de um tributo com <u>mesma hipótese de incidência.</u> Isso porque, ao que nos parece, a exigência do tributo por dois (ou mais) entes políticos distintos, para fins de justificar o pagamento por consignação, não precisa ocorrer, necessariamente, com relação a tributos "com a mesma hipótese de incidência", assim entendida como a descrição conotativa do evento tributário verificada no antecedente da norma abstrata e geral de incidência tributária. Com efeito, é possível que a exigência dúplice se dê com relação a tributos com hipóteses normativas de incidência distintas, tais como IPI e ISSQN; ISSQN e

A redução que fazemos, agrupando as condutas descritas nos itens (i) a (v) sob uma mesma rubrica – "recusa ou mora do credor" – e reservando a situação descrita no item (vi) àquilo que denominamos genericamente de "dúvida", perfaz uma mera adequação das referidas causas à forma pela qual cada uma delas é judicialmente apreciada, estando, todas elas, adstritas a dois "modelos procedimentais" distintos, ambos atinentes ao regime jurídico processual da ação de consignação em pagamento, que são (i) o procedimento relativo à consignação em pagamento fundada na recusa; e (ii) o procedimento da consignação em pagamento fundada na dúvida.

Assim, apesar de ser o próprio direito material tributário o responsável por garantir ao devedor, normativamente, os meios para se desincumbir da obrigação de recolher o tributo em situações de resistência injustificada do credor ou de dúvida objetiva a respeito de quem é o titular do direito creditório, esse direito somente pode ser exercido em ambiente processual.

Nesse sentido, a consignação em pagamento perfaz uma técnica de extinção do crédito tributário – típico instituto de direito material – cujo exercício se dá, necessariamente, em ambiente judicial, tendo em vista que seus pressupostos fáticos (recusa ou dúvida) configuram típicos atos de violação ao direito subjetivo do sujeito passivo tributário (lesão ou ameaça de lesão) de adimplir a obrigação.

E dizemos "necessariamente", pois, tratando-se de consignação em pagamento tributária, o próprio enunciado

ICMS; IPTU e ITR. Nesses casos, a controvérsia será fundamentalmente sobre a questão do enquadramento do evento tributário, concretamente considerado, em uma ou outra hipótese de incidência, razão pela qual, em nosso sentir, o enunciado do inciso III do art. 164 do CTN, ao utilizar a expressão (plurívoca) "fato gerador", está a se referir ao evento social que deu origem aos atos de cobrança, e não ao antecedente das normas gerais e abstratas de incidência cujas aplicações simultâneas deram origem à exigência dúplice.

do art. 164, *caput*, do CTN, expressamente prescreve que "a importância do crédito tributário pode ser consignada judicialmente pelo sujeito passivo", circunstância que afasta, inexoravelmente, as possibilidades de consignação "privada" do pagamento em matéria fiscal, tal qual disciplinado nos §§ 1º, 2º, 3º e 4º do art. 539 do CPC.[291]

Desse modo, no âmbito tributário – diversamente do que ocorre na seara privada –, o pagamento por consignação deve ocorrer, necessariamente, por meio de procedimento jurisdicional específico, estando à mercê de prévia autorização judicial e tendo sua eficácia extintiva condicionada a ulterior reconhecimento, pelo juízo, da efetiva ocorrência das causas impeditivas do cumprimento ordinário do dever jurídico referidas no art. 164, incisos I, II e III, do CTN.

1.3.1 As regras de competência aplicáveis ao ajuizamento da ação consignatória tributária

O foro competente para ajuizamento da ação de consignação em pagamento há que ser identificado mediante a interpretação conjunta dos enunciados dos arts. 51, parágrafo único, 52, parágrafo único, e 540 do CPC, à luz de cada "espécie" (dúvida/recusa) de demanda consignatória a ser ajuizada.

---

291. Art. 539. Nos casos previstos em lei, poderá o devedor ou terceiro requerer, com efeito de pagamento, a consignação da quantia ou da coisa devida.
§ 1º. Tratando-se de obrigação em dinheiro, poderá o valor ser depositado em estabelecimento bancário, oficial onde houver, situado no lugar do pagamento, cientificando-se o credor por carta com aviso de recebimento, assinado o prazo de 10 (dez) dias para a manifestação de recusa.
§ 2º. Decorrido o prazo do § 1º, contado do retorno do aviso de recebimento, sem a manifestação de recusa, considerar-se-á o devedor liberado da obrigação, ficando à disposição do credor a quantia depositada.
§ 3º. Ocorrendo a recusa, manifestada por escrito ao estabelecimento bancário, poderá ser proposta, dentro de 1 (um) mês, a ação de consignação, instruindo-se a inicial com a prova do depósito e da recusa.
§ 4º. Não proposta a ação no prazo do § 3º, ficará sem efeito o depósito, podendo levantá-lo o depositante.

Nesse tocante, é preciso advertir que as regras de competência constantes dos Parágrafos únicos dos arts. 51 e 52 do CPC – que não existiam à época da vigência do CPC/73 – são especiais com relação àquela do art. 540 do CPC,[292] cuja aplicação sempre deverá ceder em favor das primeiras, quando confrontadas.

Desse modo, nas ações consignatórias fundadas em recusa, o foro competente será determinado pelo sujeito de direito público que figurar na condição de sujeito passivo da relação jurídico processual. Sendo a União a demandada, já considerada a competência constitucional da Justiça Federal, aplicar-se-á a regra do art. 51, parágrafo único, do CPC; sendo o réu Estado ou o Distrito Federal, é de se observar a regra do art. 52, parágrafo único, do CPC. Tratando-se de consignatória fundada em recusa perpetrada por Município, aplica-se a regra do art. 540 do CPC.

Nas consignatórias tributárias ajuizadas em face de entes municipais, a norma de competência constante do art. 540 do CPC, que determina que a consignação seja requerida no lugar do pagamento, há que ser interpretada sempre em conjunto ao que dispõe o art. 159 do CTN,[293] segundo o qual, quando a legislação do ente não dispuser a respeito, o pagamento deverá ser efetuado na repartição competente do domicílio do sujeito passivo.

Como, em tempos atuais, a massificação dos meios eletrônicos de pagamento tornou incomum às legislações tributárias versarem sobre o local em que a obrigação tributária deva ser cumprida (todo tributo, a rigor, pode ser pago em qualquer instituição bancária), a regra geral de local de

---

292. Art. 540. Requerer-se-á a consignação no lugar do pagamento, cessando para o devedor, à data do depósito, os juros e os riscos, salvo se a demanda for julgada improcedente.

293. Art. 159. Quando a legislação tributária não dispuser a respeito, o pagamento é efetuado na repartição competente do domicílio do sujeito passivo.

pagamento que aponta para o "domicílio" do sujeito passivo – o autor da ação consignatória em matéria tributária – é de aplicação praticamente universal.

Equivale a dizer, portanto, que, nas hipóteses de aplicação da regra de competência veiculada no art. 540 do CPC, que é justamente o caso das consignatórias (fundadas em recusa) ajuizadas em face de Municípios, o foro competente será, em regra, o do domicílio do autor, sujeito passivo da obrigação tributária (art. 159 do CTN).[294]

Tratando-se de demandas consignatórias fundadas em dúvida quanto ao credor tributário, entretanto, a

---

294. PROCESSUAL CIVIL E TRIBUTÁRIO. CRÉDITO TRIBUTÁRIO. CVM. AÇÃO DE CONSIGNAÇÃO EM PAGAMENTO. JUÍZO COMPETENTE. LUGAR DO PAGAMENTO DA OBRIGAÇÃO. ART. 891 CPC. OBRIGAÇÃO TRIBUTÁRIA. LUGAR DO PAGAMENTO. DOMICÍLIO DO SUJEITO PASSIVO. AGRAVO DE INSTRUMENTO PROVIDO. 1. Insurge-se a agravante em face de decisão que acolheu exceção de incompetência, arguida pela Comissão de Valores Mobiliários - CVM, para que a ação de consignação em pagamento seja remetida ao Juízo em que domiciliado a ré - Seção Judiciária do Rio de Janeiro.
2. O foro competente para a ação de consignação em pagamento, é definido pelo art. 891, do Código de Processo Civil, quanto a ser o local para o pagamento da obrigação: Art. 891 - Requerer-se-á a consignação no lugar do pagamento, cessando para o devedor, tanto que se efetue o depósito, os juros e os riscos, salvo se for julgada improcedente. Em se tratando de crédito tributário, segundo norma geral preceituada pelo Código Tributário Nacional, o lugar do respectivo pagamento é, em regra, o domicílio do sujeito passivo da obrigação tributária: Art. 159 - Quando a legislação tributária não dispuser a respeito, o pagamento é efetuado na repartição competente do domicílio do sujeito passivo.
3. A par destes referenciais jurídicos a orientar sobre o local do cumprimento da obrigação tributária, também para a hipótese de cobrança judicial da obrigação tributária, o Código de Processo Civil, aplicável subsidiariamente à Lei n. 6.830/80, é explícito: Art. 578 - A execução fiscal (art. 585, VI) será proposta no foro do domicílio do réu; se não o tiver, no de sua residência ou no do lugar onde for encontrado. Esta última consideração, em especial, deixa evidente que caso a CVM postulasse o pagamento da obrigação objeto de consignação, via execução fiscal, teria que se submeter ao foro da Seção Judiciária do Pará, local em que domiciliada a empresa contribuinte.
4. Por razões simétricas, não há fundamentos jurídicos sólidos que autorizem compreender ser o foro competente para a ação de consignação em pagamento, o domicílio da ré, se ele não seria competente para a exigência da obrigação. 5. Agravo de instrumento provido.
(TRF-1 - AG: 200301000076928 PA 2003.01.00.007692-8, Data de Julgamento: 15/07/2013, 6ª TURMA SUPLEMENTAR, Data de Publicação: e-DJF1 p.461 de 24/07/2013).

identificação do foro competente pressupõe a investigação das combinações possíveis de conflitos competenciais que possam resultar em dúvida quanto ao credor tributário.

Assim, nas demandas consignatórias em que a União Federal figurar como um dos possíveis credores (parte), observada a competência constitucional da Justiça Federal comum (art. 109, inciso I, da CF/88), há que aplicar, para fins de identificação do foro competente (subseção judiciária), a regra do art. 51, parágrafo único, do CPC, independentemente de quem seja o outro ente político tributante (Estado ou Município) a integrar o polo passivo da demanda.

Nas ações que tenham em seus polos passivos Estados e Distrito Federal e/ou Estados e Municípios, o princípio da especialidade impõe a aplicação da regra veiculada no art. 52, parágrafo único, do CPC, em detrimento da norma constante do art. 540 do mesmo diploma.

Na prática, dada a natureza da lide consignatória, entre as opções de foro enumeradas dos parágrafos únicos dos arts. 51 e 52 do CPC, restará ao sujeito passivo escolher entre o foro do próprio domicílio (autor) e o foro da capital federal, para as demandas em que a União for parte, ou da capital estadual, para as demandas em que Estados-membros ou o Distrito Federal ocuparem o polo passivo da relação processual.

Por fim, no caso de dúvida decorrente de conflito concreto de competências entre Municípios, aplica-se a regra de competência de foro enunciada no art. 540 do CPC (lugar do pagamento), que haverá de ser interpretada à luz da norma veiculada no art. 159 do CTN (domicílio do sujeito passivo). Também no caso das consignatórias fundadas em dúvida quanto ao credor tributário exclusivamente municipal, ante a costumeira omissão das legislações locais acerca do lugar do pagamento do tributo, estará o autor autorizado a ajuizar a consignatória no foro de seu próprio domicílio.

1.3.2 A legitimidade *ad causam* na ação consignatória tributária

Os legitimados para a ação consignatória tributária são, ordinariamente, os sujeitos passivo e ativo da obrigação tributária que se pretende extinguir, isto é, os titulares do direito e do dever jurídico-tributários contrapostos. Trata-se, em verdade, de uma decorrência natural da necessária relação de *identidade* que se verifica entre os sujeitos da relação material conflituosa (devedor e credor tributários), tal qual afirmada na demanda, e os sujeitos parciais do processo (autor e réu).

Nada obstante, o *caput* do art. 539 do CPC também atribui legitimidade ativa ao terceiro que, por interesse jurídico ou não, pretenda proceder à extinção do vínculo obrigacional pela via consignatória. Apesar da ausência de expressa previsão na legislação tributária acerca do pagamento da obrigação tributária realizada por terceiro não interessado, não há qualquer óbice a tal expediente, desde que, por óbvio, o pagamento seja realizado em nome do sujeito passivo.

Significa dizer que o pagamento por consignação no âmbito tributário, a ser realizado via ação correspondente, diante da autorização expressa da "norma processual", também poderá ser realizado por terceiro estranho à obrigação tributária, desde que este (terceiro) o faça em nome do sujeito passivo e sem que se possa cogitar em direito de regresso.[295]

---

295. A despeito de abordar a questão sob a óptica do direito privado, mostram-se valiosas as lições de ANTONIO CARLOS MARCATO acerca da legitimidade do terceiro para a ação consignatória:
"Assim, o terceiro não interessado que paga a dívida em seu próprio nome não terá, evidentemente, legitimidade ativa para a ação de consignação e nem interesse jurídico. A lei, contudo, legitima extraordinariamente esse terceiro, quando a oferta de pagamento é feita em nome e por conta do devedor.
Realmente, o pagamento feito pelo terceiro nesta última hipótese aventada representa verdadeira doação em favor devedor, que assim se libera de qualquer vínculo com

Daí o porquê de a regra veiculada no art. 539, *caput*, do CPC, consubstanciar típica norma de legitimidade extraordinária, onde o terceiro demandará em nome do titular do direito subjetivo tributário.

A legitimidade extraordinária ativa do terceiro na ação consignatória tributária há que ser analisada sob duas ópticas distintas: (i) quanto ao terceiro "juridicamente" (tributariamente) interessado, que pressupõe, necessariamente, um possível vínculo do terceiro com crédito tributário; e (ii) quanto ao terceiro que, a despeito de não manter vínculo jurídico com o crédito tributário a ser consignado (terceiro juridicamente não interessado), possui interesse econômico na sua extinção.

Um caso típico de terceiro juridicamente interessado é o do responsável por sucessão, conforme prescrito no art. 133 do CTN, cujo interesse na propositura da consignatória decorre da possibilidade de ser cobrado pelo crédito cuja titularidade é, originariamente, do sujeito passivo sucedido. E isso, mesmo nas situações prescritas no inciso II do indigitado art. 133 do CTN, em que a responsabilidade tributária é meramente subsidiária, pois eventual inadimplência do sucedido ensejará, fatalmente, em cobrança direcionada ao sucessor. É evidente que, nessas situações, pressupõe-se que o crédito haja sido constituído exclusivamente em face do sujeito passivo sucedido, caso contrário – isto é, na hipótese de o crédito tributário ter sido constituído diretamente em face do sujeito passivo sucessor – o responsável atuará como sujeito passivo e não na condição de terceiro.

É possível concluir, portanto, que o terceiro tributariamente interessado, legitimado a propor a ação consignatória

---

o credor, sem estar obrigado, por outro lado, a reembolsar o pagante. Mesmo não figurando, ainda que reflexamente, na relação jurídica obrigacional, nada obsta possa o terceiro não interessado efetuar oferta de pagamento ao credor, por conta do devedor e, sendo recusado ou impossível o pagamento, valer-se da consignação". MARCATO, Antonio Carlos. *Ação de consignação em pagamento*, p. 76-77.

em nome do sujeito passivo, será, necessariamente, aquele sujeito de direito que puder vir a ser responsabilizado pelo crédito tributário sobre o qual recai a mora do credor ou a dúvida subjetiva.

Exemplo de terceiro economicamente interessado é o do locatário que, por previsão contratual, está (civilmente) obrigado a arcar com o ônus pelo pagamento do IPTU relativo ao imóvel locado. Nesses casos, o locatário que tiver o pagamento do imposto injustamente recusado ou que esteja sendo cobrado por mais de um ente político terá legitimidade para a propositura da demanda consignatória, desde que o faça na defesa do direito do contribuinte (locador).

Estamos a falar, portanto, de sujeitos de direito (terceiros juridicamente ou economicamente interessados) que não integram a relação jurídica de direito material, mas que, apesar de agirem processualmente em nome próprio, o fazem na defesa de direito alheio.

Trata-se, vale repisar, de típico caso de legitimidade extraordinária, nos exatos termos em que definida na parte final do art. 18 do CPC.[296] Como as regras desse gênero consubstanciam típicas normas de direito processual, estando à mercê da competência ordinária da União Federal (art. 22, inciso I, da CF/88), a simples previsão, no enunciado do art. 539 do CPC, da legitimidade do terceiro para ação consignatória é suficiente para suplantar qualquer óbice decorrente do silêncio da norma material tributária.

1.3.3 Aspectos procedimentais gerais da ação de consignação em pagamento

A pretensão deduzida em sede de ação consignatória sempre será composta por dois requerimentos: (i) o pedido

296. Art. 18. Ninguém poderá pleitear direito alheio em nome próprio, **salvo quando autorizado pelo ordenamento jurídico.** (destacamos)

de autorização para realização do depósito; e (ii) a citação do(s) reú(s) para levantar o depósito ou oferecer contestação (art. 542 do CPC). Tratando-se de consignatória fundada na incerteza subjetiva, o pedido de citação destinar-se-á a exortar os possíveis titulares do crédito a provarem seu direito (art. 547 do CPC). A estes requerimentos, agrega-se, por óbvio, o pedido de declaração de extinção do(s) débito(s) objeto da demanda.

Tais pedidos estão intimamente relacionados, pois o que se pretende, ao final, é o reconhecimento da recusa ilegítima ou da dúvida subjetiva, fatos jurídicos necessários e suficientes ao direito à extinção do crédito tributário pela via da consignação, cuja realização dar-se-á a partir da declaração da suficiência do valor anteriormente depositado para extinguir o crédito em mora ou os créditos exigidos relativamente ao mesmo fato tributário.[297]

O depósito, portanto, perfaz, a um só tempo, pressuposto de procedimentalidade da demanda consignatória e fato jurídico extintivo da obrigação tributária, cuja eficácia (extintiva), por óbvio, restará suspensa até ulterior decisão que, reconhecendo a recusa ilegítima ou a dúvida subjetiva, declarará o direito do autor à consignação e a suficiência do valor depositado, livrando-o do vínculo obrigacional.

Além disso, o depósito prestar-se-á a produzir, a partir de sua realização, efeitos obstativos dos juros e dos *riscos* para o devedor, conforme prescrito na parte final do art. 540 do CPC. Tratando-se de consignatórias tributárias, esses efeitos equivalem àquilo que, em termos jurídico-fiscais, é conhecido por "suspensão da exigibilidade do crédito tributário".

---

297. "Concluindo, é lícito afirmar que o pagamento por consignação é o instrumento idôneo colocado à disposição do devedor, para liberar-se da dívida e isentar-se dos ônus e riscos decorrentes de uma sua eventual mora, sempre que a desoneração voluntária por via do pagamento seja impedida ou dificultada pelo credor ou, ainda, por circunstância estranha a sua vontade". MARCATO, Antonio Carlos. *Ação de consignação em pagamento*, p. 15.

Nessa medida, os efeitos suspensivos da exigibilidade do crédito tributário, previstos no art. 151, inciso I, do CTN, também são ínsitos ao depósito do montante integral do débito realizado sob o pretexto do pagamento em consignação, efeitos estes que se converterão em extintivos quando do acolhimento da pretensão principal.

Ainda quanto à realização do depósito em consignação, é preciso dar especial atenção às demandas consignatórias referentes às chamadas relações jurídico-tributárias de trato continuado, as quais pressupõem a prática regular de fatos tributários de natureza idêntica, e, consequentemente, a verificação de incidências tributárias sequenciais e periódicas.

Para dar conta de fenômeno similar, comum às obrigações de direito privado, o art. 541 do CPC,[298] dispõe que, tratando-se de prestações sucessivas, consignada uma delas, pode o devedor continuar a depositar, no mesmo processo e *sem mais formalidades*, as que forem vencendo, desde que o faça em até 5 dias contados da data do respectivo vencimento.

O indigitado dispositivo trata de fenômeno análogo, mas não idêntico àquele que caracteriza as denominadas relações jurídico-tributárias de trato continuado ou sucessivo, pois, no âmbito privado, o depósito regular de prestações sucessivas se dá no contexto do cumprimento de uma mesma obrigação contratual (contrato de aluguel, por exemplo).

O que ocorre com as relações jurídicas tributárias de trato continuado, todavia, é algo distinto, pois estas pressupõem a ocorrência de fatos tributários e de incidências sucessivos, os quais darão ensejo ao nascimento de uma sequência de obrigações tributárias distintas, conquanto similares. Aqui não podemos falar, rigorosamente, em

298. "Art. 541. Tratando-se de prestações sucessivas, consignada uma delas, pode o devedor continuar a depositar, no mesmo processo e sem mais formalidades, as que se forem vencendo, desde que o faça em até 5 (cinco) dias contados da data do respectivo vencimento".

"prestações", mas numa sequência pagamentos e extinções relativas a obrigações diferentes, que se sucedem no tempo e no espaço.

Apesar disso, entendemos que o art. 541 do CPC pode e deve ser aplicado às consignatórias fiscais que versem sobre as *ditas* relações jurídico-tributárias de trato sucessivo, desde que observadas algumas adequações e ajustes interpretativos, necessários a amoldar a indigitada norma processual às particularidades dessas relações. No caso, por exemplo, dos tributos sujeitos ao lançamento por homologação, cujo regime jurídico pressupõe que os procedimentos necessários à constituição do crédito tributário e à identificação dos valores em confronto sejam rigorosamente observadas pelo sujeito passivo tributário, a única "formalidade dispensável" será a autorização judicial para realização dos depósitos.

Dito isso, havemos que avançar para a análise de outros aspectos procedimentais característicos de demandas consignatórias que, dada a natureza heterogênea dos conflitos materiais que lhes dão origem – recusa de um lado, dúvida do outro –, obrigam a legislação processual de regência a estabelecer regimes procedimentais distintos: o primeiro, destinado a reger o processamento das consignatórias que se fundam na "recusa" ou "mora" do credor; e o segundo, que se volta a regular o processamento daquelas decorrentes de "dúvida" quanto ao credor tributário.

Dadas as particularidades dos referidos regimes procedimentais, é o caso de analisarmos cada qual separadamente.

1.3.3.1 A ação de consignação em pagamento fundada na "mora do credor" tributário

1.3.3.1.1 A dedução do conflito próprio à consignatória fundada em recusa do credor tributário

As cinco condutas expressas nos incisos I e II do art. 164 do CTN, caracterizadoras da "recusa" ou "mora" do credor tributário, são vertidas em fato jurídico conflituoso por meio de demanda a ser processada sob o regime procedimental prescrito nos arts. 542, inciso II, 544 e 545 do CPC.

Assim é que, na ação de consignação em pagamento fundada na mora do credor tributário, o réu (sujeito ativo da obrigação tributária) é citado para (i) levantar o depósito ou (ii) oferecer contestação (art. 542, inciso II, do CPC).

Caso opte pela primeira alternativa, o credor receberá o valor e dará quitação à dívida (parágrafo único do art. 546 do CPC), quando, então, será proferida sentença que julgará procedente o pedido e condenará o réu ao pagamento de custas e honorários. Eis, aqui, uma hipótese de verificação pouco provável em se tratando de demanda consignatória em matéria tributária.

Isso porque, em regra, a recusa perpetrada pelo agente público tende a estar, de algum modo, amparada por ato normativo ou diretivas administrativas internas que o impedem de aceitar o pagamento no modo pretendido pelo sujeito passivo. Nessa medida, a aceitação do valor, no modo proposto pelo sujeito passivo, não está abarcada pelo espectro de disponibilidade/discricionariedade dos agentes públicos, inclusive daqueles que exercem função precípua de representação judicial da pessoa política de direito público tributante.

A possibilidade de levantamento do valor depositado, em casos de consignatórias tributárias, ocorrerá nas raras circunstâncias em que a recusa haja sido perpetrada por erro ou capricho da autoridade fiscal, ou, ainda, naquelas circunstâncias em que a realização do pagamento está obstada por questões estruturais ou institucionais, como uma greve simultânea de servidores públicos e de agentes bancários.

Isso chama atenção para o fato de, em tempos atuais, a consignação em pagamento fundada em recusa do credor tributário perfazer, pragmaticamente, uma demanda de rara materialização, pois a formalização e o pagamento da imensa maioria dos tributos estão à mercê da conduta do devedor. Havendo alguma irregularidade, formal ou material, na forma pela qual o sujeito passivo realizou o pagamento, caberá ao Fisco, em atividade fiscalizatória, formalizar eventual crédito remanescente e, se for ocaso, aplicar sanção por inobservância de determinadas obrigações acessórias.

O que queremos dizer, em suma, é que, atualmente, as práticas comuns à maioria das administrações tributárias torna empiricamente inviável a verificação de boa parte das condutas prescritas nos incisos I e II do art. 164 do CTN. Não é comum, hoje em dia, que as administrações tributárias recusem o recebimento de valores, por mais inadequados que possam parecer, em razão do não pagamento de outro tributo ou de penalidade, os quais poderão ser cobrados independentemente do recebimento do valor recolhido.[299]

Agora, uma coisa é ter o pagamento recusado em razão de exigências (multas e consectários), o que, por si só, justifica o manejo da consignatória. Outra, completamente diversa, é pretender se valer da consignação em pagamento com o objetivo de realizar o pagamento da obrigação principal e afastar a aplicação de multas e consectários sobre ela exigidos.

Não se trata, em tais situações, de recusa ou imposição de condição ilegítima ao pagamento, mas de questionamento referente à cobrança em si, o que escapa completamente

299. "Art. 158. O pagamento de um crédito não importa em presunção de pagamento:
I - quando parcial, das prestações em que se decomponha;
II - quando total, de outros créditos referentes ao mesmo ou a outros tributos".
Há que se reconhecer, no entanto, que não se trata de situação de impossível ocorrência, em especial se considerarmos alguns Municípios que ainda se valem de procedimentos físicos de constituição e cobrança de tributos, nos quais as formalidades necessárias à realização do pagamento ainda podem ser mitigadas por exigências ilegítimas.

aos escopos da demanda consignatória.[300] Nesses casos, é de rigor a observância da regra prescrita do §1º do art. 164 do CTN, segundo a qual "a consignação só pode versar sobre o crédito que o consignante se propõe a pagar", o que acaba por implicar a impossibilidade de se utilizar a ação consignatória como instrumento de contestação de exigências fiscais reputadas ilegítimas pelo sujeito passivo tributário.

1.3.3.1.2 A contestação à demanda consignatória fundada em recusa do credor tributário

Se o credor tributário optar por contestar o pedido, deverá fazê-lo a partir de quatro causas obstativas da pretensão consignatória – as quais se opõem àquilo que genericamente chamamos de "recusa" e estão expressamente descritas nos incisos I, II, III e IV do art. 544 do CPC –, ocasião em que poderá: (i) negar a alegação de recusa ou mora em receber o valor consignado; (ii) defender a "justiça" da recusa; (iii) afirmar o fato de o depósito não haver

---

300. PROCESSUAL CIVIL E TRIBUTÁRIO. AÇÃO DE CONSIGNAÇÃO EM PAGAMENTO. EXCLUSÃO DE MULTA, CORREÇÃO MONETÁRIA E JUROS DE MORA. OBTENÇÃO DE PARCELAMENTO. IMPOSSIBILIDADE.
1. A ação de consignação em pagamento é meio hábil à liberação de dívida fiscal quando o contribuinte pretende eximir-se do pagamento de consectários legais que considera indevidos, tendo o Fisco condicionado o pagamento do tributo à satisfação desses acessórios. REsp. 55.911-SP, relator Ministro Ari Pargendler, DJ de 20/05/96.
2. A apuração do montante devido, em função do surgimento da obrigação tributária, compete à autoridade fazendária, nos precisos termos do art. 142 do Código Tributário Nacional. Havendo recusa infundada quanto ao recebimento deste crédito, pode o contribuinte, no mister de cumprir seu dever legal, depositar o valor correspondente ao débito em questão, adimplindo a obrigação tributária, mediante a propositura da ação de consignação em pagamento.
3. Prevendo a Lei Estadual a concessão de parcelamento, como favor fiscal, mediante condições por ela estabelecidas, a não observância dessas condições impede o contribuinte de usufruir do benefício.
4. O deferimento do parcelamento do crédito fiscal subordina-se ao cumprimento das condições legalmente previstas. Destarte, afigura-se inadequada a via da ação de consignação em pagamento, cujo escopo é a desoneração do devedor, mediante o depósito do valor correspondente ao crédito, e não via oblíqua à obtenção de favor fiscal, em burla à legislação de regência.
5. Recurso Especial desprovido.
(REsp n. 554999/RS; 1ª Turma; Rel. Min. Luiz Fuz; DJ de 10/11/2003).

sido realizado no prazo ou no lugar do pagamento; e (iv) afirmar o fato de o depósito não ser integral.

Tratando-se de demandas consignatórias tributárias, a infirmação, pela ré, da alegada recusa (art. 544, inciso I, do CPC) implica, teoricamente, o afastamento de uma daquelas cinco condutas que enumeramos acima como materializadoras do gênero "mora do credor tributário" (recusa ao recebimento do tributo; subordinação do recebimento do tributo ao pagamento de outro tributo; subordinação do recebimento do tributo ao pagamento de penalidade; subordinação do recebimento do tributo ao cumprimento de dever instrumental; subordinação do recebimento ao cumprimento de exigências administrativas ilegais), ocasião em que há que se demonstrar que o fundamento fático da pretensão do sujeito passivo não se verificou no plano fenomênico.

Outra possibilidade de afastamento da pretensão consignatória está relacionada à demonstração da "justiça" da recusa (art. 544, inciso II, do CPC) por parte do credor tributário. Eventual contestação fazendária que venha a adotar esta específica linha de defesa, em termos pragmáticos, pressupõe a demonstração de fato de difícil comprovação empírica.

E isso porque, conforme advertimos linhas atrás, o regime jurídico de pagamento de tributos, tal qual prescrito no Código Tributário Nacional, atribui ampla liberdade ao sujeito passivo para realizar o recolhimento do tributo sem maiores condicionamentos e, mais importante, sem que isso possa implicar prejuízos aos cofres públicos (arts. 150, 157 e 158 do CTN). Por esse motivo, qualquer imposição ou condição constante de legislação específica do ente político tributante, bem como eventuais óbices de cunho administrativo tendem a ser afrontosos à legislação tributária.

Alegações relacionadas aeventual erro quanto ao local e ao tempo do depósito (art. 544, inciso III, do CPC) também podem justificar o afastamento da pretensão consignatória.

Entretanto, para que sejam acolhidas, essas alegações devem apontar e demonstrar cabal ofensa à legislação tributária da pessoa política tributante que estabelece os critérios de tempo e local do pagamento. Em caso de omissão da legislação tributária local, há que se observar as regras gerais de pagamento prescritas nos arts. 159 (domicílio do sujeito passivo) e 160 (prazo de 30 - trinta dias) do CTN.

O erro quanto ao local do depósito também configura fato de difícil verificação para fins de afastamento da pretensão consignatória em matéria tributária, tendo em vista a circunstância de o depósito em questão dever ser necessariamente judicial, realizado em conta corrente de instituição bancária vinculada ao foro do juízo processante e mediante autorização deste. É a competência do foro, portanto, fixada a partir daquelas condições normativas referidas acima, que determinará, na prática, o local do depósito a ser realizado nas demandas consignatórias em matéria tributária.

A questão do "tempo do depósito" também há de ser analisada sob a específica óptica da consignação em pagamento em matéria tributária, que, como dissemos, não admite o chamado depósito privado (art. 539, §1º, do CPC). Diante disso, eventual alegação que se sustente na realização do depósito após o decurso do prazo de pagamento deverá levar em conta: (i) a data de vencimento do crédito tributário; (ii) a data da propositura da demanda consignatória; e (iii) a efetiva observância do prazo de 5 dias contatos do despacho que autoriza o depósito judicial previsto no art. 542, inciso I, do CPC.

Assim, nas demandas consignatórias que dependam de autorização judicial para a realização do débito, como é o caso das tributárias, as condições de cumprimento do dever de realização do depósito no tempo adequado pressupõem que a propositura da ação seja realizada dentro do prazo de vencimento do crédito e que o depósito haja sido realizado no prazo de 5 (cinco) dias contados do despacho judicial autorizador. E isso porque a demora na prolação do despacho autorizador do depósito, e que eventualmente resultar no decurso do prazo de vencimento do crédito, não poderá ser atribuída ao sujeito passivo.

Assim, eventual alegação por parte do ente fazendário, em contestação, que diga com a suposta não realização do depósito no prazo adequado há que pressupor uma de duas condutas do sujeito passivo, quais sejam: (i) a propositura da ação consignatória após o decurso do prazo de vencimento do crédito tributário, nos termos prescritos na norma material; ou (ii) a não realização do depósito no prazo de 5 (cinco) dias contados do despacho judicial que o autorizar (art. 542, inciso I, do CPC).

Por fim, poderá o ente fazendário se opor à pretensão consignatória por meio da alegação de que o depósito haja sido realizado em valor inferior àquele que corresponde o crédito objeto da demanda (art. 544, inciso IV, do CPC). Nesse tocante, é importante alertar para o fato de que "depósito realizado em valor inferior ao do crédito tributário" não é o mesmo que "crédito tributário constituído em valor menor ao devido". Assim, para que a alegação de defesa prevista no inciso IV do art. 544 do CPC seja acolhida, há que se verificar verdadeira situação de *assimetria* entre o valor do crédito constituído e o valor efetivamente depositado.

Essa observação assume importância fulcral quando tratamos do específico caso das consignações em pagamento em matéria tributária que tenham por objeto tributos sujeitos ao regime de lançamento por homologação, nos quais cabe ao sujeito passivo o dever de constituição do crédito tributário, inclusive por intermédio da própria guia de depósito judicial.

Muito embora seja certo que é de responsabilidade do autor a demonstração dos expedientes que o levaram a chegar ao valor do crédito formalizado em guia de depósito, certo é, também, que eventual controvérsia sobre a correção dos cálculos que resultaram nos valores formalizado e depositado – desde que haja, por óbvio, total simetria entre eles – não poderá ser objeto de discussão nos autos da consignatória, que não se presta a esse objetivo.

Novamente há que se atentar para a regra veiculada pelo art. 164, §1º, do CTN, segundo a qual a consignação dever versar exclusivamente sobre o crédito que o consignante pretende pagar, de sorte que eventual constituição a menor do crédito não configurará justa causa para a recusa.

No mais, não haveria qualquer interesse por parte dos entes fazendários em levar essa discussão para o bojo da demanda consignatória quando podem, de ofício, formalizar eventual crédito remanescente por meio de lançamento suplementar, procedendo a sua imediata cobrança, o qual não se confundirá com aqueloutro extinto pela ação consignatória.

Por óbvio, tratando-se o depósito judicial de uma espécie do gênero "lançamento por homologação", o prazo para formalização do chamado lançamento suplementar será aquele (quinquenal) prescrito no art. 150, §4º, do CTN,[301]

---

301. TRIBUTÁRIO. EXECUÇÃO FISCAL. TRIBUTO SUJEITO A LANÇAMENTO POR HOMOLOGAÇÃO. PRAZO DECADENCIAL DE CONSTITUIÇÃO DO CRÉDITO. TERMO INICIAL. INTELIGÊNCIA DOS ARTS. 173, I, E 150, § 4º, DO CTN.
1. O prazo decadencial para efetuar o lançamento do tributo é, em regra, o do art. 173, I, do CTN, segundo o qual "o direito de a Fazenda Pública constituir o crédito tributário extingue-se após 5 (cinco) anos, contados: I - do primeiro dia do exercício seguinte àquele em que o lançamento poderia ter sido efetuado".
2. Todavia, para os tributos sujeitos a lançamento por homologação — que, segundo o art. 150 do CTN, "ocorre quanto aos tributos cuja legislação atribua ao sujeito passivo o dever de antecipar o pagamento sem prévio exame da autoridade administrativa" e "opera-se pelo ato em que a referida autoridade, tomando conhecimento da atividade assim exercida pelo obrigado, expressamente a homologa" —, há regra específica. **Relativamente a eles, ocorrendo o pagamento antecipado por parte do contribuinte, o prazo decadencial para o lançamento de eventuais diferenças é de cinco anos a contar do fato gerador, conforme estabelece o § 4º do art. 150 do CTN. Precedentes jurisprudenciais.**
3. No caso concreto, o débito é referente à contribuição previdenciária, tributo sujeito a lançamento por homologação, e não houve qualquer antecipação de

a ser contado da data da realização do depósito, que, para todos os fins, deverá ser considerado o ato extintivo do crédito tributário (desde que confirmado por sentença).[302]

Tratando-se de crédito relativo a tributo sujeito ao regime de lançamento de ofício, cuja formalização é de responsabilidade do ente tributante, a situação, parece-nos, é bem diversa.

Isso porque, havendo assimetria entre o valor do crédito constituído pelo ente fazendário e o valor efetivamente depositado pelo autor, não será possível o acolhimento da pretensão, pois se estaria a reconhecer a extinção da obrigação por valor abaixo daquele efetivamente devido, não sendo possível admitir, *in casu*, que seja declarada a suficiência do depósito para fins de extinção do crédito tributário.

Eventual discordância por parte do sujeito passivo acerca da correção dos valores constituídos pelo ente fazendário

---

pagamento. É aplicável, portanto, conforme a orientação acima indicada, a regra do art. 173, I, do CTN.
4. Agravo regimental a que se dá parcial provimento.
(AgRg no EREsp n. 216.758/SP; 1ª Seção; Rel. Min. Teori Albino Zavascki; Dj de 10/04/2006)

302. TRIBUTÁRIO. PROCESSUAL CIVIL. DEPÓSITO DO MONTANTE INTEGRAL DA DÍVIDA. SUSPENSÃO DA EXIGIBILIDADE DO CRÉDITO TRIBUTÁRIO. ART. 151, II, DO CTN. PRAZO DECADENCIAL PARA CONSTITUIÇÃO DO CRÉDITO. TERMO INICIAL. DISPENSA DO ATO FORMAL DE LANÇAMENTO. DECADÊNCIA NÃO CONFIGURADA. SUMULA 83/STJ.
1. Tribunal a quo julgou improcedente a apelação e não reconheceu a decadência quanto aos depósitos efetuados para discutir a exigibilidade de tributo relativo ao período anterior a 23/04/2007.
2. É pacífica a jurisprudência do STJ no sentido de que, nos casos de tributos sujeitos a lançamento por homologação, o contribuinte, ao realizar o depósito judicial com o objetivo de suspender a exigibilidade do crédito tributário, promove a constituição deste; como resultado, torna-se desnecessário o ato formal de lançamento pela autoridade administrativa no que se refere aos valores depositados.
3. O acórdão recorrido está em sintonia com o atual entendimento deste Tribunal Superior, razão pela qual não merece prosperar a irresignação. Incide, in casu, o princípio estabelecido na Súmula 83/STJ: "Não se conhece do Recurso Especial pela divergência, quando a orientação do Tribunal se firmou no mesmo sentido da decisão recorrida".
4. Recurso especial não provido.
(REsp 1637092/RS; 2ª Turma; Rel. Min. Herman Benjamin; DJe de 19/12/2016).

a título de crédito tributário há que ser discutida por meio de instrumento processual adequado (ação anulatória de débito fiscal), aplicando-se ao caso, também, a disposição constante do art. 164, §1º, do CTN, que veda a instauração de controvérsia deste jaez pela via da ação consignatória.

Essa advertência faz-se muito oportuna diante do que dispõe o art. 545 do CPC.

Com efeito, ao se constatar a insuficiência do depósito, deverá o autor ser instado pelo Juízo (art. 545, *caput*, do CPC) a complementá-lo, ocasião em que restará facultado ao ente fazendário levantar o valor depositado (incontroverso), prosseguindo o processo quanto à parte *controversa* (art. 545, §1º, do CPC). A controvérsia a que se refere a norma processual, contudo, diz, exclusivamente, com a questão da suficiência ou não do depósito, e nunca com a legitimidade da cobrança. Essa possibilidade, conquanto comum no âmbito privado, é de difícil verificação no plano das consignatórias tributárias, tendo em vista a tendência de os créditos tributários se apresentarem, em regra, plenos de liquidez.

Se, apesar de intimado para tal, o autor se omitir quanto à complementação do valor do depósito, a Fazenda Pública deverá proceder à cobrança do crédito pelas vias fiscais ordinárias, isto é, procedendo à inscrição do valor remanescente do débito em dívida ativa e promovendo, ato contínuo, a competente ação executiva fiscal.

Significa dizer, portanto, que a *eficácia condenatória anexa* à sentença que vier a afastar a pretensão consignatória em razão da insuficiência do depósito, expressamente prevista no §2º do art. 545 do CPC, e que permite a realização do crédito remanescente nos próprios autos da consignatória (cumprimento de sentença), não é aplicável às consignatórias tributárias, por absoluta incompatibilidade com o regime jurídico de cobrança judicial, que é próprio aos créditos de titularidade da Fazenda Pública.

1.3.3.1.3 O conteúdo e a eficácia da sentença que acolhe a pretensão consignatória tributária fundada em recusa

Ao fim e ao cabo, a sentença que acolher a pretensão consignatória, a teor do que dispõe o art. 546 do CPC, declarará a extinção do crédito – dando por *quitada* a dívida – e condenará o réu ao pagamento de custas e honorários.

Não é despropositado afirmar que, apesar de seu *conteúdo* eminentemente declaratório, decorrência direta do fato de ser exarada a pretexto da composição de uma típica *crise de incerteza* sobre a existência ou não do direito à extinção do crédito tributário pelo depósito, a tutela jurisdicional exarada em sede de ação consignatória em pagamento produzirá *eficácia* tipicamente desconstitutiva, retroagindo à data da realização do depósito judicial e permitindo que o referido ato produza os efeitos extintivos que lhes são próprios.[303]

E há, quer nos parecer, uma razão técnico-normativa para essa associação entre *conteúdo* declaratório e *eficácia* desconstitutiva. É que, muito embora a lide consignatória reflita, de fato, uma crise de incerteza – que induz, por si só, a prolação de tutela de conteúdo declaratório –, o direito material cuja existência se pretende realizar – direito ao

---

303. Sobre a relação e a diferença entre conteúdo e eficácia das tutelas jurisdicionais, ver item 4.1.2 do Capítulo IV do título I.
"Examinados os critérios de classificação das ações, cumpre neles enquadrar a ação de consignação em pagamento (v., infra, item 4.9).
Tem ela natureza meramente declaratória (negativa), pois mediante seu exercício busca o autor-devedor um provimento jurisdicional que declare a inexistência do crédito em razão do depósito.
Aliás, tal ação apresenta uma característica *sui generis*: na verdade busca o autor liberar-se da obrigação mediante o depósito da coisa ou quantia devida (depósito este que tem o efeito de desconstituir o vínculo obrigacional – infra, item 4.3), pois uma vez concretizado validamente aquele, cessam os riscos e responsabilidade derivados da dívida, limitando-se a sentença afinal proferida a simplesmente declarar válido e bom o referido depósito e, consequentemente, dado seu efeito *ex tunc*, a inexistência do crédito (v., infra, item 4.9)". MARCATO, Antonio Carlos. *Ação de consignação em pagamento*, p. 60-61.

pagamento por consignação – tem eficácia eminentemente desconstitutiva, pois seu exercício resulta na extinção de uma relação jurídica, *in casu*, a obrigação tributária.

Ademais, as razões que levam o credor tributário a recusar o pagamento são, invariavelmente, afrontosas à lei tributária, o que nos permite induzir que a crise de cooperação que se instaura no âmbito das demandas consignatórias tributárias, para além de refletir situação de mera incerteza jurídica, também materializa verdadeira crise de legalidade, subjacente ao referido efeito desconstitutivo secundário da sentença que acolhe a pretensão do sujeito passivo.

1.3.3.2 A ação de consignação em pagamento fundada na dúvida quanto ao credor tributário e suas particularidades

1.3.3.2.1 A delimitação do conflito tributário decorrente da dúvida quanto ao credor tributário

Não se pode negar que, em tempos atuais, a consignação em pagamento fundada em dúvida subjetiva é a modalidade consignatória mais utilizada em matéria tributária. E isso por razões bem conhecidas por todos aqueles afetos à área, intimamente relacionadas à complexidade do regime constitucional de repartição de competências entre as esferas políticas estatais, responsável por intrincadas dúvidas acerca do correto enquadramento tributário de diversas atividades que, em tese, poderiam ser subsumidas a hipóteses normativas relativas a tributos distintos.

Agrava ainda mais essa situação a postura belicosa dos entes políticos tributantes, que disputam entre si a primazia pela exigência de seus respectivos tributos sobre essas materialidades semanticamente "limítrofes", ocasionando aquela patologia federativa popularmente conhecida como "guerra fiscal", cuja vítima principal é, seguramente, o sujeito passivo.

Nesse contexto, não seria exagero algum afirmar que a ação consignatória fundada em dúvida quanto ao credor tributário pressupõe um tipo de litigiosidade que induz a manifestação concreta daquilo que em direito material tributário é conhecido por "conflito de competência".

É preciso que se diga, todavia, que a "dúvida" que dá ensejo à consignação em pagamento em matéria tributária haverá de ser sempre relativa, pressupondo a existência de dados fáticos e/ou normativos concretos em face dos quais seja possível induzir, objetivamente, quais entes políticos estão a exigir, simultaneamente, tributos incidentes sobre a mesma materialidade.

Nesse sentido, é primordial que os créditos tributários em confronto estejam concretamente formalizados, sob pena de inviabilizar, inclusive, a realização do depósito judicial que perfaz pressuposto da demanda consignatória.

Essa questão se torna de suma importância quando se está a tratar de tributos submetidos ao "lançamento por homologação" (art. 150 do CTN), regime jurídico que pressupõe a constituição do crédito pelo próprio sujeito passivo e que, em tempos atuais, abarca a imensa maioria dos tributos, em especial aqueles incidentes sobre a atividade produtiva e sobre a prestação de serviços (ICMS, IPI e ISSQN, por exemplo).

Nesses casos, não se verifica, a rigor, dois ou mais atos concretos de cobrança (notificações de lançamento) formalizadores de créditos tributários em sentido estrito, emanados por entes políticos distintos relativamente a um mesmo fato tributário. O que se tem, em verdade, são legislações tributárias oriundas de entes políticos distintos a veicular regras-matrizes de incidência tributária que supostamente abarcariam, em suas respectivas hipóteses de incidência, "tipos factuais" idênticos.

Diante disso, o sujeito passivo fica à mercê do risco da escolha por um ou outro regime tributário, inclusive no que diz respeito ao cumprimento dos deveres instrumentais próprios a cada uma das espécies tributárias que disputam a primazia de incidir sobre o fato tributário objeto da dúvida. É exatamente o caso do estabelecimento que realiza operações de "industrialização por encomenda", atividade que, a depender do contexto em que é realizada (se dentro de uma cadeia produtiva ou diretamente ao consumidor final), pode dar ensejo à incidência de IPI, ICMS ou ISSQN.

Esse sujeito passivo, mesmo podendo se valer da ação consignatória para se livrar dos riscos decorrentes do conflito competencial tributário, haverá que tomar uma decisão sobre que lado da "trincheira" pretende ficar, pois não é possível emitir, para uma mesma operação/prestação, duas notas fiscais – uma de prestação de serviços, com destaque do ISSQN; outra de saída de mercadorias, com destaque do IPI e do ICMS.

Nessas situações, a demanda consignatória fundada em "dúvida subjetiva" pode assumir uma complexidade, ao que tudo indica, não prevista pelo legislador do Código Tributário Nacional e, muito menos, pelo legislador processual, pois ao sujeito passivo caberá demonstrar não somente a formalização de dois ou mais créditos tributários exigidos sobre um mesmo fato tributário, mas também a existência de hipóteses de incidências normativas com efetivo potencial para atingir o mesmo fato imponível.

Além disso, estará o sujeito passivo tributário na contingência de escolher um dos regimes jurídicos de apuração dos tributos em confronto para constituir o crédito tributário na forma preceituada pela legislação de regência, procedendo ao cálculo do outro tributo por meios "paralelos". Tudo isso com o específico objetivo de demonstrar, efetivamente, a existência da dúvida subjetiva que justifica a propositura da ação consignatória, bem como para viabilizar a realização do depósito em valor suficiente para abarcar os créditos em confronto.

Ainda assim, o sujeito passivo, em tais circunstâncias, estará sob risco de ser autuado por aquele ente político cujo crédito tributário, a despeito de haver sido constituído pelo depósito, haja sido apurado por expedientes "alternativos". Por conta disso, entendemos recomendável, nessas situações, requerer expressamente ao juízo que o autor da ação consignatória fique dispensado do cumprimento das obrigações acessórias (preteridas) até a definição do credor tributário a ser realizada ao final do processo.

Tratar-se-ia, neste caso, de uma típica tutela de urgência concedida em sede de ação consignatória.

1.3.3.2.2 O procedimento da ação consignatória fundada em dúvida quanto ao credor tributário

No procedimento próprio à consignação em pagamento fundada em dúvida, o autor, nos termos do que prescreve o art. 547 do CPC, requererá, além do depósito, a citação dos credores para, nas palavras do legislador, "provarem o seu direito".

Interessante notar que, num primeiro momento, o objeto principal da demanda consignatória fundada na dúvida subjetiva não é, propriamente, dirimir a crise de incerteza quanto ao credor tributário, mas tão somente reconhecê-la como existente. O reconhecimento da dúvida subjetiva, mais que caracterizador do mero interesse processual do sujeito passivo tributário, é o próprio mérito da demanda consignatória, suficiente, segundo o que dispõe o art. 547 do CPC, para eximir o devedor de todas as exigências concorrentes.

Dessa forma, o reconhecimento simultâneo da suficiência do depósito para abarcar o maior valor entre os débitos concorrentes e da dúvida justificada é suficiente para extinguir todos os débitos concorrentes e eximir o sujeito passivo tributário de quaisquer penalidades decorrentes da mora pelo não pagamento.

Quanto à necessidade de suficiência do depósito para abarcar o valor correspondente ao maior débito em concorrência, algumas considerações mais detidas hão que ser feitas.

Não desconhecemos autorizada orientação doutrinária e até precedentes judiciais que, nos específicos casos das ações consignatórias fundadas na dúvida quanto ao credor tributário, reconhecem a possibilidade de realização do depósito judicial em valor equivalente ao menor crédito em disputa.[304]

Segundo essa orientação, as consequências desse expediente seriam, pura e simplesmente, aquelas relativas à não produção dos efeitos suspensivos previstos no art. 151, inciso I, do CTN, quanto à parte eventualmente não abarcada pelo depósito. Nesse caso, o remanescente do débito eventualmente não abrangido pelo valor depositado poderia ser objeto de regular cobrança pelo ente político titular do crédito.

---

304. "Para que o contribuinte depositante esteja absolutamente seguro quanto aos efeitos da consignação, deve realizar o depósito integral do valor do crédito disputado. Quando houver diferenças de critérios entre os entes tributantes em conflito, deverá realizar o depósito com base no maior valor exigido, sob pena de não lograr a plena liberação pretendida com a consignatória. Não há obrigação, como por vezes pretendem os entes políticos conflitantes, de fazer um depósito para cada suposto credor. **Caso, no entanto, o depósito tenha sido realizado em quantia inferior à totalidade do crédito tributário, operará efeito liberatório parcial da dívida do contribuinte consignatore, que remanescerá ao desabrigo de proteção judicial quanto a parcela não depositada**". MARINS, James. Ação de consignação em pagamento do crédito tributário. In: *Processo judicial tributário*, p. 570-571. (destacamos)
Essa também parece ser a opinião de CASSIO SCARPINELLA BUENO: "Evidentemente que podem ocorrer outras situações não previstas no art. 898.
Assim, por exemplo, o magistrado pode não se convencer da suficiência do depósito feito pelo autor. Em tal hipótese, não deverá ser proferida nenhuma decisão que reconheça o pagamento da dívida por ato seu – não, pelo menos, pagamento total –, devendo o autor (sempre o devedor no plano material) continuar vinculado ao processo e nele atuar até o fim quando, analisado todo o material probatório, o magistrado decidirá, inclusive para fins do art. 330". BUENO, Cassio Scarpinella. *Curso sistematizado de direito processual civil*, v. 2, tomo II, 2013, p. 40.

Esse raciocínio, contudo, somente pode ser aplicado às consignatórias tributárias fundadas em recusa, mas nunca àquelas que decorram de dúvida subjetiva quanto ao credor tributário.

Nesse tocante, é preciso levar em conta que as demandas consignatórias fundadas em dúvida subjetiva quanto ao credor tributário – diferentemente das demandas de índole similar relativas a créditos privados – induzem, em regra, também a dúvida objetiva quanto ao valor do crédito a ser depositado, tendo vista as diferenças quanto aos regimes jurídicos de apuração (critérios quantitativos das regras de incidência concorrentes) dos créditos que concorrem.

Em verdade, quando tratamos de demandas consignatórias tributárias fundadas em dúvida subjetiva, não é possível falar, como sói acontecer em direito privado, num único crédito disputado por vários credores, mas em vários créditos oriundos de um mesmo evento tributário, este sim objeto de disputa por vários entes políticos tributantes (credores tributários).

Por esse motivo, o sujeito passivo tributário que pretenda se valer da consignação em pagamento com objetivo de se livrar de todos os vínculos obrigacionais concorrentes deverá depositar o valor do maior débito exigido, sob pena de ter sua pretensão sumariamente rechaçada. Com efeito, se o objeto da consignatória diz fundamentalmente com a extinção dos vínculos concorrentes, com poder liberatório do sujeito passivo, seu pressuposto lógico deve ser, obrigatoriamente, a suficiência do depósito para abarcar todos os débitos em disputa.

É de se concluir, portanto, que – muito embora, na consignação fundada em dúvida, os réus não sejam citados para contestar a demanda, mas tão somente para "provar a titularidade" do crédito em disputa (art. 547 do CPC), e apesar de o objeto da consignatória estar imediatamente relacionado à mera existência da dúvida subjetiva –, em se tratando de consignatórias fiscais, o depósito realizado em valor insuficiente para abarcar todos os créditos tributários concorrentes corresponderá ao não atendimento do pressuposto específico de desenvolvimento do processo consignatório. Nessa hipótese, o autor deverá ser intimado para complementar o valor depositado, sob pena de extinção do processo sem resolução do mérito.

Realizado o depósito e promovidas as citações dos litisconsortes, aguardar-se-á o transcurso do prazo para comparecimento, ocasião em que será possível verificar uma das situações previstas nos incisos do art. 548 do CPC.[305] Por se tratar de demanda consignatória respaldada por "dúvida relativa" (em que os credores concorrentes são conhecidos), como é o caso daquelas que fundam as consignatórias tributárias, as citações dos entes políticos corréus dar-se-ão pessoalmente, na forma do art. 242, §3º, do CPC.

Conquanto o comparecimento de todos os citados seja a regra nas consignatórias fiscais, é teoricamente possível que ninguém se apresente para reclamar o crédito, o que resultará, conforme prescrito no inciso I do art. 548 do CPC, em conversão do depósito em arrecadação de coisas vagas (art. 746 do CPC). Em caso de comparecimento de uma única pessoa política, dispõe o inciso II do art. 548 do CPC que o juiz "decidirá de plano", o que não significa afirmar que haverá, necessariamente, reconhecimento da titularidade do crédito em favor daquele que tenha comparecido, mas sim que suas razões serão apreciadas imediatamente.

---

305. "Art. 548. No caso do art. 547:
I - não comparecendo pretendente algum, converter-se-á o depósito em arrecadação de coisas vagas;
II - comparecendo apenas um, o juiz decidirá de plano;
III - comparecendo mais de um, o juiz declarará efetuado o depósito e extinta a obrigação, continuando o processo a correr unicamente entre os presuntivos credores, observado o procedimento comum".

Em qualquer das situações acima, no entanto, o sujeito passivo tributário, havendo demonstrado a dúvida, restará liberado dos vínculos sobre os quais recaem a dúvida.

Na hipótese (mais provável) de comparecimento de dois ou mais entes políticos "credores", dispõe o incito III do art. 548 do CPC que o juiz declarará "efetuado o depósito e extinta a obrigação", prosseguindo o processo exclusivamente entre os presuntivos titulares do crédito, observado, para tanto, o procedimento comum.

1.3.3.2.3 A decisão que acolhe a pretensão consignatória fundada em dúvida e a sentença que aponta o ente político competente para tributar o fato tributário em disputa

Ao final do procedimento, e independentemente dos pretensos credores que tenham comparecido em juízo para reclamar a titularidade do crédito, espera-se que seja proferida decisão (interlocutória) de mérito que declare a suficiência do depósito para extinguir, individualmente, os vínculos obrigacionais que concorrem entre si. Trata-se de decisão que, apesar de não emanar efeitos extintivos do processo, terá plena capacidade para fazer coisa julgada material, nos exatos termos do que prescrevem os arts. 502 e 503 do CPC.[306]

---

306. "A melhor interpretação para o dispositivo é que, reconhecendo, o magistrado, suficiente o depósito, reconhecerá que, para o autor (o devedor no plano material), a obrigação está satisfeita. É o que se deve entender por "declarará efetuado o depósito e extinta a obrigação. Como o processo não se encerra mesmo diante dessa hipótese – não há como emprestar ao ato do magistrado natureza jurídica de sentença. Trata-se, em razão de sua função processual, de decisão interlocutória, a despeito de seu conteúdo, o art. 269, I, já que o pedido do autor (o devedor no plano material) foi, inquestionavelmente, acolhido. Tanto que, não interpostos ou julgados os recursos, aquela decisão, posto ser interlocutória, tem aptidão de transitar materialmente em julgado". BUENO, Cassio Scarpinella. *Curso sistematizado de direito processual civil*, v. 2, tomo II, 2013, p. 39.
Art. 502. Denomina-se coisa julgada material a autoridade que torna imutável e indiscutível a decisão de mérito não mais sujeita a recurso.
Art. 503. A decisão que julgar total ou parcialmente o mérito tem força de lei nos limites da questão principal expressamente decidida.

Essa decisão, vale ressaltar, fundar-se-á, exclusivamente, na mera verificação da dúvida subjetiva e terá natureza idêntica à prolatada nas consignatórias fundadas em mora do devedor, isto é, *conteúdo* declaratório (do direito ao pagamento por consignação e da suficiência do depósito para extinguir os créditos) e *eficácia* desconstitutiva de todos os vínculos concorrentes, retroativa à data da realização do depósito.

Nesse instante, o sujeito passivo tributário terá seu direito plenamente realizado, razão pela qual haverá de retirar-se do processo. A teor do que dispõe, em sua parte final, o inciso III do art. 548 do CPC, o prosseguimento do processo deverá ocorrer, pelo rito comum, com a exclusiva participação dos presuntivos credores, os quais disputarão o direito de levantar o(s) depósito(s) efetuado(s).

Nada obstante, havendo legítimo interesse do sujeito passivo em intervir no processo, poderá fazê-lo na condição de assistente litisconsorcial, ocasião em que atuará na defesa da tese de enquadramento do fato tributário em "disputa" tal como proposta por um dos entes políticos envolvidos, em detrimento dos demais.

Esse expediente permitirá que os efeitos da decisão que vier a definir os critérios adequados de enquadramento daquele específico fato tributário e, consequentemente, o ente político concretamente competente para tributar aquela específica atividade, imunize o sujeito passivo tributário de eventuais insurgências futuras dos demais entes políticos que sucumbirem na demanda, especialmente quando o cerne da disputa estiver relacionado a relações jurídicas de trato continuativo.

Nesse sentido, a sentença que vier a pôr fim à disputa entre os entes políticos – diferentemente da decisão anterior que acolhera a pretensão consignatória e declarara a suficiência do depósito para extinguir as obrigações tributárias concorrentes – não se prestará exclusivamente a reconhecer a "existência" da crise de incerteza (dúvida subjetiva) que motivou a dedução da demanda consignatória, mas também a dirimi-la, produzindo verdadeira tutela declaratória positiva do direito de um dos entes tributantes e negativa do direito dos demais.

Significa afirmar que, caso o sujeito passivo tributário integre, na condição de assistente litisconsorcial, um dos polos da demanda instaurada entre os entes políticos que disputam a primazia do direito ao exercício de suas respectivas competências sobre a facticidade em disputa, restará protegido pelos efeitos da coisa julgada incidente sobre o "comando" declaratório negativo da sentença que afastar a pretensão dos entes políticos sucumbentes, o que importará, automaticamente, em óbice a eventuais exigências futuras, de idêntica natureza, por parte dos referidos entes.

Interpretação diversa implicaria o completo esvaziamento da efetividade que se espera da tutela jurisdicional (dúplice) exarada em sede de ação consignatória fundada em dúvida subjetiva, pois o mero reconhecimento da "incerteza", para fins de declarar a extinção dos vínculos em disputa, não é capaz, por si só, de proteger o sujeito passivo de exigências ilegítimas futuras por parte daqueles entes políticos cuja pretensão tributária haja sido expressamente rechaçada pelo Poder Judiciário. Daí a necessidade de se reconhecer e estender ao sujeito passivo que participar dessa fase do processo na condição de assistente litisconsorcial os efeitos declaratórios negativos da sentença que vier a afastar a pretensão tributária de um ou mais entes políticos em favor de outro.

É preciso ressaltar, por fim, que a pragmática forense, por vezes, deixa de observar essa concepção "dual" do plano decisório característico do procedimento das consignatórias tributárias fundadas em dúvida subjetiva. Não é incomum que, após a citação dos réus e o oferecimento de suas respectivas respostas, prolate-se ato decisório único (sentença) por meio da qual se identifica tanto a dúvida subjetiva quanto o ente político competente para tributar o fato tributário em disputa.

Nesses casos, a mesma sentença que (i) reconhecer a suficiência do depósito para extinguir os créditos tributários em disputa também declarará (ii) o direito do ente político vencedor de levantar o valor depositado e (iii) a inexistência de relação jurídica relativamente aos entes políticos sucumbentes, pronunciamentos que serão individualmente abarcados pela eficácia da coisa julgada que vier a incidir sobre o referido comando decisório.

Ao final, passada em julgado a sentença que vier a identificar o ente político competente para tributar a atividade objeto de disputa, e presumindo que o depósito haja sido efetuado no valor do maior crédito tributário concorrente, o ente político vencedor deverá requerer a conversão em renda do valor correspondente ao seu respectivo crédito.

Verificando-se, contudo, que o valor depositado é superior àquele que o ente político credor faz jus, deverá o autor ser intimado para levantar o montante remanescente.

1.4 A ação de repetição do indébito tributário e o direito subjetivo à restituição do tributo pago indevidamente

1.4.1 A ação de repetição do indébito tributário e a crise de (in)adimplemento que lhe é peculiar

O pagamento, já o dissemos, constitui o ato derradeiro do percurso de positivação do direito tributário, responsável por encerrar a cadeia de atos de aplicação voltada à concretização das expectativas arrecadatórias instituídas pelo sistema jurídico-impositivo. Essa constatação, conquanto verdadeira, não induz a impossibilidade de instauração de conflitos tipicamente tributários em momento posterior ao desaparecimento do vínculo obrigacional.

Muito embora seja correto afirmar que o sistema tributário se destina a disciplinar e controlar as condutas vinculadas à instituição, cobrança e arrecadação de tributos, o controle da legalidade desse conjunto de atividades não ocorre, exclusivamente, de forma apriorística, isto é, não está restrito aos momentos que antecedem o cumprimento da obrigação tributária.

É plenamente viável que o controle da regularidade dos atos impositivos se dê em momento ulterior à própria extinção da obrigação tributária, sob a forma de técnicas processuais e administrativas voltadas à recomposição do dano eventualmente causado ao sujeito passivo em decorrência da instituição e da cobrança ilegítima de tributos.

Nesse sentido, todo tributo cobrado fora dos parâmetros fixados em Lei consubstanciará exação exigida irregularmente, de sorte que qualquer pagamento efetuado a pretexto do recolhimento de exigência imposta nessa circunstância (ao arrepio dos parâmetros legais) será considerado indevido, pois (i) violador da noção de legalidade (ilicitude) e (ii) extirpador ilegítimo da propriedade privada (dano).

A inobservância do princípio da legalidade estrita, insculpido no art. 150, inciso I, da CF/88 – por implicar, em regra, dano ao patrimônio do particular – acaba por concretizar, como corolário, flagrante violação a outro cânone tributário de elevada estatura constitucional, diretamente relacionado à determinação da fronteira entre "tributação legítima e tributação ilegítima", a saber: o princípio do não confisco, veiculado no art. 150, inciso IV, da CF/88.

É possível afirmar, por conseguinte, que toda tributação ilegal é, por presunção, uma tributação confiscatória, pois danosa ao patrimônio do sujeito de direito. É justamente a ideia de confiscatoriedade, implícita ao fato do pagamento indevido de tributos e violadora do direito fundamental de propriedade, que acaba por atribuir ao "dano patrimonial" a condição de dado de fato necessário à verificação do direito subjetivo à restituição.

Não remanescem dúvidas, portanto, acerca das raízes eminentemente constitucionais do direito subjetivo à restituição do indébito tributário, bem como de sua vinculação às noções de estrita legalidade e não confisco.[307]

Nesse passo, e apesar de sua índole eminentemente constitucional, o direito à restituição do tributo pago indevidamente (indébito tributário) pode, como de fato ocorre, ter seus parâmetros de exercício regulados pela legislação infraconstitucional. Foi assim que, inspirado nas diretrizes constitucionais acima referidas, o legislador tributário complementar dispôs, nos arts. 165 e 166 do CTN,[308] sobre

---

307. "Com efeito, a estrita legalidade tributária tem como contrapartida a necessidade premente de ser devolvida ao particular aquela quantia que, por qualquer motivo, não guarde correspondência com a regra-matriz de incidência tributária ou mesmo com as normas de superior hierarquia (Constituição Federal e normas gerais), que são seu fundamento último de validade. É, pois, decorrência lógica, corolário do princípio da estrita legalidade, representando uma espécie de sanção, imposta pelo sistema para o caso de não serem cumpridos seus comandos. Trata-se, pois, de um dentre os tantos mecanismos existentes para sanar os efeitos decorrentes da introdução no sistema de comandos defeituosos: desfaz-se o ato e restaura-se (dentro do possível) o statu quo ante.
De fato, a existência de cláusula constitucional vedando aos entes tributantes exigir ou aumentar tributo sem lei que o estabeleça conduz, necessariamente, à conclusão de que o Estado tem o dever de ressarcir o que fora pago sem fundamento legal. Afinal, "não seria razoável imaginar um princípio da legalidade temporalmente limitado, pelo que o Estado não pudesse cobrar tributo sem lei, mas pudesse tranquilamente, após eventual cobrança de tributo ilegal, manter em sua posse os recursos oriundos desse tributo". MINATEL, Andréa Medrado Darzé. Restituição do indébito tributário: legitimidade ativa nas incidências indiretas, p. 10-11.

308. "Art. 165. O sujeito passivo tem direito, independentemente de prévio protesto, à restituição total ou parcial do tributo, seja qual for a modalidade do seu pagamento, ressalvado o disposto no § 4º do art. 162, nos seguintes casos:
I – cobrança ou pagamento espontâneo de tributo indevido ou maior que o devido em face da legislação tributária aplicável, ou da natureza ou circunstâncias materiais do fato gerador efetivamente ocorrido;
II – erro na edificação do sujeito passivo, na determinação da alíquota aplicável, no cálculo do montante do débito ou na elaboração ou conferência de qualquer documento relativo ao pagamento;
III – reforma, anulação, revogação ou rescisão de decisão condenatória.
Art. 166. A restituição de tributos que comportem, por sua natureza, transferência

os critérios – objetivos e subjetivos – de identificação do direito subjetivo à restituição do indébito tributário.

Da análise conjunta desses dispositivos legais, é possível identificar dois elementos que, em decorrência da violação aos cânones constitucionais da legalidade e do direito de propriedade, dão ensejo ao nascimento do direito à restituição: o primeiro (o ilícito), prescrito no art. 165, *caput*, do CTN, consubstanciado na noção de "pagamento indevido"; e o segundo (o dano), expressamente descrito no art. 166, do CTN e materializado na ideia de "repercussão econômica" resultante da exigência indevida.

Importante ressaltar que o dano, caracterizado pela diminuição indevida do patrimônio do sujeito passivo, é presumido quando o pagamento se dá a título de cumprimento de obrigações tributárias relativas a tributos cuja repercussão econômica recai diretamente sobre o seu patrimônio: os chamados tributos diretos. Nesses casos, a diminuição patrimonial do sujeito passivo está implícita à própria natureza da exação.

O mesmo não pode ser dito a respeito daquelas espécies tributárias cujo regime jurídico pressupõe o repasse a terceiro, estranho à relação jurídico-tributária, do ônus financeiro próprio à exação exigida, juridicamente, do sujeito passivo da obrigação tributária. É exatamente o caso dos tributos ditos indiretos – (ICMS e IPI, por exemplo) –, cujo regime jurídico se caracteriza pela transferência do ônus financeiro do tributo a terceiro estranho à relação jurídica.

Nesses casos, a implicitude é outra. A presunção (*jures tantum*) é a de que, dadas as características do tributo, o ônus financeiro é repassado do sujeito passivo para o terceiro, que anula o efeito patrimonial danoso a ser suportado

---

do respectivo encargo financeiro somente será feita a quem prove haver assumido o referido encargo, ou, no caso de tê-lo transferido a terceiro, estar por este expressamente autorizado a recebê-la".

pelo "contribuinte de direito". Em tais situações, há uma dissociação entre (i) o sujeito que suporta o ilícito ("contribuinte de direito") e (ii) e o sujeito que suporta o dano ("contribuinte de fato").

Por esse motivo, o art. 166 do CTN exige que, no caso de tributos cujo regime jurídico importe em transferência do ônus financeiro, o sujeito passivo (titular natural do direito à restituição) prove que suportou tal ônus ou, tendo-o transferido, haja sido expressamente autorizado por aquele que o suportou.

A opção política adotada pelo legislador tributário, calcada em interpretação autêntica dos cânones constitucionais que fundamentam o direito à restituição de tributos pagos indevidamente, vai no sentido de que somente um sujeito pode ser titular do indigitado direito à restituição, justamente o sujeito passivo da obrigação tributária, por ser ele o único capaz de, a um só tempo, sujeitar-se à ilicitude (perpetrada pela exigência indevida do tributo) e ao dano (consubstanciado na diminuição indevida do patrimônio).

Por esse mesmo raciocínio, o pagamento indevido realizado pelo sujeito passivo a pretexto do cumprimento de exigências tributárias que, por sua natureza, repercutem sobre o patrimônio de sujeito estranho à obrigação tributária nunca implicará direito à restituição em favor do terceiro que suportar o ônus financeiro, pois, em circunstância alguma, o assim chamado "contribuinte de fato" será vítima do ilícito consubstanciado na realização do pagamento indevido, a despeito de sofrer suas consequências patrimoniais.

Nessa medida, o sujeito passivo, realizador do pagamento indevido, converter-se-á em sujeito ativo da relação de indébito, assumindo a condição de titular do direito subjetivo à restituição. Tratando-se de tributos indiretos, o suporte fático necessário ao nascimento da relação jurídica de indébito é mais complexo, pois, nestes casos, não basta demonstrar a ilicitude da cobrança (pagamento indevido), havendo que se comprovar, também, o dano patrimonial efetivo, o que deve ser feito na forma do art. 166 do CTN.

Desse modo, a tutela jurisdicional perseguida por meio da ação de repetição do indébito tributário pressupõe a aferição de dois fatos jurídicos, a saber: (i) o pagamento indevido (ilícito); e (ii) o dano à esfera jurídica do sujeito passivo tributário, ambos indispensáveis à configuração do interesse processual necessário à viabilização da pretensão à restituição dos valores recolhidos a título de tributo.

Além disso, e segundo prescreve o art. 165 do CTN, o sujeito passivo da obrigação tributária que haja realizado o pagamento indevido de tributo terá direito à restituição do valor *independentemente de prévio protesto*. Significa dizer, desse modo, que o dever de restituição não está, em regra, sujeito a prazo de vencimento, devendo ocorrer imediatamente e de forma espontânea, independentemente de provocação do sujeito passivo, sob pena de ser considerada inadimplida a obrigação, o que autorizará o sujeito passivo a se valer das medidas de cobrança necessárias à recomposição do seu patrimônio.

É nesse momento que se revela a *crise de adimplemento* própria à ação de repetição do indébito tributário, ocasião em que se verifica o efetivo interesse processual que justifica a cobrança judicial do indébito e desencadeia a fluência do prazo prescricional de 5 (cinco) anos prescrito no art. 168 do CTN.[309]

309. O pleito de restituição também pode se dar administrativamente. A despeito disso, não é necessário ao sujeito passivo esgotar as instâncias administrativas para, somente então, valer-se da ação judicial.
"Art. 168. O direito de pleitear a restituição extingue-se com o decurso do prazo de 5 (cinco) anos, contados:
I - nas hipótese dos incisos I e II do art. 165, da data da extinção do crédito tributário;
II - na hipótese do inciso III do art. 165, da data em que se tornar definitiva a decisão administrativa ou passar em julgado a decisão judicial que tenha reformado, anulado, revogado ou rescindido a decisão condenatória".

1.4.2 A legitimidade ativa na ação de repetição do indébito tributário: os conteúdos dos arts. 165 e 166 do CTN

Para tratarmos da questão da legitimidade ativa na ação de repetição do indébito tributário, precisaremos recuperar algumas considerações feitas no capítulo II do Título I (itens 2.1.2.2, 2.1.2.3, 2.1.4.4 e, principalmente, 2.1.2.4.2), sobre o conceito de legitimidade *ad causam* e a forma como ela é aferida, bem como as considerações plasmadas no item 1.4.1 supra, acerca da noção de "dano patrimonial" como pressuposto material do direito à restituição do indébito tributário.

Consignamos no capítulo II, do Título I, que a condição de legitimado ordinário, ativo ou passivo, induz uma relação de *identidade* entre os sujeitos que compõem a relação jurídica de direito material *afirmada* na demanda e os sujeitos parciais do processo (aquele que pede e aquele em face de quem se pede). Essa identidade há de ser aferida, exclusivamente, a partir da simples análise da causa de pedir posta na peça inaugural da demanda, tal qual formulada pelo autor.

Registre-se, desde logo, que essa identidade é meramente inicial, podendo confirmar-se ou não ao final do processo.

Nesse sentido, as perguntas subjacentes ao juízo a ser efetuado com vistas à aferição da legitimidade *ad causam* são as seguintes: se, ao final do processo, restar demonstrada a verdade de todos os fatos e argumentos trazidos na demanda, o titular do direito afirmado será o proponente (autor) da demanda? E o titular do dever violado, será o demandado (réu)?

Daí que, ao travar contato com as alegações contidas na petição inicial e analisá-las sob o ponto de vista hipotético, o juiz indaga: se verdadeiras as alegações contidas na inicial, quem seria o titular do direito e do dever subjetivos tidos por violados? Se a resposta for "demandante e demandado", restará demonstrada a legitimidade.

Ocorre, todavia, que o juízo de cognição sumária responsável pela aferição da legitimidade *ad causam* pressupõe um mínimo de conhecimento prévio, por parte do juiz, sobre a matéria controvertida (direito material), de modo a possibilitar que essa situação hipotética seja corretamente formulada.

Trazendo a questão para o plano concreto da restituição do indébito, a anterior tomada de posição (de direito material) sobre quem são os possíveis titulares do direito subjetivo à restituição é fundamental para se efetuar o juízo acerca da legitimidade ativa na ação de repetição do indébito tributário.

E aqui cabe o registro: o que os arts. 165 e 166 do CTN fazem, ao contrário do que propugna a doutrina especializada, é delimitar os critérios objetivos (ilícito e dano) e subjetivos (titularidade da capacidade tributária ativa) de verificação do direito (material) à restituição do indébito, e não os critérios de aferição da legitimidade ativa para ação de repetição do indébito. Estes últimos (critérios de aferição da legitimidade *ad causam*) continuam sendo aqueles previstos no art. 18 do CPC.

Nessa medida, quando o art. 165 do CTN diz que o "sujeito passivo" tem direito à restituição do valor recolhido indevidamente, nos termos dos seus incisos I, II e III, está delimitando as condições de incidência da norma de restituição, cujo antecedente contém o fato jurídico do pagamento indevido e o consequente constitui a própria relação jurídica de indébito, composta, em posições inversas, pelos sujeitos que integraram os polos ativo e passivo da obrigação tributária.

O fato de tais dispositivos serem determinantes para o juízo aferir a legitimidade do demandante que atribuir a si próprio a titularidade do direito à restituição, não altera a situação. Dito de outro modo, a circunstância de o juízo realizado para fins de verificação da legitimidade *ad causam* depender do conhecimento prévio das possibilidades materiais de titularidade do direito subjetivo à restituição não leva à conclusão de que tais regras tenham natureza processual, isto é, que sejam regras "sobre legitimidade *ad causam*".

As normas sobre legitimidade *ad causam*, vale repisar, são típicas regras de direito processual que condicionam a atividade do juiz quanto à apreciação ou não do mérito da causa.

Nesse sentido, se adotarmos, do ponto de vista jurídico-material, a orientação segundo a qual somente o sujeito passivo pode, hipoteticamente, ocupar o polo ativo da relação jurídica de indébito, qualquer demanda proposta pelo terceiro que suportou o ônus financeiro da exação restará fadada à extinção, sem solução do mérito, por ausência de legitimidade. Neste caso, a despeito de a solução processual – extinção do processo sem resolução do mérito por ilegitimidade ativa do demandante – haver sido precedida de uma tomada de posição acerca da titularidade, *in abstrato,* do direito material pleiteado, não se pode afirmar que houve apreciação do mérito da causa, já que o juízo acerca da ilegitimidade passiva do demandante se deu em nível de asserção.

É dizer: se o "contribuinte de fato", segundo as regras de direito material (e as convicções do julgador) nunca poderá ser titular do direito subjetivo à restituição em razão de não haver realizado o pagamento indevido, não há que se falar em identidade entre o demandante e o titular do direito subjetivo violado, o qual só poderia ser o sujeito passivo da obrigação tributária, independentemente de qualquer juízo acerca da prova do pagamento indevido. Isso porque, mesmo que restasse comprovado, ao final do processo, que o pagamento indevido realmente ocorreu e, assim, ficasse demonstrado o direito à restituição, não seria o "contribuinte de fato" o titular desse direito. Daí a extinção prematura do processo por ilegitimidade ativa.

Ao contrário, se adotarmos a orientação doutrinária que admite, por hipótese, que o "contribuinte de fato" pode ser titular do direito (material) à restituição, a demanda proposta pelo terceiro que suportou ônus financeiro deverá ser regularmente processada, de modo que, ao final, verificadas as provas acerca da ocorrência ou não do pagamento indevido, bem como do dano suportado pelo demandante, haverá de ser proferida decisão de mérito, que acolherá ou não o pedido.

Agora, se adotarmos a orientação que admite, a depender das circunstâncias de fato, que tanto o "contribuinte de direito" quanto "o contribuinte de fato" possam ser titulares do direito à restituição, ao se deparar com uma demanda proposta por qualquer um dos sujeitos, o juízo haverá de proceder da mesmíssima forma, o que corresponde a dar andamento ao processo para que, ao final, pelo exame do mérito da causa, verifique-se a procedência ou não do pedido.[310]

Nesse caso, a legitimidade ativa restará patente, desde o início, tanto para o "contribuinte de fato" quanto para o sujeito passivo, pois ambos, segundo o direito material, são possíveis titulares do direito tido por violado.

De todo modo, ao tomarmos consciência de que a orientação consolidada no âmbito do Superior Tribunal de Justiça[311] – independentemente de estarmos ou não de acordo

---

310. É essa, aliás, a orientação proposta por ANDRÉA MEDRADO DARZÉ MINATEL. MINATEL, Andréa Medrado Darzé. *Restituição do indébito tributário*: legitimidade ativa nas incidências indiretas, p. 264 e seguintes.

311. "**PROCESSO CIVIL. RECURSO ESPECIAL REPRESENTATIVO DE CONTROVÉRSIA. ART. 543-C, DO CPC. TRIBUTÁRIO. IPI. RESTITUIÇÃO DE INDÉBITO. DISTRIBUIDORAS DE BEBIDAS. CONTRIBUINTES DE FATO. ILEGITIMIDADE ATIVA AD CAUSAM. SUJEIÇÃO PASSIVA APENAS DOS FABRICANTES (CONTRIBUINTES DE DIREITO). RELEVÂNCIA DA REPERCUSSÃO ECONÔMICA DO TRIBUTO APENAS PARA FINS DE CONDICIONAMENTO DO EXERCÍCIO DO DIREITO SUBJETIVO DO CONTRIBUINTE DE JURE À RESTITUIÇÃO (ART. 166, DO CTN). LITISPENDÊNCIA.**

PREQUESTIONAMENTO. AUSÊNCIA. SÚMULAS 282 E 356/STF. REEXAME DE MATÉRIA FÁTICO-PROBATÓRIA. SÚMULA 7/STJ. APLICAÇÃO.

1. O "contribuinte de fato" (in casu, distribuidora de bebida) não detém legitimidade ativa ad causam para pleitear a restituição do indébito relativo ao IPI incidente sobre os descontos incondicionais, recolhido pelo "contribuinte de direito" (fabricante de bebida), por não integrar a relação jurídica tributária pertinente.

2. O Código Tributário Nacional, na seção atinente ao pagamento indevido, preceitua que:

(...)

3. Consequentemente, é certo que o recolhimento indevido de tributo implica na (sic) obrigação do Fisco de devolução do indébito ao contribuinte detentor do direito subjetivo de exigi-lo.

4. Em se tratando dos denominados "tributos indiretos" (aqueles que comportam, por sua natureza, transferência do respectivo encargo financeiro), a norma tributária (art. 166, do CTN) impõe que a restituição do indébito somente se faça ao contribuinte que comprovar haver arcado com o referido encargo ou, caso contrário, que tenha sido autorizado expressamente pelo terceiro a quem o ônus foi transferido.

5. A exegese do referido dispositivo indica que:

(...) o art. 166, do CTN, embora contido no corpo de um típico veículo introdutório de norma tributária, veicula, nesta parte, norma específica de direito privado, que atribui ao terceiro o direito de retomar do contribuinte tributário, apenas nas hipóteses em que a transferência for autorizada normativamente, as parcelas correspondentes ao tributo indevidamente recolhido: Trata-se de norma privada autônoma, que não se confunde com a norma construída da interpretação literal do art. 166, do CTN. É desnecessária qualquer autorização do contribuinte de fato ao de direito, ou deste àquele. Por sua própria conta, poderá o contribuinte de fato postular o indébito, desde que já recuperado pelo contribuinte de direito junto ao Fisco. No entanto, note-se que o contribuinte de fato não poderá acionar diretamente o Estado, por não ter com este nenhuma relação jurídica. Em suma: o direito subjetivo à repetição do indébito pertence exclusivamente ao denominado contribuinte de direito. Porém, uma vez recuperado o indébito por este junto ao Fisco, pode o contribuinte de fato, com base em norma de direito privado, pleitear junto ao contribuinte tributário a restituição daqueles valores. A norma veiculada pelo art. 166 não pode ser aplicada de maneira isolada, há de ser confrontada com todas as regras do sistema, sobretudo com as veiculadas pelos arts. 165, 121 e 123, do CTN. Em nenhuma delas está consignado que o terceiro que arque com o encargo financeiro do tributo possa ser contribuinte. Portanto, só o contribuinte tributário tem direito à repetição do indébito. Ademais, restou consignado alhures que o fundamento último da norma que estabelece o direito à repetição do indébito está na própria Constituição, mormente no primado da estrita legalidade. Com efeito a norma veiculada pelo art. 166 choca-se com a própria Constituição Federal, colidindo frontalmente com o princípio da estrita legalidade, razão pela qual há de ser considerada como regra não recepcionada pela ordem tributária atual. E, mesmo perante a ordem jurídica anterior, era manifestamente incompatível frente ao Sistema Constitucional Tributário então vigente. (Marcelo Fortes de Cerqueira, in "Curso de Especialização em Direito Tributário - Estudos Analíticos em Homenagem a Paulo de Barros Carvalho", Coordenação de Eurico Marcos Diniz de Santi, Ed. Forense, Rio de Janeiro, 2007, págs. 390/393)

6. Deveras, o condicionamento do exercício do direito subjetivo do contribuinte que

com ela – vai no sentido de que *somente* o "contribuinte de *jure*" pode ser titular do direito à restituição, causa espanto as várias decisões que consideram a figura do sujeito passivo parte ilegítima nas ações de repetição do indébito quando não resta provada a assunção do ônus ou a autorização do "contribuinte de fato".[312]

---

pagou tributo indevido (contribuinte de direito) à comprovação de que não procedera à repercussão econômica do tributo ou à apresentação de autorização do "contribuinte de fato" (pessoa que sofreu a incidência econômica do tributo), à luz do disposto no art. 166, do CTN, não possui o condão de transformar sujeito alheio à relação jurídica tributária em parte legítima na ação de restituição de indébito.
7. À luz da própria interpretação histórica do art. 166, do CTN, dessume-se que somente o contribuinte de direito tem legitimidade para integrar o polo ativo da ação judicial que objetiva a restituição do «tributo indireto» indevidamente recolhido (Gilberto Ulhôa Canto, «Repetição de Indébito», in Caderno de Pesquisas Tributárias, n. 8, p. 2-5, São Paulo: Resenha Tributária, 1983; e Marcelo Fortes de Cerqueira, in "Curso de Especialização em Direito Tributário - Estudos Analíticos em Homenagem a Paulo de Barros Carvalho", Coordenação de Eurico Marcos Diniz de Santi, Ed. Forense, Rio de Janeiro, 2007, p. 390/393).
8. É que, na hipótese em que a repercussão econômica decorre da natureza da exação, "o terceiro que suporta com o ônus econômico do tributo não participa da relação jurídica tributária, razão suficiente para que se verifique a impossibilidade desse terceiro vir a integrar a relação consubstanciada na prerrogativa da repetição do indébito, não tendo, portanto, legitimidade processual" (Paulo de Barros Carvalho, in "Direito Tributário - Linguagem e Método". 2. ed. São Paulo: Noeses, 2008, p. 583).
9. (...)
15. Recurso especial desprovido. Acórdão submetido ao regime do art. 543-C, do CPC, e da Resolução STJ 08/2008".
(REsp n. 903.394/AL; 1ª Seção; Rel. Min. Luiz Fux; DJe de 26/04/2010).
Fazemos uma ressalva, nesse tocante, para chamar a atenção para outra orientação firmada, num específico caso – REsp 1.299.303/SC –, em que o mesmo STJ excepcionou, expressamente, o precedente representativo da controvérsia acima referido, para admitir a possibilidade de, naquele caso, ser o contribuinte de fato sujeito legitimado a requerer a restituição judicial do indébito. É importante que se diga que, neste caso (atinente à demanda contratada de energia elétrica), a despeito de se ter admitido, na prática, a legitimidade do contribuinte de fato para repetir o indébito tributário, as razões que sustentaram o voto condutor do acórdão vão no sentido de equiparar, naquele específico caso, o contribuinte de fato ao contribuinte de direito, o que é bem diferente de afirmar que o contribuinte de fato é sujeito legitimado. E isso por razões relativas às especificidades nas relações contratuais firmadas entre Ente Político e Concessionárias de Energia Elétrica, que induz a total ausência de interesse da Concessionária (contribuinte de direito) em questionar qualquer medida, mesmo que abusiva, de aumento ou exigência ilegal do imposto.

312. PROCESSUAL CIVIL E TRIBUTÁRIO – ISSQN. CONTRIBUINTE DE DIREITO – REPETIÇÃO DE INDÉBITO – ENCARGO FINANCEIRO – CTN, ART. 166 – NÃO COMPROVAÇÃO – ILEGITIMIDADE ATIVA – PRECEDENTES. 1. Na

A pergunta que fazemos neste instante é a seguinte: à luz da orientação adotada pelo STJ – que, repisamos, rechaça completamente a possibilidade de o "contribuinte de fato" ter legitimidade para pleitear a repetição do indébito –, se o "contribuinte de direito" que não prova a assunção do ônus financeiro não tem legitimidade para pleitear judicialmente a restituição do indébito, quem então o teria? Indagamos novamente: não estaria o E. STJ confundindo, neste caso, critérios de aferição da existência do direito material à restituição com critérios de determinação da legitimidade ativa? A resposta, cremos, é positiva, levando-nos diretamente ao enfrentamento da questão da legitimidade ativa na ação de repetição do indébito tributário à luz dos critérios normativos prescritos no art. 166 do CTN, que, a nosso ver, é a pedra de toque de todo o problema.

Conquanto as orientações doutrinárias que se formaram em torno das regras de restituição do indébito tributário serem muitas vezes confrontantes naquilo que diz respeito ao destinatário da indigitada regra (o "contribuinte de fato"; o "contribuinte de direito"; ou ambos), todas elas, de algum modo, alinham-se quanto à natureza do juízo que

---

ação de repetição de indébito, em se tratando de tributos indiretos, é indispensável a comprovação do não repasse do encargo financeiro ao consumidor final (REsp 1131476, Min Luiz Fux, DJe 01.02.10, julgado pela 1ª Seção como representativo da controvérsia). Ademais, não se pode relegar à liquidação a referida prova, já que diz respeito a fato à legitimidade da parte e à própria procedência do pedido formulado na demanda, temas que, portanto, devem necessariamente ficar exauridos na fase cognitiva (REsp 969.472, 1ª Turma, Min. Teori Albino Zavascki, DJ 08.10.2007). 2. Agravo regimental a que se nega provimento. (Ag. No REsp 1.028.031/RJ; 1ª Turma; Rel. Min. Teori Albino Zavascki; DJe 25.09.2012, g. n.).
PROCESSUAL CIVIL E TRIBUTÁRIO – AGRAVO REGIMENTAL – RECURSO ESPECIAL – ICMS – REPETIÇÃO DE INDÉBITO – ART. 166, DO CTN – APLICABILIDADE. AUSÊNCIA DE COMPROVAÇÃO DO NÃO REPASSE. ILEGITIMIDADE ATIVA AD CAUSAM. 1. "A Primeira Seção decidiu em inúmeros julgados pela necessidade de comprovação, por parte do contribuinte de direito, de que não repassou ao de fato o encargo financeiro do tributo, ou, no caso de tê-lo transferido a terceiro, de que está por ele autorizado a pleitear a repetição do indébito". (AgRg nos EREsp 480.593/SP, 1ª Seção, Relator Ministro Humberto Martins, DJ 05.03.2007). 2. Agravo Regimental não provido. (AgRg no REsp 962.588/MS; 2ª Turma; Rel. Min. Herman Benjamin; Dje 07.02.2008). (destacamos)

afere o preenchimento ou não dos critérios fixados pelo art. 166 do CTN.

Esse traço comum está justamente relacionado ao aspecto subjetivo (titularidade) do direito à restituição do tributo *indireto* que, conquanto configure questão de direito material tributário, costuma ser tratado pelos autores em termos de "legitimidade ativa para repetir o indébito".[313]

Assim, tem-se afirmado e reafirmado que a regra veiculada no indigitado art. 166 do CTN seria, em tudo e por tudo, "norma fixadora de legitimidade ativa" para pleitear judicialmente a restituição do indébito. A diferença entre as diversas orientações doutrinárias é que parte delas, ao que parece, refere-se ao dispositivo como se fosse uma típica regra de "legitimidade extraordinária", enquanto outra trabalha sob a premissa da ordinariedade.

---

313. Por todos, confira-se as doutrinas de RICARDO LOBO TORRES e ANDRÉA MEDRADO DARZÉ MINATEL:
"Não é suficiente, portanto, para legitimar a ação de repetição do indébito, o enriquecimento ilícito do ente público, mas o empobrecimento do contribuinte. Se aquele que recolheu indevidamente o imposto aos cofres públicos não sofreu o desembolso efetivo do numerário, carece de legitimidade ad causam, porque, do contrário, enriqueceria ilicitamente". TORRES, Ricardo Lobo. *Restituição dos tributos*, p. 18.
"É certo que, como regra, a noção de legitimidade processual está vinculada apenas à natureza e à estrutura da relação jurídica objeto do litígio. Aquele que tem um direito próprio violado (ou ameaçado de violação) costuma ser eleito pela lei como parte legítima para pleitear a tutela jurisdicional. Todavia, excepcionalmente, em caráter supletivo à regra geral, a legitimidade processual pode vir definida por lei específica (como ocorre, por exemplo, com a lei que atribui ao Ministério Público a legitimidade para anular casamento).
[...]
De fato, caso não existisse o art. 166 do CTN, a legitimidade ativa para repetição do indébito, a legitimidade ativa para a repetição demandaria apenas a identificação do sujeito passivo do tributo, seguindo a regra processual geral. Todavia, não foi essa a opção escolhida pelo legislador.
Neste ponto, cabe mais um parêntese: não se pode confundir o fundamento da ação (violação de um princípio da legislação tributária) com o fundamento da legitimidade de agir (quem pode pedir de volta o que fora indevidamente pago). Aquele é sempre necessário, mas suficiente apenas nos casos em que não haja regra específica sobre legitimidade processual (que é justamente o caso das situações contempladas pelo art. 166 do CTN)". MINATEL, Andréa Medrado Darzé. *Restituição do indébito tributário*: legitimidade ativa nas incidências indiretas, p. 100-101.

Faz-se oportuno, neste momento, reavivar alguns conceitos básicos de Direito Processual atinentes à legitimidade *ad causam* e suas modalidades. Com efeito, (i) legitimidade ordinária é conceito que induz pleito de direito (material) próprio, realizado por determinada pessoa, em nome próprio; (ii) legitimidade extraordinária, por sua vez, pressupõe pleito de direito (material) alheio, realizado por terceira pessoa, em nome próprio.

Diante disso, a dúvida que exsurge é a seguinte: se a norma do art. 166 do CTN é uma típica regra de "legitimidade extraordinária", conforme sugerido por parte da Doutrina, naquelas situações em que o contribuinte de direito se vale da ação de repetição do indébito tributário e logra êxito em provar a assunção do ônus financeiro, obtendo a tutela pleiteada, quem é o titular do direito material tutelado? Se a resposta for "o próprio contribuinte de direito", ruirá a tese da legitimidade extraordinária, pois terá ele atuado em nome próprio, para defender direito próprio. Se a resposta for um "terceiro", o contribuinte de fato, por exemplo, teremos que admitir que o valor percebido pelo contribuinte de direito deverá ser repassado para o contribuinte de fato.

Tomemos, como exemplo, a excelente doutrina de ANDRÉA MEDRADO DARZÉ MINATEL, para quem a legitimidade (extraordinária) do contribuinte de direito na ação de repetição do indébito tributário que tenha por objeto o direito à restituição de tributos que repercutem seria assemelhada àquela atribuída por Lei ao Ministério Público para propor ação anulatória de casamento:

> É certo que, como regra, a noção de legitimidade processual está vinculada apenas à natureza e à estrutura da relação jurídica objeto do litígio. Aquele que tem um direito próprio violado (ou ameaçado de violação) costuma ser eleito pela lei como parte legítima para pleitear a tutela jurisdicional. Todavia, excepcionalmente, em caráter supletivo à regra geral, a legitimidade

> processual pode vir definida por lei específica (como ocorre, por exemplo, com a lei que atribui ao Ministério Público a legitimidade para anular casamento).
>
> (...)
>
> De fato, caso não existisse o art. 166 do CTN, a legitimidade ativa para repetição do indébito, a legitimidade ativa para a repetição demandaria apenas a identificação do sujeito passivo do tributo, seguindo a regra processual geral. Todavia, não foi essa a opção escolhida pelo legislador.
>
> Nesse ponto, cabe mais um parênteses: não se pode confundir o fundamento da ação (violação de um princípio da legislação tributária) com o fundamento da legitimidade de agir (quem pode pedir de volta o que fora indevidamente pago). Aquele é sempre necessário, mas suficiente apenas nos casos em que não haja regra específica sobre legitimidade processual (que é justamente o caso das situações contempladas pelo art. 166 do CTN).[314]

Note-se que, no exemplo acima, a ação anulatória proposta pelo Ministério Público, cuja legitimidade é exercida em caráter extraordinário, caso seja julgada procedente, terá como destinatário material os sujeitos de direito que compõem a relação conjugal (relação jurídica de direito material) anulada, em nome de quem, aliás, agiu o Ministério Público. É o típico caso, portanto, de "atuação em nome próprio, para a defesa de direito alheio".

Ora, o art. 166 do CTN está longe de ser uma regra que estabelece o direito de uma pessoa pleitear, em nome próprio, direito alheio. Se o contribuinte de direito pleitear a restituição, ele o fará em nome próprio, a fim de ser o beneficiário final dos efeitos materiais da tutela pretendida. O mesmo se diga do contribuinte de fato, que se insurgirá contra o Estado com vistas à reparação efetiva do dano que sofreu em razão de haver suportado o ônus (jurídico ou econômico) do tributo pago indevidamente pelo sujeito passivo tributário.

---

314. MINATEL, Andréa Medrado Darzé. *Restituição do indébito tributário*: legitimidade ativa nas incidências indiretas, p. 100-101.

De outro lado, se tratarmos o problema sob a perspectiva da legitimidade (*ad causam*) ordinária – o que nos parece mais razoável –, a questão se resolve conceitualmente. Isso porque a legitimidade (*ad causam*) ordinária não é fenômeno que se "define", especificamente, para uma classe de situações (a classe dos legitimados a repetir o indébito tributário, por exemplo). Legitimidade é conceito relacional (relação de identidade), definido pela lei processual, e que se verifica concretamente no confronto de dados constantes da demanda (partes e causa de pedir).[315]

Um sujeito será legitimado a ocupar o polo ativo de uma ação de repetição do indébito tributário se, e somente se, for o sujeito ativo da relação de indébito *afirmada* na (causa de pedir) demanda. E é exatamente nesse ponto que têm lugar as regras veiculadas nos arts. 165 e 166 do CTN, pois são elas as responsáveis pela fixação dos critérios de identificação dos (possíveis) titulares do direito subjetivo ao indébito tributário, motivo pelo qual consubstanciam típicas normas de direito material.

Acolhidas as premissas acima, a questão passa a ser relativamente simples. Existem duas regras (de direito material) que regulam o nascimento do direito à restituição: a primeira, atinente aos tributos diretos – em que a repercussão do ônus é suportada, por presunção, pelo próprio sujeito passivo realizador do pagamento indevido – e sintaticamente estruturada nos seguintes termos: dado o fato do pagamento indevido, *deve ser* o direito subjetivo do sujeito passivo à restituição do indébito; a segunda, relativa aos tributos indiretos – cuja natureza pressupõe a transferência do ônus financeiro do tributo – e estruturada sintaticamente da seguinte forma: dado o fato do pagamento indevido + prova da assunção do ônus (ou da autorização do

315. A definição do conceito de "legitimidade ordinária" é a mesma em todas as situações (art. 18 do CPC/2015).

terceiro que sofreu a repercussão), então *deve ser* o direito subjetivo à restituição do indébito.

Daí que não estamos a falar de "norma de legitimidade", mas de regra de direito material fixadora de critérios de verificação de direitos subjetivos substanciais.

É a própria dimensão semântica do enunciado veiculado no art. 166 do CTN, aliás, que afasta qualquer possibilidade de o interpretarmos em "termos de regra de legitimidade processual". Ora, se estamos a tratar de um dispositivo que condiciona o exercício/titularidade de um direito à "prova" da assunção do encargo ou à "prova" da expressa autorização do terceiro que suportou o ônus, o juízo que vier a aferir o cumprimento de tal condição haverá de ser necessariamente perfunctório do mérito da causa, isto é, exauriente.

Com efeito, e conforme já advertimos (Título I, Capítulo II, item 2.1.2.4), a atividade cognitiva a partir da qual se afere, concretamente, a legitimidade *ad causam* é sumária, devendo ser realizada, exclusivamente, à luz do quanto *afirmado* na demanda (teoria da asserção), sem qualquer necessidade (possibilidade) de se provar o que quer que seja. E isso sob pena de equipararmos o juízo acerca do preenchimento da condição da ação, àquele que se volta ao conhecimento do mérito da causa.

Por essa razão, a única prova eventualmente necessária à emanação do juízo sobre legitimidade é a que diz com determinada *posição jurídica* do autor, exigida só eventualmente.[316] Tratando-se de repetição do indébito tributário, a

316. "Toma-se ordinariamente o termo posição jurídica como sinônimo de situação jurídica. No entanto, as situações jurídicas não se reduzem às posições jurídicas: aquelas são figuras singulares e absolutas, enquanto estas são, por sua vez, figuras de confronto, ou seja, relativas. Só há posição jurídica quando se compreende algo em relação a outro: assim seria, por exemplo, a posição do assistente em relação à vontade contrária e determinante da outra pessoa relativamente incapaz. Já a assistência em si mesma considerada, ou a própria incapacidade, são situações

posição jurídica exigida é, no máximo, a de ser sujeito passivo para alguns, ou de ser "contribuinte de fato" para outros.

Em verdade, tanto o fato da assunção do ônus da repercussão quanto a autorização concedida pelo "contribuinte de fato" dizem com aspectos objetivos e substantivos da relação de indébito (a demonstração do dano a ser reparado pela tutela condenatória).

Nessa medida, as provas exigidas pelo art. 166 do CTN perfazem condições de verificação do próprio direito (material) à restituição, aplicadas exclusivamente às situações relativas a tributos que repercutem (jurídica ou economicamente, conforme a orientação doutrinária adotada). Levadas a juízo, determinarão o acolhimento ou o desacolhimento do pedido, mediante cognição exauriente do direito material.

Assim, para aqueles que adotam, por exemplo, a orientação firmada pelo Superior Tribunal de Justiça (REsp n. 903.394/AL), o titular de eventual direito à restituição de tributo pago indevidamente será, sempre, o "contribuinte de direito", razão pela qual, independentemente da prova produzida em eventual ação de repetição do indébito tributário, o sujeito passivo tributário sempre terá legitimidade para demandar.

Nesses casos, a prova – seja do pagamento indevido, seja da assunção do ônus financeiro – será dado necessário à verificação efetiva da existência do direito à restituição, perfazendo, assim, o próprio mérito da ação de repetição do indébito tributário.

Por outro lado, e ainda no contexto da mesma orientação doutrinária e jurisprudencial, qualquer demanda ajuizada pelo contribuinte de fato resultará em extinção do

---

jurídicas: a primeira, a situação de assistente, e a segunda, a de incapaz". FONTES, André. Pretensão como situação jurídica subjetiva, p. 111.

processo sem resolução do mérito, dada a flagrante ilegitimidade ativa do sujeito de direito que suportou o ônus financeiro da exação, pois, para essa orientação doutrinária, não há qualquer possibilidade jurídico-material de o sujeito que arcou com o ônus financeiro da operação ser titular do direito subjetivo à restituição, pois não é a ele que o art. 166 do CTN é dirigido.

Nesse ponto (ilegitimidade do "contribuinte de fato"), aliás, a solução processual adotada pela jurisprudência do STJ é absolutamente coerente com a orientação firmada no REsp 903.394/AL, representativo da controvérsia.

O problema surge quando analisamos os precedentes que versam sobre o contribuinte de direito que, eventualmente, não tenha logrado êxito em provar a assunção do ônus. Nesses casos, conforme pudemos verificar acima, a jurisprudência do STJ tem considerado que a ausência de prova pressupõe ilegitimidade ativa do contribuinte de direito, resultando em extinção do processo sem resolução do mérito.

Tal postura, *data maxima venia*, soa-nos um tanto irracional, não só do ponto de vista teórico e conceitual, mas também sob o ângulo pragmático, na medida em que a admissão dessa orientação nos leva a uma situação paradoxal, pois o juízo sobre a existência ou não de tais provas, quando positivo, resultaria num tipo de decisão, qual seja: julgamento do mérito com procedência do pedido. Já naquelas ocasiões em que o juízo sobre a prova for negativo, o efeito será um pronunciamento que materializará mera decisão terminativa. Não haveria, no caso, qualquer espaço para um julgamento de mérito com improcedência do pedido.

Eis o porquê de nossa convicção sobre a natureza eminentemente material da regra veiculada no art. 166 do CTN, cuja aplicação judicial (para negar ou conceder o pleito de repetição do indébito) encerrará, necessariamente, um juízo de mérito, entendimento reforçado pela simples circunstância de que não há que se falar em juízo sobre legitimidade *ad causam* que resulte do conhecimento de acervo probatório (teoria da asserção).

Por fim, parece importante consignar, enfaticamente, que as objeções que fazemos – tanto à Doutrina quanto à jurisprudência – sobre o *status* atribuído à regra do art. 166 do CTN aplicam-se independentemente da orientação adotada quanto ao destinatário da referida regra (contribuinte de direito, contribuinte de fato, ou ambos).

Em outras palavras, a questão a ser respondida sobre o alcance do art. 166 do CTN não é quem é o sujeito legitimado a repetir o indébito tributário relativo a tributos indiretos, mas sim quem é o titular do direito subjetivo à restituição do indébito decorrente do pagamento indevido de tributos indiretos. E isso vale independentemente da tomada de posição do exegeta sobre conceitos altamente controvertidos, como "contribuinte de fato" e "contribuinte de direito"; "tributação direta e indireta"; "repercussão econômica ou jurídica" etc.

Em todos os casos, o pronunciamento judicial que resultar da análise das provas exigidas pelo art. 166 do CTN manifestará, necessariamente, um juízo de mérito, independentemente de quem seja o beneficiário deste juízo, implicando, assim, a formação de coisa julgada material.

1.4.3 A prescrição do direito de exigir a restituição do indébito tributário

O direito de cobrar, judicial ou administrativamente, a restituição do indébito tributário surge do inadimplemento do dever, atribuído ao sujeito ativo da obrigação tributária extinta pelo pagamento, de restituir, espontaneamente (independentemente de prévio protesto), o montante recolhido indevidamente a título de tributo, conforme determina o art. 165 do CTN.[317]

Costuma-se afirmar que o direito subjetivo de exigir a restituição do indébito tributário estaria sujeito a duas espécies de prazos: i) um decadencial, voltado ao controle temporal do exercício do direito de exigir a restituição em ambiente administrativo; ii) outro prescricional, destinado à limitação cronológica do exercício do direito de cobrança judicial do indébito tributário. O primeiro seria decadencial por se tratar de típico "direito material" a ser exercitado em face da Administração tributária; o segundo, prescricional por supostamente atingir o próprio direito de ação de repetição do indébito.[318]

Curioso notar que, apesar de suas supostas naturezas distintas, ambos os prazos estão fixados por um mesmo dispositivo legal – o art. 168, do CTN –, segundo o qual o direito de "pleitear" a restituição do indébito deverá ser exercido em 5 (cinco) anos, a serem contados, em regra, da data da extinção do crédito tributário pelo pagamento (indevido), exatamente o momento em que nasce o dever de restituir o indébito tributário.[319]

---

317. "Art. 165. O sujeito passivo tem direito, independentemente de prévio protesto, à restituição total ou parcial do tributo, seja qual for a modalidade do seu pagamento, ressalvado o disposto no § 4º do art. 162, nos seguintes casos:
I - cobrança ou pagamento espontâneo de tributo indevido ou maior que o devido em face da legislação tributária aplicável, ou da natureza ou circunstâncias materiais do fato gerador efetivamente ocorrido;
II - erro na edificação do sujeito passivo, na determinação da alíquota aplicável, no cálculo do montante do débito ou na elaboração ou conferência de qualquer documento relativo ao pagamento;
III - reforma, anulação, revogação ou rescisão de decisão condenatória".

318. SANTI, Eurico Marcos Diniz de. *Decadência e prescrição no direito tributário*. p. 253 a 265.

319. "Art. 168. O direito de pleitear a restituição extingue-se com o decurso do prazo de 5 (cinco) anos, contados:
I - nas hipótese dos incisos I e II do art. 165, da data da extinção do crédito tributário; (Vide art. 3º da LC 118, de 2005)
II - na hipótese do inciso III do art. 165, da data em que se tornar definitiva a

Os estudos dogmáticos voltados à análise dos objetos das normas que dispõem sobre o direito do contribuinte de exigir a restituição do indébito tributário cometem, em nosso sentir, o mesmo equívoco conceitual presente nas construções teoréticas que descrevem o objeto da norma de prescrição do direito do Fisco, e que deitam raízes em concepções mal compreendidas das tradicionais lições de Teoria Geral do Direito privado acerca dos objetos das normas de prescrição e decadência.

Trabalha-se, equivocadamente, com a ideia de que o fenômeno da prescrição estaria relacionado à "perda do direito de ação", no sentido processual do termo "ação", quando o correto seria falar-se em perda do direito material de exigir o cumprimento da obrigação inadimplida (pretensão em sentido material).

Isso porque o exercício do "direito de ação", ao menos em sua(s) feição(ões) processual(is), não está sujeito a prazo, sendo exercitado inclusive nas situações em que haja reconhecimento da prescrição, ocasiões em que o afastamento do pleito judicial de cobrança dar-se-á mediante a prolação de sentença de mérito (art. 487, inciso II, do CPC),[320] responsável por reconhecer a extinção do direito (material) de cobrança (exigibilidade) pelo decurso do prazo para seu exercício.

O reconhecimento judicial da prescrição, parece evidente, atinge o direito material de exigir o cumprimento da obrigação inadimplida e, com ele, a própria responsabilidade patrimonial do devedor inadimplente, fenômeno que ocorrerá mediante típica sentença de mérito, por meio da

---

decisão administrativa ou passar em julgado a decisão judicial que tenha reformado, anulado, revogado ou rescindido a decisão condenatória".

320. "Art. 487. Haverá resolução de mérito quando o juiz:
(...);
II - decidir, de ofício ou a requerimento, sobre a ocorrência de decadência ou prescrição;".

qual o direito de ação do credor não só restará intacto, mas também haverá sido plenamente exercitado.

Assim, o direito material de exigir o indébito inadimplido – e não o direito de ação propriamente dito – compõe a relação jurídica de pretensão/responsabilidade nascida do inadimplemento do dever de restituir o valor recolhido indevidamente, e pode ser exercitado tanto em ambiente administrativo (via direito de petição) quanto em ambiente judicial (via direito de ação), estando sujeito ao prazo de cunho prescricional veiculado no art. 168 do CTN.

Em ambos os casos, portanto, o prazo de cinco anos para o exercício do direito de exigir a restituição do indébito tributário a que se refere o art. 168 do CTN tem natureza eminentemente prescricional, sendo irrelevante o órgão estatal perante o qual será concretizado.[321]

Dito isso, importa, por agora, identificar os marcos temporais de início e término do prazo de prescrição do direito de exigir o indébito tributário, bem como as causas de suspensão e interrupção a que o referido termo está adstrito.

---

321. A prescrição e a decadência são categorias eminentemente jurídico-materiais, que se distinguem, exclusivamente, pelo tipo de "direito subjetivo" aos quais se aplicam. Os prazos decadenciais se voltam aos limites temporais impostos ao exercício de vantagens jurídicas que compõem as chamadas relações jurídicas de direito potestativo, como aquela que contém o direito de constituir o crédito tributário, de titularidade da Fazenda Pública, e aquela que diz com o direito à anulação do débito fiscal ilegalmente formalizado, de titularidade do sujeito passivo. A prescrição, por outro lado, limita temporalmente o exercício do direito de exigir os créditos inadimplidos, isto é, as "pretensões" ou "exigibilidades", aplicando-se exclusivamente a vantagens que compõem as chamadas relações jurídico-prestacionais, tais como a obrigação tributária e a relação jurídica de indébito tributário.
A relação e a consequente confusão que alguns autores fazem ao associar os prazos prescricionais ao exercício da "ação" decorre da forma pela qual o instituto era regulado à época da vigência do Código Civil de 1916, segundo o qual a prescrição era fato extintivo da "ação". Ocorre, no entanto, que o termo "ação" era utilizado naquela ocasião não em seu sentido processual, mas sim como "ação de direito material" ou, no máximo, como "ação em sentido concreto", conceitos estes que correspondem ao ato por meio do qual o credor fazia valer, de mão própria ou mediante decisão judicial, seu direito, isto é, como sinônimo de tutela jurisdicional de mérito procedente, por intermédio da qual o direito creditório inadimplido é efetivamente concretizado.

A teor do que dispõe o art. 168, inciso I, do CTN, verificadas as situações descritas nos incisos I e II do art. 165 do CTN, o prazo de prescrição do direito de exigir a restituição do indébito tem início na data da extinção do crédito tributário, pressuposto fático necessário e suficiente ao nascimento do dever jurídico de restituição, o qual, por sua vez, não está sujeito a termo. Daí ser a data da extinção do crédito tributário o momento em que o dever de restituir o indébito torna-se plenamente exigível, o que explica ser este o início do prazo prescricional.[322]

Essa regra, vale lembrar, aplica-se tanto às extinções realizadas a título definitivo (art. 156, inciso I, CTN), perpetradas por ocasião do pagamento de tributos sujeitos ao lançamento de ofício, como para aquelas sujeitas a ulterior homologação (art. 156, inciso VII, do CTN), que são justamente as realizadas por meio dos assim chamados pagamentos antecipados, realizados a pretexto de extinguir os créditos constituídos pelo próprio sujeito passivo, nos termos do art. 150 do CTN.[323]

---

322. Tese firmada por ocasião da apreciação do tema repetitivo n. 137 do STJ: "Nos tributos sujeitos a lançamento por homologação, o prazo prescricional para a restituição do indébito é de cinco anos, a contar da data do pagamento, desde que este tenha sido efetuado após o início da vigência da LCP 118/2005". (REsp 1.002.932/SP)"
Tese firmada por ocasião da apreciação do tema repetido n. 142: "O prazo de prescrição quinquenal para pleitear a repetição tributária, nos tributos sujeitos ao lançamento de ofício, é contado da data em que se considera extinto o crédito tributário, qual seja, a data do efetivo pagamento do tributo. A declaração de inconstitucionalidade da lei instituidora do tributo em controle concentrado, pelo STF, ou a Resolução do Senado (declaração de inconstitucionalidade em controle difuso) é despicienda para fins de contagem do prazo prescricional tanto em relação aos tributos sujeitos ao lançamento por homologação, quanto em relação aos tributos sujeitos ao lançamento de ofício".

323. Não faz nenhum sentido, queremos crer, revolver, neste momento, quase quinze anos após a promulgação da LC 118/2005, a superada forma de contagem do prazo de prescrição do direito de exigir o indébito oriundo dos pagamentos realizados a pretexto da extinção de tributos sujeitos ao lançamento por homologação, tal qual proposta pela chamada "tese dos cinco + cinco", aceita por nossos tribunais no período anterior ao advento da aludida Lei Complementar, e segundo a qual o prazo de cinco anos previsto no art. 168 do CTN deveria ter como marco inicial a data da homologação tácita do pagamento antecipado. De qualquer forma, é de todo importante consignar que, a teor do restou firmado no

O termo inicial do prazo prescricional previsto no inciso II do art. 168 faz referência direta às situações descritas no inciso III do art. 165 do mesmo diploma, que dizem com o direito à restituição oriundo de *reforma, anulação, revogação ou rescisão de decisão condenatória.*

Difícil vislumbrar, pragmaticamente, em que circunstância um direito creditório decorrente do pagamento indevido de tributo possa ser originado de uma decisão de cunho condenatório, já que a cobrança judicial de créditos tributários ocorre, em regra, por meio de ação executiva (fiscal) fundada em título executivo extrajudicial (CDA).

Essa situação, assaz obscura, leva-nos à única interpretação possível do indigitado dispositivo legal, a qual diz com as excepcionais circunstâncias em que o titular da capacidade tributária ativa, por não ostentar a condição de "sujeito de direito público", não pode se valer do procedimento previsto na Lei 6.830/80 para exigir judicialmente do sujeito passivo o tributo inadimplido, quando, então, deverá utilizar a ação de rito comum de cunho condenatório com vistas à cobrança da exação.

É esse, exatamente, o caso das contribuições parafiscais, cuja cobrança é transferida a terceiros – pessoas jurídicas de direito privado –, que não gozam da prerrogativa atribuída aos entes de direito público de constituir o próprio título executivo (certidão de dívida ativa) que servirá de fundamento para ação de execução a ser processada na forma da Lei 6.830/80.

Nessas específicas circunstâncias tem lugar a regra do inciso III do art. 165 do CTN, isto é, quando o pagamento indevido decorrer de cobrança realizada por meio de sentença condenatória posteriormente reformada, anulada,

---

RE n. 566.621/RS, as ações propostas até 09/06/2005 ainda puderam se valer da chamada "tese dos cinco + cinco", momento a partir do qual a regra de prescrição "instituída" pela LC 118/2005 passou a ter plena vigência.

revogada ou rescindida, ocasião em que o cumprimento judicial do julgado deverá obedecer ao prazo de cinco anos a que se refere o art. 168, inciso II, do CTN.

Dito isso, cabe-nos advertir que a contagem do prazo de 5 (cinco) anos a que alude o art. 168 do CTN, será interrompida pelo concreto exercício do direito de exigir a restituição do indébito tributário no âmbito administrativo, reiniciando-se, para fins de exercício do direito no âmbito judicial, caso o pronunciamento do órgão administrativo seja negativo ao pleito do sujeito passivo.

Assim, se o sujeito passivo optar por exigir a restituição do indébito, primeiramente, pela via administrativa, eventual indeferimento de seu pleito obrigá-lo-á a se valer das vias judiciais, hipótese em que o direito de pleitear judicialmente a restituição do indébito, à luz da literalidade que emana da regra insculpida do art. 169 do CTN,[324] deverá ocorrer no prazo de dois anos, contados da data em que haja sido indeferido o pedido administrativo.[325]

O enunciado constante do art. 169 do CTN, há que se reconhecer, é pleno de atecnias e obscuridades, o que nos

---

324. "Art. 169. Prescreve em dois anos a ação anulatória da decisão administrativa que denegar a restituição".

325. DIREITO TRIBUTÁRIO. RECURSO FUNDADO NO CPC/73. DECISÃO ADMINISTRATIVA DO FISCO QUE REJEITA PEDIDO DE RESTITUIÇÃO/COMPENSAÇÃO FORMULADO PELO CONTRIBUINTE. PRAZO PRESCRICIONAL PARA A PROPOSITURA DE AÇÃO JUDICIAL ANULATÓRIA. DOIS ANOS A CONTAR DA CIÊNCIA DO INDEFERIMENTO ADMINISTRATIVO. INTELIGÊNCIA DO ART. 169 DO CTN.
1. O contribuinte que formula pleito de compensação na via administrativa dispõe de dois anos, a contar da ciência da resposta que o denega, para ingressar em juízo com a respectiva pretensão anulatória, nos termos do art. 169 do CTN.
2. Caso concreto em que o contribuinte tomou ciência do indeferimento de seu pedido administrativo em 24/02/2005, tendo protocolado a respectiva ação judicial anulatória em 07 de junho do mesmo ano, ou seja, dentro do biênio previsto no art. 169 do Código Tributário Nacional, não havendo, por isso, falar em prescrição.
3. Recurso especial da Fazenda Nacional a que se nega provimento.
(REsp n. 1.180.878/RS; 1ª Turma; Rel. Min. Sérgio Kukina; julgado em 06/02/2018; DJe de 19/02/2018).

impõe apresentar alguns esclarecimentos pormenorizados acerca de seu conteúdo normativo.

A primeira questão refere-se à total ausência de interesse do sujeito passivo em manejar "ação anulatória" do ato administrativo que vier a denegar o pedido de restituição. Isso porque, em situações desse jaez, mais que "anular" o ato administrativo denegatório de seu pleito, o sujeito passivo voltar-se-á ao Poder Judiciário com o intuito de viabilizar a plena realização de seu direito, o que ocorrerá por intermédio de demanda tipicamente condenatória, qual seja, a ação de repetição do indébito tributário, cujo acolhimento importará a sobreposição da sentença condenatória em face da decisão administrativa denegatória do direito à restituição, e não, propriamente, a sua anulação.

Daí a necessidade de se estabelecer uma "releitura" do art. 169, *caput*, do CTN, para entender a locução "ação anulatória" como se "ação condenatória" fosse, sob pena de total ausência de sentido pragmático do referido enunciado.

É preciso advertir, ainda, que o prazo de dois anos a que se refere o art. 169 do CTN não é absoluto, havendo de ser aplicado exclusivamente nas situações em que a denegação do pedido administrativo de restituição se der após o transcurso de tempo suficiente para inviabilizar ao contribuinte a possibilidade de se valer, ao menos em parte, do prazo de cinco anos prescrito no art. 168 do CTN.

Significa dizer, por exemplo, que, se o pedido administrativo de restituição for denegado pela administração tributária após dois anos de sua realização, restando, ainda, 3/5 (três quintos) do prazo previsto no art. 168 do CTN, o direito de exigir a restituição do indébito tributário pela via judicial deverá ocorrer no triênio restante, e não necessariamente no biênio previsto no art. 169 do CTN, cuja natureza é, portanto, eminentemente subsidiária.

Resta-nos analisar, ainda, o controverso conteúdo normativo do enunciado constante do parágrafo único, do art. 169 do CTN, segundo o qual "o prazo de prescrição é interrompido pelo início da ação judicial, recomeçando o seu curso, por metade, a partir da data da intimação validamente feita ao representante judicial da Fazenda Pública interessada".

Trata-se, quer nos parecer, de enunciado que veicula verdadeira regra de prescrição intercorrente aplicável ao direito de exigir, judicialmente, a restituição do indébito tributário denegada no âmbito administrativo.

É preciso ter em conta, entretanto, que os fatos jurídicos extintivos de direitos que se fundam em transcurso de prazo para o seu exercício, sejam eles prescricionais, decadenciais ou meramente preclusivos, sempre deverão resultar da inércia por parte de seus titulares.

Transpondo tal premissa para o ambiente jurídico-processual sobre o qual incide a regra de prescrição veiculada pelo parágrafo único do art.169 do CTN, conclui-se que o fato extintivo do direito de exigir a restituição do indébito tributário, *in casu*, haverá de ser, necessariamente, uma decorrência da inércia do autor em movimentar o processo judicial de cobrança, não podendo ser aplicado nas ocasiões em que o transcurso de prazo seja decorrência direta das limitações da máquina judiciária ou de vícios atribuíveis à própria administração concreta da justiça.

É preciso aludir, por fim, uma específica causa de interrupção do prazo prescricional relativo ao direito de exigir judicialmente a restituição do indébito tributário, que, a despeito de se fundar na cláusula geral prevista no art. 240, §1º, do CPC, tem especial importância nas situações em que o pleito judicial de restituição é deduzido, por razões estratégicas, via mandado de segurança.

Em tais circunstâncias, sendo denegada a segurança pela ausência de direito líquido e certo, isto é, pela impossibilidade de apreciação do mérito do pedido em razão da necessidade de dilação probatória, a interrupção de prescrição operada por ocasião da impetração da ação mandamental implicará a devolução ao sujeito passivo do prazo de cinco anos previsto no art. 168 do CTN, com vistas à repropositura da demanda, mas, agora, sob a forma de ação a ser processada no rito ordinário.[326]

---

326. "PROCESSUAL CIVIL. TRIBUTÁRIO. VIOLAÇÃO DO DISPOSTO NO ART. 535, II, DO CPC. NÃO OCORRÊNCIA. REPETIÇÃO DE INDÉBITO PRAZO PRESCRICIONAL DA AÇÃO ORDINÁRIA DE COBRANÇA. IMPETRAÇÃO ANTERIOR DE MANDADO DE SEGURANÇA. INTERRUPÇÃO DA PRESCRIÇÃO. VIOLAÇÃO AO ART. 168 DO CTN. INEXISTÊNCIA. PRAZO PRESCRICIONAL PARA A REPETIÇÃO DE TRIBUTOS SUJEITOS A LANÇAMENTO POR HOMOLOGAÇÃO. TEMA JÁ JULGADO EM SEDE DE RECURSO REPRESENTATIVO DA CONTROVÉRSIA.

1. Não viola o art. 535, II, do CPC, tampouco nega prestação jurisdicional, acórdão que, mesmo sem ter examinado individualmente cada um dos argumentos trazidos pelo vencido, adota fundamentação suficiente para decidir de modo integral a controvérsia, conforme ocorreu no caso em exame.

2. A jurisprudência deste STJ está sedimentada no sentido de que a impetração de mandado de segurança interrompe o prazo prescricional em relação à ação de repetição do indébito tributário, de modo que somente a partir do trânsito em julgado do mandamus inicia a contagem do prazo em relação à ação ordinária para a cobrança dos créditos recolhidos indevidamente. Precedentes: AgRg no REsp 1.348.276 / RS, Primeira Turma, Rel. Min. Benedito Gonçalves, julgado em 18.12.2012; AgRg no Ag 1.240.674/RS, Segunda Turma, Rel. Min. Castro Meira, DJe 2.6.2010; AgRg no REsp 1.181.970/SP, Segunda Turma, Rel. Min. Humberto Martins, julgado em 15.04.2010; REsp 1.181.834/RS, Segunda Turma, Rel. Min. Mauro Campbell Marques, julgado em 17/08/2010; AgRg no REsp. n. 1.210.652 - RS, Segunda Turma, Rel. Min. Herman Benjamin, julgado em 23.11.2010.

3. Segundo o recurso representativo da controvérsia REsp 1.269.570/MG (STJ, Primeira Seção, Rel. Min. Mauro Campbell Marques, julgado em 23 de maio de 2012) e o RE n. 566.621/RS (STF, Plenário, Rel. Min. Ellen Gracie, julgado em 04.08.2011), para as ações ajuizadas a partir de 9.6.2005, aplica-se o art. 3º, da Lei Complementar n. 118/2005, contando-se o prazo prescricional dos tributos sujeitos a lançamento por homologação em cinco anos a partir do pagamento antecipado de que trata o art. 150, §1º, do CTN. Já para as ações ajuizadas anteriormente à referida data subsiste o prazo de 10 (dez) anos contados a partir da ocorrência do fato gerador do tributo (tese dos 5+5, art. 150, §4º, c/c art. 168, I, do CTN).

4. Recurso especial não provido".

REsp n. 1.248.077/PR; 2ª Turma; Rel. Min. Mauro Campbell Marques; julgado em 04/08/2015; DJe de 12/08/2015).

1.4.4 A competência para ajuizamento da ação de repetição do indébito tributário e o procedimento que lhe é próprio

O foro competente para ajuizamento da ação de repetição do indébito tributário, tal qual ocorre com as ações declaratória negativa e anulatória de débito fiscal, deve ser definido, em princípio, a partir das regras veiculadas nos arts. 51, parágrafo único, e 52, parágrafo único, do CPC, a serem aplicadas, por óbvio, com as limitações impostas pelos precedentes firmados nas ADIs nº 5.492/RJ e 5.737/DF. Tratando-se, contudo, de demanda em face de entes municipais, os quais não estão abrangidos pelos dispositivos acima referidos, o autor deverá observar a regra geral de competência relativa às ações fundadas em direito pessoal disposta no art. 46 do CPC, a qual fixa o foro do domicílio do réu como competente para o processamento de ações desse jaez.

A repetição do indébito tributário, também à semelhança do que ocorre com as ações declaratória negativa e anulatória de débito fiscal, é processada sob o rito comum, o que propicia ao autor ampla oportunidade de dilação probatória.

A rigor, os fatos a serem provados no âmbito do processo instaurado a pretexto do reconhecimento do direito ao indébito, e que sustentam a pretensão condenatória deduzida, se confundem, no mais das vezes, com as circunstâncias que permitem a qualificação de um pagamento como indevido, isto é, todo e qualquer vício, material ou formal, constitucional ou legal, de fato ou de direito, que implique ilegitimidade da exigência.

Desse modo, a simples ocorrência do fato do pagamento, associada à demonstração da efetiva violação ao cânone da legalidade estrita, pressupõe, ordinariamente, o dano ao patrimônio do sujeito passivo, que em regra absorve o ônus econômico-financeiro ínsito à imposição fiscal. Em tais situações, bastará ao sujeito passivo provar a efetiva ocorrência do pagamento indevido para que seu direito subjetivo à restituição seja reconhecido.

Tratando-se, todavia, de ação que tenha por objeto a restituição de tributos que "repercutem" no patrimônio de terceiro estranho à relação jurídico-tributária, os ditos *indiretos*, caberá ao autor demonstrar o efetivo dano à sua esfera jurídica, consubstanciado em diminuição patrimonial a ser verificada a partir da comprovação do não repasse do ônus financeiro ao terceiro. Essa prova poderá, ainda, ser substituída por outra – relativa à autorização do terceiro, que suportou ônus da exação, para que o sujeito passivo exija a devolução do *quantum* pago indevidamente.

Há, em verdade, alguma controvérsia acerca do tipo de prova necessária à efetiva demonstração do não repasse do ônus financeiro a ser realizada no bojo das demandas que tenham por objeto a restituição de tributos "indiretos".

ANDRÉA MEDRADO DARZÉ MINATEL, com o objetivo de identificar os instrumentos aptos à produção da prova relativa ao não repasse, enumera alguns fatos e circunstâncias que poderiam, em tese, cumprir esse propósito, a saber: (i) a manutenção de preços habituais praticados pelo "contribuinte de direito" antes da instituição (ou majoração) indevida do tributo; (ii) o tabelamento oficial de preços e a instituição ou o aumento de tributo indevido; (iii) a manutenção de bens e mercadorias no estoque do "contribuinte de direito"; (iv) a contabilização do indébito tributário indireto em conta destacada do ativo realizável como crédito a haver contra a Fazenda Pública; (v) a lavratura de auto de infração exigindo o tributo indevido do "contribuinte de direito" posteriormente às operações; (vi) situações em que o indébito tributário decorre exclusivamente de erro no preenchimento de guias de recolhimento, não refletindo na apuração ou escrituração do tributo, tampouco nas notas fiscais correlatas; (vii) inadimplência do adquirente de mercadorias, bens ou serviços; e (viii) mercadorias dadas em bonificação ao consumidor final.[327]

Importante asseverar que a prova do não repasse do ônus, em especial em algumas das modalidades acima aludidas, nem sempre é fácil de ser produzida documentalmente, de sorte a ser plausível e até recomendável que seja realizada na fase instrutória do procedimento comum, mediante perícia contábil/fiscal que dê conta de recuperar e identificar os custos que compuseram a formação do preço da mercadoria com vistas à demonstrar a não realização do repasse do ônus tributário ao terceiro adquirente.

A submissão da ação de repetição do indébito ao procedimento comum também nos permite cogitar, em princípio, acerca da aplicação, em seu bojo, das regras relacionadas às *tutelas provisórias* (urgência e evidência), previstas no art. 294 e seguintes do CPC/2015. Aqui, mostram-se pragmaticamente relevantes as peculiaridades dos conflitos havidos nas relações jurídicas de direito público referidas no item 1.3 do capítulo I do título I – decorrentes do específico regime jurídico a que está adstrito um dos sujeitos que compõem a relação de direito material conflituosa (a Fazenda Pública).

Isso porque, por se tratar de ação condenatória proposta em face da Fazenda Pública, eventual sentença que julgue procedente o pedido, após ser acobertada pela eficácia da coisa julgada material, haverá de ser *cumprida* sob o regime previsto no art. 534 do CPC/2015,[328] que – assim como ocor-

327. MINATEL, Andréa Medrado Darzé. *Restituição do indébito tributário*: legitimidade ativa nas incidências indiretas, p. 279-289.

328. "Art. 534. No cumprimento de sentença que impuser à Fazenda Pública o dever de pagar quantia certa, o exequente apresentará demonstrativo discriminado e atualizado do crédito contendo:
I - o nome completo e o número de inscrição no Cadastro de Pessoas Físicas ou no Cadastro Nacional da Pessoa Jurídica do exequente;
II - o índice de correção monetária adotado;
III - os juros aplicados e as respectivas taxas;
IV - o termo inicial e o termo final dos juros e da correção monetária utilizados;

ria à época da vigência do art. 730 do CPC/73 – resulta na prolação de decisão requisitória da inclusão do valor devido na Lei orçamentária do ente tributante (precatório) para fins de pagamento do indébito, nos termos do art. 100 da CF/88.

Nesse passo, somente por essa circunstância, torna-se pragmaticamente inviável – conquanto teoricamente possível – a concessão de qualquer espécie de tutela provisória (em especial a de natureza antecipatória) que, de alguma forma, permita que um ou alguns dos efeitos (principal ou secundários) da futura sentença de mérito possa(m) ser produzido(s) antes do trânsito em julgado.

Poder-se-ia aventar, eventualmente, a concessão de tutela provisória para fins de viabilização da compensação antecipada dos valores pagos indevidamente com outros tributos, a ser realizada por conta e risco do autor e segundo as regras de compensação previamente estabelecidas pelo Ente Político tributante.

Também nesse caso, contudo, o sistema jurídico coloca óbices praticamente intransponíveis à concessão da pretendida tutela provisória, materializados por duas regras – uma de índole material, outra de natureza eminentemente processual –, as quais, expressamente, vedam a utilização das tutelas provisórias como instrumento de viabilização de compensação antecipada de tributo pago indevidamente.

Referimo-nos aos arts. 170-A do CTN [329] e 1.059 do CPC,[330] este último conjugado com os arts. 1º, §5º, da Lei

---

V - a periodicidade da capitalização dos juros, se for o caso;
VI - a especificação dos eventuais descontos obrigatórios realizados.
§ 1º. Havendo pluralidade de exequentes, cada um deverá apresentar o seu próprio demonstrativo, aplicando-se à hipótese, se for o caso, o disposto nos §§ 1º e 2º do art. 113.
§ 2º. A multa prevista no § 1º do art. 523 não se aplica à Fazenda Pública".

329. Art. 170-A. É vedada a compensação mediante o aproveitamento de tributo, objeto de contestação judicial pelo sujeito passivo, antes do trânsito em julgado da respectiva decisão judicial.

330. Art. 1.059. À tutela provisória requerida contra a Fazenda Pública aplica-se o

8.437/92[331] e 7º, §2º, da Lei 12.016/2009,[332] os quais, cada qual a seu modo, desautorizam a utilização desse expediente processual (tutela provisória) para fins de compensação de tributos.[333]

1.4.5 A tutela jurisdicional que reconhece o pagamento indevido e condena o ente tributante à devolução dos valores indevidamente recolhidos

Havemos de perquirir, por fim, e sem prejuízo daquilo que já foi explanado no item 4.1.3.1.3 do capítulo IV do título I, acerca do conteúdo e da eficácia da sentença que julga procedente a pretensão condenatória de repetição do indébito tributário.

De certa forma, antecipamos em parágrafos anteriores, a menção ao procedimento regular de cumprimento de sentença condenatória exarada contra a Fazenda Pública.

Não custa reavivar, no entanto, que a sentença condenatória que acolhe a pretensão do sujeito passivo tributário constitui o fato do inadimplemento do dever de restituir

---

disposto nos arts. 1º a 4º da Lei 8.437, de 30 de junho de 1992, e no art. 7º, § 2º, da Lei 12.016, de 7 de agosto de 2009.

331. Art. 1º. Não será cabível medida liminar contra atos do Poder Público, no procedimento cautelar ou em quaisquer outras ações de natureza cautelar ou preventiva, toda vez que providência semelhante não puder ser concedida em ações de mandado de segurança, em virtude de vedação legal".
(...)
§ 5º. Não será cabível medida liminar que defira compensação de créditos tributários ou previdenciários.

332. § 2º. Não será concedida medida liminar que tenha por objeto a compensação de créditos tributários, a entrega de mercadorias e bens provenientes do exterior, a reclassificação ou equiparação de servidores públicos e a concessão de aumento ou a extensão de vantagens ou pagamento de qualquer natureza.

333. É essa, aliás, a tese firmada no tema repetitivo n. 346 do STJ: "Nos termos do art. 170-A do CTN, 'é vedada a compensação mediante o aproveitamento de tributo, objeto de contestação judicial pelo sujeito passivo, antes do trânsito em julgado da respectiva decisão judicial', vedação que se aplica inclusive às hipóteses de reconhecida inconstitucionalidade do tributo indevidamente recolhido".

o tributo recolhido indevidamente e, por conseguinte, o direito subjetivo de exigir o pagamento por meio das técnicas processuais aplicáveis, em contraposição ao dever da Fazenda Pública de se submeter aos atos de cobrança (responsabilidade) que se materializarão sob a forma de requisição judicial (precatório) para inclusão do valor correspondente ao crédito inadimplido na Lei orçamentária do ente estatal devedor.

A parte dispositiva da sentença que acolhe a pretensão de repetição do indébito tributário, portanto, quando enuncia em seu conteúdo "julgo procedente o pedido e condeno a ré a devolver o montante pago indevidamente a título de tributo", expressa o estado de inadimplência da relação jurídica de indébito (eficácia condenatória), criando as condições necessárias para que o autor solicite ao Estado-juiz a emissão, segundo as regras procedimentais prescritas nos arts. 534 e 535 do CPC, de ordem judicial (precatório) que exorte a Fazenda Pública devedora a incluir, em seu orçamento anual, o valor devido a título de restituição.

Eis, aí, a forma peculiar de materialização da responsabilidade patrimonial do Estado, a qual, diferentemente do que ocorre no âmbito privado, não pressupõe a prática de atos expropriatórios do patrimônio do devedor, mas sim a emanação de requisição judicial de pagamento, a ser realizada nos moldes prescritos no art. 100 da CF.

De toda sorte, e a título de arremate, resta-nos, nesta ocasião, mencionar uma interessante orientação firmada pelo Superior Tribunal de Justiça sobre os efeitos da sentença que certifica (declara) o indébito tributário, enunciada na Súmula 461 do STJ, *in verbis*:

> ***Súmula 461.*** *O contribuinte pode optar por receber, por meio de precatório ou por compensação, o indébito tributário certificado por sentença declaratória transitada em julgado.*

Extrai-se da orientação jurisprudencial consolidada pelo verbete 461 do STJ que, em tese, a certificação do indébito tributário pode ocorrer por meio de duas espécies distintas de tutelas jurisdicionais: (i) a sentença condenatória, produzida em ação de repetição do indébito tributário; e (ii) a sentença declaratória, exarada em ação que tenha como objeto principal a declaração do direito à compensação.

Nesse sentido, o que enuncia a orientação sumulada é a possibilidade de a sentença que eventualmente declarar, mediante o reconhecimento do pagamento indevido, o direito à compensação do tributo pago indevidamente, ser, a critério do autor, objeto de realização pela via do procedimento de cumprimento de sentença previsto nos arts. 534 e 535 do CPC.

Essa questão – eficácia dúplice (declaratória e condenatória) das tutelas jurisdicionais fundadas no reconhecimento do indébito tributário – nos dá o pretexto ideal para tratarmos, nesse mesmo contexto litigioso característico da ação de repetição do indébito tributário, de outra forma de recomposição do patrimônio do sujeito passivo que também pode ser objeto de pretensão especificamente deduzida a partir do reconhecimento do direito à restituição do tributo pago indevidamente.

Falamos, especificamente, da pretensão declaratória do direito à compensação tributária, a qual, muito embora também possa ter a questão do pagamento indevido como pano de fundo – pressuposto lógico da compensação –, pode agregar à "matéria litigiosa" questão outra, relacionada à própria existência do "direito de compensar".

Em verdade, do ponto de vista do conteúdo, a causa de pedir da demanda declaratória do direito de compensar poderá: (i) versar sobre o reconhecimento dos indébitos que se pretende compensar, sem questionar aspectos jurídico-normativos relativos à existência do direito à compensação, cujo regime jurídico restará inquestionado; (ii) diversamente, tomar como presumido ou reconhecido o direito creditório – que pode ser oriundo de pagamento indevido (restituição) ou de benefícios fiscais (ressarcimento) –, versando exclusivamente sobre questões concernentes à delimitação do direito à compensação e do seu específico regime jurídico; ou, ainda, (iii) versar sobre ambas as questões.

É a definição do perfil da matéria litigiosa (causa de pedir) da ação declaratória da compensabilidade que norteará não só as providências relativas às provas que deverão ser produzidas no processo, mas também a própria eficácia da tutela jurisdicional ao final exarada.

Em se tratando de demanda que tenha por objeto somente questões atinentes ao regime jurídico de compensação e, por via de consequência, deduza pretensão voltada para a declaração do direito à compensação em situações "ideais" – por exemplo, situações vedadas por ato normativo infralegal em contrariedade a preceito legal –, não se faz necessária a produção de prova que diga com a existência do indébito em si, pois não é esse o cerne da controvérsia.

Do mesmo modo, e pelo mesmo motivo, nas demandas que versarem exclusivamente sobre o regime jurídico de compensação, eventual sentença que vier a acolher a pretensão deduzida para "declarar o direito à compensação" em circunstâncias ideais produzirá eficácia exclusivamente declaratória, não havendo que se falar, nesses casos, na produção da eficácia condenatória "anômala" a que se refere a Súmula 461 do STJ, acima transcrita.

E isso porque a demanda meramente declaratória da compensabilidade não versa sobre a existência concreta de indébitos tributários que possam ser, ao final do processo, objeto de liquidação e cobrança. Não se discute nesses processos, seja como pressuposto da compensação, seja como objeto principal da demanda, a existência de pagamentos indevidos que possam dar ensejo ao reconhecimento do indébito para fins de cobrança via cumprimento de sentença.[334]

Algo completamente diferente ocorre nas ações em que o pedido de declaração do direito à compensação está atrelado à demonstração do pagamento indevido e ao consequente reconhecimento da relação de indébito tributário. Nesses casos, não é o regime jurídico de compensação que está *sub judice*, mas a presença ou não de um dos elementos necessários à existência concreta do direito subjetivo de compensar, qual seja: o crédito do sujeito passivo.

Em demandas dessa natureza, a declaração do direito de compensar assume um viés concreto e individualizado, o que implica a necessidade de produção de um específico acervo probatório destinado a demonstrar a efetiva ocorrência do pagamento indevido que serve de pretexto ao pedido de reconhecimento do direito à compensação. Esse material viabilizará, ao final, o reconhecimento da existência do crédito a ser compensado, ou, se assim preferir o sujeito passivo, a ser objeto de cobrança via procedimento de cumprimento de sentença (Súmula 461 do STJ).

Importante advertir que, mesmo nas ações declaratórias em que a controvérsia sobre a "certeza" da existência

---

334. O interesse processual do contribuinte no reconhecimento do mero direito à compensabilidade está consolidado no âmbito do E. STJ por meio da tese firmada por ocasião da apreciação do tema repetitivo n. 337: "O interesse de agir se caracteriza pelos entraves rotineiramente opostos pela Secretaria da Receita Federal àquele que postula a compensação tributária dos valores indevidamente recolhidos a maior a título de PIS, sem as exigências que são impostas pela legislação de regência, notadamente em relação aos critérios que envolvem o encontro de contas, à aplicação de expurgos inflacionários no cálculo da correção monetária dos valores a serem repetidos, à incidência de juros moratórios e compensatórios, bem como à definição do prazo prescricional para o exercício do direito à compensação, considerando, em especial, o disposto no art. 3º da Lei Complementar 118/2005. Assim, é inegável a necessidade do contribuinte buscar tutela jurisdicional favorável, a fim de proteger seu direito de exercer o pleno exercício da compensação de que trata o art. 66 da Lei 8.383/91, sem que lhe fosse impingidos os limites previstos nas normas infralegais pela autoridade administrativa".

do indébito perfaz elemento fundamental à declaração do direito à compensação, há uma variação de "tipos" de questões controvertidas relativas ao pagamento indevido, que se mostra decisiva na "qualidade" da prova a ser produzida.

Com efeito, naquelas demandas declaratórias do direito à compensação em que a discussão sobre o pagamento indevido se dá exclusivamente sob o ponto de vista fático – relacionando-se, por exemplo, aos critérios concretamente adotados pelo sujeito passivo na identificação ou qualificação de um (ou mais) específico fato imponível ou, ainda, à apuração concreta do crédito tributário recolhido indevidamente –, a prova da ocorrência do pagamento indevido tenderá a ser mais robusta e detalhada, haja vista o cerne da discussão ser a existência concreta de pagamentos indevidos especificamente considerados. Nesses casos, o que está em discussão é a existência concreta de um ou mais pagamentos indevidos, oriundos de erros de identificação/apuração do tributo, não havendo qualquer celeuma acerca dos critérios legais, abstratamente fixados, para a apuração do débito.

De outro lado, nas ações declaratórias do direito à compensação que tiverem como pano de fundo a realização de pagamentos indevidos decorrentes da obrigatória adoção, pelo autor, de critérios normativos de cálculo do tributo tidos por indevidos (ilegais ou inconstitucionais), a prova a ser produzida para a demonstração do direito está relacionada, exclusivamente, à demonstração de que o sujeito passivo se submete ao regime jurídico questionado e efetua, com regularidade (prova por amostragem), o recolhimento do tributo em questão.

Trata-se, aqui, não de controvérsia quanto ao fato do pagamento indevido, mas sim da legitimidade dos critérios normativos de apuração do crédito tributário, de obrigatória adoção pelo sujeito passivo, cujo afastamento levará à inexorável conclusão de que todos os pagamentos efetuados sob esse específico regime jurídico de apuração são indevidos.

É exatamente o caso, por exemplo, das ações que versam sobre a inconstitucionalidade da inclusão do ICMS nas bases de cálculo do PIS e da Cofins.

Nesses casos, a liquidação do indébito a ser efetivamente compensado será realizada por ocasião do procedimento administrativo de habilitação do crédito, momento em que o Fisco – com vistas à concreta quantificação do crédito a ser compensado e a partir dos documentos a serem fornecidos pelo sujeito passivo autor e dos critérios legais fixados em decisão judicial – identificará todos os pagamentos indevidos concretamente efetuados no período abarcado pela demanda, o que inclui os realizados entre a propositura da ação e o trânsito em julgado da decisão que a acolher, cuja prova seria impossível de ser produzida nos autos.

O mesmo expediente poderá ser adotado em procedimento de cumprimento de sentença, no caso de o sujeito passivo – lançando mão da faculdade atribuída pela Súmula 461 do STJ – optar por ser restituído em espécie dos valores recolhidos indevidamente, ocasião em que, por meio de procedimento de liquidação a ser instaurado na forma prescrita pelos arts. 491 e 509, inciso II, do CPC,[335] haverá

335. Parece ser justamente o caso de aplicação da regra enunciada no art. 491, incisos I e II, do CPC, que, por sua vez, atrai a aplicação do procedimento de liquidação previsto no art. 509, inciso II, do CPC, in verbis:
"Art. 491. Na ação relativa à obrigação de pagar quantia, ainda que formulado pedido genérico, a decisão definirá desde logo a extensão da obrigação, o índice de correção monetária, a taxa de juros, o termo inicial de ambos e a periodicidade da capitalização dos juros, se for o caso, salvo quando:
I - não for possível determinar, de modo definitivo, o montante devido;
II - a apuração do valor devido depender da produção de prova de realização demorada ou excessivamente dispendiosa, assim reconhecida na sentença.
§ 1º. Nos casos previstos neste artigo, seguir-se-á a apuração do valor devido por liquidação.
§ 2º. O disposto no caput também se aplica quando o acórdão alterar a sentença".
"Art. 509. Quando a sentença condenar ao pagamento de quantia ilíquida, proceder-se-á à sua liquidação, a requerimento do credor ou do devedor:
I - por arbitramento, quando determinado pela sentença, convencionado pelas partes ou exigido pela natureza do objeto da liquidação;
II - pelo procedimento comum, quando houver necessidade de alegar e provar fato novo". (destacamos)

oportunidade de se trazer à baila as "provas" dos pagamentos indevidos efetivamente realizados mediante a aplicação de critério normativo tido por ilegal ou inconstitucional.[336]

Sobre as condições que dão ensejo à instauração da liquidação de sentença pelo procedimento comum, vale a transcrição da lição de DORIVAL RENATO PAVAN:

> Todavia, se houver necessidade de alegar e provar *fato novo*, já não mais haverá lugar para a liquidação por *arbitramento*, mas, sim, pelo ***procedimento comum***, expressão que o legislador preferiu empregar no lugar da antiga liquidação prevista no art. 475-E do CPC/1973.
>
> Se na liquidação por artigos coteja-se a prova já produzida e constante do caderno processual para se aferir o *quantum debeatur*, sem prejuízo de, se for o caso, buscar-se elemento faltante fora do processo, **na liquidação pelo procedimento comum haverá uma ampliação da prova já produzida no processo de conhecimento**, base para a declaração do *an*, para se chegar ao *quantum*, mediante não só a produção de prova técnica, que pode até ocorrer (mas não necessariamente), mas dos demais meios de prova em direito admitidos.
>
> **Esse *fato novo* a ser produzido é um fato que é uma *consequência necessária* do fato já provado e existente nos autos, mas sobre o qual não foi possível extrair todas as suas consequências, em especial na quantificação do valor devido.** Não se altera ou se modifica ou se amplia o que se decidiu na lide, e esta vedação

---

336. PROCESSUAL CIVIL – AÇÃO DE REPETIÇÃO DE INDÉBITO – TAXA DE ILUMINAÇÃO PÚBLICA – MUNICÍPIO DE LONDRINA – DESNECESSIDADE DE APRESENTAÇÃO DE TODOS OS COMPROVANTES DE PAGAMENTO COM A INICIAL – APURAÇÃO DO "QUANTUM DEBEATUR" NA LIQUIDAÇÃO DE SENTENÇA.
1. De acordo com a jurisprudência pacífica do STJ, em ação de repetição de indébito, no Município de Londrina, os documentos indispensáveis mencionados pelo art. 283 do CPC são aqueles hábeis a comprovar a legitimidade ativa ad causam do contribuinte que arcou com o pagamento indevido da exação. Dessa forma, conclui-se desnecessária, para fins de reconhecer o direito alegado pelo autor, a juntada de todos os comprovantes de recolhimento do tributo, providência que deverá ser levada a termo, quando da apuração do montante que se pretende restituir, em sede de liquidação do título executivo judicial.
Acórdão sujeito ao regime do art. 543-C do CPC e da Resolução STJ 08/08.
Recurso especial improvido.
(REsp respetivo n. 1.111.003/PR; 1ª Seção; Rel. Min. Humberto Martins; DJe de 25/05/2009).

> está clara no § 4º do dispositivo sob enfoque. Mas se procura aferir, em razão de não ter sido possível dimensionar a extensão de todos os danos decorrentes do fato principal havido como certo e delimitado no processo e pela sentença, qual haverá de ser a real extensão das consequências do fato já reconhecido e declarado no processo de conhecimento.[337]

As circunstâncias que dão ensejo à liquidação de sentença pelo procedimento comum previsto no art. 509, inciso II, do CPC adequam-se de forma justa às demandas declaratórias do direito à compensação cuja controvérsia diga com os critérios normativos de aferição do crédito tributário que, por si só, implica o pagamento indevido. Nesse caso, cabe à parte demonstrar, durante o processo de conhecimento, que está adstrito ao indigitado regime jurídico de pagamento (indevido) do tributo, para tão somente na fase de liquidação de sentença, a ser realizada pelo procedimento comum, trazer à baila as provas necessárias à individualização e à quantificação dos valores pagos indevidamente.

Por fim, é sempre importante lembrar que o direito à compensação perfaz, antes de tudo, uma forma de extinção do crédito tributário (art. 156, inciso II, do CTN) e, diferentemente do que ocorre com o direito subjetivo à restituição do tributo pago indevidamente, não tem matriz constitucional.

Diante disso, o reconhecimento do direito à compensação, a teor do que dispõe o art. 170 do CTN,[338] está condicionado a expressa regulamentação a ser realizada por Lei de cada um dos entes políticos tributantes.

Por essa razão, as demandas atinentes à compensação tributária, quanto ao seu conteúdo, não são formadoras de

---

337. PAVAN, Dorival Renato. In: *Comentários ao Código de Processo Civil*, p. 545-546. (destacamos).

338. Art. 170. A lei pode, nas condições e sob as garantias que estipular, ou cuja estipulação em cada caso atribuir à autoridade administrativa, autorizar a compensação de créditos tributários com créditos líquidos e certos, vencidos ou vincendos, do sujeito passivo contra a Fazenda Pública.

precedentes passíveis de serem generalizados e replicados à atividade impositiva dos diferentes entes políticos, de sorte que a Lei Federal que eventualmente dispuser sobre compensação de tributos federais não será aplicável à compensação de tributos estaduais e municipais.

Afora isso, tudo o que foi dito sobre a ação de repetição de indébito, em especial os aspectos procedimentais, aplica-se também à demanda declaratória do direito de compensar, particularmente àquelas que dizem com as vedações e os empecilhos legais à concessão de tutelas provisórias (art. 170-A do CTN e art. 1059 do CPC/2015).[339]

1.5 O mandado de segurança em matéria tributária e os atos de autoridade fiscais

1.5.1 O mandado de segurança e os conflitos tributários

Aquilo que ordinariamente se denomina "princípio da inafastabilidade da jurisdição", longe de encerrar uma cláusula normativa isolada – a constante do inciso XXXV do art. 5º da CF/88 –,[340] revela-se em distintos enunciados normativos, todos de índole constitucional, que expressam a preocupação do constituinte originário em proteger direitos subjetivos de fundamental importância democrática,[341] bem como em extirpar os efeitos emanados por atos

---

339. Art. 170-A. É vedada a compensação mediante o aproveitamento de tributo, objeto de contestação judicial pelo sujeito passivo, antes do trânsito em julgado da respectiva decisão judicial.
Art. 1.059. À tutela provisória requerida contra a Fazenda Pública aplica-se o disposto nos arts. 1º a 4º da Lei 8.437, de 30 de junho de 1992, e no art. 7º, §2º, da Lei 12.016, de 7 de agosto de 2009.

340. Art. 5º (...)
XXXV - a lei não excluirá da apreciação do Poder Judiciário lesão ou ameaça a direito;

341. É o caso do habeas corpus para os direitos relativos à liberdade de ir e vir (art. 5º, inciso LXVIII, da CF/88); do habeas data para o direito à informação (art. 5º, inciso LXXII, da CF/88); e da ação popular para a proteção do patrimônio público, da

de violação a direitos decorrentes do exercício inadequado de competências normativas tipicamente estatais.[342]

Sob a óptica do processo tributário, é de especial interesse o estudo de duas formas distintas, conquanto complementares, de manifestação da noção fundamental de inafastabilidade da jurisdição: (i) a primeira, dita genérica, é justamente a enunciada no inciso XXXV do art. 5º da Constituição Federal; e (ii) a segunda, dita especial, encartada no inciso LXIX do mesmo art. 5º da CF/88[343] e concernente ao mandado de segurança.[344]

O cânone da inafastabilidade da jurisdição veiculado no inciso XXXV do art. 5º da CF/88 – e forjado pelo constituinte originário sob a forma de cláusula geral impositiva do dever do Estado-juiz de apreciar quaisquer alegações de lesão ou ameaça que lhe forem apresentadas –, concretiza-se, ordinariamente, nas diversas ações e procedimentos previstos pelo regime geral de direito processual (Código

---

moralidade administrativa, do meio ambiente e do patrimônio histórico e cultural (art. 5º, inciso LXXIII, da CF/88).

342. É exatamente o caso do mandado de segurança, que se volta a combater, residualmente, atos de ilegalidade e de abuso de poder emanados por autoridade pública (art. 5º, inciso LXIX, da CF/88).

343. Art. 5º (...)
LXIX - conceder-se-á mandado de segurança para proteger direito líquido e certo, não amparado por "habeas corpus" ou "habeas data", quando o responsável pela ilegalidade ou abuso de poder for autoridade pública ou agente de pessoa jurídica no exercício de atribuições do Poder Público.

344. SANTI, Eurico Marcos Diniz de; CONRADO, Paulo Cesar. Mandado de segurança preventivo em matéria tributária: requisitos e efeitos. In: CONRADO, Paulo Cesar (Coord.). *Processo tributário analítico*. São Paulo: Noeses, 2011, p. 174.
"O mandado de segurança é ação que integra o particular grupo de instrumentos processuais que se escoram em regra constitucional especial - em seu peculiar caso cravada no inciso LXIX do art. 5º.
Representa, por isso, específica manifestação das noções de jurisdição e de ação, distanciando-se da cláusula ordinária do art. 5º, inciso XXXV, dispositivo cuja generalidade se compagina com os instrumentos processuais comuns - as assim chamadas, na prática forense, de ações ordinárias". CONRADO, Paulo Cesar. Suspensão de segurança. In: MARTINS, Ives Gandra da Silva; JOBIM, Eduardo (Org.). *O processo na Constituição*, p. 697.

de Processo Civil), dando amparo constitucional a todos os instrumentos processuais estudados nos itens precedentes.

Já a cláusula especial de inafastabilidade da jurisdição veiculada no inciso LXIX do mesmo art. 5º da CF/88, aponta para uma específica forma de conflito, que se revela mediante a prática de ato de autoridade emanado em dissonância com o modelo de estrita legalidade próprio aos regimes jurídicos de direito público (administrativo, tributário etc.), em violação direta àquilo que o texto constitucional nomina *direito líquido e certo* do cidadão.

Daí a ideia de mandado de segurança como instrumento constitucional *típico* ao regime de *direito processual público,* assim entendido como a parcela do direito processual, especialmente destinada à resolução de conflitos havidos nas relações jurídicas de direito público, gênero do qual, vale repisar, as relações jurídico-tributárias são espécies.

O direito tributário, já o dissemos, se apresenta como um (sub)sistema jurídico-normativo de exceção às noções fundamentais de propriedade e de liberdade, exceção justificada tão somente pela necessidade de instrumentalizar o Estado com os meios necessários à realização de suas funções constitucionais. Não por outro motivo, a atividade impositiva tributária é disciplinada por um rigoroso regime jurídico destinado a assegurar ao sujeito passivo o direito de ser tributado nos estritos limites estabelecidos pelo legislador constitucional, evitando, assim, que o Estado extrapole de suas funções.

A atividade exacional, outrossim, concretiza-se, no mais das vezes, mediante atos impositivos – verdadeiras potestades –, responsáveis pela constituição das relações jurídico-tributárias, que trazem consigo a presunção de legalidade característica dos atos administrativos.

Mesmo que consideremos o alto índice de "privatização" dos procedimentos concernentes à constituição do crédito tributário (lançamento por homologação), fato é que a atividade administrativo-tributária residual/subsidiária é intensa, fenômeno que pode ser atribuído por conta do alto grau de complexidade do sistema tributário, que torna impossível ao sujeito passivo se manter em total conformidade com suas obrigações fiscais, ao menos na forma e no modo pretendidos pelo Fisco.

Esse contexto é altamente favorável à emanação de toda sorte de atos de autoridade ilegais/abusivos, que abrangem desde a atividade principal de cobrança fiscal propriamente dita, até questões periféricas atinentes à emissão de certidões de regularidade e apreciação de pleitos administrativos. Associam-se, assim, num mesmo contexto jurídico, características – regime jurídico de estrita legalidade; atividade impositiva do Estado; alta complexidade; alto custo de conformidade; situação de desvantagem/passividade do contribuinte – muito propícias ao surgimento de conflitos jurídicos que se enquadram nas condições de manejo do mandado de segurança.

Não é outra a razão para o fato de o mandado de segurança ter cabimento em diversos momentos do percurso de concretização do direito tributário, podendo ser utilizado – a depender da crise que vier a caracterizar o conflito de interesses sobre o qual recair a pretensão mandamental – como sucedâneo às ações declaratória negativa (mandado de segurança preventivo), anulatória de débito fiscal (mandado de segurança repressivo) e, até, à ação de repetição do indébito tributário (mandado de segurança declaratório do direito à compensação).

Além disso, o mandado de segurança tem relevante utilidade na resolução de conflitos *paralelos* àqueles que dizem diretamente com a impugnação de exigências fiscais propriamente ditas, tais como: a emissão de certidões de regularidade fiscal; o deferimento de parcelamentos; a apreciação de pleitos administrativos de restituição/

ressarcimento/compensação; a inscrição indevida de débitos em dívida ativa; a (re)inclusão do sujeito passivo em regimes tributários específicos etc.

Muito embora seja certo que os resultados práticos das tutelas mandamentais em matéria tributária possam ser obtidos satisfatoriamente pelas vias procedimentais comuns, o manejo do mandado de segurança pressupõe riscos e custos consideravelmente mais baixos ao sujeito passivo em situação de dúvida objetiva quanto à correta interpretação de situações que podem ou não estar abarcadas por hipóteses tributárias.

Sob essa perspectiva, o mandado de segurança se apresenta como um "porto seguro processual" para teses tributárias que ainda não contam com o consenso jurídico necessário para que seus os riscos processuais sejam bancados por meio de demandas processadas sob o rito comum, em especial quanto à condenação ao pagamento de sucumbenciais, que, a teor do disposto no art. 25 da Lei 12.016/2009,[345] não são devidos pelo impetrante cuja pretensão seja rechaçada pelo Poder Judiciário.

Não se trata de admitir a utilização do mandado de segurança como instrumento de imunização do sujeito passivo tributário em face de aventuras judiciais fundadas em teses tributárias juridicamente inviáveis, até porque o mesmo art. 25 da Lei 12.016/2009, que exonera a parte sucumbente da condenação em honorários advocatícios, é expresso ao dispor que tal benefício não afasta a aplicação de sanções no caso de litigância de má-fé, de sorte que eventuais irresponsabilidades processuais podem e devem ser combatidas por meio desse específico instrumento.

345. "Art. 25. Não cabem, no processo de mandado de segurança, a interposição de embargos infringentes e a condenação ao pagamento dos honorários advocatícios, sem prejuízo da aplicação de sanções no caso de litigância de má-fé".

Vale acentuar, nesse particular, que a importância do mandado de segurança em matéria tributária também está diretamente relacionada à contenção dos riscos envolvidos nos litígios fundados em teses tributárias surgidas não em razão da "grande criatividade jurídica do sujeito passivo tributário" ou, ainda, de sua "excessiva propensão ao risco", mas sim da complexidade excessiva do sistema jurídico-tributário.

É essa complexidade a maior responsável pela geração do indesejado ambiente de insegurança jurídica que favorece o "surgimento" de inúmeras "teses tributárias" que, objetivamente, poderão ser acolhidas ou não pelo Poder Judiciário.

Feito esse preâmbulo, é preciso atentar para o fato de que a cláusula especial de inafastabilidade da jurisdição posta no art. 5º, inciso LXIX, da CF/88, embora não o faça expressamente, pressupõe a proteção do cidadão contra atos ilegais/abusivos de autoridades públicas devidamente concretizados ou na iminência de sê-los.

É dizer: a proteção jurisdicional do direito líquido e certo em face de atos de autoridade ilegais se dá, tal qual na jurisdição ordinária, em nível de lesão (repressivamente) e de ameaça de lesão (preventivamente).

Essa assertiva se torna mais evidente quando, já no plano infraconstitucional (Lei 12.016/2009), o legislador ordinário retira da implicitude a proteção ao direito líquido e certo que esteja na iminência de ser violado, dispondo expressamente que o justo receio da prática do ato ilegal ou abusivo é suficiente à verificação do interesse processual necessário à viabilidade de manejo do mandado de segurança.[346] A noção de justo receio materializa, no plano legal,

---

346. "Art. 1º. Conceder-se-á mandado de segurança para **proteger direito líquido e certo**, não amparado por *habeas corpus* ou *habeas data*, sempre que, **ilegalmente ou com abuso de poder, qualquer pessoa física ou jurídica sofrer violação ou houver**

a ideia de *ameaça de lesão* que fundamenta a impetração preventiva do mandado de segurança.

Tem-se, dessa forma, os elementos jurídico-contextuais necessários à identificação das duas formas conhecidas de utilização do mandado de segurança: (i) a preventiva, fundada em justo receio, cuja impetração se dá em momento imediatamente anterior à concretização do ato de autoridade supostamente ilegal; e (ii) a repressiva, cuja impetração pressupõe a efetiva materialização do ato de autoridade, tido por ilegal, violador do direito líquido e certo do cidadão.

O ato de autoridade cuja materialização define as duas formas de impetração do mandado de segurança (a preventiva e a repressiva), quando analisado à luz do percurso de positivação do direito tributário, corresponde exatamente ao ato (administrativo) de constituição do crédito tributário. Desse modo, a impetração do mandado de segurança preventivo em matéria tributária terá lugar nas circunstâncias em que se verificar o justo receio da prática ilegal ou abusiva, pela autoridade fiscal, de ato constitutivo do crédito tributário. De outro lado, no caso de o referido ato já houver sido realizado, será oportuna a impetração do mandado de segurança em sua forma repressiva.

Impossível deixar de notar que o marco temporal utilizado para demarcar as duas formas de impetração (preventiva e repressiva) do mandado de segurança em matéria tributária – o momento da formalização do ato de autoridade constitutivo do crédito tributário – corresponde, exatamente, àquele que separa, no plano das ações de rito comum, as situações que dão ensejo à propositura da ação declaratória de inexistência de relação jurídico-tributária, de um lado, e da ação anulatória de débito fiscal, de outro.

---

justo receio de sofrê-la por parte de autoridade, seja de que categoria for e sejam quais forem as funções que exerça". (destacamos)

Diante disso, não seria impreciso afirmar que o mandado de segurança preventivo está para a ação declaratória negativa, assim como o mandado de segurança repressivo está para a ação anulatória de débito fiscal.[347]

1.5.2 As condições específicas da ação de mandado de segurança analisadas sob a perspectiva da lide tributária

Do ponto de vista técnico-processual, o manejo do mandado de segurança (preventivo ou repressivo), em detrimento das vias processuais comuns, depende da efetiva identificação das duas "condições" que exsurgem do próprio texto constitucional como indispensáveis à viabilidade da pretensão mandamental, quais sejam: (i) o ato de autoridade; e o (ii) direito líquido e certo. Trata-se, em verdade, de "condições específicas da ação de mandado de segurança", ambas de índole constitucional, as quais influenciam diretamente o legislador ordinário, em especial na formulação do procedimento que é característico ao mandado de segurança.

E falamos em "condições específicas", pois, assim como as de caráter geral (legitimidade e interesse), tanto o "ato de autoridade" quanto o "direito líquido e certo" consubstanciam categorias processuais que revelam aspectos atinentes ao próprio direito material controvertido, cognoscíveis de plano, e sem as quais a apreciação do mérito

347. A equiparação entre ação anulatória de débito fiscal e mandado de segurança repressivo, no entanto, há que ser tomada com alguma reserva quanto aos "tipos" de atos constitutivos do crédito tributário que podem ser impugnados por cada um dos referidos instrumentos processuais.
É que, por estar necessariamente atrelado à noção de "ato de autoridade", o mandado de segurança (repressivo) não é instrumento apto para ser manejado, como ocorre com ação anulatória de rito comum, em face de atos constitutivos do crédito tributário formalizados pelo próprio contribuinte (art. 150 do CTN), mas tão somente contra aqueles emanados diretamente pela autoridade fiscal (art. 142 do CTN), seja em atividade originária (lançamentos de ofício em sentido estrito), seja em atividade substitutiva/suplementar àquela atribuída ao contribuinte (autos de infração).

da pretensão mandamental – seja para conceder, seja para denegar a segurança – restará comprometida.

A ausência de uma dessas duas condições específicas da ação de mandado de segurança, ambas relacionadas, repisamos, a aspectos materiais da demanda, ensejará a extinção do processo sem resolução do mérito.

A rigor, e feitas as devidas concessões teóricas, tanto o ato de autoridade quanto o direito líquido e certo poderiam ser traduzidos como manifestações específicas da noção de interesse processual, pois ambos estão intimamente relacionados à adequação do procedimento (direito líquido e certo) e da tutela (ato de autoridade) mandamentais para compor o litígio, tal como formulado pelo sujeito passivo.

O ato de autoridade, analisado sob o ponto de vista técnico-processual, equivale ao aspecto passivo – ato de violação ao direito subjetivo do sujeito passivo tributário – da causa de pedir da ação mandamental, tal qual *afirmada* na peça inicial.

A ideia de "ato de autoridade", a propósito, quando abordada sob o ponto de vista concreto dos conflitos fiscais, converte-se num grande obstáculo à utilização do mandado de segurança em matéria tributária. E isso não por conta da natureza do ato em si, mas sim em razão das dificuldades concernentes à identificação da autoridade que, segundo a legislação da pessoa política tributante, é a responsável por sua emanação.

Essa dificuldade, eminentemente pragmática, nada mais é que uma decorrência direta das diferentes e obscuras formas como cada uma das administrações fazendárias que compõem os diversos entes federados está hierarquicamente estruturada.

Tal óbice se mostra especialmente relevante quando o caso for de mandado de segurança preventivo, cuja impetração tem lugar em momento no qual não se tem, em regra, dados concretos aptos a servir de índice à correta identificação da autoridade competente para realizar ou desfazer o ato de cobrança cuja concretização se pretende evitar.

Nesses casos, a experiência recomenda que a impetração do *mandamus* seja precedida de aprofundada pesquisa junto aos *sites* dos Tribunais locais sobre demandas análogas e precedentes a elas correlatos que possam servir de parâmetro para a correta identificação da autoridade fiscal a ser apontada como "coatora" do mandado de segurança preventivo por ser impetrado.

O direito líquido e certo, por outro lado, diz com a "aferibilidade" das alegações de fato (causa de pedir remota) que dão sustentação à pretensão deduzida, a ser realizada a partir do acervo probatório documental que vier a instruir a demanda, viabilizando a emissão de um juízo seguro acerca da procedência ou não da pretensão deduzida. Trata-se, portanto, da capacidade de se demonstrar, mediante "prova pré-constituída", todo espectro fático sobre o qual restar fundada a pretensão mandamental.

Estamos a falar, portanto, de uma específica condição que restringe o uso do mandado de segurança àqueles conflitos cujo contexto fático subjacente possa ser demonstrado, de plano, por meio de prova documental que instrua, desde a impetração, a pretensão mandamental.

Essa característica, aliás, faz do mandado de segurança um instrumento muito apropriado à judicialização de "teses jurídico-tributárias", as quais prescindem, em regra, de procedimento instrutório destinado à demonstração dos pressupostos de fato necessários à admissão do pedido.

Além disso, o grande número de atos de autoridade fiscais exarados em flagrante contrariedade à legislação tributária, cujas circunstâncias fáticas de ocorrência podem ser demonstradas de plano, documentalmente, faz do mandado de segurança um instrumento valiosíssimo para o sujeito passivo tributário, seja em razão dos seus baixos riscos, seja por conta de seu procedimento célere.

É bem verdade que, conforme anotamos em passagem anterior, há uma tendência cada vez maior de que as lides tributárias tenham por objeto intrincadas controvérsias cuja resolução não dispensa a necessária instauração de procedimento instrutório capaz de delimitar, adequadamente, o espectro fático a ser objeto da atividade jurisdicional cognitiva. Em tais circunstâncias, o manejo do mandado de segurança acaba por ser comprometido pela inadequação de seu procedimento, cuja moldura legal toma como pressuposto a ideia de direito líquido e certo, expressão consagrada, inclusive constitucionalmente, e que se traduz pela noção de prova pré-constituída.

É necessário insistir, todavia, na circunstância de que a noção de "direito líquido e certo" se volta exclusivamente para a dimensão "fática" da lide, traduzida pela noção processual de causa de pedir remota (ativa e passiva).[348] Significa dizer que, por mais complexa que seja a questão de direito levada a juízo, não poderá o julgador, nestas situações,

---

348. Nesse tocante, eis a advertência feita por HAMILTON DIAS DE SOUZA há mais de 30 anos. Confira-se:

"(...) por mais complexos que sejam os problemas decorrentes da interpretação do direito, não haverá impedimento ao uso do mandado de segurança, desde que certos os fatos. Está a verdadeira significação de "direito líquido e certo", mesmo porque o direito em si sempre é certo. Incertos poderão ser os fatos.

(...)

Embora já salientado, cumprem reiterar que não tem procedência o pensamento dos que entendem dizer a certeza respeito não só aos fatos, mas também ao direito, de tal sorte a ser amparável pelo remédio apenas o direito translúcido, contra o qual não se podem opor dúvidas razoáveis. Isto porque a maior ou menor dificuldade na aplicação do direito, sendo certos os fatos, depende do conhecimento do juiz. A vingar tal corrente, tornar-se-ia a questão totalmente subjetiva, o que resultaria na incerteza na aplicação do direito.

Por tais razões, procedem a s afirmações do Min. Orozimbo Nonato quando salientou que a 'quaestio juris', por difícil que a alguém possa parecer, pode sempre encontrar desate no mandado de segurança".

(DIAS DE SOUZA, Hamilton. Mandado de Segurança. In: PRADE, Péricles Luiz M.; CARVALHO, Célio B. de (Coord.). *Novo processo tributário*, p. 188-189).

desincumbir-se do dever de apreciação do mérito da demanda sob o pretexto da "ausência de direito líquido e certo".[349]

Vale advertir, ainda, que a ideia de "direito líquido e certo" não guarda qualquer relação com eventual complexidade da "controvérsia" acerca do conteúdo material subjacente à prova documental apresentada, de maneira que, se devidamente demonstrada documentalmente a existência dos fatos que servem de fundamento para dedução da pretensão mandamental, qualquer dificuldade cognitiva relacionada à correta qualificação jurídica a ser-lhes atribuída não poderá servir de pretexto para a negativa de apreciação do mérito da causa.

1.5.3 Legitimidade *ad causam* no mandado de segurança em matéria tributária

A identificação dos sujeitos legitimados a ocupar os polos ativo e passivo da ação de mandado de segurança pode ser, ao menos minimamente, realizada a partir do próprio enunciado constitucional insculpido no art. 5º, inciso LXIX, da CF/88, que aponta, de um lado, para o titular do direito líquido e certo violado como potencial titular da legitimidade ativa e, de outro lado, na condição de legitimados passivos, para aqueles sujeitos que são os responsáveis direto e indireto pela produção do ato de autoridade cuja presunção de legalidade se pretende infirmar, a saber: (i) a autoridade coatora; e (ii) o ente estatal em nome de quem o ato impetrado resulta praticado.

A despeito disso, é a normatização infraconstitucional que dá contornos precisos à composição subjetiva da ação mandamental, fixando os critérios técnico-normativos a serem observados, tanto para demarcar de forma explícita

---

349. É o entendimento que se extrai, aliás, do enunciado da Súmula 625 do STF, objetivada nos seguintes termos: "controvérsia sobre matéria de direito não impede a concessão de mandado de segurança".

aquilo que subjaz ao texto constitucional, quanto para ampliar, extraordinariamente, o rol de sujeitos legitimados a propor e responder o mandado de segurança.

Desse modo, a impetração do mandado de segurança contra ato de autoridade fiscal haverá de ser feita, ordinariamente, pelo sujeito passivo da relação jurídico-tributária conflituosa, legitimado natural para figurar no polo ativo ação mandamental, cuja esfera jurídica está à mercê do ato, concreto ou potencial, a ser atacado pela via mandamental.

Daí que, quanto aos sujeitos juridicamente legitimados a compor o polo ativo da ação mandamental, é possível recuperar e transpor para os mandados de segurança preventivo e repressivo em matéria tributária todas as considerações que fizemos, adrede, acerca dos critérios de delimitação dos sujeitos legitimados a ajuizar a ação declaratória de inexistência de relação jurídico-tributária e anulatória de débito fiscal, respectivamente.

Nesse tocante, e para evitar uma desnecessária exposição recursiva, remetemos o leitor às considerações constantes dos tópicos 1.1.2 e 1.2.2 deste Título.

Há, contudo, um específico caso de legitimidade (extraordinária) ativa que é exclusiva à demanda mandamental, prescrito no art. 3º da Lei 12.016/2009,[350] que traz à baila o conceito, pouco explorado pela Dogmática, de direito líquido e certo "decorrente".

A ideia de "direito líquido e certo decorrente" parece indicar, para fins de mandado de segurança em matéria tributária, a possibilidade de terceiro estranho à relação jurídico-tributária conflituosa oriunda do ato de autoridade ilegal (potencial ou concreto) valer-se desse instrumento,

350. "Art. 3º. O titular de direito líquido e certo decorrente de direito, em condições idênticas, de terceiro poderá impetrar mandado de segurança a favor do direito originário, se o seu titular não o fizer, no prazo de 30 (trinta) dias, quando notificado judicialmente".

na condição de substituto processual, para afastar eventuais efeitos da cobrança ilegal sobre sua esfera jurídica.

A situação, queremos crer, é semelhante – mas não idêntica – àquela que descrevemos no item 1.3.2 supra, acerca da legitimidade do terceiro jurídica ou economicamente interessado valer-se da ação de consignação em pagamento para fins tributários (art. 539 do CPC). Também neste caso, o terceiro, que se afirma titular do direito líquido certo por decorrência, deverá demonstrar o efetivo prejuízo à sua esfera jurídica para restar evidenciada a *pertinência* necessária à assunção da condição de substituto processual para fins de mandado de segurança.

A legitimidade do terceiro titular do direito líquido e certo por decorrência há que ser analisada sob dois ângulos distintos: (i) o relativo ao terceiro "juridicamente" (tributariamente) interessado, que pressupõe, necessariamente, um possível e provável vínculo (legal) do terceiro com o próprio crédito tributário; e (ii) aquele atinente ao terceiro que, apesar de não manter vínculo jurídico com o crédito tributário a ser impugnado (terceiro juridicamente não interessado), possui interesse econômico no seu afastamento.

Exemplos de terceiros juridicamente (tributariamente) interessados são: (i) o responsável por sucessão, cuja condição de titular do direito líquido e certo decorrente está intimamente ligada à possibilidade de ser cobrado pelo crédito cuja titularidade é do sujeito passivo originário (art. 133, inciso II, do CTN); e (ii) o contribuinte substituído, nas operações em que o tributo é exigido sob o regime de substituição tributária *para frente* ou *para trás*, nas quais o substituto, na condição de sujeito passivo, assume a posição de primeiro titular do direito líquido e certo ao afastamento de eventual tributação ilegal, mas o contribuinte substituído é o destinatário final da exigência.

Para tais sujeitos (tributariamente interessados), não há dúvidas de que a noção de "direito líquido e certo decorrente" é plenamente aplicável, pois estão eles vinculados subjetivamente à obrigação tributária a ser questionada pela via do mandado de segurança.

O mesmo não pode ser afirmado, todavia, acerca do "terceiro economicamente interessado", cujo exemplo clássico, conforme mencionamos no item 3.1.2 supra, é o do locatário do imóvel que, por previsão contratual, está obrigado a arcar com o ônus pelo pagamento do IPTU relativo ao imóvel locado. Nesse específico caso, a despeito de ter total interesse econômico em afastar eventual exigência fiscal realizada, ilegitimamente, à revelia de parâmetros legais e constitucionais, o locatário não pode ser considerado titular de direito líquido e certo por decorrência, tendo em vista a circunstância de não manter qualquer vínculo jurídico subjetivo com a obrigação tributária.

É dizer, por outros termos, que, em hipótese alguma, o locatário assumirá a condição de sujeito passivo da obrigação tributária, razão pela qual deve prevalecer a orientação firmada na já referida Súmula 614 do STJ.[351]

Também no caso da impetração realizada por titular de direito líquido e certo por decorrência, como ocorre com a ação consignatória (art. 539 do CPC), estamos a falar de sujeitos de direito (terceiros interessados) que não integram a relação jurídica de direito material tributária, os quais, apesar de agirem processualmente em nome próprio, o fazem na defesa de direito alheio.

Trata-se, portanto, de típico caso de legitimidade extraordinária, conforme definida na parte final do art. 18 do CPC.[352]

---

351. "Súmula 614 do STJ - O locatário não possui legitimidade ativa para discutir a relação jurídico-tributária de IPTU e de taxas referentes ao imóvel alugado nem para repetir indébito desses tributos". (1ª Seção; julgado em 09/05/2018; DJe 14/05/2018).

352. Art. 18. Ninguém poderá pleitear direito alheio em nome próprio, **salvo quando autorizado pelo ordenamento jurídico.** (destacamos)

Resta-nos tratar, ainda no que toca à legitimidade ativa nas ações mandamentais, do regime jurídico próprio ao mandado de segurança coletivo, cujo manejo é perfeitamente viável para a defesa dos interesses comuns (individuais homogêneos) de contribuintes pertencentes às categorias representadas pelos sujeitos de direito expressamente enumerados pelo art. 5º, inciso LXX, alíneas *a* e *b*, da CF/88,[353] e nos termos da disciplina constante do art. 21, parágrafo único, inciso II, da Lei 12.016/2009.[354]

A legitimidade ativa para o mandado de segurança coletivo perfaz questão tecnicamente controversa. Isso porque, a teor do que induz uma necessária interpretação sistemática de diferentes enunciados constitucionais, é possível identificar dois tipos de sujeitos legitimados a ocupar o polo ativo de ações coletivas, cada qual adstrito a um regime processual.

De um lado, tem-se os legitimados ativos extraordinários, que, por assumirem a condição de típicos substitutos

---

353. Art. 5º (...):
(...)
LXX - o mandado de segurança coletivo pode ser impetrado por:
a) partido político com representação no Congresso Nacional;
b) organização sindical, entidade de classe ou associação legalmente constituída e em funcionamento há pelo menos um ano, em defesa dos interesses de seus membros ou associados;

354. Art. 21. O mandado de segurança coletivo pode ser impetrado por partido político com representação no Congresso Nacional, na defesa de seus interesses legítimos relativos a seus integrantes ou à finalidade partidária, ou por organização sindical, entidade de classe ou associação legalmente constituída e em funcionamento há, pelo menos, 1 (um) ano, em defesa de direitos líquidos e certos da totalidade, ou de parte, dos seus membros ou associados, na forma dos seus estatutos e desde que pertinentes às suas finalidades, dispensada, para tanto, autorização especial.
Parágrafo único. Os direitos protegidos pelo mandado de segurança coletivo podem ser:
I - coletivos, assim entendidos, para efeito desta Lei, os transindividuais, de natureza indivisível, de que seja titular grupo ou categoria de pessoas ligadas entre si ou com a parte contrária por uma relação jurídica básica;
II - individuais homogêneos, assim entendidos, para efeito desta Lei, os decorrentes de origem comum e da atividade ou situação específica da totalidade ou de parte dos associados ou membros do impetrante.

processuais, prescindem de autorização dos sujeitos individuais titulares dos direitos subjetivos violados para representá-los em juízo. É esse, exatamente, o caso dos Sindicatos, que – por força do disposto no art. 8º, inciso III, da CF/88 –[355] não necessitam de autorização, individual e expressa, dos sujeitos passivos tributários pertencentes aos seus quadros para atuar em juízo na defesa dos seus interesses.[356]

---

355. Art. 8º. É livre a associação profissional ou sindical, observado o seguinte:
(...)
III - ao sindicato cabe a defesa dos direitos e interesses coletivos ou individuais da categoria, inclusive em questões judiciais ou administrativas;

356. "AGRAVO REGIMENTAL EM RECURSO EXTRAORDINÁRIO. DIREITO CONSTITUCIONAL E DIREITO PROCESSUAL CIVIL. REPRESENTAÇÃO SINDICAL. ART. 8º, III, DA CF/88. AMPLA LEGITIMIDADE. COMPROVAÇÃO DA FILIAÇÃO NA FASE DE CONHECIMENTO. DESNECESSIDADE. AGRAVO REGIMENTAL A QUE SE NEGA PROVIMENTO.
1. O art. 8º, III, da Constituição Federal estabelece a legitimidade extraordinária dos sindicatos para defender em juízo os direitos e interesses coletivos ou individuais dos integrantes da categoria que representam. Essa legitimidade extraordinária é ampla, abrangendo a liquidação e a execução dos créditos reconhecidos aos trabalhadores. Por se tratar de típica hipótese de substituição processual, é desnecessária qualquer autorização dos substituídos" (RE 210.029, Pleno, Relator o Ministro Carlos Velloso, DJ de 17.08.07). No mesmo sentido: RE 193.503, Pleno, Relator para o acórdão o Ministro Joaquim Barbosa, DJ de 24.8.07.
2. Legitimidade do sindicato para representar em juízo os integrantes da categoria funcional que representa, independente da comprovação de filiação ao sindicato na fase de conhecimento. Precedentes: AI 760.327-AgR, Segunda Turma, Relatora a Ministra Ellen Gracie, DJ de 03.09.10 e ADI 1.076MC, Relator o Ministro Sepúlveda Pertence, DJ de 07.12.00).
3. A controvérsia dos autos é distinta daquela cuja repercussão geral foi reconhecida pelo Plenário desta Corte nos autos do recurso extraordinário apontado como paradigma pela agravante. O tema objeto daquele recurso refere-se ao momento oportuno de exigir-se a comprovação de filiação do substituído processual, para fins de execução de sentença proferida em ação coletiva ajuizada por associação, nos termos do art. 5º XXI da CF/88. Todavia, in casu, discute-se o momento oportuno para a comprovação de filiação a entidade sindical para fins de execução proferida em ação coletiva ajuizada por sindicato, com respaldo no art. 8º, inciso III, da CF/88.
4. O acórdão originalmente recorrido assentou: "PROCESSUAL CIVIL E ADMINISTRATIVO. AGRAVO REGIMENTAL. RECURSO ESPECIAL. EXECUÇÃO. GRATIFICAÇÃO DE DESEMPENHO DE ATIVIDADE DO CICLO DE GESTÃO. CGC. DECISÃO EM EXECUÇÃO DE SENTENÇA PROFERIDA EM MANDADO DE SEGURANÇA COLETIVO. LIMITES SUBJETIVOS DA COISA JULGADA. AFILIADOS ÀS ENTIDADES IMPETRANTES APÓS A DATA DA IMPETRAÇÃO. DIREITO GARANTIDO DA CATEGORIA. POSSIBILIDADE. PRECEDENTES. FUNDAMENTOS NOVOS NÃO FORAM CAPAZES DE INFIR-

De outro lado, têm-se os entes legitimados "por representação", que também podem ajuizar demandas coletivas para a defesa dos direitos e interesses de seus integrantes, desde que individual e expressamente autorizados para tanto. É o caso, por exemplo, das associações de classe e congêneres, cuja legitimidade para representação judicial dos interesses individuais de seus associados, a ser exercida nos termos do que dispõe o art. 5º, inciso XXI, da CF/88,[357] depende de expressa autorização de cada um dos filiados.

Essa diferenciação de regimes jurídicos (art. 5º, inciso XXI / art. 8º, inciso III, ambos da CF), todavia, somente se faz relevante para ações coletivas processadas sob o rito comum, cedendo quando a questão é analisada sob a óptica do regime jurídico-constitucional próprio ao mandado de segurança coletivo, cujos sujeitos de direito extraordinariamente legitimados serão, indistintamente, aqueles expressamente indicados no art. 5º, inciso LXX, alíneas *a* e *b*, da CF/88.

Tais sujeitos sempre atuarão na condição de substitutos processuais dos contribuintes que estiverem abarcados por seus respectivos quadros[358] – os verdadeiros titulares dos

---

MAR A DECISÃO AGRAVADA. Agravo regimental improvido".
5. Agravo regimental a que se nega provimento".
(RE n. 696845 AgR/DF; 1ª Turma; Rel. Min. Luiz Fux; DJe de 19/11/2012).

357. Art. 5º (...)
(...)
XXI - as entidades associativas, quando expressamente autorizadas, têm legitimidade para representar seus filiados judicial ou extrajudicialmente;

358. É, aliás, a orientação firmada no âmbito da jurisprudência do E. STF, que atribui a todos os entes expressamente nominados nas alíneas a e b do inciso LXX do art. 5º da CF/88, incluídas as Associações, a condição de substitutos processuais (legitimados extraordinários) no mandado de segurança coletivo, o que dispensaria a exigência da expressa autorização por parte dos associados para manejo do referido instrumento. Confira-se:
"Agravo regimental no recurso extraordinário. Constitucional. Mandado de segurança coletivo. Associação. Legitimidade ativa. Autorização expressa dos associados. Relação nominal. Desnecessidade. Precedentes.
1. É pacífica a jurisprudência desta Corte de que as associações, quando impetram mandado de segurança coletivo em favor de seus filiados, atuam como

direitos subjetivos violados ou ameaçados por atos ilegais ou abusivos perpetrados por autoridades fiscais –, e isso independentemente de autorização expressa de cada qual.

É essa, aliás, a orientação firmada no âmbito da jurisprudência do Supremo Tribunal Federal, que de tão consolidada acabou por dar origem à Súmula 629 do STF, segundo a qual "a impetração de mandado de segurança coletivo por entidade de classe em favor dos associados independe da autorização destes".

Já os critérios de identificação dos sujeitos legitimados a ocupar o polo passivo da relação jurídico-processual mandamental, embora também possam ser sacados do próprio texto constitucional, restam expressamente delimitados pela Lei 12.016/2009.

Nesse tocante, a legislação processual de regência não deixa dúvidas acerca da plurissubjetividade que caracteriza o polo passivo da relação jurídico-processual mandamental, o que induz a necessária formação de litisconsórcio passivo, a ser composto pela autoridade impetrada, de um lado, e pela pessoa jurídica de direito público, de outro lado.[359]

---

substitutos processuais, não dependendo, para legitimar sua atuação em Juízo, de autorização expressa de seus associados, nem de que a relação nominal desses acompanhe a inicial do mandamus, consoante firmado no julgamento do MS n. 23.769/BA, Tribunal Pleno, Relatora a Ministra Ellen Gracie.
2. Agravo regimental não provido".
(AgR no RE n. 501953/DF; Rel. Min. Dias Toffoli; julgado de 20/03/2012)
"MANDADO DE SEGURANÇA COLETIVO- EXTINÇÃO DE CARTÓRIOS - FORMA -LEGITIMIDADE DA ASSOCIAÇÃO DOS NOTÁRIOS E REGISTRADORES DO BRASIL - ANOREG. Consoante dispõe o art. 5º, inciso LXX, da Constituição Federal, as associações legalmente constituídas e em funcionamento há pelo menos um ano têm legitimidade, como substituto processual, para defender, na via do mandado de segurança coletivo, os interesses dos associados, não cabendo exigir autorização específica para agir.
(RE n. 364051/SP; 1ª Turma; Rel. Min. Marco Aurélio; julgado de 17/08/2004).

359. Essa conclusão, quer nos parecer, é imanente aos deveres de identificação da pessoa jurídica de direito público e cientificação do respectivo órgão de representação judicial, prescritos nos arts. 6º e 7º, inciso II, da Lei n. 12.016/2009, *in verbis*:
"Art. 6º. A petição inicial, que deverá preencher os requisitos estabelecidos pela lei

Essa condição fica ainda mais clara quando se verifica, pragmaticamente, que a tutela mandamental, em especial aquela exarada a pretexto da resolução de conflitos tributários, produz eficácia dúplice, bifurcando-se em ordem (eficácia mandamental) dirigida à autoridade impetrada e em declaração/anulação (eficácia patrimonial) dirigida à pessoa política tributante.

Em regra, os efeitos patrimoniais que emanam da tutela mandamental preventiva ou repressiva em matéria tributária são suficientes à plena e total realização do direito (material) do impetrante, restando despiciendas quaisquer condutas ou providências a serem positivamente adotadas pela autoridade impetrada.

A despeito disso, em situações específicas, a ordem dirigida à conduta da autoridade fiscal, cujo descumprimento enseja ilícito de desobediência (art. 26 da Lei 12.016/2009 c/c art. 330 do CP), é de grande valia à plena efetivação do direito material violado.

Isso se dá, por exemplo, naquelas situações – corriqueiras por sinal – em que a autoridade fiscal se recusa a: emitir certidões a que o sujeito passivo faz jus; apreciar, em prazo razoável, pleitos legitimamente formulados; ou efetivar direitos creditórios devidamente reconhecidos (homologados) pelo Fisco. Nessas específicas contingências, a eficácia ordenatória que emana da tutela mandamental – e que dá oportunidade à imposição de sanções diretamente dirigidas à autoridade impetrada em caso de descumprimento – é de grande valia para a efetivação do direito do impetrante.

---

processual, será apresentada em 2 (duas) vias com os documentos que instruírem a primeira reproduzidos na segunda e indicará, além da autoridade coatora, a pessoa jurídica que esta integra, à qual se acha vinculada ou da qual exerce atribuições.
Art. 7º. Ao despachar a inicial, o juiz ordenará:
(...)
II - que se dê ciência do feito ao órgão de representação judicial da pessoa jurídica interessada, enviando-lhe cópia da inicial sem documentos, para que, querendo, ingresse no feito;".

O conceito de "autoridade" a que se vincula a legislação processual para fins de definição daquele sujeito, pessoa física, a quem se dirige o *writ*, é estritamente objetivo, pois se finca na própria natureza do ato praticado, e não necessariamente na relação funcional eventualmente mantida entre o sujeito (autoridade) que o produz e o Poder Público.

Significa dizer que "autoridade coatora", para fins de mandado de segurança, será toda pessoa que exercer competência tipicamente estatal, inclusive em caráter delegado, sem que precise assumir, necessariamente, a condição de "servidor público" em sentido estrito.

É essa a conclusão a que se chega, aliás, a partir da interpretação do §1º do art. 1º da Lei 12.016/2009.[360]

No âmbito específico do mandado de segurança em matéria tributária, o dispositivo em epígrafe tem especial relevância quando nos voltamos àqueles tributos exigidos por "terceiros" não detentores de competência tributária legiferante, mas que sejam titulares de "capacidade tributária ativa" por "delegação", adquirida mediante o fenômeno denominado "parafiscalidade", por meio do qual o ente político titular da competência tributária, natural detentor da condição de sujeito ativo da obrigação tributária, transfere a terceiro o direito de exercer tal prerrogativa.

Não raro, a transferência da capacidade tributária ativa a que nos referimos se dá em favor de pessoas jurídicas de direito privado. É o caso, por exemplo, das contribuições para o Sistema "S", também conhecidas por "contribuições parafiscais", incidentes sobre a folha de pagamento,[361] bem

---

360. "Art. 1º (...)
§ 1º. Equiparam-se às autoridades, para os efeitos desta Lei, os representantes ou órgãos de partidos políticos e os administradores de entidades autárquicas, **bem como os dirigentes de pessoas jurídicas ou as pessoas naturais no exercício de atribuições do poder público**, somente no que disser respeito a essas atribuições". (destacamos)

361. "CONFLITO NEGATIVO DE ATRIBUIÇÕES - MINISTÉRIO PÚBLICO FEDERAL E MINISTÉRIO PÚBLICO ESTADUAL - SUPOSTA IRREGULARIDADE

como das recém-extintas contribuições confederativas, exigidas até recentemente pelas Confederações Sindicais representativas das diferentes categorias profissionais.

A par da sempre tormentosa discussão sobre a natureza jurídica das indigitadas contribuições, mostra-se comum a instauração de demandas judiciais que tenham como matéria de fundo questões atinentes à regularidade da cobrança, em concreto, das contribuições parafiscais em referência, o que, em regra, se dá a partir da iniciativa do próprio titular do crédito tributário, cuja inadimplência implica cobrança judicial realizada, ordinariamente, pela via do processo de conhecimento, pois as pessoas jurídicas de direito privado, a despeito da capacidade tributária ativa delegada, não podem se valer dos procedimentos (administrativos e judiciais) previstos na Lei 6.830/80.

Essas demandas, em nosso sentir, a teor do que dispõe a regra de equiparação prescrita no parágrafo único do art. 1º da Lei 12.016/2006, poderiam perfeitamente ser instauradas, pelo sujeito passivo tributário, pela via do mandado de segurança. Mas isso desde que, naturalmente, sejam

---

NA APLICAÇÃO DE RECURSOS POR ENTE SINDICAL E SERVIÇO SOCIAL AUTÔNOMO - INCOMPETÊNCIA DA JUSTIÇA FEDERAL - COMPETÊNCIA DO SUPREMO TRIBUNAL FEDERAL PARA DIRIMIR O CONFLITO – SÚMULA 516 DO STF - ATRIBUIÇÃO DO MINISTÉRIO PÚBLICO DO ESTADO DO ESPÍRITO SANTO.
I - O SENAI, a exemplo do Serviço Social da Indústria – SESI, está sujeito à jurisdição da Justiça estadual, nos termos da Súmula 516 do Supremo Tribunal Federal. Os serviços sociais autônomos do denominado sistema "S", embora compreendidos na expressão de entidade paraestatal, são pessoas jurídicas de direito privado, definidos como entes de colaboração, mas não integrantes da Administração Pública.
II - Quando o produto das contribuições ingressa nos cofres dos Serviços Sociais Autônomos perde o caráter de recurso público. Precedentes.
III - Seja em razão da pessoa, seja em razão da natureza dos recursos objeto dos autos, não se tem por justificada a atuação do Ministério Público Federal, posto que não se vislumbra na hipótese a incidência do art. 109 da Constituição Federal. IV- Agravo regimental a que se nega provimento".
(AgR na ACO 1953; Tribunal Pleno; Rel. Min. RICARDO LEWANDOWSKI; DJe de 19/02/2014) (destacamos).

observados os requisitos legais pertinentes, entre os quais, a efetiva concretização do ato de cobrança, bem como a exata identificação da "autoridade coatora por delegação", que assumirá, juntamente com a pessoa jurídica de direito privado com a qual mantém vínculo profissional, a condição de sujeito passivo no processo mandamental.

Diante disso, é possível concluir, de forma sumária, que serão legitimados a ocupar o polo passivo do mandado de segurança em matéria tributária (i) o ente (pessoa política, pessoa jurídica de direito público ou pessoa jurídica de direito privado) titular da capacidade tributária ativa e do poder delegado para a prática do ato de cobrança ilegal ou abusivo, bem como (ii) a própria pessoa física (autoridade coatora) a quem deva ser atribuída, diretamente, a produção/responsabilidade pelo referido ato.

1.5.4 O foro competente para o processamento do mandado de segurança em matéria tributária

A definição do foro competente para o processamento do mandado de segurança, durante muito tempo, se vinculou, por força da jurisprudência ainda parcialmente vigente de nossos Tribunais, ao foro de domicílio da autoridade coatora.

Sendo a autoridade coatora, ao lado da pessoa jurídica de direito público, um dos sujeitos que compõem o polo passivo da relação jurídica processual formada em decorrência da impetração do *mandamus*, a orientação jurisprudencial acerca da determinação do foro competente para processamento do mandado de segurança, construída no vácuo deixado pela legislação especial, calcou-se, naturalmente, na "regra geral de competência", que aponta para o foro do domicílio do réu, *in casu*, no domicílio da autoridade impetrada.

Essa orientação, no entanto, que vigorara desde à época de vigência da Lei 1.533/51, haveria de ceder, ao menos parcialmente, com a promulgação da Constituição Federal de 1988, cujo art. 109, §2º,[362] que passou a dispor que as ações em face da União deveriam ser propostas "na seção judiciária em que for domiciliado o autor, naquela onde houver ocorrido o ato ou fato que deu origem à demanda ou onde esteja situada a coisa, ou, ainda, no Distrito Federal".

Não por outro motivo, o Supremo Tribunal Federal, por ocasião do julgamento do AgR no RE n. 509.442/PE,[363] reconheceu expressamente que a regra de competência de foro veiculada no art. 109, §2º, da CF/88, abarca, também, o mandado de segurança impetrado em face de ato de autoridade federal ou equiparada.

O precedente exarado pela da 2ª Turma do STF, por seu turno, teve forte impacto sobre a jurisprudência dos demais Tribunais, em especial a firmada no âmbito do Superior Tribunal de Justiça, que nos últimos anos, em mais de uma oportunidade, reconheceu expressamente a superação (parcial) da orientação jurisprudencial que fixara o domicílio da autoridade impetrada como aquele a ser adotado para fins de ajuizamento do mandado de segurança.[364]

---

362. Art. 109. Aos juízes federais compete processar e julgar:
(...)
§ 2º. As causas intentadas contra a União poderão ser aforadas na seção judiciária em que for domiciliado o autor, naquela onde houver ocorrido o ato ou fato que deu origem à demanda ou onde esteja situada a coisa, ou, ainda, no Distrito Federal.

363. CONSTITUCIONAL E DIREITO PROCESSUAL CIVIL. AGRAVO REGIMENTAL EM RECURSO EXTRAORDINÁRIO. JURISDIÇÃO E COMPETÊNCIA. MANDADO DE SEGURANÇA. UNIÃO. FORO DE DOMICILIO DO AUTOR. APLICAÇÃO DO ART. 109, § 2º, DA CONSTITUIÇÃO FEDERAL.
1. A jurisprudência do Supremo Tribunal Federal está pacificada no sentido de que as causas intentadas contra a União poderão ser aforadas na seção judiciária em que for domiciliado o autor, naquela onde houver ocorrido o ato ou fato que deu origem à demanda ou onde esteja situada a coisa, ou, ainda, no Distrito Federal.
2. Agravo regimental improvido.
(AgR. no RE n. 509.442/PE; 2ª Turma; Rel. Ministra Ellen Gracie; julgamento de 03/08/2010).

364. PROCESSUAL CIVIL. CONFLITO DE COMPETÊNCIA. MANDADO DE SEGURANÇA. CAUSAS CONTRA A UNIÃO. FORO DO DOMICÍLIO DO IMPETRANTE. OPÇÃO. ALTERAÇÃO JURISPRUDENCIAL.
1. Tendo em vista o entendimento do STF, o STJ reviu seu posicionamento anterior

A questão que se coloca, por agora, a respeito da correta identificação do foro competente para aforamento do mandado de segurança diz respeito às impetrações perpetradas contra atos emanados por autoridades estaduais e distritais.

Isso porque, da mesma forma que ocorrera com a inovação implementada pelo art. 109, §2º, da CF/88, nos critérios de eleição de foro competente nas ações mandamentais propostas em face da União Federal, o art. 52, parágrafo único, do CPC/2015,[365] estabelece regra similar de eleição

---

e, visando (sic) facilitar o acesso ao Poder Judiciário, estabeleceu que as causas contra a União poderão, de acordo com a opção do autor, ser ajuizadas perante os juízos indicados no art. 109, § 2º, da Constituição Federal.
2. Caberá, portanto, à parte impetrante escolher o foro em que irá propor a demanda, podendo ajuizá-la no foro de seu domicílio.
Precedente: AgInt no CC 150269/AL, Relator Ministro FRANCISCO FALCÃO, PRIMEIRA SEÇÃO, DJe 22/06/2017.
3. Agravo interno desprovido.
(CC 153138/DF; 1ª Seção; Rel. Min. Gurgel de Faria; Dje de 22/02/2018)
PROCESSUAL CIVIL. AGRAVO INTERNO NO CONFLITO DE COMPETÊNCIA. MANDADODE SEGURANÇA. AUTARQUIA FEDERAL. ART. 109, § 2º, DA CONSTITUIÇÃOFEDERAL. POSSIBILIDADE DE AJUIZAMENTO NO DOMICÍLIO DO AUTOR.FACULDADE CONFERIDA AO IMPETRANTE.
1. Não se desconhece a existência de jurisprudência no âmbito deste Superior Tribunal de Justiça segundo a qual, em se tratando de Mandado de Segurança, a competência para processamento e julgamento da demanda é estabelecida de acordo com a sede funcional da autoridade apontada como coatora e a sua categoria profissional. No entanto, a aplicação absoluta de tal entendimento não se coaduna com a jurisprudência, também albergada por esta Corte de Justiça, no sentido de que "Proposta ação em face da União, a Constituição Federal (art. 109, § 2º) possibilita à parte autora o ajuizamento no foro de seu domicílio" (REsp 942.185/RJ, Rel. Ministro JORGE MUSSI, QUINTA TURMA, julgado em 02/06/2009, DJe 03/08/2009).
2. Diante do aparente conflito de interpretações, tenho que deve prevalecer a compreensão de que o art. 109 da Constituição Federal não faz distinção entre as várias espécies de ações e procedimentos previstos na legislação processual, motivo pelo qual o fato de se tratar de uma ação mandamental não impede o autor de escolher, entre as opções definidas pela Lei Maior, o foro mais conveniente à satisfação de sua pretensão.
3. A faculdade prevista no art. 109, §2º, da Constituição Federal, abrange o ajuizamento de ação contra quaisquer das entidades federais capazes de atrair a competência da Justiça Federal, uma vez que o ordenamento constitucional, neste aspecto, objetiva facilitar o acesso ao Poder Judiciário da parte litigante.
4. Agravo interno a que se nega provimento.
(AgInt no CC 153878/DF; 1ª Seção; Rel. Min. Sergio Kukina; Dje de 19/06/2018)

365. Art. 52. É competente o foro de domicílio do réu para as causas em que seja autor Estado ou o Distrito Federal.

de foro para o ajuizamento de ações em face dos Estados e do Distrito Federal, facultando ao autor propor a ação no próprio domicílio, no de ocorrência do ato ou fato que originou a demanda, no de situação da coisa ou na capital do respectivo ente federado.

Parece-nos intuitiva – para não dizer evidente – a conclusão de que, com o advento do art. 52, parágrafo único, do CPC/2015, a racionalidade subjacente aos precedentes que compõem a jurisprudência recente de nossos Tribunais Superiores sobre a abrangência do enunciado do art. 109, § 2º, da CF, para abarcar o mandado de segurança impetrado contra ato de autoridade federal ou equiparada, há que ser aplicada também ao mandado de segurança impetrado contra autoridades estaduais e distritais.

O desafio que se coloca, portanto, diz justamente com a correta interpretação do art. 52, parágrafo único, do CPC/2015, especialmente no que toca à determinação de sua abrangência "espacial".

A orientação jurisprudencial construída a respeito do alcance da regra veiculada no art. 109, §2º, da CF/88, leva-nos a concluir, analogamente, que um ato emanado pela autoridade de um ente subnacional em face de um sujeito passivo estabelecido em outro ente federado poderia ser atacado por mandado de segurança aforado no Estado (e no Município) no qual se encontra sediado o sujeito passivo, ocasião em que a autoridade fiscal funcionalmente vinculada ao primeiro ente estatal teria a legitimidade de seu ato aferida por autoridade judicial funcionalmente vinculada ao segundo.

Essa possibilidade, todavia, foi afastada por ocasião do julgamento das ADIs nº 5.492/RJ e 5.737/DF, onde restou firmada

---

Parágrafo único. **Se Estado ou o Distrito Federal for o demandado, a ação poderá ser proposta no foro de domicílio do autor, no de ocorrência do ato ou fato que originou a demanda, no de situação da coisa ou na capital do respectivo ente federado.** (destacamos)

a tese segundo a qual *é inconstitucional a regra de competência que permita que os entes subnacionais sejam demandados perante qualquer comarca do país, devendo a fixação do foro restringir-se aos seus respectivos limites territoriais.*

A "interpretação conforme" atribuída pelo Supremo Tribunal Federal ao enunciado do art. 52, parágrafo único, do CPC, acolhida a partir de proposta trazida em voto-vista da lavra do Ministro Luís Roberto Barroso, escora-se, fundamentalmente, em argumentos relacionados a uma suposta mitigação da indevida autonomia federativa dos entes federados, sendo impraticável que um determinado Estado submeta seus atos ao crivo de autoridades judiciais pertencente à Justiça de outro. Tal possibilidade poderia, segundo a orientação jurisprudencial vencedora, ocasionar assimetrias no que tange à uniformidade de tratamento entre contribuintes que estejam sediados em Estados distintos, bem como problemas de ordem administrativa, tal como a gestão e o pagamento de precatórios e das requisições de pequeno valor.

Conquanto respeitabilíssimo, o precedente constitucional de observância obrigatória, acima referido, merece ser objetado.

Isso porque, dada a "abrangência nacional" da "jurisdição civil" da qual se investe, vale lembrar, todo e qualquer magistrado/tribunal (art. 16 do CPC),[366] e cujos limites (competência) são exclusivamente os delimitados, de forma expressa, pelo texto constitucional e pela legislação processual ordinária, não há óbice algum para que uma dada autoridade fiscal, bem como o próprio Ente estatal/distrital integrem o polo passivo de demanda processada em Juízo ou Tribunal pertencente ao sistema judiciário de outro ente federado.

---

366. "Art. 16. A jurisdição civil é exercida pelos juízes e pelos tribunais em todo o território nacional, conforme as disposições deste Código".

Essa situação é absolutamente comum, por exemplo, nas ações consignatórias fundadas em dúvida quanto ao ente estatal competente para exigir o ICMS incidente sobre operações de importação de mercadorias, cujo ajuizamento se dará, necessariamente, na justiça local de um dos Entes federados chamados a reclamar o crédito objeto do depósito.[367]

Não se cogita, nesses casos, admitir que a submissão da administração tributária de um determinado ente federado à jurisdição exercida por Juízo ou Tribunal pertencente ao aparato judiciário de outro Estado configure "conflito federativo" a justificar o deslocamento do demanda para a competência (originária) do Supremo Tribunal Federal, mediante invocação da regra de competência prevista no art. 102, inciso I, alínea *f*, da CF/88.[368]

Do mesmo modo, não vemos óbice, seja no modelo constitucional de processo civil, seja no princípio federativo, à

---

367. Essas demandas têm como matéria de fundo o intrincado debate sobre conceitos jurídico-tributários ainda nebulosos, tais como as noções de "destinatário físico" e "destinatário jurídico" da mercadoria importada.
A competência da justiça local para o processamento desse tipo de demanda, de tão consolidada na jurisprudência, é objeto de verbete sumular específico, qual seja: a Súmula 503 do STF. Confira-se:
"Súmula 503 do STF. A dúvida, suscitada por particular, sobre o direito de tributar, manifestado por dois Estados, não configura litígio da competência originária do Supremo Tribunal Federal".
Esse verbete, conquanto antigo (1969), vem sendo confirmado por diversos precedentes recentes do Supremo Tribunal Federal (vide, neste sentido, os acórdãos exarados nas ACOs 1033/PB, 1799/PR e 1295/SP).

368. EMENTA AGRAVO REGIMENTAL NA AÇÃO CÍVEL ORIGINÁRIA. DEMANDA OBJETIVANDO A CONSIGNAÇÃO EM PAGAMENTO E A IDENTIFICAÇÃO DA PESSOA JURÍDICA TITULAR DA COMPETÊNCIA PARA TRIBUTAR O GÁS LIQUEFEITO DERIVADO DO GÁS NATURAL PARA O CORRETO RECOLHIMENTO DO IMPOSTO SOBRE A CIRCULAÇÃO DE MERCADORIAS E SOBRE PRESTAÇÃO DE SERVIÇOS - ICMS. INEXISTÊNCIA DE CONFLITO FEDERATIVO. PRECEDENTES. INCOMPETÊNCIA DO SUPREMO TRIBUNAL FEDERAL. AGRAVO REGIMENTAL A QUE SE NEGA PROVIMENTO.
1. A discussão acerca da identificação do sujeito ativo competente para cobrar ICMS incidente sobre gás liquefeito derivado de gás natural não traz risco de abalo ao pacto federativo, inapta à configuração do conflito federativo atrativo da competência originária prevista no art. 102, I, f, da Constituição Federal.
2. Agravo regimental conhecido e não provido.

aplicação ampla e irrestrita da regra de competência prescrita no indigitado do art. 52, parágrafo único, do CPC/2015, inclusive no que diz com os mandados de segurança impetrados no domicílio do sujeito passivo em face de atos coatores exarados por autoridades que integrem a administração tributária de outros Estados da federação.[369]

Ao contrário, especialmente no caso do mandado de segurança em matéria tributária, a subjacente situação de desvantagem do sujeito passivo para com o ente político tributante, que se identifica com aquilo que JAMES MARINS denomina, precisamente, de "vulnerabilidade" do contribuinte, perfaz razão suficiente para reconhecer a plena constitucionalidade da regra de competência prescrita no art. 52, parágrafo único, do CPC/2015.[370]

Ademais, a experiência é pródiga em retratar as imensas dificuldades a que se submetem os contribuintes que realizam, com frequência, operações de vendas interestaduais de mercadorias, diante da constante utilização, por parte de algumas administrações fazendárias, de instrumentos coativos ilegítimos de cobrança – tais como a apreensão de mercadorias em fiscalizações de fronteira –,

---

369. Não é esse, no entanto, o entendimento de CASSIO SCARPINELLA BUENO. Confira-se:
"O art. 52, em seu *caput* e parágrafo único, replica, com adaptações para os Estados e para o Distrito Federal, a mesma regra que o art. 51 reserva para a União. A regra, que tem tudo para ser polêmica, precisa, mormente no que diz respeito à previsão de seu parágrafo único, ser interpretada levando em conta o modelo constitucional de processo civil, em especial os casos em que a demanda contra Estados será necessariamente ajuizada perante o Supremo Tribunal Federal (art. 102, I, e e f, da CF) e a previsão do § 1º do art. 125 da Constituição Federal, que reserva aos Estados a organização da sua própria Justiça. Ademais, litigar em face de Estado em qualquer comarca brasileira, como autoriza aquele dispositivo ao fazer menção ao "domicílio do autor", pode comprometer, não há como afastar aprioristicamente esse receio, o exercício da ampla defesa pelo próprio Estado. Idêntica observação merece ser feita com relação ao Distrito Federal, não obstante caber à União Federal organizar a Justiça daquele ente político, consoante estabelece o inciso XVII do art. 22 da Constituição Federal". BUENO, Cassio Scarpinella. *Curso sistematizado de direito processual civil*, v. 1, 2018, p. 463.

370. MARINS, James. *Defesa e vulnerabilidade do contribuinte*, São Paulo: Dialética, 2009.

destinados a compelir o sujeito passivo ao cumprimento de exigências fiscais (imposto, multas etc.) que, não raro, são flagrantemente ilegais.

Nesses casos, os custos, os riscos (inclusive comerciais) e as dificuldades para o manejo do mandado de segurança no foro da autoridade impetrada levam o sujeito passivo a optar, muitas vezes, pelo pagamento da exigência, mesmo tendo plena consciência de sua ilegitimidade.

A possibilidade de ajuizamento, não só do mandado de segurança, mas também de toda e qualquer ação antiexacional de rito comum, no domicílio do sujeito passivo, nada mais é que uma forma de reconhecimento, por parte do legislador ordinário, da situação de "desigualdade ontológica" que caracteriza as relações jurídicas estabelecidas entre administração e administrado.

O processo jurisdicional, nesse contexto, atua como agente garantidor da ideia de "igualdade", que, aliás, lhe é constitucionalmente imanente, prestando-se a implementar uma efetiva relação de paridade de armas entre os litigantes. Ignorar essa circunstância equivaleria, em nosso sentir, a negar a essência do modelo constitucional de processo civil, em especial no que tange às noções de devido processo legal, contraditório e ampla defesa.

Muito embora tenda a ser insuficiente qualquer análise apriorística sobre a constitucionalidade do art. 52, parágrafo único, do CPC – e que desconsidere a realidade que subjaz às relações estabelecidas entre administrações e administrados –, é possível presumir, antecipadamente, que Estados e Distrito Federal possuem aparatos jurídicos de representação judicial que, somados às regras especiais de contagem de prazos processuais, dão-lhes plenas condições de superação de eventuais dificuldades oriundas do ajuizamento de demandas em foros mais longínquos. Eventuais problemas de gestão de pagamentos de precatórios e ofícios requisitórios poderiam, muito bem, serem resolvidos por meio de convênios e acordos de cooperação.

Dito isso, reiteramos que, sob o ponto de vista pragmático, a orientação firmada pelo Supremo Tribunal Federal acerca da abrangência territorial limitada do permissivo constante do art. 52, parágrafo único, do CPC, é a que deverá ser observada.

Isso não impede, no entanto, que ainda nos valhamos dos entendimentos firmados pela Corte Suprema acerca aplicação do art. 109, §2º, da CF/88, para admitir que, ao menos no âmbito interno de cada ente subnacional, o sujeito passivo poderá invocar a regra de competência de prescrita no art. 52, parágrafo único, do CPC, para justificar a impetração do mandado de segurança no foro de seu domicílio, em detrimento, inclusive, do foro de domicílio da autoridade impetrada.

É preciso asseverar, no entanto, que a regra de competência que faculta ao sujeito passivo impetrar o mandado de segurança no foro do próprio domicílio deve ceder diante de eventual norma de competência (absoluta) funcional que atribua ao Tribunal de Justiça local a prerrogativa exclusiva para processar e julgar o mandado de segurança voltado contra ato de determinadas autoridades.

É o caso, por exemplo, dos atos praticados "por" ou "sob a ordem" dos Secretários de Fazenda de determinados Estados nos quais se verifica, a partir de regras constantes de suas respectivas Constituições, a atribuição de competência exclusiva ao Tribunal de Justiça local para processar e julgar os mandados de segurança contra referidos atos.

Por fim, com relação aos mandados de segurança impetrados contra atos de autoridades fazendárias municipais e equiparadas, a regra de "foro do domicílio da autoridade coatora", que se confunde com a própria noção de "domicílio do réu", permanece hígida. E isso pelo simples fato de tais entes não terem sido referidos pelas regras (especiais) de competência de foro prescritas nos respectivos Parágrafos únicos dos arts. 51 e 52 do CPC.

O silêncio do legislador ordinário, nesse tocante, é eloquente quanto à incapacidade da maioria dos Municípios brasileiros em dispor do aparato jurídico e financeiro necessários a responder por demandas ajuizadas em todo território nacional, o que, mais uma vez, está em plena harmonia com o modelo constitucional de processo (quando analisado, por óbvio, à luz da realidade que lhe é subjacente).

1.5.5 O mérito do mandado de segurança em matéria tributária e os limites legais (materiais e processuais) à concessão da tutela mandamental (provisória e definitiva)

A (i)legalidade do ato impetrado, aferível de plano com base na evidência dos fatos (direito líquido e certo) plasmados na prova documental que deve instruir a peça exordial da demanda mandamental, consubstancia o próprio mérito do mandado de segurança.

Trata-se, assim, no específico caso o mandado de segurança em matéria tributária, de afastar a presunção de legalidade de que goza o ato de autoridade fiscal que vier a restringir, ilegitimamente, direito subjetivo do sujeito de direito tributário.

A ideia de "ilegalidade" dos atos impositivos fiscais que fundamenta a pretensão mandamental, interpretada em sua acepção mais literal - e que aponta para um ato praticado em desacordo com a "Lei" em sentido formal –, é, já o dissemos, antagônica à noção constitucional de legalidade estrita, que deve nortear a atividade impositiva desempenhada pelas autoridades fiscais.

Tal constatação, contudo, não implica admitir que a utilização do mandado de segurança está restrita àquelas situações em que se verificar a violação de normas legais em sentido formal.

Em verdade, o "ato ilegal" a ser atacado pela via da ação mandamental será todo aquele que, por ação ou omissão, resultar em violação de preceito jurídico-normativo a que estiver submetida a atividade impositiva estatal, independentemente da posição hierárquica que o referido preceito ocupar no sistema jurídico.

É o mesmo que dizer, mas por outros termos, que também serão "ilegais", para fins de mandado de segurança, tanto o ato praticado com fundamento em norma legal editada em desacordo com o texto constitucional quanto aquele exarado sem a observância de regras veiculadas em instrumentos normativos infralegais, tais como Decretos, Instruções Normativas, Portarias etc.

A ilegalidade que justifica e viabiliza o manejo do mandado de segurança pode se materializar a partir de condutas comissivas (autos de infração; imposição de regimes especiais; etc.) ou omissivas (negativa de emissão de certidões; mora na apreciação de pedidos de restituição/ressarcimento etc.) da autoridade fiscal impetrada, circunstância que, apesar de trivial, resulta em importante alteração no regime jurídico de impetração do *mandamus*.

Isso porque, conforme dispõe o art. 23 da Lei 12.012/2009,[371] a regra é a de que a impetração do mandado de segurança se dê no prazo de 120 (cento e vinte) dias contados da "notificação do ato impugnado".[372]

---

371. "Art. 23. O direito de requerer mandado de segurança extinguir-se-á decorridos 120 (cento e vinte) dias, contados da ciência, pelo interessado, do ato impugnado".

372. Não é o caso de revolvermos a questão relativa à (in)constitucionalidade do indigitado prazo de 120 dias, que há muito resta superada, tendo sido inclusive objeto de súmula do Supremo Tribunal Federal. Confira-se:
"Súmula 632 do STF – É constitucional a lei que fixa o prazo de decadência do mandado de segurança".

Tratando-se de ato omissivo, entretanto, não há que se falar em "notificação", de sorte que a situação de violação a ser combatida se renova na medida em que a indigitada omissão se protrai no tempo. Por esse motivo, não é possível cogitar o desencadeamento de prazo (120 – cento e vinte dias) para impetração do mandado de segurança que tenha por objeto o afastamento dos efeitos emanados por atos omissivos da autoridade fiscal.

Por razões óbvias, também não há que se falar em desencadeamento do prazo de 120 (cento e vinte) dias quando se estiver a tratar de impetrações preventivas, fundadas em justo receio (ameaça de lesão) da prática de ato ilegal que, conquanto na iminência de sê-lo, ainda não se materializou. Também nesses casos, o interesse processual do sujeito passivo tributário permanecerá intacto enquanto remanescer o estado de ameaça de lesão que justifica a insurgência preventiva.

Já em relação aos atos (de autoridade) comissivos, é sempre importante lembrar que o interesse processual para a impetração do mandado de segurança se manifesta no momento em que o ato de autoridade fiscal tem plenas condições de produzir os efeitos a ele inerentes, situação que, em alguns casos, não coincide exatamente com o momento da mera "cientificação" formal do sujeito passivo.

Tratando-se de atos de autoridade fiscais impositivos – lançamentos tributários de ofício em sentido amplo –, por exemplo, esta situação se dá, precisamente, por ocasião do esgotamento das vias contenciosas administrativas, instante em que o crédito tributário se torna "definitivo" e, consequentemente, "exigível".

Essa assertiva assume grande relevância quando nos damos conta de uma característica muito peculiar àquilo que genericamente é chamado de "recurso administrativo-tributário", em especial no que diz com sua capacidade de produzir, automaticamente, o efeito previsto no art. 151, inciso III, do CTN,[373] que é justamente o de suspender – ou impedir [374] – a exigibilidade do crédito tributário.

Nesse tocante, a prerrogativa atribuída pelo art. 151, inciso I, do CTN às reclamações e aos recursos administrativos é muito similar à constante do art. 1.012 do CPC,[375] que confere ao recurso de apelação a capacidade de suspender os efeitos da sentença apelada.

Tanto lá, como cá, embora a literalidade dos dispositivos legais em comento aponte para um fenômeno que decorreria da efetiva interposição do recurso (administrativo ou judicial), o que se tem, em verdade, é uma eficácia suspensiva imanente ao próprio "estado de recorribilidade/impugnabilidade".

Essa circunstância, por si só, explica e se coaduna com o fato de a exigibilidade do crédito tributário, bem como o interesse processual para a impetração do mandado de segurança inexistirem antes do esgotamento do prazo de vencimento ou das vias recursais administrativas.

Isso tudo tem especial impacto sobre a contagem do prazo para a impetração do mandado de segurança em matéria tributária, que se deslocará da data da notificação do lançamento para o momento em que a decisão final exarada no processo administrativo se tornar definitiva naquele

---

373. "Art. 151. Suspendem a exigibilidade do crédito tributário:
(...)
III - as reclamações e os recursos, nos termos das leis reguladoras do processo tributário administrativo;"

374. A expressão "suspensão da exigibilidade do crédito", constante do caput do art. 151 do CTN, tem amplitudes semânticas distintas a depender do momento em que o "ato/fato suspensivo se verificar", podendo se materializar em causa impeditiva ou suspensiva da exigibilidade. Em se tratando de recursos administrativos, interpostos em momento anterior àquele em que o débito tributário se torna exigível (antes do vencimento), quer nos parece mais adequado afirmar que a exigibilidade resta impedida pelo ato de impugnação administrativa.

375. "Art. 1.012. A apelação terá efeito suspensivo".

específico ambiente processual, ocasião em que o débito tributário passará a produzir os efeitos que lhe são próprios, tornando-se exigível.[376]

Outra limitação legal ao mandado de segurança que não se aplica aos atos de autoridade de natureza omissiva é aquela prescrita no art. 5º, inciso I, da Lei 12.016/2009,[377] segundo a qual a concessão da segurança restará prejudicada quando se verificar cabível, contra o ato de autoridade fiscal, recurso administrativo com efeito suspensivo, independentemente de caução.

A razão para isso – quer nos parecer – é a mesma que justifica a inaplicabilidade, a essas situações, do prazo de 120 (cento e vinte) dias, qual seja: o fato de os atos omissivos não serem "notificáveis" e, portanto, não estarem sujeitos a impugnações administrativas.

---

376. "PROCESSUAL CIVIL. RECURSO ESPECIAL. TRIBUTÁRIO. IMPUGNAÇÃO DO AUTO DE LANÇAMENTO POR MEIO DE RECURSO ADMINISTRATIVO COM EFEITO SUSPENSIVO. MANDADO DE SEGURANÇA. TERMO INICIAL DO PRAZO PARA IMPETRAÇÃO.
1. Nos termos do art. 18 da Lei 1.533/51, "o direito de requerer mandado de segurança extinguir-se-á decorridos cento e vinte dias contados da ciência, pelo interessado, do ato impugnado". Contudo, apresentado recurso administrativo com efeito suspensivo, mostra-se inadequada a utilização do writ, enquanto não efetuado seu julgamento (art. 5º, I, da Lei 1.533/51).
2. Como bem observa Mauro Luís Rocha Lopes, "o termo inicial do prazo para requerer mandado de segurança será a data da ciência do ato atacado, pelo interessado. No seio tributário, podem ser vislumbrados vários marcos iniciais, como a ciência do auto de infração, da decisão proferida em processo administrativo, da inscrição em dívida ativa etc".
3. Na hipótese, em virtude da apresentação de recurso administrativo com efeito suspensivo, a contagem do prazo para a impetração do mandamus teve início com a ciência da respectiva decisão, e não com a lavratura do auto de lançamento, como equivocadamente entendeu o Tribunal de origem.
4. Recurso especial provido".
(REsp n. 778.008/RS; 1º Turma Rel. Ministra Denise Arruda, Julgamento de 16/09/2008; DJe de 29/09/2008).

377. "Art. 5º. Não se concederá mandado de segurança quando se tratar:
I - de ato do qual caiba recurso administrativo com efeito suspensivo, independentemente de caução;"

Quanto aos atos administrativos fiscais (comissivos) voltados à constituição do crédito tributário (lançamentos de ofício, em sentido amplo), e cujo "estado de recorribilidade administrativa" tem o condão de produzir, automaticamente, os efeitos suspensivos da exigibilidade do crédito referidos linhas acima (art. 151, inciso III, do CTN), a limitação imposta pelo indigitado art. 5º, inciso I, da Lei 12.016/2009 há que ser analisada com reservas.

Conforme anotamos anteriormente, a eficácia suspensiva da exigibilidade do crédito tributário, prevista no art. 151, inciso III, do CTN, longe de ser um fenômeno aferível somente por ocasião da efetiva apresentação da defesa/recurso administrativo, perfaz uma decorrência direta do mero "direito subjetivo" (faculdade de) de impugnar administrativamente o crédito tributário (situação de recorribilidade).

Essa circunstância, quando analisada à luz da limitação imposta pelo art. 5º, inciso I, da Lei 12.016/2009, pode nos levar à precipitada conclusão de que o manejo do mandado de segurança pelo sujeito passivo tributário pressupõe o efetivo esgotamento das vias recursais administrativas.

Não é esse, absolutamente, o caso do mandado de segurança contra débito tributário cuja exigibilidade esteja suspensa por pendência de recurso administrativo.

E isso porque o sujeito passivo sempre terá a faculdade de renunciar às vias recursais administrativas – deixando, por exemplo, que transcorra *in albis* o prazo para impugnar administrativamente o ato de lançamento –, o que resultará na plena assunção de exigibilidade por parte do débito fiscal, fazendo nascer o interesse processual na impetração da ação mandamental.

Além disso, não é incomum que os entes políticos tributantes disponham expressamente em suas respectivas legislações que a mera adoção, por parte do sujeito passivo, de medida judicial destinada a questionar o débito fiscal induz a automática e irretratável renúncia das vias impugnatórias administrativas.[378]

Tudo isso induz a inafastável conclusão de que, mesmo no caso de o sujeito passivo haver lançado mão das vias impugnatórias/recursais administrativas – e a despeito do que possa indicar a literalidade da regra do art. 5º, inciso I, da Lei 12.016/2009 –, remanescerá seu interesse processual na impetração do mandado de segurança, haja vista o manejo do instrumento judicial importar em desistência tácita das vias processuais administrativas, tornando o débito tributário plenamente exigível.

De mais a mais, essa interpretação é a que melhor se adéqua à ideia de "inafastabilidade da jurisdição", que, vale insistir, também se manifesta na cláusula especial insculpida inciso LXIX do art. 5º da CF/88.

Nesse passo, em caso de renúncia ao direito de impugnar administrativamente o crédito tributário, o *dies a quo* da contagem do prazo legal para impetração deverá corresponder, em nosso sentir, à data em que o lançamento tributário se tornar definitivo no âmbito administrativo, instante que coincide, aliás, com aquele em que se opera a renúncia das vias contenciosas administrativas, quando o débito fiscal tornar-se definitivo e, portanto, plenamente exigível.

---

378. No âmbito da competência administrativa da União Federal, essa regra consta do parágrafo único do art. 38 da Lei 6.830/80, segundo o qual "a propositura, pelo contribuinte, da ação prevista neste artigo importa em renúncia ao poder de recorrer na esfera administrativa e desistência do recurso acaso interposto". Na legislação paulista, esta regra consta do §1º do art. 30 da Lei Estadual 13.457/2009, o qual enuncia que "a propositura de ação judicial importa renúncia ao direito de litigar no processo administrativo tributário e desistência do litígio pelo autuado, devendo os autos serem encaminhados diretamente à Procuradoria Geral do Estado, na fase processual em que se encontrarem".

1.5.5.1 Tutelas provisórias e mandado de segurança: a liminar em mandado de segurança em matéria tributária e suas particularidades

As limitações legais ao mandado de segurança não se restringem às condições de manejo do instrumento processual em si, estendendo-se a aspectos relativos à própria tutela de segurança, inclusive à concedida em caráter provisório.

Essa circunstância nos dá o pretexto necessário para avançar nossa análise rumo a um específico e importante capítulo de estudo do mandado de segurança que é justamente aquele referente à "liminar".

Com efeito, quando falamos em "liminar em mandado de segurança", queremos referir uma espécie de tutela jurisdicional provisória, produzida a partir de juízo de cognição sumária – o qual se apega ao estado de liquidez e certeza do direito afirmado pela impetrante –, e tendente a obstar, de imediato, os efeitos danosos emanados pelo ato de autoridade cuja ilegalidade se pretende afastar, com vistas à preservação, *in natura*, do direito dito violado.

Nesse contexto, a Lei 12.016/2009, em seu art. 7º, inciso III,[379] ao determinar que o ato de autoridade seja suspenso quando houver "fundamento relevante" e "risco de ineficácia da medida", nada mais faz que expressar duas condições implícitas à noção de urgência insculpida no regime geral de direito processual (CPC).

Trata-se, portanto, de típica tutela de urgência, exarada com base em juízos de plausibilidade (fundamento relevante) e perigo (risco de ineficácia da medida), cujo

---

379. Art. 7º. Ao despachar a inicial, o juiz ordenará:
(...)
III - que se suspenda o ato que deu motivo ao pedido, quando houver fundamento relevante e do ato impugnado puder resultar a ineficácia da medida, caso seja finalmente deferida, sendo facultado exigir do impetrante caução, fiança ou depósito, com o objetivo de assegurar o ressarcimento à pessoa jurídica.

conteúdo e eficácia assumirão ora caráter acautelatório, ora natureza antecipatória, a depender da *espécie de direito material tutelado*, bem como das necessidades concretas do impetrante.[380]

Essa capacidade de ajustamento própria à medida liminar em mandado de segurança torna-se muito evidente quando analisamos seus distintos efeitos sobre as diferentes espécies de situações conflituosas havidas no decorrer *processo de concretização do direito tributário*.

É certo que, em matéria tributária, a eficácia "ordinária" da liminar em mandado de segurança é, precisamente, a prevista no art. 151, inciso IV, do CTN,[381] qual seja: "a suspensão da exigibilidade do crédito tributário". Estamos a falar, neste caso, de tutela indiscutivelmente acautelatória da pretensão deduzida pelo impetrante, porque tende a evitar a prática de quaisquer atos de cobrança, por parte do Fisco, que possam inviabilizar os efeitos práticos da segurança que porventura venha a ser, ao final, concedida.

Essa eficácia acautelatória, todavia, não advém de uma definição apriorística da "liminar em mandado de segurança" feita pela legislação processual, isto é, de algo que possa ser chamado de "natureza jurídico-processual própria à liminar em mandado de segurança", mas de uma mera imposição decorrente de regra de direito material, no caso, o Código Tributário Nacional.

---

380. Nesse sentido, afirma EDUARDO ARRUDA ALVIM: "O certo é que, em muitos casos, sobressai na liminar em mandado de segurança um 'quê de cautelaridade'. Outras vezes, predomina o cunho antecipatório, entendida a expressão no sentido de que 'a liminar, ao antecipar os efeitos fáticos que possam decorrer da prolação da sentença (...) (pode fazer) surgir uma identidade entre a providência que se pretende ao final da ação e aquela que se obtém liminarmente". ARRUDA ALVIM, Eduardo. *Mandado de segurança*, p. 162.

381. Art. 151. Suspendem a exigibilidade do crédito tributário:
(...)
IV - a concessão de medida liminar em mandado de segurança.

Em várias outras situações de violação a direitos líquidos e certos de sujeitos passivos tributários, a liminar em mandado de segurança produzirá efeitos antecipatórios plenos, satisfativos do interesse do impetrante.

É o caso, por exemplo, das liminares concedidas no bojo de mandados de segurança impetrados com o intuito específico de: (i) obtenção de certidão negativa de débito; (ii) liberação de mercadorias apreendidas por falta de pagamento de tributos; (iii) processamento de recursos administrativos; ou, ainda, (iv) apreciação de pedidos de restituição, ressarcimento ou compensação de tributos.

A despeito disso, e conforme anotamos anteriormente, a eficácia ordinária da liminar em mandado de segurança é a prevista no art. 151, inciso IV, do CTN, isto é, a suspensão da exigibilidade do crédito veiculado pelo ato de autoridade atacado. Esta situação ocorre, precisamente, nos casos em que o objeto principal do mandado de segurança é a desconstituição do ato formalizador da obrigação tributária em sentido estrito.

Suspender a exigibilidade do crédito tributário, também já o dissemos, significa impedir que a autoridade fiscal pratique quaisquer atos que, direta ou indiretamente, prestem-se à cobrança do crédito tributário discutido, especialmente aqueles que venham a sancionar ou restringir o exercício de direitos do sujeito passivo (aplicação de multa, inscrição do débito em dívida ativa, lançamento em cadastro de devedores, apreensão de mercadorias, bloqueio de emissão de notas fiscais, proibição de participação em procedimento licitatório, propositura da ação executiva fiscal etc.), e desde que tais atos sejam praticados em decorrência dos débitos tributários questionados no mandado de segurança.

A pretensão mandamental de urgência contra o afastamento de ato de autoridade constitutivo de débito tributário, por sua vez, pode ser deduzida em dois átimos temporais distintos: (i) em momento *anterior à própria produção do ato*, caso em que se terá o manejo do chamado *mandado de segurança preventivo*, fundado em *ameaça de lesão* (justo receio) a direito líquido e certo e destinado à *declaração da inexistência de relação jurídico-tributária*; e (ii) em *momento posterior à emanação do ato coator*, caso em que se manejará o chamado *mandado de segurança repressivo*, fundado em *violação concreta a direito líquido e certo* e destinado a *desconstituir o débito constante de ato atacado*.

A distinção feita adrede se mostra importante porque a aferição, *in* concreto, dos requisitos de concessão de medida liminar, bem como dos efeitos peculiares a ela, assume nuances diferentes nos mandados de segurança preventivo e repressivo.

A aferição da existência de fundamento relevante para concessão da liminar em mandado de segurança preventivo estará, na maior parte das vezes, relacionada à demonstração, de plano, da ilegalidade/inconstitucionalidade, *in* abstrato, de regra de incidência tributária, ou, ainda, ao não enquadramento de determinado fato, praticado reiteradamente pelo sujeito passivo – em determinada hipótese de incidência tributária.

Há uma série de questões tributárias cognoscíveis em nível de "ameaça" que dispensam o efetivo ato de aplicação para serem apreciadas. Problemas relativos à imunidade; isenção; inconstitucionalidade/ilegalidade de tributo; direito a crédito são, em regra, apreciáveis em *in* abstrato, exigindo-se, tão somente, a demonstração, pelo impetrante, de que suas atividades estão relacionadas às referidas questões.

Estamos a falar, obviamente, do mandado de segurança preventivo tributário *clássico*, isto é, daquele que tem por objeto o afastamento de exigência fiscal ainda não formalizada, cuja causa de pedir diz com a viabilidade da incidência de uma determinada norma tributária. Dessa forma, a tutela jurisdicional exarada nesta modalidade de *mandamus* produz eficácia prospectiva, emanando seus efeitos sobre eventos futuros, os quais, no mais das vezes, estão vinculados às chamadas relações jurídico-tributárias de trato continuativo.

É sempre importante lembrar que, assim como ocorre com a tutela de urgência concedida em ações declaratórias negativas, o risco de ineficácia da medida em sede de mandado de segurança preventivo pode estar relacionado aos efeitos diretos e indiretos decorrentes da própria constituição do débito tributário.

Nesse passo, conquanto não seja algo corriqueiro, é possível, teoricamente, que a mera constituição do crédito tributário possa implicar prejuízos ao sujeito passivo. Em tais situações, a liminar em mandado de segurança preventivo poderá, em tese, emanar ordem expressamente proibitiva da constituição do crédito tributário, circunstância em que restará suspenso o prazo relativo ao direito do Fisco.

Quanto à suspensão do prazo decadencial, remetemos o leitor ao que já ponderamos acerca de situação similar verificada no âmbito das ações declaratórias negativas (item 1.1.4 supra), ocasião em que afirmamos não ser razoável admitir a penalização do Fisco por não levar a efeito o direito potestativo de constituir o crédito tributário, cujo exercício esteja expressamente obstado por decisão judicial de cunho provisório.

No mais das vezes, contudo, a liminar em mandado de segurança preventivo, à semelhança do que ocorre com a tutela de urgência exarada em ação declaratória negativa (ver item 1.1. retro), não obsta a constituição do crédito tributário, somente impede que o indigitado ato de formalização – auto de infração – seja lavrado com a inclusão dos consectários legais decorrentes do não recolhimento espontâneo pelo sujeito passivo.[382]

---

382. Nesse sentido, dispõe o art. 63 da Lei 9.430/96:

Art. 63. Na constituição de crédito tributário destinada a prevenir a decadência,

Nessas condições, a referida tutela de urgência terá aptidão para obstar a prática de toda sorte de atos coercitivos que possam, eventualmente, ser usados pelo Fisco como instrumentos diretos ou indiretos de cobrança. Tais medidas vão desde a inscrição do nome do sujeito passivo em cadastro de devedores, passando pela inscrição do débito em dívida ativa, e terminando por impedir a própria propositura da ação executivas fiscal.

Nesse sentido, a constituição do crédito tributário com a exigibilidade suspensa – efeito ordinário da liminar em mandado de segurança preventivo – impede que o Fisco tome quaisquer medidas restritivas da atividade do impetrante, garantindo a eficácia futura da tutela de segurança pretendida. Daí sua natureza preponderantemente acautelatória.

Em se tratando, por outro lado, de mandado de segurança repressivo, voltado à impugnação de exigências fiscais devidamente formalizadas, tal qual ocorre com a ação anulatória de débito fiscal, a gama de questões que podem se traduzir em "fundamentos relevantes" para a concessão da liminar é muito maior do que no mandado de segurança preventivo.

Assim, para além das questões normativo-conceptuais, o mandado de segurança repressivo tende a se voltar a questões concretas, relacionadas à efetiva aplicação da legislação tributária a determinado arcabouço fático, tais como: a decadência do direito do fisco; a nulidade do ato constitutivo do crédito por vício formal; erro na

---

relativo a tributo de competência da União, cuja exigibilidade houver sido suspensa na forma dos incisos IV e V do art. 151 da Lei 5.172, de 25 de outubro de 1966, não caberá lançamento de multa de ofício.
§ 1º. O disposto neste artigo aplica-se, exclusivamente, aos casos em que a suspensão da exigibilidade do débito tenha ocorrido antes do início de qualquer procedimento de ofício a ele relativo.
§ 2º. A interposição da ação judicial favorecida com a medida liminar interrompe a incidência da multa de mora, desde a concessão da medida judicial, até 30 (trinta) dias após a data da publicação da decisão judicial que considerar devido o tributo ou contribuição.

identificação da matéria tributável; do sujeito passivo; da base de cálculo etc.

Por essa razão, a demonstração do relevante fundamento, nesses casos – notadamente quando a pretensão estiver respaldada em questões fáticas (problemas de enquadramento) –, pressupõe um maior esforço argumentativo destinado a estabelecer, de forma precisa e clara, a exata correspondência entre os fundamentos jurídicos do pedido e o conteúdo das provas documentais acostadas à peça inicial, "amarrando-os" de tal maneira que a formação do juízo de relevância – sumário por natureza – seja possível.

A demonstração do risco de ineficácia da tutela em sede de mandado de segurança repressivo ocorre, em regra, por razões similares àquelas utilizadas no âmbito do mandado de segurança preventivo, as quais dizem, fundamentalmente, com o fato de a condição de devedor inadimplente acarretar a imposição de medidas restritivas e coercitivas com potencial lesivo capaz de comprometer o regular exercício das atividades do sujeito passivo.

Faz-se oportuna, no entanto, uma pequena observação acerca dos efeitos emanados pela liminar mandamental repressiva.

É que, nessa específica modalidade de tutela provisória, a suspensão de exigibilidade do crédito tributário obstaculizará, tão somente, a prática de atos de cobrança que ainda não tenham sido realizados pelo Fisco na data da concessão da medida, o que corresponde a dizer que os efeitos da liminar serão, em regra, prospectivos, atingindo a eficácia técnica das normas (gerais e abstratas) de cobrança ainda por serem aplicadas.

Isso não impede, por óbvio, que o impetrante formule pedido expresso para que sejam desconstituídos determinados atos de cobrança já praticados – como protesto do débito e inclusão do nome do sujeito passivo em cadastros de devedores –, por prejudiciais às suas atividades.

Pois bem. Para além dos requisitos ordinários (*fumus* e *periculum*) de concessão da liminar em mandado de segurança que guardam relação direta com a própria natureza processual do instituto (espécie do gênero "tutela de urgência"), existem, ainda, outras condições (não necessárias, mas eventuais) previstas na Lei 12.016/2009.

É exatamente o caso da regra constante da parte final do art. 7º, inciso III, do referido diploma, que "faculta" ao Juízo da causa exigir do impetrante, como condição para concessão da medida liminar, caução, fiança ou depósito.

A primeira questão a ser enfrentada sobre o conteúdo normativo de tal disposição diz respeito ao sentido do termo "facultado", o qual pode, numa leitura apressada, levar à conclusão equivocada de que, presentes os requisitos de plausibilidade do direito afirmado e risco de ineficácia da medida, estaria o juiz livre para exigir ou não a garantia, como condição para concessão da medida liminar.

Não se trata disso, em absoluto.

O dispositivo em questão não consubstancia "cheque em branco" do legislador ao Juízo para escolher, discricionariamente, nos casos em que estiverem presentes os requisitos legais (plausibilidade do direito e risco de ineficácia da medida), se exigirá ou não a prestação de garantia para concessão da medida de urgência. Tal regra, em verdade, deve ser interpretada à luz de outros dispositivos similares veiculados no regime geral de direito processual (Código de Processo Civil), em especial os arts. 300, §1º, e 302 do CPC.[383]

---

383. "Art. 300. A tutela de urgência será concedida quando houver elementos que evidenciem a probabilidade do direito e o perigo de dano ou o risco ao resultado útil do processo.
§ 1º. Para a concessão da tutela de urgência, o juiz pode, conforme o caso, exigir

Nesse contexto, a exigência de caução, depósito ou fiança somente terá lugar na condição de contracautela, exigível por ocasião da verificação, no caso concreto, de risco efetivo de irreversibilidade dos efeitos da medida liminar ou de provável dano à pessoa jurídica de direito público, circunstâncias que deverão ser devidamente demonstradas no fundamento da decisão que condicionar a concessão da liminar à prestação da garantia, sob pena de violação ao *modelo constitucional de mandado de segurança.*[384]

Inadmissível, portanto, que se exija a prestação da contracautela, em quaisquer de suas modalidades, nos casos em que estiverem presentes as condições legais de concessão da liminar e ausente o risco de dano à pessoa política.

A segunda questão que se coloca – ainda sobre a exigência de garantia para a concessão de medida liminar – diz com as especificidades próprias ao regime jurídico subjacente à lide que se instala no mandado de segurança em matéria tributária, notadamente com relação à exigência de depósito.

A disciplina referente ao depósito judicial na legislação processual assume importância nuclear nos mandados de segurança que têm por objeto discussões quanto à legalidade de exigências tributárias, pois tal previsão convive, lado a lado, com a do art. 151, inciso II, do Código Tributário

---

caução real ou fidejussória idônea para ressarcir os danos que a outra parte possa vir a sofrer, podendo a caução ser dispensada se a parte economicamente hipossuficiente não puder oferecê-la".
"Art. 302. Independentemente da reparação por dano processual, a parte responde pelo prejuízo que a efetivação da tutela de urgência causar à parte adversa, se:
I - a sentença lhe for desfavorável;
II - obtida liminarmente a tutela em caráter antecedente, não fornecer os meios necessários para a citação do requerido no prazo de 5 (cinco) dias;
III - ocorrer a cessação da eficácia da medida em qualquer hipótese legal;
IV - o juiz acolher a alegação de decadência ou prescrição da pretensão do autor.
Parágrafo único. A indenização será liquidada nos autos em que a medida tiver sido concedida, sempre que possível".

384. BUENO, Cassio Scarpinella. *A nova lei do mandado de segurança*, p. 42.

Nacional,[385] a qual dispõe sobre a causa autônoma de suspensão da exigibilidade do crédito tributário, ou seja, o depósito do montante integral do débito.

Essa dualidade de regimes jurídicos – um material, outro processual –, ínsita ao depósito judicial em mandado de segurança em matéria tributária, dificulta não só a identificação, no caso concreto, da índole jurídica do instituto, mas também de sua eficácia.

É que o efeito ordinário da liminar em mandado de segurança em matéria tributária – a teor do que dispõe o art. 151, inciso IV, do CTN – consiste na suspensão da exigibilidade do crédito tributário. Assim, quando, por risco de dano à pessoa jurídica tributante, for exigido do impetrante o oferecimento de garantia, se ela se traduzir em depósito do valor integral do débito questionado, este haverá de respaldar a concessão da medida liminar.

No entanto, o depósito do montante integral do débito, por si só, constitui causa *autônoma* de suspensão da exigibilidade do crédito tributário (art. 151, inciso II, do CTN), o que significa dizer que eventual concessão de medida liminar em mandado de segurança no bojo do qual já haja sido realizado o depósito integral do montante do débito discutido consubstanciará verdadeiro *bis in idem*, haja vista a realização do depósito, por si e em si, dispensar a concessão da medida liminar.

Essa circunstância põe acento sobre a importância de se identificar a correta natureza jurídica do depósito em mandado de segurança em matéria tributária: se constitui garantia para fins de concessão de medida liminar ou, diferentemente, de depósito autônomo, condição suficiente à suspensão da exigibilidade do crédito tributário questionado.

---

385. Art. 151. Suspendem a exigibilidade do crédito tributário:
(...)
II - o depósito do seu montante integral;

A tomada de posição acerca da natureza do depósito no mandado de segurança em matéria tributária – se consubstancia contracautela necessária, em situações de risco de dano, à concessão de medida liminar; ou se constitui a causa autônoma de suspensão da exigibilidade prevista no art. 151, inciso II, do CTN – é determinante para a resposta a outra pergunta importante, qual seja: a realização do depósito do montante integral do débito no mandado de segurança em matéria tributária depende de autorização/anuência do juízo da causa ou, ao contrário, é uma faculdade/direito subjetivo do impetrante?

Se optar-se por atribuir ao depósito o *status* de contracautela, sua realização estará à mercê do juízo, pois compete a ele avaliar o cabimento ou não de sua realização. Nesse caso, a suspensão da exigibilidade do crédito dependerá não só da realização do depósito, mas também da efetiva verificação das duas condições necessárias à concessão da liminar: o fundamento relevante e o risco de ineficácia da medida.

Caso se entenda, ao contrário, que o depósito em mandado de segurança impugnativo de débito tributário tem natureza de causa autônoma de suspensão da exigibilidade do crédito, sua realização não dependerá de autorização do juízo, pois se estará diante de verdadeiro direito subjetivo do contribuinte. Além disso, a produção do efeito suspensivo, nesta específica hipótese, independe, inclusive, da verificação das condições legais de concessão da medida liminar.

A esse respeito, o Superior Tribunal de Justiça vem reiteradamente afirmando a orientação segundo a qual o depósito do montante integral do débito em mandado de segurança se apresenta, realmente, como causa autônoma de suspensão da exigibilidade, assumindo, por via de consequência, a natureza de verdadeiro direito subjetivo da parte, que garante ao impetrante o direito de discutir a legitimidade do débito sem que seja coagido por qualquer espécie de ato constritivo de seu patrimônio.[386]

O mesmo Superior Tribunal de Justiça, no entanto, por ocasião do julgamento do REsp n. 1.156.668/DF, processado pelo regime do art. 543-C, do CPC/73 e relatado pelo Min. Luiz Fux, firmou orientação no sentido de que o depósito, por caracterizar causa autônoma de suspensão da exigibilidade, não pode ser equiparado a outros meios de garantia (caução e fiança) não previstos no rol taxativo do art. 151 do Código Tributário Nacional.[387]

---

386. Por todos, confira-se o recente acórdão proferido no REsp 1289977 / SP:
PROCESSUAL CIVIL E TRIBUTÁRIO. IPTU. DEPÓSITO INTEGRAL. SUSPENSÃO DA EXIGIBILIDADE DO CRÉDITO TRIBUTÁRIO. ART. 151, II, DO CTN.
1. **A jurisprudência desta Corte Superior é no sentido de que "o depósito de que trata o art. 151, II, do CTN constitui direito subjetivo do contribuinte, que pode efetuá-lo tanto nos autos da ação principal quanto em Ação Cautelar, sendo desnecessária a autorização do Juízo. É facultado ao sujeito passivo da relação tributária efetivar o depósito do montante integral do valor da dívida, a fim de suspender a cobrança do tributo e evitar os efeitos decorrentes da mora, enquanto se discute na esfera administrativa ou judicial a exigibilidade da exação" (AgRg no REsp 517937/PE, Rel. Ministro HERMAN BENJAMIN, SEGUNDA TURMA, julgado em 28/04/2009, DJe 17/06/2009).**
2. Assim, no presente caso, apesar da parte ter efetuado o depósito integral do IPTU do exercício de 2005 nos autos da ação declaratória em que se discutia o tributo de 2004, mostrou-se inequívoca a manifestação de vontade de beneficiar-se da suspensão da exigibilidade.
3. Recurso especial não provido.

387. "TRIBUTÁRIO. RECURSO ESPECIAL REPRESENTATIVO DE CONTROVÉRSIA. ART. 543-C, DO CPC. CAUÇÃO E EXPEDIÇÃO DA CPD-EN. POSSIBILIDADE. SUSPENSÃO DA EXIGIBILIDADE DO CRÉDITO TRIBUTÁRIO. ART. 151 DO CTN. INEXISTÊNCIA DE EQUIPARAÇÃO DA FIANÇA BANCÁRIA AO DEPÓSITO DO MONTANTE INTEGRAL DO TRIBUTO DEVIDO PARA FINS DE SUSPENSÃO DA EXIGIBILIDADE. SÚMULA 112/STJ. VIOLAÇÃO AO ART. 535, II, DO CPC, NÃO CONFIGURADA. MULTA. ART. 538 DO CPC. EXCLUSÃO.
1. **A fiança bancária não é equiparável ao depósito integral do débito exequendo para fins de suspensão da exigibilidade do crédito tributário, ante a taxatividade do art. 151 do CTN e o teor do Enunciado Sumular n. 112 desta Corte, cujos precedentes são de clareza hialina**:
(...)
3. Deveras, a suspensão da exigibilidade do crédito tributário (que implica óbice à prática de quaisquer atos executivos) encontra-se taxativamente prevista no art. 151 do CTN, sendo certo que a prestação de caução, mediante o oferecimento de fiança bancária, ainda que no montante integral do valor devido, não ostenta o efeito de suspender a exigibilidade do crédito tributário, mas apenas de garantir o débito exequendo, em

Ao que parece, o grande equívoco no qual incorre o precedente representativo da controvérsia acima referido diz com o entendimento segundo o qual, a par de ser o depósito verdadeira causa autônoma de suspensão da exigibilidade, a caução e a fiança não podem ser utilizadas como instrumentos de contracautela para a concessão de medida liminar.

Com efeito, nos casos em que estiverem presentes as condições de concessão da liminar e, ainda, restar demonstrado o risco de dano à pessoa jurídica titular da relação jurídico-tributária objeto do mandado de segurança, não há

---

equiparação ou antecipação à penhora, com o escopo precípuo de viabilizar a expedição de Certidão Positiva com Efeitos de Negativa e a oposição de embargos. (...)
4. Ad argumentandum tantum, peculiaridades do instituto da fiança demonstram, de forma inequívoca, a impossibilidade de sua equiparação ao depósito, tais como a alegação do benefício de ordem e a desoneração do encargo assumido mediante manifestação unilateral de vontade do fiador, nos termos dos arts. 827 e 835 do Código Civil, verbis:
"Art. 827. O fiador demandado pelo pagamento da dívida tem direito a exigir, até a contestação da lide, que sejam primeiro executados os bens do devedor".
"Art. 835. O fiador poderá exonerar-se da fiança que tiver assinado sem limitação de tempo, sempre que lhe convier, ficando obrigado por todos os efeitos da fiança, durante sessenta dias após a notificação do credor".
5. O contribuinte pode, após o vencimento da sua obrigação e antes da execução, garantir o juízo de forma antecipada, para o fim de obter certidão positiva com efeito de negativa.
(...)
8. **O Juízo federal de primeiro grau concedeu a liminar, fundamentando o decisum na possibilidade de expedição de CPD-EM mediante a apresentação de fiança bancária garantidora da futura execução, consoante farta jurisprudência. No entanto, no dispositivo, contraditoriamente, determina a prestação de fiança "em valor não inferior ao do débito ora discutido mais 30% (trinta por cento), nos termos do § 2º do art. 656 do CPC, a qual deverá ter validade durante todo o tempo em que perdurar a ação judicial, sob pena de restauração da exigibilidade dos créditos tributários".**
9. O Tribunal *a quo*, perpetuou o equívoco do juízo singular, confirmando a concessão da liminar, para suspender a exigibilidade do crédito tributário e para determinar a expedição de Certidão Positiva com Efeitos de Negativa, mediante apresentação de fiança bancária, ao entendimento de que o art. 9º, §3º, da Lei 6.830/80 não estabeleceria qualquer distinção entre o depósito em dinheiro e a fiança bancária, apta a garantir o crédito tributário.
10. Destarte, não obstante o equivocado entendimento do aresto recorrido, verifica-se que o pedido formulado referiu-se à expedição de certidão de regularidade fiscal.
12. Recurso especial parcialmente provido, apenas para afastar a multa imposta com base no art. 538, § único do CPC. Acórdão submetido ao regime do art. 543-C do CPC e da Resolução STJ 08/2008".
(REsp n. 1.156.668/DF; 1ª Seção; Rel. Min. Luiz Fux; Dje de 10/12/2010).

qualquer impedimento legal à concessão da liminar mediante a prestação de contracautela nas modalidades caução ou fiança, situação em que as garantias fidejussórias em comento não serão concedidas com o intuito de promover a suspensão da exigibilidade do crédito tributário, mas como condição para a concessão de medida liminar – expressamente prevista no art. 7º, inciso III, *in fine,* da Lei 12.016/2009 –, esta sim produtora dos indigitados efeitos suspensivos.

Importante ressaltar, nesse tocante, que, tratando-se de contracautela, não é preciso que o valor da garantia seja, necessariamente, idêntico ao do débito questionado no mandado de segurança, muito menos que o objeto da garantia esteja expressamente previsto no rol do art. 151 do CTN. O que se exige, tão somente, é que a garantia seja idônea e capaz de suplantar o risco de dano, o qual deve ser aferido, caso a caso, pelo Poder Judiciário.

Há, dessa forma, três possibilidades de se obter efeito suspensivo da exigibilidade crédito tributário questionado em mandado de segurança: (i) com a mera obtenção de medida liminar, mediante o preenchimento das condições legais (fundamento relevante e risco de ineficácia da medida), nas ocasiões em que ausente o risco de dano à pessoa política tributante; (ii) com a obtenção de liminar, concedida mediante o preenchimento das condições legais e a prestação de garantia (caução ou fiança), nos casos em que haja comprovado risco de dano à pessoa política tributante; e (iii) mediante o depósito do montante integral do débito que, por si só, haverá de ser suficiente à produção da eficácia suspensiva pretendida.

É preciso advertir, contudo, que o Superior Tribunal de Justiça, apesar de reconhecer ao sujeito passivo o direito subjetivo de realizar unilateralmente o depósito do montante integral do débito, nega-lhe o direito de, após realizá-lo, proceder ao levantamento do valor depositado, o qual assume a condição de garantia do Fisco até o final do processo.[388]

Evita-se, com tal restrição, a proliferação de fraudes processuais, especialmente nas causas em que a mera suspensão da exigibilidade e todos os efeitos dela decorrentes têm, por si só, o condão de satisfazer a pretensão do impetrante.

Dessa forma, o depósito realizado nos autos de mandado de segurança com objetivo de suspender a exigibilidade de crédito tributário terá, fatalmente, dois destinos possíveis: (i) o levantamento, por ocasião do trânsito em julgado de sentença favorável ao impetrante; ou (ii) a conversão em renda, a ser realizada quando do trânsito em julgado de sentença favorável ao Fisco, dando causa à extinção do crédito, nos termos do art. 156, inciso VI, do CTN.[389]

Há, ainda, outras duas vedações legais à concessão de medida liminar, ambas expressamente previstas no §2º do art. 7º da Lei 12.016/2009 e com especial impacto sobre o mandado de segurança em matéria tributária, pois vedam a concessão de tutela provisória em demandas que tenham por objeto (i) a compensação de créditos tributários[390] e a (ii) entrega de mercadorias e bens provenientes do exterior.

Essas matérias, conquanto questionáveis pela via do mandado de segurança, estariam exclusivamente adstritas à proteção jurisdicional realizada por meio da tutela mandamental exarada em caráter definitivo, não

---

388. Confira-se, a esse respeito, o REsp n. 1157786/MG. 1ª Turma. Rel. Min. Luiz Fux. J. em: 19 out. 2010.

389. Importante lembrar que tudo o que afirmamos em relação ao depósito do montante integral do débito realizado no âmbito do mandado de segurança aplica-se, sem pôr ou tirar, a ações tributárias equivalentes processadas sob o rito comum.

390. Trata-se de vedação que subjaz à própria edição da Lei nº 12.016/2006, a qual, durante anos, restou objetivada na (cancelada) Súmula 212 do STJ ("A compensação de créditos tributários não pode ser deferida em ação cautelar ou por medida liminar cautelar ou antecipatória.")

podendo ser objeto de apreciação pela via da tutela provisória (liminar).

Subjaz ao comando legal emanado do art. 7º, §2º, da Lei 12.016/2009, a ideia de que a natureza eminentemente satisfativa da tutela provisória exarada nas condições descritas pelo indigitado enunciado legal dificultaria a recomposição do *status quo ante* em caso de posterior denegação da segurança, o que resultaria em risco de dano irreparável ao ente político tributante (entidade impetrada).

A possibilidade de a liminar em mandado de segurança assumir caráter eminentemente satisfativo (antecipatório), já o dissemos, não a desnatura como instrumento legítimo de proteção ao direito líquido e certo do impetrante. E isso mesmo nas situações em que se verifique provável risco de dano à parte impetrada, desde que, por óbvio, referido dano seja eminentemente patrimonial e possa, por exemplo, ser resguardado por contracautela a ser exigida do impetrante ou, ainda, por posterior reparação do dano causado.

Tanto nos casos relativos à compensação de tributos quanto naqueles atinentes à liberação de mercadorias provenientes do exterior que tenham sido apreendidas por razões eminentemente fiscais, eventual reversão de tutela provisória (liminar) que implique dano (patrimonial) aos cofres públicos poderá ocorrer facilmente por meio da execução de garantia idônea previamente exigida.

Na pior das hipóteses, os efeitos patrimoniais decorrentes da concessão da medida liminar nas situações descritas poderão ser revertidos pela mera cobrança do tributo, a se realizar pelas vias legais ordinárias. Em ambas as situações, há plenas condições de restabelecimento do *status quo ante*.

Por esse motivo, impossível não questionar a constitucionalidade das disposições legais em referência, em especial quando cotejadas com o preceito específico da inafastabilidade da jurisdição insculpido no inciso LXIX do art. 5º da CF/88.

É bem verdade que uma interpretação "conforme" e "razoável" da norma em questão poderia amenizar o caráter excessivamente restritivo que deriva da literalidade de seu enunciado, estabelecendo as condições e os critérios necessários à prudente aplicação das vedações previstas.

Durante muito tempo, aliás, foi esse o caminho trilhado por boa parte da jurisprudência de nossos tribunais locais e regionais, no que diz respeito às liminares pleiteadas e efetivamente concedidas em mandados de segurança que têm por objeto o questionamento de tributos incidentes sobre operações (regulares) de importação de bens e mercadorias, cujo pagamento – a ser realizado, em regra, por ocasião do chamado "despacho aduaneiro" – perfaz condição necessária à liberação de mercadorias importadas.[391]

Essas tutelas – quase sempre concedidas com respaldo na orientação consolidada na jurisprudência histórica do Supremo Tribunal Federal (Súmula 323 do STF) acerca da impossibilidade de se utilizar de determinados expedientes coercitivos, como a apreensão de mercadorias, com o objetivo de coagir o sujeito passivo ao pagamento de tributo, em

---

391. TRIBUTÁRIO. DESEMBARAÇO ADUANEIRO. RECLASSIFICAÇÃO FISCAL. RETENÇÃO DAS MERCADORIAS INDEVIDA. INOBSERVÂNCIA DO DEVIDO PROCESSO LEGAL. SÚMULA 323/STF.

1. A exigência de reclassificação, recolhimento da diferença de tributos e a exigência de pagamento de multa como condicionantes do término do despacho aduaneiro é análoga à apreensão para fins de cobrança de tributo, visto que a não finalização do despacho acarreta a permanência da mercadoria nos recintos alfandegários.

2. A colocação da mercadoria à disposição da impetrante não implica prejuízo ao erário público, haja vista estar resguardado ao Fisco a faculdade de formalizar as exigências que venha a entender cabíveis *a posteriori*, através de procedimento administrativo fiscal.

3. Exigir como condição para liberação das mercadorias o imediato pagamento do tributo retira do contribuinte a faculdade de impugnar a decisão administrativa, violando o devido processo legal que se lhe há de assegurar sempre.

(TRF4 - AP/ RN n. 2008.71.01.000190-9; Rel. Des. Eduardo Vandré Oliveira Lema Garcia; 1ª Turma; DJe de 20.10.2010).

especial nas situações em que a exigência é juridicamente questionável –, têm como fundamento subjacente o fato de a liberação do bem ou mercadoria importada não ter a capacidade de, aprioristicamente, comprometer a cobrança futura do tributo pelos meios legais ordinários, no caso de a medida liminar concedida ser posteriormente cassada.

Nessa medida, questões fiscais corriqueiramente verificadas em operações de importação de mercadorias, como divergências quanto à classificação fiscal ou acerca do valor de aquisição da mercadoria (subfaturamento), não justificariam, por si sós, a vedação à concessão de liminar, desde que, por óbvio, verificados os requisitos legais exigidos.

Quando muito, o que se poderia exigir do impetrante, nesses casos, é a contracautela (depósito, caução, fiança) necessária a garantir a reversibilidade dos efeitos patrimoniais (financeiros) produzidos em caso de futura cassação da medida de urgência concedida.

Esse mesmo raciocínio não se verificaria, por outro lado, nas situações em que a apreensão da mercadoria importada se dá sob a suspeita de ilícitos penais (crime de contrabando, por exemplo) relativos à própria natureza do bem importado (mercadorias e produtos de fabricação e uso proibidos no território nacional), circunstâncias que põem em evidência a preservação de valores que vão muito além da mera capacidade de recomposição dos efeitos patrimoniais (financeiros) decorrentes da concessão da medida de urgência. Nesses casos, mostrar-se-ia plenamente razoável a vedação à concessão da medida liminar destinada à liberação da mercadoria adquirida em operação de importação sobre a qual recai a suspeita de ilicitude.

No que concerne à vedação legal à concessão de liminar para fins de compensação tributária, considerada sob a óptica estritamente processual – que pressupõe a análise isolada do enunciado do art. 7º, §2º, da Lei 12.016/2009 –, o raciocínio desenvolvido acima seria, em tese, plenamente replicável. Nesse sentido, sempre nos pareceu flagrantemente afrontoso à noção constitucional de inafastabilidade da jurisdição o óbice legal à concessão de tutelas preventivas relativas a questões aprioristicamente abarcadas pelo escopo constitucional do mandado de segurança, que abrange todo e qualquer ato de autoridade exarado em violação a direito líquido e certo.

Essa impressão, ao final, acabou se confirmando no julgamento ADI nº 4296, ocasião em que o Supremo Tribunal Federal declarou inconstitucionais todas as vedações à concessão de liminar constantes do § 2º do art. 7º da Lei nº 12.016/2009.[392]

---

392. AÇÃO DIRETA DE INCONSTITUCIONALIDADE. ARTS. 1º, §2º, 7º, III E §2º, 22, §2º, 23 E 25, DA LEI DO MANDADO DE SEGURANÇA (LEI 12.016/2009). ALEGADAS LIMITAÇÕES À UTILIZAÇÃO DESSA AÇÃO CONSTITUCIONAL COMO INSTRUMENTO DE PROTEÇÃO DE DIREITOS INDIVIDUAIS E COLETIVOS. SUPOSTA OFENSA AOS ARTS. 2º E 5º, XXXV E LXIX, DA CONSTITUIÇÃO. NÃO CABIMENTO DO "WRIT" CONTRA ATOS DE GESTÃO COMERCIAL DE ENTES PÚBLICOS, PRATICADOS NA EXPLORAÇÃO DE ATIVIDADE ECONÔMICA, ANTE A SUA NATUREZA ESSENCIALMENTE PRIVADA. EXCEPCIONALIDADE QUE DECORRE DO PRÓPRIO TEXTO CONSTITUCIONAL. POSSIBILIDADE DE O JUIZ EXIGIR CONTRACAUTELA PARA A CONCESSÃO DE MEDIDA LIMINAR. MERA FACULDADE INERENTE AO PODER GERAL DE CAUTELA DO MAGISTRADO. INOCORRÊNCIA, QUANTO A ESSE ASPECTO, DE LIMITAÇÃO AO JUÍZO DE COGNIÇÃO SUMÁRIA. CONSTITUCIONALIDADE DO PRAZO DECADENCIAL DO DIREITO DE IMPETRAÇÃO E DA PREVISÃO DE INVIABILIDADE DE CONDENAÇÃO AO PAGAMENTO DE HONORÁRIOS SUCUMBENCIAIS. JURISPRUDÊNCIA CONSOLIDADA DO SUPREMO TRIBUNAL FEDERAL. PROIBIÇÃO DE CONCESSÃO DE LIMINAR EM RELAÇÃO A DETERMINADOS OBJETOS. CONDICIONAMENTO DO PROVIMENTO CAUTELAR, NO ÂMBITO DO MANDADO DE SEGURANÇA COLETIVO, À PRÉVIA OITIVA DA PARTE CONTRÁRIA. IMPOSSIBILIDADE DE A LEI CRIAR ÓBICES OU VEDAÇÕES ABSOLUTAS AO EXERCÍCIO DO PODER GERAL DE CAUTELA. EVOLUÇÃO DO ENTENDIMENTO JURISPRUDENCIAL. CAUTELARIDADE ÍNSITA À PROTEÇÃO CONSTITUCIONAL AO DIREITO LÍQUIDO E CERTO. RESTRIÇÃO À PRÓPRIA EFICÁCIA DO REMÉDIO CONSTITUCIONAL. PREVISÕES LEGAIS EIVADAS DE INCONSTITUCIONALIDADE. PARCIAL PROCEDÊNCIA DA AÇÃO.
1. O mandado de segurança é cabível apenas contra atos praticados no desempenho *de atribuições do Poder Público*, consoante expressamente estabelece o art. 5º, inciso LXIX, da Constituição Federal. Atos de gestão puramente comercial desempenhados por entes públicos na exploração de atividade econômica se destinam à

Nada obstante, o problema da inviabilidade da utilização de tutelas provisórias para fins de compensação tributária extrapola as fronteiras jurídico-processuais, remanescendo mesmo após a declaração da inconstitucionalidade do § 2º do art. 7º da Lei 12.016/2009, e do cancelamento do verbete 212 do STJ.

E isso porque, conforme adiantamos no tópico 1.4.2. retro, a compensação tributária, longe de integrar o núcleo de proteção constitucional à esfera jurídica do sujeito passivo tributário, perfaz direito subjetivo a ser exercido segundo o regime jurídico estabelecido, em primeiro plano, por Lei Complementar federal (Código Tributário Nacional) e, em segundo, por Lei específica de cada um dos entes políticos tributantes.

É a norma tributária material, em verdade, materializada na disposição veiculada pelo art. 170-A do CTN,[393]

---

satisfação de seus interesses privados, submetendo-os a regime jurídico próprio das empresas privadas.
2. No exercício do poder geral de cautela, tem o juiz a faculdade de exigir contracautela para o deferimento de medida liminar, quando verificada a real necessidade da garantia em juízo, de acordo com as circunstâncias do caso concreto. Razoabilidade da medida que não obsta o juízo de cognição sumária do magistrado.
3. Jurisprudência pacífica da CORTE no sentido da constitucionalidade de lei que fixa prazo decadencial para a impetração de mandado de segurança (Súmula 632/STF) e que estabelece o não cabimento de condenação em honorários de sucumbência (Súmula 512/STF).
4. A cautelaridade do mandado de segurança é ínsita à proteção constitucional ao direito líquido e certo e encontra assento na própria Constituição Federal. Em vista disso, não será possível a edição de lei ou ato normativo que vede a concessão de medida liminar na via mandamental, sob pena de violação à garantia de pleno acesso à jurisdição e à própria defesa do direito líquido e certo protegida pela Constituição. Proibições legais que representam óbices absolutos ao poder geral de cautela.
5. Ação julgada parcialmente procedente, apenas para declarar a inconstitucionalidade dos arts. 7º, §2º, e 22º, §2º, da Lei 12.016/2009, reconhecendo-se a constitucionalidade dos arts. 1º, § 2º; 7º, III; 23 e 25 dessa mesma lei.
(STF - ADI 4396; Plenário; Relator Min. Marco Aurélio; Relator do acórdão Min. Alexandre de Moraes; sessão de 09/06/2021)

393. "Art. 170-A. É vedada a compensação mediante o aproveitamento de tributo, objeto de contestação judicial pelo sujeito passivo, antes do trânsito em julgado da respectiva decisão judicial".

que espressamente veda a compensação de tributo objeto de questionamento judicial antes do trânsito em julgado da decisão judicial que vier a reconhecer o direito do contribuinte. Daí que, antes de ser um limite processual à atuação do Poder Judiciário, a vedação à compensação tributária por meio de medida liminar perfaz verdadeiro limite jurídico-material ao direito subjetivo do contribuinte a ser observado pela autoridade judicial.

Sob essa perspectiva, estritamente material, não há que se falar em inconstitucionalidade da restrição, razão pela qual mesmo após a declaração de inconstitucionalidade da regra (processual) prescrita no art. 7º, §2º, da Lei 12.016/2009, eventual pretensão do sujeito passivo à obtenção de medida liminar voltada à compensação de tributos poderá ser afastada com fundamento no óbice imposto pelo art. 170-A do CTN.

Essa objeção, vale advertir, terá lugar sempre que a declaração judicial do direito à compensação estiver subordinada ao reconhecimento da relação de indébito tributário (elemento da compensação), isto é, quando a pretensão à compensabilidade pressupor o aproveitamento de tributo que seja objeto de contestação judicial. Somente em tais situações o trânsito em julgado assume o status de "condição necessária" ao exercício do direito à compensação tributária.

O mesmo raciocínio não se aplica, todavia, às demandas mandamentais que tiverem como pano de fundo, exclusivamente, o regime jurídico de compensabilidade (ver item 1.5.5.2 a seguir), nas quais a questão atinente à existência do elemento ativo da compensação (relação jurídica de indébito tributário) não compõe o objeto da demanda.

Nessas específicas situações, não há que se falar em "aproveitamento de tributo objeto de questionamento judicial", motivo pelo qual o óbice constante do art. 170-A do

CTN, não poderá ser oponível à pretensão do sujeito passivo impetrante à obtenção de medida liminar que o autorize, desde logo, a proceder à compensação tributária.

Tal possibilidade, cabe insistir, está diretamente relacionada à declaração de inconstitucionalidade do art. 7º, § 2º, da Lei nº 12.016/2009, e que traz consigo, por arrasto, a revisão de uma antiga orientação jurisprudencial, muito bem sintetizada pelo verbete 212 do STJ,[394] segundo a qual "a compensação de créditos tributários não pode ser deferida em ação cautelar ou por medida liminar cautelar ou antecipatória" .

1.5.5.2 A tutela jurisdicional definitiva no mandado de segurança em matéria tributária e suas diversas formas de manifestação

Do ponto de vista jurídico-processual, a sentença mandamental haverá de ser exarada, com ou sem resolução do mérito, adequando-se a uma das situações enumeradas nos arts. 485 e 487 do CPC.

Isso vale, inclusive, para os casos em que a sentença extintiva se der sob o pretexto da ausência das condições específicas da ação de mandado de segurança (direito líquido e certo e ato de autoridade) referidas no item 1.5.2, bem como daquelas limitações legais à impetração (prazo de 120 – cento e vinte) dias; e pendência de recurso administrativo com efeito suspensivo) sobre as quais discorremos no item 1.5.5, todas elas redutíveis, tecnicamente, a verdadeiras causas de ausência de interesse processual, conforme prescrito no inciso VI do art. 485 do CPC.

Ainda quanto aos aspectos processuais relativos às formas de extinção da ação mandamental, há uma característica

394. A Súmula 212 do STJ foi cancelada pela 1º Seção, decisão publicada no DJe 19 de setembro de 2022.

que distingue o processo de mandado de segurança dos que tramitam sob o rito comum. Essa distinção diz com a inaplicabilidade, ao mandado de segurança, das regras limitadoras do direito do autor-impetrante de desistir da ação, prescritas nos §§ 4º e 5º do art. 485 do CPC.[395]

A desistência da ação, sabemos todos, é faculdade processual atribuída ao autor da demanda, cujo exercício resulta em sentença homologatória extintiva do processo sem resolução do mérito, a teor do que dispõe o art. 485, inciso VIII, do CPC.

O direito de lançar mão de tal expediente, todavia, terá caráter absoluto ou relativo, a depender do momento do *iter* processual em que for exercido.

Com efeito, se o pedido de desistência da ação restar formalizado até o instante da apresentação da contestação (§ 4º do art. 485 do CPC), sua homologação independerá de anuência do réu. Por outro lado, se o autor pretender se valer de tal expediente após a contestação (§ 5º do art. 485 do CPC), a homologação do pedido estará condicionada à expressa anuência do réu. Em ambos os casos, o direito de desistir da ação somente poderá ser invocado pelo autor até a prolação da sentença.

Pois bem. Sendo o mandado de segurança uma ação civil de rito especial e, ainda, pelo fato de as regras atinentes à desistência da ação perfazerem verdadeiras "normas de direito processual" – pois diretamente relacionadas ao exercício efetivo do direito constitucional de ação –, seria razoável admitir a aplicabilidade subsidiária do art. 486,

---

395. Art. 485. O juiz não resolverá o mérito quando:
(...)
VIII - homologar a desistência da ação;
(...)
§ 4º. Oferecida a contestação, o autor não poderá, sem o consentimento do réu, desistir da ação.
§ 5º. A desistência da ação pode ser apresentada até a sentença.

inciso VIII, §§ 4ª e 5º, do CPC ao regime procedimental regulado pela Lei 12.016/2016, isto é, aos pedidos de desistência realizados no contexto das ações mandamentais.

Não é essa, entretanto, a orientação que historicamente se firmou na jurisprudência do Supremo Tribunal Federal. Por ocasião do julgamento do RE n. 669.367/RJ, o STF cristalizou o entendimento de que, em se tratando de mandado de segurança, a desistência da ação, com a consequente extinção do processo sem resolução do mérito, poderá ocorrer a qualquer tempo, em qualquer grau de jurisdição, inclusive após exarada decisão de mérito, sem necessidade de anuência da parte impetrada.[396]

Essa orientação, calcada na clássica e respeitável Doutrina que tem em HELY LOPES MEIRELLES um de seus maiores representantes, incorre, em nosso sentir, em "preconceitos", há muito superados, acerca da natureza e do regime jurídico-processual do mandado de segurança.[397] Com

---

396. RECURSO EXTRAORDINÁRIO. REPERCUSSÃO GERAL ADMITIDA. PROCESSO CIVIL. MANDADO DE SEGURANÇA. PEDIDO DE DESISTÊNCIA DEDUZIDO APÓS A PROLAÇÃO DE SENTENÇA. ADMISSIBILIDADE.
"É lícito ao impetrante desistir da ação de mandado de segurança, independentemente de aquiescência da autoridade apontada como coatora ou da entidade estatal interessada ou, ainda, quando for o caso, dos litisconsortes passivos necessários" (MS 26.890-AgR/DF, Pleno, Ministro Celso de Mello, DJe de 23.10.2009), "a qualquer momento antes do término do julgamento" (MS 24.584-AgR/DF, Pleno, Ministro Ricardo Lewandowski, DJe de 20.6.2008), "mesmo após eventual sentença concessiva do 'writ' constitucional, (...) não se aplicando, em tal hipótese, a norma inscrita no art. 267, § 4º, do CPC" (RE 255.837-AgR/PR, 2ª Turma, Ministro Celso de Mello, DJe de 27.11.2009). Jurisprudência desta Suprema Corte reiterada em repercussão geral (Tema 530 - Desistência em mandado de segurança, sem aquiescência da parte contrária, após prolação de sentença de mérito, ainda que favorável ao impetrante).
Recurso extraordinário provido.
(RE n. 669.367; Plenário; Rel. Min. Luiz Fux; DJe de 30/10/2014).

397. "O mandado de segurança, visando unicamente à invalidação do ato de autoridade, admite desistência a qualquer tempo, independentemente de consentimento do impetrado. Realmente, não se confundindo com as outras ações em que há direitos das partes em confronto, o impetrante pode desistir da impetração, ou porque se convenceu da legitimidade do ato impugnado, ou por qualquer conveniência pessoal, que não precisa ser indicada nem depende de aquiescência pessoal do impetrado. Portanto, não havendo símile com as outras causas, não se aplica o

efeito, não nos parece razoável que se continue a dar guarida à ideia de que o fato de o mandado de segurança ter por objeto, exclusivamente, a legalidade do ato impetrado implicaria a ausência de "confronto" entre os interesses das partes impetrantes e impetradas, de modo que o pedido de desistência somente resultaria na mantença do *status quo ante*.

Ora, se um mandado de segurança que se volta contra determinado ato de cobrança de tributo não coloca em confronto os "direitos das partes" – impetrante (titular do direito de não ser tributado de forma ilegal) e impetrada, (titular do direito de tributar) – difícil dizer o que teria o condão de fazê-lo.

De todo modo, e a despeito do risco de toda uma sorte de fraudes e aventuras processuais[398] que disso possa

---

disposto no § 4º do art. 267 do CPC para a extinção do processo por desistência". MEIRELLES, Hely Lopes. Mandado de segurança, ação popular, ação civil pública, mandado de injunção, habeas data, p. 82-83.

398. Nesse tocante, é de grande valia a transcrição de trecho do consciente e desafortunadamente voto-vencido exarado pelo Min. Luiz Fux, por ocasião do julgamento do RE n. 669.367/RJ:
"É preciso que este Plenário debata o tema com profundidade, evitando que injustiças sejam realizadas em virtude de má-fé perpetrada contra o Estado. Com efeito, aquele que figura no polo passivo da impetração, uma vez proferida decisão de mérito que lhe favoreça, possui o direito constitucional à imutabilidade de tal decisão acaso o impetrante demonstre não ter interesse em impugná-la. Não vejo como poderia uma construção jurisprudencial, sem qualquer base legal ou mesmo doutrinária, invocando-se, singelamente, a natureza constitucional do mandado de segurança, afetar o direito igualmente constitucional à coisa julgada (art. 5º, XXXVI, CRFB). Nem se estranhe o fato de serem reconhecidos direitos fundamentais ao Estado, tanto mais quando os exemplos clássicos consistem precisamente nas garantias processuais, como o acesso à justiça (art. 5º, XXXV) e o contraditório (art. 5º, LV). É a posição, v. g., em sede doutrinária, do Min. Gilmar Mendes (Curso de Direito Constitucional. 6. ed. São Paulo: Saraiva, 2011. p. 453).
Não se pode descurar do fato de que o processo jurisdicional é um instrumento público de solução de controvérsias, sendo impossível que o impetrante, ao seu alvedrio, decida sobre a subsistência da sentença de mérito, ainda que esta tenha concedido a ordem. O Judiciário não age por desfastio, nem se lhe pode impor a repetida análise de um mesmo caso. Aliás, a vedação à reiteração de julgados é o fundamento basilar do instituto da coisa julgada, conforme aponta autorizada doutrina (NIEVA FENOLL, Jordi. La cosa juzgada: El fin de un mito. In: *Jurisdicción y proceso* – estudios de ciencia jurisdiccional. Madrid: Marcial Pons, 2009).

resultar, fato é que a orientação jurisprudencial vencedora é aquela firmada pelo Supremo Tribunal Federal, em regime de repercussão geral, por ocasião do julgamento do referido RE 669.367/RJ, a qual haverá de ser observada pelos demais órgãos e tribunais judiciais.[399]

Quanto ao conteúdo e à eficácia, a tutela definitiva exarada em sede de mandado de segurança em matéria tributária, a não ser pelo seu *quid* mandamental – que nem sempre se faz determinante na resolução de lides tributárias –, não difere, em essência, das tutelas exaradas nas ações tributárias de rito comum, podendo assumir natureza: (i) declaratória negativa (mandado de segurança preventivo); e (ii) constitutivo-negativa (mandado de segurança repressivo). Tratando-se de mandado de segurança que verse sobre compensação tributária (mandado de segurança declaratório-reparador), além do natural conteúdo declaratório do direito de compensar, é possível que a tutela mandamental produza, também, (iii) verdadeira eficácia (anexa) condenatória.

A eficácia declaratório-mandamental que emana da tutela exarada em mandado de segurança preventivo, à

A proibição de que a parte desista do mandado de segurança, eliminando a sentença de mérito proferida, possui razões de ordem pública, considerando a racionalidade da administração da justiça. Por isso, pouco importa que apenas tenham sido proferidas no processo decisões favoráveis ao impetrante. Uma vez prolatada a sentença de mérito, a parte apenas pode dispor dos recursos destinados a impugná-la, mas não lhe assiste a faculdade de afastar a decisão por ato próprio".

399. PROCESSUAL CIVIL. AGRAVO REGIMENTAL NO RECURSO ESPECIAL. A HOMOLOGAÇÃO DE DESISTÊNCIA DO MANDADO DE SEGURANÇA PODE SER FEITA A QUALQUER TEMPO, INDEPENDENTE DE ANUÊNCIA DA PARTE CONTRÁRIA. MATÉRIA JULGADA SOB O REGIME DE REPERCUSSÃO GERAL PELO STF NO RE 669.367. AGRAVO REGIMENTAL DO ESTADO DO MARANHÃO AO QUAL SE NEGA PROVIMENTO.
1. Esta Corte tem adotado o entendimento firmado pelo Supremo Tribunal Federal no julgamento do RE 669.367, submetido ao regime de repercussão geral, publicado do DJe de 30.10.2014, de que pode ser homologada a desistência do Mandado de Segurança a qualquer tempo, independentemente de anuência da parte contrária.
2. Agravo Regimental do Estado do Maranhão ao qual se nega provimento.
(AgRg no REsp n. 1.334.812/MA; 1ª Turma; Rel. Min. Napoleão Nunes Maia Filho; DJe de 31/12/2015).

semelhança do que se dá com a tutela declaratória negativa produzida em procedimento comum, põe fim à crise de incerteza acerca da possibilidade ou não de exigência de tributo sobre uma determinada situação de fato, delimitando os critérios fáticos e jurídicos a serem observados pelas partes em situações equivalentes que se verificarem doravante.

Eis aí o efeito normativo prospectivo (*ex nunc*), obstativo da atividade fiscal, que é típico às tutelas declaratórias negativas em matéria tributária.

Nesse ponto, o "quê" mandamental que se agrega à tutela mandamental preventiva, conquanto não perfaça o elemento determinante do qual exsurge a plena efetividade da decisão, pode se mostrar útil em situações de inobservância contumaz, pela autoridade fiscal, dos critérios estabelecidos pelo *decisum*, quando o juízo prolator poderá se valer dos expedientes legais (multa diária, crime de desobediência etc.) especificamente destinados a garantir o cumprimento das ordens que emanam das tutelas mandamentais.

Tratando-se de tutela mandamental repressiva, exarada a pretexto de solucionar crise de legalidade havida em face de ato administrativo de cobrança (lançamento de ofício) efetivamente formalizado, o que se verifica, concretamente, é a plena eficácia desconstitutiva da tutela mandamental, a qual dispensa, inclusive, qualquer atuação positiva da autoridade impetrada.

Trata-se, em verdade, de uma decorrência direta da regra constante do art. 156, inciso X, do CTN, a qual atribui à sentença judicial transitada em julgado o efeito extintivo do crédito tributário que, por si só, dispensa qualquer atuação positiva por parte da autoridade impetrada. Nesse tocante, e para não incorrer em repetições desnecessárias, remetemos o leitor às considerações do item 1.2.4 supra acerca do conteúdo e da eficácia emanados das tutelas anulatórias de débito fiscal, inclusive quanto aos limites objetivos e temporais (Súmula 239 do STF) peculiares a elas, todos aplicáveis e replicáveis às tutelas mandamentais repressivas.

Havemos de analisar, por fim, o conteúdo e a(s) eficácia(s) de uma específica forma de manifestação da tutela mandamental em matéria tributária, exarada sob o pretexto da resolução de controvérsia relativa à "compensabilidade de tributos", a qual se equipara, em grande parte, à tutela jurisdicional oriunda de demandas processadas sob o rito comum.

Aqui, muito embora as considerações feitas outrora acerca do alcance da tutela declaratória do direito à compensabilidade exarada em processo de rito comum serem aproveitáveis para a análise da tutela mandamental que se preste ao mesmo propósito, algumas peculiaridades (técnico-processuais e jurisprudenciais) do mandado de segurança nos obrigam a discorrer de forma detida sobre o assunto, retomando, inclusive, pontos tratados anteriormente.

O cabimento do mandado de segurança para fins de reconhecimento do direito à compensação tributária perfaz questão resolvida há tempos pela jurisprudência histórica do Superior Tribunal de Justiça, a qual se faz representada, nesse tocante, pela orientação consolidada na Súmula 213 do STJ.[400]

Os precedentes que serviram de paradigmas à edição da indigitada Súmula 213 do STJ, contudo, refletindo a própria literalidade do enunciado sumular, são oriundos de demandas que não tinham por objeto litigioso os elementos (existência ou não do indébito tributário) da compensação tributária, mas tão somente o direito subjetivo à (ao regime jurídico de) compensação.[401]

400. "Súmula 213 - O mandado de segurança constitui ação adequada para a declaração do direito à compensação tributária. (Súmula 213, PRIMEIRA SEÇÃO, julgado em 23/09/1998, DJ 02/10/1998)".

401. EDcl no Resp n. 77226/MG; Rel. Ministro ARI PARGENDLER, 2ª Turma,

Significa dizer que as demandas que deram origem aos precedentes que dão respaldo empírico-jurisprudencial à orientação sumulada pelo verbete 213 não discutiam questões atinentes aos elementos da compensação (indébito tributário e crédito tributário), mas tão somente à "compensabilidade" de indébitos e créditos tributários cuja existência resta presumida, cabendo ao impetrante demonstrar, exclusivamente, a negativa do Fisco em reconhecer, para determinada situação específica, o direito ao regime jurídico de compensação.

Exemplo clássico de discussão dessa natureza – muito comum na época em que se edificou a orientação expressa pelo verbete 213 – diz respeito ao conceito de "tributos e contribuições da mesma espécie", que, na redação original do art. 66, §1º, da Lei 8383/91,[402] perfazia condição necessária à compensação de tributos federais. Nesses casos, não era a existência do indébito tributário a ser compensado que estava *sub judice*, mas os critérios normativos de aplicação do regime jurídico de compensação tributária, razão pela qual a prova (pré-constituída) da existência do indébito tributário configurava questão irrelevante para a solução do litígio.

Em demandas dessa natureza, uma mera solução de consulta negativa do direito à compensabilidade, somada

---

julgado em 10/02/1998, DJ 02/03/1998; Resp n. 148742/SP, Rel. Ministro HUMBERTO GOMES DE BARROS, 1ª Turma, julgado em 10/02/1998, DJ 13/04/1998; Resp n. 137790/PA, Rel. Ministro ADHEMAR MACIEL, 2ª Turma, julgado em 05/02/1998, DJ 02/03/1998; Resp n. 145138/SP, Rel. Ministro JOSÉ DELGADO, 1ª Turma, julgado em 03/11/1997, DJ 15/12/1997; REsp 148824/PB, Rel. MIN. HELIO MOSIMANN, 2ª Turma, julgado em 16/10/1997, DJ 17/11/1997; e REsp n. 119155/SE, Rel. MIN. PEÇANHA MARTINS, 2ª Turma, julgado em 07/08/1997, DJ 20/10/1997.

402. "Art. 66. Nos casos de pagamento indevido ou a maior de tributos e contribuições federais, inclusive previdenciárias, mesmo quando resultante de reforma, anulação, revogação ou rescisão de decisão condenatória, o contribuinte poderá efetuar a compensação desse valor no recolhimento de importância correspondente a períodos subsequentes.
§ 1º. A compensação só poderá ser efetuada entre tributos e contribuições da mesma espécie".

à simples condição de sujeito passivo de tributos federais, seria suficiente para materializar o interesse processual necessário a justificar a impetração do mandado de segurança de cunho declaratório.

Dessa maneira, a Súmula 213 do STJ, ao mesmo tempo em que deu máxima efetividade àquele que pode ser considerando o principal instrumento constitucional de proteção do sujeito passivo tributário em face de atos ilegais de autoridades fiscais, preservou incólume dois preceitos fundamentais ao regime jurídico procedimental característico do mandado de segurança, quais sejam: (i) a noção de direito líquido e certo (prova pré-constituída das alegações); e (ii) a ideia de proteção do direito subjetivo violado ou ameaçado em sua forma natural (*in natura*).

Nesse contexto, a orientação firmada no âmbito jurisprudencial do Superior Tribunal de Justiça consolidou a orientação segundo a qual a pretensão à mera declaração do direito ao regime jurídico de compensação tributária não implicaria: (i) necessidade de prova da efetiva existência dos elementos da compensação (do indébito ou do crédito tributário a ser compensado); e, muito menos, (ii) pretensão de utilização do mandado de segurança como sucedâneo de ação de cobrança, visto que a compensabilidade, por si só, não induz a emanação de efeito patrimonial pretérito (Súmulas 269 e 271 do STF).[403]

Esse posicionamento, consolidado no EREsp n. 1.770.495/RS, abriu caminho para a proliferação de mandados de segurança impetrados com vistas ao reconhecimento do direito à compensação de tributos federais, no bojo dos quais a invocação e a aplicação concretas da orientação

403. "Súmula 269 - O mandado de segurança não é substitutivo de ação de cobrança." "Súmula 271 - Concessão de mandado de segurança não produz efeitos patrimoniais em relação a período pretérito, os quais devem ser reclamados administrativamente ou pela via judicial própria."

firmada na Súmula 213 do STJ afastaram-se muito dos precedentes que lhe deram origem.[404]

Atualmente, o mandado de segurança vem sendo admitido tanto para discussões que envolvem o regime jurídico de compensabilidade em si quanto para aquelas relacionadas à existência ou não dos elementos da compensação (pagamento indevido e indébito tributário). E isso, vale destacar, com total respaldo do próprio Superior Tribunal de Justiça, cuja jurisprudência se amoldou, paulatinamente, às situações litigiosas que, a despeito de buscarem guarida no enunciado sumular 213, não foram objeto de apreciação pelos precedentes paradigmáticos que lhe dera origem.

Exemplo maior dessa evolução jurisprudencial é o precedente representativo da controvérsia firmado por ocasião do julgamento do REsp n. 1.111.164/BA,[405] por meio do

---

404. PROCESSUAL CIVIL E TRIBUTÁRIO. MANDADO DE SEGURANÇA. DIREITO À COMPENSAÇÃO. DECLARAÇÃO. SÚMULA 213 DO STJ. VALORES RECOLHIDOS ANTERIORMENTE À IMPETRAÇÃO NÃO ATINGIDOS PELA PRESCRIÇÃO. APROVEITAMENTO. POSSIBILIDADE.
1. O provimento alcançado em mandado de segurança que visa exclusivamente a declaração do direito à compensação tributária, nos termos da Súmula 213 do STJ, tem efeitos exclusivamente prospectivos, os quais somente serão sentidos posteriormente ao trânsito em julgado, quando da realização do efetivo encontro de contas, o qual está sujeito à fiscalização pela Administração Tributária.
2. O reconhecimento do direito à compensação de eventuais indébitos recolhidos anteriormente à impetração ainda não atingidos pela prescrição não importa em produção de efeito patrimonial pretérito, vedado pela Súmula 271 do STF, visto que não há quantificação dos créditos a compensar e, por conseguinte, provimento condenatório em desfavor da Fazenda Pública à devolução de determinado valor, o qual deverá ser calculado posteriormente pelo contribuinte e pelo fisco no âmbito administrativo segundo o direito declarado judicialmente ao impetrante. 3. Esta Corte Superior orienta que a impetração de mandado de segurança interrompe o prazo prescricional para o ajuizamento da ação de repetição de indébito, entendimento esse que, pela mesma ratio decidendi, permite concluir que tal interrupção também se opera para fins do exercício do direito à compensação declarado a ser exercido na esfera administrativa, de sorte que, quando do encontro de contas, o contribuinte poderá aproveitar o valor referente a indébitos recolhidos nos cinco anos anteriores à data da impetração. 4. Embargos de divergência providos. (EREsp n. 1.770.495/RS, 1ª Seção, Min. Gurgel de Faria, Dje de 17.12.2021)

405. "TRIBUTÁRIO E PROCESSUAL CIVIL. MANDADO DE SEGURANÇA. COMPENSAÇÃO TRIBUTÁRIA. IMPETRAÇÃO VISANDO (sic) EFEITOS

qual se diferenciou, expressamente, o regime jurídico de produção de prova pré-constituída (direito líquido e certo) para os diferentes "tipos" de mandado de segurança que versarem sobre o direito à compensação tributária, a fim de segregar, de um lado, aqueles que versam exclusivamente sobre o regime jurídico de compensação e, de outro, aqueles que têm por objeto juízos acerca dos elementos da própria compensação, tal como concretamente realizada.

Desse modo, assim como ocorre com a ação (comum) declaratória da compensabilidade tributária, em tempos atuais, o mandado de segurança voltado ao específico fim de ver reconhecido o direito do sujeito passivo à compensação tributária poderá: (i) ter por objeto o reconhecimento

---

JURÍDICOS PRÓPRIOS DA EFETIVA REALIZAÇÃO DA COMPENSAÇÃO. PROVA PRÉ-CONSTITUÍDA. NECESSIDADE.

1. No que se refere a mandado de segurança sobre compensação tributária, a extensão do âmbito probatório está intimamente relacionada com os limites da pretensão nele deduzida. Tratando-se de impetração que se limita, com base na súmula 213/STJ, a ver reconhecido o direito de compensar (que tem como pressuposto um ato da autoridade de negar a compensabilidade), mas sem fazer juízo específico sobre os elementos concretos da própria compensação, a prova exigida é a da "condição de credora tributária" (EREsp 116.183/SP, 1ª Seção, Min. Adhemar Maciel, DJ de 27.04.1998).

2. Todavia, será indispensável prova pré-constituída específica quando, à declaração de compensabilidade, a impetração agrega (a) pedido de juízo sobre os elementos da própria compensação (v.g.: reconhecimento do indébito tributário que serve de base para a operação de compensação, acréscimos de juros e correção monetária sobre ele incidente, inexistência de prescrição do direito de compensar), ou (b) pedido de outra medida executiva que tem como pressuposto a efetiva realização da compensação (v.g.: expedição de certidão negativa, suspensão da exigibilidade dos créditos tributários contra os quais se opera a compensação). Nesse caso, o reconhecimento da liquidez e certeza do direito afirmado depende necessariamente da comprovação dos elementos concretos da operação realizada ou que o impetrante pretende realizar. Precedentes da 1ª Seção (EREsp n. 903.367/SP, Min. Denise Arruda, DJe de 22.09.2008) e das Turmas que a compõem.

3. No caso em exame, foram deduzidas pretensões que supõem a efetiva realização da compensação (suspensão da exigibilidade dos créditos tributários abrangidos pela compensação, até o limite do crédito da impetrante e expedição de certidões negativas), o que torna imprescindível, para o reconhecimento da liquidez e certeza do direito afirmado, a pré-constituição da prova dos recolhimentos indevidos.

4. Recurso especial provido. Acórdão sujeito ao regime do art. 543-C do CPC e da Resolução STJ 08/08".

(REsp n. 1.111.164/BA; 1ª Seção; Rel. Min. Teory Zavascki; DJe de 25/05/2009).

dos indébitos que se pretende compensar (elemento da compensação), sem questionar aspectos jurídico-normativos relativos à existência ou não do direito à compensação, cujo regime jurídico restará inquestionado/presumido; e, diversamente, (ii) tomar como presumido ou reconhecido o direito creditório – que pode ser oriundo de pagamento indevido (restituição) ou mesmo de benefícios fiscais (ressarcimento) – versando exclusivamente sobre questões atinentes à delimitação do direito à compensação tributária e do seu específico regime jurídico; ou, ainda, (iii) versar sobre ambas as questões.

A evolução da jurisprudência do Superior Tribunal de Justiça, acima relatada, somada à admissão de plena aplicabilidade da orientação firmada na Súmula 461[406] também às sentenças declaratórias da compensabilidade exaradas

406."TRIBUTÁRIO. MANDADO DE SEGURANÇA. EFICÁCIA EXECUTIVA DE SENTENÇA DECLARATÓRIA. VIA ADEQUADA. ENTENDIMENTO FIRMADO EM RECURSO REPETITIVO. RESP PARADIGMA 1.114.404/MG. SÚMULAS 213 E 461 DO STJ.
1. A sentença do Mandado de Segurança, de natureza declaratória, que reconhece o direito à compensação tributária (Súmula 213/STJ: 'O mandado de segurança constitui ação adequada para a declaração do direito à compensação tributária'), é título executivo judicial, de modo que o contribuinte pode optar entre a compensação e a restituição do indébito (Súmula 461/STJ: 'O contribuinte pode optar por receber, por meio de precatório ou por compensação, o indébito tributário certificado por sentença declaratória transitada em julgado')" (REsp 1.212.708/RS, 2ª Turma, Rel. Min. Herman Benjamim, julgado em 11/4/2013, DJe 9/5/2013).
2. O mandado de segurança transitado em julgado reconheceu à empresa contribuinte restituir-se dos valores pagos a maior em decorrência da declaração de inconstitucionalidade dos Decretos-Leis n. 2.445/88 e 2.448/88, o que legitima à recorrente a "opção entre a compensação e o recebimento do crédito por precatório ou requisição de pequeno valor (...) pelo indébito tributário, haja vista que constituem, todas as modalidades, formas de execução do julgado colocadas à disposição da parte quando procedente a ação que teve a eficácia de declarar o indébito" (REsp 1114404/MG, Rel. Ministro MAURO CAMPBELL MARQUES, PRIMEIRA SEÇÃO, julgado em 10/2/2010, DJe 1º/3/2010 - submetido ao rito dos recursos repetitivos).
3. A possibilidade de a sentença mandamental declarar o direito à compensação (ou creditamento), nos termos da Súmula 213/STJ, de créditos ainda não atingidos pela prescrição não implica concessão de efeitos patrimoniais pretéritos à impetração. O referido provimento mandamental, de natureza declaratória, tem efeitos exclusivamente prospectivos, o que afasta os preceitos da Súmula 271/STF. Precedentes.
Agravo regimental improvido". (AgRg no REsp n. 1466607/RS, 2ª Turma, Rel. Ministro Humberto Martins, julgado em 05/03/2015, DJe 11/03/2015).

em sede de mandado segurança *aparentemente* "revogam" as antigas orientações firmadas no âmbito do Supremo Tribunal Federal acerca da inadequação do mandado de segurança com finalidade "condenatória" (cobrança), representadas, fundamentalmente, pelos verbetes 269 e 271 do STF.

Essa assertiva pode ser confirmada por meio da análise dos fundamentos que sustentam muitos acórdãos exarados por ambas as Turmas da 1ª Seção do STJ.[407]

Todavia, quando dizemos "aparentemente", o fazemos em razão de o próprio STJ, em decisões posteriores àquelas referidas adrede, ter proferido acórdãos que se valem dos preceitos sumulares 269 e 271 do STF para limitar a eficácia patrimonial retrospectiva do mandado de segurança impetrado com vistas ao reconhecimento do direito à restituição de tributos recolhidos indevidamente no quinquênio anterior à impetração.[408]

---

407. Vide, nesse sentido, Resp nº 1.212.708/RS, 2ª Turma, Rel. Min. Herman Benjamin, julgado em 11/4/2013, DJe 9/5/2013; Resp. N. 1.596.218/SC, 2ª Turma, Rel. Min. Humberto Martins, DJe 10/08/2016; e AgRg no Resp n. 1176713/GO, 1ª Turma, Rel. Min. Napoleão Nunes Maia Filho, julgado em 01/10/2015, DJe 07/10/2015.

408. "ADMINISTRATIVO. ICMS. COMPENSAÇÃO. UTILIZAÇÃO DO MANDADO DE SEGURANÇA. IMPOSSIBILIDADE. ENUNCIADO N. 213/STJ.
I - Primeiramente, cumpre destacar que o Tribunal de origem concedeu parcial provimento ao recurso de apelação interposto pelo contribuinte para "reconhecer o direito da impetrante de excluir da base de cálculo de ICMS os valores referentes às mercadorias dadas em bonificação, do momento da impetração para o futuro", tendo em vista não ser possível, pela via mandamental, realizar a compensação dos tributos indevidamente pagos antes da impetração do aludido mandado de segurança.
II - Nesse contexto, a jurisprudência do Superior Tribunal de Justiça é pacífica no sentido de que, em que pese ser possível, por meio de mandado de segurança, a declaração do direito à compensação de créditos ainda não atingidos pela prescrição (Súmula n. 213 do STJ), a via mandamental não é apta a produzir efeitos patrimoniais pretéritos, os quais devem ser reclamados administrativamente ou pela via judicial própria (Súmula n. 271/STF). Nesse sentido: AgInt no AREsp 1.032.984/PE, Rel. Ministro Benedito Gonçalves, Primeira Turma, julgado em 21/11/2017, DJe 27/11/2017; AgRg no AREsp 593.508/BA, Rel. Ministro Herman Benjamin, Segunda Turma, julgado em 17/3/2015, DJe 6/4/2015. III - Agravo interno improvido."
(AgRg no REsp nº 1.770.495/RS; 2ª Turma; Rel. Min. Francisco Falcão; DJe de 16/09/2019).

Conquanto a questão ainda esteja por ser definitivamente decida, soa-nos preocupante a advertência feita pelo Min. Herman Benjamin, no voto-vista exarado no julgamento dos EREsp nº 1.770.495/RS, ocasião em que Sua Excelência externou preocupação com os precedentes do STJ – inclusive de sua própria relatoria – que concedem, ao impetrante, o direito de utilizar a tutela mandamental para fins de repetição judicial do indébito.[409]

A prevalecer a orientação segundo a qual a tutela mandamental, que declara o direito à restituição do indébito, não possa ser levada a efeito pela via do cumprimento judicial, teremos um total esvaziamento de sua efetividade, em especial para os sujeitos passivos tributários que, por uma razão ou outra, não podem se valer da compensação tributária.[410] Isso porque, em face do precedente oriundo do julgamento do RE nº 1.420.691/SP, que declarou inconstitucional, por violação ao art. 100 da CF, a pretensão de efetivar, no plano administrativo, a tutela mandamental que haja reconhecido o direito à restituição do indébito tributário relativo aos 5 (cinco) anos anteriores à impetração,

409. "meu pedido de vista decorreu da preocupação com os precedentes do STJ que facultam, inclusive em Mandado de Segurança, poder a parte em favor da qual foi declarado o direito de compensar exercer posterior opção pela Repetição de Indébito, via precatório judicial. (...) Há precedentes também de minha autoria no sentido acima exposto, mas o julgamento destes Embargos de Divergência levam-me a revisar tal entendimento. Isso porque, em Mandado de Segurança, a única forma de compatibilizar a jurisprudência do STJ com o enunciado da Súmula 271/STF é mediante a restrição à opção pela Repetição de Indébito, sob pena de, aí sim, admitir-se a utilização do *writ* para obtenção de efeitos patrimoniais pretéritos, como sucedâneo da Ação de Repetição de Indébito. Naturalmente, em tal contexto, eventual desejo da parte de convolar a compensação em Repetição de Indébito demandará o ajuizamento de Ação de Conhecimento com pedido condenatório nesse sentido, pois o Mandado de Segurança não pode ser empregado como sucedâneo da Ação de Cobrança."
(AgRg no REsp nº 1.770.495/RS; 2ª Turma; Rel. Min. Francisco Falcão; DJe de 16/09/2019).

410. Seja por ausência de lei do ente tributante que autorize a compensação do indébito reconhecido judicialmente, seja pela inexistência de saldo devedor que possa ser objeto de compensação.

o sujeito passivo tributário que não estiver em condições de proceder à compensação deverá se valer de uma nova ação, agora ajuizada sob rito comum, que tenha por objeto a declaração do mesmo direito (à restituição do indébito) anteriormente reconhecido no mandado de segurança. E isso somente para que seja atendida a exigência, insustentável em nosso sentir, de não se atribuir eficácia patrimonial pretérita à tutela exarada em mandado de segurança.[411]

Essa incoerência jurisprudencial – materializada à revelia da norma principiológica veiculada no art. 926, do CPC[412], especialmente quando verificada no âmbito competencial dos Tribunais cuja função precípua é justamente dar a última palavra acerca da correta interpretação da legislação federal e da Constituição Federal– Superior Tribunal de Justiça e Supremo Tribunal Federal, respectivamente –, para além de agravar o estado de insegurança jurídica que nos assola, contribui sensivelmente para o aumento do nível de contenciosidade tributária, que também já se encontra em patamares insuportáveis.

---

411. "RECURSO EXTRAORDINÁRIO. REPRESENTATIVO DA CONTROVÉRSIA. "DIREITO CONSTITUCIONAL E TRIBUTÁRIO. RESTITUIÇÃO ADMINISTRATIVA DO INDÉBITO RECONHECIDO NA VIA JUDICIAL. INADMISSIBILIDADE. OBSERVÂNCIA DO REGIME CONSTITUCIONAL DE PRECATÓRIOS (CF, ART. 100). QUESTÃO CONSTITUCIONAL. POTENCIAL MULTIPLICADOR DA CONTROVÉRSIA . REPERCUSSÃO GERAL RECONHECIDA COM REAFIRMAÇÃO DE JURISPRUDÊNCIA . DECISÃO RECORRIDA EM DISSONÂNCIA COM A JURISPRUDÊNCIA DO SUPREMO TRIBUNAL FEDERAL. RECURSO EXTRAORDINÁRIO PROVIDO.
1. Firme a jurisprudência deste Supremo Tribunal Federal no sentido de que os pagamentos devidos pela Fazenda Pública em decorrência de pronunciamentos jurisdicionais devem ser realizados por meio da expedição de precatório ou de requisição de pequeno valor, conforme o valor da condenação, consoante previsto no art. 100 da Constituição da República.
2. Recurso extraordinário provido.
3. Fixada a seguinte tese: Não se mostra admissível a restituição administrativa do indébito reconhecido na via judicial, sendo indispensável a observância do regime constitucional de precatórios, nos termos do art. 100 da Constituição Federal."
(RE nº 1.420.691/SP; Plenário; Rel. Min. Rosa Weber; julgado em 21/8/2023)

412. "Art. 926. Os tribunais devem uniformizar sua jurisprudência e mantê-la estável, íntegra e coerente."

Por ora, o que nos parece certo em termos de eficácia decisória mandamental é que, assim como ocorre na ação declaratória do direito à compensação processada sob o rito comum, também no mandado de segurança a definição do perfil da matéria litigiosa (causa de pedir) norteará as providências relativas às provas que deverão ser produzidas no processo, bem como a própria eficácia da tutela jurisdicional ao final exarada (meramente declaratória ou condenatória).

Tratando-se de mandado de segurança que tenha por objeto o reconhecimento do direito à restituição (e não somente a mera compensabilidade), à luz da noção de direito líquido e certo, as provas relativas a todos os elementos da compensação (pagamentos indevidos e respectivos indébitos tributários), que se pretendam reconhecidos, deverão ser pré-constituídas, instruindo, desde o início, a peça exordial do *mandamus*.

Não há lugar, no mandado de segurança voltado ao reconhecimento de pagamentos indevidos, para produção de prova pelo método de amostragem – tal como ocorre nas ações declaratórias de rito comum –, técnica que supõe a prerrogativa do autor de demonstrar, no processo de conhecimento, tão somente o *an debatur*, reservando à fase de liquidação/habilitação da sentença/crédito a função de determinar o *quantum debeatur*, inclusive por meio da apresentação de acervo probatório complementar.

Cabe esclarecer, nesse tocante, que não estamos a negar a possibilidade – corretamente reconhecida pela orientação jurisprudencial vinculante do Superior Tribunal de Justiça – de a sentença concessiva da segurança que tiver por objeto a "declaração" do direito à compensação, cujo reconhecimento se der a partir de juízos concretos acerca da existência dos elementos de compensabilidade (pagamentos indevidos e consequentes indébitos tributários), ser objeto de liquidação judicial e, quiçá, posterior cumprimento de sentença.

Não se trata disso.

O que estamos a afirmar é que, em nome da preservação da ideia (constitucional) de direito líquido e certo, na liquidação da sentença declaratória do direito à compensação exarada em sede de mandado de segurança, a quantificação do indébito restituível haverá de ser realizada, exclusivamente, com base no acervo probatório acostado aos autos do mandado de segurança, restando vedada a utilização de documentos complementares eventualmente necessários para quantificar, com precisão, o crédito reconhecido na sentença mandamental.

E isso, simplesmente, como condição para a preservação do regime jurídico-constitucional do mandado de segurança.[413]

---

413. Parece ter sido esta a orientação firmada no REsp repetitivo n. 1.715.256/SP, que "reafetou" a questão já decida no REsp n. 1.111.164/BA, também representativo da controvérsia, e que deu origem à Súmula 118 do STJ, para esclarecê-lo nos seguintes termos:

"TRIBUTÁRIO E PROCESSUAL CIVIL. RECURSO ESPECIAL. REPRESENTATIVO DE CONTROVÉRSIA. TESE FIRMADA SOB O RITO DOS RECURSOS ESPECIAIS REPETITIVOS. ART. 1.036 E SEGUINTES DO CÓDIGO FUX. DIREITO DO CONTRIBUINTE À DEFINIÇÃO DO ALCANCE DA TESE FIRMADA NO TEMA 118/STJ (RESP 1.111.164/BA, DA RELATORIA DO EMINENTE MINISTRO TEORI ALBINO ZAVASCKI). INEXIGIBILIDADE DE COMPROVAÇÃO, NO WRIT OF MANDAMUS, DO EFETIVO RECOLHIMENTO DO TRIBUTO, PARA O FIM DE OBTER DECLARAÇÃO DO SEU DIREITO À COMPENSAÇÃO TRIBUTÁRIA, OBVIAMENTE SEM QUALQUER EMPECILHO À ULTERIOR FISCALIZAÇÃO DA OPERAÇÃO COMPENSATÓRIA PELO FISCO FEDERAL. A OPERAÇÃO DE COMPENSAÇÃO TRIBUTÁRIA REALIZADA NA CONTABILIDADE DA EMPRESA CONTRIBUINTE FICA SUJEITA AOS PROCEDIMENTOS DE FISCALIZAÇÃO DA RECEITA COMPETENTE, NO QUE SE REFERE AOS QUANTITATIVOS CONFRONTADOS E À RESPECTIVA CORREÇÃO. RECURSO ESPECIAL DA CONTRIBUINTE A QUE SE DÁ PARCIAL PROVIMENTO.

1. Esclareça-se que a questão ora submetida a julgamento encontra-se delimitada ao alcance da aplicação da tese firmada no Tema 118/STJ (REsp. 1.111.164/BA, da relatoria do eminente Ministro TEORI ALBINO ZAVASCKI, submetido a sistemática do art. 543-C do CPC/1973), segundo o qual é necessária a efetiva comprovação do recolhimento feito a maior ou indevidamente para fins de declaração do direito à compensação tributária em sede de Mandado de Segurança.

2. A afetação deste processo a julgamento pela sistemática repetitiva foi decidia pela Primeira Seção deste STJ, em 24.4.2018, por votação majoritária; de qualquer modo, trata-se de questão vencida, de sorte que o julgamento do feito como repetitivo é assunto precluso.

3. Para se espancar qualquer dúvida sobre a viabilidade de se garantir, em sede de Mandado de Segurança, o direito à utilização de créditos por compensação, esta Corte Superior reafirma orientação unânime, inclusive consagrada na sua Súmula 213, de que o Mandado de Segurança constitui ação adequada para a declaração do direito à compensação tributária.
4. No entanto, ao sedimentar a Tese 118, por ocasião do julgamento do REsp. 1.111.164/BA, da relatoria do eminente Ministro TEORI ALBINO ZAVASCKI, a Primeira Seção desta Corte firmou diretriz de que, tratando-se de Mandado de Segurança que apenas visa à compensação de tributos indevidamente recolhidos, impõe-se delimitar a extensão do pedido constante da inicial, ou seja, a ordem que se pretende alcançar para se determinar quais seriam os documentos indispensáveis à propositura da ação. O próprio voto condutor do referido acórdão, submetido à sistemática do art. 543-C do CPC/1973, é expresso ao distinguir as duas situações, a saber: (...) a primeira, em que a impetração se limita a ver reconhecido o direito de compensar (que tem como pressuposto um ato da autoridade de negar a compensabilidade), mas sem fazer juízo específico sobre os elementos concretos da própria compensação; a outra situação é a da impetração, à declaração de compensabilidade, agrega (a) pedido de juízo específico sobre os elementos da própria compensação (v.g.: reconhecimento do indébito tributário que serve de base para a operação de compensação, acréscimos de juros e correção monetária sobre ele incidente, inexistência de prescrição do direito de compensar), ou (b) pedido de outra medida executiva que tem como pressuposto a efetiva realização da compensação (v.g.: expedição de certidão negativa, suspensão da exigibilidade dos créditos tributários contra os quais se opera a compensação).
5. Logo, postulando o Contribuinte apenas a concessão da ordem para se declarar o direito à compensação tributária, em virtude do reconhecimento judicial transitado em julgado da ilegalidade ou inconstitucionalidade da exigência da exação, independentemente da apuração dos respectivos valores, é suficiente, para esse efeito, a comprovação de que o impetrante ocupa a posição de credor tributário, visto que os comprovantes de recolhimento indevido serão exigidos posteriormente, na esfera administrativa, quando o procedimento de compensação for submetido à verificação pelo Fisco. Ou seja, se a pretensão é apenas a de ver reconhecido o direito de compensar, sem abranger juízo específico dos elementos da compensação ou sem apurar o efetivo quantum dos recolhimentos realizados indevidamente, não cabe exigir do impetrante, credor tributário, a juntada das providências somente será levada a termo no âmbito administrativo, quando será assegurada à autoridade fazendária a fiscalização e controle do procedimento compensatório.
6. Todavia, a prova dos recolhimentos indevidos será pressuposto indispensável à impetração, quando se postular juízo específico sobre as parcelas a serem compensadas, com a efetiva investigação da liquidez e certeza dos créditos, ou, ainda, na hipótese em que os efeitos da sentença supõem a efetiva homologação da compensação a ser realizada. Somente nessas hipóteses o crédito do contribuinte depende de quantificação, de modo que a inexistência de comprovação cabal dos valores indevidamente recolhidos representa a ausência de prova pré-constituída indispensável à propositura da ação mandamental.
7. Na hipótese em análise, em que se visa (sic) garantir a compensação de valores indevidamente recolhidos a título do PIS e da Cofins, calculados na forma prevista no art. 3º, §1º, da Lei 9.718/1998, o Tribunal de origem manteve a sentença que

Nessa medida, caso se mostre necessária a liquidação da sentença mandamental que haja reconhecido a compensabilidade de créditos do sujeito passivo cuja existência tenha sido devidamente comprovada, por prova pré-constituída,

---

julgou parcialmente procedente o pedido, concedendo a segurança apenas para garantir a compensação dos valores indevidamente recolhidos, limitando-os, todavia, àqueles devidamente comprovados nos autos.
8. Ao assim decidir, o Tribunal de origem deixou de observar que o objeto da lide limitou-se ao reconhecimento do direito de compensar, e, nesse ponto, foi devidamente comprovada a liquidez e certeza do direito necessário à impetração do Mandado de Segurança, porquanto seria preciso tão somente demonstrar que a impetrante estava sujeita ao recolhimento do PIS e da Cofins, com base de cálculo prevista no art. 3º, §1º, da Lei 9.718/1998, cuja obrigatoriedade foi afastada pelas instâncias ordinárias.
9. Extrai-se do pedido formulado na exordial que a impetração, no ponto referente à compensação tributária, tem natureza preventiva e cunho meramente declaratório, e, portanto, a concessão da ordem postulada só depende do reconhecimento do direito de se compensar tributo submetido ao regime de lançamento por homologação. Ou seja, não pretendeu a impetrante a efetiva investigação da liquidez e certeza dos valores indevidamente pagos, apurando-se o valor exato do crédito submetido ao acervo de contas, mas, sim, a declaração de um direito subjetivo à compensação tributária de créditos reconhecidos com tributos vencidos e vincendos, e que estará sujeita a verificação de sua regularidade pelo Fisco.
10. Portanto, a questão debatida no Mandado de Segurança é meramente jurídica, sendo desnecessária a exigência de provas do efetivo recolhimento do tributo e do seu montante exato, cuja apreciação, repita-se, fica postergada para a esfera administrativa. 11. Recurso Especial da Contribuinte ao qual se dá parcial provimento, para reconhecer o direito à compensação dos valores de PIS e Cofins indevidamente recolhidos, ainda que não tenham sido comprovados nos autos.
12. Acórdão submetido ao regime do art. 1.036 do Código Fux, fixando-se a seguinte tese, apenas explicitadora do pensamento zavaskiano consignado no julgamento REsp. 1.111.164/BA: (a) tratando-se de Mandado de Segurança impetrado com vistas a declarar o direito à compensação tributária, em virtude do reconhecimento da ilegalidade ou inconstitucionalidade da exigência da exação, independentemente da apuração dos respectivos valores, é suficiente, para esse efeito, a comprovação de que o impetrante ocupa a posição de credor tributário, visto que os comprovantes de recolhimento indevido serão exigidos posteriormente, na esfera administrativa, quando o procedimento de compensação for submetido à verificação pelo Fisco; e (b) tratando-se de Mandado de Segurança com vistas a obter juízo específico sobre as parcelas a serem compensadas, com efetiva investigação da liquidez e certeza dos créditos, ou, ainda, na hipótese em que os efeitos da sentença supõem a efetiva homologação da compensação a ser realizada, o crédito do contribuinte depende de quantificação, de modo que a inexistência de comprovação cabal dos valores indevidamente recolhidos representa a ausência de prova pré-constituída indispensável à propositura da ação.
(REsp n. 1.777.590/SP, representativo da controvérsia; 1ª Seção; Rel. Min. Napoleão Nunes Maia Filho; julgado em 13/02/2009; DJe de 11/03/2009).

nos autos do mandado de segurança, ela haverá de ser realizada pelo método de arbitramento (art. 509, inciso I, do CPC), ocasião em que o *quantum debeatur* será aferido, exclusivamente, a partir dos documentos que deram suporte ao reconhecimento do direito líquido e certo do impetrante.

Esse raciocínio não se aplica, por óbvio, para o caso de o sujeito passivo optar pela compensação administrativa do crédito, circunstância em que poderá, por meio de regular procedimento administrativo de habilitação, valer-se de documentos não acostados ao processo judicial mandamental com vistas à liquidação de seu direito creditório, assertiva corroborada, inclusive, por orientação firmada no âmbito da própria Procuradoria Geral da Fazenda Nacional, conforme dispõe o PARECER PGFN/CRJ/Nº. 1177/2013.[414]

---

414. "Revisão do Parecer PGFN/CRJ/N. 19/2011. Sentença de mandado de segurança, que reconhece a inexistência de relação jurídico-tributária. Compensação de parcelas anteriores à propositura do writ. Possibilidade. Revogação do item 60 do Parecer ora referido".

CAPÍTULO II

AÇÕES TRIBUTÁRIAS EXACIONAIS EM ESPÉCIE

2.1 A ação executiva fiscal e seu pressuposto: o fato jurídico do inadimplemento e o direito subjetivo de exigir o crédito tributário

Nos tópicos anteriores, detivemo-nos às patologias – e respectivos "remédios processuais" – vinculadas às diversas relações jurídicas tributárias que se verificam nas diferentes etapas do percurso de concretização do direito tributário, o que foi feito, todavia, sob a óptica exclusiva dos atos de violação que atingem os direitos subjetivos de titularidade do sujeito de direito que se submete à imposição tributária, isto é, o sujeito passivo das relações jurídico-tributárias.

Doravante, nos dedicaremos ao exame das patologias que afetam os interesses do outro sujeito de direito que compõe os vínculos jurídicos verificados na cadeia de positivação (em sentido amplo) do direito tributário, isto é, do titular da capacidade tributária ativa ("Fisco"), cujo interesse fulcral é o de viabilizar a realização do crédito tributário inadimplido.

Advertimos, desde logo, que nossa abordagem será realizada exclusivamente sob a perspectiva dos interesses dos sujeitos de direito que se enquadram no conceito de "Fazenda Pública", isto é, União, Estados, Municípios, Distrito Federal e respectivas Autarquias, que são justamente aqueles que estão autorizados a se valer do procedimento de realização de créditos (tributários ou não) instituído pela Lei 6.830/80, também conhecida como Lei de Execuções Fiscais ou, simplesmente, LEF.[415]

Para compreender a forma como os direitos subjetivos de titularidade do Fisco são violados, bem como as maneiras por meio das quais o sujeito ativo da obrigação tributária está legitimado a agir com vistas à proteção de seus interesses, havemos de retomar algumas premissas fixadas nos capítulos I e II do título I, relativas à estrutura e aos conteúdos peculiares a cada uma das diferentes relações jurídicas (tributárias) que se verificam no *iter* da concretização do direito tributário.

Nesse específico contexto, é possível identificar ao menos quatro relações jurídicas nas quais a Fazenda Pública aparece na condição de "sujeito ativo", cuja ordem – lógica e cronológica – de manifestação é a seguinte: (i) a relação jurídica de direito potestativo atributiva do poder de constituir a obrigação tributária, surgida por ocasião da ocorrência do evento prescrito na hipótese da regra-matriz de incidência tributária devidamente verificada em regular procedimento fiscal; (ii) a (decorrente) relação jurídico-tributária prestacional (obrigação tributária em sentido estrito) veiculada pelo lançamento (em sentido amplo), na qual a Fazenda Pública é titular do direito subjetivo de perceber

---

415. O que significa dizer, a contrario sensu, que excluímos de nossa análise a cobrança de créditos tributários cujos titulares sejam sujeitos de direito privado erigidos à condição de sujeitos ativos de relações jurídico-tributárias por meio da transferência da capacidade tributária ativa por parte dos entes políticos competentes, naquele fenômeno denominado "parafiscalidade".

o montante devido a título de tributo; (iii) a relação jurídica de direito potestativo que atribui ao titular da capacidade tributária ativa o poder de constituir o próprio título executivo extrajudicial (certidão de dívida ativa), por intermédio do competente procedimento de inscrição do débito, desencadeado em razão do inadimplemento da obrigação tributária; e (iv) a (decorrente) relação jurídica de responsabilidade patrimonial, veiculada na competente certidão de dívida ativa, que atribui ao sujeito ativo o direito de exigir o montante inadimplido por meio da prática de atos coativos de cobrança, incluídos aqueles voltados à sub-rogação nos direitos patrimoniais do sujeito passivo inadimplente.

Os direitos de constituir a obrigação tributária e inscrever o crédito inadimplido em dívida ativa são exercitados pela Fazenda Pública por meio de atos institucionais que independem da concorrência da vontade do sujeito passivo. Não há que se cogitar, nesses casos, a possibilidade de qualquer resistência por parte do sujeito passivo que possa justificar a adoção de providências judiciais pelo Fisco voltadas a garantir, pela via jurisdicional, a realização de tais potestades.

O mesmo não pode ser dito, contudo, sobre o direito subjetivo ao recebimento do valor devido a título de tributo (crédito tributário), cuja realização está absolutamente condicionada à conduta – e à vontade – do sujeito devedor. Nessas circunstâncias, a realização do direito subjetivo do sujeito que ocupa a posição de credor na relação jurídica obrigacional, enquanto não vencida a obrigação, está à mercê da vontade do devedor, de sorte que, somente após descumprido o dever (vencido) será possível ao credor atuar (exigir) positivamente com vistas ao recebimento do crédito inadimplido.

É justamente com o objetivo de influenciar a vontade do devedor que, da verificação do fato do inadimplemento, tem lugar o nascimento de outra relação jurídica, esta sim atributiva de instrumentos destinados à prática, pelo credor, de atos de cobrança restritivos de direitos do devedor tributário, os quais se prestam, fundamentalmente, a coagir o sujeito passivo a cumprir a obrigação inadimplida.

Ao direito de praticar atos de cobrança em face do devedor inadimplente, a Teoria Geral das Obrigações chama de "pretensão", cuja relação jurídica conversa é o dever de submissão do devedor às restrições impostas pelo devedor, denominado "responsabilidade". "Pretensão", "direito de exigir", "direito de cobrar" e "exigibilidade" são expressões que, com as devidas concessões e ajustes semânticos, podem ser consideradas equivalentes.

Apesar de o legislador do Código Tributário Nacional ter preferido o vocábulo "exigibilidade" (art. 151 do CTN) e a expressão "direito de cobrar" (art. 174 do CTN) em detrimento da palavra "pretensão", não é incomum o seu emprego por tributaristas de expressão, como ALFREDO AUGUSTO BECKER, para referir um "momento eficacial" da obrigação tributária.[416] Isso se deve, aliás, à forte influência da teoria dos "níveis de eficácia das obrigações" desenvolvida e difundida na obra de PONTES DE MIRANDA.

PAULO DE BARROS CARVALHO, em trabalho clássico publicado em meados da década de 1970 e forjado sob a inspiração e influência dos dois juristas acima referidos, descreveu a obrigação tributária em seus três níveis de eficácia, fazendo-o nos seguintes termos: (i) a obrigação tributária com eficácia mínima, nascida a partir da ocorrência, no mundo social, do fato prescrito na antecedente da hipótese tributária; (ii) a obrigação tributária com eficácia média, decorrente da realização do lançamento, que conferiria ao sujeito ativo a "pretensão", fixando "os termos da exigibilidade do crédito"; e (iii) a obrigação tributária com eficácia máxima, decorrente da inércia do sujeito passivo

416. BECKER, Alfredo Augusto. *Teoria geral do direito tributário*, p. 343-348.

no que diz respeito ao recolhimento do tributo, dando ensejo ao direito de cobrar judicialmente o débito.[417]

A referência à pretensão/responsabilidade como fenômeno decorrente do descumprimento da relação prestacional (obrigação), portanto, é algo corriqueiro na literatura jurídica dedicada ao estudo da Teoria Geral das Obrigações, de

---

417. PAULO DE BARROS CARVALHO. Prescrição e decadência. In: MARTINS, Ives Gandra da Silva (Coord.) *Cadernos de pesquisas tributárias n. 1 - decadência e prescrição*, p. 463 a 494. Posteriormente, em sua maturidade (que se reflete, fundamentalmente, pela concepção de obrigação tributária adotada a partir de 1984 em seu Curso de Direito Tributário), o Mestre paulista abandonou a teoria dos níveis de eficácia, em favor de uma concepção estritamente normativa de "obrigação tributária", mas que, diferentemente do que propomos neste trabalho, adota a chamada Teoria Unitária da Obrigação, segundo a qual a exigibilidade perfaz fenômeno inerente ao próprio conceito de direito subjetivo. O problema da concepção unitária da obrigação, em nosso sentir, diz com a incompatibilidade lógico-deôntica entre a conduta regulada na relação principal (direito subjetivo = crédito) e aquela regulada em sua relação jurídica conversa (dever jurídico = débito).
Essa assertiva nos impõe uma explicação mais detalhada.
É que, na relação jurídica em sentido estrito, é a conduta modalizada que vincula os respectivos sujeitos de direito, sendo chamada, por esse motivo, de objeto da relação jurídica. A regulação jurídica das condutas é feita de modo a afetar (juridicamente) os interesses de outro indivíduo, circunstância que pressupõe a conjugação de duas vontades: a vontade daquele que tem a conduta qualificada pela norma e, também, a vontade daquele sujeito cuja conduta permitirá que a primeira se realize. Nesse sentido, a regulação direta de uma conduta, numa dada relação jurídica, pressupõe a regulação indireta de outra conduta atribuída ao sujeito que tem seus interesses jurídicos atingidos pela primeira. Essa regulação indireta, no entanto, ocorre no interior de outra relação jurídica: a chamada relação conversa ou inversa, cujo conteúdo (conduta) é diverso, porém complementar, ao encontrado na relação jurídica "principal".
Tratando-se de relações jurídicas prestacionais (obrigações em sentido estrito), a conduta diretamente regulada é a do devedor, que tem o dever de prestar (dar, fazer ou não fazer), cabendo ao credor o dever de receber a prestação, o que pressupõe a posição passiva de aguardar o pagamento até a data do vencimento. Tanto é assim que, se o credor se recusar a receber o pagamento, restará descumprido do direito do devedor de saldar o débito, dando ensejo à ação de consignação em pagamento.
O direito de exigir o crédito – que corresponde ao poder atribuído ao credor de praticar atos comissivos tendentes a coagir o devedor a cumprir seu dever –, portanto, inexiste antes do vencimento, até porque tal conduta (de exigir) não se mostra compatível nem complementar àquela atribuída ao devedor. É dizer: o direito de exigir não perfaz relação jurídica conversa do dever de prestar, mas sim do dever de se submeter aos atos de cobrança, o que ocorrerá somente se o dever de prestar for descumprido. Daí concluirmos, à luz da concepção dualista da obrigação, que o direito subjetivo de crédito não contém o atributo da "exigibilidade", como pretende a Teoria Unitária.

modo que as distintas abordagens dogmáticas do tema estão adstritas, fundamentalmente, aos diferentes pressupostos ontológicos (sistema de referência) adotados por cada autor.

A doutrina de inspiração jurídico-sociológica, muito influenciada pela obra de PONTES DE MIRANDA, sempre tratou a "pretensão" como um "nível eficacial" da relação obrigacional, postura que não se coaduna com a abordagem feita neste trabalho, no qual a pretensão é estudada pelo ângulo jurídico-normativo.

Nesse tocante, se tomarmos – como de fato tomamos – o direito positivo como um sistema normativo, não faz sentido utilizarmos, como instrumento de aproximação, gramáticas teóricas formuladas a partir de uma abordagem sociológica do fenômeno jurídico, como é o caso da teoria dos níveis de eficácia das obrigações.

Essa assertiva se torna ainda mais evidente ante a premissa, desde sempre adotada, segundo a qual a existência jurídica da obrigação tributária impõe linguagem competente – da qual se induz, aliás, o caráter eminentemente constitutivo do ato de lançamento –, o que também significa admitir, em contrapartida, a impossibilidade de se cogitar o aparecimento da relação obrigacional, mesmo que em nível de "eficácia mínima", por ocasião da mera ocorrência do "fato gerador" (evento) no mundo social. Isso porque, nessas circunstâncias, inexiste linguagem jurídica apta a verter o fato econômico-social em fato jurídico capaz de produzir os efeitos (jurídicos) que são próprios a ele.[418]

---

418. Os três níveis de eficácia da obrigação tributária, na forma descrita por PAULO DE BARROS CARVALHO no período anterior à fase "constitutivista" do lançamento, poderiam, em tese, ser adaptados ao novo sistema de referência adotado na obra madura do eminente professor paulista. Para tanto, bastaria reconstruir o raciocínio nos seguintes termos: (i) obrigação tributária com eficácia mínima seria aquela devidamente formalizada pelo lançamento, mas ainda não inadimplida; (ii) obrigação tributária com eficácia média corresponderia à obrigação vencida, mas ainda não inscrita em dívida ativa, isto é, obrigação tributária exigível, mas não exequível; (iii) por fim, ter-se-ia obrigação tributária com eficácia máxima quando o

Dessa forma, a abordagem teórica que fazemos do fenômeno da pretensão/responsabilidade neste trabalho é, por premissa, diversa daquela efetuado nas obras de ALFREDO AUGUSTO BECKER e PAULO DE BARROS CARVALHO ("fase inicial"), embora as tenhamos como importantes referências.

Estamos a falar, aqui, de uma específica norma concreta e individual que tem em seu antecedente o fato (jurídico) do inadimplemento da obrigação tributária, cujo consequente normativo é composto, de um lado, pela permissão de exigir, por meio de atos coativos, o adimplemento da obrigação tributária e, de outro lado, pelo correlato dever (relação jurídica conversa) de submissão do devedor inadimplente aos atos de cobrança (responsabilidade).[419]

Assim, sob a óptica eminentemente normativa, a ideia de pretensão/responsabilidade não corresponde a um "instante eficacial" da obrigação, mas a uma relação jurídica decorrente da incidência de norma abstrata geral que toma por suporte fático o não cumprimento de uma determinada relação jurídica prestacional. Seu conteúdo é o poder de exigir, isto é, o direito de cobrar; sua contraface é o dever, atribuído ao sujeito que descumpriu a obrigação, de se sujeitar (submeter-se) a tais atos de cobrança; sua finalidade (eficácia social) é influenciar a conduta do sujeito passivo da obrigação descumprida.

---

débito tributário inadimplido houver sido devidamente inscrito em dívida ativa, ocasião em que o titular do crédito estará autorizado a se voltar contra o patrimônio do devedor com vistas à satisfação do crédito.

419. Mesmo na obra de Pontes de Miranda, o nascimento da pretensão, ou seja, a existência de obrigação com eficácia média, dar-se-á somente com o não cumprimento da prestação. Nesse sentido, ensina o grande jurista alagoano: "Desde que há exigibilidade há pretensão, de modo que o problema se limita ao problema do termo ou condição concernente ao vencimento". Adiante, prossegue: "A pretensão pode surgir depois da existência do crédito; crédito não vencido é, exatamente, crédito a que ainda não nasceu pretensão; não se pode dizer, portanto, que a existência da pretensão nada tem com o vencimento". MIRANDA, Pontes de. *Tratado das ações*, tomo I, p. 88.

A leitura que fazemos da pretensão do Fisco (direito de exigir o crédito inadimplido), portanto, considerada em consonância com o sistema de referência desde sempre adotado, resulta na identificação de uma situação jurídica subjetiva ativa (direito subjetivo em sentido amplo) integrante de uma relação jurídica que se insere no fluxo causal de concretização do direito tributário como efeito do fato jurídico substanciado pelo não pagamento do crédito no prazo fixado em lei, e cujo objeto é, justamente, uma conduta positiva do titular do crédito não satisfeito, materializada na prática de atos de cobrança voltados a coagir o devedor a saldar o débito fiscal inadimplido.

É nesses exatos termos, aliás, que ANDRÉ FONTES, em obra monográfica especificamente voltada ao estudo do instituto da "pretensão", enfrenta a questão. Confira-se:

> A pretensão é uma situação jurídica subjetiva, ao lado do direito subjetivo, que com ele não se confunde, e tampouco trava uma relação de inerência, pois sendo instituto autônomo, enquadra-se no mesmo regime de outras figuras referidas.
>
> Constitui o conteúdo da pretensão, por excelência, a *exigibilidade*, não obstante seja ele assaz abrangente, por conter as *faculdades* de *renúncia*, de *transmissão* e até o seu *próprio exercício*, como se deduz analogamente do direito subjetivo.
>
> O que se exige com a pretensão é a *realização da prestação*, que constitui, de ordinário, o seu *objeto*".
>
> A *norma jurídica* é o *fundamento único da pretensão*, que é extraída das leis ou dos costumes, excluindo-se o negócio jurídico ou autonomia privada como seu fundamento.
>
> A pretensão nasce com a lesão e somente a partir desse fato poderá gerar seus efeitos, consoante a tese objetivista sustentada por Thon, não sendo coetânea à relação jurídica da qual poderia exsurgir.[420]

Desse modo, a "exigibilidade" (direito de cobrar) não se confunde com o crédito (direito de perceber o valor devido)

420. FONTES, André. *Pretensão como situação jurídica subjetiva*, p. 134-135.

do qual decorre, muito menos, com o direito à tutela jurisdicional executiva que nascerá somente após o ato de inscrição do débito em dívida ativa que, em si, já materializa um típico ato de cobrança praticado com base do direito de exigir. Assim, temos que a relação crédito tributário/exigibilidade (pretensão) é de decorrência e não de continência, enquanto que a relação desta última com o direito de ação executiva é de conexidade instrumental.

Para que seja possível cogitar sobre a existência de uma norma individual e concreta responsável pela veiculação do direito de exigir, entretanto, é mister a identificação (e a efetiva incidência) de uma norma geral e abstrata que conote em sua hipótese o fato do não pagamento do tributo e, em seu consequente, preveja a instalação da relação jurídica na qual inserir-se-á a relação jurídica de pretensão/responsabilidade.

Coube a EURICO DE SANTI identificar e nominar esta específica estrutura normativa, a qual o eminente Professor da FGV chamou de "regra-matriz de exigibilidade". Confira-se:

> Nesta perspectiva o ato-norma de lançamento funciona tão só como fato jurídico sobre o qual incide outras normas. Especificamente duas: uma é a que denominamos regra-matriz da multa pelo não pagamento (capítulo VI, item 3.2); outra, a que convencionamos denominar regra-matriz de exigibilidade, **determina o motivo do ato-fato administrativo tendente a realizar o ato-norma de inscrição da dívida ativa** (atividade que merece menção, mas que refoge aos lindes deste trabalho).
>
> Dado o ato-fato administrativo da notificação (último ato da série procedimental que configura o fato jurídico suficiente e que valida o ato norma) inicia-se o prazo para pagamento. **A conduta do não pagamento no prazo previsto é pressuposto** de ambas as normas: da regra-matriz de multa pelo não pagamento e **da regra-matriz de exigibilidade.** [421]

421. SANTI, Eurico Marcos Diniz. *Lançamento tributário*, p. 194-195. (destacamos)

Dessa assertiva, todavia, emergem duas questões: (i) a primeira diz com a necessária identificação do(s) enunciado(s) jurídico(s) prescritivo(s) do qual pode ser construída a indigitada norma abstrata e geral, isto é, acerca da base empírica jurídico-positiva da regra de exigibilidade tributária; e (ii) a segunda acerca do(s) veículo(s) introdutor(es) responsável(is) por veicular a norma concreta e individual que resulta da incidência da indigitada regra-matriz de exigibilidade.

Quanto à primeira indagação, aquilo que, para a doutrina civilista ficou expresso a partir da promulgação do Código Civil de 2002, isto é, a existência de uma norma geral e abstrata que prescreva o nascimento da pretensão/responsabilidade quando da ocorrência do inadimplemento da obrigação (conforme arts. 189, 391 e 942 do CC),[422] não está muito claro para aqueles que se ocupam de estudar a pretensão na seara tributária.

Não obstante, de uma análise conjunta dos enunciados prescritivos que disciplinam as formas de cobrança dos débitos fiscais, não é difícil concluir que, somente após o vencimento da obrigação, poderá o Fisco se movimentar em direção à prática de atos tendentes a exigir a prestação inadimplida.

É que todo e qualquer ato de cobrança posto à disposição do sujeito ativo para coagir o sujeito passivo a cumprir o dever tributário só poderá ser manejado após a verificação do fato do não pagamento da prestação. Trata-se, portanto, de uma norma construída a partir da interpretação

---

422. "Art. 189. Violado o direito, nasce para o titular a pretensão, a qual se extingue, pela prescrição, nos prazos a que aludem os arts. 205 e 206".

"Art. 391. Pelo inadimplemento das obrigações respondem todos os bens do devedor".

"Art. 942. Os bens do responsável pela ofensa ou violação do direito de outrem ficam sujeitos à reparação do dano causado; e, se a ofensa tiver mais de um autor, todos responderão solidariamente pela reparação".

conjunta dos diversos enunciados prescritivos disciplinadores das diferentes técnicas normativas de realização da cobrança das quais dispõem os órgãos fazendários.

É possível afirmar, portanto, que não há um único ato jurídico exclusivamente destinado à veiculação do direito de exigir a prestação tributária inadimplida, o que não significa ausência de linguagem.

Em verdade, a norma concreta e individual de exigibilidade que relata o fato do descumprimento constará de diversos documentos produzidos, inclusive eletronicamente, pelo Fisco, os quais se prestam a atestar o estado de inadimplência em que se encontra o sujeito passivo tributário, seja no âmbito de competência dos órgãos de fiscalização (Receita Federal do Brasil, Secretarias de Fazenda estaduais e Secretarias de Finanças municipais), seja no âmbito da competência dos órgãos de representação judicial do Fisco (Procuradorias Fazendárias).

A "conta fiscal" do contribuinte, por exemplo, onde se verifica a existência de débitos fiscais em "aberto", perfaz, por si só, fato jurídico constitutivo do inadimplemento. O mesmo se diga da certidão positiva de débitos fiscais.

São esses documentos, aliás, que justificam e legitimam a prática dos mais diversos atos de cobrança pelo credor tributário (negativa de certidão, protesto extrajudicial, não concessão/cassação de regimes especiais condicionados à regularidade fiscal etc.), servindo de fundamento para a realização da exigência.

Assim, a (i) recusa na expedição de uma certidão negativa de débito, o (ii) protesto extrajudicial do débito e a (iii) inclusão do nome do sujeito passivo nos cadastros de devedores pressupõem a existência de documentos oficiais que atestem, em linguagem competente, o fato do não cumprimento da obrigação tributária, fazendo nascer o direito de exigir o crédito inadimplido nas diversas formas prescritas em Lei.

É a exigibilidade (direito de exigir/pretensão), portanto, o pressuposto para a prática dos referidos atos de cobrança.

De certa forma, é possível afirmar que são muitas as "linguagens" que se prestam a relatar o fato jurídico do inadimplemento. Muitas também são as técnicas de cobrança postas à disposição do credor tributário, todas elas constituintes de verdadeiras manifestações concretas do direito subjetivo de exigir o crédito tributário (pretensão/exigibilidade)

A despeito disso, há um específico documento que, por ostentar a condição de "título executivo extrajudicial" (art. 784, inciso IX, do CPC), constitui uma forma de manifestação da relação jurídica de pretensão/responsabilidade cujo potencial invasivo da esfera jurídica do devedor suplanta todas as demais formas de cobrança, qual seja: a certidão de dívida ativa (CDA), documento que, para além de permitir a prática de atos de cobrança restritivos de direitos, atribui ao Fisco a prerrogativa de se voltar contra o próprio patrimônio do sujeito passivo inadimplente.

Assim, o mero inadimplemento da obrigação tributária, verificado no plano da facticidade social, mesmo quando juridicamente identificado em documentos outros (físicos ou eletrônicos) produzidos pelo Fisco, não materializa evento suficientemente apto a habilitar o sujeito ativo da obrigação tributária a pleitear, junto ao Poder Judiciário, a tutela jurisdicional realizadora de seu direito subjetivo de crédito. Faz-se necessária, ainda, a produção de outro ato jurídico (certidão de dívida ativa), a quem a lei atribui o *status* de título executivo extrajudicial, responsável por atribuir à obrigação tributária a presunção de liquidez, certeza e exigibilidade que sustentará a prática de atos restritivos do patrimônio do devedor.

Nesse sentido, até que haja a efetiva inscrição do débito inadimplido em dívida ativa, a responsabilidade do devedor (dever de submissão aos atos de cobrança) se restringirá ao dever de submissão aos atos coercitivos de cobrança que, conquanto sejam restritivos de direitos (protesto extrajudicial, vedação de contratação com o poder público etc.), não se voltam à constrição/expropriação de seu patrimônio.

A certidão de dívida ativa, por seu turno, por ostentar a condição de título executivo extrajudicial, é, por excelência, o documento responsável pela constituição da relação jurídica de responsabilidade em sua máxima potência, viabilizando o avanço do credor sobre o patrimônio do sujeito passivo inadimplente e dando amparo jurídico à prática dos atos de constrição e expropriação patrimoniais a serem realizados, ordinariamente, por intermédio do competente processo executivo fiscal.

A tutela executiva fiscal, nesse sentido, presta-se justamente à realização do direito subjetivo do credor de submeter o patrimônio do devedor tributário aos atos constritivos e expropriatórios praticados com o específico fim de satisfazer o crédito tributário inadimplido.[423]

Eis porque a relação jurídica conflituosa subjacente à demanda executiva fiscal não é, propriamente, a relação jurídica obrigacional em sentido estrito, cuja existência e legitimidade são presumidas (eficácia abstrata do título executivo), mas sim a relação jurídica que dela decorre, isto

---

423. É preciso asseverar, nesse tocante, que a capacidade jurídica para a prática dos atos voltados à restrição dos direitos patrimoniais do contribuinte, fundados na presunção de liquidez, certeza e exigibilidade do crédito tributário espelhado na certidão de dívida ativa, vem sendo transferida, pouco a pouco, para o âmbito competencial do próprio credor tributário (Fisco).
Exemplo disso é a chamada "averbação pré-executória", prevista no art. 20-B da Lei 10.522/2002 (inserida pela Lei 13.066/2018), e regulamentada pela Portaria PGFN n. 33, de 8 de fevereiro de 2018, que permite ao credor tributário praticar atos constritivos do patrimônio do devedor, independentemente de autorização judicial.
Não obstante, é inquestionável o fato de o processo executivo fiscal ainda materializar o principal instrumento de realização do crédito tributário inadimplido, que haverá de ser concretizado em ambiente eminentemente processual, o que pressupõe a observância de todas as garantias inerentes ao modelo constitucional de processo jurisdicional.

é, a responsabilidade patrimonial tributária, a qual fundamenta os atos de constrição e expropriação realizados em ambiente processual.

É o direito (material) à expropriação do patrimônio do devedor, portanto, que se realiza pela via executiva fiscal, perfazendo, por isso, seu verdadeiro objeto.

2.1.1 Sujeição passiva e responsabilidade patrimonial tributárias

Inadimplida a obrigação e inscrito o débito em dívida ativa, extrai-se, por ato unilateral do sujeito credor, o documento habilitado a permitir que o sujeito ativo da obrigação tributária se socorra do Poder Judiciário para solicitar a realização de seu direito de crédito: a certidão de dívida ativa (CDA).

Referido documento, por definição legal (art. 784, inciso IX, do Código de Processo Civil), possui *status* de título executivo extrajudicial, viabilizando o ingresso em juízo do sujeito credor (Fazenda Pública) por meio de instrumento processual especificamente destinado à realização forçada do crédito fazendário: a ação executiva fiscal.

É a CDA, portanto, o documento responsável por constituir, em linguagem competente, a responsabilidade patrimonial do devedor fiscal, servindo de fundamento fático-jurídico (causa de pedir) para a prática dos atos de constrição e expropriação do patrimônio do sujeito passivo, realizados via processo executivo fiscal, destinados à satisfação do crédito inadimplido.

Com efeito, é do reconhecimento da responsabilidade patrimonial do sujeito de direito (contribuinte ou responsável tributário em sentido jurídico-positivo), devidamente formalizada no documento a que a Lei atribui a condição de título executivo extrajudicial, que emerge o interesse processual do sujeito pretensor de se socorrer do Poder Judiciário para praticar os atos de constrição e expropriação patrimoniais destinados à satisfação do crédito tributário inadimplido.

A identificação da relação jurídica de responsabilidade patrimonial tributária, veiculada em certidão de dívida ativa, e que se presta a atribuir ao sujeito pretensor (Fazenda Pública) os instrumentos necessários à satisfação do crédito inadimplido, dá-nos o pretexto necessário para tecer alguns esclarecimentos que, apesar de relacionados a aspectos jurídico-materiais, mostram-se fundamentais para entender a verdadeira natureza dos mecanismos e instrumentos processuais voltados à cobrança e à realização de crédito tributário inadimplido.

Nesse passo, a análise do tema "obrigação e responsabilidade tributárias" pressupõe a necessária distinção[424] entre duas facetas do fenômeno obrigacional tributário que, apesar de relacionados, distinguem-se pela amplitude semântica (e, por via de consequência, também pragmática), a saber: a primeira, de índole eminentemente teórico-geral, diz com o conceito de "responsabilidade (patrimonial) tributária", na forma como concebida pela teoria dualista da obrigação;[425]

424. A distinção entre "responsabilidade em sentido teórico-geral" e "responsabilidade em sentido jurídico-positivo" é feita na esteira e na companhia de Luis Claudio Cantanhede, cuja excelente Dissertação de Mestrado dedica um capítulo inteiro (Capítulo 3) à sistematização dessa distinção, fazendo-o, no entanto, com amplitude diversa daquela que propomos em nosso trabalho. CANTANHEDE, Luis Cláudio. *Responsabilidade tributária e legitimidade passiva na execução fiscal*. Dissertação (Mestrado). 2015. Pontifícia Universidade Católica de São Paulo (PUC-SP). São Paulo, 2015.

425. "A sujeição ao poder de exigir chama-se responsabilidade. Se perante o credor, será responsabilidade patrimonial; se perante o juiz, será a responsabilidade processual. A primeira, a responsabilidade patrimonial, é de natureza civil e corresponde à figura do obligatio desenvolvida por Brins e que se assentou sob a simples designação de responsabilidade. É a teoria-matriz aplicada a partir da Tese Dualista das Obrigações que dissociou o débito da responsabilidade perante o crédito, sendo o débito entendido como o dever de prestar, e a responsabilidade o estado de sujeição dos bens ao poder de outrem, de maneira que a dívida seja um vínculo de pessoas e a responsabilidade um vínculo de patrimônio, pelo que o devedor obriga-se e o seu patrimônio responde. Ou de forma mais simples: o primeiro, o dever de prestar, e o segundo, a sujeição do poder de agressão do titular da pretensão". FONTES, André. *Pretensão como situação jurídica subjetiva*, p. 45. (destacamos)

a segunda, de viés estritamente jurídico-positivo, refere-se à noção de "responsabilidade tributária", na forma definida pelo art. 121, inciso II, do CTN.[426]

Na perspectiva teórico-geral, à luz da "teoria dualista da obrigação", dever jurídico e responsabilidade tributários não se distinguem de fenômenos obrigacionais próprios a outros ramos do direito. Estamos a falar, nesse tocante, de dois vínculos jurídicos que, conquanto distintos, são oriundos um do outro.[427]

Sobre ser precisa, mostra-se extremamente didática a explicação sobre a relação entre obrigação e responsabilidade proposta por ANDRÉ FONTES e realizada à luz da teoria dualista da obrigação:

> A sujeição ao poder de exigir chama-se responsabilidade. Se perante o credor, será a responsabilidade patrimonial; se perante o juiz, será a responsabilidade processual.
>
> (...)
>
> É a teoria-matriz aplicada a partir da Tese Dualista das Obrigações que dissociou o débito entendido como o dever de prestar, e a responsabilidade o estado de sujeição dos bens ao poder de outrem, de maneira que a dívida seja um vínculo de pessoas e a responsabilidade um vínculo de patrimônio, pelo que o devedor obriga-se e o seu patrimônio responde. Ou de forma mais

426. Art. 121. Sujeito passivo da obrigação principal é a pessoa obrigada ao pagamento de tributo ou penalidade pecuniária.
Parágrafo único. O sujeito passivo da obrigação principal diz-se:
I - contribuinte, quando tenha relação pessoal e direta com a situação que constitua o respectivo fato gerador;
II - responsável, quando, sem revestir a condição de contribuinte, sua obrigação decorra de disposição expressa de lei. (destacamos)

427. "A conclusão de Fábio Konder Comparato serve de inspiração para o prosseguimento destas reflexões: 'o grande aporte da teoria dualista da obrigação à doutrina contemporânea foi o de demonstrar que a obrigação não é uma relação simples e unitária, mas que se compõe de dois elementos: a relação de crédito e de débito, schuld, que nós chamaremos de dever e a relação de coerção e de responsabilidade (haftung), que nós chamaremos de vínculo'". SIMÃO, José Fernando. *A teoria dualista do vínculo obrigacional e sua aplicação ao direito civil brasileiro*, p. 175.

> simples: o primeiro, o dever de prestar, e o segundo, a sujeição ao poder de agressão do titular da pretensão.
>
> Pelo que se depreende disso, o *débito* é o elemento (*rectius;* requisito) *não coativo,* pois o devedor é livre para realizar ou não a prestação, e a *responsabilidade* é o requisito *coativo* da obrigação, já que se o devedor não realiza a prestação, surgirá a responsabilidade pelo inadimplemento; e são marcados por momentos de formação diversos: o *débito* desde a formação da obrigação e a *responsabilidade,* posteriormente, caso o devedor não realize a prestação devida, razão pela qual se entende que a responsabilidade é eventual e não necessária na obrigação como o *débito* e que por isso não está a responsabilidade ao débito subordinada, podendo inclusive um e outro (débito e responsabilidade) recaírem em pessoas diferentes. A essa obrigação dotada de responsabilidade se designa *perfeita* ou *civil* e aquela desprovida de responsabilidade de *imperfeita* ou natural; já aquela que perdeu a responsabilidade por força da prescrição designa-se por obrigação *desnaturada.*[428]

Sob esse enfoque, a obrigação tributária dita principal consubstancia o vínculo que se estabelece entre sujeito passivo (contribuinte ou "responsável" tributário) e sujeito ativo (Fisco) pela concretização de fato descrito no antecedente de determinada regra de incidência tributária (geral e abstrata), por meio do qual o primeiro (sujeito passivo) tem o dever jurídico de pagar (prestação) ao segundo (sujeito ativo) determinada quantia em dinheiro.

Fenômeno concreto que é, a obrigação tributária se materializa, exclusivamente, por meio dos atos, públicos ou privados, realizados nos termos dos arts. 142 a 150 do Código Tributário Nacional (lançamento em sentido amplo). Também por isso, sujeito passivo da obrigação tributária (contribuinte ou "responsável") será aquela pessoa expressa e nominalmente indicada no documento constitutivo do vínculo obrigacional tributário.

---

428. FONTES, André. *Pretensão como situação jurídica subjetiva*, p. 45-46.

Paralelamente ao dever jurídico que exsurge como eficácia jurídica emanada do fato jurídico tributário, tem-se a responsabilidade patrimonial (tributária), o qual também se apresenta como uma espécie de "sujeição passiva", mas que integra um outro vínculo jurídico, a ser estabelecido, contingentemente, a partir do (eventual) inadimplemento da obrigação (tributária), fazendo nascer o direito (pretensão) do sujeito ativo da obrigação, por meio de ação executiva ou equivalente, a submeter o patrimônio do devedor a atos de expropriação.[429]

É justamente esse "dever de submissão" do devedor aos atos de exigência do credor (pretensão) que a Teoria Geral (dualista) das Obrigações chama de "responsabilidade patrimonial".[430]

É certo dizer, portanto, que, no âmbito das relações obrigacionais, crédito (direito subjetivo de perceber o *quantum debeatur*) e débito (dever jurídico de pagar o *quantum debeatur*) perfazem dois vínculos complementares que compõem as duas faces de uma mesma moeda. O mesmo pode ser dito com relação à pretensão (direito subjetivo de submeter exigir o débito por meio de atos coativos de cobrança) e à responsabilidade patrimonial (dever jurídico de submissão do devedor aos atos de cobrança, inclusive

---

429. "Conforme lecionada JOSÉ CARLOS MOREIRA ALVES, duas são as distinções entre dívida e responsabilidade. A primeira é que surgem em momentos diversos: a dívida desde a formação da obrigação e a responsabilidade posteriormente quando o devedor não cumpre a prestação devida. A segunda é que o *debitum* é elemento não coativo (o devedor é livre para realizar ou não a prestação), já a *obligatio* é um elemento coativo". SIMÃO, José Fernando. *A teoria dualista do vínculo obrigacional e sua aplicação ao direito civil brasileiro*, p. 169.

430. Entre os dogmáticos tributários contemporâneos que se dedicam ao estudo da responsabilidade tributária, RENATO LOPES BECHO é um dos únicos que se preocupou em discorrer sobre a dualidade débito/responsabilidade segundo a chamada teoria dualista da obrigação, e isso a despeito de não ter o referido autor se utilizado deste instrumental teórico a ponto de leva-lo às últimas consequências, sob o ponto de vista pragmático. Nesse sentido, ver BECHO, Renato Lopes. *Sujeição passiva e responsabilidade tributária*, p. 152-154.

aqueles tendentes à expropriação do seu patrimônio), que consubstanciam relações jurídicas conversas.

Descumprido o dever subjetivo posto no consequente da norma individual e concreta que formaliza a relação jurídica obrigacional principal (tributária), incide a norma de pretensão/responsabilidade, fazendo nascer, para o credor, o poder de exigir o crédito, o qual, nas palavras de ANDRÉ FONTES, não se confunde com o direito à prestação (direito subjetivo) nem com o direito à jurisdição (ação).[431]

É possível afirmar, portanto, que a "pretensão" é uma situação jurídica subjetiva ativa (direito subjetivo em sentido amplo) nascida do não cumprimento de um dever jurídico prestacional e cujo conteúdo (conduta qualificada) é a permissão de praticar atos de cobrança (exigir) que constranjam o devedor a realizar a prestação descumprida (eficácia social da norma de pretensão), sendo a responsabilidade patrimonial o dever correlato do sujeito passivo de se submeter a esses atos de cobrança.[432]

O nascimento da relação de pretensão/responsabilidade patrimonial se identifica com aquilo que os romanos chamavam de *actio nata,* isto é, com o momento do vencimento da obrigação e, portanto, com o início do decurso do prazo prescricional, cujo objeto, em verdade, é a própria responsabilidade patrimonial (e não a "ação" em sentido processual).[433] *Actio*, esclarece PONTES DE MIRANDA, é

---

431. FONTES, André. *Pretensão como situação jurídica subjetiva*, p. 40.

432. Não podemos confundir "pretensão" em sentido jurídico-material, que é justamente a situação jurídica subjetiva que se contrapõe à responsabilidade patrimonial, com "pretensão" em sentido jurídico-processual, que corresponde às providências jurisdicionais efetivamente deduzidas pelo autor no pedido da demanda. É bem verdade que, tratando-se de ações executivas (incluída a fiscal), a "pretensão processual" deduzida pelo credor em juízo corresponderá, exatamente, aos atos (constritivos e expropriatórios) de realização da "pretensão em sentido material". A despeito disso, estamos a falar de fenômenos distintos, conquanto relacionados.

433. Não ignoramos a circunstância de, a teor do que dispõe o art. 156, inciso V, do CTN, o fato prescricional produzir também eficácia extintiva da própria obrigação

a pretensão (direito de exigir), e não a ação (ato material, que resulta do ato de exigir) tampouco, a *fortiriori*, a "ação" (direito à prestação jurisdicional).[434] É a *actio romana* (pretensão) o objeto da norma de prescrição, e não a ação (direito à prestação jurisdicional).

Daí que a responsabilidade patrimonial, a despeito de ser um instituto de direito material, em regra – por uma questão de mera opção sistêmica[435] –, se realiza (exercita) por intermédio de instrumentos processuais (responsabilidade processual).[436]

Não por outro motivo, esse específico vínculo (responsabilidade patrimonial), nascido a partir do descumprimento daquel'outro (dever jurídico), constitui-se formalmente a partir de documentos a que o sistema jurídico atribui o *status* de "títulos executivos", justamente aqueles que se fazem indispensáveis ao aparelhamento de processos executivos.[437]

---

tributária. Tal circunstância, vale advertir, perfaz singularidade jurídico-positiva peculiar ao sistema tributário nacional. Essa peculiaridade, no entanto, não muda o fato de, também em matéria tributária, o prazo prescricional ser desencadeado justamente no momento em que nasce o direito de exigir do débito, isto é, por ocasião do vencimento, quando o ato constitutivo do crédito tributário, na linguagem utilizada pelo art. 174 do CTN, torna-se "definitivo".

434. "*Actio* é a pretensão, e não a ação, nem, a fortiori, a "ação" (que é conceito processual)". MIRANDA, Pontes de. *Tratado das ações*, tomo I, p. 52.

435. Falamos em "mera opção sistêmica", pois basta que uma das propostas de "administrativização da execução fiscal" vingue no Congresso Nacional para que o direito subjetivo à expropriação (pretensão) possa ser diretamente exercido pelo seu titular (Fazenda Pública), independentemente de interferência do Poder Judiciário.

436. "Cremos que Salvatore Pugliatti esquadrinhou de maneira original e grandiosa a natureza do problema e melhor resolveu a questão ao distinguir uma da outra, além de sustentar magistralmente que ambas (responsabilidade patrimonial e processual) estão vinculadas por conexão. A responsabilidade processual é a sujeição do patrimônio do devedor aos atos coativos e expropriatórios da execução forçada, e deve estar conexa à anterior situação da responsabilidade referente ao direito substancial". FONTES, André. *Pretensão como situação jurídica subjetiva*, p. 47.

437. "A responsabilidade processual, como observa SALVATORE PUGLIATTI, embora constitua, no processo executivo, situação autônoma de sujeição, deve estar

No âmbito tributário não é diferente.

A responsabilidade patrimonial (tributária), nascida do inadimplemento da obrigação de mesma natureza, constitui-se a partir da formalização, em linguagem juridicamente apta, de seu respectivo fato jurídico (o inadimplemento), veiculado, no mais das vezes, por meio do documento denominado "certidão de dívida ativa", a quem a legislação processual qualifica como título executivo e sem o qual não é possível ao credor tributário invocar a tutela jurisdicional executiva específica (ação de execução fiscal) vocacionada à expropriação do patrimônio do sujeito passivo inadimplente.

Em razão de débito (inclusive tributário) e responsabilidade patrimonial (inclusive tributária) materializarem relações jurídicas que, em regra, se implicam mutuamente, pois a segunda nasce necessariamente do descumprimento da primeira, há uma tendência natural de identificação entre seus elementos subjetivos, de sorte que, na maioria das vezes, os sujeitos ativo e passivo que compõem a relação de débito também ocuparão, respectivamente, os polos ativo e passivo da relação de responsabilidade patrimonial.[438]

É o que acontece, no mais das vezes, com os sujeitos passivos das obrigações tributárias inadimplidas que, pelo simples fato de constarem formalmente no polo passivo da relação, têm seus nomes inscritos em dívida ativa na condição de devedores inadimplentes, é dizer, de responsáveis patrimoniais. Essa regra, contudo, comporta exceções, verificadas nos casos em que a sujeição passiva na relação obrigacional é distinta da sujeição passiva na relação jurídica de responsabilidade patrimonial.

---

conexa a anterior situação 'de responsabilidade atinente ao direito substancial'". MARQUES, José Frederico. *Instituições de direito processual*, v. 4, p. 42.

438. Obrigação e responsabilidade são relações jurídicas que compõem um mesmo fluxo de causalidade jurídica, pois o fato jurídico necessário e suficiente ao nascimento de uma (responsabilidade) decorre, necessariamente, do descumprimento da outra (obrigação).

Esse é o caso da "responsabilidade sem dívida", cujo exemplo clássico é a desconsideração da personalidade jurídica, conforme prescrita no art. 50 do CC.

A recíproca, vale dizer, também é verdadeira, pois, nas "obrigações imperfeitas", cujos exemplos clássicos são as dívidas de jogo ou de aposta (art. 814 do CC)[439] e o mútuo contraído por menores (art. 588 do CC),[440] tem-se a existência efetiva da relação de débito, a despeito da ausência de responsabilidade patrimonial atribuída ao devedor. Esse mesmo fenômeno se verifica, no mais das vezes, quando se opera a prescrição do direito de exigir o débito inadimplido, ocasião em que, apesar da higidez da relação de débito, opera-se a extinção da relação de responsabilidade patrimonial.[441]

Pois bem. Paralelamente ao exposto acima, é possível analisar o fenômeno obrigacional tributário sob o ângulo jurídico-positivo, em especial à luz do disposto no art. 121, inciso II, do CTN. Por essa perspectiva, obrigação e responsabilidade tributárias são conceitos interdefiníveis, já que a segunda perfaz elemento da primeira.

E isso porque – por uma legítima e estratégica opção política do legislador tributário complementar – a figura do "responsável tributário", nos termos do indigitado art. 121, inciso II, do CTN, é erigida à condição de sujeito passivo titular do dever jurídico tributário em sentido estrito.

---

439. "Art. 814. As dívidas de jogo ou de aposta não obrigam a pagamento; mas não se pode recobrar a quantia, que voluntariamente se pagou, salvo se foi ganha por dolo, ou se o perdente é menor ou interdito".

440. "Art. 588. O mútuo feito a pessoa menor, sem prévia autorização daquele sob cuja guarda estiver, não pode ser reavido nem do mutuário, nem de seus fiadores".

441. Não é o que ocorre, vale advertir, com a prescrição do direito de exigir o crédito tributário, a qual, para além da extinção da responsabilidade tributária patrimonial, também opera efeitos extintivos em face da própria relação de débito tributário, mas não em razão de uma prerrogativa que lhe seja ontologicamente inerente, e sim por expressa prescrição constante do art. 156, inciso V, do CTN.

Essa regra permite que o "responsável tributário" seja envolvido no processo de cobrança desde o momento da constituição da própria relação obrigacional em sentido estrito, e possibilita que o crédito tributário seja constituído diretamente contra pessoa que não pratica o fato gerador, não é contribuinte, mas com ele(s) mantém relação.

Em consequência, não é necessário aguardar o descumprimento da obrigação tributária para, somente então, atribuir responsabilidade patrimonial ao terceiro. Nesse caso, a "responsabilidade patrimonial" do assim chamado "responsável tributário", na hipótese de inadimplemento do débito, será decorrência direta da sua condição de titular do débito.

Isso permitirá, ainda, a automática inscrição do nome do responsável tributário no termo de dívida ativa, viabilizando, assim, o ajuizamento da ação executiva fiscal originariamente em face dele.

Agora, nas situações em que o sujeito de direito tido por "responsável tributário", nos termos do que dispõe o Código Tributário Nacional (responsável em sentido jurídico-positivo), for identificado após (i) a constituição do crédito tributário, (ii) a inscrição do débito em dívida ativa, e (iii) a propositura da ação executiva fiscal, ele jamais poderá ser equiparado, juridicamente, ao "responsável tributário" que haja assumido tal condição por ocasião da própria constituição do crédito tributário.

Estaremos falando, nesse caso, de verdadeiro "responsável tributário sem dívida", à semelhança do que ocorre nos casos de grupo econômico.

Significa dizer que as regras de responsabilidade tributária (por sucessão, de terceiros e por infrações) prescritas no Código Tributário Nacional têm natureza dúplice, funcionando ora como típicas normas definidoras dos sujeitos passivos do dever jurídico tributário em sentido estrito (quando aplicadas por ocasião da constituição do crédito tributário), ora como normas atributivas de mera responsabilidade patrimonial àquele que, eventualmente, não haja sido incluído no polo passivo da obrigação tributária por ocasião de sua constituição (no mais das vezes, após o início do processo executivo fiscal), mas que tenha sua condição de responsável verificada em momento posterior.

Por essa óptica, o "responsável tributário", conforme definido no Código Tributário Nacional, poderá ser considerado sujeito passivo titular do dever jurídico em sentido estrito ou mero sujeito passivo da relação jurídica de responsabilidade patrimonial, a depender do momento do fluxo de causalidade jurídico-tributária (processo de positivação em sentido amplo) em que a indigitada responsabilidade tributária for aferida.

Será, o "responsável tributário", sujeito passivo da obrigação tributária dita principal se, e somente se, o crédito tributário houver sido originariamente constituído em face dele, o que possibilitará, via de consequência, que o título executivo extrajudicial (certidão de dívida ativa) também seja extraído diretamente em face do responsável tributário. Nesse caso, a responsabilidade tributária patrimonial será uma decorrência direta da condição de devedor (sujeito passivo da obrigação tributária).

Por outro lado, será o "responsável tributário" exclusivamente sujeito passivo da relação jurídica de responsabilidade patrimonial quando o crédito tributário tenha sido constituído somente em face do contribuinte, o que ocorrerá quando a identificação dos fatos jurídicos necessários e suficientes à aferição da responsabilidade tributária ocorrer em momento posterior à constituição definitiva da obrigação tributária.

Trata-se, nesse caso, de típica situação de responsabilidade (tributária) patrimonial sem dívida, pois o responsável tributário, a despeito de responder pelo débito fiscal com seu patrimônio, não integra o polo passivo da relação obrigacional tributária inadimplida.

Tanto é assim que, em situações desse jaez, não se mostra necessária a lavratura de novo lançamento substitutivo daquele que, originariamente, constituiu o crédito tributário exclusivamente em face do contribuinte, bastando, tão somente, que o reconhecimento do vínculo de responsabilidade patrimonial seja realizado por procedimento – administrativo ou judicial – autônomo, especificamente forjado para tal objetivo.[442]

Assim, aquilo que o Código Tributário Nacional denomina "obrigação tributária principal" – que surge com o fato gerador e tem por "objeto" o pagamento do tributo (art. 113, §1º, do CTN) – não reflete precisamente o conceito de "obrigação tributária" em sua feição completa, o qual abrange os dois vínculos inerentes ao fenômeno obrigacional, quais sejam: (i) o dever jurídico tributário, nascido com a ocorrência do fato jurídico tributário (fato gerador), devidamente constituído pelo lançamento (em sentido amplo); e (ii) a responsabilidade patrimonial tributária, nascida com a verificação do fato jurídico do inadimplemento, devidamente formalizado pelo ato de inscrição do débito espelhado que dá origem ao título executivo extrajudicial (CDA) que instrumentalizará a prática dos atos de constrição e expropriação do patrimônio do devedor.

Desse modo, devemos interpretar o enunciado do art. 121, inciso II, do CTN – o qual erige o responsável tributário à condição de "sujeito passivo" da obrigação principal – como abrangente também do vínculo que se instaura após

442. Exemplos de procedimentos administrativos voltados à constituição da relação jurídica de responsabilidade patrimonial são aqueles disciplinados na Instrução Normativa (RFB) 1862/2018, e na Portaria PGFN 948/2017, que regulamenta o procedimento administrativo de reconhecimento de responsabilidade tributária (PARR). No plano judicial, o paradigma é justamente o incidente de desconsideração da personalidade jurídica (IDPJ), previsto no art. 133 e seguintes do CPC.

a formalização do débito, por ocasião do inadimplemento devidamente constituído em linguagem competente, de maneira que o "responsável tributário" possa ser tanto sujeito passivo da relação obrigacional tributária em sentido estrito (titular do dever de prestar), quando identificado por ocasião do procedimento administrativo de constituição do débito tributário, quanto sujeito passivo (exclusivo) da relação jurídica decorrente do inadimplemento, que é justamente a relação jurídica de responsabilidade tributária patrimonial.

Isso ocorrerá nas circunstâncias em que a responsabilidade tributária, na forma como prescrito no art. 128 e seguintes do CTN, restar aferida em momento posterior à constituição definitiva do débito tributário.

Arriscamos dizer, nesse tocante, que a vocação principal dos "responsáveis tributários" previstos no art. 128 e seguintes do CTN é a de típicos responsáveis patrimoniais,[443] de forma que a regra que os eleva, também, à condição de sujeitos passivos das relações jurídicas de débito tributário (art. 121, inciso II, do CTN) consubstancia um *plus* que a legislação tributária institui com vistas à praticabilidade do sistema de arrecadação.

Sob essa perspectiva, a condição de sujeito passivo do débito atribuída pelo art. 121, inciso II, do CTN, ao responsável tributário (art. 128 e seguintes do CTN) é meramente contingente, pois sua vocação maior – e é isso que assegura a satisfação da obrigação – é a de garantidor patrimonial do débito inadimplido.

---

443. Parece-nos ter sido essa, também, a intuição primeira de RENATO LOPES BECHO, infelizmente não levada adiante em seu trabalho seguinte ("Responsabilidade Tributária de Terceiros"). Senão, vejamos: "Filiamo-nos, portanto, à corrente na qual estão Gian Antonio Micheli e Paulo de Barros Carvalho, por entendermos que o responsável é garantidor fiduciário do crédito tributário, não participando da relação jurídico-tributária proveniente da subsunção, que ocorre após o fato imponível realizado segundo a previsão legislativa disposta na regra-matriz tributária". BECHO, Renato Lopes. *Sujeição passiva e responsabilidade tributária*, p. 152.

Por isso, em nosso sentir, não é possível restringir o conceito de "sujeito passivo da obrigação tributária" à posição ocupada pelo titular do dever jurídico surgido da ocorrência do fato gerador.

Essa limitação conceptual reduz a aplicação das regras de responsabilidade tributária prescritas no art. 128 e seguintes do CTN, àquelas situações aferíveis somente por ocasião do procedimento administrativo de lançamento, deixando inexplicadas outras situações corriqueiras da pragmática, tais como (i) a imputação de responsabilidade a terceiro por meio de procedimento administrativo autônomo (PARR – Portaria PGFN n. 948/2017) e, também, (ii) o redirecionamento da execução fiscal para o sócio-administrador, com fundamento no art. 135 do CTN, por ilícito ocorrido e verificado após a instauração do processo executivo fiscal (encerramento irregular da empresa).

2.1.2 Responsabilidade patrimonial tributária e legitimidade *ad causam* no processo executivo fiscal

Os esclarecimentos apresentados nos tópicos precedentes acerca dos conceitos de obrigação e responsabilidade tributárias são de suma importância para avançarmos na análise das técnicas processuais voltadas à realização do crédito tributário inadimplido, já que o objeto da tutela executiva fiscal é, conforme adiantamos, a realização do direito subjetivo do credor à expropriação do patrimônio do devedor inadimplente, cuja efetivação tem em mira a satisfação – por vias oblíquas – da obrigação tributária que lhe é subjacente.[444]

Como decorrência, a condição de legitimados ativo e passivo iniciais na ação executiva fiscal pressupõe a

444. Nesse sentido, o efetivo exercício do direito subjetivo à expropriação do patrimônio do devedor, realizado por intermédio da tutela executiva fiscal, resultará em extinção da obrigação tributária não por sua forma natural (pagamento), mas pelo modo previsto no art. 156, inciso VI, do CTN (conversão do depósito em renda).

averiguação da necessária relação de identidade entre as partes do processo executivo fiscal (exequente e executado) e os sujeitos (ativo e passivo) da relação jurídica de responsabilidade patrimonial, tal como objetivada na competente certidão de dívida ativa.

Tal afirmação assume fundamental relevância quando nos voltamos, especificamente, à identificação dos sujeitos juridicamente habilitados a ocupar o polo passivo dos processos executivos fiscais, tarefa que induz o cotejo de dois documentos, indispensáveis à viabilidade da demanda executiva fiscal, os quais – a teor do que dispõe o art. 6º, § 1º, da Lei 6.830/80 –[445] devem ser expedidos de forma "integrada". São eles: a petição inicial da demanda executiva fiscal e a certidão de dívida ativa que a instrui.

Nesse contexto, a tarefa de identificação do legitimado passivo para a execução fiscal acaba por ser muito facilitada pela exigência legal constante do art. 2º, §5º, inciso I, e §6º, da Lei 6.830/80,[446] que impõe a expressa menção dos nomes dos "devedores" e dos "corresponsáveis" (patrimoniais) tanto no termo de inscrição de dívida ativa quanto no título executivo extrajudicial que a partir dele se extrai (certidão de dívida ativa).

---

445. Art. 6º - A petição inicial indicará apenas:
(...)
§ 1º - A petição inicial será instruída com a Certidão da Dívida Ativa, que dela fará parte integrante, como se estivesse transcrita.

446. Art. 2º - Constitui Dívida Ativa da Fazenda Pública aquela definida como tributária ou não tributária na Lei 4.320, de 17 de março de 1964, com as alterações posteriores, que estatui normas gerais de direito financeiro para elaboração e controle dos orçamentos e balanços da União, dos Estados, dos Municípios e do Distrito Federal.
(...)
§ 5º - O Termo de Inscrição de Dívida Ativa deverá conter:
I - o nome do devedor, dos corresponsáveis e, sempre que conhecido, o domicílio ou residência de um e de outros;
(...)
§ 6º - A Certidão de Dívida Ativa conterá os mesmos elementos do Termo de Inscrição e será autenticada pela autoridade competente.

Tratando-se, especificamente, de execução fiscal de débitos tributários,[447] a pragmática[448] costuma atribuir a condição de "devedor" exclusivamente àquele sujeito de direito que ocupa a posição de sujeito passivo da obrigação tributária inadimplida na condição de contribuinte (art. 121, parágrafo único, inciso I, do CTN), cuja responsabilidade patrimonial é decorrência direta e exclusiva do inadimplemento da obrigação tributária principal. É o contribuinte, portanto, o legitimado passivo do processo executivo fiscal a que se refere o art. 4º, inciso I, da Lei 6.830/80.

A posição de "corresponsável" no título executivo (CDA), por exclusão, abarca a totalidade dos demais sujeitos de direito a quem vier a ser atribuída, segundo a Lei material, a responsabilidade patrimonial pelo débito, independentemente de ostentarem ou não a condição de sujeitos passivos originários da obrigação tributária. Nessa medida, a definição da classe dos "corresponsáveis" é eminentemente residual, abrangendo todos os responsáveis patrimoniais enumerados nos incisos II a VI do já referido art. 4º da Lei 6.830/80 e outros a que a lei material (art. 50 do CC, por exemplo) vier a atribuir esse status.

Diante disso, a enumeração extensiva dos legitimados passivos para o processo executivo fiscal constante do art. 4º da Lei 6.830/80,[449] por refletir aquilo que ordinariamente

---

447. O conceito de "ação executiva fiscal", a teor do que dispõem os arts. 1º e 2º, § 2º, da Lei 6.830/80, é definido por critério eminentemente subjetivo, isto é, pela qualidade do titular do débito a ser exigido. Estarão adstritos à cobrança pela via executiva fiscal todos os débitos, tributários ou não, de titularidade das pessoas jurídicas de direito público (União, Estados, Municípios e suas autarquias) expressamente indicados no art. 1º da Lei n. 6.830/80.

448. Aqui entendida como a forma pela qual as Fazendas Públicas (União, Estados e Municípios) costumam expedir suas respectivas certidões de dívida ativa, indicando, documentalmente, a posição (devedor ou corresponsável) a ser ocupada por cada um dos responsáveis patrimoniais a serem demandados pela via da ação executiva fiscal.

449. Art. 4º - A execução fiscal poderá ser promovida contra:
I - o devedor;
II - o fiador;

seria aferível pelo mero cotejo entre os sujeitos que ocuparem a posição de partes da demanda executiva fiscal e aqueles indicados na certidão de dívida ativa, mostra-se, de certa forma, absolutamente dispensável, até porque é a Lei material (e não a processual) a competente para eleger os responsáveis patrimoniais pelos diversos tipos de débitos de natureza fiscal.

É possível asseverar, portanto, que, sob a óptica da "forma" pela qual os títulos executivos extrajudiciais fiscais (CDAs) costumam ser expedidos, todos os legitimados passivos para o processo executivo fiscal que não ocuparem a posição de "contribuinte-devedor" serão, automaticamente, "corresponsáveis", independentemente de terem sido erigidos à condição de sujeitos passivos da obrigação tributária por ocasião de sua constituição ou de terem suas respectivas responsabilidades patrimoniais aferidas, autonomamente, em momento posterior, por meio de procedimento específico.

A expressa indicação do devedor e do corresponsável na certidão de dívida ativa revela, como não poderia deixar de ser, situação de plena solidariedade patrimonial pelo débito tributário inadimplido. Essa condição permite que a propositura da ação executiva fiscal seja realizada em face de um ou ambos os responsáveis patrimoniais solidários, fenômeno que, sob o ponto de vista eminentemente processual, traduz-se pela ideia de litisconsórcio passivo inicial (facultativo).

No mais das vezes, portanto, até em razão de a certidão de dívida ativa integrar a petição inicial que veicula a pretensão executiva (art. 6º, §1º, da Lei 6.830/80), a demanda executiva fiscal é proposta em face de todos os responsáveis

---

III - o espólio;
IV - a massa;
V - o responsável, nos termos da lei, por dívidas, tributárias ou não, de pessoas físicas ou pessoas jurídicas de direito privado; e
VI - os sucessores a qualquer título.

patrimoniais (devedor e corresponsáveis) indicados no título executivo, possibilitando ao exequente solicitar que a prática dos atos executivos se dirija, desde logo, contra o patrimônio de todos.

É possível concluir, desse modo, em consonância com a tese alinhavada no início deste tópico, que a aferição da legitimidade *ad causam* em processos executivos fiscais está inexoravelmente atrelada à identidade entre os sujeitos de direito que compõem a relação jurídica de responsabilidade patrimonial documentada na competente certidão de dívida ativa e aqueles que se encontram na posição de exequente e executado no processo. Diante disso, o mero fato de ostentar, nominalmente, a posição de devedor ou corresponsável na certidão de dívida ativa presume a condição de legitimado passivo no processo executivo fiscal.

Nesse passo, eventual objeção, oponível pelo executado (devedor ou corresponsável), quanto à correção do ato de imputação de responsabilidade patrimonial que deu ensejo à inclusão de seu nome no título executivo extrajudicial consubstanciará, necessariamente, questão atrelada ao mérito da causa, transcendendo as cogitações sobre a mera legitimidade processual do executado.

Em verdade, a única situação em que, teoricamente, seria possível cogitar acerca da ilegitimidade passiva da parte executada em processo executivo fiscal é aquela em que o nome do executado não constar – seja na condição de devedor, seja na de corresponsável – da certidão de dívida ativa que se prestar ao aparelhamento da pretensão executiva fiscal. Trata-se, convenhamos, de situação de difícil verificação empírica, em especial quando a Fazenda Pública exequente, valendo-se da prerrogativa que lhe atribui o art. 6º, incisos I, II, III e §2º da LEF, restringe-se a requerer a citação do devedor ou do corresponsável, tal qual apontados na certidão de dívida ativa que instrui a demanda executiva fiscal, circunstância em que a identidade entre executados e responsáveis patrimoniais restará presumida.[450]

Não por outro motivo, praticamente a totalidade das defesas incidentais apresentadas no bojo de processos executivos fiscais que têm por objeto alegação de "ilegitimidade passiva" do executado dizem, na verdade, com aspectos do próprio mérito da pretensão executiva, mais precisamente com questões atinentes aos critérios utilizados pela Fazenda Pública para atribuir ao sujeito de direito (pessoa física ou jurídica) a condição de responsável patrimonial pelo débito tributário.

Desse modo, insurgências fundadas, por exemplo, (i) na ausência de oportunidade de participação do sócio-executado no processo administrativo que deu origem ao débito tributário, em violação aos princípios do contraditório e da ampla defesa; (ii) na ilegítima responsabilização do sócio-executado sem poderes de administração; e (iii) na inconstitucionalidade de norma que disponha acerca da responsabilidade solidária do sócio em razão do mero inadimplemento da obrigação tributária, a despeito de serem comumente deduzidas sob a rubrica de "ilegitimidade passiva do executado", materializam típicas questões de mérito, pois relacionadas aos critérios materiais (fáticos e jurídicos) de imputação de responsabilidade patrimonial tributária.

---

450. "Ao final das contas, quer isso significar que, em execução fiscal, o conceito de parte pode (e deve) ser diretamente sacado de documento (a Certidão de Dívida Ativa) que, a um só tempo, (i) revela a face objetiva da lide (a dívida ativa), (ii) oficia como especial pressuposto processual (título executivo) e, mais ainda, (iii) opera como elemento integrante da petição inicial". CONRADO, Paulo Cesar. *Execução fiscal*, p. 36. Importante salientar, no entanto, que muito embora seja esta a "técnica" utilizada pela União Federal em suas petições iniciais, a experiência mostra que grande parte das Fazendas Públicas estaduais e municipais (o Estado de São Paulo é um exemplo) ainda se utilizam da clássica forma de "demandar", que toma como regra a indicação expressa dos executados, requerendo expressamente a citação destes. Nessas situações, eventual divergência entre os sujeitos que figuram na condição de devedor e corresponsáveis na certidão de dívida ativa e aqueles a quem a pretensão executiva é dirigida – o que se revela no requerimento de citação – ensejará a ilegitimidade passiva da parte executada.

De certa forma, essa confusão – conceitual, vale dizer – entre "legitimidade passiva na execução fiscal" e "responsabilidade (patrimonial) tributária" influenciou decisivamente na formação da orientação jurisprudencial consolidada em precedente representativo da controvérsia (REsp n. 1.110.925/SP),[451] segundo a qual "não cabe exceção de pré-executividade em execução fiscal promovida contra sócio que figura como responsável na certidão de dívida ativa, em razão de a presunção de legitimidade assegurada à CDA impõe ao executado que figura no título executivo o ônus de demonstrar a inexistência de sua responsabilidade tributária, demonstração essa que, por demandar prova deve ser promovida no âmbito dos embargos à execução".

Dentre as inconsistências que comprometem a *ratio* subjacente ao precedente acima transcrito, está a afirmação de que a aferição da ilegitimidade passiva nos processos executivos fiscais demandaria a demonstração, por meio de prova, da inexistência da responsabilidade tributária atribuída ao sócio. Ora, se a questão *sub judice* fosse realmente relacionada à ilegitimidade passiva do executado, sua aferição ocorreria por cognição sumária, verificando-se, exclusivamente, a identidade entre as pessoas do executado

---

451. "TRIBUTÁRIO. EXECUÇÃO FISCAL SÓCIO-GERENTE CUJO NOME CONTA DA CDA. PRESUNÇÃO DE RESPONSABILIDADE. ILEGITIMIDADE PASSIVA ARGUIDA EM EXCEÇÃO DE PRÉ-EXECUTIVIDADE. INVIABILIDADE. PRECEDENTES.
1. A exceção de pré-executividade é cabível quando atendidos simultaneamente dois requisitos, um de ordem material e outro de ordem formal, ou seja: (a) é indispensável que a matéria invocada seja suscetível de conhecimento de ofício pelo juiz; e (b) é indispensável que a decisão possa ser tomada sem necessidade de dilação probatória.
2. Conforme assentado em precedentes da Seção, inclusive sob o regime do art. 543-C do CPC (REsp 1104900, Min. Denise Arruda, sessão de 25.03.09), não cabe exceção de pré-executividade em execução fiscal promovida contra sócio que figura como responsável na Certidão de Dívida Ativa - CDA. É que a presunção de legitimidade assegurada à CDA impõe ao executado que figura no título executivo o ônus de demonstrar a inexistência de sua responsabilidade tributária, demonstração essa que, por demandar prova, deve ser promovida no âmbito dos embargos à execução. 3. Recurso Especial provido. Acórdão sujeito ao regime do art. 543-C do CPC".
(REsp n. 1.110.925/SP; 1ª Seção; Rel. Min. Teori Albino Zavascki; DJe de 04/05/2009).

e do responsável conforme plasmado no título executivo, sem qualquer necessidade de dilação probatória.

O sobrecitado precedente, aliás, é expresso ao reconhecer que, no caso sob análise, o nome do sócio constava da certidão de dívida ativa que instruía o processo executivo fiscal, circunstância que, por si só, desqualifica a questão analisada como relativa à legitimidade passiva do executado.

Nessa medida, se a aferição das alegações do executado induz um juízo sobre as condições de fato que serviram de fundamento para a atribuição de responsabilidade tributária do sócio – como parece ser o caso do precedente vinculante suprarreferido –, demandando, consequentemente, a produção de prova da inconsistência do ato de responsabilização, estar-se-á a falar de questão relativa ao próprio mérito da pretensão executiva fiscal, pois relacionada ao direito do credor de, por meio da tutela executiva fiscal, submeter o patrimônio do sócio-responsável aos atos de execução (constrição e expropriação).[452]

Desse modo, apesar de a posição de "responsável patrimonial tributário" (devedor ou corresponsável), tal qual formalizada no título executivo fiscal (certidão de dívida ativa), perfazer fator determinante para a identificação da legitimidade passiva do executado, estamos a falar de institutos que não se confundem, pois pertencentes a universos jurídico-normativos distintos: o primeiro (responsabilidade patrimonial tributária), ao âmbito jurídico material; o

452. A orientação firmada no REsp n. 1.110.925/SP também peca – e talvez seja esta sua principal inconsistência – por generalizar acerca da necessidade de dilação nos casos em que haja, por parte do executado, o questionamento dos critérios de atribuição da responsabilidade tributária. E isso porque há diversas situações em que objeções desse jaez são plenamente demonstráveis por meio de simples prova documental, o que viabiliza, inclusive, o manejo da exceção de pré-executividade para tal finalidade. Retomaremos este assunto, para abordá-lo de forma mais aprofundada, por ocasião da análise dos instrumentos de defesa do contribuinte em face da pretensão executiva fiscal (Capítulo II do título II).

segundo (legitimidade passiva na execução fiscal), ao espectro jurídico processual.

2.1.2.1 Responsabilidade patrimonial tributária e litisconsórcio passivo ulterior: o redirecionamento da execução fiscal para terceiro estranho ao título executivo extrajudicial

O processo de cobrança do crédito tributário inadimplido, analisado sob a óptica do percurso de concretização do direito tributário, desencadeia-se mediante a prática sequencial de três atos que se vinculam tanto sob o ponto de vista lógico quanto do cronológico, quais sejam: (i) o ato de constituição do fato jurídico tributário e da correspondente obrigação tributária (lançamento em sentido amplo); (ii) o ato de constituição do fato jurídico do inadimplemento e da correlata responsabilidade patrimonial, a ser realizada por meio do competente procedimento de inscrição do débito em dívida ativa; e (iii) a propositura da ação executiva fiscal, voltada à prática de atos executivos do patrimônio do responsável tributário.

Assim, a propositura da ação executiva fiscal pressupõe a anterior inscrição do débito tributário em dívida ativa, a qual, por sua vez, induz a prévia formalização da obrigação tributária pelo lançamento, num *continuum* jurídico-causal onde a existência do primeiro ato constitui condição necessária à prática dos demais. Analisada sob essa perspectiva, a ordem lógica de formalização dos atos de cobrança do crédito tributário pressupõe que o mesmo sujeito de direito ocupe, sequencialmente, as posições de (i) sujeito passivo da obrigação tributária; (ii) sujeito passivo da relação de responsabilidade patrimonial (devedor ou corresponsável); e (iii) sujeito passivo (executado) do processo executivo fiscal.

E isso porque, conforme anotamos adrede, débito (inclusive tributário) e responsabilidade patrimonial (inclusive tributária) consubstanciam relações jurídicas que, em regra, implicam-se mutuamente, sendo certo que a segunda exsurge pelo efeito jurídico emanado do fato do inadimplemento da primeira. Por essa razão, a identificação entre seus respectivos elementos subjetivos é, de certa forma, algo natural, tendo em vista ser o patrimônio do devedor a se sujeitar aos atos de cobrança.

É por esse específico motivo que, no mais das vezes, os sujeitos que compõem os polos ativo e passivo da relação de débito ocuparão a mesma posição na relação de responsabilidade patrimonial.

Essa regra, no entanto, comporta exceções, as quais se manifestam justamente naquelas situações em que o sujeito passivo da relação obrigacional, tal qual formalizada pelo lançamento, não se identifica, total ou parcialmente, com o(s) passivo(s) da relação jurídica de responsabilidade patrimonial.

Esse fenômeno, já o dissemos, materializa aquilo que a Dogmática de Direito Privado denomina "responsabilidade patrimonial sem débito", onde o sujeito de direito cujo patrimônio é submetido aos atos de cobrança não integra o polo passivo da relação obrigacional, ou seja, não é devedor.

No contexto específico e peculiar do processo de cobrança de débitos tributários, a materialização do fenômeno da "responsabilidade sem débito" dar-se-á nas situações em que as condições (fatos jurídicos necessários e suficientes) de atribuição de responsabilidade patrimonial a determinado sujeito de direito restarem verificadas e formalizadas em momento posterior à constituição definitiva da obrigação tributária.

É exatamente o que ocorre quando a condição de "responsável tributário" do terceiro (arts. 128 a 137 do CTN) é aferida pela Procuradoria-Geral da Fazenda Nacional (PGFN), após a constituição definitiva da obrigação tributária exclusivamente em face do sujeito passivo, por meio do "procedimento administrativo de reconhecimento de responsabilidade" (PARR), disciplinado pela Portaria PGFN 948/2017, ocasião em que o "responsável tributário", tal como previsto no Código Tributário Nacional, será erigido à condição de "responsável patrimonial" sem que haja integrado, todavia, o polo passivo da obrigação tributária principal.[453]

A constituição da responsabilidade patrimonial do terceiro por intermédio de procedimento administrativo autônomo, contudo, conquanto dissociada formalmente da obrigação tributária principal (formalizada pelo lançamento), ainda permite que o nome do responsável patrimonial sem débito seja regularmente incluído na certidão de dívida ativa, fazendo dele, automaticamente, legitimado passivo inicial para o processo executivo fiscal.

O mesmo não ocorre, entretanto, quando o fato jurídico necessário e suficiente à imputação de responsabilidade (patrimonial) tributária a terceiro se verificar após a instauração do processo executivo fiscal (encerramento irregular da empresa, por exemplo). Nesses casos, a condição de responsável patrimonial tributário sem dívida é aferida à revelia da inclusão do nome do terceiro na certidão de dívida ativa.

Alçado à condição de parte no processo executivo fiscal pelo denominado "ato de redirecionamento", o terceiro terá sua legitimidade passiva para a causa manifestada no decorrer do processo executivo fiscal quase que simultaneamente à identificação de sua condição de responsável patrimonial. Estamos a falar, nesse caso, de verdadeiro litisconsórcio passivo ulterior, fundado em ato de formalização da relação jurídica de responsabilidade patrimonial tributária realizado

453. Não é juridicamente possível atribuir ao ato de imputação de responsabilidade tributária realizado via PARR o status de verdadeiro "lançamento tributário", que, em caráter revisional, teria o condão e incluir o responsável tributário no polo passivo da obrigação tributária principal, e isso em razão de: (i) não haver previsão legal para tal expediente; (ii) ser competência exclusiva da Receita Federal do Brasil fiscalizar e instaurar procedimentos fiscais tendentes à formalização da obrigação tributária.

no bojo do próprio processo executivo fiscal, sem que seja necessária qualquer emenda modificativa da CDA.

É possível afirmar, portanto, que a decisão judicial que determina o redirecionamento do processo executivo fiscal tem caráter constitutivo da responsabilidade patrimonial do terceiro, convertendo-se em verdadeiro "título executivo judicial integrativo da CDA", o que viabiliza a inclusão do responsável no polo passivo do processo executivo fiscal e legitima a prática dos atos de execução em face do seu patrimônio.

Nesse instante, outro problema se coloca, relacionado menos à possibilidade jurídica do reconhecimento da responsabilidade tributária sem dívida no próprio *iter* procedimental executivo fiscal – que é patente –, e mais ao(s) instrumento(s) processual adequado para fazê-lo.

Durante todo o período de vigência do Código de Processo Civil de 1973, à falta de regramento processual específico destinado a identificar a responsabilidade patrimonial tributária sem dívida e a instrumentalizar a inclusão de terceiros estranhos à CDA no polo passivo do processo executivo fiscal, desenvolveu-se, na pragmática processual, uma técnica por meio da qual a mera certificação processual – feita por ato oficial de justiça ou por pedido expresso do exequente – do fato ensejador da responsabilidade patrimonial tributária, consubstanciava condição suficiente para a emanação de decisão judicial determinativa do "redirecionamento" dos atos executivos fiscais para o patrimônio do responsável sem dívida.[454]

Tudo isso, vale advertir, à revila de qualquer oportunidade prévia de o terceiro, no exercício de seus direitos constitucionais ao contraditório e à ampla defesa, infirmar as razões que justificaram sua inclusão no polo passivo do

---

454. Tese firmada por ocasião da apreciação do tema repetitivo n. 630 do STJ: "Em execução fiscal de dívida ativa tributária ou não tributária, dissolvida irregularmente a empresa, está legitimado o redirecionamento ao sócio-gerente".

executivo fiscal e viabilizaram a mitigação dos seus direitos (também constitucionais) de propriedade.

Com o advento do Código de Processo Civil de 2015, instituiu-se um novo paradigma processual, cujos fundamentos estão escorados em parâmetros principiológicos e por técnicas processuais voltadas, fundamentalmente, à implementação do modelo constitucional de processo civil, com especial importância à efetiva observância das noções de contraditório e ampla defesa, prescritas no texto constitucional.

Essa diretriz principiológica se manifesta nos mais variados institutos que compõem o diploma de 2015, desde as regras fundantes do sistema processual, dispostas na parte geral do CPC (Livro I),[455] passando pelas normas que disciplinam o processo de execução (Livro II) – diretamente relacionadas à efetividade do processo jurisdicional –,[456] até as derradeiras prescrições relativas ao trâmite dos processos nos Tribunais e ao regime recursal (Livro III).[457]

---

455. Confiram-se, nesse tocante, os enunciados dos arts. 7º e 10 do CPC/2015:
Art. 7º. É assegurada às partes paridade de tratamento em relação ao exercício de direitos e faculdades processuais, aos meios de defesa, aos ônus, aos deveres e à aplicação de sanções processuais, competindo ao juiz zelar pelo efetivo contraditório.
Art. 10. O juiz não pode decidir, em grau algum de jurisdição, com base em fundamento a respeito do qual não se tenha dado às partes oportunidade de se manifestar, ainda que se trate de matéria sobre a qual deva decidir de ofício.

456. Art. 914. O executado, independentemente de penhora, depósito ou caução, poderá se opor à execução por meio de embargos.

457. Art. 933. Se o relator constatar a ocorrência de fato superveniente à decisão recorrida ou a existência de questão apreciável de ofício ainda não examinada que devam ser considerados no julgamento do recurso, intimará as partes para que se manifestem no prazo de 5 (cinco) dias.
§ 1º. Se a constatação ocorrer durante a sessão de julgamento, esse será imediatamente suspenso a fim de que as partes se manifestem especificamente.
§ 2º. Se a constatação se der em vista dos autos, deverá o juiz que a solicitou encaminhá-los ao relator, que tomará as providências previstas no caput e, em seguida, solicitará a inclusão do feito em pauta para prosseguimento do julgamento, com submissão integral da nova questão aos julgadores.
Art. 1.023. Os embargos serão opostos, no prazo de 5 (cinco) dias, em petição dirigida ao juiz, com indicação do erro, obscuridade, contradição ou omissão, e não se sujeitam a preparo.
§ 1º. Aplica-se aos embargos de declaração o art. 229.

Um dos exemplos mais contundentes dessa assertiva é o incidente de desconsideração da personalidade jurídica (IDPJ), insculpido nos arts. 133 a 137 do CPC/2015.[458]

Forjado pelo legislador ordinário como uma específica técnica de intervenção de terceiros – até então inexistente em nosso sistema processual –, o IDPJ tem como objetivo precípuo garantir, àquele sujeito (pessoa física ou jurídica) cujo patrimônio esteja sob ameaça de constrição/expropriação em razão de débito de outrem, o direito de ver instaurado procedimento incidental especificamente destinado a averiguar, mediante pleno regime contraditório, a procedência da responsabilidade patrimonial que lhe é imputada.

---

§ 2º. O juiz intimará o embargado para, querendo, manifestar-se, no prazo de 5 (cinco) dias, sobre os embargos opostos, caso seu eventual acolhimento implique a modificação da decisão embargada. (destacamos)

458. Art. 133. O incidente de desconsideração da personalidade jurídica será instaurado a pedido da parte ou do Ministério Público, quando lhe couber intervir no processo.
§ 1º. O pedido de desconsideração da personalidade jurídica observará os pressupostos previstos em lei.
§ 2º. Aplica-se o disposto neste Capítulo à hipótese de desconsideração inversa da personalidade jurídica.
Art. 134. O incidente de desconsideração é cabível em todas as fases do processo de conhecimento, no cumprimento de sentença e na execução fundada em título executivo extrajudicial.
§ 1º. A instauração do incidente será imediatamente comunicada ao distribuidor para as anotações devidas.
§ 2º. Dispensa-se a instauração do incidente se a desconsideração da personalidade jurídica for requerida na petição inicial, hipótese em que será citado o sócio ou a pessoa jurídica.
§ 3º. A instauração do incidente suspenderá o processo, salvo na hipótese do § 2º.
§ 4º. O requerimento deve demonstrar o preenchimento dos pressupostos legais específicos para desconsideração da personalidade jurídica.
Art. 135. Instaurado o incidente, o sócio ou a pessoa jurídica será citado para manifestar-se e requerer as provas cabíveis no prazo de 15 (quinze) dias.
Art. 136. Concluída a instrução, se necessária, o incidente será resolvido por decisão interlocutória.
Parágrafo único. Se a decisão for proferida pelo relator, cabe agravo interno.
Art. 137. Acolhido o pedido de desconsideração, a alienação ou a oneração de bens, havida em fraude de execução, será ineficaz em relação ao requerente.

O instituto se presta a preencher uma lacuna normativa que, na prática, vem sendo historicamente ocupada pelo expediente processual referido acima, ao qual a jurisprudência se acostumou a chamar de "redirecionamento" da execução e que, embora seja de grande eficácia para fins de garantia dos interesses do credor exequente, possui um evidente e indesejado *deficit* de contraditório, especialmente à luz das referidas diretivas axiológicas que norteiam o novel regime processual de 2015.[459]

Parece-nos evidente que, apesar de seu *nomen juris*, o âmbito de aplicação do IDPJ vai muito além daquelas circunstâncias em que se verifiquem as condições de aplicação da regra do art. 50 do Código Civil, devendo ser a expressão "desconsideração da personalidade jurídica", qualificadora do incidente processual em questão, interpretada como abrangente de toda e qualquer situação em que se verifique a pretensão de responsabilização patrimonial de sujeito não titular da relação jurídica de débito, isto é, que não seja sujeito passivo da obrigação inadimplida, apesar de seu patrimônio poder estar sujeito, por expressa determinação legal, a responder pelo débito.[460]

---

459. É óbvio que a possibilidade de se utilizar o IDPJ ainda na fase de conhecimento, bem como a de instaurá-lo já por ocasião da propositura da demanda fazem com que o instituto tenha uma abrangência contextual de manejo muito mais ampla que aquela que é própria ao redirecionamento da execução, tal qual forjado pela pragmática. A despeito disso, parece-nos certa a conclusão de que sua principal função é a de substituir o referido expediente, com vistas a condicionar o reconhecimento de eventual responsabilidade patrimonial de terceiro à efetiva instauração de procedimento contraditório prévio.

460. "A propósito do § 1º do art. 133, é correto entender que outras causas de corresponsabilização de sócios que não guardam relação ou que não se confundam com a desconsideração da personalidade jurídica – e, por isso mesmo, que pretendam responsabilizar, até mesmo, *administradores* – também possam ser discutidas ao longo do processo no incidente cognitivo disciplinado pelos arts. 133 a 137. O fundamental, para tanto, é que a discussão observe o procedimento disciplinado pelos dispositivos do incidente em exame, respeitando-se a ampla defesa e o contraditório.
Esse entendimento merece ser difundido e aplicado largamente, não cabendo ao intérprete deixar-se levar pelo nome que o legislador acabou por dar ao instituto, limitando-o por força de sua enunciação textual. Exigir o incidente para a desconsideração da personalidade jurídica (art. 795, § 4º) de forma a sujeitar os bens do

Analisando a questão sob a óptica da compatibilidade entre o referido instituto e o regime de procedimento próprio à LEF, a utilização do IDPJ nos executivos fiscais parece ser uma decorrência direta do que prescreve o art. 1º da Lei 6.830/80, o qual dispõe expressamente sobre a aplicabilidade subsidiária do CPC ao processo executivo fiscal.

Com efeito, inexistindo, no âmbito da mencionada legislação processual qualquer regra especificamente voltada a limitar a utilização do referido instituto, parece-nos intuitiva sua aplicabilidade aos processos executivos fiscais, ambiente processual no qual a técnica de redirecionamento, que se pretende superada pelo advento do IDPJ, teve enorme aceitação e utilidade.[461]

"responsável" à execução (art. 790, VII), não é excludente de querer sujeitar os bens do sócio "nos termos da lei" (art. 790, II), isto é, para além das hipóteses em que tal responsabilização funda-se na desconsideração da personalidade jurídica. A exigência feita pelo § 4º do art. 795 apenas para o incidente aqui estudado merece ser interpretada de maneira ampla para albergar outros casos de responsabilização que não sejam, não se limitem e não se confundam com aquele instituto do direito material. Ademais, como a doutrina anterior ao CPC de 2015 já reconhecia corretamente, o que importa em casos como tais é que a formação do novo título executivo judicial (apontando como devedor ou responsável também o sócio ou o administrador diante das respectivas razões de direito material que justifiquem sua corresponsabilização ao lado da sociedade) derive de prévio devido processo legal". BUENO, Cassio Scarpinella. Comentários ao Código de Processo Civil, p. 573.

461. É justamente essa, quer nos parecer, a ratio decidendi do precedente representativo da controvérsia firmado por ocasião do julgamento do REsp repetitivo n. 1.116.627/SP. Confira-se:
PROCESSO CIVIL. RECURSO ESPECIAL REPRESENTATIVO DE CONTROVÉRSIA. ART. 543-C, DO CPC. PROCESSO JUDICIAL TRIBUTÁRIO. EMBARGOS DO EXECUTADO. EXECUÇÃO FISCAL. PENHORA DO FATURAMENTO DA EMPRESA APÓS A OCORRÊNCIA DE LEILÃO NEGATIVO DO BEM ANTERIORMENTE PENHORADO. NOVOS EMBARGOS. POSSIBILIDADE. DISCUSSÃO ADSTRITA AOS ASPECTOS FORMAIS DA PENHORA. ART. 538, PARÁGRAFO ÚNICO, DO CPC. EXCLUSÃO DA MULTA IMPOSTA. SÚMULA 98/STJ.
1. (...); 2. (...) 3.
4. A aplicação subsidiária do Código de Processo Civil (conjugada à inexistência de normatização em contrário na lex specialis) autoriza a aplicação da aludida exegese aos embargos de devedor, intentados no âmbito da execução fiscal, os quais se dirigem contra a penhora de 20% (vinte por cento) do faturamento da empresa, que se realizou após resultarem negativos os leilões sobre o bem anteriormente penhorado, não se mantendo, portanto, a constrição inicialmente efetivada.

Importante salientar, nesse tocante, e na esteira da precisa lição de PAULO CESAR CONRADO, que as normas atinentes ao IDPJ, nos termos dos arts. 133 a 137 do CPC, perfazem típicas regras gerais de direito processual, reguladoras da "forma" de inclusão de terceiro no polo passivo da relação jurídico- processual executiva, bem como do exercício do direito ao contraditório e à ampla defesa por parte do pretenso responsável patrimonial, as quais não encontram equivalentes normativos no microssistema da Lei 6.830/80.[462]

Por outro lado, analisando o instituto do ponto de vista técnico-processual, as circunstâncias que justificam a utilização do IDPJ nos executivos fiscais estão intimamente

---

(...)
9. Recurso especial provido para que, uma vez ultrapassado o requisito da intempestividade, o Juízo Singular prossiga na apreciação dos embargos do devedor que se dirigem contra a penhora do faturamento da empresa, devendo ser excluída a multa por embargos procrastinatórios. Acórdão submetido ao regime do art. 543-C, do CPC, e da Resolução STJ 08/2008.
(REsp repetitivo n. 1.116.627/SP; Corte Especial; Rel. Min. Luiz Fux; julgamento de 02/12/2009; publicado em 04/02/2010 (destacamos)

462. "A Lei 6.830/80 é diploma de caráter manifestamente híbrido: a um só tempo trata de questões de direito material e de direito processual; nesse último caso, quando veicula normas processuais, o faz sob diferentes perspectivas, ora tratando de temas gerais de processo (competência e legitimidade, por exemplo), ora de questões de ordem procedimental.
Pois bem, o reconhecimento de tais 'capítulos', por assim dizer, é absolutamente necessário para identificar com mínima precisão qual ou quais fragmento(s) da chamada 'lei de execuções fiscais' teria(m), em relação ao Código de Processo Civil, força de diploma especial.
De um lado, podemos (e devemos) registrar que, quando veicula normas materiais (como as do art. 2º, caput, e seus parágrafos 3º e 5º), a Lei 6.830/80 em nada se relaciona com o Código de Processo Civil, circunstância que nos põe à parte de qualquer problema porventura decorrente de confronto desses dois planos normativos.
De outro, falando de normas propriamente processuais, a questão ganha tônus diverso: possível a formação, nesse capítulo, de situações de sobreposição de conteúdos, uns marcados por antagonismo (ou contradição), outros por redundância.
Necessário realçar, porém, que essas tais situações só são efetivas quando falamos de normas processuais gerais, assim como as de legitimidade passiva (art. 4º) e de competência (art. 5º); as regras veiculadas pela Lei 6.830/80 a propósito desses assuntos representam de fato normas especiais; a tempo de sua produção, com efeito, deram tratamento diverso do previsto na legislação (geral) então vigente, fazendo-o em função da particular (e óbvia) qualidade do credito que é cobrado por meio de tais ações". CONRADO, Paulo Cesar. *Execução fiscal*, p. 181-182.

relacionadas à identificação de duas condições que, conjuntamente consideradas, são necessárias e suficientes para o seu manejo, quais sejam: (i) a condição de "terceiro" em sentido eminentemente processual, o que pressupõe que a demanda executiva fiscal não haja sido proposta, *ab initio*, contra o sujeito de direito cujo patrimônio se pretende atingir; e (ii) a condição de responsável patrimonial distinto do devedor, a qual tem natureza eminentemente jurídico-material e induz o fenômeno, descrito acima, em que o sujeito de direito não haja ocupado as posições de sujeito passivo na relação jurídica de débito (obrigação tributária) formalizada pelo lançamento, e na relação jurídica de responsabilidade patrimonial, formalizada pela CDA.

Desse modo, a aplicabilidade do IDPJ aos processos executivos fiscais que tenham por objeto a cobrança de créditos tributários justificar-se-á nas circunstâncias em que a responsabilidade patrimonial for invocada em face de terceiro cujo nome não conste do título executivo extrajudicial (certidão de dívida ativa) e em momento posterior à instauração do processo executivo fiscal.

É dizer: sempre que a "responsabilidade patrimonial tributária" for aferida em momento posterior à constituição definitiva do crédito tributário exequendo e, ainda, após a instauração do processo executivo fiscal, não se poderá negar a condição de "terceiro" da pessoa cujo patrimônio vier a ser, por quaisquer fundamentos (fáticos e jurídicos), objeto de atos constritivos a serem praticados no bojo de processo executivo fiscal.

Será precisamente nessas circunstâncias que terá lugar a instauração do IDPJ.

Nesse sentido, o responsável tributário cujo patrimônio se pretenda atingir por meio de atos exarados em processo executivo fiscal instaurado, original e exclusivamente, contra o sujeito passivo-devedor, será "terceiro" tanto em sentido jurídico-processual como em sentido jurídico-material, pois, além de não haver integrado o polo passivo da obrigação tributária inadimplida, não teve expedido contra si o competente título executivo constitutivo de sua responsabilidade patrimonial (CDA).

É para isso, aliás, que se presta o IDPJ, cujo acolhimento implicará a prolação de decisão que, por si só, consubstanciará título executivo (judicial) apto a legitimar a responsabilização patrimonial do terceiro. É a decisão de acolhimento do IDPJ, portanto, que se prestará a constituir, em linguagem competente, a responsabilidade patrimonial do terceiro (que não tem seu nome inscrito em CDA) e legitimar sua inclusão no polo passivo da execução.

E isso independentemente de o referido sujeito estar sendo responsabilizado patrimonialmente por ilícito previsto nas regras de "responsabilidade tributária" previstas no Código Tributário Nacional – as quais teriam o condão de elevá-lo à condição de "sujeito passivo" da obrigação tributária em sentido estrito – ou, diversamente, estar sendo objeto de responsabilização decorrente de típica desconsideração da personalidade jurídica (grupo econômico), realizada com fundamento no art. 50 do Código Civil.

Aliás, se analisarmos o fenômeno (corriqueiro) do redirecionamento da execução fiscal para o sócio-administrador que não integra o polo passivo da obrigação tributária, tal qual formalizada pelo lançamento, realizado com fundamento na regra prescrita nos art. 135, inciso III, do CTN, verificaremos, quanto aos efeitos que lhe são próprios (e não às causas), que o aludido expediente em tudo se assemelha ao previsto no art. 50, *caput*, do CC,[463] pois ambos os

---

463. "Art. 50. Em caso de abuso da personalidade jurídica, caracterizado pelo desvio de finalidade, ou pela confusão patrimonial, pode o juiz decidir, a requerimento da parte, ou do Ministério Público quando lhe couber intervir no processo, **que os efeitos de certas e determinadas relações de obrigações sejam estendidos aos bens particulares dos administradores ou sócios da pessoa jurídica**". (destacamos e grifamos)

institutos se prestam a atribuir responsabilidade patrimonial a terceiro diverso do titular do débito tributário. [464]

De mais a mais, também nos chama atenção algo pouco e mal explorado pela robusta doutrina dedicada ao estudo do fenômeno da "responsabilidade tributária", que – a despeito de insistir na suposta condição de sujeito passivo (da obrigação tributária principal) do "responsável tributário" a quem eventualmente haja sido redirecionada a execução fiscal – furta-se ao desafio de explicar, satisfatoriamente, como seria juridicamente possível admitir, nos casos de redirecionamento, que determinado sujeito de direito possa ser alçado à condição de "sujeito passivo tributário" sem que haja sido lavrado, em face dela, o competente e necessário ato constitutivo do crédito tributário.[465]

Essa estranheza é reforçada pela circunstância, eminentemente pragmática, de as discussões sobre os marcos temporais (prazos) a serem observados para fins de redirecionamento da execução aos responsáveis (sócios ou não)

---

464. "Quanto à possibilidade de a responsabilização do CTN não ser equiparável à desconsideração da personalidade jurídica, será preciso superar as menções feitas na jurisprudência em sentido contrário. (...)
Mas pode restar dúvida se a responsabilização tributária de terceiros é uma hipótese de desconsideração da personalidade jurídica. De nossa parte, do ponto de vista acadêmico, já nos posicionamos pela negativa, é dizer, que não se confundem. Todavia, evoluímos no nosso entendimento, considerando que os efeitos da responsabilidade tributária – nos moldes como tem sido aplicada atualmente – e da desconsideração da personalidade jurídica são os mesmos. Do ponto de vista jurisprudencial, o Poder Judiciário já disse, conforme citação no parágrafo anterior, que a responsabilização tributária é a primeira positivação da teoria da desconsideração a responsabilidade jurídica. Mudar essa concepção agora, sem esclarecer os motivos da mudança e sem apontar onde os efeitos de ambas são diferentes, traria embaraços difíceis de serem superados frente aos precedentes indicados" BECHO, Renato Lopes. *Execução fiscal*: análise crítica, p. 192-193.

465. A honrosa exceção é PAULO CESAR CONRADO, que procura explicar essa patologia sob a perspectiva da natureza "esdruxulamente" constitutiva do ato de redirecionamento: "O redirecionamento como forma (esdrúxula) de constituição da obrigação tributária (relativamente ao terceiro responsável) e de aparelhamento da lide executiva fiscal (contra aquele mesmo terceiro). Redirecionamento como forma (esdrúxula) de constituição da obrigação tributária (relativamente ao terceiro-responsável) e de aparelhamento da lide executiva fiscal (contra aquele mesmo terceiro)". In: *Processo tributário analítico*, v. 2, p. 195-208.

se pautarem sempre em termos de "prescrição" e nunca em termos de decadência.[466]

Isso, por si só, permite-nos inferir que subjaz ao inconsciente jurídico-coletivo a ideia de que o direito a ser exercido pela via da técnica de redirecionamento da execução fiscal perfaz típico direito à responsabilização do patrimônio de terceiro – verdadeira responsabilização patrimonial esdrúxula, em diálogo com a proposta de PAULO CESAR CONRADO –, e não o direito à constituição do crédito tributário em face de alguém que, até então, não compunha formalmente o polo passivo da relação obrigacional.[467]

Por essa razão, a prerrogativa fazendária de pugnar pelo redirecionamento da execução fiscal para terceiro estranho à lide executiva, responsável tributário ou não, está submetida às regras de prescrição da pretensão executiva (art. 174 do CTN), e não às normas de decadência do direito de constituir a obrigação tributária (art. 173 do CIN).[468]

Ademais, a interpretação conjunta dos arts. 4º, inciso V, da Lei 6.830/80[469] e 790, inciso VII, do CPC/2015,[470] leva à

---

466. São justamente esses, aliás, os termos da questão legal discutida nos autos do REsp repetitivo n. 1.201.993/SP, onde restará definida a orientação jurisprudencial vinculante a ser observada quanto ao marco temporal do <u>prazo de prescrição</u> para o redirecionamento da execução fiscal aos sócios (grifamos).

467. CONRADO, Paulo Cesar. Redirecionamento como forma (esdrúxula) de constituição da obrigação tributária (relativamente ao terceiro-responsável e de aparelhamento da lide executiva fiscal (contra aquele mesmo terceiro. In: CONRADO, Paulo Cesar (Coord.). *Processo tributário analítico*. v. 2. 2. ed. São Paulo: Noeses, 2016.

468. "Apenas as pretensões prescrevem; direitos subjetivos ou potestativos, por exemplo, estão fora do alcance dessa exceção". FONTES, André. *Pretensão como situação jurídica subjetiva*, p. 40.

469. Art. 4º - A execução fiscal poderá ser promovida contra:
(...)
V - o responsável, nos termos da lei, por dívidas, tributárias ou não, de pessoas físicas ou pessoas jurídicas de direito privado; e

470. Art. 790. São sujeitos à execução os bens:
(...);
VII - do responsável, nos casos de desconsideração da personalidade jurídica.

conclusão de que a "responsabilidade tributária", conforme delineada na lei material, pode ser invocada na condição de mera "responsabilidade patrimonial", a ser aferida, a partir da vigência do novo regime processual, não mais pela técnica de redirecionamento, mas pela via do IDPJ.

Diante do novel regime processual de responsabilização patrimonial instituído pelo art. 133 e seguintes do CPC/2015, a única possibilidade de remanescer a técnica de redirecionamento da execução fiscal seria a situação – pouco verossímil – em que o responsável tenha sido efetivamente incluído no polo passivo da obrigação tributária por ocasião de sua formalização (lançamento), tenha seu nome inscrito em dívida ativa, mas contra ele, por algum motivo, não haja sido proposta a ação executiva fiscal.

Nessa situação, proposta a execução, caso não transcorrido o quinquênio prescricional, não haverá problema algum em se proceder ao redirecionamento da execução fiscal, sem necessidade de manejo do IDPJ.

Por tudo disso, cremos haver fortes razões, teóricas e pragmáticas, que justificam concluir que as situações nas quais a práxis processual, consolidada até o advento do CPC/2015, admitia o redirecionamento da execução fiscal diretamente contra o terceiro deverão, após a vigência do novel diploma processual, dar oportunidade à instauração do IDPJ, independentemente dos fundamentos jurídico-materiais invocados para tanto (responsabilidade tributária em sentido estrito ou grupo econômico).

2.1.3 O processo executivo fiscal e suas particularidades: a competência e o procedimento relativos à ação de execução fiscal

Havemos de ingressar, por agora, na análise pormenorizada do regime jurídico estabelecido pela Lei 6.830/80, a chamada de Lei de Execuções Fiscais (LEF), fazendo-o, contudo, com ênfase em seus aspectos eminentemente processuais.

A advertência se justifica pela circunstância, muito bem observada por PAULO CESAR CONRADO, de a Lei 6.830/80 possuir natureza "híbrida", pois disciplina tanto os aspectos relativos ao procedimento (administrativo) de inscrição do débito em dívida ativa (normas de direito material), quanto aqueles atinentes ao próprio *iter* procedimental desencadeado a partir do ajuizamento da demanda executiva fiscal (normas de direito processual e de direito procedimental).[471]

Embora a matéria referente aos procedimentos preparatórios para a cobrança judicial de débitos fiscais esteja abrangida pela competência concorrente das pessoas políticas (art. 24, inciso I, da CF/88), a maior parte das normas veiculadas na LEF que se prestam a regular aspectos relativos ao procedimento administrativo de inscrição do débito em dívida ativa se enquadram na noção de "normas gerais" a que se refere o §1º do art. 24 da CF/88,[472] cuja competência legislativa é atribuída, com foros de exclusividade, à União Federal.[473]

---

471. "A Lei 6.830/80 é diploma normativo de caráter manifestamente híbrido: a um só tempo trata de questões de direito material e de direito processual; nesse último caso, quando veicula normas processuais, o faz sob diferentes perspectivas, ora tratando de temas gerais de processo (competência, legitimidade, por exemplo), ora de questões de ordem procedimental". CONRADO, Paulo Cesar. *Execução fiscal*, p. 181-182.

472. Art. 24. Compete à União, aos Estados e ao Distrito Federal legislar concorrentemente sobre:
I - direito tributário, financeiro, penitenciário, econômico e urbanístico;
(...)
§ 1º. No âmbito da legislação concorrente, a competência da União limitar-se-á a estabelecer normas gerais.
§ 2º. A competência da União para legislar sobre normas gerais não exclui a competência suplementar dos Estados.
§ 3º. Inexistindo lei federal sobre normas gerais, os Estados exercerão a competência legislativa plena, para atender a suas peculiaridades.
§ 4º. A superveniência de lei federal sobre normas gerais suspende a eficácia da lei estadual, no que lhe for contrário.

473. Dizemos "a maior parte", pois há ao menos uma única norma na LEF que se dirige exclusivamente à União Federal, justamente aquela constante do enunciado do § 4º do art. 2º da "LEF", segundo a qual "a Dívida Ativa da União será apurada e inscrita na Procuradoria da Fazenda Nacional". Isso explica o fato de grande de parte dos demais entes políticos tributantes atribuírem aos seus respectivos órgãos

Essa exclusividade também se manifesta em relação às regras que disciplinam o procedimento executivo fiscal propriamente dito, as quais, por consubstanciarem típicas normas de direito processual,[474] são de observância obrigatória na cobrança judicial de direitos creditórios de titularidade das demais pessoas jurídicas de direito público, definidas pelo art. 2º §1º, da LEF[475] sob a rubrica de "Fazenda Pública" (União, Estados, Municípios e suas respectivas Autarquias).

Ocorre, todavia, que o procedimento executivo fiscal, na forma como disciplinado pela Lei n. 6.830/80, não encerra uma normatização, por assim dizer, "completa", imprescindindo da aplicação subsidiária das normas veiculadas no regime geral de direito processual (Código de Processo Civil), o que inclusive conta com expressa previsão no art. 1º da LEF.[476]

É preciso observar, nesse tocante, que o fato de a Lei 6.830/80 ter sido editada 35 (trinta e cinco) anos antes do Código de Processo Civil vigente acarreta um "choque de gerações" entre os regimes procedimentais executivos disciplinados por cada qual, fator que se reflete diretamente no processo

---

fazendários (Secretarias de Fazenda ou de Finanças) a competência para proceder à inscrição do débito em dívida ativa, restringindo a competência de seus órgãos de representação judicial (Procuradorias) a questões relacionadas ao aforamento da cobrança da dívida efetivamente inscrita.

474. Agora, por imposição da norma constitucional de competência insculpida no art. 22, inciso I, da CF, por meio da qual é atribuída à União Federal a competência para legislar, com foros de exclusividade, sobre direito processual. Confira-se:
"Art. 22. Compete privativamente à União legislar sobre:
I - direito civil, comercial, penal, processual, eleitoral, agrário, marítimo, aeronáutico, espacial e do trabalho;".

475. "Art. 2º - Constitui Dívida Ativa da Fazenda Pública aquela definida como tributária ou não tributária na Lei nº 4.320, de 17 de março de 1964, com as alterações posteriores, que estatui normas gerais de direito financeiro para elaboração e controle dos orçamentos e balanços da União, dos Estados, dos Municípios e do Distrito Federal.
§ 1º - Qualquer valor, cuja cobrança seja atribuída por lei às entidades de que trata o art. 1º, será considerado Dívida Ativa da Fazenda Pública".

476. "Art. 1º - A execução judicial para cobrança da Dívida Ativa da União, dos Estados, do Distrito Federal, dos Municípios e respectivas autarquias será regida por esta Lei e, subsidiariamente, pelo Código de Processo Civil".

de "interpretação integrativa" dos indigitados diplomas normativos geral e especial, dificultando-o sobremaneira.

Essa é, em verdade, a razão para o fato de grande parte das controvérsias travadas nos âmbitos doutrinário e jurisprudencial, nos últimos anos, ter se originado na reforma do processo de execução fundado em título executivo extrajudicial - gênero do qual o processo executivo fiscal é espécie –, implementada pela Lei 11.382/2006.[477]

Por essa razão, será inevitável que, doravante, nossas incursões sobre as particularidades do processo executivo fiscal sejam entremeadas por análises e interpretações integrativas feitas à luz de preceitos jurídicos processuais gerais, em especial aqueles veiculados no Livro II (Do Processo de Execução) da Parte Especial do CPC/2015.

2.1.3.1 A competência para o ajuizamento da ação executiva fiscal

A relevância do regime geral de direito processual para a pragmática de processamento da ação executiva fiscal se revela já por ocasião da identificação dos critérios legais de eleição do foro competente para ajuizamento da demanda executiva, os quais, em face do silêncio da Lei 6.830/80, devem ser buscados no Código de Processo Civil.

A norma que dispõe sobre os critérios de identificação do foro competente para ajuizamento dos processos executivos em geral é aquela constante do art. 781, inciso I, do CPC.[478]que atribui ao credor a faculdade para ajuizar

477. Essa última grande atualização do CPC/73 foi praticamente reproduzida no CPC/2015, não tendo sofrido grandes modificações a ponto de ensejar a reformulação da jurisprudência construída no período compreendido entre a edição da Lei n. 11.382/2006 e o advento do CPC/2015.

478. "Art. 781. A execução fundada em título extrajudicial será processada perante o juízo competente, observando-se o seguinte:
I - a execução poderá ser proposta no foro de domicílio do executado, de eleição constante do título ou, ainda, de situação dos bens a ela sujeitos;

a demanda executiva no foro do domicílio do executado, no de eleição constante do título (de improvável aplicação no âmbito executivo fiscal) ou no foro de situação dos bens sujeitos à execução.[479]

Os critérios de fixação do foro competente, tal como definidos nos incisos do art. 781 do CPC, replicam aquilo que no regime processual anterior estava previsto no art. 578, parágrafo único, do CPC/73, e que consistia numa prerrogativa exclusiva do credor fiscal, ao qual era atribuída a faculdade de ajuizar a ação executiva no foro do lugar em que se praticou o ato ou em que ocorreu o fato que deu origem ao título.[480]

O advento do CPC/2015, por sua vez, promoveu uma inversão de modelos. No novel sistema processual, é a execução fundada em título extrajudicial privado que passou a gozar das prerrogativas de fixação do foro competente que no regime de 1973 era reservado exclusivamente às ações executivas fiscais. Estas últimas, por sua vez, passaram a

---

II - tendo mais de um domicílio, o executado poderá ser demandado no foro de qualquer deles;
III - sendo incerto ou desconhecido o domicílio do executado, a execução poderá ser proposta no lugar onde for encontrado ou no foro de domicílio do exequente;
IV - havendo mais de um devedor, com diferentes domicílios, a execução será proposta no foro de qualquer deles, à escolha do exequente;
V - a execução poderá ser proposta no foro do lugar em que se praticou o ato ou em que ocorreu o fato que deu origem ao título, mesmo que nele não mais resida o executado".

479. Tratando-se de processos executivos fiscais, somente se cogita a propositura da demanda no foro do local dos bens sujeitos à execução em caso de constrição administrativa prévia, o que, em tese, é perfeitamente possível diante das novas técnicas administrativas de cobrança do crédito tributário, instituídas no âmbito da União Federal, cujo exemplo é a indisponibilização de bens prevista no art. 20-B, § 3º, da Lei 10.522/02, regulamentado pela Portaria PGFN 33/2018, sob o rótulo de "averbação pré-executória".

480. Art. 578. A execução fiscal (art. 585, Vl) será proposta no foro do domicílio do réu; se não o tiver, no de sua residência ou no do lugar onde for encontrado.
Parágrafo único. Na execução fiscal, a Fazenda Pública poderá escolher o foro de qualquer um dos devedores, quando houver mais de um, ou o foro de qualquer dos domicílios do réu; a ação poderá ainda ser proposta no foro do lugar em que se praticou o ato ou ocorreu o fato que deu origem à dívida, embora nele não mais resida o réu, ou, ainda, no foro da situação dos bens, quando a dívida deles se originar.

ser reguladas por regra mais restritiva, constante do § 5º do art. 46 do CPC, o qual determina que a ação executiva fiscal seja ajuizada (i) no foro de domicílio do réu; (ii) no de sua residência; ou (iii) no lugar onde for encontrado.

Essa diretriz, flagrantemente favorável ao devedor fiscal, tal como aconteceu com o art. 52, parágrafo único, do CPC, foi mitigada pela "interpretação conforme" à Constituição fixada pelo Supremo Tribunal Federal no julgamento das ADIs nº 5.492/RJ e 5.737/DF, para fins de restringir seu alcance territorial. Naquela ocasião, prevaleceu a tese proposta pelo Ministro Luís Roberto Barroso, segundo a qual *é inconstitucional a regra de competência que permita que os entes subnacionais sejam demandados perante qualquer comarca do país, devendo a fixação do foro restringir-se aos seus respectivos limites territoriais.*

É preciso advertir, todavia, que essa restrição territorial não se aplica aos processos executivos fiscais em que a União Federal figurar na condição de exequente, os quais estão adstritos à regra de competência de foro prescrita no art. 109, §1º, da CF/88, a qual prescreve expressamente que "as causas em que a União for autora serão aforadas na seção judiciária onde tiver domicílio a outra parte", o que abrange todo território nacional.

As questões concernentes ao juízo competente para processar os executivos fiscais, no entanto, transcendem as normas que dizem com a delimitação do foro competente para ajuizamento da demanda respectiva.

Aquém e além dos critérios legais delimitadores do foro competente para o processamento dos executivos fiscais, encontram-se, ainda, as regras constitucionais que definem a competência jurisdicional em razão da pessoa e as normas de índole infralegal que fixam a competência jurisdicional das varas especializadas.

O art. 109, inciso I, da CF/88,[481] por exemplo, presta-se a segregar, organicamente, os juízos competentes para processar as demandas executivas fiscais relativas a créditos tributários de titularidade dos distintos entes políticos tributantes.

Dessa forma, ao fixar expressamente que a Justiça Federal é competente para processar e julgar as ações em que a União Federal figurar como parte, o indigitado dispositivo constitucional acaba por estipular, residualmente, que as demandas que envolvam as Fazendas Públicas estadual e municipal, incluídas aquelas destinadas à realização do crédito tributário, haverão de ser processadas na Justiça Estadual.[482]

Esse dispositivo constitucional, vale lembrar, encerra verdadeira regra de competência *ratione personae*, improrrogável, portanto, em virtude sua natureza absoluta (art. 54 do CPC).

A despeito disso, a própria Constituição Federal, agora pelo que enuncia a parte final do § 3º do indigitado art. 109,[483]antevê a possibilidade de Lei Federal permitir,

---

481. Art. 109. Aos juízes federais compete processar e julgar:
I - as causas em que a União, entidade autárquica ou empresa pública federal forem interessadas na condição de autoras, rés, assistentes ou oponentes, exceto as de falência, as de acidentes de trabalho e as sujeitas à Justiça Eleitoral e à Justiça do Trabalho;

482. "Além de encarnar, pragmaticamente, a hipótese mais recorrente de competência cível da Justiça Federal, referido preceito é o que lastreia o tema que nos importa, as execuções fiscais: sabendo-se que referidas espécies processuais se definem porque pertinentes a créditos portados pela Fazenda Pública, é de se admitir a submissão ao mencionado dispositivo constitucional, bastando para isso que a Fazenda Pública de que se esteja a tratar seja a federal (União e autarquias federais) – a contrário sensu, a cobrança judicial dos créditos das demais Fazendas seriam direcionados à Justiça Estadual". CONRADO, Paulo Cesar. *Execução fiscal*, p. 117.

483. "Art. 109. Aos juízes federais compete processar e julgar:
(...)
§ 3º Serão processadas e julgadas na justiça estadual, no foro do domicílio dos segurados ou beneficiários, as causas em que forem parte instituição de previdência social e segurado, **sempre que a comarca não seja sede de vara do juízo federal, e, se verificada essa condição, a lei poderá permitir que outras causas sejam também processadas e julgadas pela justiça estadual**". (destacamos)

excepcionalmente, que a competência da Justiça Federal seja exercida em caráter excepcional por órgão da Justiça Estadual de 1ª instância, nos casos em que o foro (comarca) competente para processar a demanda não seja sede de vara da Justiça Federal.

Essa competência supletiva da Justiça Estadual, enquanto vigente o art. 15, inciso I da Lei 5.010/66,[484] viabilizou o ajuizamento de inúmeros executivos fiscais federais em varas da Justiça Estadual, alguns deles em trâmite até os dias de hoje.[485] O processo de expansão e interiorização da Justiça Federal, contudo, resultou na edição da Lei 13.043/2014, quando a execução da dívida ativa da União passou a ser processada nas varas da Justiça Federal cuja jurisdição abranja o local do domicílio ou residência do devedor.

A competência para o ajuizamento das demandas executivas fiscais ainda pode ser atribuída mediante atos normativos emanados do próprio Poder Judiciário, responsáveis por criar varas especializadas, muito comuns – tanto no âmbito da Justiça Federal quanto no das Justiças Estaduais – quando o assunto é processo executivo fiscal.

---

484. "Art. 15. Nas Comarcas do interior onde não funcionar Vara da Justiça Federal (art. 12), os Juízes Estaduais são competentes para processar e julgar:
I - os executivos fiscais da União e de suas autarquias, ajuizados contra devedores domiciliados nas respectivas Comarcas;".

485. PROCESSO CIVIL. COMPETÊNCIA. EXECUÇÃO FISCAL.
A execução fiscal proposta pela União e suas autarquias deve ser ajuizada perante o Juiz de Direito da comarca do domicílio do devedor, quando esta não for sede de vara da justiça federal.
A decisão do Juiz Federal, que declina da competência quando a norma do art. 15, I, da Lei 5.010, de 1966 deixa de ser observada, não está sujeita ao enunciado da Súmula n. 33 do Superior Tribunal de Justiça.
A norma legal visa (*sic*) facilitar tanto a defesa do devedor quanto o aparelhamento da execução, que assim não fica, via de regra, sujeita a cumprimento de atos por cartas precatórias.
Recurso especial conhecido, mas desprovido.
(REsp repetitivo n. 1.146.194/SC; 1ª Seção; Rel Min. Napoleão Nunes Maia Filho; Rel. para o acórdão, Min. Ary Pargendler; DJe 25/10/2013).

Um dado curioso sobre as atribuições inerentes às varas especializadas no processamento de executivos fiscais diz com o entendimento, quase uníssono, de que a jurisdição especializada desses específicos órgãos consubstanciaria verdadeira competência *ratione materiae*, absoluta por essência.[486]

Esse entendimento, no entanto, é altamente objetável, tendo em vista que, conforme anotamos anteriormente, os créditos objeto de cobrança por intermédio de processos executivos fiscais têm diversas naturezas (tributários e não tributários). Além dos créditos de natureza tributária, exige-se, pela via executiva fiscal, toda sorte de créditos não tributários, de origens distintas, que tenham como titulares União, Estados, Municípios e respectivas autarquias. Por isso, não há, propriamente, uma matéria (direito material)

486. TRIBUTÁRIO. EXECUÇÃO FISCAL. AÇÃO DE EXECUÇÃO FISCAL E AÇÃO ANULATÓRIA DE DÉBITO FISCAL. IMPOSSIBILIDADE. REUNIÃO. VARA ESPECIALIZADA. COMPETÊNCIA ABSOLUTA. INTIMAÇÃO. CONTRIBUINTE PRESO NO MESMO DIA. AUSÊNCIA DE PREQUESTIONAMENTO. SÚMULA 282/STF. FUNDAMENTAÇÃO CONSTITUCIONAL. COMPETÊNCIA EXCLUSIVA DO STF.
1. Não se conhece da insurgência contra a ofensa dos arts. 102 e 111 do CPC, pois os referidos dispositivos legais não foram analisados pela instância de origem. Dessa forma, não se pode alegar que houve prequestionamento da questão, nem ao menos implicitamente.
2. Ausente, portanto, o indispensável requisito do prequestionamento, o que atrai, por analogia, o óbice da Súmula 282/STF: "É inadmissível o recurso extraordinário, quando não ventilada, na decisão recorrida, a questão federal suscitada".
3. O Tribunal de origem, ao analisar a questão, fê-lo com base na interpretação do art. 5º, LIV e LV, da Constituição Federal, o que afasta a análise pelo STJ, sob pena de invadir a competência do STF, e não emitiu juízo de valor a respeito da lei federal tida por violada.
4. Assim, incide a Súmula 126: "É inadmissível recurso especial, quando o acórdão recorrido assenta em fundamento constitucional e infraconstitucional, qualquer deles suficiente, por si só, para mantê-lo, e a parte vencida não manifesta recurso extraordinário".
5. O STJ entende pela impossibilidade de serem reunidas execução fiscal e ação anulatória de débito precedentemente ajuizada, quando o juízo em que tramita esta última não é Vara Especializada em Execução Fiscal, nos termos consignados nas normas de organização judiciária. Precedentes: CC 105.358/SP, Rel. Ministro Mauro Campbell Marques, Primeira Seção, DJe 22/10/2010; CC 106.041/SP, Rel. Ministro Castro Meira, Primeira Seção, DJe 9/11/2009 e AgRg no REsp 1463148/SE, Rel. Ministro Mauro Campbell Marques, Segunda Turma, DJe 8/9/2014. 6. Recurso Especial parcialmente conhecido e, nessa parte, não provido.
(REsp n. 1.587.337/SP; 2ª Turma; Rel. Min. Herman Benjamim; DJe de 01/06/2016).

que defina as competências das Varas especializadas em processos executivos fiscais.

Estamos a falar, nesse caso, de competência definida em "razão do procedimento", justamente aquele disciplinado pela Lei 6.830/80. Esse específico critério de delimitação de competência jurisdicional não está, a rigor, dogmaticamente catalogado entre aqueles aos quais é atribuída natureza relativa (lugar e valor da causa) ou natureza absoluta (pessoa ou matéria), apesar de o senso comum incluí-lo no escaninho próprio à segunda categoria, por suposta especialização em virtude da matéria.

O único dispositivo da Lei 6.830/80 que trata de aspectos concernentes à competência para o processamento dos executivos fiscais é o art. 5º da LEF,[487] o qual estabelece que o juízo competente para processar a demanda executiva fiscal prefere a qualquer outro, de maneira a impedir que o credor fiscal seja compelido a exigir seu direito creditório em ambiente procedimental distinto daquele especialmente forjado para tanto.

Trata-se, vale advertir, de preferência meramente procedimental e não material, visto que o credor fiscal, mesmo não precisando habilitar seu direito creditório em processos por meio dos quais se exige créditos concorrentes (recuperação judicial ou falimentares, por exemplo), continuará ocupando a mesma posição na ordem de preferência prevista na legislação material de regência, podendo ser preterido em favor de credor privilegiado (trabalhista, por exemplo) inclusive quanto ao produto da alienação de bem realizada nos próprios autos do processo executivo fiscal.[488]

487. "Art. 5º - A competência para processar e julgar a execução da Dívida Ativa da Fazenda Pública exclui a de qualquer outro Juízo, inclusive o da falência, da concordata, da liquidação, da insolvência ou do inventário".

488. PROCESSUAL CIVIL E TRIBUTÁRIO. MANDADO DE SEGURANÇA IMPETRADO POR CREDOR TRABALHISTA CONTRA DECISÃO DO JUÍZO QUE, EM EXECUÇÃO FISCAL GARANTIDA POR PENHORA, DESCONSIDEROU A PE-

2.1.3.2 O procedimento executivo fiscal

Anotamos, em tópico precedente, que o objetivo final do processo executivo fiscal é a realização do direito do credor de sub-rogar-se nos direitos de propriedade do devedor em razão do não adimplemento espontâneo da prestação. A essa assertiva subjaz a ideia de responsabilidade patrimonial, ou

---

NHORA NO ROSTO DOS AUTOS. CRÉDITO TRABALHISTA. PREFERÊNCIA.
1. Controverte-se a respeito do acórdão que julgou Mandado de Segurança impetrado contra decisão do juiz de primeiro grau, proferida nos autos da Execução Fiscal, na qual teria sido adotado o entendimento de desconsiderar a penhora no rosto dos autos, realizada por determinação da Justiça do Trabalho, acarretando a impossibilidade de credor trabalhista específico (in casu, o recorrido) satisfazer sua pretensão relativamente aos valores obtidos com a alienação de bem penhorado em Execução Fiscal movida contra o devedor comum.
2. O ato judicial combatido por meio da impetração teria consignado que o produto da alienação judicial não constituía bem do devedor, pois a quantia inscrita na CDA superava o valor da arrecadação, de modo que inexistiria crédito em seu favor, passível de constrição para garantia do juízo trabalhista.
3. O Tribunal de origem concedeu a Segurança, com base nos seguintes fundamentos: a) preliminarmente, é cabível o writ, com base na Súmula 202/STJ, porque o impetrante (ora recorrido), credor trabalhista, não é parte nos autos da Execução Fiscal e por essa razão não foi naqueles autos intimado do decisum que desconsiderou a penhora no rosto dos autos - considerou-se que a regra do art. 5º, II, da Lei 12.016/2009 incidiria somente se a parte impetrante tivesse sido intimada nos próprios autos da Execução Fiscal; e b) a regra do art. 186 do CTN assegura ao credor trabalhista preferência absoluta, independentemente de haver penhora sobre o mesmo bem que garante o juízo da Execução Fiscal, razão pela qual a invocação dos arts. 674 e 711 a 713 do CPC/1973 não interfere na solução da demanda. 4. A tese de violação dos arts. 267, VI, e 499 do CPC/1973, assim como do art. 5º, II, da Lei 12.016/2009, relaciona-se com a inadequação do Mandado de Segurança para atacar ato judicial.
5. O recurso, no ponto, é deficientemente fundamentado. Com efeito, o Tribunal de origem considerou admissível a impetração com base na Súmula 202/STJ ("a impetração de segurança por terceiro, contra ato judicial, não se condiciona à interposição de recurso"), afirmando expressamente que é cabível o writ contra decisão judicial quando se verifica que a parte impetrante não foi intimada do aludido ato nos próprios autos.
6. A ausência de impugnação a esse fundamento atrai a incidência da Súmula 283/STJ. 7. Quanto ao mérito, o acórdão hostilizado segue a orientação do STJ. Com efeito, entende-se que a regra do art. 186 do CTN, ao estabelecer a preferência do crédito trabalhista sobre os demais, é de Direito Material, não cedendo espaço às normas processuais que disciplinam o concurso de credores. Nesse sentido: AgRg no REsp 1.491.126/RS, Rel. Ministro Mauro Campbell Marques, DJe 19/12/2014; REsp 1.180.192/SC, Rel. Ministra Eliana Calmon, DJe 24/3/2010.
8. Recurso Especial parcialmente conhecido e, nessa parte, não provido.
(REsp n. 1.669.893/SP; 2ª Turma; Rel. Min. Herman Benjamin; DJe 13/09/2017).

seja, o dever de submissão do devedor aos atos de expropriação de seu patrimônio perpetrados pelo credor, por intermédio do Poder Judiciário (tutela executiva).

A satisfação da obrigação tributária inadimplida, embora constitua o principal motivo para o desencadeamento dos procedimentos de cobrança e o objetivo último da atividade jurisdicional executiva, assume a condição de objeto *mediato* do processo executivo fiscal, ficando à mercê da eficácia concreta das técnicas processuais expropriatórias do patrimônio do devedor perpetradas no decorrer do processo.

São os atos executivos – objeto *imediato* do processo executivo fiscal – praticados sucessiva e intercorrentemente segundo o *iter* procedimental disciplinado pela Lei 6.830/80, que determinam a forma por meio da qual se materializa a tutela executiva fiscal. De certa forma, a tutela executiva se confunde com as técnicas processuais sub-rogatórias desencadeadas no decorrer do processo, de sorte que o estudo pormenorizado do procedimento executivo fiscal parece ser a maneira mais adequada de se analisar a forma pela qual a tutela jurisdicional executiva fiscal é concretamente prestada.

Nesse contexto, é possível identificar, no regime procedimental executivo fiscal, três fases distintas – (i) a fase inicial; (ii) a fase constritiva; e (iii) a fase expropriatória –, cada qual representando um nível de coatividade que, por sua vez, aumenta à medida em que a resistência do devedor persiste, fazendo-se necessário o avanço do poder estatal em direção ao patrimônio do executado.

A fase inicial compreende os atos que se prestam ao aperfeiçoamento da relação jurídico-processual executiva e à exortação do devedor a pagar o débito ou oferecer bens à penhora. São eles: a petição inicial, o despacho inicial e a citação da parte executada.

A fase constritiva, por sua vez, tem origem no desatendimento à ordem de pagamento que dá cabo à fase inicial e destina-se à identificação e à indisponibilização da parcela do patrimônio do devedor-executado (bens ou direitos) que se prestará a garantir a satisfação do crédito tributário inadimplido.

Por fim, a fase expropriatória se caracteriza pela implementação de técnicas processuais sub-rogatórias para a realização da parcela do patrimônio do executado reservada, na fase constritiva, para tal desiderato, cujo produto será direcionado à satisfação da obrigação inadimplida.

As três fases procedimentais acima referidas encerram particularidades e complexidades que recomendam o estudo apartado de cada uma, a ser realizado em tópicos especialmente dedicados à análise dessas diferentes etapas do *iter* procedimental executivo fiscal.

2.1.3.2.1 A fase inicial do procedimento executivo fiscal: do ajuizamento da ação executiva fiscal à citação do executado

A fase inicial do procedimento executivo fiscal, conforme dissemos, é composta pelos três atos processuais responsáveis pela constituição válida da relação jurídico-processual executiva: a petição inicial; o despacho inicial e a citação do executado.

O ato inaugural do procedimento executivo fiscal – a petição inicial – haverá de ser formalizado por intermédio de instrumento forjado segundo os ditames do art. 6º da Lei 6.830/80,[489] cujos incisos apontam os requisitos a serem

489. Art. 6º - A petição inicial indicará apenas:
I - o Juiz a quem é dirigida;
II - o pedido; e
III - o requerimento para a citação.
§ 1º - A petição inicial será instruída com a Certidão da Dívida Ativa, que dela fará

observados pelo exequente (i) indicação do Juiz a quem for dirigida; (ii) formulação do pedido; e (iii) requerimento para citação.[490]

A aparente singeleza da peça inicial que formaliza a ação executiva fiscal, cujos requisitos, isoladamente considerados, sequer dão conta de permitir a adequada individualização da lide, acaba por ser compensada pelo conteúdo do título executivo extrajudicial (CDA) que a instrui e que dela (petição inicial) é parte (§1º do art. 7º da LEF). A fusão das informações constantes nesses dois documentos (petição inicial e certidão de dívida ativa) revela os elementos necessários à substancialização da lide executiva fiscal (fatos e dos fundamentos jurídicos do pedido).

Admitindo-se, portanto, que a certidão de dívida ativa integra a peça inaugural da ação executiva fiscal, a partir de onde se extrai, inclusive, parcela importante dos elementos identificadores da demanda – em especial aqueles atinentes à causa de pedir –, é possível concluir que os requisitos necessários à regularidade da exordial executiva fiscal haverão de ser perquiridos não somente com base nos elementos formais previstos no sobrecitado no art. 7º da LEF, mas também pela identificação dos requisitos de regularidade do termo de inscrição em dívida ativa (e da própria CDA) prescritos nos §§ 5º e 6º do art. 2º da LEF.[491]

---

parte integrante, como se estivesse transcrita.
§ 2º - A petição inicial e a Certidão de Dívida Ativa poderão constituir um único documento, preparado inclusive por processo eletrônico.
§ 3º - A produção de provas pela Fazenda Pública independe de requerimento na petição inicial.
§ 4º - O valor da causa será o da dívida constante da certidão, com os encargos legais.

490. Súmula 558 do STJ: "Em ações de execução fiscal, a petição inicial não pode ser indeferida sob o argumento da falta de indicação do CPF e/ou RG ou CNPJ da parte executada".

491. "Art. 2º - Constitui Dívida Ativa da Fazenda Pública aquela definida como tributária ou não tributária na Lei 4.320, de 17 de março de 1964, com as alterações posteriores, que estatui normas gerais de direito financeiro para elaboração e controle dos orçamentos e balanços da União, dos Estados, dos Municípios e do Distrito Federal.

E isso porque os aludidos requisitos – que apontam para os elementos fundamentais da demanda executiva fiscal, afirmativos da própria relação jurídico-material de fundo –, são os que possibilitam à parte executada identificar a origem da exigência, perquirindo acerca de sua legitimidade, bem como da necessidade/viabilidade (ou não) de impugnação do crédito exigido.

Desse modo, para além de instruir, sob o ponto de vista jurídico-material, a pretensão executiva, a certidão de dívida ativa também se presta à função de pressuposto de desenvolvimento do processo executivo fiscal, pois de sua higidez formal depende a plena aptidão da petição inicial fazendária, que deverá ser indeferida (art. 330 do CPC), liminarmente, caso os requisitos prescritos nos §§ 5º e 6º do art. 2º da LEF não sejam rigorosamente observados.[492]

(...)
§ 5º - O Termo de Inscrição de Dívida Ativa deverá conter:
I - o nome do devedor, dos corresponsáveis e, sempre que conhecido, o domicílio ou residência de um e de outros;
II - o valor originário da dívida, bem como o termo inicial e a forma de calcular os juros de mora e demais encargos previstos em lei ou contrato;
III - a origem, a natureza e o fundamento legal ou contratual da dívida;
IV - a indicação, se for o caso, de estar a dívida sujeita à atualização monetária, bem como o respectivo fundamento legal e o termo inicial para o cálculo;
V - a data e o número da inscrição, no Registro de Dívida Ativa; e
VI - o número do processo administrativo ou do auto de infração, se neles estiver apurado o valor da dívida.
§ 6º - A Certidão de Dívida Ativa conterá os mesmos elementos do Termo de Inscrição e será autenticada pela autoridade competente".

492. "Poder-se-ia dizer, por aí, que três seriam os pressupostos de constituição de todo e qualquer processo (inclusive os executivos fiscais): a petição inicial, jurisdição e citação. Vale reconhecer que, dentre essas figuras, duas correspondem a atos processuais - petição inicial e citação - naturalmente cravados na primeira fase do procedimento, uma vez cumpridores da missão de constituir a relação processual. Focados que estamos no plano das execuções fiscais, alguns ajustes devemos fazer em relação a tais proposições.
Lembre-se, por primeiro, que a inicial, nessa classe de feitos, compõe-se de um elemento peculiar, a reiterar, a Certidão de Dívida Ativa, documento que oficia, a um só tempo, como título executório e elemento integrante da petição inicial (Capítulo 4, item 4.4); quando se fala, portanto, em inicial como pressuposto de constituição do processo executivo fiscal, deve-se considerar, nesse contexto, o documento que necessariamente o integra". CONRADO, Paulo Cesar. *Execução fiscal*, p. 161.

Assentir que os requisitos fundamentais de aptidão da petição inicial da demanda executiva fiscal são aqueles prescritos no art. 2º, §§ 5º e 6º e 7º da LEF, no entanto, não implica concluir que, além deles, não se possa fazer constar no referido documento outros elementos eventualmente úteis à efetivação do direito creditório exequendo.

Essa advertência se faz oportuna na medida em que cogitamos acerca da aplicabilidade aos executivos fiscais de algumas regras constantes do Código de Processo Civil atinentes à formatação da peça inaugural própria às demandas executivas.[493]

Nesse tocante, é de especial interesse a disposição do art. 798, inciso II, alínea *c* do CPC,[494] que atribui ao credor-exequente a prerrogativa de indicar, na petição inicial da demanda executiva, os bens do devedor suscetíveis de penhora. Estamos a falar, não há dúvidas, de típica regra de procedimento, geral por excelência, que nos parece perfeitamente compatível com o procedimento executivo fiscal, de modo a permitir que a Fazenda Pública indique, na peça inaugural da demanda executiva, os bens do executado que, a seu juízo, são aptos a garantir a realização do crédito tributário exequendo.

Pois bem. Ao ato que se presta à provocação da atividade jurisdicional executiva se segue o ato destinado ao aperfeiçoamento da relação jurídica processual (ver item 3.1.2 do capítulo III do título I), por meio do qual a autoridade jurisdicional atesta ou não a regularidade formal da

---

493. Tese firmada por ocasião da apreciação do tema repetitivo n. 268 do STJ: "É desnecessária a apresentação do demonstrativo de cálculo, em execução fiscal, uma vez que a Lei 6.830/80 dispõe, expressamente, sobre os requisitos essenciais para a instrução da petição inicial e não elenca o demonstrativo de débito entre eles".

494. "Art. 798. Ao propor a execução, incumbe ao exequente:
(...)
I - indicar:
(...)
c) os bens suscetíveis de penhora, sempre que possível".

demanda e, se for o caso, determina a citação do devedor--executado, qual seja: o despacho inicial.

Tratando-se de processos executivos fiscais, o "despacho inicial", a teor do que dispõe o art. 7º da LEF,[495] pressupõe ordem para a prática de cinco atos sucessivos, cada qual atrelado a circunstâncias fáticas passíveis de serem verificadas pelo próprio oficial do juízo, a saber: (i) a citação, pelas modalidades previstas no art. 8º da LEF; (ii) a penhora, a ser realizada no caso de o executado não saldar o débito ou não garantir a execução por meio de depósito, fiança ou seguro garantia; (iii) o arresto, a ser implementado no caso de o executado não ter domicílio certo ou dele se ocultar; (iv) o registro da penhora ou do arresto, com vistas a dar publicidade ao ato constritivo; e (v) a avaliação dos bens penhorados ou arrestados.

Trataremos, oportunamente, de cada um dos atos descritos nos incisos II e V do art. 7º da LEF, ambos vinculados à fase constritiva do procedimento executivo fiscal.

Importa-nos, por agora, investigar a natureza do arresto previsto no inciso III do art. 7º LEF, o qual – a teor de seus pressupostos fáticos (domicílio incerto ou ocultação dolosa do executado) – assume caráter eminentemente acautelatório, a despeito de poder ser realizado independentemente de requerimento expresso do exequente.[496]

---

495. "Art. 7º - O despacho do Juiz que deferir a inicial importa em ordem para:
I - citação, pelas sucessivas modalidades previstas no art. 8º;
II - penhora, se não for paga a dívida, nem garantida a execução, por meio de depósito, fiança ou seguro garantia;
III - arresto, se o executado não tiver domicílio ou dele se ocultar;
IV - registro da penhora ou do arresto, independentemente do pagamento de custas ou outras despesas, observado o disposto no art. 14; e
V - avaliação dos bens penhorados ou arrestados".

496. "PROCESSUAL CIVIL. RECURSO ESPECIAL. OFENSA AO ART 535 CPC. CONTRADIÇÃO. INOCORRÊNCIA. EXECUÇÃO FISCAL. DIFICULDADE DE CITAÇÃO. ARRESTO. REQUISITOS. CABIMENTO.
1. A contradição que dá ensejo a embargos de declaração (CPC, art. 535, I) é a que se estabelece no âmbito interno do julgado embargado, ou seja, a contradição do

A constatação da ausência ou ocultação de domicílio, a justificar a constrição provisória prevista no art. 7º, inciso III, da LEF, todavia, pressupõe que as tentativas frustradas de citação do exequente tenham sido realizadas, ao menos, por meio de duas das três modalidades previstas no art. 8º da LEF, isto é, por carta e por oficial de justiça. É a devolução do Aviso de Recebimento (AR) sem que haja sido devidamente cumprido, seguida da tentativa frustrada de citação por meio de oficial de justiça, portanto, que justificará o arresto cautelar de bens na forma prescrita pelo art. 7º, inciso III, da LEF.

Algo completamente distinto do sobredito arresto é a eventual pretensão da exequente de se valer de medida acautelatória destinada à indisponibilização de bens e direitos do executado em momento anterior à citação da parte executada. Estamos a falar, neste caso, de típica tutela provisória de urgência, cuja concessão estará vinculada à concreta demonstração dos requisitos prescritos no art. 300 do CPC, isto é, de fato que revele efetivo risco de perecimento do direito ou de ineficácia da tutela executiva fiscal.

O despacho inicial do processo executivo fiscal também poderá se valer do permissivo constante do art. 827 do CPC,[497] para fixar os honorários advocatícios em favor

---

julgado consigo mesmo, como quando, por exemplo, o dispositivo não decorre logicamente da fundamentação.
2. O arresto previsto no art. 7º da LEF é medida executiva decorrente do recebimento da inicial, que, por força de lei, traz em si a ordem para (a) citação do executado, (b) penhora, no caso de não haver pagamento da dívida nem garantia da execução, e (c) arresto, se o executado não tiver domicílio ou dele se ocultar.
Trata-se, portanto, de medida semelhante ao arresto previsto no art. 653 do CPC: ambos são providências cabíveis quando há empecilhos à normal e imediata citação do devedor e não se submetem aos requisitos formais e procedimentais da ação cautelar disciplinada nos arts. 813 a 821 do CPC.
3. Recurso especial provido".
(REsp n. 690.618/RJ; 1ª Turma; Rel. Min. Teori Albino Zavascki; DJe de 14/03/2005).

497. "Art. 827. Ao despachar a inicial, o juiz fixará, de plano, os honorários advocatícios de dez por cento, a serem pagos pelo executado.
§ 1º. No caso de integral pagamento no prazo de 3 (três) dias, o valor dos honorários

do exequente, mas não na proporção fixa de 10% (dez por cento) tal como consta do enunciado legal. Isso porque, em se tratando de demanda em que a Fazenda Pública figura como parte, a regra de fixação antecipada de honorários prescrita no mencionado art. 827 do CPC deverá ser interpretada e aplicada em harmonia com os parâmetros de fixação de honorários sucumbenciais previstos no art. 85, § 3º, incisos I a V, do mesmo diploma.[498]

Da mesma forma, o redutor previsto no §1º do mencionado art. 827 do CPC, haverá de ser aplicado ao devedor fiscal que providenciar o pagamento do débito exigido no prazo estabelecido, o qual, no procedimento executivo fiscal, é 5 dias (e não 3, como na execução por quantia certa de título privado) contados da citação, conforme dispõe o art. 8º, *caput*, da LEF.

Apesar de o art. 827 do CPC mostrar-se, a *priori*, plenamente compatível com o regime procedimental da LEF, sua aplicação acaba por ficar prejudicada nos executivos

---

advocatícios será reduzido pela metade.
§ 2º. O valor dos honorários poderá ser elevado até vinte por cento, quando rejeitados os embargos à execução, podendo a majoração, caso não opostos os embargos, ocorrer ao final do procedimento executivo, levando-se em conta o trabalho realizado pelo advogado do exequente".

498. "Art. 85. A sentença condenará o vencido a pagar honorários ao advogado do vencedor.
§ 3º. Nas causas em que a Fazenda Pública for parte, a fixação dos honorários observará os critérios estabelecidos nos incisos I a IV do § 2º e os seguintes percentuais:
I - mínimo de dez e máximo de vinte por cento sobre o valor da condenação ou do proveito econômico obtido até 200 (duzentos) salários-mínimos;
II - mínimo de oito e máximo de dez por cento sobre o valor da condenação ou do proveito econômico obtido acima de 200 (duzentos) salários-mínimos até 2.000 (dois mil) salários-mínimos;
III - mínimo de cinco e máximo de oito por cento sobre o valor da condenação ou do proveito econômico obtido acima de 2.000 (dois mil) salários-mínimos até 20.000 (vinte mil) salários-mínimos;
IV - mínimo de três e máximo de cinco por cento sobre o valor da condenação ou do proveito econômico obtido acima de 20.000 (vinte mil) salários-mínimos até 100.000 (cem mil) salários-mínimos;
V - mínimo de um e máximo de três por cento sobre o valor da condenação ou do proveito econômico obtido acima de 100.000 (cem mil) salários-mínimos."

fiscais em que a União Federal figura como parte, nos quais a fixação dos honorários advocatícios devidos à Fazenda Nacional ocorrerá já por ocasião da inscrição do débito em dívida ativa. Também, neste caso, vale advertir, a norma prevista no art. 1º do Decreto-Lei 1.025/69, que estipula os consectários legais devidos à União Federal na proporção de 20% (vinte por cento) do valor do débito fiscal inadimplido, deverá ceder, em face de sua derrogação, à novel regra de fixação escalonada dos percentuais devidos a título de honorários sucumbenciais prevista no art. 85, § 3º, incisos I a V, do CPC, cuja (in)observância deverá ser objeto de controle pelo juízo executivo fiscal.

Para além das repercussões processuais que lhe são próprias, o despacho inicial também produz um efeito jurídico-material de destacada importância, que é prescrito no art. 174, parágrafo único, inciso I, do CTN[499] e referente à interrupção do prazo de prescrição do direito de cobrar o crédito tributário inadimplido.

Apesar de sua natureza eminentemente substancial, a regra interruptiva do prazo prescricional enunciada no mencionado art. 174, parágrafo único, inciso I, do CTN há de ser interpretada em conjunto com a norma (processual) disposta no §1º do art. 240 do CPC, segundo a qual "a interrupção da prescrição, operada pelo despacho que ordena a citação, ainda que proferido por juízo incompetente, retroagirá à data de propositura da ação"; dispositivo este que, em ambiente executivo, é reforçado pelo parágrafo único do art. 802 do CPC, o qual também dispõe que "a interrupção da prescrição retroagirá à data da propositura da ação".

E não poderia ser de outro modo, tendo em vista que a inércia do titular do direito creditório fora rompida por

499. "Art. 174. A ação para a cobrança do crédito tributário prescreve em cinco anos, contados da data da sua constituição definitiva.
Parágrafo único. A prescrição se interrompe:
I – pelo despacho do juiz que ordenar a citação em execução fiscal;"

ocasião da propositura da demanda executiva, momento em que se operou o efetivo exercício do direito de cobrar. Nesse sentido, o despacho inicial se presta a atestar que o direito do credor foi exercido de forma regular, estando apto a produzir os efeitos (inclusive os interruptivos da prescrição) que lhe são inerentes.

Evita-se, desse modo, que o credor se utilize da demanda executiva com objetivo único de operar o efeito interruptivo do prazo prescricional, sem que tenha a real intenção de dar prosseguimento regular à demanda. Não por outra razão, o despacho inicial que opera efeitos interruptivos (e retrospectivos à data da propositura da demanda) da prescrição é o de natureza positiva, que atesta a regularidade da inicial e ordena a citação do devedor fiscal, de modo que o despacho que a indefere ou aquele que determina sua emenda não interrompem a prescrição, tampouco operam eficácia retroativa.

Ao certificar, ao menos em caráter preliminar, a regularidade do ato de propositura da demanda, o despacho inicial também afirma a regularidade da conduta por meio da qual se exercita o direito de cobrar o crédito inadimplido. Eis, aí, a lógica de se atribuir, no que tange à interrupção do prazo prescricional, efeitos retrospectivos ao despacho inicial positivo à data da propositura da demanda.

É preciso que não se confunda, portanto, o efeito interruptivo do prazo de prescrição, operado por meio do despacho inicial e prescrito em regra de direito material (art. 174, parágrafo único, inciso I, do CTN), com o efeito retrospectivo operado pelo mesmo despacho, cuja natureza é eminentemente processual.

Não se discute, a teor do que prescreve o art. 146, inciso III, alínea *b*, da CF/88, que é da competência da lei complementar (federal) material apontar, a seu critério, os fatos suspensivos e interruptivos do prazo prescricional do direito fazendário.

Apesar disso, é competência exclusiva da lei processual ordinária estabelecer os efeitos, inclusive no tempo, dos atos processuais. Se a norma material opta por apontar um ato jurídico processual como fato interruptivo do prazo de prescrição, haverá de se submeter à vontade do legislador processual no que tange aos efeitos processuais do referido ato-fato, mesmo que isso signifique, na prática, alterar o comando relativo ao tempo de ocorrência do fato interruptivo do prazo prescricional.

É isso o que ocorre com a prescrição do direito de cobrar o crédito tributário, cuja norma material de regência determina que o despacho de citação do exequente opere efeitos interruptivos. Não obstante, a norma processual, que regula a eficácia do indigitado despacho, estabelece que seus efeitos, inclusive os interruptivos da prescrição, retroajam à data da propositura da ação.

Na prática, portanto, o que interrompe a prescrição do direito fazendário é a propositura (regular) da demanda executiva fiscal e não o despacho de citação.

Quer nos parecer equivocada, desse modo, a orientação segundo a qual seria incabível a aplicação da regra processual prescrita no art. 240, §1º, do CPC às demandas executivas fiscais que tenham por objeto créditos de natureza tributária, por não estar a indigitada norma veiculada em Lei Complementar federal, conforme determina o art. 146, inciso III, alínea *b*, da CF/88.

E isso porque não se está a falar, insistimos, de regra de direito material que estabelece os termos inicial e final do prazo de prescrição – como o faz, a propósito, o art. 174, parágrafo único, inciso I, do CTN –, mas sim de norma ordinária de direito processual, que é, segundo o art. 22, inciso I, da CF/88, a competente para regular os efeitos, inclusive no tempo, dos atos praticados pelos sujeitos do processo. Daí a razão de nossa total adesão à orientação vinculante firmada no REsp. repetitivo n. 1.120.295/SP,[500] segundo a

---

500. "PROCESSUAL CIVIL. RECURSO ESPECIAL REPRESENTATIVO DE CONTROVÉRSIA. ART. 543-C, DO CPC. TRIBUTÁRIO. EXECUÇÃO FISCAL. PRESCRIÇÃO DA PRETENSÃO DE O FISCO COBRAR JUDICIALMENTE O CRÉDITO TRIBUTÁRIO. TRIBUTO SUJEITO A LANÇAMENTO POR HOMOLOGAÇÃO. CRÉDITO TRIBUTÁRIO CONSTITUÍDO POR ATO DE FORMALIZAÇÃO PRATICADO PELO CONTRIBUINTE (IN CASU, DECLARAÇÃO DE RENDIMENTOS). PAGAMENTO DO TRIBUTO DECLARADO. INOCORRÊNCIA. TERMO INICIAL. VENCIMENTO DA OBRIGAÇÃO TRIBUTÁRIA DECLARADA. PECULIARIDADE: DECLARAÇÃO DE RENDIMENTOS QUE NÃO PREVÊ DATA POSTERIOR DE VENCIMENTO DA OBRIGAÇÃO PRINCIPAL, UMA VEZ JÁ DECORRIDO O PRAZO PARA PAGAMENTO. CONTAGEM DO PRAZO PRESCRICIONAL A PARTIR DA DATA DA ENTREGA DA DECLARAÇÃO.
1. O prazo prescricional quinquenal para o Fisco exercer a pretensão de cobrança judicial do crédito tributário conta-se da data estipulada como vencimento para o pagamento da obrigação tributária declarada (mediante DCTF, GIA, entre outros), nos casos de tributos sujeitos a lançamento por homologação, em que, não obstante cumprido o dever instrumental de declaração da exação devida, não restou adimplida a obrigação principal (pagamento antecipado), nem sobreveio quaisquer das causas suspensivas da exigibilidade do crédito ou interruptivas do prazo prescricional (Precedentes da Primeira Seção: EREsp 658.138/PR, Rel. Ministro José Delgado, Rel. p/ Acórdão Ministra Eliana Calmon, julgado em 14.10.2009, DJe 09.11.2009; REsp 850.423/SP, Rel. Ministro Castro Meira, julgado em 28.11.2007, DJ 07.02.2008; e AgRg nos EREsp 638.069/SC, Rel. Ministro Teori Albino Zavascki, julgado em 25.05.2005, DJ 13.06.2005). 2. A prescrição, causa extintiva do crédito tributário, resta assim regulada pelo art. 174, do Código Tributário Nacional, verbis:
(...)
3. (...) 4. (...) 5. (...) 6. (...) 7. (...) 8.(...). 9. (...) 10. (...) 11. (...) 12. (...)
13. Outrossim, o exercício do direito de ação pelo Fisco, por intermédio de ajuizamento da execução fiscal, conjura a alegação de inação do credor, revelando-se incoerente a interpretação segundo a qual o fluxo do prazo prescricional continua a escoar-se, desde a constituição definitiva do crédito tributário, até a data em que se der o despacho ordenador da citação do devedor (ou até a data em que se der a citação válida do devedor, consoante a anterior redação do inciso I, do parágrafo único, do art. 174, do CTN).
14. O Codex Processual, no §1º, do art. 219, estabelece que a interrupção da prescrição, pela citação, retroage à data da propositura da ação, o que, na seara tributária, após as alterações promovidas pela Lei Complementar 118/2005, conduz ao entendimento de que o marco interruptivo atinente à prolação do despacho que ordena a citação do executado retroage à data do ajuizamento do feito executivo, a qual deve ser empreendida no prazo prescricional.
15. A doutrina abalizada é no sentido de que: "Para CÂMARA LEAL, como a prescrição decorre do não exercício do direito de ação, o exercício da ação impõe a interrupção do prazo de prescrição e faz que a ação perca a 'possibilidade de reviver', pois não há sentido a priori em fazer reviver algo que já foi vivido (exercício da ação) e encontra-se em seu pleno exercício (processo). Ou seja, o exercício do direito de ação faz cessar a prescrição. Aliás, esse é também o diretivo do Código de Processo Civil: 'Art. 219. A citação válida torna prevento o juízo, induz litispendência e faz litigiosa a coisa; e, ainda quando ordenada por juiz incompetente, constitui em mora o devedor e interrompe a prescrição. § 1º A interrupção da prescrição retroagirá à data da propositura da ação.' Se a interrupção retroage à data da propositura da ação, isso significa que é a propositura, e não a citação, que interrompe a prescrição. Nada mais coerente, posto que a propositura da ação representa a

qual, já à época de vigência do CPC/73, a interrupção do prazo de prescrição do direito do Fisco, operada por obra do despacho que determina a citação, retroage à data da propositura da ação executiva fiscal.

É preciso anotar, ainda quanto ao reconhecimento do fato extintivo do direito fazendário de exigir o débito tributário, que a prescrição operada em momento anterior à propositura da ação executiva fiscal poderá dar causa ao indeferimento, *ex officio,* da demanda, o que deverá ocorrer, naturalmente, após ouvida a Fazenda Pública, em observância aos comandos emanados pelos arts. 9º e 10 do CPC.[501]

Dito isso, havemos de prosseguir em direção ao último ato que compõe a fase inicial do procedimento executivo fiscal: a citação do executado.

---

efetivação do direito de ação, cujo prazo prescricional perde sentido em razão do seu exercício, que será expressamente reconhecido pelo juiz no ato da citação. Nesse caso, o que ocorre é que o fator conduta, que é a omissão do direito de ação, é desqualificado pelo exercício da ação, fixando-se, assim, seu termo consumativo. Quando isso ocorre, o fator tempo torna-se irrelevante, deixando de haver um termo temporal da prescrição". (SANTI, Eurico Marcos Diniz. Decadência e prescrição no direito tributário, p. 232-233.)
16. Destarte, a propositura da ação constitui o dies ad quem do prazo prescricional e, simultaneamente, o termo inicial para sua recontagem sujeita às causas interruptivas previstas no art. 174, parágrafo único, do CTN.
17. Outrossim, é certo que "incumbe à parte promover a citação do réu nos 10 (dez) dias subsequentes ao despacho que a ordenar, não ficando prejudicada pela demora imputável exclusivamente ao serviço judiciário" (art. 219, § 2º, do CPC).
18. Consequentemente, tendo em vista que o exercício do direito de ação deu-se em 05.03.2002, antes de escoado o lapso quinquenal (30.04.2002), iniciado com a entrega da declaração de rendimentos (30.04.1997), não se revela prescrita a pretensão executiva fiscal, ainda que o despacho inicial e a citação do devedor tenham sobrevindo em junho de 2002.
19. Recurso especial provido, determinando-se o prosseguimento da execução fiscal. Acórdão submetido ao regime do art. 543-C, do CPC, e da Resolução STJ 08/2008".
(REsp repetitivo n. 1.120.295/SP; 1ª Seção; Rel. Min. Luiz Fux; DJe de 21/05/2010).

501. Súmula 409 do STJ - "Em execução fiscal, a prescrição ocorrida antes da propositura da ação pode ser decretada de ofício (art. 219, § 5º, do CPC)".
"Art. 9º. Não se proferirá decisão contra uma das partes sem que ela seja previamente ouvida".
"Art. 10. O juiz não pode decidir, em grau algum de jurisdição, com base em fundamento a respeito do qual não se tenha dado às partes oportunidade de se manifestar, ainda que se trate de matéria sobre a qual deva decidir de ofício".

Em ambiente executivo fiscal, a citação é realizada com a finalidade específica de exortar o devedor a pagar o débito fiscal em 5 (cinco) dias (com juros, multa de mora e demais encargos) ou a garantir a execução.[502] Trata-se de ato de comunicação cujo escopo principal é dar conhecimento ao devedor-executado da existência de pretensão executória voltada à expropriação de seu patrimônio, bem como dar oportunidade ao executado de escolher a melhor forma de realização do crédito inadimplido (pagamento ou expropriação).

A citação do executado deverá ser realizada nas modalidades previstas nos incisos I a III do art. 8º da LEF,[503] na exata ordem em que dispostas na legislação, é dizer: (i) em primeiro lugar por carta (correio), com Aviso de Recebimento (AR), ressalvado o direito da Fazenda Pública de requerer seja realizada por outra modalidade; (ii) frustrada

---

502. "Art. 8º - O executado será citado para, no prazo de 5 (cinco) dias, pagar a dívida com os juros e multa de mora e encargos indicados na Certidão de Dívida Ativa, ou garantir a execução, observadas as seguintes normas:
I - a citação será feita pelo correio, com aviso de recepção, se a Fazenda Pública não a requerer por outra forma;
II - a citação pelo correio considera-se feita na data da entrega da carta no endereço do executado, ou, se a data for omitida, no aviso de recepção, 10 (dez) dias após a entrega da carta à agência postal;
III - se o aviso de recepção não retornar no prazo de 15 (quinze) dias da entrega da carta à agência postal, a citação será feita por Oficial de Justiça ou por edital;
IV - o edital de citação será afixado na sede do Juízo, publicado uma só vez no órgão oficial, gratuitamente, como expediente judiciário, com o prazo de 30 (trinta) dias, e conterá, apenas, a indicação da exequente, o nome do devedor e dos corresponsáveis, a quantia devida, a natureza da dívida, a data e o número da inscrição no Registro da Dívida Ativa, o prazo e o endereço da sede do Juízo.
§ 1º - O executado ausente do País será citado por edital, com prazo de 60 (sessenta) dias.
§ 2º - O despacho do Juiz, que ordenar a citação, interrompe a prescrição".

503. Art. 8º - O executado será citado para, no prazo de 5 (cinco) dias, pagar a dívida com os juros e multa de mora e encargos indicados na Certidão de Dívida Ativa, ou garantir a execução, observadas as seguintes normas:
I - a citação será feita pelo correio, com aviso de recepção, se a Fazenda Pública não a requerer por outra forma;
II - a citação pelo correio considera-se feita na data da entrega da carta no endereço do executado, ou, se a data for omitida, no aviso de recepção, 10 (dez) dias após a entrega da carta à agência postal;
III - se o aviso de recepção não retornar no prazo de 15 (quinze) dias da entrega da carta à agência postal, a citação será feita por Oficial de Justiça ou por edital;

a citação pela forma anterior, por intermédio de Oficial de Justiça; (iii) por fim, não localizado o executado, a citação dar-se-á pelo modo ficto, isto é, por meio de edital.

Os efeitos do ato citatório, cabe ressaltar, ocorrerão independentemente da modalidade em que for realizado, de maneira que, mesmo a citação ficta, realizada pela via editalícia, terá o condão de obstar as providências prescritas no art. 40 da LEF, no que tange à suspensão do processo executivo fiscal e ao desencadeamento do prazo de prescrição intercorrente.[504]

---

504. PROCESSUAL CIVIL. RECURSO ESPECIAL REPRESENTATIVO DE CONTROVÉRSIA. ART. 543-C, DO CPC. TRIBUTÁRIO. EXECUÇÃO FISCAL. PRESCRIÇÃO. CITAÇÃO POR EDITAL. INTERRUPÇÃO. PRECEDENTES.
1. A prescrição, posto referir-se à ação, quando alterada por novel legislação, tem aplicação imediata, conforme cediço na jurisprudência do Eg. STJ.
2. O art. 40 da Lei 6.830/80, consoante entendimento originário das Turmas de Direito Público, não podia se sobrepor ao CTN, por ser norma de hierarquia inferior, e sua aplicação sofria os limites impostos pelo art. 174 do referido Código.
3. A mera prolação do despacho ordinatório da citação do executado, sob o enfoque supra, não produzia, por si só, o efeito de interromper a prescrição, impondo-se a interpretação sistemática do art. 8º, §2º, da Lei 6.830/80, em combinação com o art. 219, § 4º, do CPC e com o art. 174 e seu parágrafo único do CTN.
4. O processo, quando paralisado por mais de 5 (cinco) anos, impunha o reconhecimento da prescrição, quando houvesse pedido da parte ou de curador especial, que atuava em juízo como patrono sui generis do réu revel citado por edital.
5. A Lei Complementar 118, de 9 de fevereiro de 2005 (vigência a partir de 09.06.2005), alterou o art. 174 do CTN para atribuir ao despacho do juiz que ordenar a citação o efeito interruptivo da prescrição. (Precedentes: REsp 860128/RS, DJ de 782.867/SP, DJ 20.10.2006; REsp 708.186/SP, DJ 03.04.2006).
6. Destarte, consubstanciando norma processual, a referida Lei Complementar é aplicada imediatamente aos processos em curso, o que tem como consectário lógico que a data da propositura da ação pode ser anterior à sua vigência. Todavia, a data do despacho que ordenar a citação deve ser posterior à sua entrada em vigor, sob pena de retroação da novel legislação.
7. É cediço na Corte que a Lei de Execução Fiscal - LEF - prevê em seu art. 8º, III, que, não se encontrando o devedor, seja feita a citação por edital, que tem o condão de interromper o lapso prescricional. (Precedentes: RESP 1103050/BA, PRIMEIRA SEÇÃO, el. Min. Teori Zavascki, DJ de 06/04/2009; AgRg no REsp 1095316/SP, Rel. Ministro FRANCISCO FALCÃO, PRIMEIRA TURMA, julgado em 17/02/2009, DJe 12/03/2009; AgRg no REsp 953.024/RS, Rel. Ministro LUIZ FUX, PRIMEIRA TURMA, julgado em 02/12/2008, DJe 15/12/2008; REsp 968525/RS, Rel. Ministra ELIANA CALMON, DJ. 18.08.2008; REsp995.155/RS, Rel. Ministro JOSÉ DELGADO, DJ. 24.04.2008; REsp 1059830/RS, Rel. Ministro MAURO CAMPBELL MARQUES, DJ. 25.08.2008; REsp 1032357/RS, Rel. Ministro CASTRO MEIRA, DJ. 28.05.2008);

Realizada a citação, a conduta do executado determinará o prosseguimento ou não do processo executivo fiscal. Em caso de atendimento à ordem de pagamento, o crédito tributário será considerado satisfeito e, por conseguinte, extinto o processo executivo fiscal, nos termos do art. 156, inciso I, do CTN.[505]

Se o executado, no entanto, preferir ofertar garantia ou, simplesmente, deixar de atender às ordens emanadas no ato de citação, a execução haverá de prosseguir, inaugurando-se, assim, a segunda fase do procedimento executivo fiscal, destinada à constrição da parcela do patrimônio do devedor, em montante suficiente à satisfação do crédito, a ser alcançada pelos atos de expropriação patrimonial, responsáveis pela efetivação da tutela executiva propriamente dita.

2.1.3.2.2 A fase constritiva do procedimento executivo fiscal: a garantia na execução fiscal e suas modalidades

A fase constritiva do procedimento executivo fiscal se presta à segregação da parcela do patrimônio do executado sobre a qual recairão os atos executivos propriamente ditos (expropriatórios), sendo desencadeada a partir da recusa

---

8. In casu, o executivo fiscal foi proposto em 29.08.1995, cujo despacho ordinatório da citação ocorreu anteriormente à vigência da referida Lei Complementar (fls. 80), para a execução dos créditos tributários constituídos em 02/03/1995 (fls. 81), tendo a citação por edital ocorrido em 03.12.1999.
9. Destarte, ressoa inequívoca a inocorrência da prescrição relativamente aos lançamentos efetuados em 02/03/1995 (objeto da insurgência especial), porquanto não ultrapassado o lapso temporal quinquenal entre a constituição do crédito tributário e a citação editalícia, que consubstancia marco interruptivo da prescrição.
10. Recurso especial provido, determinando-se o retorno dos autos à instância de origem para prosseguimento do executivo fiscal, nos termos da fundamentação expendida. Acórdão submetido ao regime do art. 543-C do CPC e da Resolução STJ 08/2008. (REsp repetitivo n. 999.901/RS; 1ª Seção; Rel. Min. Luiz Fuz; DJe de 10/06/2009).

505. O pagamento haverá de ser realizado diretamente ao exequente e, posteriormente, informado nos autos. Trata-se, no caso, de extinção do crédito pela forma prescrita no inciso I do art. 156 do CTN.

do devedor em atender à ordem de pagamento que consta do ato de citação.

Ao próprio devedor-executado é atribuída, a teor do disposto no art. 9º da LEF,[506] a prerrogativa de oferecer garantia ao débito exequendo, o que deverá ser feito, conforme anotamos acima, no prazo de cinco dias que se seguem à citação e numa das formas prescritas pelos incisos do referido dispositivo legal, a saber: (i) depósito em dinheiro; (ii) fiança bancária ou seguro garantia; (iii) bens e direitos de titularidade do exequente; (iv) bens e direitos de terceiros, desde que aceitos pela exequente.

Todavia, a oportunidade dada ao devedor de garantir a execução da forma que melhor lhe aprouver – observada a disciplina do sobrecitado art. 9º da LEF – não induz o dever absoluto do exequente – e, em última instância, do Juízo executivo fiscal – de aceitar os bens ou direitos ofertados pelo executado.

Com efeito, em se tratando de garantia oferecida sob a forma de bens e direitos, será a exequente intimada a se manifestar acerca da regularidade do patrimônio ofertado,

---

506. Art. 9º - Em garantia da execução, pelo valor da dívida, juros e multa de mora e encargos indicados na Certidão de Dívida Ativa, o executado poderá:
I - efetuar depósito em dinheiro, à ordem do Juízo em estabelecimento oficial de crédito, que assegure atualização monetária;
II - oferecer fiança bancária ou seguro garantia;
III - nomear bens à penhora, observada a ordem do art. 11; ou
IV - indicar à penhora bens oferecidos por terceiros e aceitos pela Fazenda Pública.
§ 1º. O executado só poderá indicar e o terceiro oferecer bem imóvel à penhora com o consentimento expresso do respectivo cônjuge.
§ 2º. Juntar-se-á aos autos a prova do depósito, da fiança bancária, do seguro garantia ou da penhora dos bens do executado ou de terceiros.
§ 3º. A garantia da execução, por meio de depósito em dinheiro, fiança bancária ou seguro garantia, produz os mesmos efeitos da penhora.
§ 4º. Somente o depósito em dinheiro, na forma do art. 32, faz cessar a responsabilidade pela atualização monetária e juros de mora.
§ 5º. A fiança bancária prevista no inciso II obedecerá às condições preestabelecidas pelo Conselho Monetário Nacional.
§ 6º. O executado poderá pagar parcela da dívida, que julgar incontroversa, e garantir a execução do saldo devedor.

ocasião em que poderá se opor, justificadamente, à aceitação da garantia pelo Juízo. Essa prerrogativa atribuída à parte credora, vale dizer, perfaz clara manifestação do princípio segundo o qual a execução haverá de ser realizada no interesse do exequente, enunciado no art. 797 do CPC.

A omissão do devedor quanto ao oferecimento de garantia à execução fiscal transfere ao credor tributário o ônus pela busca de bens e direitos suficientes à realização do débito exequendo, podendo o exequente se valer de todos os mecanismos constritivos prescritos no Código de Processo Civil que se destinam à identificação do patrimônio necessário à viabilização da tutela executiva fiscal.

Dentre os instrumentos postos à disposição do exequente para constringir patrimônio do devedor estão aqueles previstos nos arts. 854 do CPC[507] e 185-A do CTN,[508] ambos vocacionados à indisponibilização *eletrônica* de bens e direitos do executado, mas aplicáveis em circunstâncias completamente distintas.

A indisponibilização de ativos financeiros prevista no art. 854 do CPC constitui típica técnica constritiva, voltada exclusivamente à penhora de dinheiro, a ser utilizada nas situações em que o débito exequendo não haja sido garantido, pelo executado, de forma satisfatória.[509]

---

507. "Art. 854. Para possibilitar a penhora de dinheiro em depósito ou em aplicação financeira, o juiz, a requerimento do exequente, sem dar ciência prévia do ato ao executado, determinará às instituições financeiras, por meio de sistema eletrônico gerido pela autoridade supervisora do sistema financeiro nacional, que torne indisponíveis ativos financeiros existentes em nome do executado, limitando-se a indisponibilidade ao valor indicado na execução".

508. "Art. 185-A. Na hipótese de o devedor tributário, devidamente citado, não pagar nem apresentar bens à penhora no prazo legal e não forem encontrados bens penhoráveis, o juiz determinará a indisponibilidade de seus bens e direitos, comunicando a decisão, preferencialmente por meio eletrônico, aos órgãos e entidades que promovem registros de transferência de bens, especialmente ao registro público de imóveis e às autoridades supervisoras do mercado bancário e do mercado de capitais, a fim de que, no âmbito de suas atribuições, façam cumprir a ordem judicial".

509. Tese firmada por ocasião da apreciação do tema repetitivo n. 425 do STJ: "A

Já o mecanismo de constrição eletrônica previsto no art. 185-A do CTN, de amplitude mais larga que o previsto no regime geral de direito processual – porque viabiliza a indisponibilização de quaisquer bens e direitos de titularidade do devedor – pressupõe a demonstração cumulativa de circunstâncias fáticas (citação do executado + não oferecimento de bens no prazo legal + insucesso na busca, pelo credor, de bens penhoráveis) que sejam indiciárias do risco de perecimento do direito creditório exequendo.[510]

Em ambos os casos, contudo, a constrição eletrônica de ativos financeiros, bens ou direitos do executado pressupõe aquele mínimo de contraditoriedade que tem por objetivo possibilitar ao devedor saldar o débito exequendo de forma espontânea, o que induz, por conseguinte, que o executado haja sido ao menos citado da demanda executiva fiscal. Essa regra somente poderá ser exceptuada nas circunstâncias em que o credor tributário demonstrar, de plano, a presença dos requisitos de urgência prescritos no art. 300 do CPC, ou das situações enumeradas no art. 7º, inciso III, da LEF (domicílio incerto ou ocultação dolosa do devedor), autorizadoras do arresto cautelar.

A penhora – aqui definida como o ato processual constritivo por meio do qual a parcela do patrimônio do devedor é indisponibilizada com o objetivo de garantir a satisfação

---

utilização do Sistema BACEN-JUD, no período posterior à *vacatio legis* da Lei 11.382/2006 (21.01.2007), prescinde do exaurimento de diligências extrajudiciais, por parte do exequente, a fim de se autorizar o bloqueio eletrônico de depósitos ou aplicações financeiras".

510. Tese firmada por ocasião da apreciação do tema repetitivo n. 714 do STJ: "A indisponibilidade de bens e direitos autorizada pelo art. 185-A do CTN depende da observância dos seguintes requisitos: (i) citação do devedor **tributário**; (ii) inexistência de pagamento ou apresentação de bens à penhora no prazo legal; e (iii) a não localização de bens penhoráveis após esgotamento das diligências realizadas pela Fazenda, caracterizado quando houver nos autos (a) pedido de acionamento do Bacen-Jud e consequente determinação pelo magistrado e (b) a expedição de ofícios aos registros públicos do domicílio do executado e ao Departamento Nacional ou Estadual de Trânsito – DENATRAN ou DETRAN".

do débito exequendo – haverá de recair sobre tantos bens quanto bastem para à realização total do crédito tributário inadimplido (art. 831 do CPC), excluindo-se, naturalmente, aqueles aos quais a lei atribui, expressamente, o predicado de "impenhoráveis" (art. 10 da LEF c/c o art. 833 do CPC).

Embora a LEF não disponha expressamente, a Fazenda Pública exequente poderá se valer de todas as técnicas de indisponibilização patrimonial previstas no regime geral de direito processual (CPC), dentre as quais, a penhora de quotas e ações (art. 861 e seguintes); a de percentual do faturamento da empresa (art. 866 do CPC); e a de frutos e rendimentos de coisa móvel ou imóvel (art. 867 do CPC), incluídos aqueles oriundos de bens imóveis qualificados como impenhoráveis.

Em todas as situações, todavia, os limites materiais e procedimentais estabelecidos pela legislação processual para cada "tipo" de penhora deverão ser observados pelo juízo executivo fiscal, inclusive no que diz respeito à penhora de estabelecimento, prevista no art. 11, §1º, LEF na condição de expediente de cunho excepcionalíssimo, cuja materialização pressupõe a comprovada impossibilidade de identificação de direitos patrimoniais de natureza distinta.

A legislação processual, geral e especial, também disciplina as condições e as circunstâncias em que as partes poderão requerer a substituição da garantia originariamente prestada. Com efeito, o pleito de substituição do bem penhorado por outro poderá ser deferido ao executado, a teor do que dispõe o art. 847 do CPC, se (i) requerido no prazo de 10 (dez) dias a contar da intimação da penhora e desde que devidamente demonstradas (ii) a menor onerosidade ao devedor; bem como (iii) a ausência de prejuízo ao credor.

Ao executado também é atribuída, nos termos do que prescreve o art. 15, inciso II, da LEF, a prerrogativa de pleitear, a qualquer tempo, a substituição os bens penhorados, desde que a garantia ofertada em substituição à original se materialize sob a forma de dinheiro, fiança ou seguro garantia.

A substituição da penhora ofertada sob a forma de fiança ou seguro garantia deverá observar a determinação constante da parte final do §2º, do inciso I, do art. 835 do CPC,[511] segundo a qual a fiança e o seguro garantia deverão corresponder ao valor total do crédito exequendo, acrescidos de 30% (trinta por cento). O acréscimo financeiro em questão, todavia, é dispensado nas execuções fiscais em que a União Federal figurar na condição de autora, em razão de regra administrativa expressa que exime o devedor do indigitado ônus, exigindo, tão somente, que o valor do seguro garantia "seja igual ao montante original do débito executado com os encargos e acréscimos legais, devidamente atualizado pelos índices legais aplicáveis aos débitos inscritos em DAU".[512]

Em ambiente executivo fiscal, à luz do que prescreve o inciso I do art. 15 da LEF, é possível que seja deferido, em qualquer fase do processo, o pleito fazendário de substituição dos bens penhorados por outros, independentemente da ordem legal de preferência disposta no art. 11 da LEF. Embora o sobredito dispositivo legal não estabeleça expressamente, a substituição do bem penhorado requerida pelo ente fazendário também deverá ser plenamente justificada, inclusive quanto à noção de menor onerosidade ao devedor a que alude o art. 847 do CPC.

Devidamente destacada a parcela do patrimônio do devedor-executado que irá responder pelo débito fiscal

511. "Art. 835. A penhora observará, preferencialmente, a seguinte ordem:
I - dinheiro, em espécie ou em depósito ou aplicação em instituição financeira;
(...)
§ 2º. Para fins de substituição da penhora, equiparam-se a dinheiro a fiança bancária e o seguro garantia judicial, desde que em valor não inferior ao do débito constante da inicial, acrescido de trinta por cento".

512. É o que dispõe o art. 3º da Portaria PGFN 164/2014.

exequendo, tem início a última etapa do procedimento executivo fiscal – a fase expropriatória do patrimônio constrito –, de cujo sucesso depende a plena realização do direito creditório exequendo.

2.1.3.2.3 *A fase expropriatória do procedimento executivo fiscal: as técnicas processuais sub-rogatórias dos direitos patrimoniais do devedor-executado*

O momento derradeiro do procedimento executivo fiscal é aquele em que tem lugar a realização dos atos expropriatórios que materializam a tutela executiva propriamente dita, fase na qual se operacionaliza, processualmente, a satisfação forçada da obrigação tributária, quando o credor tributário efetivamente sub-roga-se nos direitos patrimoniais do devedor.

A realização do patrimônio processualmente "afetado", vale asseverar, está adstrita a diferentes técnicas processuais expropriatórias, cada qual, conforme bem observa PAULO CESAR CONRADO,[513] vinculada a uma espécie de ato constritivo, de sorte que: (i) a garantia firmada sob a forma de depósito, realizar-se-á por mera ordem judicial de conversão do depósito em renda; (ii) tratando-se de garantia prestada sob as formas de fiança ou seguro garantia (garantias fidejussórias), será o terceiro garantidor intimado a quitar (liquidar), no prazo de quinze dias, o débito exequendo em relação ao qual se obrigou, sob pena de contra ele prosseguir a execução (art. 19 da LEF[514]); por fim, (iii)

513. "Pressupondo-se o exaurimento da fase de preparação da expropriação do patrimônio do devedor, seguirá a execução fiscal nessa específica direção, ultimando-se os atos expropriatórios tendentes à satisfação do credor.
É natural pensar, nesse contexto, que o desenvolvimento dessa segunda fase seja demarcada por atos que cambiam de acordo com o tipo de garantia lançada in concreto". "CONRADO, Paulo Cesar. *Execução fiscal*, p. 168-169.

514. "Art. 19. Não sendo embargada a execução ou sendo rejeitados os embargos, no caso de garantia prestada por terceiro, será este intimado, sob pena de contra ele prosseguir a execução nos próprios autos, para, no prazo de 15 (quinze) dias:

no caso de execução fiscal garantida por meio de penhora de bens, a realização da obrigação tributária poderá ocorrer, à mercê da vontade do credor tributário, pelas técnicas da *adjudicação* ou da *alienação*.[515]

A exceção fica por conta das penhoras incidentes sobre dinheiro (*lato sensu*), incluídas a penhora de numerário (penhora de dinheiro *stricto sensu*) depositado ou aplicado em instituições financeiras (art. 854 do CPC), a penhora de percentual do faturamento (art. 866 do CPC) e a penhora incidente sobre dividendos (art. 867 do CPC), as quais, naturalmente, não se coadunam com a técnica de alienação. Em todos esses casos, o que se tem, ao fim e ao cabo, é um ato de constrição (penhora) que se constitui sob a forma de depósito judicial, a induzir, necessariamente, a aplicação de técnica apropriada de expropriação: a conversão dos valores em renda do credor tributário.

Em termos procedimentais, tratando-se de ato expropriatório a ser praticado em face de constrição realizada sob a forma de penhora, dispõe o art. 24 da LEF que a alienação do bem penhorado deverá ser efetivada por leilão público, a ser realizado em lugar previamente designado pelo juiz.

I - remir o bem, se a garantia for real; ou
II - pagar o valor da dívida, juros e multa de mora e demais encargos, indicados na Certidão de Dívida Ativa pelos quais se obrigou se a garantia for fidejussória".

515. "Art. 23. A alienação de quaisquer bens penhorados será feita em leilão público, no lugar designado pelo Juiz.
§ 1º. A Fazenda Pública e o executado poderão requerer que os bens sejam leiloados englobadamente ou em lotes que indicarem.
§ 2º. Cabe ao arrematante o pagamento da comissão do leiloeiro e demais despesas indicadas no edital".
"Art. 24. A Fazenda Pública poderá adjudicar os bens penhorados:
I. antes do leilão, pelo preço da avaliação, se a execução não for embargada ou se rejeitados os embargos;
II. findo o leilão:
a) se não houver licitante, pelo preço da avaliação;
b) havendo licitantes, com preferência, em igualdade de condições com a melhor oferta, no prazo de 30 (trinta) dias".

A Fazenda Pública exequente, todavia, a teor do que autoriza o inciso I do referido artigo, caso seja de seu interesse, poderá se antecipar ao procedimento de alienação para adjudicar o bem penhorado, o que haverá de ocorrer necessariamente pelo preço de avaliação. A adjudicação também poderá ocorrer após o leilão, ocasião em que a Fazenda Pública poderá, em caso de ausência de licitantes interessados, adjudicar o bem penhorado pelo valor da avaliação. Havendo licitantes, a credora poderá, ainda, proceder à adjudicação do bem, desde que o faça no prazo de 30 dias e em igualdade de condições com os concorrentes, isto é, pela melhor oferta.

Não efetivada a adjudicação, o credor tributário poderá se valer, em detrimento da alienação em hasta pública, do instrumento de alienação particular a que se refere o art. 879, inciso I, do CPC, lançando mão da prerrogativa de alienar o bem penhorado por mão própria ou por intermédio de corretor/leiloeiro público credenciado perante o juízo executivo fiscal.[516]

O art. 32, §2º da LEF[517] estabelece que as garantias realizadas mediante depósito do montante integral do débito

---

516. "Art. 879. A alienação far-se-á:
I - por iniciativa particular;
Art. 880. Não efetivada a adjudicação, o exequente poderá requerer a alienação por sua própria iniciativa ou por intermédio de corretor ou leiloeiro público credenciado perante o órgão judiciário.
§ 1º. O juiz fixará o prazo em que a alienação deve ser efetivada, a forma de publicidade, o preço mínimo, as condições de pagamento, as garantias e, se for o caso, a comissão de corretagem.
§ 2º. A alienação será formalizada por termo nos autos, com a assinatura do juiz, do exequente, do adquirente e, se estiver presente, do executado, expedindo-se:
I - a carta de alienação e o mandado de imissão na posse, quando se tratar de bem imóvel;
II - a ordem de entrega ao adquirente, quando se tratar de bem móvel".

517. Art. 32 - Os depósitos judiciais em dinheiro serão obrigatoriamente feitos:
(...)
§ 2º. Após o trânsito em julgado da decisão, o depósito, monetariamente atualizado, será devolvido ao depositante ou entregue à Fazenda Pública, mediante ordem do Juízo competente.

exequendo somente serão devolvidas ao devedor tributário ou convertidas em renda do credor fiscal após o trânsito em julgado da decisão que acolher ou não a defesa, incidental (exceção de pré-executividade) ou ordinária (embargos do devedor), apresentada.[518]

Essa regra, queremos crer, aplica-se também à penhora de dinheiro, à penhora de dividendos (art. 867 do CPC), de faturamento (art. 866 do CPC) e ao produto resultante da alienação do bem penhorado.[519] Tratando-se de garantia

---

518. "PROCESSUAL CIVIL. EMBARGOS DE DIVERGÊNCIA NO RECURSO ESPECIAL. TRIBUTÁRIO. EXECUÇÃO FISCAL. EXECUÇÃO GARANTIDA POR MEIO DE DEPÓSITO EM DINHEIRO. COBRANÇA DO TRIBUTO QUESTIONADA EM SEDE DE EMBARGOS À EXECUÇÃO. LEVANTAMENTO OU CONVERSÃO EM RENDA QUE SE SUJEITA AO TRÂNSITO EM JULGADO DA DECISÃO QUE RECONHEÇA OU AFASTE A LEGITIMIDADE DA EXAÇÃO.
1. Por força da regra contida no art. 32, §2º, da Lei 6.830/80, o levantamento de depósito judicial ou a sua conversão em renda da Fazenda Pública, sujeita-se ao trânsito em julgado da decisão que reconheceu ou afastou a legitimidade da exação.
2. O art. 32, §2º, da Lei 6.830/80 é norma especial, que deve prevalecer sobre o disposto no art. 587 do CPC, de modo que a conversão em renda do depósito em dinheiro efetuado para fins de garantia da execução fiscal somente é viável após o trânsito em julgado da decisão que reconheceu a legitimidade da exação. Em virtude desse caráter especial da norma, não há falar na aplicação do entendimento consolidado na Súmula 317/STJ. 3. Embargos de divergência providos".
(EREsp n. 734.831/MG; 1ª Seção; Rel. Min. Mauro Campbel Marques; julgado em 10/11/2010; DJe de 18/11/2010).

519. "AGRAVO DE INSTRUMENTO. EXECUÇÃO FISCAL. ARREMATAÇÃO DE BEM IMÓVEL DE SÓCIO AGRAVANTE. REDIRECIONAMENTO SUB JUDICE – DECISÃO SUBMETIDA A AGRAVO DE INSTRUMENTO SUSPENSO EM RAZÃO DA EXISTÊNCIA DE REPRESENTATIVO DE CONTROVÉRSIA ADMITIDO PELO STJ. CONVERSÃO EM RENDA EM FAVOR DA UNIÃO – RISCO DE IRREVERSIBILIDADE DA MEDIDA. SUSPENSÃO DA CONVERSÃO EM RENDA. RECURSO PROVIDO.
1. Bem imóvel de propriedade da agravante foi penhorado, levado à hasta pública e arrematado em 04/04/2008, pelo valor de R$ 110.000,00, conforme Auto de Arrematação acostado a fls. 32 – Id. 3137375.
2. A decisão que incluiu a agravante no polo passivo da execução fiscal não transitou em julgado, em razão de ser objeto do AI n. 0012844-74.2011.4.03.0000. O julgamento final deste agravo encontra-se suspenso devido à admissão do RESP 1.201.993/SP como representativo da controvérsia sobre o prazo de prescrição para o redirecionamento da execução contra os sócios da pessoa jurídica executada originalmente.
3. Existência de risco de prejuízo ao resultado útil desse processo, com irreversibilidade da medida agravada, caso levada a efeito a conversão em renda em favor da União de valor oriundo da arrematação de imóvel da agravante antes de definitiva-

fidejussória (seguro garantia ou fiança), por outro lado, o trânsito em julgado da decisão que vier a apreciar os embargos do devedor tributário perfaz condição à própria execução da garantia.[520]

Com efeito, longe de ser uma medida que depõe contra a efetividade da tutela executiva, esse expediente tem a virtude de resguardar a reversibilidade dos efeitos patrimoniais oriundos do ato expropriatório, preservando a cláusula geral executiva de menor onerosidade do devedor (art. 805 do CPC), sem que isso resulte em qualquer prejuízo ao credor tributário, principalmente se considerarmos o fato de os entes políticos tributantes, a despeito da sobredita vedação à conversão dos valores judicialmente depositados em renda própria, estarem legalmente autorizados a utilizá-los em caráter precário (vide, nesse sentido, o art. 1º da Lei 9.703/2008 e art. 3º da LC 151/2015).[521]

---

mente julgada sua responsabilidade pessoal pela dívida em cobro.
4. Agravo de instrumento provido para determinar a suspensão da conversão em renda do valor exequendo até julgamento final do AI n. 0012844-74.2011.4.03.0000".
(TRF 3ª Região; AI n. 5011454-37.2018.4.03.0000; 3ª Turma; Rel. Desembargadora Federal Cecília Marcondes; julgado em 20/09/2018; DJe de 25/09/2018).

520. "PROCESSUAL CIVIL. EMBARGOS DE DECLARAÇÃO. AUSÊNCIA DE VÍCIO NO JULGADO. EMBARGOS REJEITADOS.
1. Devem ser rejeitados os embargos de declaração opostos contra acórdão proferido a salvo de omissão, contradição, obscuridade ou erro material.
2. Não há qualquer vício a ser sanado, tendo em vista que o acórdão encontra-se suficientemente claro, nos limites da controvérsia, e devidamente fundamentado de acordo com o entendimento esposado por esta E. Turma. Considerando a impossibilidade de conversão em renda de valores antes do trânsito em julgado dos embargos à execução, descabida a execução neste instante do seguro garantia, mesmo diante da ausência de efeito suspensivo nos embargos à execução, na forma do art. 32, §2º, da Lei n. 6.830/80. Princípio da utilidade.
3. Embargos rejeitados".
(TRF 3ª Região; AI n. 5016104-64.2017.4.03.0000; 3ª Turma; Rel. Desembargador Federal Nelton Agnaldo Moraes dos Santos, julgado em 22/11/2018; DJe de 27/11/2018).

521. "Art. 1º. Os depósitos judiciais e extrajudiciais, em dinheiro, de valores referentes a tributos e contribuições federais, inclusive seus acessórios, administrados pela Secretaria da Receita Federal do Ministério da Fazenda, serão efetuados na Caixa Econômica Federal, mediante Documento de Arrecadação de Receitas Federais - DARF, específico para essa finalidade.
§ 1º. O disposto neste artigo aplica-se, inclusive, aos débitos provenientes de tribu-

Essa mesma prescrição legal, por seu turno, leva-nos a inferir que, em caso de adjudicação do bem penhorado, a efetiva transferência do bem para o patrimônio do credor fiscal deverá aguardar o trânsito em julgado da decisão que apreciar a defesa apresentada, não obstante ser possível reservar à Fazenda Pública adjudicante o direito de uso do bem no período em que restar pendente o julgamento da defesa, desde que não haja prejuízo às atividades do devedor tributário.

2.1.3.2.4 A satisfação do crédito tributário e a extinção do processo executivo fiscal

Ao final, satisfeita a obrigação exequenda, o processo executivo fiscal será declarado extinto por sentença, de caráter meramente terminativo, a ser exarada nos termos dos arts. 924, inciso II, e 925 do CPC.[522] Estamos a falar, aqui, de pronunciamento constitutivo do fato jurídico da extinção do processo (fato institucional), que carece de qualquer conteúdo jurídico-material para produzir os efeitos que lhe são característicos.

A sentença extintiva do processo executivo fiscal, vale registrar, só excepcionalmente veiculará conteúdo de

---

tos e contribuições inscritos em Dívida Ativa da União.
§ 2º. Os depósitos serão repassados pela Caixa Econômica Federal para a Conta Única do Tesouro Nacional, independentemente de qualquer formalidade, no mesmo prazo fixado para recolhimento dos tributos e das contribuições federais".
"Art. 3º. A instituição financeira oficial transferirá para a conta única do Tesouro do Estado, do Distrito Federal ou do Município 70% (setenta por cento) do valor atualizado dos depósitos referentes aos processos judiciais e administrativos de que trata o art. 2º., bem como os respectivos acessórios".

522. A sentença que põe termo ao procedimento executivo, é bom que se registre, é meramente terminativa, não se podendo considerar que haja, ali, resolução de mérito. É que a distinção entre sentenças que resolvem ou não o mérito da causa só faz sentido nos pronunciamentos cognitivos. Na execução melhor seria falar-se em "extinção do processo com satisfação do crédito" e "extinção do processo sem satisfação do crédito". CÂMARA, Alexandre Freitas. In: BUENO, Cassio Scarpinella (Coord.). *Comentários ao Código de Processo Civil*: v. 3, p. 822.

mérito, ou seja, naquelas circunstâncias em que o juízo estiver sob a contingência de apreciar defesa incidental apresentada pelo devedor (exceção de pré-executividade) que se oponha, por meio de prova inequívoca, ao crédito tributário exequendo.

Parece ser este, também, o caso da sentença que extingue o processo executivo em face do reconhecimento da prescrição intercorrente, prescrito no art. 924, inciso V, do CPC, a qual constitui típico exemplo de sentença de mérito exarada em processo executivo fiscal, dando oportunidade, inclusive, à formação de coisa julgada material.

2.1.4 A defesa do executado na execução fiscal

Assim como ocorre nas demandas executivas em geral, também no âmbito do procedimento executivo fiscal, a presunção de liquidez, certeza e exigibilidade da obrigação tributária exequenda – atributo decorrente de estar ela plasmada em documento a que o sistema atribui o *status* de título executivo – tem o condão de restringir os meios de defesa do devedor tributário, o que é absolutamente natural diante do fato de a aludida "presunção" dispensar o desencadeamento de atividade jurisdicional de caráter cognitivo voltada à "declaração" do direito subjetivo a ser realizado.

Por isso, no esquema normativo-procedimental característico das demandas executivas – e com a fiscal não é diferente –, não há, a rigor, um momento processual adequado à apresentação de "respostas" de qualquer gênero, em especial aquelas destinadas à contestação do direito material que, no caso, é afirmado pelo exequente sob o pretexto de implementar técnicas processuais sub-rogatórias voltadas à sua realização.

Essa mitigação do direito de defesa, todavia, não é absoluta a ponto de excluir a possibilidade de o devedor tributário insurgir-se contra a presunção de liquidez, certeza e exigibilidade que recai sobre a obrigação tributária exequenda, sendo inquestionável o fato de a sobredita "presunção" ser *juris tantum*.

Apesar disso, os instrumentos de defesa postos à disposição do devedor para se opor à pretensão executiva não têm o condão de, ordinariamente, impingir óbices ao desencadeamento dos atos executivos, os quais deverão ser praticados até sobrevir decisão, provisória ou definitiva, que haja por bem afastar a presunção que qualifica e legitima a pretensão executiva. Tal característica, aliás, também deve ser colocada na "conta" da presunção de liquidez, certeza e exigibilidade das obrigações plasmadas nos títulos executivos que aparelham os processos executivos.

Importa anotar, entretanto, que, também no âmbito dos processos executivos fiscais, a possibilidade de o devedor se opor à pretensão executiva fazendária é plena, podendo ser implementada mediante diferentes instrumentos processuais, cada qual manejado em circunstâncias apropriadas e mediante condições específicas.

Em regra, e sem prejuízo do que a processualística chama de "defesas heterotópicas",[523] é possível identificar dois instrumentos vocacionados à oposição de objeções à pretensão executiva fiscal, a saber: (i) a exceção de pré-executividade, típica defesa incidental a ser apresentada nos autos do próprio processo executivo fiscal; e (ii) os embargos do devedor, instrumento processual especialmente forjado com o objetivo de viabilizar a defesa do devedor tributário em face da pretensão executiva fiscal.

Dedicaremos os tópicos seguintes à análise de cada um desses instrumentos.

---

523. A ação anulatória de débito fiscal, quando analisada na condição de meio autônomo de impugnação do débito exequendo e sucedâneo dos embargos do devedor, consubstancia o típico exemplo do que se denomina por "defesa heterotópica".

2.1.4.1 A exceção de pré-executividade e seu fundamento jurídico-positivo

2.1.4.1.1 Os fundamentos e as condições de manejo da exceção de pré-executividade

Longe de ser um instrumento fundado em meras digressões doutrinárias, como de ordinário se costuma afirmar, a exceção de pré-executividade, ao menos no contexto normativo próprio aos processos executivos fiscais, consubstancia meio de defesa incidental amparado em dois preceitos jurídico-positivos – um de estatura constitucional, outro de caráter legal –, muito categóricos quanto à possibilidade de o devedor insurgir-se contra a presunção que qualifica a obrigação fiscal exequenda, quais sejam: o art. 5º, inciso LV, da CF/88; e o art. 3º, parágrafo único, da LEF.[524]

Com efeito, ao dispor que a presunção de liquidez e certeza da obrigação fiscal exequenda pode ser ilidida por prova inequívoca, a cargo do devedor ou de terceiro a quem aproveite, o parágrafo único do art. 3º da LEF traça os contornos daquilo que a pragmática do processo, em especial no âmbito jurisprudencial, firmou como as condições necessárias ao manejo da exceção de pré-executividade, intimamente relacionadas à capacidade de o executado infirmar a legitimidade da exigência a partir de alegações aferíveis de plano, seja porque dizem com questões eminentemente normativas (matéria de direito), seja por demonstráveis por prova inequívoca, assim entendida como

524. "Art. 5º. (...)
LV - aos litigantes, em processo judicial ou administrativo, e aos acusados em geral são assegurados o contraditório e ampla defesa, com os meios e recursos a ela inerentes;"
"Art. 3º. A Dívida Ativa regularmente inscrita goza da presunção de certeza e liquidez.
Parágrafo único. A presunção a que se refere este artigo é relativa e pode ser ilidida por prova inequívoca, a cargo do executado ou de terceiro, a quem aproveite".

a prova documental que, por si só, é suficiente para confirmar os fatos alegados pelo devedor.

Importante registrar, nesse tocante, que não se verifica, em princípio, qualquer limite qualitativo a essa específica técnica de defesa do devedor. É dizer, não há matéria, de fato ou de direito – incluídas as de índole constitucional – que esteja à margem do âmbito das possíveis alegações a serem alinhavadas em exceção de pré-executividade, bastando que essas alegações possam ser demonstradas por prova inequívoca (documental) e cognoscíveis de plano.[525]

Impossível, nesse ponto, não associar a noção de prova inequívoca, requisito de cognoscibilidade da exceção de

---

525. PROCESSO CIVIL. RECURSO ESPECIAL REPRESENTATIVO DE CONTROVÉRSIA. ART. 543-C, DO CPC. EXECUÇÃO FISCAL. EXCEÇÃO DE PRÉ-EXECUTIVIDADE. ARGUIÇÃO DE PRESCRIÇÃO FUNDADA NA INCONSTITUCIONALIDADE DA LEI ORDINÁRIA (ART. 46, DA LEI 8.212/91) QUE AMPLIOU O PRAZO PRESCRICIONAL (SÚMULA VINCULANTE 8/STF). POSSIBILIDADE.
1. A exceção de pré-executividade é servil à suscitação de questões que devam ser conhecidas de ofício pelo juiz, como as atinentes à liquidez do título executivo, aos pressupostos processuais e às condições da ação executiva, desde que não demandem dilação probatória (exceção *secundum eventus probationis*) (REsp 1.110.925/SP, Rel. Ministro Teori Albino Zavascki, Primeira Seção, julgado em 22.04.2009, DJe 04.05.2009).
2. O espectro das matérias suscitáveis através da exceção tem sido ampliado por força da exegese jurisprudencial mais recente, admitindo-se a arguição de prescrição e de ilegitimidade passiva do executado, que prescindam de dilação probatória.
3. A prescrição, causa extintiva do crédito tributário, é passível de ser veiculada em exceção de pré-executividade, máxime quando fundada na inconstitucionalidade do art. 46, da Lei 8.212/91, reconhecida, com efeitos ex tunc, pelo Supremo Tribunal Federal, para as demandas ajuizadas até 11.6.2008 (RE 559.943, Rel. Ministra Cármen Lúcia, Tribunal Pleno, julgado em 12.06.2008, Repercussão Geral - Mérito, DJe-182 DIVULG 25.09.2008 PUBLIC 26.09.2008; RE 560.626, Rel. Ministro Gilmar Mendes, Tribunal Pleno, julgado em 12.06.2008, Repercussão Geral - Mérito, DJe-232 DIVULG 04.12.2008 PUBLIC 05.12.2008; e RE 556.664, Rel. Ministro Gilmar Mendes, Tribunal Pleno, julgado em 12.06.2008, Repercussão Geral - Mérito, DJe-216 DIVULG 13.11.2008 PUBLIC 14.11.2008), e que culminou na edição da Súmula Vinculante 8/STF, verbis: "São inconstitucionais o parágrafo único do art. 5º do Decreto-Lei n. 1.569/1977 e os arts. 45 e 46 da Lei n. 8.212/1991, que tratam de prescrição e decadência de crédito tributário".
4. Recurso especial provido para determinar o retorno dos autos à instância ordinária para que aprecie a exceção de pré-executividade oposta pelo ora recorrente. Acórdão submetido ao regime do art. 543-C, do CPC, e da Resolução STJ 08/2008.
(REsp repetitivo n. 1.136.114/RJ; 1ª Seção; Rel. Min. Luiz Fux; julgado em 09/12/2009; DJe de 01/02/2010).

pré-executividade, ao conceito de "direito líquido e certo", tão característico do regime jurídico do mandado de segurança, uma vez que ambos os institutos se vinculam à dimensão fático-probatória das questões alinhavadas pelo devedor tributário, mais especificamente à capacidade de demonstração dos fatos alegados a partir de acervo probatório exclusivamente documental, dispensando qualquer necessidade de dilação instrutória.

É essa circunstância que nos autoriza a replicar, para o contexto processual próprio à exceção de pré-executividade, algumas assertivas construídas na longeva experiência dogmática e na jurisprudência firmada em torno do mandado de segurança.

A primeira delas refere-se ao fato de a ideia de "prova inequívoca", bem como a de "direito líquido e certo" voltarem-se exclusivamente para a dimensão "fática" da lide, traduzida pela noção processual de causa de pedir. Assim, por mais complexa que seja a questão normativo-interpretativa levada a juízo por meio da defesa incidental, se presentes os requisitos fático-probatórios que dão lastro à exceção, não poderá o julgador desincumbir-se do dever de apreciação do mérito da defesa sob o pretexto da ausência de prova inequívoca.

Também não se pode deixar de apreciar as alegações trazidas em exceção de pré-executividade simplesmente pela complexidade da "controvérsia" sobre o conteúdo material subjacente à prova documental apresentada, de maneira que, demonstrada documentalmente a existência dos fatos que servem de fundamento para a apresentação da defesa, eventual dificuldade quanto à correta qualificação jurídica a ser-lhes atribuída não poderá servir de pretexto para se negar ao jurisdicionado o direito à prestação jurisdicional de caráter cognitivo, plenamente exercitável nessas circunstâncias.

Essa questão nos remete à orientação jurisprudencial referida no item 2.1.2 supra, consolidada no precedente representativo da controvérsia consubstanciado no REsp n. 1.110.925/SP,[526] segundo a qual "não cabe exceção de pré-executividade em execução fiscal promovida contra sócio que figura como responsável na certidão de dívida ativa, em razão de a presunção de legitimidade assegurada à CDA impõe ao executado que figura no título executivo o ônus de demonstrar a inexistência de sua responsabilidade tributária, demonstração essa que, por demandar prova deve ser promovida no âmbito dos embargos à execução".

Diferentemente do que pretende fazer crer a infeliz generalização constante do sobredito precedente, a cognoscibilidade de eventual alegação de não ocorrência dos fatos necessários e suficientes à atribuição de responsabilidade tributária ao sócio, conquanto complexa por vezes, não necessariamente imprescinde do desencadeamento de procedimentos instrutórios complexos que demandem dilação probatória qualificada a ser realizada pela via dos embargos do devedor. Em alguns casos, a mera demonstração de que o sócio não participou do necessário processo

526. "TRIBUTÁRIO. EXECUÇÃO FISCAL SÓCIO-GERENTE CUJO NOME CONTA DA CDA. PRESUNÇÃO DE RESPONSABILIDADE. ILEGITIMIDADE PASSIVA ARGUIDA EM EXCEÇÃO DE PRÉ-EXECUTIVIDADE. INVIABILIDADE. PRECEDENTES.
1. A exceção de pré-executividade é cabível quando atendidos simultaneamente dois requisitos, um de ordem material e outro de ordem formal, ou seja: (a) é indispensável que a matéria invocada seja suscetível de conhecimento de ofício pelo juiz; e (b) é indispensável que a decisão possa ser tomada sem necessidade de dilação probatória.
2. Conforme assentado em precedentes da Seção, inclusive sob o regime do art. 543-C do CPC (REsp 1104900, Min. Denise Arruda, sessão de 25.03.09), não cabe exceção de pré-executividade em execução fiscal promovida contra sócio que figura como responsável na Certidão de Dívida Ativa - CDA. É que a presunção de legitimidade assegurada à CDA impõe ao executado que figura no título executivo o ônus de demonstrar a inexistência de sua responsabilidade tributária, demonstração essa que, por demandar prova, deve ser promovida no âmbito dos embargos à execução.
3. Recurso Especial provido. Acórdão sujeito ao regime do art. 543-C do CPC".
(REsp n. 1.110.925/SP; 1ª Seção; Rel. Min. Teori Albino Zavascki; DJe de 04/05/2009).

administrativo voltado à identificação da responsabilidade – pela simples juntada aos autos do inteiro teor do processo administrativo que deu origem ao débito exequendo – é suficiente para viabilizar a apreciação das alegações pela via da exceção de pré-executividade.

2.1.4.1.2 Os sujeitos de direito autorizados a se valerem da exceção de pré-executividade

Poderá se utilizar da exceção de pré-executividade, conforme dispõe o parágrafo único do art. 3º da LEF, o devedor ou o terceiro, a quem aproveite.

À luz do que expressamente prescreve o enunciado legal suprarreferido, não são necessários maiores esforços exegéticos para concluirmos que os sujeitos legitimados à apresentação da defesa incidental se confundem, naturalmente, com aqueles que ocupam a condição de legitimados passivos na ação executiva fiscal.

Aproveita-se, nesse tocante, tudo o quanto já problematizado no item 2.1.2 supra acerca da relação entre os sujeitos de direito que ocupam as posições de devedor e corresponsável no título executivo que aparelha a pretensão fiscal e os legitimados passivos no processo executivo fiscal.

Naquela ocasião, dissemos:

> Tratando-se, especificamente, de execução fiscal de débitos tributários, a pragmática costuma atribuir a condição de "devedor" exclusivamente àquele sujeito de direito que ocupa a posição de sujeito passivo da obrigação tributária inadimplida na condição de contribuinte (art. 121, parágrafo único, inciso I, do CTN), cuja responsabilidade patrimonial é decorrência direta e exclusiva do inadimplemento da obrigação tributária principal. É o contribuinte, portanto, o legitimado passivo do processo executivo fiscal a que se refere o art. 4º, inciso I, da Lei 6.830/80.
>
> A posição de "corresponsável" no título executivo (CDA), por exclusão, abarca a totalidade dos demais sujeitos de direito a quem vier a ser atribuída, segundo a Lei material, a responsabilidade

patrimonial pelo débito, independentemente de ostentarem ou não a condição de sujeitos passivos originários da obrigação tributária. Nessa medida, a definição da classe dos chamados "corresponsáveis" é eminentemente residual, abrangendo todos os responsáveis patrimoniais enumerados nos incisos II a VI do já referido art. 4º da Lei 6.830/80 e outros a que a lei material (art. 50 do CC, por exemplo) vier a atribuir responsabilidade patrimonial.

Diante disso, a enumeração extensiva dos legitimados passivos para o processo executivo fiscal constante do art. 4º da Lei 6.830/80, por refletir aquilo que ordinariamente seria aferível pelo mero cotejo entre os sujeitos que ocuparem a posição de partes da demanda executiva fiscal e aqueles indicados na certidão de dívida ativa, mostra-se, de certa forma, absolutamente dispensável, até porque é a Lei material (e não a processual) a competente para eleger os responsáveis patrimoniais pelos diversos tipos de débitos de natureza fiscal.

É possível asseverar, portanto, que, sob a óptica da "forma" pela qual os títulos executivos extrajudiciais fiscais (CDAs) costumam ser expedidos, todos os legitimados passivos para o processo executivo fiscal que não ocuparem a posição de "contribuinte-devedor" serão, automaticamente, "corresponsáveis", independentemente de terem sido erigidos à condição de sujeitos passivos da obrigação tributária por ocasião de sua constituição ou de terem suas respectivas responsabilidades patrimoniais aferidas, autonomamente, em momento posterior, por meio de procedimento específico.

A expressa indicação do devedor e do corresponsável na certidão de dívida ativa revela, como não poderia deixar de ser, situação de plena solidariedade patrimonial pelo débito tributário inadimplido. Essa condição permite que a propositura da ação executiva fiscal seja realizada em face de um ou ambos os responsáveis patrimoniais solidários, fenômeno que, sob o ponto de vista eminentemente processual, traduz-se pela ideia de litisconsórcio passivo inicial (facultativo).

No mais das vezes, portanto, até em razão de a certidão de dívida ativa integrar a petição inicial que veicula a pretensão executiva (art. 6º, § 1º, da Lei 6.830/80), a demanda executiva fiscal é proposta em face de todos os responsáveis patrimoniais (devedor e corresponsáveis) indicados no título executivo, possibilitando ao exequente solicitar que a prática dos atos executivos se dirija, desde logo, contra o patrimônio de todos.

> É possível concluir, desse modo, em consonância com a tese alinhavada no início deste tópico, que a aferição da legitimidade *ad causam* em processos executivos fiscais está inexoravelmente atrelada à identidade entre os sujeitos de direito que compõem a relação jurídica de responsabilidade patrimonial documentada na competente certidão de dívida ativa e aqueles que se encontram na posição de exequente e executado no processo. Diante disso, o mero fato de ostentar, nominalmente, a posição de devedor ou corresponsável na certidão de dívida ativa presume a condição de legitimado passivo no processo executivo fiscal.

Aceitas as assertivas acima, podemos concluir que os sujeitos juridicamente autorizados a objetar a pretensão executiva por intermédio da exceção de pré-executividade confundem-se, num primeiro momento, com aqueles que ocupam a posição de devedor e corresponsável no título executivo extrajudicial que aparelha o processo executivo fiscal, isto é, com os próprios legitimados passivos no processo executivo fiscal.

Todavia, não é possível inferir uma suposta relação entre aquilo que o parágrafo único do art. 3º da LEF chama de "terceiro" e os sujeitos de direito que ocupam a posição de "corresponsáveis" na certidão de dívida ativa (CDA), os quais, para fins de exceção de pré-executividade, hão de ser considerados típicos "devedores".

É que, ao se referir ao "terceiro a quem aproveite" a prova inequívoca da inexigibilidade do débito exequendo, o dispositivo legal em questão pretende apontar para o sujeito de direito cuja responsabilidade patrimonial tributária haja sido aferida após o ajuizamento da demanda, isto é, àquele a quem a execução fiscal tenha sido posteriormente redirecionada, a despeito de não figurar na certidão de dívida ativa, seja na condição de devedor, seja na condição de corresponsável.

Também é necessário advertir que o "terceiro" em questão não abarca o sujeito de direito cujo patrimônio haja sido afetado (constrito) em razão de suposta fraude à execução fiscal ou de qualquer equívoco quanto à identificação do patrimônio dos sujeitos a quem a execução é dirigida, isto é, o terceiro "patrimonialmente", mas não "juridicamente" interessado.

Nessas situações, não há dúvidas, o terceiro patrimonialmente prejudicado haverá que se valer daquele instrumento especialíssimo cuja disciplina consta dos arts. 674 a 692 do CPC, qual seja: os embargos de terceiro.[527]

2.1.4.1.3 A natureza e os efeitos da decisão que acolhe ou rejeita a exceção de pré-executividade

Interessante constatar que a exceção de pré-executividade tem o condão de transmutar a atuação jurisdicional executiva fiscal – naturalmente vocacionada à prática exclusiva de atos materiais voltados à realização da obrigação tributária inadimplida – em atividade tipicamente cognitiva do próprio direito material tributário no qual se fundamenta o débito exequendo, ocasionando o fenômeno conhecido por "sincretismo processual", caracterizado pela prática de atos jurisdicionais de naturezas distintas num mesmo contexto procedimental.

As consequências processuais desse ecletismo jurisdicional estão diretamente relacionadas à abrangência das questões efetivamente decididas por ocasião da apreciação da exceção de pré-executivdade, as quais influenciarão tanto o prosseguimento do processo executivo fiscal quanto os limites materiais a serem observados no manejo posterior de outros instrumentos processuais vocacionados ao questionamento do débito tributário exequendo.

527. Tese firmada por ocasião da apreciação do tema repetitivo n. 236 do STJ: "Em processo de execução, o terceiro afetado pela constrição judicial de seus bens poderá opor embargos de terceiro à execução ou interpor recurso contra a decisão constritiva, na condição de terceiro prejudicado".

Daí que, a depender do que vier a ser efetivamente impugnado e, principalmente, das questões de mérito concretamente decididas, o acolhimento ou a rejeição da exceção de pré-executividade poderão ensejar diferentes tipos de pronunciamentos jurisdicionais, a saber: (i) o conhecimento e a rejeição da exceção de pré-executividade que haja impugnado total ou parcialmente o débito exequendo implicará decisão interlocutória de mérito, a qual desafiará recurso de agravo e sobre a qual recairá a autoridade da coisa julgada material relativamente às questões de mérito decididas; (ii) o conhecimento e o acolhimento total da exceção de pré-executividade que haja impugnado a totalidade do débito exequendo dará ensejo à prolação de sentença extintiva do processo executivo, com resolução de mérito, a qual desafiará recurso de apelação, fazendo coisa julgada material; (iii) o conhecimento e o acolhimento da exceção de pré-executividade que haja impugnado parte do débito exequendo ou, ainda, o acolhimento parcial da exceção de pré-executividade que tenha impugnado a totalidade do débito, implicarão decisão interlocutória que desafiará recurso de agravo, de sorte que, no caso de esgotamento das vias recursais, incidirá a autoridade da coisa julgada exclusivamente sobre as questões efetivamente decidas; e, finalmente, (iv) o não conhecimento da exceção de pré-executividade implicará decisão interlocutória que desafiará recurso de agravo, dando ensejo à formação de coisa julgada meramente formal.

Nesse contexto, a natureza da decisão exarada por ocasião da apreciação da exceção de pré-executividade terá o condão de fixar: (i) a parcela do débito exequendo em função da qual os atos executivos continuarão a ser praticados; e (ii) os limites das questões de possível cognição em sede de ulterior embargos ou, ainda, em ação anulatória de débito que venham a ser autonomamente ajuizadas, sendo certo, nesse tocante, que sobre as questões de mérito efetivamente conhecidas e decididas no âmbito da indigitada defesa incidental recairá a autoridade da coisa julgada.

É preciso que se advirta, ainda, que a plena possibilidade de utilização da exceção de pré-executividade no âmbito executivo fiscal encontra limites relacionados ao princípio do devido processo legal e ao regime jurídico da coisa julgada, dentre os quais, está aquele insculpido no art. 16, §2º, da LEF, segundo o qual, "no prazo dos embargos, o executado deverá alegar toda matéria útil à defesa".

Significa dizer que o desencadeamento do prazo para oposição de embargos, associado ao seu efetivo ajuizamento, resultará no estancamento das oportunidades de defesa do devedor fiscal, pois sobre a sentença que vier a rejeitar ou acolher os embargos do devedor recairá a eficácia preclusiva da coisa julgada (art. 508 do CPC), impedindo que eventuais alegações não alinhavadas nas razões de embargos possam ser levadas a juízo em posterior exceção de pré-executividade.

Transcorrido *in albis* o prazo para oposição de embargos, a exceção de pré-executividade ainda poderá ser utilizada para fins de dedução das denominadas "matérias de ordem pública", cognoscíveis de ofício, desde que tais questões não tenham sido objeto de pronunciamento anterior passado em julgado.

2.1.4.2 Os embargos do devedor tributário à execução fiscal

2.1.4.2.1 A natureza jurídica e o objeto dos embargos à execução fiscal: a oposição à pretensão executiva fiscal como forma de exercício do direito constitucional à ampla defesa

É tão antiga quanto atual a polêmica acerca da natureza jurídica dos embargos do executado.

A discussão gira em torno, precisamente, de lhes atribuir a condição de típica ação (demanda) voltada à desconstituição do título executivo extrajudicial no qual se funda a pretensão executiva ou, diferentemente, de conferir-lhes a condição de ato vocacionado a resistir à pretensão executiva, assumindo natureza de verdadeiro instrumento de defesa dos interesses e do patrimônio do executado.

Não se trata, queremos crer, de questão que possa ser resolvida por investigação voltada exclusivamente aos aspectos "ontológicos" dos conceitos relativos a cada uma das referidas classes processuais (ação e defesa) que disputam a primazia de ter os embargos como um de seus elementos, mas sim de problema eminentemente empírico-normativo, que haverá de ser resolvido por meio da análise do regime jurídico-processual dos embargos à execução, tal qual positivado, e à luz do modelo constitucional de processo civil.

Sob a óptica do modelo constitucional de processo, o "ser ação" e o "ser defesa" remetem-nos ao ato praticado pelo responsável por desencadear, de forma inaugural, a atividade jurisdicional (a ação), em contraposição àquele concretizado, em reação ao primeiro, pelo sujeito a quem é atribuída a prerrogativa de resistir à pretensão deduzida (a defesa). Afora o critério da iniciativa, não há nada que diferencie, no âmbito constitucional, os direitos de agir e reagir, atacar e defender, os quais representam a face e a contraface de um mesmo direito fundamental: o direito à tutela jurisdicional, do qual tanto o autor quanto o réu são titulares.

Pela perspectiva técnico-processual, todavia, o exercício do direito de ação se vincula a um regime jurídico distinto daquele próprio ao exercício do direito de defesa, em especial em virtude de a ação processual (demanda) ser o ato responsável pela delimitação do objeto litigioso, ficando reservada ao titular do direito de defesa (o réu) a prerrogativa de se insurgir contra a pretensão em face dele deduzida, a ser realizada segundo os limites materiais fixados pelo autor.[528]

---

528. Mesmo nas defesas que se fundam em "fatos extintivos ou modificativos" do direito do autor, há uma relação direta entre os fatos narrados pelo autor e aqueles trazidos aos autos pelo réu. Isso vale, inclusive, para a reconvenção, que haverá de ficar circunscrita aos fatos (causa de pedir) objetivados pelo autor da demanda.

Disso resulta a diferença fundamental entre o regime processual próprio à "ação processual" – vinculado à ideia de "dispositividade" – e aquele característico dos instrumentos de defesa – os quais estão atrelados à noção de "eventualidade".

Nesse contexto "macroprocessual", seria até contraintuitivo negar que os embargos do executado têm como objetivo principal resistir à pretensão executiva do credor, pois não há sequer possibilidade jurídica de manejo do referido instrumento sem que se verifique o anterior ajuizamento da demanda executiva. A conclusão haveria de ser completamente diversa se o regime de execução do crédito fiscal decorresse de procedimento presidido pelo próprio titular do crédito tributário – conforme proposto por uma série de projetos legislativos voltados à implementação daquilo que vem sendo chamado de "administrativização da execução fiscal" –, circunstância em que os embargos do devedor efetivamente passariam a ostentar o *status* de típica ação destinada provocar, de forma inaugural, o Estado-juiz, cuja objeto imediato seria obstaculizar a prática dos atos executivos por parte credor tributário.

No regime jurídico executivo-fiscal vigente, entretanto, os atos constritivos e expropriatórios voltados à realização do crédito inadimplido haverão de ser realizados, exclusivamente, por intermédio de tutela jurisdicional executiva, emanada a partir de pretensão processual deduzida pelo titular do crédito inadimplido, que, por sua vez, não está autorizado a praticar, de mão própria, os atos materiais voltados à realização de seu direito creditório. Consideradas tais circunstâncias, não há dúvidas de que os embargos do devedor se convertem em verdadeiro instrumento processual de defesa do executado em face da pretensão executiva do credor, independentemente de sua autonomia procedimental.

A dualidade entre os processos de embargos e executivo, vale esclarecer, é uma mera contingência que decorre da impossibilidade de se viabilizar, no âmbito do procedimento executivo, o exercício de atividade cognitiva plena, a qual, no mais das vezes, imprescinde de fases procedimentais especificamente voltadas à delimitação das questões controvertidas e, principalmente, à ampla instrução probatória. Por ter sido forjado com o objetivo exclusivo de realizar um direito cuja existência resta presumida, é natural que o procedimento executivo não comporte atividade desse jaez.

A relativa autonomia que se verifica entre os sobreditos processos, todavia, não é suficiente para negar o fato de os embargos consubstanciarem instrumento de defesa do devedor em face da pretensão expropriatória do exequente, cujo fundamento constitucional, não há dúvidas, é o art. 5º, inciso LV, da CF/88.

Essa condição fica ainda mais evidente no âmbito da legislação processual que disciplina as condições de oposição de embargos à execução fiscal, onde está expresso que, no prazo dos embargos, o executado deverá alegar toda matéria "útil à defesa" (uma clara manifestação do princípio da eventualidade, veiculado no art. 16, §2º, da LEF), bem como que ao embargante-executado está vedado o direito de "reconvir" (espécie do gênero "resposta do réu", a qual, em regra, é deduzida em face de ação previamente formulada e no mesmo prazo da contestação – vide art. 16, § 3º, da LEF).

Por essa razão, procedem as pioneiras objeções feitas por autores como HAROLDO PABST[529] e GELSON AMARO DE SOUZA[530] – recentemente acolhidas por autores do

529. PABST, Haroldo. *Natureza jurídica dos embargos do devedor*. 2. ed. Rio de Janeiro: Forense, 2000.

530. SOUZA. Gelson Amaro. *Efeitos da sentença que julga os embargos à execução*, p. 89-98.

calibre de CASSIO SCARPINELLA BUENO[531] e PAULO CESAR CONRADO[532] – à ideia, amplamente vencedora no âmbito doutrinário, de que os embargos à execução constituem verdadeira "ação processual". Isso porque, a despeito de sua estrutura procedimental, os embargos à execução se prestam, primária e fundamentalmente, à defesa dos interesses do devedor-executado em face da pretensão executiva contra ele deduzida, cujo ajuizamento é pressuposto necessário ao manejo do indigitado instrumento.

Agora, quando reconhecemos, nos embargos à execução, a condição de instrumento voltado ao exercício do direito de defesa, fazemo-lo sob a perspectiva macroprocessual a que nos referimos acima, a qual o considera no contexto do modelo constitucional de processo civil. Sob a óptica estritamente procedimental, no entanto, não podemos negar que estamos a tratar de técnica de impugnação substancialmente distinta daquelas de natureza ordinária, pois a defesa materializada por meio dos embargos à execução se faz sob a forma de "contrapretensão", ou seja, de uma pretensão especialmente deduzida, autonomamente, com vistas à infirmação de outra.

Por essa razão, o conteúdo e a eficácia que emanam da tutela jurisdicional que acolhe os embargos à execução não têm a natureza exclusivamente declaratória negativa peculiar às decisões que acolhem as razões de defesa e julgam improcedentes as demandas ordinárias em geral. Diversamente, nas sentenças que acolhem os embargos à execução, para além da eficácia declaratória negativa da exequibilidade do título que aparelha a pretensão executiva, agregar-se-ão, por vezes, eficácias outras, tais como a eficácia desconstitutiva do ato jurídico que deu origem ao crédito exequendo.

---

531. BUENO, Cassio Scarpinella. *Curso sistematizado de direito processual civil*, v. 3. 2018, p. 623-628.

532. CONRADO, Paulo Cesar. *Execução fiscal*, p. 242.

Assim, o acolhimento dos embargos à execução fiscal que, eventualmente, tenham sido opostos à exequibilidade do crédito tributário em razão da ilegalidade do lançamento que lhe dera origem, para além da eficácia declaratória negativa da exequibilidade, produzirá verdadeira eficácia desconstitutiva da obrigação tributária, o que é possível tão somente pelo fato de os embargos serem ajuizados sob a "forma de ação", onde a contrapretensão deduzida não está absolutamente voltada à pura e simples negação do direito do exequente, conquanto seja esta sua principal vocação.

Por fim, é oportuno ressaltar que a peculiar circunstância de serem os embargos à execução uma "defesa" formulada sob a "forma de ação" permite-nos cogitar, por exemplo, o estabelecimento de vínculos de conexão, continência e, até, de litispendência entre a ação anulatória de débito fiscal ajuizada em momento anterior à propositura da ação executiva fiscal e os embargos opostos em face da pretensão executiva fiscal deduzida (ver item 1.2.5 do capítulo I deste título).

Essa mesma característica nos autoriza, ainda, admitir que a coisa julgada formada em sede de anulatória de débito fiscal possa constituir, a depender de seu objeto, pressuposto negativo de apreciação dos embargos à execução fiscal e vice-versa.

2.1.4.2.2 Os pressupostos de admissibilidade e o prazo para oposição dos embargos à execução fiscal

No regime jurídico-processual característico da Lei 6.830/80, a admissão dos embargos do executado está vinculada ao preenchimento de dois pressupostos: (i) o primeiro deles, decorrência direta da própria condição de instrumento de defesa que ostentam os embargos, é existência de ação executiva fiscal devidamente ajuizada; e (ii) o segundo, de caráter procedimental e resultante de disposição expressa do art. 16, §1º, da LEF, é a garantia do juízo, a ser concretizada em uma das formas prescritas nos três incisos que compõem o referido dispositivo legal (depósito, fiança, seguro garantia ou penhora).

A garantia a que se refere o art. 16, §1º, da LEF, como condição necessária e suficiente à admissibilidade dos embargos do executado, segundo a orientação firmada por inúmeros precedentes do Superior Tribunal de Justiça, não necessariamente deverá abarcar a totalidade do débito exequendo, exigindo-se apenas que seja reveladora da máxima capacidade patrimonial (penhorável) do executado.[533] E nem poderia ser diferente, pois a exigência inflexível de garantia total do débito exequendo como condição à oposição dos embargos teria o condão de usurpar o direito constitucional à ampla defesa daqueles sujeitos de direito patrimonialmente desprovidos.

---

533. TRIBUTÁRIO. AGRAVO INTERNO NO RECURSO ESPECIAL. EXECUÇÃO FISCAL. EMBARGOS À EXECUÇÃO. GARANTIA DO JUÍZO. NECESSIDADE. PREVISÃO ESPECÍFICA. LEI 6.830/1980. PENHORA INSUFICIENTE. GARANTIA PARCIAL QUE NÃO OBSTA A ADMISSIBILIDADE DOS EMBARGOS À EXECUÇÃO.
1. A jurisprudência do STJ é no sentido de que, em sede de execução fiscal, a oposição dos embargos depende de garantia do juízo, nos termos do art. 16 da Lei 6.830/1980, não afetado pela alteração do art. 736 do CPC/1973, a teor do julgamento proferido no REsp 1.272.827/PE, Rel. Ministro Mauro Campbell Marques, submetido ao rito do art. 543-C do CPC/1973.
2. No julgamento do REsp 1.127.815/SP, sob o rito do art. 543-C do CPC/1973, esta Corte o entendimento de que "não se deve obstar a admissibilidade ou apreciação dos embargos à execução pelo simples fato de que o valor do bem constrito é inferior ao valor exequendo, devendo o juiz proceder à intimação do devedor para reforçar a penhora". Ressaltou-se, entretanto, que "a insuficiência patrimonial o devedor é a justificativa plausível à apreciação dos embargos à execução sem que o executado proceda ao reforço da penhora, [...], desde que comprovada inequivocamente".
3. Na hipótese dos autos, o Tribunal a quo reformou a sentença e determinou prosseguimento dos embargos à execução por entender que a insuficiência da penhora não é causa suficiente para a sua extinção, sem prejuízo da efetivação de novas diligências tendentes à penhora de outros bens, para efetivação da garantia total daquele valor exequendo.
4. Agravo interno não provido.
(Ag no REsp n. 1.699.802/RJ; Rel. Min. Benedito Gonçalves; julgado em 21/03/2019; DJe de 23/03/2019).

A natureza jurídica híbrida peculiar aos embargos do executado, isto é, sua condição de "defesa" que se materializa sob a "forma de ação", acaba por dificultar o enquadramento do prazo para sua oposição – de 30 (trinta) dias, em ambiente executivo fiscal, conforme dispõe o art. 16, *caput*, da LEF [534] – em um dos escaninhos dogmáticos conhecidos.

Não nos parece possível defini-lo, ao menos com o esperado rigor técnico, como um típico prazo (endo)processual, cuja inobservância resultaria em preclusão temporal, submetendo o devedor, consequentemente, aos efeitos próprios à revelia. Por se tratar de um fenômeno externo ao processo de execução, o decurso *in albis* do prazo para oposição dos embargos impede a instauração da atividade jurisdicional cognitiva que resulte, ao final, na prolação de decisão de mérito cujo trânsito em julgado seja capaz de atrair a presunção prevista no art. 508 do CPC (a dita eficácia preclusiva da coisa julgada, também conhecida por princípio do dedutível-deduzido), segundo a qual se considerarão deduzidas e repelidas todas as defesas oponíveis à exequibilidade do crédito fiscal.

De outro lado, por não se tratar de prazo voltado a estabelecer os limites temporais do exercício do poder de exigir o adimplemento de direitos subjetivos de cunho prestacional, torna-se incabível, também, sua qualificação como um fenômeno de natureza tipicamente prescricional.

Diante disso, parece-nos razoável a proposta, vencedora na processualística, segundo a qual o prazo para a oposição dos embargos à execução tem caráter tipicamente decadencial, o que, de certa forma, se ajusta ao conteúdo e à eficácia emanados pela tutela jurisdicional que acolhe os embargos e que se volta à realização do direito do executado

534. Art. 16 - O executado oferecerá embargos, no prazo de 30 (trinta) dias, contados:
I - do depósito;
II - da juntada da prova da fiança bancária ou do seguro garantia;
III - da intimação da penhora.

à desconstituição da relação jurídica de responsabilidade patrimonial veiculada no título executivo, implicando a extinção da exequibilidade que sustenta a pretensão executiva.

Note-se, nesse tocante, que a defesa formulada pelo executado por intermédio dos embargos se caracteriza pela afirmação de (um ou mais) fato extintivo/modificativo da relação jurídica de responsabilidade patrimonial, tal qual plasmada no título executivo que aparelha a pretensão executiva fiscal. Trata-se, não há dúvidas, de um típico direito potestativo, a ser concretizado por intermédio de tutela jurisdicional incidente sobre a relação jurídica de responsabilidade patrimonial que sustenta a pretensão executiva com vistas a extingui-la ou modificá-la, característica que conspira em favor da tese segundo a qual o prazo para a oposição dos embargos se investe de caráter eminentemente decadencial.

É preciso asseverar, todavia, à luz do consignado acima sobre a natureza híbrida dos embargados do executado, o fato de o prazo para sua oposição, a despeito de sua índole substancial (decadencial), também consubstanciar um limite ao exercício do direito constitucional à ampla defesa do executado, perspectiva que nos autoriza a qualificá-lo como um típico "prazo processual", atraindo para si o regime jurídico de contagem inerente aos prazos que ostentam essa condição.

Em verdade, os embargos do executado, a não ser pelo fato de serem processados em ambiente processual autônomo, em nada diferem das espécies de defesa que se contrapõem à pretensão deduzida por meio de alegações que relatam a ocorrência de fatos extintivos e/ou modificativos do direito afirmado pela parte demandante (art. 350 do CPC), característica presente inclusive quanto ao direito do exequente de manifestar-se (impugnar, no caso), no prazo de 30 dias (no caso da LEF), acerca das alegações do embargante.

Significa dizer, portanto, que a contagem do prazo para oposição dos embargos deverá observar as prescrições dos arts. 218 a 232 do CPC, incluídas aquelas que dizem com: (i) a consideração exclusiva dos dias úteis (art. 219 do CPC); (ii) a suspensão do prazo no período compreendido entre 20 de dezembro e 20 de janeiro (art. 220 do CPC); e (iii) a exclusão do dia do começo e a inclusão do dia do vencimento (art. 224 do CPC). A única exceção refere-se à prerrogativa de contagem do prazo em dobro, atribuída aos litisconsortes nas circunstâncias prescritas no art. 229 do CPC (litisconsórcio com diferentes procuradores de escritórios de advocacia distintos), que só não são aplicáveis aos embargos do executado por vedação expressa do art. 915, §3º, do CPC.[535]

Os marcos iniciais da contagem do prazo para oposição dos embargos estão analiticamente identificados nos incisos I, II e III do art. 16 da LEF, diferençando-se em função do tipo de garantia/constrição realizada nos autos. Assim é que, (i) para a garantia realizada sob a forma de depósito, o prazo de embargos deverá ser contato da data da realização do depósito; (ii) para as garantias realizadas sob a forma de fiança ou de seguro garantia, o marco inicial de contagem do prazo de embargos será a data da juntada aos autos da prova da constituição da garantia fidejussória; (iii) por fim, para a garantia realizada sob a forma de penhora de bens e direitos, o *dies a quo* do prazo para oposição dos embargos corresponderá à data em que o executado for intimado da penhora realizada.

A despeito da clareza do dispositivo legal em comento, algumas situações concretas, nas quais a constituição da garantia se dá por meio de expedientes processuais que não correspondem exatamente às situações prescritas na legislação fiscal, podem suscitar dúvidas acerca da

535. Art. 915. (...)
(...)
§ 3º. Em relação ao prazo para oferecimento dos embargos à execução, não se aplica o disposto no art. 229.

correta identificação do *dies a quo* do prazo para oposição de embargos.

É o caso da "penhora de dinheiro" realizada por intermédio de bloqueio de contas bancárias e aplicações financeiras, que se aperfeiçoa sob a forma de depósito judicial *compulsório*, efetuado por meio de ordem judicial de transferência do numerário da conta do executado para a conta judicial. Nessas específicas situações, o silêncio da legislação sobre o ato que desencadeia o prazo de embargos impõe que o termo inicial de contagem se dê a partir da data em que o executado haja tomado ciência do ato de bloqueio, seja por meio da intimação prevista no art. 854, §2º, do CPC,[536] seja por intermédio de acesso comprovado aos autos do processo executivo no qual o ato de bloqueio foi praticado.[537]

---

536. "Art. 854. Para possibilitar a penhora de dinheiro em depósito ou em aplicação financeira, o juiz, a requerimento do exequente, sem dar ciência prévia do ato ao executado, determinará às instituições financeiras, por meio de sistema eletrônico gerido pela autoridade supervisora do sistema financeiro nacional, que torne indisponíveis ativos financeiros existentes em nome do executado, limitando-se a indisponibilidade ao valor indicado na execução.
(...)
§ 2º. Tornados indisponíveis os ativos financeiros do executado, este será intimado na pessoa de seu advogado ou, não o tendo, pessoalmente".

537. PROCESSUAL CIVIL E TRIBUTÁRIO. MEDIDA CAUTELAR. ATRIBUIÇÃO DE EFEITO SUSPENSIVO AO RECURSO ESPECIAL. PLAUSIBILIDADE JURÍDICA DA PRETENSÃO NÃO EVIDENCIADA. TESE DE OFENSA AO ART. 535 DO CPC. IMPROCEDÊNCIA. EMBARGOS À EXECUÇÃO FISCAL. INTIMAÇÃO DA PRIMEIRA PENHORA. TERMO A QUO PARA CONTAGEM DO PRAZO PARA OPOSIÇÃO DE EMBARGOS DO DEVEDOR. ALEGAÇÃO DE INEXISTÊNCIA DE LAVRATURA DO AUTO DE PENHORA. NECESSIDADE DE INCURSÃO NO ACERVO FÁTICO-PROBATÓRIO DOS AUTOS, O QUE FAZ INCIDIR O ÓBICE DA SÚMULA 7/STJ. TERMO DE PENHORA ON LINE. AUTO DE PENHORA. MANDADO DE INTIMAÇÃO QUE CONTÉM TODAS AS INFORMAÇÕES NECESSÁRIAS PARA O EXERCÍCIO DO DIREITO DE AÇÃO DO EXECUTADO. MEDIDA CAUTELAR JULGADA IMPROCEDENTE. REVOGAÇÃO DA LIMINAR ANTERIORMENTE DEFERIDA. AGRAVO REGIMENTAL DE FLS. 668/673 PREJUDICADO.
1. (...)
4. O Tribunal de origem seguiu o entendimento consolidado nesta Corte Superior de que a contagem do prazo para oferecimento de Embargos à Execução Fiscal tem início a partir da intimação pessoal da primeira penhora, independentemente de reforço ou ampliação. Precedente: AgRg no REsp. 1.116.290/SP, Rel. Min. LUIZ FUX, DJe 3.8.2010.

Outra situação a partir da qual emergem dúvidas acerca do desencadeamento do prazo para oposição de embargos diz com os casos em que a penhora efetuada não tenha o condão de abarcar a totalidade do crédito fiscal exequendo, ensejando o necessário reforço da garantia. Em tais situações, o prazo para oposição dos embargos deverá ser contado da data da intimação da primeira penhora, sem prejuízo de eventual reforço a ser realizado independentemente do processamento autônomo dos embargos.[538]

---

5. Além disso, a Corte de origem, com base em fatos e provas, afirmou, expressamente, que houve a lavratura do auto da primeira penhora realizada e que não foram apresentados Embargos à Execução no prazo legal. Dessa forma, entendimento diverso, conforme pretendido, implicaria incursão no campo fático-probatório, vedado em sede de Recurso Especial pela Súmula 7/STJ, já que a matéria recursal parte da premissa de que não houve auto de penhora.
6. Ainda que se considerasse não ter sido lavrado o auto de penhora, desconsiderando-se o quanto registrado pelo Tribunal de origem, não seria inevitável o reconhecimento da nulidade.
7. **A lavratura de auto de penhora, formalidade que a Requerente reputa imprescindível para a validade do ato, é desnecessária na penhora eletrônica de numerário existente em conta-corrente, haja vista, em regra, a ausência de bem que deva ser descrito ou avaliado por Oficial de Justiça, a atuação direta do Magistrado, a juntada aos autos de extrato dos atos praticados por meio eletrônico e a posterior intimação da parte. Essas medidas, por capazes de assegurar plenamente, em seu conjunto, o exercício do contraditório, tornam despicienda a lavratura do auto de penhora, típico da avaliação realizada por Oficial de Justiça, que por meio dele relatará suas atividades ao Juízo.** Precedentes: REsp. 1.195.976/RN, Rel. Min. JOÃO OTÁVIO DE NORONHA, DJe 5.3.2014; REsp. 1.220.410/SP, Rel. Min. LUIS FELIPE SALOMÃO, DJe 30.6.2015.
8. A disciplina dos arts. 664 e 665 do CPC, que a Requerente aponta como paradigma nas razões do Apelo Nobre, refere-se à penhora em que se tem apreensão e depósito de bens, circunstâncias estranhas à penhora on line, modalidade instituída muito depois da edição original do Código de Ritos e que não se rege especificamente por esses dispositivos.
9. Medida Cautelar da LIO FRUIT S/A julgada improcedente, tornando sem efeito a liminar anteriormente deferida. Agravo Regimental de fls. 668/673 prejudicado.
(MC n. 25.001/PE; 1ª Turma; Rel. Min. Napoleão Nunes Maia Filho; julgado em 02/08/2016; DJe de 17/08/2016) (destacamos).

538. AGRAVO REGIMENTAL NO RECURSO ESPECIAL. PROCESSUAL CIVIL. TRIBUTÁRIO. INTIMAÇÃO DE PENHORA. PRAZO DE TRINTA DIAS PARA OPOSIÇÃO DE EMBARGOS DO DEVEDOR. TERMO A QUO. VERIFICAÇÃO. SÚMULA 7/STJ. DIVERGÊNCIA JURISPRUDENCIAL NÃO COMPROVADA. REPRESENTATIVO DE CONTROVÉRSIA. ART. 543-C, DO CPC. EMBARGOS À EXECUÇÃO. ADESÃO AO PAES. EXTINÇÃO DO PROCESSO COM

2.1.4.2.3 Os efeitos do ajuizamento dos embargos do executado e as possibilidades de suspensão do processo executivo fiscal

A questão atinente aos eventuais ou potenciais efeitos produzidos pelo ajuizamento dos embargos do executado nos exorta a revolver uma específica discussão instaurada acerca da interpretação integrativa das legislações processuais geral (CPC) e especial (LEF), surgida ainda sob a égide do CPC/73. Essa polêmica, conquanto absolutamente resolvida pela jurisprudência, nos ajudará a explicar, sob a perspectiva da pragmática processual, o atual "estado de coisas" que se encontra estabelecido.

No plano da execução privada, desde o advento da Lei 11.382/2006 – responsável pela reforma do regime de execução de títulos executivos extrajudiciais positivado no então vigente CPC/73 –, aos embargos do executado foi subtraída a prerrogativa de produzir, automaticamente, eficácia suspensiva do processo executivo que motiva seu ajuizamento, inovação acompanhada pela eliminação da exigência de garantia como pressuposto para o exercício do direito à oposição dos embargos.

RESOLUÇÃO DE MÉRITO. NECESSIDADE DE REQUERIMENTO EXPRESSO DE RENÚNCIA. ART. 269, V, DO CPC.

1. A Lei n. 11.382/2006 alterou o CPC e incluiu os depósitos e aplicações em instituições financeiras como bens preferenciais na ordem de penhora, equiparando-os a dinheiro em espécie (art. 655, I) e admitindo a constrição por meio eletrônico (art. 655-A).

2. O prazo para oferecimento de embargos à execução fiscal, conta-se a partir da intimação pessoal da penhora, não se alterando em decorrência da eventual ampliação ou reforço de penhora, porquanto ato irrelevante para reabrir o prazo de embargos do devedor.

3. Precedentes da Corte: REsp 710.719/RS, DJ 19.05.2006; AgRg no REsp 626.378/PR, DJ 07.11.2006; REsp 567.509/RO, DJ 06.12.2006; REsp 810.051/RS, DJ 25.05.2006; AgRg no Ag 695.714/MG, DJ 29.05.2006;AgRg no Ag 204.956/MG, DJ 10.04.2000; REsp 218.475/SP,DJ de 17.12.99.

(...)

8. Agravo regimental desprovido.

(AgRg no REsp n. 1.116.290/SP; 1ª Turma; Rel. Min. Luiz Fux; julgado em 22/06/2010; DJe de 03/08/2010 – destacamos).

Naquela ocasião, instaurou-se uma importante discussão doutrinária e jurisprudencial acerca da delimitação dos aspectos da reforma operada no regime geral de execução de títulos executivos extrajudiciais que deveriam ser absorvidos pelo procedimento executivo fiscal, conforme disciplinado pela Lei 6.830/80, em especial no contexto da aplicação subsidiária a que se refere o art. 1º da LEF.

No que diz respeito, especificamente, à subsistência ou não da eficácia suspensiva dos embargos no âmbito procedimental característico dos executivos fiscais, três linhas de interpretação integrativa se formaram: (i) a primeira, calcada numa análise realizada a partir de premissas eminentemente constitucionais, pautava-se na ideia de que a reforma operada no regime jurídico de execução de títulos privados, realizada sob a inspiração da "onda por efetividade" instaurada a partir da promulgação da EC 45/2004, deveria ser integralmente aplicada aos executivos fiscais, sobrepondo-se, inclusive, a algumas regras procedimentais expressas, tais como aquela prevista no art. 16, §1º da LEF, que impõe a indispensabilidade da garantia como requisito necessário à admissibilidade dos embargos; (ii) a segunda linha, por seu turno, seguia caminho diametralmente oposto à primeira, pugnando, com fundamento no princípio da especialidade, pela total autonomia do procedimento executivo fiscal em face daquele instaurado pela Lei 11.382/2006, inclusive no que tange à prerrogativa de o ajuizamento dos embargos do executado produzir, automaticamente, eficácia suspensiva do processo executivo fiscal, a qual decorreria do próprio *iter* procedimental que é inerente à LEF, e que se revelaria, implicitamente, por meio das regras veiculadas nos artigos 18 e 19, 24, inciso I, e 32, §2º da Lei 6.830/80; (iii) a terceira orientação, por fim, fundava-se na ideia de que o regime jurídico de execução dos títulos executivos públicos haveria de ser, conforme consta da própria exposição de motivos que subjaz à edição da Lei 6.830/80, privilegiado em relação à execução dos títulos executivos privados, circunstância esta que motivaria a adoção de uma solução intermediária àquelas antes esposadas, a qual privilegiaria um critério de integração normativa que se funda na aplicação "regra por regra" do princípio da especialidade, com vistas a atribuir ao credor público condições privilegiadas de realização de seus créditos.

Sob esta última perspectiva, dita intermediária, e que acabou por se sagrar vencedora no plano jurisprudencial, a oposição dos embargos à execução fiscal, a despeito de ainda estar condicionada à garantia prévia do juízo (§ 1º do art. 16 da LEF), passou a estar desprovida de qualquer eficácia suspensiva a partir do advento da Lei 11.382/2006, momento em que a norma processual que dispunha acerca da indigitada suspensão deixou de existir.[539]

---

539. PROCESSUAL CIVIL. TRIBUTÁRIO. RECURSO REPRESENTATIVO DA CONTROVÉRSIA. ART. 543-C, DO CPC. APLICABILIDADE DO ART. 739-A, §1º, DO CPC ÀS EXECUÇÕES FISCAIS. NECESSIDADE DE GARANTIA DA EXECUÇÃO E ANÁLISE DO JUIZ A RESPEITO DA RELEVÂNCIA DA ARGUMENTAÇÃO (*FUMUS BONI JURIS*) E DA OCORRÊNCIA DE GRAVE DANO DE DIFÍCIL OU INCERTA REPARAÇÃO (*PERICULUM IN MORA*) PARA A CONCESSÃO DE EFEITO SUSPENSIVO AOS EMBARGOS DO DEVEDOR OPOSTOS EM EXECUÇÃO FISCAL.
1. A previsão no ordenamento jurídico pátrio da regra geral de atribuição de efeito suspensivo aos embargos do devedor somente ocorreu com o advento da Lei 8.953, de 13, de dezembro de 1994, que promoveu a reforma do Processo de Execução do Código de Processo Civil de 1973 (Lei 5.869, de 11 de janeiro de 1973 - CPC/73), nele incluindo o §1º do art. 739, e o inciso I do art. 791.
2. Antes dessa reforma, e inclusive na vigência do Decreto-Lei 960, de 17 de dezembro de 1938, que disciplinava a cobrança judicial da dívida ativa da Fazenda Pública em todo o território nacional, e do Código de Processo Civil de 1939 (Decreto-Lei 1.608/39), nenhuma lei previa expressamente a atribuição, em regra, de efeitos suspensivos aos embargos do devedor, somente admitindo-os excepcionalmente. Em razão disso, o efeito suspensivo derivava de construção doutrinária que, posteriormente, quando suficientemente amadurecida, culminou no projeto que foi convertido na citada Lei 8.953/94, conforme o evidencia sua Exposição de Motivos - Mensagem n. 237, de 7 de maio de 1993, DOU de 12.04.1994, Seção II, p. 1696.
3. Sendo assim, resta evidente o equívoco da premissa de que a LEF e a Lei 8.212/91 adotaram a postura suspensiva dos embargos do devedor antes mesmo de essa postura ter sido adotada expressamente pelo próprio CPC/73, com o advento da Lei 8.953/94, fazendo tábula rasa da história legislativa.
4. Desta feita, à luz de uma interpretação histórica e dos princípios que nortearam as várias reformas nos feitos executivos da Fazenda Pública e no próprio Código de

Essa orientação, embora não conte com a nossa adesão, prevalece até nossos dias, em especial pelo fato de o CPC/2015 ter preservado praticamente intacto o regime jurídico de execução de títulos executivos extrajudiciais relativos às obrigações por quantia certa, introduzido pela Lei 11.382/2006 no bojo do revogado CPC/73.

Processo Civil de 1973, mormente a eficácia material do feito executivo a primazia do crédito público sobre o privado e a especialidade das execuções fiscais, é ilógico concluir que a Lei 6.830 de 22 de setembro de 1980 - Lei de Execuções Fiscais - LEF e o art. 53, §4º da Lei 8.212, de 24 de julho de 1991, foram em algum momento ou são incompatíveis com a ausência de efeito suspensivo aos embargos do devedor. Isto porque quanto ao regime dos embargos do devedor invocavam - com derrogações específicas sempre no sentido de dar maiores garantias ao crédito público - a aplicação subsidiária do disposto no CPC/73 que tinha redação dúbia a respeito, admitindo diversas interpretações doutrinárias.

5. Desse modo, tanto a Lei 6.830/80 - LEF quanto o art. 53, §4º da Lei 8.212/91 não fizeram a opção por um ou outro regime, isto é, são compatíveis com a atribuição de efeito suspensivo ou não aos embargos do devedor. Por essa razão, não se incompatibilizam com o art. 739-A do CPC/73 (introduzido pela Lei 11.382/2006) que condiciona a atribuição de efeitos suspensivos aos embargos do devedor ao cumprimento de três requisitos: apresentação de garantia; verificação pelo juiz da relevância da fundamentação (fumus boni juris) e perigo de dano irreparável ou de difícil reparação (periculum in mora).

6. Em atenção ao princípio da especialidade da LEF, mantido com a reforma do CPC/73, a nova redação do art. 736, do CPC dada pela Lei 11.382/2006 - artigo que dispensa a garantia como condicionante dos embargos - não se aplica às execuções fiscais diante da presença de dispositivo específico, qual seja o art. 16, §1º, da Lei 6.830/80, que exige expressamente a garantia para a apresentação dos embargos à execução fiscal.

7. Muito embora por fundamentos variados - ora fazendo uso da interpretação sistemática da LEF e do CPC/73, ora trilhando o inovador caminho da teoria do "Diálogo das Fontes", ora utilizando-se de interpretação histórica dos dispositivos (o que se faz agora) - essa conclusão tem sido a alcançada pela jurisprudência predominante, conforme ressoam os seguintes precedentes de ambas as Turmas deste Superior Tribunal de Justiça. (...)

8. Superada a linha jurisprudencial em sentido contrário inaugurada pelo REsp. n. 1.178.883 - MG, Primeira Turma, Rel. Min. Teori Albino Zavascki, julgado em 20.10.2011 e seguida pelo AgRg no REsp 1.283.416 / AL, Primeira Turma, Rel. Min. Napoleão Nunes Maia Filho, julgado em 02.02.2012; e pelo REsp 1.291.923 / PR, Primeira Turma, Rel. Min. Benedito Gonçalves, julgado em 01.12.2011. 9. Recurso especial provido. Acórdão submetido ao regime do art. 543-C, do CPC, e da Resolução STJ n. 8/2008.

(REsp repetitivo n. 1.272.827/PE; 1ª Seção; Rel. Min. Mauro Campbell Marques; julgado em 22/05/2013; DJe de 31/05/2013).

Diante disso, a suspensão dos atos execução no âmbito dos feitos voltados à realização de débitos fiscais, processados sob o regime da Lei 6.830/80, estarão restritos a duas específicas situações, quais sejam: (i) a prestação de garantia por meio de depósito do montante integral do débito exequendo (art. 151, inciso II, do CTN), desde que seguido da oposição de embargos pelo executado; (ii) a concessão de efeito suspensivo por meio de *tutela provisória* exarada nos termos do art. 919, § 1º, do CPC.[540]

A garantia realizada mediante depósito do montante integral do débito exequendo, dada a força suspensiva da exigibilidade do crédito tributário que lhe atribui o art. 151, inciso II, do CTN, implica a retirada de um dos requisitos de exequibilidade do título (CDA) que aparelha a pretensão executiva, obstaculizando a continuidade do processo executivo fiscal. Em tais circunstâncias, a inexequibilidade provisória do débito perdurará até o trânsito em julgado da decisão que vier a julgar os embargos do executado.

A consolidação do estado de suspensão do processo executivo, todavia, submete-se à concreta oposição dos embargos, cujo ajuizamento é pressuposto de manutenção da suspensão da exigibilidade do crédito tributário operada pelo depósito. Decorrido *in albis* o prazo para oposição dos embargos, o valor depositado estará fadado à conversão em renda da Fazenda Pública exequente.

A segunda forma de se atribuir eficácia suspensiva aos embargos do executado à execução fiscal é a prescrita no art. 919, §1º, do CPC, forjada sob a forma de uma típica espécie de tutela provisória, de índole eminentemente acautelatória, concedida sob a condição de estar o débito exequendo totalmente garantido. Nesse caso, no entanto, diferentemente do

540. "Art. 919. Os embargos à execução não terão efeito suspensivo.
§ 1º O juiz poderá, a requerimento do embargante, atribuir efeito suspensivo aos embargos quando verificados os requisitos para a concessão da tutela provisória e desde que a execução já esteja garantida por penhora, depósito ou caução suficientes".

que consignamos acerca dos pressupostos de admissibilidade dos embargos, a garantia haverá de ser capaz de suportar a totalidade do débito exequendo, isto é, deverá ser "suficiente", na dicção do sobredito enunciado legal.

Assim é que, garantida a totalidade do débito fiscal exequendo por uma das modalidades previstas no art. 16 da LEF, e verificados os requisitos de concessão da tutela provisória de urgência (300 do CPC) ou da evidência (art. 311 do CPC), *deverá* ser atribuído, mediante requerimento expresso do embargante, efeito suspensivo aos embargos do executado. Embora o enunciado do § 1º utilize o vocábulo "poderá", não há dúvidas de que, preenchidos os requisitos legais objetivamente prescritos, é dever (e não faculdade) da autoridade judicial atender ao requerimento formulado pelo embargante-executado.

2.1.4.2.4 Os elementos e as condições da "ação" de embargos à execução fiscal

A composição subjetiva da demanda instaurada em razão da oposição dos embargos do executado opera uma verdadeira inversão nos polos ativo e passivo do processo executivo fiscal, de modo que o sujeito de direito que ocupa a posição de exequente (Fazenda Pública) converter-se-á em embargado, e o sujeito de direito que se submete aos atos executivos na condição de executado, e a quem é atribuída a prerrogativa de instaurar o processo de embargos, haverá de ocupar, necessariamente, a condição de embargante.

De ordinário, portanto, os legitimados ativo e passivo na demanda de embargos identificar-se-ão com os sujeitos de direito que compuserem a relação jurídica de responsabilidade patrimonial veiculada no título executivo extrajudicial que dá amparo à pretensão executiva fiscal (CDA). Essa regra só haverá de ser excepcionada naquelas ocasiões em que a execução fiscal for ulteriormente (re)direcionada ao patrimônio de outrem que não integre, originariamente, a relação jurídica de responsabilidade patrimonial tal como formalizada na CDA – o que deverá, conforme anotamos noutra oportunidade, ser precedido do competente incidente de desconsideração da personalidade jurídica –, ocasião em que o terceiro, novo responsável patrimonial, passará a ocupar a posição de coexecutado, podendo se valer, nessa condição, dos embargos à execução.

Os embargos do executado, ademais, constituem instrumento de defesa do executado que tem por objetivo precípuo o afastamento da pretensão executiva fiscal, o qual se materializa por meio da dedução de uma típica "contrapretensão" voltada à desconstituição da relação jurídica de responsabilidade patrimonial formalizada no título executivo que fundamenta a execução fiscal. Dessa assertiva é possível inferir que a causa de pedir dos embargos do executado é a própria ilegitimidade da pretensão executiva fiscal, o que nos leva a concluir, também, que o interesse processual para a oposição dos embargos há de surgir contemporaneamente ao ajuizamento da demanda executiva fiscal.

Não podemos confundir, todavia, o interesse processual necessário à oposição dos embargos como algo que pressuponha o preenchimento dos requisitos de admissibilidade que lhes são próprios. Em ambiente executivo fiscal, diferentemente do que ocorre no âmbito das execuções privadas, a verificação do interesse do executado em se opor, pela via dos embargos, à pretensão executiva, não induz a possibilidade de fazê-lo, tendo em vista que, conforme anotamos no item 2.1.4.2.2 supra, a admissibilidade dos embargos à execução fiscal, conforme dispõe o art. 16, §1º, da LEF, imprescinde de garantia do juízo.

O conteúdo do pedido deduzido em sede de embargos do executado é a desconstituição da relação jurídica de responsabilidade patrimonial plasmada no título executivo extrajudicial (CDA) que aparelha a demanda executiva, dando causa ao consequente afastamento da pretensão fiscal. Esse pleito, vale asseverar, poderá estar fundado em questões de fato e de direito subjacentes ao título, as quais, devidamente provadas, comprometerão a eficácia abstrata que sobre ele recai. Nessa medida, quaisquer problemas ou irregularidades concernentes aos fundamentos jurídico-positivos da obrigação tributária inadimplida ou, ainda, à correta identificação dos elementos indispensáveis à constituição legítima do crédito tributário (art. 142 do CTN), poderão ser objetados por intermédio das razões deduzidas nos embargos.

A rigor, portanto, toda e qualquer matéria que poderia ser alegada em sede de ação declaratória negativa ou de ação anulatória do débito fiscal também poderá ser alinhavada, no âmbito dos embargos, como fundamento para o afastamento da pretensão executiva fiscal. Nesse tocante, é plena a aplicação da regra constante do art. 917 do CPC,[541] que enumera as matérias de defesa que podem, em tese, ser trazidas pelo embargante.

A única restrição ao pedido formulado em sede de embargos do executado refere-se à impossibilidade da cumulação de pleitos passíveis de serem respaldados nos mesmos fundamentos de fato e de direito que sustentam o pedido (principal) de afastamento da pretensão executiva. Assim, a teor disposto no art. 16, §3º, da LEF, o executado deverá se utilizar dos embargos com a exclusiva finalidade de se opor ao débito fiscal exequendo, estando-lhe vedada, por exemplo, a articulação de pretensão declaratória negativa

541. "Art. 917. Nos embargos à execução, o executado poderá alegar:
I - inexequibilidade do título ou inexigibilidade da obrigação;
II - penhora incorreta ou avaliação errônea;
III - excesso de execução ou cumulação indevida de execuções;
IV - retenção por benfeitorias necessárias ou úteis, nos casos de execução para entrega de coisa certa;
V - incompetência absoluta ou relativa do juízo da execução;
VI - qualquer matéria que lhe seria lícito deduzir como defesa em processo de conhecimento".

que, pelos mesmos fundamentos jurídicos que dão respaldo ao pleito de afastamento da pretensão executiva fiscal, tenha o condão de impedir a realização de cobranças similares relativamente a fatos geradores a serem concretizados no porvir.

O dispositivo legal em comento também veda a invocação pelo devedor, como matéria de defesa, da extinção do débito exequendo pela compensação. O alcance dessa vedação, vale advertir, constitui índice temático de uma intrincada discussão judicial que vem sendo dirimida há anos, com idas e vindas, no âmbito do Superior Tribunal de Justiça, intérprete último da lei federal.

De nossa parte, não temos dúvidas de que a melhor interpretação do dispositivo legal em comento é aquela segundo a qual a restrição à utilização da "compensação" como matéria de defesa diz, exclusivamente, com eventual pretensão do executado de proceder à compensação tributária pela via da tutela jurisdicional concedida por meio dos embargos. Trata-se, aliás, de uma vedação que não se restringe aos embargos à execução fiscal, mas a toda e qualquer ação judicial que, para além da mera declaração do direito à compensabilidade, pretenda que o Poder Judiciário profira tutela jurisdicional que tenha o condão de, por si só, constituir o fato jurídico da compensação.

Algo muito diferente disso, todavia, é a legítima pretensão do embargante de se opor à pretensão executiva, via embargos, com fundamento na regular extinção do débito fiscal exequendo operada por compensação tributária realizada pelos procedimentos administrativos próprios, mas que, em razão de óbice ilegal da Fazenda Pública, não tenha sido homologada pela autoridade fiscal.

Isso porque a compensação tributária, quando realizada nos extritos termos da Lei, opera eficácia extintitva da obrigação tributária, a teor do que dispõe o art. 156, inciso

II, do CTN. Sob esse prisma, eventual alegação de fato extintivo do débito oriundo de compensação tributária, mesmo que não homologada, em nada difere da oposição à execução fiscal fundada em pagamento não reconhecido pela Fazenda Pública. Basta que o embargante se desencumba do ônus de demonstrar que o indeferimento da compensação se deu ao arrepio da legislação.

Parece-nos ter sido esta, aliás, a *ratio decidendi* do precedente representativo da controvérsia firmado por ocasião do julgamento do REsp nº 1.008.343/SP, que deu origem à tese enunciada no tema repetitivo nº 294 do STJ.[542] No entanto, desafortunamente, a exegese que o próprio Superior Tribunal de Justiça vem atribuindo à orientação jurisprudencial, de observância obrigatória, firmada no tema repetitivo nº 294, tem sido outra.

Com efeito, após a tentativa frustrada de instauração de divergência voltada a definir a correta interpretação do enunciado do tema 294, a C. 1ª Seção do STJ concluiu que ambas as turmas (1ª e 2ª) que a compõe compartilhavam do entendimento segundo o qual a compensação tributária indeferida na esfera administrativa não pode ser questionada via embargos à execução fiscal, por óbice imposto pelo indigitado art. 16, § 3º, da LEF.[543]

542. Tese firmada no tema repetitivo 294 do STJ: "A compensação efetuada pelo contribuinte, antes do ajuizamento do feito executivo, pode figurar como fundamento de defesa dos embargos à execução fiscal, a fim de ilidir a presunção de liquidez e certeza da CDA, máxime quando, à época da compensação, restaram atendidos os requisitos da existência de crédito tributário compensável, da configuração do indébito tributário, e da existência de lei específica autorizativa da citada modalidade extintiva do crédito tributário".

543. PROCESSUAL CIVIL E TRIBUTÁRIO. EMBARGOS DE DIVERGÊNCIA. EMBARGOS À EXECUÇÃO FISCAL. COMPENSAÇÃO. INDEFERIMENTO ADMINISTRATIVO. MATÉRIA DE DEFESA. INVIABILIDADE. DISSENSO ATUAL. INEXISTÊNCIA.
1. Ambas as Turmas que compõem a Primeira Seção do Superior Tribunal de Justiça entendem que não pode ser deduzida em embargos à execução fiscal, à luz do art. 16, § 3º, da Lei n. 6.830/1980, a compensação indeferida na esfera administrativa, não havendo mais que se falar em divergência atual a ser solucionada.

Significa dizer, por outros termos, que a orientação firmada no tema 294 do STJ deve ser, segundo a própria Corte Superior, interpretada de forma restritiva, para admitir somente as alegações de compensação tributária deduzidas em embargos do devedor fiscal que tenham sido efetivamente homologadas (expressa ou tacitamente) pela Fazenda Pública.

Nesse cenário, caberá ao sujeito passivo que estiver na contingência de ser cobrado, via execução fiscal, por débito tributário objeto de compensação tributária ilegitimamente não homologada pelo Fisco se valer de ação autônoma, de rito comum, que tenha por objeto o reconhecimento do fato extintivo do crédito tributário (a compensação tributária) e, consequententemente, a inexistência da obrigação tributária exequenda.

É preciso que diga, no entanto, que não estamos a falar, aqui, de ação anulatória de débito fiscal, tal como definida no item 1.2 supra, pois o objeto do questionamento judicial, *in casu*, não será a higidez do débito tributário exequendo – o qual, em regra, é legítimo, até porque constituído pelo próprio sujeito passivo –, mas sim os efeitos extintivos da compensação tributária que, a despeito de realizada nos termos da Lei, fora indeferida pela Fazenda Pública.

Não se trata, portanto, de típica crise de legalidade relativa ao débito tributário exequendo a dar oportunidade à dedução de pretensão anulatória, mas sim de crise de incerteza quanto à extinção de débito fiscal, operada por meio da compensação realizada pelo sujeito passivo, a ensejar o ajuizamento de ação declaratória negativa atípica,

---

2. Incide, na hipótese, o óbice da Súmula 168 do STJ, *in verbis:* "Não cabem embargos de divergência, quando a jurisprudência do Tribunal se firmou no mesmo sentido do acórdão embargado."
3. Embargos de divergência não conhecidos.
(EREsp n° 1.795.347/RJ; 1ª Seção; Rel. Min. Gurgel de Faria; julgamento de 27/10/2021; DJe de 25/11/2021)

de cunho repressivo – que também não é aquela estudada no item 1.1 supra –, voltada ao reconhecimento da inexistência da obrigação tributária exequenda desde a constituição do fato jurídico da compensação (com eficácia retrospectiva, portanto).

Trata-se, não há dúvidas, de demanda raríssima no plano tributário, conquanto muito comum às lides de direito privado, cujo processamento dar-se-á segundo o procedimento comum, podendo, inclusive, ser distribuída por dependência ao processo executivo fiscal, a teor do que dispõe o art. 55, § 2º, inciso I e § 3º, do CPC, tal como ocorre, aliás, com os embargos do devedor.

2.1.4.2.5 A competência e o procedimento atinentes aos embargos à execução fiscal

Os embargos do executado, dissemos noutra oportunidade, constitui o exemplo típico do que a processualística chama de "ação acessória", cujo ajuizamento, a teor do disposto no art. 61 do CPC, deve ser realizado no juízo competente para a "ação principal", o que haverá de corresponder, *in casu*, àquele em que estiver sendo processada a demanda executiva fiscal.

Não por outro motivo, o §1º do art. 914 do CPC impõe que "os embargos à execução sejam distribuídos por dependência e autuados em apartado ao processo executivo", o que só confirma sua índole eminentemente acessória.

A procedimentalização dos embargos à execução fiscal dar-se-á na forma prevista no art. 17 da LEF, segundo o qual, recebidos os embargos, a Fazenda Pública será intimada para impugná-los no prazo de 30 (trinta) dias, donde se seguirá a designação de audiência de instrução e julgamento. O parágrafo único do art. 17 da LEF dispõe ainda que a audiência referida no *caput* do dispositivo deverá ser dispensada nos casos em que os embargos versarem exclusivamente sobre matéria de direito ou, sendo de direito e de fato, a prova a ser produzida seja exclusivamente documental, situação em que a sentença deverá ser proferida em 30 (trinta) dias.

Apesar de a legislação especial de regência ser omissa nesse aspecto, não há dúvidas de que ao procedimento dos embargos à execução fiscal aplicam-se as regras atinentes ao procedimento comum, incluídas as relativas ao saneamento do processo e à instauração, se necessária, da competente fase de instrução, no bojo do qual as partes poderão se valer de todos os meios de prova prescritos no art. 369 e seguintes do CPC, incluída a produção de prova pericial (art. 464 e seguintes do CPC).

Ao final, produzidas as provas necessárias à instrução do processo, em especial as requeridas pela parte embargante, a quem é atribuído o ônus de afastar a presunção de liquidez, certeza e exigibilidade que recai sobre o título executivo fazendário que se pretende desconstituir, será prolatada a sentença para acolher ou não os embargos do executado.

2.1.4.2.6 O conteúdo e as eficácias da tutela jurisdicional que acolhe os embargos à execução fiscal

A tutela jurisdicional exarada por ocasião do acolhimento dos embargos do executado, em simetria com o que pleiteado pelo embargante, reconhecerá a ilegitimidade ou a inexigibilidade do débito fiscal exequendo, operando eficácia desconstitutiva da relação jurídica de responsabilidade patrimonial veiculada no título executivo fiscal. Como decorrência, no âmbito dos autos principais, a procedência dos embargos implicará a extinção do processo executivo fiscal, a ser realizada por sentença a ser exarada nos termos dos arts. 924, inciso III, e 925 do CPC.[544]

---

544. Art. 924. Extingue-se a execução quando:
(...)

Para além de operar efeitos sobre a relação jurídica de responsabilidade patrimonial veiculada no título executivo que aparelha a pretensão fazendária, é possível também que, a depender dos fundamentos que justificaram o acolhimento dos embargos, a própria obrigação tributária subjacente ao título exequendo, tal qual formalizada pelo lançamento, seja atingida pela eficácia desconstitutiva da tutela jurisdicional exarada em função do acolhimento dos embargos.

Desse modo, se os fundamentos da sentença que vier a acolher os embargos do executado estiverem relacionados a vícios do próprio lançamento subjacente ao título executivo, o indigitado ato constitutivo da obrigação tributária também haverá de ser atingido pela eficácia desconstitutiva da tutela jurisdicional exarada em favor do sujeito passivo. É essa circunstância, aliás, que aproxima, em termos de conteúdo, a demanda anulatória de débito fiscal e os embargos à execução, e que permite identificar potenciais relações de identidade (conexão, continência, litispendência e coisa julgada), entre as sobrecitadas demandas.[545]

III - o executado obtiver, por qualquer outro meio, a extinção total da dívida;
Art. 925. A extinção só produz efeito quando declarada por sentença.

545. "O direito brasileiro, diversamente da solução adotada noutras ordens jurídicas, como a alemã, a francesa e a italiana, concebeu os remédios contra o título executivo como *incidentes declarativos do próprio processo de execução* e não como processos autônomos e deste separados. E, ao contrário do que naqueles direitos sucede, não traçou uma linha de separação entre duas vias paralelas de reação ao título executivo extraído do lançamento: uma, relativa à apreciação da sua correspondência com a lei no momento em que foi praticado – e que seria o processo de declaração; outra, respeitante aos fundamentos supervenientes que possam tornar ilegítima ou injusta a execução por falta de correspondência com a situação material subjacente no momento em que se adotam as providências de sub-rogação em que a execução se traduz – e que são os embargos à execução fiscal.
Nos sistemas de duplo remédio, o objetivo visado é fazer prevalecer a relação subjacente, a verdade material, sobre a abstração própria ao título executivo: mas no caso do processo declarativo, a abstração destrói-se pela invocação da *ilegalidade* do ato de lançamento; no caso dos embargos, pela invocação da *ilegitimidade superveniente* desse mesmo ato na sua função de título executivo.
A nítida e rígida separação entre os dois tipos de processo – adotada nos referidos sistemas – conduz, na pureza da sua lógica, a duas ordens de consequências: por um lado, as questões relativas à legalidade do lançamento, esgotada a possibilidade da sua apreciação no processo próprio – o processo de declaração – jamais poderão ser invocadas no

2.2 A ação cautelar fiscal

2.2.1 A natureza jurídica da ação cautelar fiscal e sua integração ao regime implementado pelo CPC/2015

O aparato legislativo voltado à cobrança judicial do crédito tributário, para além das técnicas ordinárias de constrição do patrimônio do executado prescritas na Lei 6.830/80, conta ainda com um mecanismo processual auxiliar para garantir a eficácia dessas técnicas nas situações em que o devedor fiscal põe em risco o patrimônio necessário a garantir a satisfação do crédito fiscal inadimplido, qual seja: a ação (ou "medida", como prefere o legislador) cautelar fiscal, instituída e disciplinada pela Lei 8.397/92.

A ação cautelar fiscal constitui, por assim dizer, uma reminiscência do regime cautelar procedimentalmente autônomo tão característico do sistema processual vigente no período anterior ao advento do CPC/2015, cuja condição especialíssima a fez imune à cláusula geral revogatória (art. 1.046 do CPC/2015), que extirpou do ordenamento as normas que compunham o arcabouço jurídico próprio ao CPC/73.

Estamos a falar, portanto, de demanda cautelar típica, pois voltada a garantir a eficácia da tutela jurisdicional a ser exarada noutro processo, dito principal, que, em regra, é o processo executivo fiscal. Trata-se de instrumento forjado com vistas não apenas a evitar a consumação do que,

---

processo de execução, operando-se uma preclusão processual plena. Por outro lado, a instauração do processo de declaração não produz efeitos no processo de execução, que continua decorrendo enquanto subsistir o título que lhe serve de fundamento.
(...)
No Direito Tributário brasileiro, o princípio da abstração do lançamento (e do título executivo em que se reproduz) não surgiu com o vigor bastante para impedir que o princípio da verdade material se opusesse à apontada separação dos dois tipos de reação processual (a ilegalidade do lançamento e ilegitimidade superveniente), com vistas a uma, mas plena salvaguarda da propriedade do cidadão". Alberto Xavier. *Princípios do processo administrativo e judicial tributário*. Rio de Janeiro, Forense, 2005, p. 276/277.

tecnicamente, tem-se definido, no âmbito material, por "fraude à execução fiscal", mas também de condutas outras que tenham por objetivo frustrar a satisfação do crédito fiscal.

Tanto é assim que, conquanto incomum, a ação cautelar fiscal também constitui instrumento adequado ao acautelamento de pretensão fundada em eventual fraude contra o credor tributário (art. 4º, §2º, da Lei 8.397/92), a ser deduzida por meio de ação revocatória ("pauliana") manejada pelo sujeito ativo nas circunstâncias em o crédito fiscal a ser frustrado pelas alienações fraudulentas do devedor não tenha alcançado o estado de exigibilidade plena que autoriza sua inscrição em dívida ativa e a consequente caracterização da fraude à execução fiscal.

2.2.2 Os pressupostos e as condições da ação cautelar fiscal no *iter* de concretização do direito tributário

O pressuposto empírico fundamental para o manejo da ação cautelar fiscal é dado pelo *caput* do art. 1º da Lei 8.397/92, segundo o qual o referido procedimento poderá ser instaurado após a constituição do crédito tributário, inclusive em momento posterior ao ajuizamento da ação executiva fiscal. A teor do que dispõe o parágrafo único do indigitado dispositivo, somente nas situações descritas no inciso V, alínea *b* e inciso VII, do art. 2º da Lei 8.397/92, o ajuizamento da ação cautelar fiscal dispensará a "constituição do crédito" a que se refere o enunciado do *caput*.[546]

O sentido da locução "constituição do crédito", na forma utilizada pelo art. 1º, *caput* e parágrafo único, da Lei 8.397/92, longe de pretender apontar para a mera existência de crédito tributário devidamente formalizado, quer referir

546. "Art. 1º. O procedimento cautelar fiscal poderá ser instaurado após a constituição do crédito, inclusive no curso da execução judicial da Dívida Ativa da União, dos Estados, do Distrito Federal, dos Municípios e respectivas autarquias.
Parágrafo único. O requerimento da medida cautelar, na hipótese dos incisos V, alínea b, e VII, do art. 2º, independe da prévia constituição do crédito tributário".

o ato formalizador do crédito tributário em estado de plena exigibilidade, isto é, não mais sujeito a termo (vencido) e nem a impugnações ou recursos administrativos.

Trata-se, aqui, daquela constituição dita "definitiva", a que se refere o art. 174 do CTN.

E isso porque as duas situações descritas no dispositivo como excepcionadoras da regra geral, segundo a qual o manejo da cautelar induz a existência de crédito tributário devidamente constituído, não seriam empiricamente possíveis em momento anterior à formalização ("não definitiva") do referido ato.

De fato, a "notificação" a que se refere o inciso V do art. 2º da Lei 8.397/92, o ato de comunicação do sujeito passivo por meio do qual se aperfeiçoa o lançamento é o responsável por constituir o crédito tributário. O mesmo pode ser dito com relação à hipótese de cabimento da cautelar fiscal prescrita no inciso VII do art. 2º da Lei 8.397/92, em que a mera existência de bens arrolados pelo Fisco pressupõe a anterior formalização do crédito tributário, cujo valor serviu de parâmetro para a própria decretação do ato de arrolamento.

O que não se exige – e somente nas duas hipóteses enumeradas no parágrafo único do art. 1º da Lei 8.397/92 – é que haja esgotamento das vias processuais administrativas ou que tenha ocorrido o termo de vencimento da obrigação.

Daí podermos concluir que a existência de crédito tributário devidamente constituído (definitivamente ou não) consubstancia pressuposto indispensável ao manejo da ação cautelar fiscal, fato que acaba por se confirmar pelo disposto no art. 3º, inciso I, da Lei 8.397/92, segundo o qual "para a concessão da medida cautelar fiscal é essencial prova literal da constituição do crédito fiscal".

Essa circunstância – existência de crédito tributário devidamente formalizado –, devemos advertir, também se mostra determinante para a identificação da legitimidade *ad causam* e do interesse processual próprios à demanda cautelar fiscal, pois será o ato de lançamento o dado a partir do qual o juízo sumário sobre a presença das referidas condições da ação haverá de ser exarado.

É que a relação tributária conflituosa afirmada na demanda cautelar fiscal, cujo crédito tem sua realização ameaçada pela potencial insolvência do sujeito passivo, haverá de refletir o vínculo material que lhe serve de pressuposto, de maneira a ser ela – a relação tributária plasmada na demanda – o elemento em face do qual devem ser aferidos o interesse e a legitimidade das partes.

A teor do que dispõe o art. 2º, *caput*, da Lei 8.397/92, a ação cautelar fiscal deverá ser promovida em face do "sujeito passivo" do crédito tributário ou não tributário, assim entendido como o sujeito de direito que, na condição de contribuinte ou de responsável nos termos da lei, ocupar tal posição na relação jurídico-obrigacional formalizada no ato constitutivo do crédito (pressuposto da cautelar fiscal).

Os legitimados ativo e passivo para ação cautelar fiscal haverão de ser, desse modo, os sujeitos ativo e passivo da relação jurídico-tributária afirmada na inicial, em correspondência total com àqueles que ocuparem tal posição no vínculo obrigacional formalizado pelo lançamento. Eis, aqui, a "condição específica do sujeito de direito" a que se refere BARBOSA MOREIRA, determinada por lei como indispensável à assunção de legitimado em determinadas ações, havendo de ser comprovada mediante documento que demonstre a situação de verdadeiro "sujeito passivo da relação material de fundo", no caso, o ato de formalização do crédito tributário.[547]

---

547. "Parte legítima para figurar no polo ativo, por exemplo, é quem se diz titular do direito afirmado, salvo se a lei exigir, para seu exercício, determinada posição jurídica – como a situação de casado para pleitear a separação. Nesse caso, a prova respectiva deve acompanhar a inicial. Se, todavia, a pretensão não estiver relacionada a determinada es-

Portanto, a legitimidade do responsável tributário ou do terceiro estranho ao fato tributário para figurar no polo passivo da demanda cautelar fiscal está necessariamente atrelada à anterior identificação, por ato administrativo próprio, autônomo ou não, da sujeição passiva por responsabilidade.

Vale observar, nesse tocante, que o procedimento cautelar fiscal não se faz adequado à instauração de lide voltada à identificação dos fatos juridicamente necessários à atribuição de responsabilidade patrimonial a terceiros, que haverão de ser perquiridos por meio dos procedimentos administrativos especificamente forjados para tal objetivo.[548]

Nessa medida, eventual pretensão fazendária de se valer da ação cautelar fiscal como instrumento de constrição do patrimônio de sujeitos de direito que, supostamente, poderiam ser alçados à condição de responsáveis tributários deverá ser indeferida, pois a constrição acautelatória somente poderá recair sobre o patrimônio daqueles que ocupem a posição de sujeito passivo (responsável ou contribuinte) da obrigação tributária, o que impõe a anterior formalização, pelas vias administrativas aptas,

---

pecificidade do autor, a simples afirmação da titularidade lhe confere legitimidade".
(...)
Importa fixar os critérios de que se há de valer o juiz para aferir a legitimidade das partes. Às vezes, a lei reclama, para o exercício regular do direito de ação, determinada posição jurídica, peculiar a uma categoria bem definida de pessoas: v.g., a cidadania brasileira, no caso da ação popular (Constituição da República, art. 5º, n. LXXIII; Lei 6.404, de 15.12.1976, art. 159, §3º); a de cônjuge, para ação de divórcio (Lei 6.515, de 26.12.1977, art. 24, parágrafo único, com a ressalva final atinente ao caso de incapacidade).
Em tais hipóteses, é singela a aferição da legitimidade, e é natural que se exija do interessado, *ab initio*, a comprovação da qualidade indicada no texto legal, a fim de evitar que se desenvolvam em vão processos instaurados por quem não a tenha". BARBOSA MOREIRA, José Carlos. Legitimação passiva: critério de aferição. Mérito. In: *Direito Aplicado II*: pareceres, p. 373.

548. A responsabilidade do terceiro poderá decorrer do próprio procedimento de constituição do crédito tributário ou de procedimento administrativo especialmente desencadeado com o objetivo de aferir os fatos necessários à constituição da responsabilidade, tais como aqueles previstos na IN 1862/2018 e na Portaria PGFN 948/2017.

da responsabilidade tributária dos referidos sujeitos de direito.[549]

---

549. PROCESSUAL TRIBUTÁRIO. MEDIDA CAUTELAR FISCAL. INDISPONIBILIDADE DOS BENS DOS SÓCIOS INTEGRANTES DO CONSELHO DE ADMINISTRAÇÃO. LEI 8.397/92. RESPONSABILIDADE TRIBUTÁRIA. AUSÊNCIA DE COMPROVAÇÃO DE EXCESSO DE MANDATO, INFRAÇÃO À LEI OU AO REGULAMENTO.
1. É assente na Corte que o redirecionamento da execução fiscal, e seus consectários legais, para o sócio-gerente da empresa, somente é cabível quando reste demonstrado que este agiu com excesso de poderes, infração à lei ou contra o estatuto, ou na hipótese de dissolução irregular da empresa (Precedentes: REsp n. 513.912/MG, Rel. Min. Peçanha Martins, DJ de 01/08/2005; REsp n. 704.502/RS, Rel. Min. José Delgado, DJ de 02/05/2005; EREsp n. 422.732/RS, Rel. Min. João Otávio de Noronha, DJ de 09/05/2005; e AgRg nos EREsp n. 471.107/MG, deste relator, DJ de 25/10/2004).
2. Os requisitos necessários para a imputação da responsabilidade patrimonial secundária na ação principal de execução são também exigidos na ação cautelar fiscal, posto acessória por natureza.
3. Medida cautelar fiscal que decretou a indisponibilidade de bens dos sócios integrantes do Conselho de Administração da empresa devedora, com base no art. 4º, da Lei 8.397/92.
4. Deveras, a aludida regra deve ser interpretada cum *grano salis*, em virtude da remansosa jurisprudência do STJ acerca da responsabilidade tributária dos sócios.
5. Consectariamente, a indisponibilidade patrimonial, efeito imediato da decretação da medida cautelar fiscal, somente pode ser estendida aos bens do acionista controlador e aos dos que em razão do contrato social ou estatuto tenham poderes para fazer a empresa cumprir suas obrigações fiscais, desde que demonstrado que as obrigações tributárias resultaram de atos praticados com excesso de poderes ou infração de lei, contrato social ou estatutos (responsabilidade pessoal), nos termos do art. 135, do CTN. No caso de liquidação de sociedade de pessoas, os sócios são "solidariamente" responsáveis (art. 134, do CTN) nos atos em que intervieram ou pelas omissões que lhes forem atribuídas.
6. Precedente da Corte no sentido de que: "(...) Não deve prevalecer, portanto, o disposto no art. 4º, §2º, da Lei 8.397/92, ao estabelecer que, na concessão de medida cautelar fiscal, 'a indisponibilidade patrimonial poderá ser estendida em relação aos bens adquiridos a qualquer título do requerido ou daqueles que estejam ou tenham estado na função de administrador'. Em se tratando de responsabilidade subjetiva, é mister que lhe seja imputada a autoria do ato ilegal, o que se mostra inviável quando o sócio sequer era administrador da sociedade à época da ocorrência do fato gerador do débito tributário pendente de pagamento.(...)" (REsp 197278/AL, Relator Ministro Franciulli Netto, Segunda Turma, DJ de 24.06.2002)
7. *In casu*, verifica-se que a decretação da indisponibilidade dos bens dos sócios baseou-se, tão somente, no fato de integrarem o Conselho de Administração da Olvepar S.A. - Indústria e Comércio, "com competência para fiscalizar a gestão dos diretores, através de exame de livros e documentos da sociedade, bem como, para solicitar informações sobre contratos celebrados, incluindo-se o presente Contrato de Benefício Fiscal concedido à referida empresa por intermédio do PRODEI (Programa de Desenvolvimento Industrial do Estado)", o que configura ofensa ao art. 135, do CTN.
8. Ressalva do ponto de vista no sentido de que a ciência por parte do sócio-gerente

Nesse exato sentido deve ser interpretado o permissivo constante do art. 4º, §1º, da Lei 8.397/92, que trata da possibilidade de a medida cautelar fiscal recair sobre bens dos administradores (sócios ou não) do sujeito passivo.

A única exceção a essa regra diz com os casos de comprovada transferência do patrimônio do sujeito passivo para terceiro realizada em fraude ao credor fiscal, circunstância em que, a teor do que prescreve o §2º do art. 4º da Lei 8.397/92,[550] estará autorizada a utilização da medida cautelar fiscal com vistas à indisponibilização dos bens de terceiros estranhos à obrigação tributária adquiridos, a qualquer título, do sujeito passivo, desde que a referida transferência seja capaz de, por si só, frustrar a pretensão fazendária.

Nessa específica circunstância, o manejo da cautelar fiscal dar-se-á sob o pretexto de garantir a eficácia de tutela jurisdicional a ser pleiteada pela via da competente ação revocatória, destinada a desconstituir o ato de transferência realizado em fraude contra o credor tributário (arts. 106 e 109 do CC), a qual poderá ser proposta tanto em face do sujeito passivo quanto do terceiro adquirente do patrimônio que se pretende indisponibilizar.[551]

---

do inadimplemento dos tributos e contribuições, mercê do recolhimento de lucros e pro labore, caracteriza, inequivocamente, ato ilícito, porquanto há conhecimento da lesão ao erário público. 9. Recursos especiais providos.
(REsp 722998 / MT, Primeira Turma, Rel. Min. Luiz Fux, julgado em 11.4.2006).

550. "Art. 4º. A decretação da medida cautelar fiscal produzirá, de imediato, a indisponibilidade dos bens do requerido, até o limite da satisfação da obrigação.
§ 1º. Na hipótese de pessoa jurídica, a indisponibilidade recairá somente sobre os bens do ativo permanente, podendo, ainda, ser estendida aos bens do acionista controlador e aos dos que em razão do contrato social ou estatuto tenham poderes para fazer a empresa cumprir suas obrigações fiscais, ao tempo:
a) do fato gerador, nos casos de lançamento de ofício;
b) do inadimplemento da obrigação fiscal, nos demais casos.
§ 2º. A indisponibilidade patrimonial poderá ser estendida em relação aos bens adquiridos a qualquer título do requerido ou daqueles que estejam ou tenham estado na função de administrador (§ 1º), desde que seja capaz de frustrar a pretensão da Fazenda Pública".

551. "PROCESSUAL CIVIL. TRIBUTÁRIO. AUSÊNCIA DE VIOLAÇÃO AO ART. 535, DO CPC. MEDIDA CAUTELAR FISCAL. INDISPONIBILIDADE DE BENS

Não há que se falar, por fim, em interesse processual no ajuizamento da ação cautelar fiscal antes que se verifique a concreta formalização do crédito tributário, pois a realização do direito creditório fazendário é o próprio "bem da vida" a ser preservado pela tutela cautelar fiscal.

Sendo a cautelar fiscal uma modalidade de ação que pode ser manejada preventiva ou repressivamente, isto é, antes ou depois do ajuizamento da ação de cobrança tida por "principal", o interesse processual para seu ajuizamento permanecerá enquanto houver risco de perecimento do direito creditório, inclusive posteriormente à propositura da ação executiva fiscal, havendo de cessar, entretanto, quando o crédito tributário exequendo estiver plenamente garantido por uma das formas prescritas no art. 16 da LEF, ocasião em que o risco que justificaria a concessão da tutela cautelar esvair-se-á.

DE TERCEIRO. ART. 4º, §2º, DA LEI N. 8.397/92. POSSIBILIDADE. NECESSIDADE DE CARACTERIZAÇÃO DE FRAUDE À EXECUÇÃO OU AJUIZAMENTO DE AÇÃO PAULIANA. DECRETAÇÃO DA PERDA SUPERVENIENTE DO INTERESSE DE AGIR.

1. Não viola o art. 535, do CPC, o julgado que se encontra suficientemente fundamentado, ainda que tenha adotado tese jurídica diferente daquela invocada pelas partes.

2. Os requisitos necessários para a imputação da responsabilidade patrimonial secundária na ação principal de execução fiscal são também exigidos na ação cautelar fiscal, posto ser acessória por natureza. Precedentes: REsp 722998 / MT, Primeira Turma, Rel. Min. Luiz Fux, julgado em 11.4.2006; REsp 197278 / AL, Segunda Turma, Rel. Min. Franciulli Netto, julgado em 26.2.2002.

3. O art. 4º, §2º, da Lei 8.397/92, autoriza o requerimento da medida cautelar fiscal contra terceiros, desde que tenham adquirido bens do sujeito passivo (contribuinte ou responsável) em condições que sejam capazes de frustrar a satisfação do crédito pretendido.

4. Essas condições remontam à fraude de execução e à fraude contra credores.

5. Descaracterizada a fraude à execução e não ajuizada a ação pauliana ou revocatória em tempo hábil, impõe-se o reconhecimento da perda superveniente do interesse de agir do credor em medida cautelar fiscal contra terceiros.

6. Recurso especial conhecido e parcialmente provido".

(REsp n. 962.023/DF; 2ª Turma; Rel. Min. Mauro Campbell Marques; julgado em 17/05/2011; DJe de 16/03/2012).

2.2.3 A delimitação da competência e o procedimento atinentes à ação cautelar fiscal

A ação cautelar fiscal, dada sua condição de típica demanda acessória, deverá ser ajuizada no foro competente para o processamento da ação principal cujo objeto se pretenda acautelar (executiva fiscal ou revocatória), por meio de petição inicial forjada segundo os requisitos fixados pelo art. 6º da Lei 8.397/92.[552]

O pleito cautelar fiscal deverá, ainda, ser encartado em autos autônomos aos do processo principal, aos quais deverão ficar apensados (art. 14 da Lei 8.397/92).[553]

Quando preparatória ao ajuizamento da ação principal, a ação cautelar fiscal deverá ser aforada no prazo de 60 (sessenta) dias contados: (i) da data em que a exigência fiscal se tornar irrecorrível na esfera administrativa;[554] ou (ii) se

---

552. "Art. 5º. A medida cautelar fiscal será requerida ao Juiz competente para a execução judicial da Dívida Ativa da Fazenda Pública.
Parágrafo único. Se a execução judicial estiver em Tribunal, será competente o relator do recurso".
"Art. 6º. A Fazenda Pública pleiteará a medida cautelar fiscal em petição devidamente fundamentada, que indicará:
I - o Juiz a quem é dirigida;
II - a qualificação e o endereço, se conhecido, do requerido;
III - as provas que serão produzidas;
IV - o requerimento para citação".

553. "Art. 14. Os autos do procedimento cautelar fiscal serão apensados aos do processo de execução judicial da Dívida Ativa da Fazenda Pública".

554. "MEDIDA CAUTELAR FISCAL. DECRETAÇÃO DE INDISPONIBILIDADE DE BENS. PRAZO PARA A PROPOSITURA DA EXECUÇÃO FISCAL. ART. 11 DA LEI N. 8.397/92.
I - O Tribunal *a quo*, nos autos de ação cautelar preparatória, entendeu que o prazo de 60 (sessenta dias), contados da data do trânsito em julgado da esfera administrativa, para a interposição da execução fiscal, importa na prática em deixar ao alvedrio da administração pública a duração do decreto de indisponibilidade concedido naquela cautelar. Assim, jugou parcialmente provido o recurso da Fazenda para estabelecer um prazo de 6 (seis meses) para a conclusão do processo administrativo e o ajuizamento da correspondente execução fiscal.
II - O art. 11 da Lei 8.397/92 é claro ao determinar que, em sede de medida cautelar fiscal preparatória, a Fazenda Pública dispõe do prazo de 60 (sessenta dias) para a propositura da execução fiscal, a contar do trânsito em julgado da decisão no

ajuizada após o esgotamento das vias administrativas e antes da propositura da ação principal, da data da efetivação da medida cautelar concedida liminarmente (art. 308 do CPC).

O "despacho" inicial que receber a demanda haverá de apreciar, liminarmente, o pedido de concessão da cautelar, concedendo-a ou denegando-a, ocasião em que caberá à parte prejudicada a interposição de recurso de agravo, conforme prevê o art. 7º, parágrafo único, da Lei 8.397/92.[555]

Ato contínuo, o sujeito passivo deverá ser citado para contestar a pretensão fiscal no prazo de 15 (quinze) dias, na forma do art. 8º da Lei 8.397/92, sob pena de suportar os efeitos da revelia. Contestada a demanda, haverá de ser designada audiência de instrução e julgamento, providência dispensável se as provas a serem produzidas forem exclusivamente documentais.[556]

Encerrada a instrução, será proferida sentença por meio da qual se acolherá ou não a pretensão cautelar fazendária, em face da qual caberá recurso de apelação, cuja interposição produzirá efeito meramente devolutivo.[557]

---

procedimento administrativo, o que somente ocorreria no caso dos autos após o exame de recurso administrativo na Câmara Superior de Recursos Fiscais.
III - Recurso especial provido".
(REsp 1.026.474-RS; 1ª Turma; Rel. Min. Francisco Falcão; julgado em 02/10/2008; DJe de 16/10/2008).

555. "Art. 7º. O Juiz concederá liminarmente a medida cautelar fiscal, dispensada a Fazenda Pública de justificação prévia e de prestação de caução.
Parágrafo único. Do despacho que conceder liminarmente a medida cautelar caberá agravo de instrumento".

556. "Art. 8º. O requerido será citado para, no prazo de quinze dias, contestar o pedido, indicando as provas que pretenda produzir.
Parágrafo único. Conta-se o prazo da juntada aos autos do mandado:
a) de citação, devidamente cumprido;
b) da execução da medida cautelar fiscal, quando concedida liminarmente".

557. "Art. 17. Da sentença que decretar a medida cautelar fiscal caberá apelação, sem efeito suspensivo, salvo se o requerido oferecer garantia na forma do art. 10 desta lei".

2.3.4 Os fundamentos da tutela cautelar fiscal (provisória e definitiva) e seu específico modo de implementação

Os fundamentos que autorizam a concessão da tutela cautelar fiscal – tanto a exarada *in limine* quanto a prolatada por decisão terminativa após o trâmite regular do processo – hão de ser aqueles expressamente enumerados nos incisos do art. 2º da Lei 8.397/92,[558] identificados sob o lastro de prova documental a cargo da Fazenda Pública, nos termos do art. 3º, inciso II, da Lei 8.397/92.[559]

A esse respeito, cabe advertir que questões estranhas às expressamente prescritas nos incisos do art. 2º da Lei 8.397/92, e que não representem riscos à realização do crédito tributário, não constituem razões suficientes ao ajuizamento da medida cautelar fiscal.

---

558. "Art. 2º. A medida cautelar fiscal poderá ser requerida contra o sujeito passivo de crédito tributário ou não tributário, quando o devedor:
I - sem domicílio certo, intenta ausentar-se ou alienar bens que possui ou deixa de pagar a obrigação no prazo fixado;
II - tendo domicílio certo, ausenta-se ou tenta se ausentar, visando a elidir o adimplemento da obrigação;
III - caindo em insolvência, aliena ou tenta alienar bens;
IV - contrai ou tenta contrair dívidas que comprometam a liquidez do seu patrimônio;
V - notificado pela Fazenda Pública para que proceda ao recolhimento do crédito fiscal:
a) deixa de pagá-lo no prazo legal, salvo se suspensa sua exigibilidade;
b) põe ou tenta por seus bens em nome de terceiros;
VI - possui débitos, inscritos ou não em Dívida Ativa, que somados ultrapassem trinta por cento do seu patrimônio conhecido;
VII - aliena bens ou direitos sem proceder à devida comunicação ao órgão da Fazenda Pública competente, quando exigível em virtude de lei;
VIII - tem sua inscrição no cadastro de contribuintes declarada inapta, pelo órgão fazendário;
IX - pratica outros atos que dificultem ou impeçam a satisfação do crédito".

559. "Art. 3º. Para a concessão da medida cautelar fiscal é essencial:
I - prova literal da constituição do crédito fiscal;
II - prova documental de algum dos casos mencionados no artigo antecedente".

Com efeito, não se pode interpretar a "cláusula geral de risco ao crédito tributário" prescrita no inciso IX do art. 2º da Lei 8.397/92 – segundo a qual a cautelar fiscal justificar-se-á em face da prática de outros atos que dificultem ou impeçam a satisfação do crédito – como um cheque em branco para a utilização desse expediente em quaisquer situações em que a Fazenda Pública se sentir insegura quanto à capacidade do devedor de satisfazer a obrigação tributária, sem que isso represente risco objetivo à realização de seu direito creditório.

A tutela cautelar fiscal, liminar ou terminativa, resolver-se-á sob a forma de indisponibilização dos bens do requerido – tendo como limite o valor do débito fiscal que ensejou a adoção da medida (art. 4º, *caput*, da Lei 8.397/92) –, cuja operacionalização ocorrerá por meio de ofício endereçado aos órgãos e repartições competentes para o registro de bens e direitos (Banco Central do Brasil, Comissão de Valores Mobiliários, Cartórios de Imóveis, dentre outros) do sujeito passivo.

A eficácia da tutela cautelar fiscal concedida a título preparatório seguirá hígida pelo período em que a ação principal puder ser ajuizada, inclusive naquelas situações em que o crédito tributário esteja com sua exigibilidade suspensa por eventual impugnação administrativa ou, ainda, pelo parcelamento. A rigor, mesmo após a propositura da demanda principal, enquanto o débito em cobro não houver sido integralmente garantido por meio de penhora ou de garantia equivalente, a indisponibilidade operada pela tutela cautelar fiscal manter-se-á plenamente eficaz.[560]

---

560. "Art. 13. Cessa a eficácia da medida cautelar fiscal:
I - se a Fazenda Pública não propuser a execução judicial da Dívida Ativa no prazo fixado no art. 11 desta lei;
II - se não for executada dentro de trinta dias;
III - se for julgada extinta a execução judicial da Dívida Ativa da Fazenda Pública;
IV - se o requerido promover a quitação do débito que está sendo executado.
Parágrafo único. Se, por qualquer motivo, cessar a eficácia da medida, é defeso à Fazenda Pública repetir o pedido pelo mesmo fundamento".

A despeito disso, a indisponibilidade em comento poderá ser, a qualquer tempo, substituída por garantia idônea, a ser prestada numa das formas prescritas do art. 9º da Lei 6.830/80.[561]

É preciso asseverar, por fim, que a sentença que julgar a demanda cautelar fiscal, pondo fim ao procedimento respectivo, dada sua natureza precária, não está vocacionada à perenização, não se submetendo à incidência da cláusula de imutabilidade material própria ao fenômeno da coisa julgada.

Essa regra, todavia, a teor do que dispõe o art. 15 da Lei 8.397/92, haverá de ceder quando a denegação da tutela cautelar fiscal se der com fundamento no pagamento de crédito, na compensação, na transação, na remissão, na prescrição e na decadência do direito fazendário, ocasiões em que a sentença exarada ao final do processo cautelar fiscal consubstanciará verdadeira decisão de mérito sujeita à autoridade da coisa julgada, o que obstará, inclusive, a posterior cobrança judicial do débito tributário em questão.[562]

---

561. "Art. 10. A medida cautelar fiscal decretada poderá ser substituída, a qualquer tempo, pela prestação de garantia correspondente ao valor da prestação da Fazenda Pública, na forma do art. 9° da Lei 6.830, de 22 de setembro de 1980."

562. "Art. 15. O indeferimento da medida cautelar fiscal não obsta a que a Fazenda Pública intente a execução judicial da Dívida Ativa, nem influi no julgamento desta, salvo se o Juiz, no procedimento cautelar fiscal, acolher alegação de pagamento, de compensação, de transação, de remissão, de prescrição ou decadência, de conversão do depósito em renda, ou qualquer outra modalidade de extinção da pretensão deduzida".

CAPÍTULO III
SEGURANÇA JURÍDICA E PROCESSO TRIBUTÁRIO

3.1 As categorias processuais voltadas à implementação do princípio da segurança jurídica e o processo jurisdicional tributário: o devido processo legal tributário

A jurisdição, já o dissemos (item 4.1.1 do capítulo IV do título I), constitui atividade eminentemente estatal, desencadeada sob o pretexto da composição de conflitos e voltada à implementação de direitos subjetivos materiais que não tenham se realizado da forma esperada pelo sistema jurídico, isto é, por meio da observância espontânea dos preceitos normativos que disciplinam concretamente as condutas dos sujeitos de direito.

O objetivo fundamental da atividade jurisdicional, mais que simplesmente *dizer* o direito (objetivo) aplicável ao caso concreto, é a própria realização do direito material violado, fenômeno que revela seu aspecto finalístico e que se expressa, normativamente, pela ideia de efetividade da tutela jurisdicional, típico instrumento de concretização do ideal de justiça (substancialmente considerada).

A par da noção de efetividade, havemos de identificar uma série de preceitos constitucionais, de idêntica importância e hierarquia, que se prestam a estabelecer os limites a que deverão se submeter os sujeitos de direito investidos de competência jurisdicional e se voltam, fundamentalmente, ao controle da atividade decisória, com vistas à implementação do sentimento de previsibilidade e segurança indispensáveis à legitimação das decisões jurisdicionais.

Dessa forma, o direito constitucional ao pleno acesso à jurisdição é (de)limitado por regras, de equivalente estatura hierárquica, cuja vocação é a de controlar o desempenho da função jurisdicional pelos órgãos e autoridades estatais, impondo importantes limites objetivos ao exercício concreto da atividade decisória voltada à composição de conflitos.

Estamos a falar, precisamente, sobre o regime jurídico constitucional próprio ao cânone do "devido processo legal", materializado sob a forma de verdadeiro sistema de *garantias* do jurisdicionado e forjado com o específico fim de limitar o exercício do poder decisório atribuído aos órgãos e autoridades jurisdicionais. Trata-se, desse modo, de um arcabouço de normas (constitucionais e legais) impositivas de um conjunto de limites objetivos direcionados aos órgãos jurisdicionais, que disciplina desde a forma como o desencadeamento dos atos processuais deve ocorrer, até aspectos materiais atinentes ao exercício da atividade decisória propriamente dita.

O devido processo legal, portanto, é preceito principiológico em função do qual estão ordenadas as regras processuais limitadoras da autoridade jurisdicional, as quais se destinam à implementação, em ambiente processual, de alguns dos mais importantes valores constitucionais, tais como a isonomia e a segurança jurídica. Nesse escaninho estão incluídos: os princípios do contraditório e da ampla defesa; (o princípio que estabelece) o dever de fundamentar todas as decisões jurisdicionais, sob pena de nulidade; o princípio do dispositivo; o princípio da eventualidade; o princípio do dedutível e do deduzido; o princípio da indiscutibilidade da "justiça da decisão"; a eficácia preclusiva da coisa julgada; o princípio da coisa julgada; (o princípio que estabelece) o dever de observância dos precedentes de cunho repetitivo; entre outros.

Trata-se, portanto, de um conjunto de enunciados que estabelecem as *regras do jogo* processual para garantir o mínimo de previsibilidade necessário à legitimação das decisões jurisdicionais, com vistas à promoção da almejada pacificação social.

Pois bem. Sendo o sistema tributário um típico "sistema de segurança jurídica" – já que calcado na noção de legalidade estrita e forjado com a finalidade de limitar os poderes do Estado no plano material do exercício da atividade impositiva –, o desencadeamento da atividade jurisdicional com a finalidade específica de tutelar direitos subjetivos tributários sempre terá, ao fim e ao cabo, o objetivo de preservar o indigitado sobreprincípio.

Por essa razão, verifica-se, no âmbito dos processos jurisdicionais tributários, uma sobrevalorização dos institutos processuais abrangidos pela cláusula do devido processo legal, que acabam por instrumentalizar o resgate da segurança jurídica vilipendiada pela não observância espontânea das regras materiais, bem como por assegurar aos sujeitos de direito tributário condições isonômicas de tratamento, possibilitando que, em ambiente processual, o sujeito passivo da relação jurídico-tributária suplante sua condição de vulnerabilidade em face do poder fiscal.

É certo, também, que o estudo concreto dos institutos processuais abarcados pela cláusula constitucional do *due process of law*, realizado à luz das particularidades das lides tributárias, assume fulcral relevância devido ao elevado índice de judicialização dos conflitos tributários no Brasil, fenômeno diretamente relacionado à complexidade do sistema tributário e à consequente dificuldade de construção de consensos acerca da correta interpretação/aplicação dos dispositivos constitucionais e legais tributários.

Esse alto índice de contenciosidade, tão peculiar ao sistema tributário brasileiro, acaba por transferir aos pronunciamentos judiciais a responsabilidade pelo estabelecimento das interpretações concretas que servirão de parâmetro diretivo das condutas dos sujeitos de direito tributário, em especial no que tange ao planejamento de suas respectivas ações e atividades fiscais.

Nesse contexto – que diz com o desejado efeito pacificador a ser promovido a partir das decisões judiciais –, um instituto tem merecido especial atenção dos estudos dedicados à análise do fenômeno processual tributário, qual seja: a coisa julgada incidente sobre as decisões jurisdicionais exaradas sob o pretexto da resolução de lides tributárias (coisa julgada em matéria tributária).

As questões que giram em torno da coisa julgada tributária, de tão relevantes e complexas, demandam-nos uma revisitação abrangente do instituto, a ser iniciada, naturalmente, a partir de suas origens eminentemente constitucionais, e avançando em direção às suas manifestações mais concretas, quando essa específica categoria jurídico-processual tem o condão de tocar o fenômeno jurisdicional tributário em suas mais variadas formas de positivação.

Assim, ao redor desta específica temática – coisa julgada em matéria tributária – orbitarão as investigações realizadas, doravante, nos tópicos que a este se seguem.

3.2 Os três níveis jurídico-normativos de manifestação da coisa julgada

Dentre os limites constitucionais que se destinam à implementação, em ambiente processual, do sobreprincípio da segurança jurídica, emerge, em posição de destaque, o cânone da coisa julgada (art. 5º, inciso XXXVI, da CF/88), cuja finalidade é promover a estabilização dos conflitos por meio da perenização dos atos decisórios judiciais e dos efeitos concretos por eles emanados.

Fenômeno normativo que é, a coisa julgada incide sobre as decisões de mérito não mais revisíveis pelo Poder Judiciário – irrecorríveis e não sujeitas a reexame obrigatório –, para torná-las imutáveis e indiscutíveis no mesmo processo judicial (coisa julgada formal) ou em outro (coisa julgada material). Trata-se, desse modo, de limite objetivo imposto pela Constituição Federal aos órgãos e autoridades judiciais, aos quais é vedada a revisão de casos e questões que já tenham sido objeto de apreciação anterior.

O regime jurídico-normativo subjacente ao instituto da coisa julgada se constitui no âmbito de três planos de positivação, dispostos de forma escalonada, os quais se atrelam por meio de vínculo de subordinação (relação hierárquica), a saber: (i) o plano constitucional, onde a coisa julgada se manifesta sob a forma de preceito principiológico (limite objetivo) limitador da atividade jurisdicional ("coisa julgada" como princípio – art. 5º, inciso XXXV, da CF/88); (ii) o plano legal, *locus* em que se encontra veiculada a norma abstrata e geral de coisa julgada, conotativa dos critérios de identificação da facticidade necessária e suficiente à emanação da eficácia jurídica (estado de imutabilidade) que lhe é peculiar ("coisa julgada" como norma abstrata e geral – art. 502 do CPC); e (iii) o plano decisório, no qual se concretiza o fato jurídico (trânsito em julgado) cuja eficácia jurídica (consequência) é, exatamente, o estado de imutabilidade que caracteriza o referido instituto ("coisa julgada" como norma concreta e individual).

Pensamos ser o caso de analisar, separadamente, cada um dos planos normativos em que o fenômeno da coisa julgada se manifesta juridicamente.

3.2.1 A coisa julgada como princípio (limite objetivo) constitucional: os limites constitucionais à revisibilidade das tutelas jurisdicionais tributárias

Em nível constitucional, a coisa julgada convive *pari passu* com duas outras categorias – o ato jurídico perfeito e o direito adquirido – que, juntas, constituem a tríade normativo-constitucional destinada à proteção da esfera jurídica dos sujeitos de direitos em face de eventuais mutações sistêmicas.

Não se trata, vale advertir, de institutos voltados à mera cristalização do "passado jurídico", mas sim de regras destinadas a impedir que o advento de novos preceitos normativos possa restringir ou modificar a eficácia de fatos jurídicos que tenham sido regularmente aperfeiçoados em momento anterior à mutação sistêmica, incluídas aquelas (eficácias) que haverão de se operar em momento posterior à própria novação do ordenamento jurídico.[563]

É a plena fruição, pelo sujeito de direito, da eficácia jurídica emanada dos atos e fatos jurídicos regularmente concretizados, portanto, que está a ser protegida pela cláusula do art. 5º, inciso XXXVI, da CF/88.

Assim, se determinado ato jurídico (veículo introdutor: contrato, ato administrativo, casamento etc.) foi produzido por sujeito capaz (competente) e pelo procedimento

---

563. "A incidência de normas sobre condutas, como fatos passados, é tão só para tomá-las como suportes factuais de efeitos que continuam a ser produzidos no presente". Lourival Vilanova. *Causalidade de relação no direito*, p. 114/115.

juridicamente prescrito, a eficácia jurídica a ele inerente (introdução de enunciados no sistema jurídico) não poderá ser desfeita em razão do advento de preceito normativo que venha a dispor de forma diversa acerca da capacidade jurídica e da procedimentalidade necessárias à produção do ato. Eis, aqui, a noção de "ato jurídico perfeito", assim entendido como o veículo introdutor de normas (enunciação-enunciada) que haja sido produzido em perfeita observância às regras de competência e de procedimento vigentes no momento de sua constituição.

A ideia de "direito adquirido", por seu turno, está relacionada a fenômeno que se revela pela efetiva concretização, no mundo social, de evento conotado no antecedente de norma jurídica abstrata e geral vigente, e de cuja aplicação resulte o nascimento de direito subjetivo a ser, definitivamente, incorporado à esfera jurídica do sujeito de direito.

Nesse específico caso, pretende-se preservar não só a eficácia (subsunção + implicação) do fato jurídico a ser formalizado pelo ato de aplicação, mas também a própria eficácia técnico-sintática (capacidade para incidir) da norma abstrata e geral durante todo o período de sua vigência, razão pela qual o mero aperfeiçoamento, no plano social, da facticidade conotada em seu antecedente será suficiente para garantir sua aplicação e, consequentemente, a incorporação da indigitada situação de vantagem à esfera patrimonial do sujeito de direito. E isso independentemente de o referido ato de aplicação ocorrer posteriormente à revogação do preceito normativo a ser "incidido", naquele fenômeno descrito pela Teoria do Direito como "ultratividade" da norma.

Por fim, tem-se o conceito de "coisa julgada", que aponta para a imutabilidade dos fatos institucionais de realização de direitos subjetivos constituídos nas partes dispositivas das decisões jurisdicionais.

São os *atos de concretização* dos direitos subjetivos judicialmente tutelados, portanto, que se tornam imutáveis pela força da coisa julgada, e não necessariamente os próprios direitos subjetivos que lhes servem de fundamento. Daí a razão para somente os fatos jurídicos institucionais objetivados nas partes dispositivas das decisões jurisdicionais, que se pretendem realizadores do direito material violado, estarem resguardados pela imutabilidade oriunda da incidência do fenômeno da coisa julgada.

A diferença que se estabelece entre os conceitos de ato jurídico perfeito, direito adquirido e coisa julgada diz, primordialmente, com a natureza dos fatos jurídicos sobre os quais cada uma das referidas categorias se refere.

Com efeito, enquanto a ideia de ato jurídico perfeito aponta para a imutabilidade das eficácias emanadas dos fatos jurídicos introdutores de normas no sistema, a noção de direito adquirido, por outro lado, refere-se à imutabilidade das eficácias próprias aos fatos jurídicos constituídos por normas concretas e individuais "introduzidas", cuja incorporação definitiva à esfera jurídica do sujeito de direito dependerá, exclusivamente, da circunstância de o evento jurígeno do qual decorre o direito subjetivo em questão ter ocorrido no período de vigência do preceito abstrato e geral que lhe serve de fundamento de validade. A coisa julgada, a seu turno, constitui fenômeno que se identifica com o estado de imutabilidade que recai sobre os pronunciamentos judiciais voltados à constituição e à efetivação de direitos subjetivos que hajam sido objeto de violação.

Vale repisar: o objetivo almejado pelas cláusulas veiculadas no art. 5º, inciso XXXVI, da CF é proteger a plena fruição dos direitos subjetivos que hajam sido incorporados à esfera jurídica do sujeito de direito em face de eventuais mutações sistêmicas.

Desse modo, a depender da natureza e da espécie de situação jurídica que venha ser protegida por uma das três cláusulas constitucionais voltadas à preservação da segurança jurídica, mais que resguardar a eficácia produzida pela situação jurídica sobre a qual recai o estado de imutabilidade, os preceitos constitucionais em comento haverão de garantir que a fruição da indigitada vantagem seja plena, perpetuando-se no tempo.

É o que ocorre, por exemplo, com o sujeito que tenha preenchido todos os requisitos prescritos no antecedente de norma abstrata e geral acerca do direito subjetivo à aposentadoria. O titular do direito subjetivo em questão, por força da cláusula constitucional que protege o direito adquirido, haverá de fruir desse direito durante toda a sua existência, independentemente de eventuais alterações na legislação previdenciária que vierem a restringir as formas e os modos de aquisição dessa espécie de vantagem jurídica.

De certa forma, é o que também se verifica com o sujeito de direito em favor do qual haja sido reconhecido, por sentença passada em julgado, o direito subjetivo de não ser tributado em determinadas circunstâncias especificamente delimitadas em tutela jurisdicional de cunho declaratório negativo. Nesses casos, mantidas as condições fáticas e jurídicas que justificaram a concessão do provimento jurisdicional, o sujeito de direito estará permanentemente protegido das pretensões fiscais tidas por ilegítimas.

3.2.2 O regime jurídico-legal da coisa julgada: a norma jurídica, abstrata e geral, conotativa dos critérios de incidência da *res judicata*

A despeito de seu *status* indiscutivelmente constitucional, o conceito normativo de coisa julgada, bem como o regime jurídico que lhe é peculiar encontram-se veiculados no plano da legislação processual ordinária, em especial nos arts. 502 a 508 do CPC.

É preciso que se advirta, nesse tocante, que a coisa julgada, mais que uma mera proposição normativa, encerra um instituto de direito processual em torno do qual orbitam uma série de categorias congêneres, todas voltadas à implementação do valor "segurança jurídica" no ambiente conflituoso característico do processo jurisdicional.

Assim é que "justiça da decisão" (art. 123 do CPC), preclusão (art. 507 do CPC),[564] princípio do dedutível e deduzido – também nominado de "eficácia preclusiva da coisa julgada" – (art. 508 do CPC);[565] e até a técnica recém-instituída de "estabilização da tutela provisória de cunho antecipatório" (art. 304 do CPC)[566] consubstanciam categorias processuais que mantêm vínculo direto com a ideia de coisa julgada, pois destinam-se, cada qual a seu modo, à estabilização da lide: algumas em caráter interno ou endoprocessual (preclusão e coisa julgada formal); outras produzindo efeitos externos ao processo (eficácia preclusiva, justiça da decisão e coisa julgada material).

As normas processuais em referência, mais que categorias meramente afetas à ideia de coisa julgada, materializam entidades complementares ao instituto, visto que potencializadoras de seus escopos estabilizatórios, motivo pelo qual devem ser, como de fato o são, estudadas em conjunto, no contexto do que podemos chamar de "regime jurídico-processual da coisa julgada".

Feitas tais digressões, havemos de nos voltar ao enunciado do art. 502 do CPC, veiculador da norma abstrata e geral que delimita os critérios de incidência da coisa julgada, e que a define como "a autoridade que torna imutável e indiscutível a decisão de mérito não mais sujeita a recurso".

564. "Art. 507. É vedado à parte discutir no curso do processo as questões já decididas a cujo respeito se operou a preclusão".

565. "Art. 508. Transitada em julgado a decisão de mérito, considerar-se-ão deduzidas e repelidas todas as alegações e as defesas que a parte poderia opor tanto ao acolhimento quanto à rejeição do pedido".

566. "Art. 304. A tutela antecipada, concedida nos termos do art. 303, torna-se estável se da decisão que a conceder não for interposto o respectivo recurso".

A despeito de, no plano da expressão, o enunciado do art. 502 do CPC/2015 guardar sensíveis diferenças com aquele que constava do revogado art. 462 do CPC/73,[567] no plano da significação, onde se manifesta o conteúdo normativo próprio ao fenômeno da coisa julgada, não se verifica, ao menos sob a óptica qualitativa, qualquer distinção entre as mensagens prescritivas veiculadas por ambos os enunciados.

Isso porque, em ambos os casos, tem-se no esgotamento das vias processuais revisórias (recursos e reexame obrigatório) das decisões de mérito, também chamado de "trânsito em julgado da decisão", o fato jurídico necessário e suficiente à produção da eficácia (jurídica) consubstanciada na indiscutibilidade/imutabilidade da decisão de mérito.

É esse, aliás, o conteúdo veiculado no enunciado do art. 502 do CPC, cuja estrutura normativa pode ser expressa nos seguintes termos: dado o fato do trânsito em julgado da decisão de mérito, então *deve ser* a imutabilidade/indiscutibilidade do *decisum*.

Não por outro motivo, RODRIGO CHININI MOJICA define o conceito de coisa julgada como *situação jurídica* (indiscutibilidade/imutabilidade) resultante da eficácia emanada do fato (jurídico) *trânsito em julgado*.[568] Essa situação jurídica, representada pelos sobreditos estados de indiscutibilidade e imutabilidade, também pode ser reescrita

---

567. "Art. 467. Denomina-se coisa julgada material a eficácia, que torna imutável e indiscutível a sentença, não mais sujeita a recurso ordinário ou extraordinário".

568. "Assim, sem termos a pretensão de superar opiniões antagônicas no que tange ao seu conceito, entendemos que a coisa julgada nada mais é do que uma situação jurídica que se forma com o trânsito em julgado de decisão judicial de cognição exauriente de mérito (res iudicata), situação a partir da qual o conteúdo do comando sentencial adquire a qualidade da imutabilidade". MOJICA, Rodrigo Chinini. *Coisa julgada em matéria tributária e seus mecanismos de revisão*, p. 21.
Conforme anotamos no item do Capítulo I do título I, por "situação jurídica" há que se entender todo e qualquer fenômeno efectual resultante da incidência (subsunção + implicação) de norma abstrata e geral que seja responsável pela jurisdicização do evento que, ao ser vertido em linguagem competente, constitui o fato jurídico necessário e suficiente à produção dos efeitos prescritos no consequente do preceito abstrato e geral.

sob a forma de *situação jurídica subjetiva*, atributiva de um típico dever materializado por proposição proibitiva da emanação, pelo Poder Judiciário, de juízo tendente a reapreciar/modificar a decisão de mérito trânsita, no mesmo ou em outro processo.

Estamos a falar, portanto, de "eficácia jurídica" em sentido teórico-geral, assim entendido como o resultado da incidência de norma positiva sobre evento abstratamente descrito em sua hipótese; e não de "eficácia" em sentido técnico-processual, fenômeno decorrente do próprio preceito decisório sobre o qual há de incidir o estado de imutabilidade.[569]

Trânsito em julgado, havemos de reconhecer, constitui fato jurídico externo à decisão jurisdicional, cuja eficácia jurídica materializa aquilo que normativamente é (e já era na época do CPC/1973) denominado "coisa julgada", que também concretiza, por decorrência lógica, um fenômeno exterior ao ato decisório.

Parece-nos desarrazoada, por isso, a crítica que parte respeitável da processualística dirigia aos termos utilizados pelo enunciado do art. 467 do CPC/73, o qual definia "coisa julgada material" como "a eficácia que torna imutável e indiscutível a sentença não mais sujeita a recurso ordinário ou extraordinário", e apontava não para um efeito intrínseco ao próprio ato decisório, mas para a eficácia emanada do fato jurídico "trânsito em julgado", tal qual o faz, atualmente, o art. 502 do CPC/2015.

A eficácia jurídica, atributo do fato jurisdicizado pela norma abstrata e geral (incidência), é pressuposto do fluxo

569. "Já a 'eficácia jurídica' é o mecanismo de incidência, o processo pelo qual, efetivando-se o fato relatado no antecedente, projetam-se os efeitos prescritos no consequente. É o fenômeno que acontece com as normas vigentes, sempre que os fatos jurídicos se instalam. Tudo por força da causalidade jurídica, decretada pela imputação normativa". CARVALHO, Paulo de Barros. *Direito tributário*: fundamentos jurídicos da incidência, p. 80.

jurídico-causal a que se refere LOURIVAL VILANOVA, ínsito à normatividade jurídica.[570] O vocábulo "eficácia", aliás, de tão consagrado no âmbito da Teoria Geral do Direito, quiçá seja mais preciso para descrever o fenômeno efectual (imutabilidade/indiscutibilidade) decorrente do trânsito em julgado do que o termo "autoridade", o qual remete a uma concepção do instituto da coisa julgada adstrita a uma específica doutrina processual – aquela de inspiração libiemaniana.

Pois bem. Se é verdade que, do ponto de vista "qualitativo" (conceptual), não se verificam inovações substanciais no conceito de coisa julgada, tal qual positivado no art. 502 e seguintes do CPC/2015, o mesmo não pode ser dito com relação ao aspecto "quantitativo" do fenômeno, que diz, precisamente, com a abrangência do espectro factual de incidência da coisa julgada.

É que, na disciplina constante do novel dispositivo legal, o objeto de incidência da "autoridade" da coisa julgada, antes adstrita aos pronunciamentos jurisdicionais de mérito de cunho terminativo (sentenças), foi substituída pelo gênero "decisão de mérito", assim entendida como todo e qualquer pronunciamento, terminativo ou interlocutório, que haja apreciado, total ou parcialmente, a pretensão material deduzida.

Aqui, diferentemente do que se dá com a questão conceptual, não se tem uma mera alteração no plano da expressão, mas sim uma importante inovação no conteúdo normativo do preceito, que resulta em sensíveis repercussões pragmáticas, inclusive no âmbito do processo tributário. Trata-se, em verdade, de atribuir eficácia extrínseca/externa ao estado de imutabilidade incidente sobre decisões de

570. "Temos em conta a causalidade como relação-de-implicação entre hipótese fática e a consequência jurídica, que têm como contraparte, na realidade, o fato jurídico e a eficácia (efeitos)". VILANOVA, Lourival, *Causalidade e relação no direito*, p. 18.

mérito não terminativas – desde que prolatadas mediante cognição exauriente – antes adstritas à mera preclusão (imutabilidade interna ou endoprocessual – art. 507 do CPC).

Significa dizer, por exemplo, que a decisão interlocutória exarada em processo executivo fiscal que afastar a responsabilidade patrimonial de um sócio em virtude de alegada formação de grupo econômico, por inexistente, poderá ser oposta à pretensão fazendária de idêntico teor, desde que fundada nas mesmíssimas circunstâncias fáticas, deduzidas em outros executivos fiscais que tenham por objeto a exigência de tributos distintos. Nesse caso, dada a eficácia externa própria à coisa julgada material, a oposição do *decisum* aos Juízos onde tramitam os outros executivos fiscais em que haja sido pleiteado o redirecionamento, obrigá-los-á a observar e seguir o conteúdo da decisão passada em julgado.

É preciso distinguir, ainda, o conteúdo semântico e a função pragmática dos termos utilizados pelo enunciado do art. 502 do CPC, para descrever as duas situações jurídico-processuais que se pretendem reveladoras da chamada «autoridade» da coisa julgada, isto é, a *indiscutibilidade* e a *imutabilidade* do *decisum*. Apesar do vínculo entre os dois "estados" que recaem sobre as decisões de mérito passadas em julgado, os conceitos de indiscutibilidade e imutabilidade são analiticamente cindíveis, revelando aspectos distintos do fenômeno da coisa julgada.

Com efeito, enquanto o estado de indiscutibilidade revela o aspecto negativo da coisa julgada, vedando, sob a forma de pressuposto processual (art. 337, §1º, do CPC), que as questões decididas na decisão trânsita sejam revolvidas, a imutabilidade diz com a feição positiva do instituto, impedindo que a questão de mérito decidida seja modificada, no mesmo ou em outro processo.

Não nos parece desarrazoado concluir, desse modo, que os estados de indiscutibilidade (aspecto negativo da coisa julgada) e de imutabilidade (feição positiva da coisa julgada) materializam, por assim dizer, as duas faces de uma mesma moeda: a autoridade da coisa julgada material.

O estado de "indiscutibilidade", embora mencionado pelo enunciado do art. 502 do CPC, tem sua definição e alcance dados pelos arts. 505 e 507 do diploma processual,[571] os quais dispõem, literalmente, sobre a vedação à pretensão de rediscussão das questões decididas relativas a uma mesma lide, no mesmo processo (preclusão) ou em outro.

Isso nos remete a um'outra feição do instituto da coisa julgada, de viés eminentemente endoprocessual (interno) e residual àquele expressamente prescrito no art. 502 do CPC, a saber: a coisa julgada formal, fenômeno que diz com a indiscutibilidade e a imutabilidade da decisão no âmbito exclusivo do processo no qual foi exarada, possibilitando, assim, que a mesma lide seja reproposta e (re)discutida no âmbito de outro processo. A incidência da coisa julgada formal, todavia, apesar de ensejar a imutabilidade interna do *decisum*, a teor do disposto no art. 486, *caput*, do CPC,[572] abre espaço à repropositura da ação extinta por sentença meramente processual, ocasião em que o mérito da causa poderá ser devidamente discutido e apreciado.

É preciso advertir, contudo, que, tratando-se de decisão processual decorrente do abandono da causa (art. 485, inciso III, do CPC), a repropositura da demanda estará condicionada à correção do vício que deu azo à extinção do feito. Nesse específico caso, o art. 486, §3°, do CPC[573] limita

571. "Art. 505. Nenhum juiz decidirá novamente as questões já decididas relativas à mesma lide, salvo:" (...).

572. "Art. 486. O pronunciamento judicial que não resolve o mérito não obsta a que a parte proponha de novo a ação".

573. (...)
§ 3°. Se o autor der causa, por 3 (três) vezes, a sentença fundada em abandono da causa, não poderá propor nova ação contra o réu com o mesmo objeto, ficando-lhe ressalvada, entretanto, a possibilidade de alegar em defesa o seu direito.

a (re)propositura da demanda ao total de três oportunidades, a partir de quando se operará o fenômeno que a processualística nomina "perempção".

A perempção, tal como a coisa julgada material, materializa típico pressuposto processual negativo, obstativo, portanto, da concessão da prestação jurisdicional efetiva (de mérito). Curioso notar que, sob o ponto de vista pragmático, a concretização do fenômeno da perempção acaba por atribuir à coisa julgada formal os mesmos efeitos externos próprios à coisa julgada material, pois também nessas situações o estado de indiscutibilidade e imutabilidade da decisão formalmente trânsita se projetará para além das fronteiras do processo em que haja sido exarada.

Essa constatação, vale registrar, vem encorajando alguns respeitáveis processualistas, dentre os quais destacamos CASSIO SCARPINELLA BUENO, a abrir mão da classificação que separa a coisa julgada em "material", de um lado, e "formal", de outro, em favor de outra que leva em conta a capacidade (ou não) de a coisa julgada produzir efeitos para além dos muros do processo no qual a decisão trânsita haja sido exarada, critério a partir do qual é possível inferir duas espécies de coisa julgada, a saber: (i) a coisa julgada de eficácia externa; e (ii) a coisa julgada de eficácia interna.[574]

3.2.3 A coisa julgada no plano decisório: a norma concreta e individual da coisa julgada

Na qualidade de típico fenômeno normativo, a eficácia jurídica atributiva do estado de irrevisibilidade (indiscutibilidade + imutabilidade) das decisões judiciais de mérito pressupõe a efetiva constituição da facticidade que lhe serve de condição necessária e suficiente, qual seja: o "trânsito em julgado da decisão".

---

574. BUENO, Cassio Scarpinella. *Curso sistematizado de direito processual civil*, v. 2, 2019, p. 355-356.

Estamos a falar, também aqui, de um "fato jurídico processual" que, nessa condição, somente se revela no plano da realidade jurídico-processual por ocasião da formalização do competente ato de "certificação", o qual se presta a documentar, em linguagem juridicamente apta, o transcurso do lapso temporal recursal e o esgotamento dos meios obrigatórios de revisão da decisão (reexame obrigatório). Somente nesse instante que exsurge a norma concreta e individual da coisa julgada.

Não parece haver dúvidas, desse modo, quanto ao suporte fático sobre o qual incide a regra, abstrata e geral, da coisa julgada veiculada no art. 502 do CPC: a decisão de mérito passada em julgado.

Nesse tocante, a questão que se coloca no âmbito da processualística – a qual, a despeito de seu viés fortemente teórico, acaba por ter importantes repercussões práticas – diz com o aspecto do pronunciamento jurisdicional abarcado pelo estado de imutabilidade característico do instituto da coisa julgada: se seu conteúdo apenas ou se, da mesma forma, a eficácia emanada pelo *decisum* e os seus efeitos normativos (primários e secundários).

Analisando a questão sob o ponto de vista normativo-comunicacional, não se pode deixar de reconhecer que os pronunciamentos jurisdicionais em geral se apresentam na condição de típicos atos de fala, razão pela qual hão ser considerados em sua inteireza enunciativa, é dizer, sob as perspectivas ilocucionária (eficácia), locucionária (conteúdo) e perlocucionária (efeitos normativos).[575] Assim, por mais que os diversos aspectos do ato decisório jurisdicional possam assumir, em determinadas circunstâncias, certa autonomia existencial, estes pronunciamentos não podem ser cindidos para fins de incidência da autoridade da coisa julgada, sob pena de amesquinhamento dos escopos constitucionais próprios ao instituto.

575. Vide item 4.1.2 do Capítulo IV do título I.

Conforme anotamos, o princípio da coisa julgada, tal como forjado no plano constitucional, volta-se a garantir a plena fruição da situação jurídica de vantagem sobre a qual incidem os estados de indiscutibilidade e imutabilidade característicos do instituto, objetivo que restaria mitigado se a autoridade da coisa julgada estivesse exclusivamente atrelada ao conteúdo da decisão judicial, mas não aos seus efeitos.

Assim, o que é "afirmado" pelo pronunciamento jurisdicional e consubstancia o seu conteúdo, isto é, sua força locucionária ("declaro", "condeno", "(des)constituo", "mando"), está intrinsecamente vinculado, sob a óptica da efetividade da tutela jurisdicional, àquilo que por ele é "realizado", ou seja, sua eficácia (a dissolução das crises de incerteza, legalidade e adimplemento, respectivamente), e que equivale à força ilocucionária da decisão. O mesmo pode ser dito acerca dos efeitos normativos (primários ou secundários) que o pronunciamento jurisdicional produz sobre a conduta de seus destinatários, é dizer, de sua força perlocucionária, responsável por vincular as partes ao comando decisório.

É justamente isso, aliás, que viabiliza – não só jurídica, mas também socialmente – a tão almejada estabilização das relações, objetivo final das categorias enumeradas no enunciado constitucional do art. 5º, inciso XXXVI, da CF/88.

Não ignoramos o fato de os efeitos emanados pela decisão passada em julgado poderem, em algum momento, deixar de ser irradiados por fatores externos ao próprio pronunciamento jurisdicional. Basta imaginar, por exemplo, uma pessoa jurídica que, após anos se valendo de determinada decisão judicial que a tenha exonerado de uma dada exigência fiscal, venha a ser incorporada por outra não beneficiária da indigitada tutela jurisdicional. Nesse caso, devido ao alcance subjetivo do pronunciamento, o desaparecimento do sujeito de direito que figurou como parte no processo no qual fora exarada a decisão judicial passada em julgado implicará a cessação (*ex nunc*) dos seus efeitos.

A despeito disso, a coisa julgada incidente sobre a decisão restará intacta.

O mesmo fenômeno se opera quando determinada sentença condenatória não é levada a cumprimento no prazo legal por inércia do credor, situação em que, verificando-se a prescrição da pretensão executória, ter-se-á uma tutela jurisdicional que, conquanto imutável no seu conteúdo, não produzirá a eficácia que lhe é própria (exequibilidade).

Nada disso, no entanto, autoriza-nos a concluir que a autoridade da coisa julgada não abarca, também, a eficácia e os efeitos normativos emanados das decisões de mérito sobre as quais incide, pois a cessação dos efeitos do *decisum*, operada nas circunstâncias acima descritas, resultaram exclusivamente da disponibilidade ínsita à plena fruição da vantagem jurídica garantida, pela coisa julgada, ao sujeito de direito que dela se beneficia.

Não se trata, portanto, de mitigação dos efeitos do *decisum* operada em razão de ato praticado pelo Poder Judiciário – destinatário final do óbice imposto pela coisa julgada – tendente a afastar o estado de indiscutibilidade/imutabilidade que protege o pronunciamento decisório, mas sim de ato de disponibilidade realizado pelo titular do direito subjetivo cujo exercício está protegido pela coisa julgada, e que nada mais é que a própria fruição do direito que lhe fora garantida pela tutela jurisdicional.

A imutabilidade dos efeitos emanados da decisão salvaguardada pela autoridade da coisa julgada diz com um óbice oponível, exclusivamente, ao Poder Judiciário, e não ao titular da vantagem jurídica reconhecida pela tutela jurisdicional trânsita, que sempre poderá abrir mão dos efeitos por ela emanados.[576]

576. Os exemplos dados por JOSÉ CARLOS BARBOSA MOREIRA – maior referência da corrente que defende ser a coisa julgada um fenômeno que abarca apenas o conteúdo da decisão – como representativos do fato de que a coisa julgada não

Nessa medida, eventual cessação dos efeitos da decisão judicial decorrente da fruição, pelo titular, da vantagem jurídica protegida pela *res judicata* não consubstancia fenômeno que deponha contra a ideia de que a coisa julgada abarque também a eficácia e os efeitos do pronunciamento judicial.

Por outro lado, e conforme veremos de forma detida nos itens seguintes, a extinção dos efeitos da decisão trânsita operada por meio de decisão judicial que acolhe alegação de inexigibilidade do título executivo judicial formulada nos termos do art. 535, inciso III, §5º do CPC constitui típico caso de relativização da autoridade da coisa julgada incidente sobre os efeitos (executivos) da sentença condenatória passada em julgado, pois, nessa hipótese, é o órgão judicial a quem é destinado o óbice da imutabilidade o responsável por mitigar os efeitos da decisão passada em julgado.

O que se espera, portanto, – e é exatamente essa a razão de ser do preceito constitucional posto no inciso XXXVI do art. 5º da CF/88 – é que os estados de indiscutibilidade e imutabilidade incidentes sobre a decisão de mérito passada em julgado impliquem, ordinariamente, a perenização tanto do conteúdo quanto dos efeitos (jurídicos e sociais) a ela inerentes.

Desse modo, se uma dada tutela jurisdicional vier a declarar a inexistência do direito de exigir determinado tributo (conteúdo), colocando fim à crise de incerteza acerca da incidência ou não da regra tributária sobre específica materialidade (eficácia) e vedando à Fazenda Pública a prerrogativa de exigi-lo prospectivamente do sujeito passivo

---

tornaria imutáveis os efeitos da decisão trânsita apontam para circunstâncias em que o titular da vantagem jurídica resguardada pela tutela jurisdicional frui e dispõe de seu direito subjetivo. Senão, vejamos: "se se julgou que A devia a B certa importância, nada obsta a que, antes ou depois do trânsito em julgado, A pague a dívida, ou B a remita, e assim se extinga a relação de crédito declarada por sentença. Tal circunstância em nada afeta a autoridade da coisa julgada. Ainda e sempre a coisa julgada'". BARBOSA MOREIRA, José Carlos. Ainda e sempre a coisa julgada. In: *Direito processual civil*: ensaios e pareceres, p. 143.

(efeito normativo), o estado de indiscutibilidade/imutabilidade incidente sobre o referido *decisum* haverá de abarcar todos os aspectos do ato decisório (conteúdo, eficácia e efeitos normativos), sob pena negar-se o verdadeiro escopo da cláusula constitucional da coisa julgada.

3.2.4 Os limites objetivos e subjetivos da coisa julgada em matéria tributária

Por "limites objetivos e subjetivos da coisa julgada" havemos de considerar os critérios normativos voltados a delimitar o âmbito de abrangência da *res judicata* – especificamente quantos às situações e aos sujeitos sobre os quais repercutem seus efeitos (indiscutibilidade/imutabilidade) –, positivados pelos arts. 503, 504 (limites objetivos) e 506 (limites subjetivos) do CPC.[577]

Essa temática, para além daquilo que tradicionalmente costuma ser problematizado pela literatura especializada, dá-nos o pretexto necessário para retomar a premissa – analisada em passagens anteriores deste capítulo – segundo a qual a coisa julgada materializa instituto normativo cujo destinatário último é o próprio Poder Judiciário.

É preciso distinguir, nesse tocante, dois fenômenos que, conquanto correlatos, não se identificam, a saber: (i) os limites (objetivos e subjetivos) da decisão de mérito sobre a qual recai a coisa julgada, cujos destinatários são as partes; e (ii) os limites (objetivos e subjetivos) da própria coisa julgada, voltados a delimitar o âmbito de liberdade

577. "Art. 503. A decisão que julgar total ou parcialmente o mérito tem força de lei nos limites da questão principal expressamente decidida".
"Art. 504. Não fazem coisa julgada:
I - os motivos, ainda que importantes para determinar o alcance da parte dispositiva da sentença;
II - a verdade dos fatos, estabelecida como fundamento da sentença".
"Art. 506. A sentença faz coisa julgada às partes entre as quais é dada, não prejudicando terceiros".

decisória dos órgãos judiciais quanto a aspectos relativos à decisão passada em julgado.

Não se nega que, entre uns e outros (limites da decisão e limites da coisa julgada) se verificam importantes pontos de intersecção. Essa circunstância, todavia, não implica admitir que estamos a falar de fenômenos que se identificam, pois, enquanto a decisão de mérito vincula materialmente a conduta das partes, a coisa julgada vincula processualmente a conduta dos órgãos do Poder Judiciário.

Nesse contexto, ao dispor que "a decisão que julgar total ou parcialmente o mérito da causa tem força de lei nos limites da questão principal decidida", o enunciado art. 503, *caput*, do CPC aponta *imediatamente* para os aspectos da decisão que nortearão a conduta das partes quanto à efetivação da vantagem jurídica reconhecida pelo pronunciamento decisório, isto é, para os limites objetivos da decisão em si. Somente do ponto de vista *mediato* a indigitada regra aponta, verdadeiramente, para algo que pode ser entendido como limite objetivo da coisa julgada, o qual se confunde com a vedação à rediscussão, por qualquer órgão do Poder Judiciário, das questões de mérito expressamente decidas no pronunciamento passado em julgado.

Quanto aos limites objetivos da decisão de mérito passada em julgado, em clara inovação ao que dispunha o CPC/73, o §1º do art. 503 do CPC/2015 estende o poder vinculativo (das partes e do Poder Judiciário) do pronunciamento decisório passado em julgado às questões prejudiciais expressa e incidentalmente decididas no processo, desde que delas (questões incidentais) dependa a apreciação do mérito (questão principal) e, ainda, que o juízo seja competente (quanto à matéria e à pessoa) para resolvê-las como questão principal.

Significa dizer, por exemplo, que a procedência de eventual demanda tributária que tenha por questão principal a declaração do direito à compensabilidade, mas cujo reconhecimento dependa de anterior apreciação de questão relativa à existência do direito à restituição do tributo a ser compensado (elemento da compensação), implicará decisão de mérito cuja autoridade da coisa julgada abarcará, a um só tempo, a questão principal relativa à compensabilidade e a questão incidental atinente ao direito à restituição do tributo.

Isso não se verifica, contudo, nas ações tributárias destinadas ao afastamento de tributo que tenham por fundamento a inconstitucionalidade do preceito legal que dá lastro normativo à exigência fiscal a qual se pretende obstar. Nesses casos, a procedência da pretensão, acolhida a partir da declaração incidental da inconstitucionalidade da regra tributária, não resultará em incidência da coisa julgada sobre a questão constitucional incidentalmente apreciada, dada a competência exclusiva do Supremo Tribunal Federal para apreciar, como questão principal, a matéria em comento.

Sob uma perspectiva eminentemente pragmática, as dificuldades na identificação dos limites objetivos das tutelas jurisdicionais (e da coisa julgada sobre elas incidentes) exaradas a pretexto da composição de lides tributárias estão muito relacionadas à complexidade ínsita às facticidades e aos diversos regimes jurídicos tributários, materialmente considerados.

Tomemos como exemplo sentença de mérito sobre demanda tributária proposta por pessoa jurídica – personificada, no processo, exclusivamente por seu estabelecimento-sede – que haja afastado a incidência de determinado tributo sobre atividades realizadas pela empresa. A questão que se coloca, nesse específico caso, refere-se à extensão do comando decisório passado em julgado sobre as atividades realizadas pelos estabelecimentos filiais da mesma pessoa jurídica, os quais, apesar de operarem sob o mesmo CNPJ-base, gozam, sob o ponto de vista fiscal, de plena autonomia.

Não se resolve questão desse jaez sem que se considere, concretamente, as atividades especificamente realizadas por cada estabelecimento da pessoa jurídica demandante, bem como o regime jurídico próprio ao tributo cuja incidência foi afastada pela tutela jurisdicional passada em julgado. Tratando-se de tributos incidentes sobre "facticidades globais" – compostas por eventos realizados pela pessoa jurídica como um todo (percepção de receitas, aquisição de renda, obtenção de lucro) –, os quais, em razão disso, estão adstritos a um regime de apuração centralizado, os limites objetivos da coisa julgada são facilmente extensíveis às porções autônomas (estabelecimentos) da pessoa jurídica beneficiária da decisão.

Algo completamente diverso ocorre nas demandas que tenham por objeto o afastamento de tributos cujas materialidades sejam individualizáveis para cada porção autônoma da pessoa jurídica, e que pressupõem a necessária particularização das atividades realizadas por cada qual. É o caso dos tributos incidentes sobre operações de circulação de mercadorias (ICMS), a industrialização (IPI) e a prestação de serviços (ISSQN). Nessas situações, a abrangência dos limites objetivos da coisa julgada dependerá: (i) da expressa apreciação, pela decisão judicial, das atividades realizadas por cada uma das porções autônomas da pessoa jurídica; ou (ii) da possibilidade de generalização automática das facticidades excluídas da incidência do tributo pela decisão judicial para as atividades de todos os estabelecimentos judiciais.

A decisão judicial que haja afastado a incidência do ICMS sobre todas as saídas em transferência de uma determinada pessoa jurídica, por exemplo, é plenamente generalizável e, portanto, extensível para todos os seus estabelecimentos filiais da empresa que figurou como parte vencedora no processo. O mesmo não ocorre, entretanto, com a decisão judicial que tenha delimitado o regime jurídico de incidência do referido tributo (se diferido ou não, por exemplo) a partir de características específicas de cada estabelecimento, tais como o fato de exercer atividade industrial ou exclusivamente comercial. Nessas situações, a decisão voltada à análise concreta da atividade exercida por um dado estabelecimento não poderá ser, pura e simplesmente, generalizada aos demais.

É essa a razão de ser da regra emanada do art. 504, inciso I, do CPC, segundo a qual os motivos da decisão, a despeito não estarem abarcados pela autoridade da coisa julgada, consubstanciam elementos determinantes à fixação do alcance (objetivo) da decisão e, consequentemente, da autoridade da coisa julgada que sobre ela recai. Por esse mesmo motivo, o § 3º do art. 489 do CPC, determina que *decisão judicial deve ser interpretada a partir da conjugação de todos os seus elementos e em conformidade com o princípio da boa-fé.*

De outro lado, temos aquilo que a processualística define por "limites subjetivos" da coisa julgada, fenômeno disciplinado pelo art. 507 do CPC, o qual dispõe que: "a sentença só faz coisa julgada entre as partes as quais é dada, não prejudicando terceiros". Aqui, novamente, há uma certa "confusão" entre aquilo que se pode entender por limites subjetivos da decisão (dirigidos às partes) com o que se pode realmente chamar de limites subjetivos da coisa julgada (dirigidos ao Poder Judiciário).

Tecnicamente, os sujeitos aos quais a decisão judicial passada em julgado se dirige, por mais que venham a descumpri-la, nunca terão capacidade de modificá-la ou de revê-la, de modo que eventual inobservância por parte do Fisco de decisão judicial transitada em julgado favorável ao sujeito passivo, por exemplo, não configurará, a rigor, uma típica violação à ideia de coisa julgada, mas sim um "mero" descumprimento à decisão judicial sobre a qual ela incide.

Sob a óptica dos limites subjetivos da decisão em si, portanto, a impossibilidade de prejuízo a terceiros, aludida pelo art. 506 do CPC, está relacionada ao próprio exercício, no plano material, da vantagem jurídica efetivada pela tutela jurisdicional, que haverá de se concretizar, exclusivamente, em face da relação jurídica estabelecida entre as partes litigantes.

Já no que diz respeito aos limites subjetivos da coisa julgada propriamente dita, a vedação constante do art. 506 do CPC volta-se a impedir que o sujeito de direito (parte) beneficiário da decisão passada em julgado dela se valha como instrumento de obstacularização da apreciação de matéria fática e jurídica idêntica em face de terceiro que não haja composto a lide.

Assim, se a União Federal vier a se sagrar vencedora em ação promovida pelo sujeito de direito X – relativa à incidência do IPI sobre a comercialização de produtos importados, por exemplo –, não poderá se valer da decisão passada em julgado nesse processo em questão para obstar a apreciação de tese jurídica de idêntico conteúdo formulada em demanda proposta pelo sujeito de direito Y.

De tudo isso, podemos concluir que, somente no caso de a questão de mérito definitivamente decidida ser objeto de reapreciação pelo próprio Poder Judiciário – no mesmo ou em outro processo –, estaremos diante de fato verdadeiramente violador do preceito constitucional da coisa julgada. É por essa razão – e só por essa razão – que a coisa julgada é erigida, sob o ponto de vista processual, à condição de pressuposto negativo de admissibilidade da demanda, obstativo à pretensão de nova apreciação do caso julgado.

3.3 As técnicas e os instrumentos processuais voltados à mitigação da autoridade da coisa julgada

Falar sobre "coisa julgada em matéria tributária", mais que simplesmente discutir as formas por meio das quais os diversos tipos de conflitos tributários são estabilizados, exorta-nos, também, a investigar as condições em que o sistema processual torna possível a revisibilidade, pelo Poder Judiciário, das tutelas jurisdicionais tributárias passadas em julgado.

Excepcionais que são, as técnicas processuais voltadas ao afastamento da coisa julgada têm lugar em situações nas quais, a juízo do legislador ordinário, a estabilização pacificadora almejada pela *res judicata* deve ceder em face: (i) de vícios processuais que, por si sós, negam vigência a preceitos constitucionais vinculados ao modelo constitucional de processo; bem como de (ii) nulidades materiais decorrentes da violação de preceitos constitucionais de idêntica estatura, tais como a equidade, a isonomia e a supremacia normativa da Constituição.

As decisões normativas responsáveis por identificar as circunstâncias que justificam o afastamento da autoridade da coisa julgada, por sua alta densidade política, estão circunscritas ao âmbito competencial do Poder Legislativo, único centro de poder com legitimidade para fixar, *ex ante*, os critérios jurídicos de afastamento da coisa julgada. Sendo o Poder Judiciário o destinatário último deste limite objetivo, não nos parece razoável admitir que o centro de poder que o constituinte originário pretendeu controlar possa ser o responsável por estabelecer os contornos das vedações a ele imputadas.

Assim, as circunstâncias nas quais o sistema jurídico autoriza, excepcionalmente, o afastamento da autoridade da coisa julgada induzem a necessária quebra do estado de *indiscutibilidade* que acoberta a questão passada em julgado. Não por outra razão, os instrumentos normativos tidos por "mitigadores"[578] da coisa julgada – a ação rescisória,[579] a

578. Utilizamos a expressão "relativização da coisa julgada" para apontar as técnicas jurídico-processuais expressamente voltadas ao afastamento da coisa julgada, e não para cogitar acerca da possibilidade de a autoridade judicial, segundo seu pessoal senso de justiça, deixar de observá-la em circunstâncias específicas não prescritas no ordenamento.

579. Art. 966. A decisão de mérito, transitada em julgado, pode ser rescindida quando: (...)

ação revisional[580] e a impugnação ao cumprimento de sentença[581] – têm natureza eminentemente processual, possibilitando ao próprio Poder Judiciário afastá-la em situações excepcionais.

Interessante verificar, a propósito, a forma peculiar pela qual cada um desses instrumentos processuais atua sobre a decisão passada em julgado.

Se, de um lado, a ação rescisória do art. 966 do CPC se projeta sobre o próprio conteúdo da decisão trânsita, desconstituindo o estado de imutabilidade (juízo rescindente) para, logo em seguida, modificar a decisão originalmente

---

580. Art. 505. Nenhum juiz decidirá novamente as questões já decididas relativas à mesma lide, salvo:
I - se, tratando-se de relação jurídica de trato continuado, sobreveio modificação no estado de fato ou de direito, caso em que poderá a parte pedir a revisão do que foi estatuído na sentença;
II - nos demais casos prescritos em lei.

581. Art. 525. Transcorrido o prazo previsto no art. 523 sem o pagamento voluntário, inicia-se o prazo de 15 (quinze) dias para que o executado, independentemente de penhora ou nova intimação, apresente, nos próprios autos, sua impugnação.
§ 1º. Na impugnação, o executado poderá alegar:
(...)
III - inexequibilidade do título ou inexigibilidade da obrigação;
(...)
§ 12. Para efeito do disposto no inciso III do § 1º. deste artigo, considera-se também inexigível a obrigação reconhecida em título executivo judicial fundado em lei ou ato normativo considerado inconstitucional pelo Supremo Tribunal Federal, ou fundado em aplicação ou interpretação da lei ou do ato normativo tido pelo Supremo Tribunal Federal como incompatível com a **Constituição Federal, em controle de constitucionalidade concentrado ou difuso.**
Art. 535. A Fazenda Pública será intimada na pessoa de seu representante judicial, por carga, remessa ou meio eletrônico, para, querendo, no prazo de 30 (trinta) dias e nos próprios autos, impugnar a execução, podendo arguir:
(...)
III - inexequibilidade do título ou inexigibilidade da obrigação;
(..)
§ 5º. Para efeito do disposto no inciso III do **caput** deste artigo, considera-se também inexigível a obrigação reconhecida em título executivo judicial fundado em lei ou ato normativo considerado inconstitucional pelo Supremo Tribunal Federal, ou fundado em aplicação ou interpretação da lei ou do ato normativo tido pelo Supremo Tribunal Federal como incompatível com a **Constituição Federal, em controle de constitucionalidade concentrado ou difuso.** (destacamos)

proferida (juízo rescisório), de outro lado, a impugnação ao cumprimento de sentença e a ação rescisória previstas no art. 535, inciso III e §§ 5º e 8º, do CPC, bem como a ação revisional aludida no art. 505, inciso I, do CPC atuam, tão somente, sobre os efeitos da decisão passada em julgado, cujo conteúdo mantém-se intacto.

A ação rescisória do art. 966 do CPC, nesse sentido, é o único entre os instrumentos processuais voltados à mitigação da coisa julgada capaz de alterar o estado de imutabilidade que acoberta a decisão trânsita. Os demais meios processuais destinados ao afastamento da *res judicata* restringem-se a afastar o estado de indiscutibilidade que se instaura sobre a questão de mérito julgada, viabilizando a produção de outra decisão judicial em sentido diverso, cujos efeitos sobrepor-se-ão àqueles emanados pela decisão passada em julgado.

Apesar das diferenças quanto ao *modus operandi*, estamos a falar, não há dúvidas, de técnicas processuais de mitigação da coisa julgada, especificamente direcionadas a atingir esse objetivo.

Todavia, o que nos importa ainda mais de perto é o fato de cada uma das sobreditas técnicas de flexibilização da coisa julgada ser manejável em situações concretas específicas, relacionadas aos conteúdos e aos efeitos emanados por diferentes tutelas jurisdicionais tributárias.

Em princípio, embora os indigitados instrumentos processuais repercutam de forma decisiva na coisa julgada incidente sobre tutelas jurisdicionais tributárias, nenhum deles pode ser erigido à condição de "ações tributárias" em sentido estrito, tal como definidas e classificadas no capítulo III do título I, tendo em vista que, a rigor, a eficácia relativizadora da coisa julgada por eles emanada independe do conteúdo do litígio que deu origem à decisão trânsita.

Além disso, as técnicas processuais voltadas ao afastamento da coisa julgada podem ser manejadas por ambos os sujeitos de direito (ativo e passivo) tributário, ora com vistas à produção de efeitos (mediatamente) destinados a evitar a exigência de tributo autorizada pela decisão passada em julgado (efeitos antiexacionais), ora para viabilizar a cobrança de tributo obstada pela decisão trânsita (efeitos exacionais).

Nesse contexto, e a fim de analisar individualmente os instrumentos processuais acima referidos, investigaremos, nos tópicos a seguir, as situações em que cada qual se revela importante para afastar a autoridade da coisa julgada incidente sobre as diferentes tutelas jurisdicionais de cunho tributário.

3.3.1 A ação rescisória e seu objeto: o direito subjetivo fundamental ao devido processo constitucional

Aquilo que nominamos de "direito ao processo" (item 3.1.3 do capítulo III do título I), cujo conceito, em síntese, pode ser concretamente identificado a partir das diversas manifestações, no âmbito da legislação ordinária, do modelo constitucional de processo – responsáveis por atribuir às partes direitos subjetivos processuais voltados a (de)limitar a atividade jurisdicional – não encerra mera elucubração teorética sem qualquer repercussão prática palpável.

Ao contrário, sua inobservância, para além de resultar em nulidades processuais aferíveis de plano, pode também comprometer a própria higidez da autoridade da coisa julgada, justificando o manejo de um especifico instrumento processual cujo pressuposto é, justamente, o direito potestativo da parte prejudicada à desconstituição do estado de imutabilidade que protege a decisão trânsita, possibilitando, assim, a rediscussão da questão de mérito "definitivamente" decidida.

Na condição de instrumento garantidor dos preceitos que compõem o modelo constitucional de processo, o *caput* do art. 966 do CPC dispõe acerca da "rescindibilidade" da decisão de mérito transitada em julgado.

Com efeito, cada uma das situações descritas nos oito incisos do referido dispositivo reflete um aspecto do modelo constitucional de processo cuja violação, a juízo do legislador ordinário, mostra-se suficiente para justificar o afastamento da autoridade da coisa julgada.[582]

Em tese, portanto, todas as situações descritas nos incisos do art. 966 do CPC podem ser invocadas para afastar a coisa julgada incidente sobre decisões de mérito de conteúdo tributário.

Apesar disso, dentre os casos enumerados pelo sobredito dispositivo legal, há um único capaz de justificar, em nosso sentir, a utilização da expressão "ação rescisória em matéria tributária", pois relativo ao próprio conteúdo da tutela jurisdicional tributária sobre a qual incide a *res*

---

582. Confira-se, nesse sentido, o fundamento constitucional de cada uma das hipóteses de rescisão da coisa julgada:
"Art. 966. A decisão de mérito, transitada em julgado, pode ser rescindida quando:
I - se verificar que foi proferida por força de prevaricação, concussão ou corrupção do juiz; **(violação ao princípio da imparcialidade - art. 5º, inciso XXXVII, da CF/88)**;
II - for proferida por juiz impedido ou por juízo absolutamente incompetente; **(violação ao princípio do juiz natural - art. 5º, incisos XXXVIII e LIII, da CF/88)**;
III - resultar de dolo ou coação da parte vencedora em detrimento da parte vencida ou, ainda, de simulação ou colusão entre as partes, a fim de fraudar a lei; **(violação ao princípio da boa-fé processual, sucedâneo dos cânones constitucionais da inafastabilidade da jurisdição e do devido processo legal - art. 5º, incisos XXXV e LIV, da CF/88)**
IV - ofender a coisa julgada; **(violação ao princípio da coisa julgada - art. 5º, inciso XXXVI, da CF/88)**
V - violar manifestamente norma jurídica; **(violação ao princípio da legalidade - art. 5º, inciso II, da CF/88)**
VI - for fundada em prova cuja falsidade tenha sido apurada em processo criminal ou venha a ser demonstrada na própria ação rescisória **(violação ao princípio da vedação à prova ilícita - art. 5º, inciso LVI, da CF/88)**;
VII - obtiver o autor, posteriormente ao trânsito em julgado, prova nova cuja existência ignorava ou de que não pôde fazer uso, capaz, por si só, de lhe assegurar pronunciamento favorável **(violação ao princípio constitucional da ampla defesa - art. 5º, inciso LV, da CF/88)**;
VIII - for fundada em erro de fato verificável do exame dos autos **(violação ao princípio do devido processo legal - art. 5º, inciso LIV, da CF/88)**

judicata, a saber: o inciso V do art. 966 do CPC, que trata da manifesta violação à norma jurídica, *in casu*, a tributária.

É certo, ainda, que, para além das situações prescritas no art. 966 do CPC, há circunstâncias outras que também dão oportunidade ao manejo da ação rescisória.

Nesse contexto, é-nos de especial interesse a situação prescrita no art. 535, §8º, do CPC, que diz com a faculdade atribuída à Fazenda Pública de ajuizar ação rescisória destinada a afastar a exigibilidade de obrigação reconhecida por sentença condenatória exarada em seu desfavor nos casos em que o fundamento constitucional da decisão trânsita vier a ser infirmado por manifestação posterior do Supremo Tribunal Federal.

Esse específico regime de "rescindibilidade" da coisa julgada tem repercussão direta sobre a exigibilidade das obrigações de restituir valores recolhidos indevidamente a título de tributo, reconhecidas no âmbito de diferentes "espécies" de tutelas jurisdicionais tributárias, circunstância da qual exsurge a importância, para o Direito Processual Tributário, do estudo dessa técnica de rescisão da coisa julgada.

Nessa medida, dados os limites materiais desta obra, restringiremos nossas investigações sobre a ação rescisória às situações previstas nos arts. 966, inciso V, e 535, § 8º, do CPC, ambas com sensível repercussão sobre as tutelas jurisdicionais de conteúdo tributário.

3.3.1.1 A ação rescisória fundada em violação manifesta à norma jurídico-tributária: a violação ao consenso interpretativo-institucional como condição da rescindibilidade da coisa julgada

O direito à rescisão da coisa julgada fundado em manifesta violação à norma jurídica, tal como prescrito no art. 966, inciso V, do CPC/2015, exorta-nos a retomar algumas importantes noções de índole teórico-geral, em especial aquelas que dizem com dois capítulos interdependentes da Teoria Geral do Direito, a saber: a Teoria da Norma e a Teoria da Interpretação.

Inauguramos o capítulo I do título I desta obra afirmando ser o direito um sistema normativo (premissa lógica) voltado à regulação de condutas intersubjetivas e que se apresenta, concretamente, sob a forma de textos (premissa ontológica) emanados por atos de fala prescritivos (premissa ôntica), cuja apreensão cognoscitiva imprescinde de atividade interpretativa (premissa epistemológica).

O que não foi explicado naquela ocasião, por nos parecer inoportuno, é o fato de que cada um dos aspectos (lógico, ontológico, ôntico e epistemológico) do fenômeno jurídico manter, sob o ponto de vista empírico, absoluta relação de interdependência.

Assim é que, sem o efetivo uso prescritivo da linguagem por parte de autoridade juridicamente credenciada (aspecto ôntico do fenômeno jurídico) não se verificará a produção dos textos jurídicos (aspecto ontológico do fenômeno jurídico) sobre os quais incidirá a atividade psicointelectiva de construção de sentido (interpretação) que, em sua etapa derradeira, resultará na forma lógico-superior de sistema jurídico-normativo (aspecto lógico do fenômeno jurídico).

Cada etapa desse processo de produção de textos jurídicos revela, portanto, um aspecto da normatividade, entendida, em sua totalidade, como um fenômeno normativo-comunicacional cuja compreensão é fundamental para definirmos aquilo que o inciso V do art. 966 do CPC, qualifica de "violação manifesta à norma jurídica".

O aspecto pragmático do fenômeno jurídico-comunicacional se manifesta no próprio ato de ponência normativa, materializado na atividade de enunciação prescritiva que corresponde ao aspecto ilocucionário do ato de fala normativo, cuja objetivação consta das marcas (de tempo, espaço, autoridade e procedimento) deixadas no documento por ela originado (enunciação-enunciada).

Aos teóricos do direito que se voltam ao estudo da norma jurídica pondo ênfase nesse específico aspecto do fenômeno normativo dá-se o nome de "expressivistas", segundo os quais a norma jurídica nada mais é do que o sentido pragmático (prescritivo) de um ato de fala emanado por autoridade juridicamente credenciada e dirigido à conduta de outrem.[583] Sob essa óptica, por violação manifesta à norma jurídica há que se entender qualquer ato que contrariar o "sentido pragmático" da norma, isto é, que vier a recusar sua prescritividade, negando-lhe vigência, a despeito do consenso institucionalmente formado acerca da aplicabilidade da regra.

A par da perspectiva expressivista, há também a chamada concepção "hilética" da norma jurídica, relacionada ao aspecto locucionário do ato de fala normativo, com ênfase no conteúdo dos enunciados (formulações normativas) resultantes da atividade de produção normativa, explorando-os em suas dimensões sintática e semântica.

Para a concepção hilética, o conceito de norma jurídica pode ser definido como: (i) a expressão do próprio enunciado prescritivo, em sua literalidade textual (hiléticos sintáticos); (ii) a relação que se estabelece entre o enunciado prescritivo, empiricamente considerado, e a significação a partir dele construída (hiléticos sintático-semânticos ou mistos); ou, simplesmente, (iii) a própria significação construída a partir das formulações jurídico-normativas (hiléticos semânticos).[584]

A abordagem do fenômeno normativo sob a perspectiva hilética, desse modo, pressupõe que o ato de identificação

583. ALCHOURRÓN, Carlos; BULYGIN, Eugenio. *Introducción a la metodología de las ciencias jurídicas y sociales*, p. 14-17.

584. ALONSO, Juan Pablo. *Interpretación de las normas y derecho penal*, p. 15-20.

da norma jurídica seja necessariamente intermediado pela atividade psicointelectiva de construção de sentido a que nominamos "interpretação", sem a qual seria impossível o acesso aos conteúdos de significação das formulações jurídico-normativas.[585]

No sistema de referência próprio ao constructivismo lógico-semântico, o processo interpretativo pressupõe o transcurso da rota gerativa de sentido a que alude PAULO DE BARROS CARVALHO, composta por quatro etapas, cada qual correspondente a um específico plano de significação a ser superado pelo exegeta, a saber: (i) o plano S_1, representado pelo sistema da literalidade textual, suporte físico das significações; (ii) o plano S_2, composto pelo conjunto dos conteúdos de significação dos enunciados prescritivos, isoladamente considerados; (iii) o plano S_3, materializado pelo conjunto articulado das significações normativas – o sistema de normas jurídicas *stricto sensu* – assim entendidas como as proposições estruturadas sob a forma de juízos hipotético-condicionais, descritivas de situações de fato cuja verificação dará ensejo ao estabelecimento do vínculo normativo (relação jurídica) entre dois (ou mais) sujeitos de direito; e (iv) o plano S_4, revelador do conjunto sistematizado das normas construídas no nível S_3, onde se estabelecem os vínculos de coordenação e subordinação entre as regras.[586]

---

585. O conceito de interpretação a que nos referimos, nessa passagem, é aquele a que DASCAL chama de interpretação latíssimo sensu (LS), assim entendida como o ato de compreensão de "qualquer objeto de cultura, por meio da atribuição ao substrato material desse objeto de um significado; um sentido ou um valor". DASCAL, Marcelo. *Interpretação e compreensão*, p. 343.

586. O plano da literalidade textual – plano S_1 –, corresponde ao conjunto das letras, palavras, frases, períodos e parágrafos, graficamente manifestados nos documentos jurídicos pelos órgãos de criação do direito, suporte físico que limita o âmbito dos suportes materiais utilizados na mensagem prescritiva comunicacional que, emitido em determinado idioma, há de seguir as regras de formação e de transformação, preceitos morfológicos e sintáticos ditados pela gramática da língua, que estarão presentes em todos os instantes do seu desenvolvimento.
Trata-se, nas palavras do Mestre paulista, do único e exclusivo dado objetivo comum a todos os integrantes da comunidade comunicacional; tudo mais será entre-

A essas quatro etapas do processo de construção de sentido a que se refere PAULO DE BARROS CARVALHO, ainda pode ser agregada uma quinta e última fase, que se vinculada às circunstâncias concretas de aplicação normativa. Com efeito, as contingências fáticas que se impõem ao processo de interpretação realizado a pretexto da aplicação do sistema jurídico-normativo tendem a desencadear um específico e derradeiro esforço hermenêutico para a reconfiguração dos conteúdos normativos com vistas a adequá-los às imprevisíveis situações concretas próprias das sociedades complexas, no âmbito daquilo do que, noutra ocasião, houvemos por bem chamar de plano S_5 (ou plano da concretização).[587]

---

gue ao teor das construções do intérprete.
Em seguida, ingressa o intérprete no plano S_2, composto pelo conjunto dos conteúdos de significação dos enunciados prescritivos, momento em que o exegeta tem o primeiro contato com o conteúdo dos textos jurídicos, por meio da compreensão isolada dos enunciados prescritivos, sem que seja possível, ainda, identificar qualquer mensagem normativa com capacidade de direcionar as condutas intersubjetivas.
Nesse subdomínio, não há que se falar, ainda, em "normas jurídicas em sentido estrito", assim entendidas como aquelas proposições que se estruturam sob a forma de juízos hipotético-condicionais no âmbito das quais é possível identificar as circunstâncias fáticas (hipótese normativa) cuja verificação implicará a vinculação da vontade do destinatário da norma, obrigando-o, proibindo-o ou facultando-o a realização de determinada conduta (consequente normativo). A despeito disso, é nesse plano (S_2) que se identificam os enunciados principiológicos, inclusive os chamados princípios implícitos, derivados de formulações expressas do direito positivo.
Na articulação dos enunciados prescritivos isoladamente considerados tem início a última etapa do percurso de construção da mensagem normativa em sentido estrito, momento em que o intérprete organiza as informações prescritivas insulares de modo a dar forma à estrutura dêontico-normativa minimal, composta pelo tópico do antecedente-descritivo que se liga, sob a forma de juízo implicacional, ao consequente-prescritivo, no qual uma dada conduta restará deonticamente qualificada pelos modais obrigatório, proibido ou permitido. Eis o plano S_3, o sistema das normas em sentido estrito.
Impende, ao final, organizar os conteúdos normativos em sentido estrito, agrupando-os sob a forma superior de sistema, onde estarão explicitadas as relações de coordenação e de subordinação normativas que expressam a estrutura escalonada mediante a qual se apresenta o sistema jurídico. Trata-se do plano S_4, âmbito no qual é possível cotejar as proposições normativas, abstratamente consideradas, com vistas a determinação de suas compatibilidades. CARVALHO, Paulo de Barros. *Direito tributário*: fundamentos jurídicos da incidência, p. 83-107.

587. Eis, aqui, o momento culminante do processo de construção de sentido, possível somente por ocasião do desencadeamento dos processos jurídico-decisórios, consubstanciado na atividade interpretativo-dialética realizada pelo intérprete-aplicador

É no contexto do referido processo interpretativo que, sob essa perspectiva hilética, exsurge aquilo que o enunciado do art. 966, inciso V, do CPC, denomina "manifesta violação à norma jurídica", fenômeno que se materializará nas situações em que a decisão rescindenda houver adotado interpretação diversa da fixada pelo *consenso institucional* firmado acerca: (i) do significado literal a ser atribuído a uma determinada formulação normativa (plano S_1); (ii) do significado contextual a ser atribuído a determinada formulação normativa isoladamente considerada (plano S_2); (iii) da norma (em sentido estrito) a ser construída a partir da interpretação de um conjunto de enunciados prescritivos (plano S_3); (iv) da compatibilidade de uma norma jurídica com outra regra, hierarquicamente superior, do sistema jurídico (plano S_4); ou, até mesmo, da interpretação a ser dada a determinado preceito normativo diante de uma específica situação concreta (plano S_5).

Agora, quando nos referimos ao "consenso institucional" formado em torno do conteúdo de significação representado pela "norma jurídica" objeto de "manifesta violação", o qual autoriza a rescisão da coisa julgada com fundamento no art. 966, inciso V, do CPC, queremos apontar, exclusivamente, para o assentimento interpretativo objetivado em outras decisões proferidas pelos órgãos de revisão do Poder Judiciário (Tribunais) acerca da questão de mérito (fática ou jurídica) controvertida, a ser verificado no instante em que proferida a decisão acobertada pela coisa julgada que se pretende rescindir.

---

a partir do cotejo do sistema jurídico (plano S_4), na condição de dado normativo construído ex ante, com as contingências próprias a cada situação concreta, e que resulta na reconstrução dos conteúdos normativos de significação, com vistas a harmonizar/adaptar as mensagens normativas às complexidades que acometem o caso. Nesse momento, os princípios normativos são cotejados, os limites semânticos dos enunciados prescritivos são alargados ou restringidos e as posições sintáticas das unidades normativas revisadas, tudo para dar cabo da solução do caso concreto. DALLA PRIA, Rodrigo. Constructivismo jurídico e interpretação concretizadora: dialogando com Paulo de Barros de Carvalho e Friedrich Müller. In: *VIII Congresso Nacional de Estudos Tributários*: derivação e positivação no direito tributário, 2011.

A decisão que viola manifestamente norma jurídica, portanto, é a que adota interpretação diversa daquela acolhida pela jurisprudência pacífica dos Tribunais no momento em que houver sido exarada, em afronta ao consenso interpretativo firmado no âmbito dos Tribunais locais e Superiores.

Desse modo, a verificação empírica de um único dissenso (acórdão) entre os Tribunais locais acerca de questão de mérito ainda não consolidada, de modo definitivo, pelo Tribunal Superior competente, para dar cabo à divergência, é suficiente para descaracterizar a alegação de manifesta violação à norma jurídica formulada com fundamento no art. 966, inciso V, do CPC.

É essa, aliás, a "prudência" expressa pela histórica – antiga, mas atualíssima – orientação firmada pela Súmula 343 do STF,[588] exarada ainda sob a vigência do CPC/39, a qual, contudo, ajusta-se perfeitamente à hipótese de rescisão prescrita no art. 966, inciso V, do CPC/2015.

Com efeito, ao enunciar que "não cabe ação rescisória por ofensa a literal dispositivo de lei, quando a decisão rescindenda se tiver baseado em texto legal de interpretação controvertida nos tribunais", a *ratio* subjacente à Súmula 343 do STF se adéqua ainda com maior precisão ao enunciado do inciso V do art. 966 do CPC/2015, pois a interpretação controvertida a que se refere o indigitado verbete se vincula às divergências semânticas existentes, à época da prolação da decisão rescindenda, acerca de determinado dispositivo legal.

É de se ver, portanto, que, durante todo o período de vigência do art. 485, inciso V, do CPC/73, a expressão "violação literal a dispositivo de lei" já era lida como equivalente da locução "violação manifesta à norma jurídica", tal como enunciada, atualmente, no art. 966, inciso V, do CPC/2015.

---

588. "Súmula 343. Não cabe ação rescisória por ofensa a literal dispositivo de lei, quando a decisão rescindenda se tiver baseado em texto legal de interpretação controvertida nos tribunais".

A despeito de haver sido mitigada durante um certo período de nossa história recente,[589] a Súmula 343 do STF vem sendo reiteradamente observada nos últimos anos, tanto no que tange às matérias abarcadas pela competência da própria Corte Suprema como naquelas adstritas ao âmbito competencial do Superior Tribunal de Justiça.[590]

---

589. Vide, nesse sentido, o quanto decidido no RE n. 328.812/AM.

590. "AÇÃO RESCISÓRIA VERSUS UNIFORMIZAÇÃO DA JURISPRUDÊNCIA
O Direito possui princípios, institutos, expressões e vocábulos com sentido próprio, não cabendo colar a sinonímia às expressões "ação rescisória" e "uniformização da jurisprudência".
AÇÃO RESCISÓRIA – VERBETE N. 343 DA SÚMULA DO SUPREMO.
O Verbete n. 343 da Súmula do Supremo deve de ser observado em situação jurídica na qual, inexistente controle concentrado de constitucionalidade, haja entendimentos diversos sobre o alcance da norma, mormente quando o Supremo tenha sinalizado, num primeiro passo, óptica coincidente com a revelada na decisão rescindenda".
(RE 590.809/RS; Tribunal Pleno; Rel. Min. Marco Aurélio Melo; julgado em 22/10/2014; DJe de 24-11-2014, destacamos e grifamos).
"PROCESSUAL CIVIL. AÇÃO RESCISÓRIA. PRAZO DECADENCIAL. TERMO INICIAL. TRÂNSITO EM JULGADO DA ÚLTIMA DECISÃO PROFERIDA NOS AUTOS. ART. 495 DO CPC. SÚMULA N. 401/STJ. COISA JULGADA "POR CAPÍTULOS ". INADMISSIBILIDADE. SFH. UTILIZAÇÃO DO IPC (84,32%) NO MÊS DE ABRIL DE 1990. ADOÇÃO DA TAXA REFERENCIAL (TR) COMO ÍNDICE DE ATUALIZAÇÃO MONETÁRIA (LEI N. 8.177/1991). VIOLAÇÃO DE LITERAL DISPOSIÇÃO DE LEI. ART. 485, V, DO CPC. SÚMULA N. 343/STF. VIOLAÇÃO DO ART. 535 DO CPC NÃO CONFIGURADA.
(...).
4. A ação rescisória, fundada no art. 485, V, do CPC, pressupõe violação frontal e direta de literal disposição de lei, sendo certo, ainda, que a adoção pela decisão rescindenda de uma dentre as interpretações cabíveis não enseja a rescisão do decisum. Incidência da Súmula n. 343/STF: "Não cabe ação rescisória por ofensa a literal disposição de lei, quando a decisão rescindenda se tiver baseado em texto legal de interpretação controvertida nos tribunais".
(...).
6. A pacificação da jurisprudência desta Corte em sentido contrário e posteriormente ao acórdão rescindendo não afasta a aplicação do enunciado n. 343 da Súmula do STF".
(...).
8. Recurso especial conhecido e parcialmente provido.
(REsp 736.650/MT; Corte Especial; Rel. Ministro Antonio Carlos Ferreira; julgado em 20/08/2014, DJe 01/09/2014, destacamos e grifamos).
"PROCESSUAL CIVIL E PREVIDENCIÁRIO. AÇÃO RESCISÓRIA. ART. 485, V, DO CPC. REVISÃO DE BENEFÍCIO PREVIDENCIÁRIO. ART. 103, CAPUT DA LEI 8.213/1991. PRAZO DECADENCIAL. INTERPRETAÇÃO CONTROVERTIDA NA ÉPOCA EM QUE PROFERIDA A DECISÃO RESCINDENDA. VIOLAÇÃO A

O que se pode apreender a partir da *ratio decidendi* que sustenta a orientação firmada pelo plenário do Supremo

---

LITERAL DISPOSITIVO DE LEI. NÃO CONFIGURADA. APLICABILIDADE DA SÚMULA 343/STF, RATIFICADA PELO PLENÁRIO DO STF NO JULGAMENTO DO RE 590.809/RS.
1. A controvérsia veiculada na ação rescisória está em saber se o prazo decadencial de dez anos para o segurado revisar o benefício previdenciário, tal como implantado no art. 103, caput da Lei 8.213/91 pela MP 1.523-9/1997 (convertida na Lei 9.528, de 10/12/97), pode ou não ser aplicado em relação a benefícios concedidos pelo INSS em época anterior a essa modificação legislativa (antes de 28/6/1997).
2. No caso dos autos, o acórdão que se busca rescindir, proferido pela Sexta Turma do STJ, assentou-se no fundamento de que o novo prazo decadencial não poderia alcançar situações pretéritas já consolidas, com base na jurisprudência que se encontrava consolidada na Terceira Seção sobre o mesmo assunto.
3. A Primeira Seção, no julgamento do REsp 1.303.988/PE, passou a entender de forma diversa da Terceira Seção. Sendo que com a superveniência do julgamento, pela Primeira Seção, dos REsp's. 1.309.529/PR e 1.326.114/SC, processados sob o signo do art. 543-C do CPC, DJe 4/6/2013, houve a definitiva pacificação do tema no STJ. O mesmo entendimento foi fixado pelo STF, com o julgamento, em repercussão geral, do RE 626.489/SE (Rel. Min. Roberto Barroso, Tribunal Pleno, DJe 23/09/2014), restando consagrada, em ambas as Cortes superiores, tese oposta àquela acolhida na decisão rescindenda. Com base nesse entendimento busca o INSS a rescisão do julgado.
4. Consoante jurisprudência firme se há nos tribunais divergência de entendimento a respeito de determinado dispositivo legal é porque o mesmo comporta mais de uma interpretação, a significar que não se pode qualificar qualquer uma dessas interpretações, como ofensiva ao teor literal da norma interpretada. Em virtude da segurança jurídica e da coisa julgada justifica-se a manutenção de sentenças/acórdãos que deram interpretação razoável aos preceitos normativos.
5. A Súmula 343/STF não deve ser afastada de pronto em casos nos quais o pedido rescisório se apoie em alteração jurisprudencial, não sendo a mudança jurisprudencial argumento suficiente para a admissibilidade da ação rescisória, sob pena de violar a garantia constitucional da coisa julgada e da segurança jurídica. Vale destacar que "a pacificação da jurisprudência desta Corte em sentido contrário e posteriormente ao acórdão rescindendo não afasta a aplicação do enunciado n. 343 da Súmula do STF". (REsp 736.650/MT, Rel. Ministro ANTONIO CARLOS FERREIRA, CORTE ESPECIAL, julgado em 20/08/2014, DJe 01/09/2014).
6. Assim, incide à situação em análise o disposto na Súmula 343/STF, cuja aplicabilidade foi recentemente ratificada pelo Plenário do STF, inclusive quando a controvérsia de entendimentos se basear na aplicação de norma constitucional (RE 590.809/RS, Rel. Min. Marco Aurélio, DJe de 24/11/2014). Optou-se por preservar a segurança jurídica e a coisa julgada, prestigiando a eficácia do julgado rescindendo. Em igual sentido vem se manifestando a jurisprudência do STJ. 7. Nesse mesmo sentido, já decidiu a Primeira Seção no julgamento da AR 5.326/RS, julgado em 28/10/2015, DJe 27/11/2015, de Relatoria do Ministro Sérgio Kukina. 8. Pedido rescisório julgado improcedente.
(AR 5.466; 1ª Seção; Rel. Min. Mauro Campbell Marques; julgamento de 24/10/2017; DJe de 12/11/2018).

Tribunal Federal no julgamento do RE 590.809/RS, quando se reiterou a plena vigência da Súmula 343 do STF, é que a única situação em que se poderia admitir a mitigação do sobrecitado verbete para fins de admissão da ação rescisória fundada em manifesta violação de norma jurídica, mesmo diante da comprovada existência de controvérsia interpretativa à época da prolação da decisão rescindenda, é aquela na qual a consolidação da interpretação do preceito constitucional realizada pelo STF em sentido diverso daquele cristalizado pela coisa julgada ocorra por intermédio de instrumento de controle abstrato de constitucionalidade.[591]

E nem poderia ser diferente, pois os efeitos subjetivos abrangentes emanados da decisão exarada em controle abstrato de constitucionalidade, ao menos no que diz com sua eficácia eminentemente executiva (*ex nunc*), sobrepõem-se àqueles emanados pela decisão passada em julgado, não podendo admitir-se que os mesmos sujeitos de direito tenham suas condutas pautadas por duas decisões que adotam interpretações distintas acerca da mesma questão constitucional.

Daí a viabilidade da pretensão rescisória fundada em manifesta violação de norma constitucional.

É preciso insistir, contudo, que a sobreposição da eficácia normativa do pronunciamento exarado pelo STF em controle abstrato de constitucionalidade sobre a decisão passada em julgado imprescinde do regular manejo da ação

591. "Como afirmado pela mestre Ada Pellegrini Grinover, eventual afastamento do Verbete n. 343, por envolvimento de matéria constitucional, não pode ter razão genérica, e sim específica para as situações em que, no ato rescindendo, determinada lei foi proclamada constitucional, **vindo, posteriormente, o Supremo a concluir pela inconstitucionalidade, com efeitos abrangentes, a repercutirem fora das balizas subjetivas do processo**. Para a processualista, em caso contrário, como na espécie, "posterior declaração incidental de constitucionalidade nada nulifica, não se caracterizando a categoria da inexistência", pelo que devem ficar a salvo da rescisória decisões, tomadas em dissídio jurisprudencial, em sentido oposto à nova posição do Supremo".
(RE 590.809 - repercussão geral; Tribunal Pleno; Rel. Min. Marco Aurélio Melo; julgado em 22/10/2014; DJe de 24-11-2014, destacamos e grifamos).

rescisória, inclusive no que tange à observância do biênio fixado no art. 975 do CPC. (RE 730.462/MG - Tema 733).[592]

A alegada violação manifesta à norma jurídica também deverá ser, empírica e analiticamente, demonstrada pelo autor da rescisória, sob pena de improcedência da pretensão. Nas situações em que a questão de direito objeto

592. CONSTITUCIONAL E PROCESSUAL CIVIL. DECLARAÇÃO DE INCONSTITUCIONALIDADE DE PRECEITO NORMATIVO PELO SUPREMO TRIBUNAL FEDERAL. EFICÁCIA NORMATIVA E EFICÁCIA EXECUTIVA DA DECISÃO: DISTINÇÕES. INEXISTÊNCIA DE EFEITOS AUTOMÁTICOS SOBRE AS SENTENÇAS JUDICIAIS ANTERIORMENTE PROFERIDAS EM SENTIDO CONTRÁRIO. INDISPENSABILIDADE DE INTERPOSIÇÃO DE RECURSO OU PROPOSITURA DE AÇÃO RESCISÓRIA PARA SUA REFORMA OU DESFAZIMENTO.
1. A sentença do Supremo Tribunal Federal que afirma a constitucionalidade ou a inconstitucionalidade de preceito normativo gera, no plano do ordenamento jurídico, a consequência (= eficácia normativa) de manter ou excluir a referida norma do sistema de direito.
2. Dessa sentença decorre também o efeito vinculante, consistente em atribuir ao julgado uma qualificada força impositiva e obrigatória em relação a supervenientes atos administrativos ou judiciais (= eficácia executiva ou instrumental), que, para viabilizar-se, tem como instrumento próprio, embora não único, o da reclamação prevista no art. 102, I, , da Carta Constitucional.
3. A eficácia executiva, por decorrer da sentença (e não da vigência da norma examinada), tem como termo inicial a data da publicação do acórdão do Supremo no Diário Oficial (art. 28 da Lei 9.868/1999). É, consequentemente, eficácia que atinge atos administrativos e decisões judiciais supervenientes a essa publicação, não os pretéritos, ainda que formados com suporte em norma posteriormente declarada inconstitucional.
4. Afirma-se, portanto, como tese de repercussão geral que a decisão do Supremo Tribunal Federal declarando a constitucionalidade ou a inconstitucionalidade de preceito normativo não produz a automática reforma ou rescisão das sentenças anteriores que tenham adotado entendimento diferente; para que tal ocorra, será indispensável a interposição do recurso próprio ou, se for o caso, a propositura da ação rescisória própria, nos termos do art. 485, V, do CPC, observado o respectivo prazo decadencial (CPC, art. 495). Ressalva-se desse entendimento, quanto à indispensabilidade da ação rescisória, a questão relacionada à execução de efeitos futuros da sentença proferida em caso concreto sobre relações jurídicas de trato continuado.
5. No caso, mais de dois anos se passaram entre o trânsito em julgado da sentença no caso concreto reconhecendo, incidentalmente, a constitucionalidade do art. 9º da Medida Provisória 2.164-41 (que acrescentou o art. 29-C na Lei 8.036/90) e a superveniente decisão do STF que, em controle concentrado, declarou a inconstitucionalidade daquele preceito normativo, a significar, portanto, que aquela sentença é insuscetível de rescisão.
6. Recurso extraordinário a que se nega provimento.
(RE n. 730.462/SP; Tribunal Pleno; Rel. Min. Teori Zavascki; julgamento de 28/05/2015; DJe de 09/09/2015).

da decisão rescindenda haja sido apreciada, de forma distinta, por precedente representativo da controvérsia, essa demonstração dispensará maiores incursões sobre o conteúdo dos precedentes exarados por Tribunais locais, bastando que reste evidenciada a discrepância entre a decisão rescindenda e o precedente de observância obrigatória, desde que, por óbvio, este último seja anterior à primeira.

Em tais situações, a rescindibilidade da coisa julgada incidente sobre a decisão exarada em contrariedade à orientação firmada em precedente de observância obrigatória prescinde de similaridade absoluta entre o caso julgado no precedente paradigma e aquele apreciado pela decisão rescindenda, bastando que a *ratio decidendi* firmada pelo acórdão representativo da controvérsia seja aplicável, em sua essência, ao caso apreciado pela decisão trânsita.

O §5º do art. 966 também garante o direito à rescisão, calcada em manifesta violação à norma jurídica, da decisão passada em julgado exarada com fundamento em precedente de observância obrigatória, na qual não haja sido considerada a distinção entre a questão de mérito concretamente decidida e o padrão decisório (*ratio decidendi*) firmado no precedente representativo da controvérsia que lhe serviu de base, dando ensejo àquele *deficit* de fundamentação a que alude o art. 489, §1º, inciso V, do CPC.[593]

---

593. "Art. 966. A decisão de mérito, transitada em julgado, pode ser rescindida quando:

(...)

V - violar manifestamente norma jurídica;

(...)

§ 5º. Cabe ação rescisória, com fundamento no inciso V do **caput** deste artigo, contra decisão baseada em enunciado de súmula ou acórdão proferido em julgamento de casos repetitivos que não tenha considerado a existência de distinção entre a questão discutida no processo e o padrão decisório que lhe deu fundamento".

"Art. 489. São elementos essenciais da sentença:

(...)

§ 1º. Não se considera fundamentada qualquer decisão judicial, seja ela interlocutória, sentença ou acórdão, que:

(...)

A teor daquilo que nos parece estar implícito no enunciado do §6º do mesmo art. 966 do CPC, é razoável admitir que a rescindibilidade da coisa julgada, nessa específica situação de ausência de juízo de acerca da similitude entre o caso julgado e o precedente de observância obrigatória no qual se sustenta a decisão rescindenda, pressupõe que a referida questão não tenha sido objeto de controvérsia nos autos do processo que deu origem à decisão rescindenda, tomando-se em conta a mesma lógica utilizada pelo §1º do art. 966 do CPC, para delimitar as condições da rescisão fundada em erro de fato (art. 966, inciso VIII, do CPC).[594]

3.3.1.2 A ação rescisória voltada ao afastamento da exigibilidade da obrigação de restituir o indébito tributário reconhecido por sentença: a exegese do art. 535, §8º, do CPC/2015

Entre as importantes inovações trazidas pelo CPC/2015 acerca do regime jurídico-processual aplicável à ação

---

VI - deixar de seguir enunciado de súmula, jurisprudência ou precedente invocado pela parte, sem demonstrar a existência de distinção no caso em julgamento ou a superação do entendimento".

594. "Art. 966. A decisão de mérito, transitada em julgado, pode ser rescindida quando:
(...)
V - violar manifestamente norma jurídica;
(...)
VIII - for fundada em erro de fato verificável do exame dos autos.
§ 1º. Há erro de fato quando a decisão rescindenda admitir fato inexistente ou quando considerar inexistente fato efetivamente ocorrido, sendo indispensável, em ambos os casos, que o fato não represente ponto controvertido sobre o qual o juiz deveria ter se pronunciado.
(...)
§ 5º. Cabe ação rescisória, com fundamento no inciso V do caput deste artigo, contra decisão baseada em enunciado de súmula ou acórdão proferido em julgamento de casos repetitivos que não tenha considerado a existência de distinção entre a questão discutida no processo e o padrão decisório que lhe deu fundamento.
§ 6º. Quando a ação rescisória fundar-se na hipótese do § 5º. deste artigo, caberá ao autor, sob pena de inépcia, demonstrar, fundamentadamente, tratar-se de situação particularizada por hipótese fática distinta ou de questão jurídica não examinada, a impor outra solução jurídica.

rescisória, está a veiculada no art. 535, §8º, do CPC,[595] relativa à possibilidade de ajuizamento da referida ação em face da sentença condenatória proferida em desfavor da Fazenda Pública – que esteja em fase de cumprimento, nos termos do art. 534 e seguintes do CPC –, a ser proposta com fundamento na violação a decisão proferida, posteriormente à formação da coisa julgada, pelo Supremo Tribunal Federal.

Segundo dispõe o §8º do art. 535 do CPC, a ação rescisória fundada em violação à decisão ulterior do Supremo Tribunal Federal acerca da constitucionalidade da regra que sustenta a higidez do título executivo-judicial formado em desfavor da Fazenda Pública, diferentemente do que acontece nas demais situações de rescindibilidade, deverá ser ajuizada no prazo de dois anos contados do trânsito em julgado do pronunciamento exarado pela Corte Suprema.

Essa específica técnica de rescisão da coisa julgada, não há como negar, contém peculiaridades não presentes nas modalidades *ordinárias* previstas no art. 966 do CPC, quais sejam: (i) é aplicável, exclusivamente, às decisões passadas em julgado cuja eficácia seja eminentemente condenatória

---

595. "Art. 535. A Fazenda Pública será intimada na pessoa de seu representante judicial, por carga, remessa ou meio eletrônico, para, querendo, no prazo de 30 (trinta) dias e nos próprios autos, impugnar a execução, podendo arguir:
(...)
III - inexequibilidade do título ou inexigibilidade da obrigação;
(...)
§ 5º. Para efeito do disposto no inciso III do caput deste artigo, considera-se também inexigível a obrigação reconhecida em título executivo judicial fundado em lei ou ato normativo considerado inconstitucional pelo Supremo Tribunal Federal, ou fundado em aplicação ou interpretação da lei ou do ato normativo tido pelo Supremo Tribunal Federal como incompatível com a Constituição Federal , em controle de constitucionalidade concentrado ou difuso.
§ 6º. No caso do § 5º, os efeitos da decisão do Supremo Tribunal Federal poderão ser modulados no tempo, de modo a favorecer a segurança jurídica.
§ 7º. A decisão do Supremo Tribunal Federal referida no § 5º deve ter sido proferida antes do trânsito em julgado da decisão exequenda.
§ 8º. Se a decisão referida no § 5º for proferida após o trânsito em julgado da decisão exequenda, caberá ação rescisória, cujo prazo será contado do trânsito em julgado da decisão proferida pelo Supremo Tribunal Federal".

– as únicas cuja realização depende da instauração do necessário procedimento de cumprimento de sentença que se pretende obstar com a tutela rescisória; (ii) diferentemente da tutela jurisdicional rescisória dita "ordinária", aquela exarada com fundamento no § 8º do art. 535 do CPC não se volta contra o conteúdo da decisão trânsita, mas somente contra sua eficácia executiva, pois destinada a reconhecer a inexigibilidade da obrigação exequenda; e, ainda, (iii) em decorrência disso, a tutela rescisória, nesta específica modalidade, prescindirá do chamado "juízo rescisório", destinado a reapreciar a demanda originária, bastando que seja proferido o denominado "juízo rescindente", que reconheça a divergência entre a decisão rescindenda e aquela proferida pelo STF e, consequentemente, afaste a exigibilidade da obrigação exequenda.

Nesse contexto jurídico-processual tão peculiar, o interesse processual no ajuizamento da ação rescisória fundada no §8º do art. 535 do CPC, com vistas ao reconhecimento da inexigibilidade da obrigação exequenda, dependerá da efetiva demonstração, pela Fazenda Pública autora, de que o único fundamento a sustentar o direito do credor é aquele de índole constitucional sobre o qual recai a insurgência.

Desse modo, verificando-se, na decisão rescindenda, um outro fundamento normativo que sustente, de forma autônoma, a existência da obrigação exequenda, não haverá que se falar em interesse de agir para a ação rescisória fundada no §8º do art. 535 do CPC.

A esse respeito, vale, ainda, ressaltar que, embora o prazo bienal para ajuizamento da referida demanda tenha início com o trânsito em julgado da decisão exarada pelo Supremo Tribunal Federal, na qual se escora a pretensão, o esgotamento do procedimento de cumprimento de sentença representará, por si só, o marco final de subsistência do interesse da Fazenda Pública na propositura dessa específica modalidade de ação rescisória.

Isso ocorre porque a emissão da ordem de pagamento dirigida à Fazenda Pública (precatório), realizada na forma do art. 100 da CF/88, tem o condão de concretizar de forma plena – ao menos sob a óptica processual – a obrigação exequenda, que se transmuta da condição de "obrigação (processualmente) exigível" para a de "obrigação (processualmente) exigida".

A ordem de inclusão do valor devido no orçamento do ente político (precatório), já o dissemos, constitui a técnica de concretização das tutelas executivas a serem efetivadas em face da Fazenda Pública. Impossível cogitar, portanto, a possibilidade de afastamento da exigibilidade de obrigação plenamente exigida – exatamente o caso da condenação processualmente cumprida (realizada) mediante expedição, em face do devedor público, do ofício requisitório (precatório) do pagamento do débito.

Essa circunstância, por si só, induz a total ausência de interesse processual do credor fiscal na propositura da ação rescisória.

Diante disso, é altamente recomendável que o ajuizamento da ação rescisória pela Fazenda Pública, quando realizado na modalidade prevista no §8º do art. 535 do CPC, seja qualificado por pedido de concessão de tutela provisória (cautelar), requerida com respaldo no art. 300 e seguintes do CPC, pois a mera propositura da demanda, a teor do que dispõe o art. 969 do CPC,[596] não obsta o desencadeamento dos atos de cumprimento da sentença condenatória passada em julgado, o que pode significar risco de ineficácia total da pretensão rescisória diante da possível perda superveniente de interesse de processual.

Não se pode negar a existência de certa similitude entre a ação rescisória prevista no §8º do art. 535 do CPC, e

---

596. Art. 969. A propositura da ação rescisória não impede o cumprimento da decisão rescindenda, ressalvada a concessão de tutela provisória.

aquela fundada em "manifesta violação à norma jurídica" referida no art. 966, inciso V, do mesmo diploma, já que ambas se fundamentam, direta ou indiretamente, na não observância de preceitos normativos.

Apesar disso, quer nos parecer que os requisitos de admissibilidade dessa específica modalidade de ação rescisória (§ 8º do art. 535 do CPC), por conta da *transitividade* (ver item 4.1.2.2.1 do capítulo IV do título I) característica da tutela jurisdicional que lhe serve de objeto, prescindem de "consenso institucional" quanto à interpretação atribuída ao enunciado constitucional, firmado contemporaneamente à prolação da decisão rescindenda.

Significa dizer que a orientação emanada do verbete 343 do STF não é aplicável à ação rescisória ajuizada com fundamento no §8º do art. 535 do CPC, dado o fato de a decisão rescindenda, nesses específicos casos, ainda não haver produzido os efeitos jurídicos e sociais por ela pretendidos. A concessão da tutela rescisória nessas situações não implicará, portanto, efeitos materiais concretos sobre a esfera jurídica do titular do crédito exequendo, o qual simplesmente deixará de realizar o direito creditório a ele atribuído em desconformidade com a orientação firmada pelo Supremo Tribunal Federal.

Trata-se, aqui, de um tipo de rescindibilidade vinculado às ideias de isonomia e de supremacia da norma constitucional e destinado a restringir a exigibilidade da obrigação exequenda cuja realização, dada a peculiar natureza da decisão rescindenda (transitiva por natureza), preserva o direito (constitucional) do devedor público, sem que disso resulte, automaticamente, em prejuízos materiais ao credor.[597]

---

597. Tutelas jurisdicionais transitivas, conforme tivemos oportunidade de alinhavar no Capítulo IV, do título I, são aquelas que não têm o condão de, por si sós, satisfazer o direito material violado, exigindo da prática de atos jurisdicionais ulteriores voltados à execução do direito por ela reconhecido. O exemplo clássico dessa modalidade de pronunciamento jurisdicional, não há dúvidas, é a tutela condenatória.

Nesse ponto reside o substrato de razoabilidade subjacente a essa específica modalidade de ação rescisória, inclusive no que diz respeito ao deslocamento *dies a quo* do prazo decadencial bienal para a data do trânsito em julgado da decisão violada, regime que não subsistiria constitucionalmente se, por exemplo, o referido instrumento também pudesse ser utilizado com o objetivo de afastar a coisa julgada incidente sobre tutelas jurisdicionais tributárias intransitivas, tais como a declaratório-negativa (declaratória de inexistência de relação jurídico-tributária) e a constitutivo-negativa (anulatória de débito fiscal), cujas eficácias realizadoras, conforme anotamos no capítulo IV do título I, são imanentes ao pronunciamento jurisdicional, dispensando quaisquer providências ulteriores.

Essas considerações, a propósito, dão-nos o pretexto adequado para direcionarmos nossas atenções para as situações em que a ação rescisória voltada ao reconhecimento da inexigibilidade do título executivo judicial é aplicável às tutelas jurisdicionais de índole tributária.

Com efeito, tendo em vista essa modalidade de ação rescisória (i) ser de autoria da Fazenda Pública e (ii) somente ter cabimento em face de decisões passadas em julgado que possam ser levadas a cumprimento pelo procedimento previsto nos arts. 534 e seguintes do CPC, não é difícil concluir que as únicas tutelas jurisdicionais tributárias passíveis de serem atingidas por essa peculiar técnica de rescindibilidade são as de viés eminentemente antiexacional e com o condão de emanar eficácia condenatória.

Estamos a falar, precisamente, das tutelas jurisdicionais tributárias que reconhecem, principal ou incidentalmente, o direito à restituição do indébito tributário, escaninho no qual estão incluídos os pronunciamentos exarados (i) em ação de repetição do indébito tributário; (ii) em ação declaratória do direito à compensabilidade; e (iii) em mandado de segurança voltado à declaração do direito à compensabilidade.[598]

Nesse tocante, uma questão que carece de disciplina expressa, mas que pode ser satisfatoriamente resolvida a partir da racionalidade subjacente à técnica de rescindibilidade prevista no §8º do art. 535 do CPC, refere-se à possibilidade de ajuizamento da rescisória em face de decisão passada em julgado que, por opção do credor (Súmula 461 do STJ), esteja sendo realizada mediante compensação administrativa, viabilizada pela expressa desistência do direito de se valer do procedimento de cumprimento previsto no art. 534 e seguintes do CPC.

Não podemos deixar de reconhecer que a compensação tributária materializa – se não sob o ponto de vista técnico-processual, ao menos sob a óptica eminentemente pragmática – uma forma de realização do direito à restituição do indébito reconhecido por sentença, cujos efeitos patrimoniais equivalem, em tudo e por tudo, àquele produzido pela técnica processual de cumprimento de sentença.

Vem daí, quer nos parecer, o sentido prático do verbete 461 do STJ, voltado, fundamentalmente, à realização da ideia de efetividade da tutela jurisdicional.

Nesse contexto, seria de todo inadequado – tanto sob a perspectiva da efetividade da tutela jurisdicional quanto sob a óptica do próprio devido processo legal – restringir o manejo da ação rescisória prevista no art. 535, §8º, do CPC aos casos em que as tutelas jurisdicionais tributárias condenatórias passadas em julgado hajam sido objeto de cumprimento de sentença na forma do art. 534 e seguintes do CPC.

Assim, também as decisões que estejam sendo efetivadas pela via da compensação tributária, queremos crer,

598. Acerca da eficácia condenatória emanada pelas tutelas jurisdicionais em comento, remetemos o leitor aos itens 4.1.3.1.3 do Capítulo IV do Livro I; e 1.4.2 e 1.5.5.2 do Capítulo I do Livro II.

podem ter suas exigibilidades afastadas pela tutela rescisória em comento.

Nesse tocante, a única ressalva quanto à subsistência do estado de "exigibilidade" da obrigação que se pretende afastar por intermédio da ação rescisória é que a decisão que vier a acolher a pretensão fazendária atingirá somente as compensações tributárias ainda não homologadas (expressa ou tácita) pelo Fisco, não abarcando as compensações cuja eficácia extintiva do crédito tributário já haja se tornado definitiva no plano material.

3.3.2 A impugnação ao cumprimento de sentença contra a Fazenda Pública: o afastamento da exigibilidade do título executivo judicial que reconhece o direito à restituição do indébito tributário

O art. 535, inciso III, §§ 5º, 6º e 7º, do CPC [599] dispõe acerca daquilo que podemos chamar de "impugnação rescisória", instrumento processual que, assim como a ação prevista no §8º do mesmo dispositivo, volta-se à extirpação da eficácia executiva da sentença condenatória passada em julgado proferida em desfavor da Fazenda Pública, em face de contrariedade a precedente firmado pelo STF em controle

599. Art. 535. A Fazenda Pública será intimada na pessoa de seu representante judicial, por carga, remessa ou meio eletrônico, para, querendo, no prazo de 30 (trinta) dias e nos próprios autos, impugnar a execução, podendo arguir:
(...)
III - inexequibilidade do título ou inexigibilidade da obrigação;
(...)
§ 5º. Para efeito do disposto no inciso III do caput deste artigo, considera-se também inexigível a obrigação reconhecida em título executivo judicial fundado em lei ou ato normativo considerado inconstitucional pelo Supremo Tribunal Federal, ou fundado em aplicação ou interpretação da lei ou do ato normativo tido pelo Supremo Tribunal Federal como incompatível com a Constituição Federal , em controle de constitucionalidade concentrado ou difuso.
§ 6º. No caso do § 5º, os efeitos da decisão do Supremo Tribunal Federal poderão ser modulados no tempo, de modo a favorecer a segurança jurídica.
§ 7º. A decisão do Supremo Tribunal Federal referida no § 5º deve ter sido proferida antes do trânsito em julgado da decisão exequenda.

(concreto ou abstrato) de constitucionalidade emanado em momento anterior à prolação da decisão rescindenda.

A impugnação rescisória, no entanto, somente poderá ser manejada nas hipóteses em que o credor optar por receber o indébito tributário pela via do cumprimento de sentença em sentido estrito. Em caso de opção pelo regime de compensação administrativa, eventual insurgência da Fazenda Pública haverá de ocorrer necessariamente pela via da ação rescisória, a ser processada com fundamento no art. 966, inciso V, do CPC.

No mais, a não ser o fato de a impugnação rescisória dever estar fundada em precedente constitucional exarado em momento anterior à formação da decisão rescindenda, não há nada que a diferencie, ao menos sob a perspectiva de sua eficácia, da ação prevista no §8º do art. 535 do CPC. Em ambos os casos, a mitigação da coisa julgada ocorrerá pelo reconhecimento da inexigibilidade da obrigação exequenda, o que, por via de consequência, implicará a inexequibilidade do título executivo judicial.

Não estamos a falar, propriamente, de um instituto que possa ser considerado uma inovação do CPC/2015, pois, já na época da vigência do "Código Buzaid", mais especificamente em sua versão "reformada", os arts. 741, parágrafo único, e 475-L, ambos do CPC/73, veiculavam técnicas similares. Tanto no regime processual anterior quanto no vigente, é patente a possibilidade de os instrumentos ordinários de defesa do devedor (embargos ou impugnação), a serem manejados no âmbito dos procedimentos executivos desencadeados com fundamento em título executivo judicial, produzirem eficácia rescisória em face de eventual contrariedade com precedente exarado pelo Supremo Tribunal Federal em controle de constitucionalidade.

Aliás, as dúvidas que pairavam sobre esses institutos, relativas, fundamentalmente, às suas respectivas abrangências, restaram superadas pela redação mais clara dos dispositivos veiculados no CPC/2015 (arts. 425, §§ 12 e 14, e 435, § 5º a 7º, do CPC) – onde se deixou expresso que o precedente firmado no âmbito do Supremo Tribunal Federal a ser tomado como fundamento da rescisão poderia decorrer tanto de controle difuso quanto de controle concentrado de constitucionalidade –, e, principalmente, pelo teste de constitucionalidade ao qual tais instrumentos foram submetidos por ocasião do julgamento da ADI n. 2.418/DF, de relatoria do saudoso Min. Teori Zavaski.[600]

600. CONSTITUCIONAL. LEGITIMIDADE DAS NORMAS ESTABELECENDO PRAZO DE TRINTA DIAS PARA EMBARGOS À EXECUÇÃO CONTRA A FAZENDA PÚBLICA (ART. 1º-B DA LEI 9.494/97) E PRAZO PRESCRICIONAL DE CINCO ANOS PARA AÇÕES DE INDENIZAÇÃO CONTRA PESSOAS DE DIREITO PÚBLICO E PRESTADORAS DE SERVIÇOS PÚBLICOS (ART. 1º-C DA LEI 9.494/97). LEGITIMIDADE DA NORMA PROCESSUAL QUE INSTITUI HIPÓTESE DE INEXIGIBILIDADE DE TÍTULO EXECUTIVO JUDICIAL EIVADO DE INCONSTITUCIONALIDADE QUALIFICADA (ART. 741, PARÁGRAFO ÚNICO E ART. 475-L, § 1º DO CPC/73; ART. 525, § 1º, III E §§ 12 E 14 E ART. 535, III, § 5º DO CPC/2015).
1. É constitucional a norma decorrente do art. 1º-B da Lei 9.494/97, que fixa em trinta dias o prazo para a propositura de embargos à execução de título judicial contra a Fazenda Pública.
2. É constitucional a norma decorrente do art. 1º-C da Lei 9.494/97, que fixa em cinco anos o prazo prescricional para as ações de indenização por danos causados por agentes de pessoas jurídicas de direito público e de pessoas jurídicas de direito privado prestadoras de serviços públicos, reproduzindo a regra já estabelecida, para a União, os Estados e os Municípios, no art. 1º do Decreto 20.910/32.
3. **São constitucionais as disposições normativas do parágrafo único do art. 741 do CPC, do § 1º do art. 475-L, ambos do CPC/73, bem como os correspondentes dispositivos do CPC/2015, o art. 525, § 1º, III e §§ 12 e 14, o art. 535, § 5º. São dispositivos que, buscando harmonizar a garantia da coisa julgada com o primado da Constituição, vieram agregar ao sistema processual brasileiro um mecanismo com eficácia rescisória de sentenças revestidas de vício de inconstitucionalidade qualificado, assim caracterizado nas hipóteses em que (a) a sentença exequenda esteja fundada em norma reconhecidamente inconstitucional – seja por aplicar norma inconstitucional, seja por aplicar norma em situação ou com um sentido inconstitucionais; ou (b) a sentença exequenda tenha deixado de aplicar norma reconhecidamente constitucional; e (c) desde que, em qualquer dos casos, o reconhecimento dessa constitucionalidade ou a inconstitucionalidade tenha decorrido de julgamento do STF realizado em data anterior ao trânsito em julgado da sentença exequenda.**
4. Ação julgada improcedente.
(ADI n. 2.418/DF; Tribunal Pleno; Rel. Min. Teori Zavascki; julgado em 04/05/2016; DJe de 17/11/2016) (destacamos).

Por agora, questiona-se, em especial no âmbito das lides tributárias, o alcance dos indigitados mecanismos rescisórios quando analisados à luz da noção constitucional de isonomia. É que o efeito rescisório atribuído à impugnação ao cumprimento de sentença contra a Fazenda Pública não tem equivalente no âmbito dos instrumentos processuais postos à disposição do sujeito passivo para defesa de seus interesses no bojo dos processos executivos fiscais.

A omissão do legislador processual estaria, em princípio, plenamente justificada em razão de as execuções fiscais consubstanciarem típicas demandas fundadas em título executivo extrajudicial, cuja exequibilidade não decorre de decisão judicial passada em julgado, mas sim de documento da lavra do próprio credor tributário (CDA), cuja eficácia executiva pode ser afastada pela via dos embargos do devedor ou de exceção de pré-executividade, a serem opostos, inclusive, com fundamento em precedente constitucional exarado pelo Supremo Tribunal Federal.

O problema se revela, todavia, nos casos em que o débito tributário exequendo já haja sido objeto de questionamento judicial por parte do sujeito passivo, realizado por intermédio de ação antiexacional voltada ao afastamento da cobrança, onde a questão constitucional apreciada pelo precedente exarado pelo Supremo Tribunal Federal tenha sido decidida de forma diversa.

Nessas específicas circunstâncias, a prerrogativa atribuída à Fazenda Pública pelo art. 535, §5º, do CPC haverá de ser estendida ao sujeito passivo da obrigação fiscal exequenda, que poderá se valer dos embargos do devedor ou da exceção de pré-executividade para se opor à execução do crédito tributário mediante invocação do precedente firmado pelo Supremo Tribunal Federal, ocasiões em que a eficácia preclusiva (da coisa julgada) que recai sobre a questão constitucional anteriormente decidida haverá de ser mitigada.

Além de um imperativo que se coloca ante a necessidade de tratamento processual isonômico entre os sujeitos de direito tributário, vinculado à ideia de paridade de armas ínsita ao cânone do devido processo legal, também justifica essa interpretação mais larga da técnica rescisória prevista no art. 535, inciso III, §5º, do CPC, para permitir que o sujeito passivo tributário também se valha desse instrumento, o fato de a obrigação tributária exequenda ainda não ter produzido efeitos econômicos concretos, de maneira que o afastamento da responsabilidade patrimonial do devedor tributário em face da orientação firmada pelo Supremo Tribunal Federal não implicará qualquer diminuição patrimonial em desfavor da Fazenda Pública, a qual simplesmente deverá revisar suas expectativas arrecadatórias.

3.3.3 As técnicas processuais voltadas ao afastamento da coisa julgada incidente sobre as tutelas jurisdicionais tributárias preventivas e suas repercussões sobre as chamadas relações jurídico-tributárias de trato sucessivo

No item 4.1.3.1.1 do capítulo IV do título I, onde analisamos o conteúdo, a eficácia e os efeitos normativos característicos das tutelas jurisdicionais tributárias declaratório-negativas, anotamos que os referidos pronunciamentos – exarados no âmbito das ações declaratórias de inexistência de relação jurídico-tributária e dos mandados de segurança preventivos –, sob o pretexto de solucionar uma incerteza jurídica quanto à possibilidade de exigência de determinado tributo sobre dada situação fática, destinam-se a obstar a atividade impositiva do Estado (efeitos normativos proibitivos).

As ações tributárias antiexacionais preventivas, também já o dissemos (item 1.1.1 do capítulo I do título II), têm lugar naquelas situações em que, conquanto seja possível, e até iminente, a exigência do tributo pelo Fisco, a efetiva formalização do crédito ainda não ocorreu, de modo que a relação jurídica a ser "declarada inexistente" pelas tutelas jurisdicionais declaratórias negativas não é, propriamente, a relação jurídico-tributária em sentido estrito (obrigação tributária) – a qual, de fato e de direito, ainda não existe por ocasião do ajuizamento da demanda –, mas sim a relação jurídica em que se encontra o direito potestativo da Fazenda Pública de constituir o crédito tributário.

Os litígios que dão oportunidade à propositura de ações tributárias preventivas decorrem, em regra, de duas situações muito características, quais sejam: (i) a incerteza jurídica quanto ao correto enquadramento de um fato a uma ou mais hipóteses normativas; ou (ii) a incerteza jurídica quanto à compatibilidade de uma norma tributária (ou de uma específica interpretação de enunciado prescritivo) com outra norma hierarquicamente superior (constitucional, por exemplo).

Em tempos atuais, dada a alta complexidade do sistema tributário nacional, as ações tributárias preventivas constituem instrumentos importantes para a obtenção de certeza quanto à correta interpretação e aplicação das normas tributárias. E isso porque uma das características mais marcantes dessa espécie de tutela jurisdicional é a capacidade de propagar efeitos para o futuro (*ex nunc*), "imunizando" o sujeito passivo de eventuais insurgências do Fisco no que tange às situações (fatos e operações) futuras que se amoldem àquelas discutidas e decididas nos autos das demandas tributárias preventivas.

Trata-se, portanto, de demanda que se volta à produção de tutela jurisdicional vocacionada à preservação da segurança jurídica nas relações estabelecidas entre os sujeitos de direito tributário.

A coisa julgada incidente sobre esses específicos pronunciamentos jurisdicionais, como não poderia deixar de ser, tem o condão de tornar imutáveis o conteúdo, a eficácia e os efeitos normativos por eles emanados, imunizando o sujeito passivo de eventuais insurgências fiscais cujo objeto sejam situações (fáticas e normativas) que guardem similitude com as questões decididas no processo, tornando imutáveis as condições fáticas e os critérios normativos de incidência de determinada exação.

Estarão abarcados pelos limites objetivos dessa espécie de decisão todos os fatos e operações futuras que guardarem similitude com o "tipo factual" no qual se enquadra a "questão de fato" decidida, e todas as normas jurídicas que guardarem identidade semântica com aquela que representa a "questão de direito" sobre a qual recai o pronunciamento jurisdicional.

Não por outra razão, tornou-se lugar comum afirmar que a coisa julgada incidente sobre tutelas jurisdicionais tributárias preventivas tem o condão de assegurar, prospectivamente, o regime jurídico de tributação a ser adotado nas chamadas "relações jurídicas tributárias de trato sucessivo", que, nas palavras de TEORI ALBINO ZAVASCKI, são nascidas de fatos jurídicos instantâneos que se repetem no tempo de maneira uniforme e continuada, cujos exemplos mais comuns vêm do âmbito tributário, tal "como a obrigação do comerciante de pagar imposto sobre a circulação de mercadorias, ou do empresário de recolher a contribuição para a seguridade social sobre a folha de salário ou o sobre o seu faturamento".[601]

601. "Na verdade, as relações sucessivas compõem-se de uma série de relações instantâneas homogêneas, que, pela sua reiteração e homogeneidade, podem receber tratamento jurídico conjunto ou tutela jurisdicional coletiva. No geral dos casos, as relações sucessivas pressupõem e dependem de uma situação jurídica mais ampla, ou de determinado status jurídico dos seus figurantes, nos quais se inserem, compondo-lhes a configuração. Por exemplo: a relação obrigacional de que nasce o direito de receber o pagamento de vencimentos mensais tem como fato gerador imediato a prestação do serviço pelo servidor: sem a ocorrência desse, não existirá aquele. Assim considerada, é relação jurídica sucessiva, já que seu suporte de incidência é repetitivo no tempo. Mas o citado fato gerador se forma num contexto

No contexto das relações jurídico-tributárias de trato sucessivo, a coisa julgada incidente sobre as tutelas jurisdicionais tributárias preventivas assume importância decisiva, pois nessas situações a imutabilidade imanente à *res judicata* implicará a perenização do regime jurídico a ser observado pelos sujeitos de direito tributário.

De outro lado, é também por causa dessa perenização do regime jurídico tributário aplicável às relações jurídicas de trato sucessivo que a questão da mitigação da coisa julgada incidente sobre as tutelas jurisdicionais tributárias preventivas se coloca, em especial nas circunstâncias em que a decisão passada em julgado estiver fundada em preceito constitucional que venha a ser interpretado, posteriormente, de forma diversa pelo STF, resultando na fixação de regimes tributários distintos para sujeitos de direito que estão na mesma situação jurídica.[602]

O problema aparenta ser ainda mais insolúvel nos casos em que a decisão passada em julgado, à época de sua prolação, estava em harmonia com as orientações exaradas por Tribunais locais e Superiores, dando ensejo à invocação

jurídico mais complexo: o do regime estatutário, de caráter permanente (e não sucessivo), que vincula os figurantes da relação jurídica. Disso resulta que a relação obrigacional nasce da incidência da norma sobre um suporte fático complexo, composto de um (a) fato instantâneo e inserido numa (b) situação permanente. No exemplo dado, o sujeito ativo, para fazer jus ao pagamento da prestação mensal, além de exercer efetivamente suas funções naquele período (fato gerador instantâneo e imediato), tem de ostentar também o status de servidor público legitimamente investido no cargo (fato gerador permanente e mediato)". ZAVASCKI, Teori Albino. Coisa julgada em matéria constitucional: eficácia das sentenças nas relações jurídicas de trato continuado. Disponível em: http://www.abdpc.org.br/abdpc/artigos/Teori%20Zavascki%20-%20formatado.pdf. Acesso em: 20 jul. 2019.

602. Nesse sentido, mostra-se oportuna a transcrição da tese firmada no caso repetitivo n. 340 do STJ: "Não é possível a cobrança da Contribuição Social sobre o Lucro (CSLL) do contribuinte que tem a seu favor decisão judicial transitada em julgado declarando a inconstitucionalidade formal e material da exação conforme concebida pela Lei 7.689/88, assim como a inexistência de relação jurídica material a seu recolhimento. O fato de o Supremo Tribunal Federal posteriormente manifestar-se em sentido oposto à decisão judicial transitada em julgado em nada pode alterar a relação jurídica estabilizada pela coisa julgada, sob pena de negar validade ao próprio controle difuso de constitucionalidade".

da Súmula 343 do STF, bem como nos casos em que a interpretação consolidada pelo Supremo Tribunal Federal haja sido firmada após o transcurso do biênio dentro do qual a ação rescisória poderia ser manejada.

As circunstâncias concretas acima apontadas colocam em choque frontal princípios constitucionais que, no plano abstrato da normatividade constitucional, possuem idêntica hierarquia, quais sejam: segurança jurídica e coisa julgada, de um lado; isonomia e livre concorrência, de outro.

Trata-se, não há dúvidas, de típica situação de paradoxo normativo-constitucional, cuja extirpação deve ser buscada, preferencialmente, a partir de instrumentos e institutos fixados pelo próprio sistema jurídico-processual, os quais haverão de dar conta do problema mediante solução capaz de garantir a máxima efetividade para cada um dos princípios constitucionais em confronto, evitando-se, assim, as indesejadas soluções jurisdicionais *ad hoc*.

A solução para essa intricada situação de desconforto constitucional há que se operar, na medida do possível, por instrumento jurídico que, a um só tempo, seja capaz de resguardar a segurança jurídica inerente ao instituto da coisa julgada e garantir a isonomia tributária entre sujeitos de direito que exerçam atividade econômica equivalente, com vistas à implementação de um ambiente concorrencial equânime.

Nesse contexto, cremos ser possível identificar um específico instrumento processual que tem como objetivo atuar sobre a eficácia prospectiva da coisa julgada incidente sobre tutelas jurisdicionais tributárias determinativas (preventivas) de forma a mitigá-la, sem que isso, contudo, implique infirmá-la completamente, qual seja: a ação revisional prevista no art. 505, inciso I, do CPC.

Exploraremos, no tópico seguinte, os meandros dessa específica técnica processual voltada à mitigação da coisa julgada.

3.3.3.1 A ação revisional prevista no art. 505, inciso I, do CPC, e as mutações na orientação jurisprudencial firmada pelos Tribunais Superiores: a mitigação da coisa julgada incidente sobre as tutelas jurisdicionais tributárias de cunho determinativo

O pedido de revisão da decisão passada em julgado a ser formulado com fundamento no inciso I do art. 505 do CPC[603] configura típico instrumento de mitigação da coisa julgada, o qual, diferentemente do que sói acontecer com a ação rescisória, projeta-se exclusivamente sobre a eficácia prospectiva emanada pelas tutelas jurisdicionais *determinativas* – aquelas que delimitam os parâmetros jurídicos a serem observados pelos sujeitos de direito integrantes das relações jurídicas de trato continuativo.

É possível dizer que as tutelas jurisdicionais determinativas, gênero ao qual pertencem as tutelas jurisdicionais tributárias preventivas (declaratório-negativas), carregam consigo, implicitamente, a cláusula *rebus sic stantibus*, pois haverão de prevalecer somente enquanto as circunstâncias a ela subjacentes permanecerem iguais.[604]

Verificando-se mutações no "estado de fato" e no "estado de direito" vigentes à época da prolação da decisão determinativa trânsita, terá lugar a ação revisional.

O pleito revisório, por seu turno, haverá de ser formulado por meio de ação autônoma, de distribuição livre, no bojo da qual as questões abarcadas pelo estado de indiscutibilidade ínsito à autoridade da coisa julgada haverão de

---

603. Art. 505. Nenhum juiz decidirá novamente as questões já decididas relativas à mesma lide, salvo:
I - se, tratando-se de relação jurídica de trato continuado, sobreveio modificação no estado de fato ou de direito, caso em que poderá a parte pedir a revisão do que foi estatuído na sentença;

604. BUENO, Cassio Scarpinella. *Curso sistematizado de direito processual civil*. v. 2. 8. ed. São Paulo: Saraiva, 2018, p. 368.

ser reapreciadas à luz das alegadas alterações dos estados de fato e/ou de direito presentes à época da prolação da decisão trânsita.

É preciso advertir, nesse tocante, que a modificação fática e/ou jurídica que materializa a causa de pedir da ação revisional constitui fenômeno verificável em momento posterior à formação da coisa julgada, não havendo razão, portanto, para falarmos em vício que justifique a alteração do conteúdo da decisão trânsita, a qual haverá de ser restringida, tão somente, quanto à sua eficácia prospectiva.[605] Não por outro motivo, os efeitos "modificativos" do regime jurídico fixado pela decisão determinativa passada em julgado, a serem operados pela tutela jurisdicional revisória, incidirão exclusivamente sobre as situações verificadas a partir da propositura da demanda.[606]

As razões que dão oportunidade à propositura da ação revisional, portanto, não estão relacionadas a quaisquer vícios, materiais ou processuais, da decisão revisanda. Ao contrário, o pressuposto de que a indigitada decisão é hígida justifica a rediscussão das questões por ela resolvidas, a ser realizada à luz das mutações no estado de fato/direito verificadas em momento posterior à formação da coisa julgada, com o objetivo precípuo de fixar novos parâmetros a serem observados, doravante, pelas partes.

Menos que uma modificação conteudística, o que se opera, em verdade, é a sobreposição dos efeitos exarados pela tutela de revisão sobre os efeitos prospectivos emanados,

605. "A ação de modificação supõe que a sentença mesma, que formalmente transitou em julgado, pode ser alterada no que dispusera para o futuro: a eficácia no futuro é que está sujeita, devido à natureza da sentença, a mudança, se o juízo reconhecer". MIRANDA, Pontes de. *Tratado das ações*, tomo VI, p. 285.

606. (...) "nenhum efeito retroativo tem o segundo julgado; a eficácia é ex nunc, de modo que a construção com a noção de retroatividade destoaria de toda a metodologia da interpretação das leis e de todas as regras de investigação científica construtiva". Pontes de Miranda. *Tratado das ações*, tomo VI, p. 287.

originalmente, pela decisão revisanda. Trata-se, não há dúvidas, de típico instrumento mitigador da coisa julgada, mas que atua exclusivamente sobre o estado de imutabilidade incidente sobre os efeitos prospectivos das sentenças determinativas.

Questão assaz tormentosa diz respeito à identificação dos pressupostos de ajuizamento – "mudanças nos estados de fato e/ou de direito" – da ação revisional, a ser implementada necessariamente em cotejo com um fenômeno processual fronteiriço, qual seja, os casos de efetiva alteração da *causa petendi*, cuja verificação, por si só, justifica o afastamento da decisão passada em julgado.

Seja sob a perspectiva teórica, seja sob a óptica pragmática, é tênue a diferença entre os fenômenos da "mutação da causa de pedir" – que descaracteriza a tripla identidade entre demandas e afasta o óbice da coisa julgada para fins de rediscussão da matéria de direito decidida – e da "mutação do estado de fato ou do estado de direito" – que, embora abarcada pela autoridade da coisa julgada, viabiliza a propositura da ação prevista no art. 505, inciso I, do CPC, especialmente voltada à revisão do *decisum*.

Em breve síntese, é possível dizer que, enquanto a ideia de causa de pedir se vincula aos fatos constitutivos do direito subjetivo invocado (aspecto ativo da causa de pedir) e da lesão (ou ameaça de) que justificam a demanda (aspecto passivo da causa de pedir), os "estados de fato e de direito" a que se refere o inciso I do art. 505 do CPC estão atrelados aos argumentos utilizados para a demonstração dos efeitos jurídicos pretendidos pela parte, guardando relação com o que o enunciado do art. 508 do CPC nomina de "alegações" e "defesas", as quais, se contemporâneas à propositura da demanda, haverão de ser abarcadas pela eficácia preclusiva da coisa julgada (princípio do dedutível e do deduzido).[607]

---

607. "Causa de pedir e argumentos podem até conviver, mas não se confundem. Para que o magistrado se convença da existência de uma dada causa de pedir, é dado ao

Tratando-se, no entanto, de decisões judiciais determinativas, o surgimento de novos "argumentos e razões", inexistentes à época da formação da coisa julgada, capazes de, por si sós, alterar o juízo sobre os efeitos jurídicos a serem atribuídos às narrativas fáticas (causa de pedir) que identificam a demanda, constituirá típica alteração do estado de fato/direito, suficiente, portanto, para justificar o ajuizamento da ação revisional.

Tomemos como exemplo o caso da empresa comercial importadora de máquinas e equipamentos hospitalares a quem haja sido negada, judicialmente, o direito subjetivo à exoneração do pagamento do ICMS sobre a importação das mercadorias por ela comercializadas, pleiteada sob a alegação de inconstitucionalidade da exigência.

---

interessado valer-se dos mais diversos argumentos, além da produção da prova que se faça relevante e pertinente. Mas a causa de pedir, em si mesma considerada, não é o mesmo que os argumentos de que se vale para seu enfrentamento e vice-versa. Os elementos apontados no art. 508 devem, pois, ser compreendidos como identificadores ou como elementos de comprovação de uma mesma causa de pedir.

As informações referentes à existência do direito alegado integram a parcela da *causa petendi* que se convencionou chamar de causa de pedir ativa, ao passo que as informações referentes à necessidade de obtenção de tutela jurisdicional de um determinado direito compõem a chamada causa de pedir passiva".

(...)

Para a teoria da substanciação, a causa petendi ativa se encontra na alegação do fato ou conjunto de fatos que se subsume à hipótese de uma ou mais normas primárias; implicando, pois, na constituição do direito cuja tutela de pleiteia".

(...)

"Em razão de o Código de Processo Civil exigir, *para quaisquer demandas*, a narrativa dos fatos constitutivos do direito afirmado, a maior parte da doutrina entende que nosso sistema consagrou a teoria da substanciação – opinião que encampamos.

A causa de pedir passiva consiste na narrativa do fato ou do conjunto de fatos que caracteriza uma crise de cooperação (entre os vários tipos referidos: adimplemento, situação jurídica e certeza), demonstrativa da necessidade de se conferir tutela jurisdicional a um determinado direito". OLIVEIRA, Bruno Silveira de. *Conexidade e efetividade processual*, p. 38-62.

"É importante insistir na distinção. Causa de pedir é aquele fato ou conjunto de fatos (causa de pedir composta) significativo suficiente de uma determinada consequência jurídica no mundo do direito. Os motivos, as razões, os argumentos (as "alegações" e as "defesas") que sustentam a causa de pedir (ou as causas de pedir) não se confundem com ela(s)". BUENO, Cassio Scarpinella. *Curso sistematizado de direito processual civil*, v. 2, 2018, p. 362-363.

Se a referida empresa entender por bem alterar seu objeto social, para passar a exercer, como atividade exclusiva, a prestação de serviços hospitalares, e novamente pleitear o afastamento da cobrança do ICMS sobre a importação das máquinas e equipamentos hospitalares, a serem agregados ao seu ativo imobilizado com vistas ao exercício de suas novas atividades, a nova pretensão não poderá ser objetada por eventual alegação de existência de coisa julgada, pois estaremos diante de típico caso de alteração do suporte fático que identifica a causa de pedir da demanda.

O mesmo ocorre no caso do estabelecimento que haja obtido tutela jurisdicional que tenha afastado a incidência do ISSQN sobre determinada prestação de serviço em razão de a referida atividade não estar abarcada pela lista constante da legislação tributária de regência e que venha ser surpreendido por exigência fundada em Lei editada posteriormente à formação da coisa julgada. Verifica-se, aqui, típica mutação da situação de fato que constituiu a causa de pedir da demanda, qual seja: a ausência de lei autorizadora da cobrança.

Algo diverso, contudo, se dá com o prestador de serviço que houver sido desonerado, por meio de tutela declaratória negativa passada em julgado, do pagamento do ISSQN sobre a prestação de determinado serviço em razão da inconstitucionalidade da exigência, fixada a partir de juízo interpretativo que venha a ser, posteriormente, infirmado por orientação interpretativa fixada pelo Supremo Tribunal Federal.

Nesse caso, estaremos diante de verdadeira alteração do "estado de direito" objeto da controvérsia que deu origem à decisão passada em julgado, concernente à interpretação a ser atribuída a um mesmo preceito constitucional em relação a um tipo específico de pretensão fiscal, pelo simples fato de a interpretação do preceito constitucional firmada pelo Supremo Tribunal Federal, altamente influenciadora das decisões jurisdicionais exaradas pelos órgãos e tribunais ordinários, inexistir à época da prolação da decisão passada em julgado.

Eis aqui, em nosso sentir, a típica situação de "mutação do estado de direito" que justifica o manejo da ação revisional prevista no art. 505, inciso I, do CPC, haja vista a interpretação atribuída pelo Supremo Tribunal Federal ao preceito constitucional, realizada em sentido diverso daquele firmado na tutela jurisdicional tributária determinativa, ter o condão de redefinir o âmbito normativo da questão controvertida, sem que isso implique, contudo, alteração da causa de pedir, pois os fatos constitutivos do direito das partes permanecem os mesmos.

Não se pode perder de vista que as "razões de direito", também denominadas "fundamentos jurídicos do pedido", onde se aloca o "âmbito normativo da controvérsia", constituem entidades não abrangidas pela ideia de "causa de pedir", noção vinculada, exclusivamente, aos fatos constitutivos do direito e do ilícito que fundamentam a dedução da pretensão.

Daí a razão para identificarmos as noções de "estado de direito" e "âmbito normativo" da controvérsia.

Diante disso, ao delimitar o âmbito normativo da questão constitucional posta a julgamento de forma distinta daquela realizada pela decisão passada em julgado, o Supremo Tribunal Federal implementa verdadeira mutação do estado de direito vigente à época da formação da coisa julgada, em especial naquelas circunstâncias em que a própria Suprema Corte haja, num primeiro momento, sinalizado em favor da interpretação acolhida pelo *decisum*.

Nesse contexto, as razões firmadas na decisão exarada pelo Tribunal Supremo são suficientes para justificar a revisão da tutela jurisdicional tributária preventiva no que tange, exclusivamente, à sua eficácia prospectiva, o que nada mais é que uma forma – legítima e positivamente prescrita – de mitigação da coisa julgada. Não há, nesses casos, qualquer alteração no conteúdo da decisão revisanda, mas tão somente um novo ato jurisdicional que, sobrepondo-se ao primeiro, atribui nova qualificação jurídica ao tipo factual controvertido.

Não por outro motivo, os efeitos da nova decisão abarcarão exclusivamente os fatos geradores ocorridos a partir da data da propositura da ação revisional, preservando a eficácia da decisão revisanda relativamente ao período pretérito.

Cremos, fortemente, que a utilização da ação revisional nessas específicas situações, isto é, nos casos em que a mutação na jurisprudência das Cortes Superiores implique a atribuição de tratamento tributário diverso a sujeitos de direito que se encontrem em posições jurídicas similares, justifica-se não só por motivos técnico-processuais, mas também, e principalmente, por razões de justiça constitucional.

Por se tratar de um instrumento que se presta a restringir a *res judicata* tão somente com relação aos fatos geradores ocorridos a partir do ajuizamento da demanda, a ação revisional tem a virtude de, a um só tempo, corrigir a situação anti-isonômica instaurada pela diferença entre os regimes jurídicos tributários aplicáveis a sujeitos passivos na mesma situação jurídica e resguardar o núcleo mínimo de segurança jurídica ínsita à noção de coisa julgada, pois preserva o estado de imutabilidade da decisão revisanda relativamente às situações pretéritas.

Trata-se, assim, de um instrumento processual com plena capacidade para solver, com alto grau de razoabilidade e proporcionalidade, a situação de desconforto constitucional causada por eventual tratamento anti-isonômico decorrente das (naturais) mudanças de orientação operadas no âmbito da jurisprudência de nossas Cortes Superiores.

Não foi esse, lamentavelmente, o entendimento adotado pelo Supremo Tribunal Federal por ocasião do julgamento conjunto dos REs n. 949.297 (Tema 881) e 955.227 (Tema 885), onde restou definido que as decisões proferidas em ação direta ou em sede de repercussão geral interrompem *automaticamente*, independentemente do ajuizamento de ação revisional, os efeitos temporais das decisões transitadas em julgado vinculadas às relações jurídico-tributárias de trato sucessivo, respeitadas a irretroatividade, a anterioridade anual e a noventena ou a anterioridade nonagesimal, conforme a natureza do tributo.

Da análise detida dos votos proferidos no julgamento dos Temas 881 e 885, é possível atestar que a diagnose do problema, tal como identificada nas razões de decidir que compõem o consenso interpretativo que sustenta a solução adotada, não é discrepante àquilo que afirmamos, acima, acerca da eficácia da coisa julgada incidente sobre decisões determinativas vinculadas às relações jurídico-tributárias de trato sucessivo, tampouco em relação às situações nas quais os efeitos dessas decisões devem ceder em razão de circunstâncias que materializem típica "modificação no estado de fato ou de direito" (art. 505, inciso I, do CPC).

Aliás, a maioria dos votos que compõem o acórdão que sintetiza a unanimidade formada em torno da tese vencedora do *leading in case* faz expressa menção ao art. 505, inciso I, do CPC, e ao preceito que a ele subjaz, qual seja: a cláusula *rebus sic stantibus*. Há, outrossim, total simetria entre aquilo que afirmamos linhas acima acerca da configuração de verdadeira "modificação do estado de direito" decorrente de pronunciamentos do Supremo Tribunal Federal em controle de constitucionalidade (abstrato ou concreto de eficácia subjetiva abrangente), que adotem orientação contrária àquelas plasmadas em decisões anteriores passadas em julgado.[608] O mesmo pode ser dito acerca do

608. "Em síntese, revela-se inoponível a dimensão subjetiva de coisa julgada formada em demanda individual em face de processo objetivo com eficácia erga omnes e efeitos vinculantes, quando os conteúdos dos atos decisórios são opostos em relação

reconhecimento, por parte de nossa Corte Suprema, da necessidade de se garantir isonomia tributária e equilíbrio concorrencial aos sujeitos tributários que se encontrem em posições jurídicas idênticas ou equivalentes.

O consenso acerca do diagnóstico, todavia, não se traduziu em acordo quanto à forma adequada de solução dessa patologia, manifestada sob a forma de conflito entre o pronunciamento jurisdicional passado em julgado e a decisão emanada do plenário do Supremo Tribunal Federal. Nesse tocante, e diferentemente daquilo que nos parece juridicamente razoável, a Corte Suprema houve por bem atribuir eficácia rescisória automática aos seus pronunciamentos, concluindo que a cessação dos efeitos prospectivos emanados da decisão passada em julgado, em se tratando de relações tributárias de trato sucessivo, dispensa o ajuizamento de ação revisional.

Os votos que compõem o acórdão representativo da controvérsia valeram-se, principalmente, da Doutrina e dos precedentes da lavra do saudoso Min. Teori Albino Zavascki e das razões trazidas pelo Ministério Público em sua manifestação acerca da prescindibilidade da ação revisional para fins de reconhecimento da alteração do estado de direito, materializada sob a forma de precedente constitucional de observância obrigatória, que tenha o condão de afastar a eficácia prospectiva da decisão passada em julgado incidente sobre relações jurídico-tributárias de trato sucessivo.

Os fundamentos que amparam a orientação vencedora, nesse tocante, podem ser analiticamente dissecados em quatro argumentos, a saber: (i) que a revisão judicial da decisão passada em julgado só se justifica nas circunstâncias em que o pronunciamento jurisdicional impõe determinado dever

---

à constitucionalidade de tributo, fixando a existência ou não de relação jurídico-tributária de trato continuado entre Contribuinte e Estado." (STF - REs n. 949.297 (Tema 881) e 955.227 (Tema 885), Plenário, Voto do Ministro Edson Fachin – julgado em 08/02/2023, Dje de 02/05/2023)

jurídico à parte, o que não se verificaria com as decisões atinentes às relações jurídico-tributárias de trato sucessivo, a qual teria o condão de tão somente afastar a incidência tributária por meio da imunização do contribuinte, não havendo que se falar em dever jurídico imposto pela sentença a justificar sua revisão; (ii) que em se tratando de atividade impositiva, em face de sua taxatividade normativa, inclusive em relação ao procedimento de cobrança, seria suficiente a deflagração do procedimento administrativo de lançamento fiscal para fins de identificação dos elementos fundamentais (art. 142 do CTN) para o reconhecimento do débito em momento posterior à prolação do precedente constitucional de eficácia subjetiva abrangente, sendo despicienda a revisão judicial da decisão trânsita;[609](iii) que o reconhecimento da modificação dos estados de fato ou de direito, mediante ajuizamento de ação revisional, somente seria necessário/viável nos casos expressamente previstos em lei, tal como nos casos de revisão dos alimentos fixados por sentença passada em julgado, ocasião em que exsurgiria o direito potestativo de provocar

609. "Outro ponto a ser considerado é a prescindibilidade de condução de ação revisional, uma vez reconhecido o vínculo de trato sucessivo. Isso porque a circunstância que leva à revisão judicial do julgado é, precisamente, o fato de haver uma decisão judicial em vigor transitada em julgado que impõe determinado dever jurídico. O caso dos autos diverge dessa regra, uma vez que a decisão sobre a qual recaiu a coisa julgada afastou a incidência tributária, imunizando o contribuinte da respectiva exação. Não houve dever jurídico imposto por sentença, logo desnecessária a revisitação do tema pela mesma via. Ademais, no campo tributário, por sua taxatividade normativa, todo o conteúdo impositivo, incluindo o procedimento de cobrança, é definido em lei e executado pela autoridade administrativa. Em outras palavras, a lei tributária já designa os elementos fundamentais para o reconhecimento do débito tributário, sendo suficiente a deflagração de procedimento administrativo de lançamento fiscal para a verificação da ocorrência do fato gerador, a determinação da matéria tributável, o cálculo do montante do tributo devido, a identificação do sujeito passivo e a eventual penalidade cabível, tudo na forma e sob o impulso do art. 142 do Código Tributário Nacional. Portanto, uma vez interrompido o vigor da sentença imunizante, a própria atividade administrativa, por força exclusiva da lei, poderá iniciar o procedimento de lançamento tributário para inscrever os débitos relativamente aos fatos geradores ocorridos em data posterior ao pronunciamento de tribunal em controle concentrado." (STF - REs n. 949.297 (Tema 881) e 955.227 (Tema 885), Plenário, Parecer MPF – julgado em 08/02/2023, Dje de 02/05/2023).

revisão judicial da decisão passada em julgado;[610] e (iv) que as relações jurídico-tributárias de trato sucessivo, fenômeno caracterizado por uma série de relações jurídicas que se repetem e se sucedem no tempo, diferem das relações jurídicas de trato continuado, que materializam uma única relação jurídica que se prolonga no tempo, gerando obrigações e direitos relativos a pagamentos periódicos. Somente para estas últimas (relações jurídicas de trato continuado) seria exigível, nas situações de modificação dos estados de fato e/ou de direito, o ajuizamento de ação revisional voltada a obstar os efeitos prospectivos da decisão transitada em julgado.[611]

---

610. (...) "Convém repetir e frisar, todavia, que a ação de revisão é indispensável apenas quando a relação jurídica material de trato continuado comportar, por disposição normativa, o direito potestativo antes referido. É o caso da ação de revisão de alimentos, destinada a ajustá-los à nova situação econômica do devedor ou às supervenientes necessidades do credor, e da ação de revisão de sentença que tenha fixado valores locatícios, para ajustá-los a novas condições de mercado (Lei n. 8.245, de 1991, artigos 19 e 68). Afora casos dessa natureza, a modificação do estado de fato ou de direito produz imediata e automaticamente a alteração da relação jurídica, mesmo quando esta tiver sido certificada por sentença, conforme anteriormente assinalado". (ZAVASCKI, Teori Albino. Coisa julgada em matéria constitucional: eficácia das sentenças nas relações jurídicas de trato continuado. In: *Doutrina do Superior Tribunal de Justiça*: edição comemorativa 15 anos. Org. Gabinete do Ministro-Diretor da Revista. Brasília: STJ, 2005, p. 109/132. Disponível em: https://www.stj.jus.br/publicacaoinstitucional/index.php/Dout15anos/article/view/3666/3755. Acesso em: 15.11.2022)
"É verdade que, em algumas hipóteses, a modificação do estado de fato ou de direito, para produzir efeitos, depende, necessariamente, da iniciativa do interessado no novo pronunciamento judicial. Diz-se que assiste ao beneficiado pela mudança no status quo o direito potestativo de provocar, mediante ação própria, a revisão da sentença anterior, cuja força vinculativa permanecerá íntegra enquanto não houver aquela provocação (ZAVASCKI, Teori Albino, Eficácia das sentenças na jurisdição constitucional. 4. ed., São Paulo: Editora Revista dos Tribunais, 2017, p. 106-7). Tenho para mim, no entanto, que tais casos são absolutamente excepcionais, a merecerem interpretação estrita."
"Assim, somente quando prevista em lei a possibilidade de exercício do direito potestativo em referência, ou seja, apenas quando norma legal dispuser, expressamente, quanto à admissibilidade de ajuizamento da ação revisional, esta será indispensável." (STF - REs n. 949.297 (Tema 881) e 955.227 (Tema 885), Plenário, Voto da Min. Rosa Weber – julgado em 08/02/2023, Dje de 02/05/2023)

611. "muito embora se trate de uma decisão judicial voltada para o futuro, as sucessivas relações jurídicas, que nascem com o fato gerador e se extinguem com o pagamento, não são uma típica relação jurídica continuativa, a qual consiste, em última análise, em uma relação jurídica única, que se prolonga no tempo e gera obrigações e direitos relativos a pagamentos periódicos, como é o caso, por exemplo, da

Conquanto substanciosos, os fundamentos utilizados pela Corte Suprema para afastar a viabilidade/necessidade de ajuizamento de ação revisional voltada à sustação dos efeitos futuros da tutela jurisdicional, passada em julgado, atinente às relações jurídico-tributárias de trato sucessivo, nos casos de mutação do estado de direito ocasionado pela superveniência de precedente constitucional de eficácia subjetiva abrangente, não resistem, *data maxima venia*, a uma análise detida do contexto jurídico-sistêmico, constitucional e processual, que envolve o debate.

Pois bem. Inicialmente, há que se apontar para o equívoco da asserção segundo a qual as tutelas jurisdicionais tributárias determinativas, também chamadas de preventivas, voltadas a imunizar sujeitos de direito da incidência de tributos relativamente a fatos ocorridos sucessiva e prospectivamente à sua prolação, não veiculariam "deveres jurídicos". A não ser que adotemos uma concepção mitigada de "dever jurídico", que restrinja tal categoria a um elemento exclusivo às relações jurídicas de cujo prestacional (obrigações de dar, fazer ou não fazer), é impossível não reconhecer, em decisões desse jaez, a emanação de eficácia normativa própria aos chamados "deveres de abstenção", elemento característico às relações jurídicas de "direitos absolutos".

Conforme anotamos no item 1.3.3.1 do Capítulo I do Título I, os direitos subjetivos absolutos constituem situações jurídico-subjetivas, que se materializam sob a forma de

---

prestação de alimentos ou do contrato de aluguel. A possibilidade de se disciplinar relações jurídicas tributárias futuras se deu em decorrência da constatação de que a efetividade dos pronunciamentos judiciais e o caráter iterativo e previsível das obrigações decorrentes da incidência da norma que instituiu a exação autorizariam tratamento assemelhado. Assim, não se justifica a propositura de ação revisional, em face de "modificação no estado de fato ou de direito", visando nova disciplina de vínculos obrigacionais que, sequer, eram atuais e existentes, no momento da sentença" (DE OLIVEIRA, Paulo Mendes, *Coisa Julgada e Precedente*, Limites temporais e as relações jurídicas de trato continuado. São Paulo: Editora Revista dos Tribunais, 2015). (STF - REs n. 949.297 (Tema 881) e 955.227 (Tema 885), Plenário, Voto do Min. Gilmar Mendes – julgado em 08/02/2023, Dje de 02/05/2023).

vantagem jurídica que protege seu titular de incursões de terceiros sobre sua esfera jurídica. O dever correlato ao direito absoluto, portanto, traduz-se numa espécie de estado de *sujeição*, no qual a conduta do sujeito passivo é qualificada (indiretamente) por uma proibição geral de ocasionar óbice ao gozo das prerrogativas inerentes àquela vantagem jurídica. Em se tratando de relações jurídico-tributárias de trato sucessivo, essa vantagem jurídica nada mais é que o próprio direito subjetivo do contribuinte de não ser tributado, tal como reconhecido na decisão transitada em julgado.

Com efeito, o que se constitui por meio de uma decisão judicial que "imuniza" o contribuinte, prospectivamente, de ser tributado em determinadas situações é o dever jurídico imposto ao Fisco, pelo comando judicial, de se abster em relação ao exercício da atividade administrativa desencadeada para fins de formalização do crédito tributário. Assim, quando um pronunciamento jurisdicional desta natureza se utiliza da expressão "declaro inexistente a relação jurídico-tributária" não está ele a enunciar a inexistência da obrigação tributária em sentido estrito, mas sim de outro vínculo jurídico-tributário que a antecede, qual seja: a relação jurídica (de direito potestativo) que autoriza o Fisco a constituir o crédito tributário por meio do lançamento, naquela específica situação que constitui o objeto da controvérsia dirimida pela decisão judicial.

Ora, se é justamente o exercício, *in concreto*, do direito de lançar que é declarado inexistente por decisão jurisdicional desse jaez, não se mostra racional a afirmação segundo a qual a prescindibilidade da ação revisional decorreria da possibilidade de deflagração do procedimento administrativo tributário voltado a esse fim.

A tutela declaratória negativa em matéria tributária, vale repetir, presta-se a reconhecer a impossibilidade de o contribuinte ser constrangido, numa dada situação concreta, à tributação. Desse modo, "declarar inexistente" o direito de o Fisco constituir a obrigação tributária equivale a proibi-lo de fazê-lo, impondo-lhe um típico dever jurídico de abstenção. Imunizar o contribuinte da "incidência" de determinada norma tributária, portanto, equivale a proibir a autoridade fiscal de "aplicar" a indigitada norma.

Interessante notar que esse dever de abstenção imposto pela tutela jurisdicional de caráter determinativo decorre, justamente, da circunstância de as autoridades fiscais terem sua atividade submetida aos regimes de vinculação e de estrita legalidade, de modo que, declarada ilegal a cobrança, ilegal também será a atividade impositiva a ser desencadeada para essa finalidade. Por isso, não cabe cogitar acerca de uma suposta ausência de interesse processual por parte do ente tributante para ajuizamento da ação revisional, em face da prerrogativa que tem ele de exercer, por mão própria, o direito de proceder à constituição do crédito tributário em relação aos fatos tributários ocorridos após o advento do precedente constitucional de eficácia abrangente. Ao contrário: é precisamente a impossibilidade de deflagração da atividade impositiva para fins de exercício do direito lançar, imposta pela tutela jurisdicional passada em julgado, que torna o ajuizamento da ação revisional providência imprescindível à retirada do óbice.

Daí parecer-nos um contrassenso invocar esse poder para deflagração do procedimento fiscal de cobrança, obstado pela tutela jurisdicional determinativa passada em julgado, como justificativa para a alegada desnecessidade de ajuizamento da ação revisional.

Não conseguimos identificar, tampouco, fundamento jurídico-positivo ou mesmo lógico-jurídico para a alusão a uma suposta indispensabilidade de regra material que preveja/justifique o exercício do "direito potestativo" ao ajuizamento da ação revisional para fins de reconhecimento da modificação do estado de fato ou de direito com vistas à mitigação da eficácia prospectiva da decisão transitada em julgado. Admitir que o exercício do direito (potestativo para alguns, subjetivo público para outros) de ação – para quaisquer fins, inclusive a revisão de decisões judiciais – dependa da anterior existência de um específico direito material que o legitime significa, a um só tempo, mitigar a ideia de inafastabilidade da jurisdição, tal como prescrita no texto constitucional, e também ignorar as contribuições que as teorias abstratas da ação (pura ou eclética) promoveram em relação à identificação da verdadeira natureza dessa importante conquista civilizatória que é o direito de ação.

Em se tratando de típica categoria de direito processual, a coisa julgada deve ser analisada à luz do regime jurídico-normativo que o sistema processual prescreve, principalmente no que concerne às especialíssimas circunstâncias em que ela (coisa julgada) pode ser mitigada. No que toca, especificamente, ao afastamento da coisa julgada formada em face de decisões determinativas, de eficácia prospectiva, que disponham sobre relações jurídicas de trato continuado ou sucessivo, o único regime jurídico previsto no ordenamento vigente é o que disciplina a revisão judicial da decisão por intermédio de ação própria, tal como expressamente prescrito no inciso I do art. 505 do CPC.

Nesse tocante, a objeção que se apega – com base em orientação doutrinária abalizada – na diferenciação conceitual entre as noções de "relação jurídica de trato continuado" (expressamente referida no inciso I do art. 505 do CPC) de um lado, e de "relação jurídica de trato sucessivo" de outro, não nos parece suficiente admitir que a mitigação dos efeitos da coisa julgada relativa à primeira imprescinde de ação revisional, sendo dispensável, no entanto, em relação à segunda. A despeito de estarmos falando, realmente, de fenômenos jurídico-relacionais ontologicamente distintos, impossível não os tratar de forma análoga no que respeita à mitigação da eficácia das decisões judiciais definitivas a eles pertinentes.

Aliás, se levarmos às últimas consequências tal diferenciação, não é possível sequer cogitar, analiticamente, acerca da existência de tutelas jurisdicionais determinativas voltadas a regular "relações jurídico-tributárias de trato sucessivo", pois estas, em verdade, não existem. O que verifica, de rigor, é uma sucessão de fatos tributáveis imunizados, por decisão judicial, da incidência/aplicação de determinada norma tributária, a qual se torna tecnicamente ineficaz em relação àqueles (fatos).[612] Dessa forma, se o fato tributável está imunizado, por decisão judicial, da incidência normativa, não há que se falar, consequentemente, em relação jurídica, eis que esta (relação jurídica) é necessariamente o efeito (implicação) decorrente daquela (incidência).

Trata-se, não há dúvidas, de algo completamente distinto do vínculo que se materializa sob forma de uma relação jurídica, devidamente formalizada, cujos correlatos direitos e deveres hão de ser realizados por seus titulares no transcorrer do tempo, tal como, o vínculo jurídico a que pertence o dever de prestar alimentos, exemplo típico do que vem a ser uma relação jurídico-continuativa por excelência.

Tudo isso só confirma aquilo que desde antes temos afirmado, isto é, que as tutelas jurisdicionais tributárias preventivo-determinativas atuam sobre o exercício, *in* concreto, do poder (competência administrativa) de constituir o crédito tributário (lançar), impondo ao ente tributante um típico "dever jurídico" de abstenção. É esse dever de abstenção, por sua vez, que se torna imutável e indiscutível pela força da coisa julgada.

Inobstante, é muito compreensível a equiparação que tanto a Doutrina, quanto a jurisprudência dão aos pronunciamentos jurisdicionais que se voltam a tutelar essas duas

612. Eis, aqui, o típico caso de manifestação daquele fenômeno que PAULO DE BARROS CARVALHO nomina "ineficácia técnico-sintática" da norma tributária. (*Direito tributário, fundamentos jurídicos da incidência*. 7. ed. São Paulo: Saraiva, 2009, p. 80).

situações jurídico-subjetivas, as quais, conquanto fenomenologicamente distintas, têm muito em comum, em especial no que tange ao fato de ambas se projetarem no tempo. Não é por outro motivo que as razões que sustentam os votos que compõem o precedente constitucional emanado do julgamento dos Temas 881 e 885 do STF invocam, repetidamente, o regime jurídico de mitigação da eficácia da coisa julgada prescrito pelo art. 505, inciso I, do CPC, tomando-o como o mais adequado para regular as situações de alteração do estado de direito relacionadas às decisões determinativas transitadas em julgado que tenham por objeto as chamadas "relações jurídico-tributárias" de trato sucessivo.

O que nos parece, *data venia*, juridicamente incoerente é o fato de o precedente constitucional em comento se valer somente da parte do enunciado veiculado pelo indigitado art. 505, inciso I, do CPC, que autoriza a revisão da decisão trânsita em face da modificação do estado de direito, afastando – convenientemente – a parte do dispositivo legal – indissociável do todo, em nosso sentir – que prevê a necessidade de pedido de revisão judicial da decisão passada em julgado.[613]

Deveras, é preciso considerar que a lógica que subjaz a esse dispositivo é precisamente aquela que abordamos nos itens 3.2.3 e 3.2.4 supra, isto é, a de que a coisa julgada, longe de ser um limite às partes litigantes (que estão vinculadas à decisão), dirige-se aos próprios órgãos judiciais. São eles, órgãos judiciais, que estão proibidos de rediscutir questões julgadas e acobertadas pela coisa julgada. Consequentemente, serão eles também que poderão, excepcionalmente, nos casos expressamente previstos em lei, afastar ou mitigar a eficácia da coisa julgada.

---

613. "Art. 505. Nenhum juiz decidirá novamente as questões já decididas relativas à mesma lide, salvo:
I - se, tratando-se de relação jurídica de trato continuado, sobreveio modificação no estado de fato ou de direito, **caso em que poderá a parte <u>pedir a revisão</u> do que foi estatuído na sentença**;" (Destacamos e grifamos)

Há, por fim, um'outra razão para se inferir que o sistema jurídico processual vigente impõe que o reconhecimento da modificação do estado de direito, com a consequente cessação da eficácia prospectiva da decisão passada em julgado sobre relações jurídico-tributárias de trato sucessivo, se dê por intermédio de ação revisional. É que o Código de Processo Civil de 2015, mesmo que timidamente, disciplinou a forma pela qual a mitigação da coisa julgada haverá de se dar nas situações em que sobrevier precedente constitucional contrário à tutela jurisdicional proferida em desfavor da Fazenda Pública.

A teor do que dispõe o art. 535, inciso III, §§ 5º e 8º, do CPC, o título executivo judicial espelhado por sentença condenatória, transitada em julgado, exarada contra a Fazenda Pública, cujos fundamentos sejam colidentes com posterior pronunciamento do Supremo Tribunal Federal emanado em controle concentrado ou difuso de constitucionalidade, somente poderá ser declarado inexigível por intermédio do ajuizamento de ação rescisória, a ser proposta no prazo de dois anos contados do trânsito em julgado do precedente constitucional de observância obrigatória.[614]

---

614. "Art. 535. A Fazenda Pública será intimada na pessoa de seu representante judicial, por carga, remessa ou meio eletrônico, para, querendo, no prazo de 30 (trinta) dias e nos próprios autos, impugnar a execução, podendo arguir:

(...)

III - inexequibilidade do título ou inexigibilidade da obrigação;

(...)

§ 5º Para efeito do disposto no inciso III do caput deste artigo, considera-se também inexigível a obrigação reconhecida em título executivo judicial fundado em lei ou ato normativo considerado inconstitucional pelo Supremo Tribunal Federal, ou fundado em aplicação ou interpretação da lei ou do ato normativo tido pelo Supremo Tribunal Federal como incompatível com a Constituição Federal , em controle de constitucionalidade concentrado ou difuso.

(...)

§ 8º Se a decisão referida no § 5º for proferida após o trânsito em julgado da decisão exequenda, caberá ação rescisória, cujo prazo será contado do trânsito em julgado da decisão proferida pelo Supremo Tribunal Federal. (Destacamos)"

Interessante notar, nesse tocante, que a eficácia executiva do título judicial plasmado em tutela condenatória não deixa de ser um fenômeno que se projeta para o futuro, pois somente se realiza mediante o efetivo desencadeamento do procedimento de cumprimento de sentença e da efetiva prática dos atos executivos voltados à realização do direito material. Essa realidade se mostra ainda mais evidente em se tratando de condenações perpetradas contra a Fazenda Pública, onde a expedição do competente ofício requisitório de pagamento (precatório) não pode se dar de forma "espontânea" pelo ente público, sendo imprescindível a instauração da fase procedimental de cumprimento.

Muito embora o regime processual fixado pelo art. 535, inciso III, §§ 5º e 8º, do CPC, se destine exclusivamente às tutelas jurisdicionais que se materializam sob a forma de título executivo judicial em sentido estrito (tutelas condenatórias), quer nos parecer hermeneuticamente razoável estabelecer um paralelo entre a solução dada pelo sistema processual, em tais casos, ao problema da superveniência de precedente constitucional de eficácia abrangente, e aquela (solução) a ser buscada nos casos de idêntica natureza, mas relativos às tutelas declaratórias negativas que se projetam para o futuro para atingir relações jurídicas de trato sucessivo.

Uma interpretação racional do sistema processual, que tenha como norte a noção de devido processo legal e que tome como parâmetro empírico-normativo (i) as disposições constantes dos arts. 505, inciso I, e 535, inciso III, §§ 5º e 8º, do CPC; e (ii) a ausência de qualquer menção, no texto constitucional, a uma suposta eficácia rescisória das decisões proferidas pelo Supremo Tribunal Federal; chegará a inexorável conclusão de que, em se tratando de superveniência de precedente constitucional que conflite com decisão anterior, passada em julgado, que projete efeitos para o futuro de modo a atingir relações jurídicas tributárias de trato sucessivo, o único instrumento juridicamente viável para fins de promover a cessação da eficácia prospectiva da decisão trânsita é a competente ação revisional.

De mais a mais, não se pode tomar seriamente a assertiva segundo a qual a exigência de ajuizamento de ação revisional para tais fins tenha potencial para sobrecarregar os escaninhos das varas judiciárias.[615] Além de se tratar de um argumento inoponível aos cânones constitucionais e fundamentais de acesso à justiça e de devido processo legal, fato é que a mitigação da eficácia prospectiva da coisa julgada, perpetrada em razão de mudança no "estado de direito" promovida pelo advento de precedente constitucional de eficácia abrangente, constitui fenômeno de raríssima verificação, motivo pelo qual não há que se cogitar acerca de um suposto risco de aumento significativo de demandas e, consequentemente, de qualquer impacto no índice de congestionamento dos juízos, a ser provocado pelo manejo da ação revisional.

De toda sorte, temos que a orientação firmada pelo plenário do Supremo Tribunal Federal no julgamento dos Temas 881 e 885, vinculante que é, deverá servir de norte para situações análogas, que são aquelas atinentes ao processo constitucional.

Nada obstante, é possível vislumbrar, mesmo que em caráter meramente especulativo, a possibilidade de ocorrência de modificação do "estado de direito" fixado por decisão passada em julgado, da qual emanem efeitos prospectivos, ocasionada por precedente representativo de controvérsia exarado no exercício da competência atribuída ao Superior Tribunal de Justiça.

---

615. "Exigir, sem qualquer previsão legal específica, o ajuizamento de nova ação (ação revisional) para reconhecimento da cessação de eficácia da coisa julgada acarreta elevação (i) no número de processos distribuídos e (ii) na taxa de congestionamento dos Juízos, sem justificativa e fundamentação razoável e adequada." (STF - REs n. 949.297 (Tema 881) e 955.227 (Tema 885), Plenário, Voto da Min. Rosa Weber – julgado em 08/02/2023, Dje de 02/05/2023).

Nesse contexto, a questão que se põe – de alta indagação, vale destacar –, diz com a aplicabilidade ou não da *ratio* que sustenta a tese firmada no julgamento dos Temas 881 e 885 do STF, à contingência de uma eventual (e possível) verificação do mesmo fenômeno de mutação do estado de direito ocorrido em face de precedente representativo de controvérsia (repetitivo), que (re)formule a intepretação de determinada lei federal tributária, para aumentar ou diminuir o âmbito de incidência de determinada regra tributária. Longe de se tratar de um fenômeno incomum, as oscilações jurisprudenciais verificadas no âmbito competencial do Superior Tribunal de Justiça são muito mais comuns que aquelas constatadas na jurisprudência do Supremo Tribunal Federal, historicamente mais estável.

Cremos que, nesse ponto, a pedra de toque da questão diz com a diferença que se estabelece entre a amplitude subjetiva dos precedentes constitucionais, cuja abrangência *erga omnes* conta com expressa anuência no texto constitucional, e a aquela emanada dos precedentes representativos de controvérsia exarados pelo Superior Tribunal de Justiça. Estes últimos, em princípio, atingem somente as partes que integram o processo no qual fora interposto o recurso afetado para julgamento do tema repetitivo. Conquanto devam ser obrigatoriamente observados pelos órgãos e tribunais judiciais nos julgamentos de casos análogos, os precedentes representativos de controvérsia emanados pelo Superior Tribunal de Justiça não possuem eficácia subjetiva abrangente, tal como ocorre com aqueles oriundos da Suprema Corte. Se assim o é, não há como se cogitar a hipótese de um precedente desse jaez ter força para mitigar, automaticamente, decisão anterior em sentido contrário passada em julgado, mesmo no que tange à sua eficácia prospectiva.

É nesse exato instante que a questão atinente à viabilidade/necessidade de ajuizamento da ação revisional, para fins de mitigação dos efeitos prospectivos da decisão transitada em julgado, novamente vem à tona. Nesse tocante, se já entendíamos que a utilização desse instrumento processual era absolutamente necessária nos casos de "mutação constitucional" do "estado de direito" cristalizado por decisão trânsita, essa conclusão se mostra ainda mais assertiva quando tratamos de "mutações legais" do "estado de direito" que resultem do advento de precedente representativo de controvérsia, exarado pelo Superior Tribunal de Justiça, que opere eficácia interpartes.

Esse raciocínio deve ser observado, inclusive, quando a decisão passada em julgado contrária ao precedente representativo da controvérsia veicular tutela jurisdicional coletiva, de eficácia subjetiva abrangente. Nesse tocante, entendemos muito acertada a solução adotada pelo Superior Tribunal de Justiça por ocasião de julgamento da Ação Rescisória nº 6.015/SC, julgada parcialmente procedente para "rescindir" a coisa julgada somente no que tange à eficácia produzida a partir da publicação da ata de julgamento do RE nº 946.648/SC, que reconheceu a constitucionalidade da exigência do IPI nas saídas de produtos importados.[616]

---

616. "STF. INAPLICABILIDADE. EXCEPCIONALIDADE. IMPOSTO SOBRE PRODUTOS INDUSTRIALIZADOS - IPI. PRODUTOS IMPORTADOS. SAÍDA DO ESTABELECIMENTO IMPORTADOR. INCIDÊNCIA. TEMA DEBATIDO EM RECURSO ESPECIAL REPETITIVO E EM REPERCUSSÃO GERAL. COISA JULGADA CONTRÁRIA À TESE VINCULANTE. EFICÁCIA. PUBLICAÇÃO DA ATA DE JULGAMENTO DO PRECEDENTE DO STF. INTERRUPÇÃO.

1. A ação rescisória impugna decisão transitada em julgado, proferida em ação coletiva, em que se considerou que seria ilegal a dupla incidência do IPI (no desembaraço aduaneiro e na saída da mercadoria importada do estabelecimento importador) e que tal tributo só incidiria na primeira hipótese, conclusão que se mostrou contrária à tese jurídica firmada em julgamento submetido ao rito dos recursos especiais (Tema 912 do STJ - "Os produtos importados estão sujeitos a uma nova incidência do IPI quando de sua saída do estabelecimento importador na operação de revenda, mesmo que não tenham sofrido industrialização no Brasil").

2. "Não cabe ação rescisória por ofensa a literal disposição de lei, quando a decisão rescindenda se tiver baseado em texto legal de interpretação controvertida nos tribunais." (Súmula 343 do STF).

3. No julgamento da AR 4.443/RS, em 08/05/2019, este Colegiado realizou amplo debate acerca da abrangência da aplicação da Súmula 343 do STF, concluindo por sua

incidência nos casos em que a controvérsia jurídica é definida em julgamento submetido ao rito dos recursos repetitivos, não obstante a Excelsa Corte, à época, ainda estar discutindo se o referido verbete sumular seria adequado na hipótese de existência de precedentes vinculantes, como aqueles firmados sob a sistemática da repercussão geral.
4. Hipótese em que há fator particularmente importante a ser considerado: a ação originária tinha natureza coletiva, proposta por sindicato, como substituto processual, o que imprime ao caso uma singularidade especial, qual seja, a de que os efeitos da sentença normativa são *erga omnes* e *ultra partes*.
5. Permitir que os importadores de apenas um único ente federativo tenham o direito ad eternum de recolher a tributação do IPI em valor muito inferior ao cobrado de todos os outros importadores do país acarreta a violação dos princípios da livre concorrência e da isonomia, o que justifica, em caráter excepcional, o afastamento da Súmula 343 do STF.
6. A questão jurídica tratada na decisão rescindenda foi definida por esta Corte Superior, no julgamento do ERESP 1403532/SC (DJe de 18/12/2015), sob o rito dos recursos repetitivos - Tema 912 -, sendo que, posteriormente, o Supremo Tribunal Federal examinou a mesma temática, em repercussão geral, e fixou tese jurídica na mesma linha adotada pelo STJ: "É constitucional a incidência do Imposto sobre Produtos Industrializados - IPI no desembaraço aduaneiro de bem industrializado e na saída do estabelecimento importador para comercialização no mercado interno" (RE n. 946.648/SC, Tribunal Pleno, rel. Min. Marco Aurélio, rel. p/ acórdão Min. Alexandre de Moraes, julgado em 24/08/2020).
7. A matéria relativa aos efeitos temporais dos precedentes obrigatórios em relação às decisões judiciais contrárias ao entendimento firmado e transitadas em julgado antes da fixação da tese vinculante ganhou novos contornos com o julgamento dos Temas 881 (RE 949297 RG/CE, relator Ministro Edson Fachin) e 885 (RE 955227 RG/BA, relator Ministro Luís Roberto Barroso) do STF, que cuidam dos limites da coisa julgada em matéria tributária nas relações de trato sucessivo, diante de acórdãos em sedes de controle concentrado e de controle difuso de constitucionalidade, respectivamente.
8. A tese jurídica prevalecente na Corte Excelsa, mormente no Tema 885, é a de que os julgados proferidos sob o rito da repercussão geral, em razão de sua força vinculante, têm o condão de alterar o quadro jurídico estabelecido anteriormente, situação que autoriza a flexibilização da coisa julgada de acordo com a cláusula rebus sic stantibus, aplicável às relações de trato sucessivo, sendo certo que, nesse contexto, a modificação do *status quo* tem efeitos imediatos e automáticos, tornando despicienda a propositura de ação rescisória ou de ação revisional (art. 505, I, do CPC/2015).
9. Hipótese em que deve ser reconhecida a procedência parcial da ação rescisória, não sob o enfoque da validade do título judicial rescindendo, como pleiteado pela Fazenda Nacional, mas sim em razão de superveniente norma jurídica - precedente vinculante -, que interrompe a eficácia da coisa julgada, conforme o recentíssimo entendimento adotado pelo Supremo Tribunal Federal no julgamento dos Temas 881 e 885.
10. Pedido rescisório julgado parcialmente procedente para interromper os efeitos da coisa julgada a partir da data de publicação da ata de julgamento do RE 946.648/SC, submetido ao rito da repercussão geral, ocorrida em 09/09/2020." (AR n. 6.015/SC, relator Ministro Gurgel de Faria, Primeira Seção, julgado em 8/2/2023, DJe de 9/5/2023.).

Parece-nos evidente que, no caso em questão, a ação rescisória foi utilizada como típica ação revisional, pois não se tratava, por óbvio, de violação manifesta à norma jurídica (art. 966, inciso V, do CPC) a justificar o ajuizamento da primeira, mas sim típica alteração do "estado de direito", tal como preconizado na tese firmada nos Temas 881 e 885. E apesar dessa "alteração do estado de direito", no caso, ter sido promovida por precedente constitucional de eficácia abrangente, a racionalidade que subjaz ao acórdão exarado na Ação Rescisória nº 6.015/SC poderia ser perfeitamente utilizada para afastar, por ação revisional, os efeitos de decisão trânsita fundada em questão de lei federal afeta à competência do Superior Tribunal de Justiça. Em situações desse jaez, sequer seria necessária a observância do biênio legal previsto para a propositura da ação rescisória, pois a revisão judicial da decisão transitada em julgado será viável enquanto estiver produzindo os efeitos que lhe são inerentes.

CAPÍTULO IV

O PROCESSO ADMINISTRATIVO-TRIBUTÁRIO

4.1 O contencioso administrativo tributário no contexto do Direito Processual Tributário: a legitimação processual da atividade impositiva

A alta complexidade que define as sociedades pós-modernas, e que se reflete no sensível aumento das especificidades que caracterizam os conflitos interpessoais surgidos nesse ambiente, impõe uma tecnicidade decisória para a qual os órgãos judiciais não estão satisfatoriamente aparelhados, fato este que impossibilita ao Poder Judiciário absorver, com foros de exclusividade, a plena responsabilidade pela administração da justiça.

A esse respeito, faz-se oportuna a transcrição das argutas observações de PAULO DE TARSO RAMOS RIBEIRO:

> A questão relativa à administração da justiça na sociedade não se exaure, evidentemente, nos pórticos do Poder Judiciário. Seria ingênuo supor, em algum instante, que a discussão a propósito dos problemas relativos à implementação institucional da justiça pudesse restringir-se às balizas – já por demais estreitas – dos mecanismos judiciais de resolução de conflitos e afirmação da jurisdição. (...)

> A intensificação do papel exercido pelo Poder Executivo, no que já se chamou na sociologia de justiça administrativa no Brasil, é ilustrativa da impossibilidade de se reduzir a discussão a propósito da administração da justiça no país às cercanias forenses do Judiciário. (...)
>
> Ora, concebido à luz das balizas napoleônicas de codificação das condutas individuais, o Judiciário tem maiores dificuldades para proferir decisões nos conflitos sociais modernos, marcados por forte complexidade e especialidade técnica, para os quais o Executivo – até mesmo, por um imperativo funcional de proximidade mais direta com a gestão do conflito – dispõe de meios mais rápidos e eficazes. A necessidade de especialização técnica, uma das evidências significativas da expansão da complexidade social contemporânea, é contraposta a um Poder Judiciário ainda vinculado a métodos de ordenação do processo decisório que parecem supor um *juiz formalmente onisciente;* alguém que, em virtude da assunção do senso comum teórico de que não precisa se aprofundar no mundo dos fatos para imputar juízos normativos, pode se dar ao luxo de proferir decisões e impô-las às partes de forma mais ou menos acrítica, valendo-se apenas do rigor lógico-formal que permeia o silogismo decisório do direito.
>
> É importante notar que o problema da especialização social contemporânea atinge o Judiciário de forma extraordinária, pois, à medida que os problemas sociais são mais complexos e específicos, maior é a necessidade de especialização judicial no âmbito do sistema decisório para compreendê-los.[617]

Os problemas concernentes à especificidade dos conflitos e à consequente tecnicidade decisória que se faz necessária a uma satisfatória prestação jurisdicional têm especial relevo no âmbito dos procedimentos contenciosos instaurados sob pretexto da composição dos litígios havidos entre os sujeitos de direito tributário.

O sistema tributário, não há dúvidas, constitui uma das mais complexas porções do ordenamento jurídico vigente, seja do ponto de vista de sua ampla e instável normatividade, oriunda do exercício concomitante e incessante das

617. RIBEIRO, Paulo de Tarso Ramos. *Direito e processo*: razão burocrática e acesso à justiça, p. 54-55.

competências atribuídas aos diferentes entes políticos e conformada por diplomas normativos das mais variadas posições hierárquicas, seja sob perspectiva da facticidade sobre a qual incidem as regras tributárias, que reflete, como não poderia deixar de ser, a complexidade ínsita à economia de mercado que caracteriza nossos tempos.

Nesse contexto, os órgãos de contencioso administrativo-tributário exercem a importante função de intermediários jurisdicionais, prestando-se a filtrar a complexidade tão característica dos conflitos tributários e a evitar que o Poder Judiciário se veja na contingência de absorver conflitos de altíssima sofisticação fática e normativa para os quais não está suficientemente aparelhado.

Apresentam-se, não há dúvidas, na condição de típicos órgãos de "Justiça Tributária", de autocontrole da atividade impositiva, que se caracterizam pela grande capacitação técnica de seus membros, tendo como efeito positivo a otimização da composição dos conflitos tributários, tanto no que tange à celeridade da prestação jurisdicional, quanto no que diz respeito à qualidade das decisões por eles emanadas.

Embora não se verifique uma necessária "relação de continuidade" entre as searas processuais administrativa e judicial – pois o acesso às instâncias judiciais, circunscrito que está à cláusula constitucional de inafastabilidade da jurisdição judicial (art. 5º, inciso XXXV, CF/88), prescinde de anterior esgotamento das vias processuais administrativas –, fato é que a grande capacidade para a composição adequada das lides tributárias mediante a prestação de justa tutela jurisdicional fez nascer, entre os sujeitos de direito tributário, a cultura de, ante uma dada autuação fiscal, percorrer-se todas as instâncias administrativas antes de, como último e derradeiro recurso, socorrer-se dos instrumentos processuais de acesso ao Poder Judiciário.

O grande prestígio técnico de que gozam as tradicionais cortes administrativas tributárias no Brasil, tais como o Conselho Administrativo de Recursos Fiscais do Ministério da Economia e o Tribunal de Impostos e Taxas do Estado de São Paulo, ambas com quase um século de história e de relevantíssimos serviços prestados à nação,[618] pode ser medido, inclusive, pela frequência com a qual os órgãos judiciais se utilizam das orientações e dos precedentes firmados pelos tribunais administrativos para basear suas próprias decisões.[619]

---

618. A criação do Conselho de Contribuintes, antecessor histórico do Conselho Administrativo de Recursos Fiscais, remonta ao Decreto 20.350/31. O Tribunal de Impostos e Taxas do Estado de São Paulo, por seu turno, foi criado pelo Decreto 7.184/35.

619. Um dos notórios exemplos disso é REsp repetitivo n. 1.353.111/RS (tema repetitivo n. 624) ementado nos seguintes termos:
PROCESSUAL CIVIL. TRIBUTÁRIO. RECURSO REPRESENTATIVO DA CONTROVÉRSIA. ART. 543-C, DO CPC. Cofins. CONCEITO DE RECEITAS RELATIVAS ÀS ATIVIDADES PRÓPRIAS DAS ENTIDADES SEM FINS LUCRATIVOS PARA FINS DE GOZO DA ISENÇÃO PREVISTA NO ART. 14, X, DA MP N. 2.158-35/2001. ILEGALIDADE DO ART. 47, II E § 2º, DA INSTRUÇÃO NORMATIVA SRF N. 247/2002. SOCIEDADE CIVIL EDUCACIONAL OU DE CARÁTER CULTURAL E CIENTÍFICO. MENSALIDADES DE ALUNOS.
1. A questão central dos autos se refere ao exame da isenção da Cofins, contida no art. 14, X, da Medida Provisória n. 1.858/99 (atual MP n. 2.158-35/2001), relativa às entidades sem fins lucrativos, a fim de verificar se abrange as mensalidades pagas pelos alunos de instituição de ensino como contraprestação desses serviços educacionais. O presente recurso representativo da controvérsia não discute quaisquer outras receitas que não as mensalidades, não havendo que se falar em receitas decorrentes de aplicações financeiras ou decorrentes de mercadorias e serviços outros (vg. estacionamentos pagos, lanchonetes, aluguel ou taxa cobrada pela utilização de salões, auditórios, quadras, campos esportivos, dependências e instalações, venda de ingressos para eventos promovidos pela entidade, receitas de formaturas, excursões etc.) prestados por essas entidades que não sejam exclusivamente os de educação.
2. O § 2º do art. 47 da IN 247/2002 da Secretaria da Receita Federal ofende o inciso X do art. 14 da MP n. 2.158-35/2001 ao excluir do conceito de "receitas relativas às atividades próprias das entidades", as contraprestações pelos serviços próprios de educação, que são as mensalidades escolares recebidas de alunos.
3. Isto porque a entidade de ensino tem por finalidade precípua a prestação de serviços educacionais. Trata-se da sua razão de existir, do núcleo de suas atividades, do próprio serviço para o qual foi instituída, na expressão dos arts. 12 e 15 da Lei n. 9.532/97. Nessa toada, não há como compreender que as receitas auferidas nessa condição (mensalidades dos alunos) não sejam aquelas decorrentes de "atividades próprias da entidade", conforme o exige a isenção estabelecida no art. 14, X, da Medida Provisória n. 1.858/99 (atual MP n. 2.158-35/2001). Sendo assim, é flagrante a ilicitude do art. 47, §2º, da IN/SRF n. 247/2002, nessa extensão.

Não há dúvidas, portanto, quanto ao fato de as normas de processo administrativo-tributário produzidas no âmbito das competências atribuídas constitucionalmente às diferentes pessoas políticas tributantes integrarem o arcabouço normativo próprio àquilo que se define por "processo jurisdicional tributário", constituindo-se, por conseguinte, num capítulo autônomo do plano de investigação dogmática que, outrora, qualificamos como Direito Processual Tributário.

---

4. Precedentes do Conselho Administrativo de Recursos Fiscais - CARF: Processo n. 19515.002921/2006-39, Acórdão n. 203-12738, 3ª TURMA / CSRF / CARF / MF / DF, Rel. Cons. Rodrigo Cardozo Miranda, publicado em 11/03/2008; Processo n. 10580.009928/2004-61, Acórdão n. 3401-002.233, 1ªTO / 4ª CÂMARA / 3ª SEJUL / CARF / MF, Rel. Cons. Emanuel Carlos Dantas de Assis, publicado em 16/08/2013; Processo n. 10680.003343/2005-91, Acórdão n. 3201-001.457, 1ªTO / 2ª CÂMARA / 3ª SEJUL / CARF / MF, Rel. Cons. Mércia Helena Trajano Damorim, Rel. designado Cons. Daniel Mariz Gudiño, publicado em 04/02/2014; Processo n. 13839.001046/2005-58, Acórdão n. 3202-000.904, 2ªTO / 2ª CÂMARA / 3ª SEJUL / CARF / MF. Rel. Cons. Thiago Moura de Albuquerque Alves, publicado em 18/11/2013; Processo n. 10183.003953/2004-14 acórdãos 9303-01.486 e 9303-001.869, 3ª TURMA / CSRF, Rel. Cons. Nanci Gama, julgado em 30.05.2011; Processo n. 15504.019042/2010-09, Acórdão 3403-002.280, 3ªTO / 4ª CÂMARA / 3ª SEJUL / CARF / MF, Rel. Cons. Ivan Allegretti, publicado em 01/08/2013; Processo: 10384.003726/2007-75, Acórdão 3302-001.935, 2ªTO / 3ª CÂMARA / 3ª SEJUL / CARF / MF, Rel. Cons. Fabiola Cassiano Keramidas, publicado em 04/03/2013; Processo: 15504.019042/2010-09, Acórdão 3403-002.280, 3ªTO / 4ª CÂMARA / 3ª SEJUL / CARF / MF, Rel. Cons. Ivan Allegretti, julgado em 25.06.2013; Acórdão 9303-001.869, Processo: 19515.002662/2004-84, 3ª TURMA / CSRF / CARF / MF, Rel. Cons. Julio Cesar Alves Ramos, Sessão de 07/03/2012.

5. Precedentes em sentido contrário: AgRg no REsp 476246/RS, 2ª Turma, Rel. Min. Humberto Martins, DJ 12/11/2007, p. 199; AgRg no REsp 1145172/RS, 2ª Turma, Rel. Min. Humberto Martins, DJe 29/10/2009; Processo: 15504.011242/2010-13, Acórdão 3401-002.021, 1ªTO / 4ª CÂMARA / 3ª SEJUL / CARF / MF, Rel. Cons. Odassi Guerzoin Filho, publicado em 28/11/2012; Súmula n. 107 do CARF: "A receita da atividade própria, objeto de isenção da Cofins prevista no art. 14, X, c/c art. 13, III, da MP n. 2.158-35, de 2001, alcança as receitas obtidas em contraprestação de serviços educacionais prestados pelas entidades de educação sem fins lucrativos a que se refere o art. 12 da Lei n. 9.532, da 1997".

6. Tese julgada para efeito do art. 543-C, do CPC: as receitas auferidas a título de mensalidades dos alunos de instituições de ensino sem fins lucrativos são decorrentes de "atividades próprias da entidade", conforme o exige a isenção estabelecida no art. 14, X, da Medida Provisória 1.858/99 (atual MP 2.158-35/2001), sendo flagrante a ilicitude do art. 47, §2º, da IN/SRF 247/2002, nessa extensão. 7. Recurso especial não provido. Acórdão submetido ao regime do art. 543-C do CPC e da Resolução STJ 08/2008. (REsp repetitivo n. 1.353.111/RS; 1ª Seção; Rel. Min. Mauro Campbell Marques; julgado em 23/09/2015; DJe de 18/12/2015).

A eleição do "processo administrativo-tributário" como índice temático de nossas investigações, entretanto, impõe-nos alguns cortes metodológicos.

E isso em razão de o acervo normativo no qual se assenta o "sistema" – se é que podemos assim qualificá-lo – responsável por instituir e disciplinar as atividades desenvolvidas pelos órgãos de contencioso administrativo-tributário espalhados por toda a federação tem origem nas competências atribuídas a todos os entes políticos tributantes, impossibilitando, considerados os escopos limitados deste trabalho, uma abordagem analítica e exaustiva dos inúmeros procedimentos contenciosos existentes.

Nada obstante, com base naquilo que de fundamental resta positivado no texto constitucional acerca do fenômeno processual administrativo, bem como na experiência construída no âmbito de atuação histórica dos principais órgãos de contencioso tributário do país, parece-nos possível identificar os preceitos normativos sobre os quais se estrutura o regime jurídico processual administrativo-tributário vigente.

4.2 A natureza atipicamente jurisdicional da atividade exercida pelos órgãos de contencioso administrativo-tributário

Sob o ponto de vista jurídico-positivo, o Estado é um feixe de competências composto por normas institucionalizadoras do fato social objetivo da dominação, normas estas que juridicizam a relação factual mando/obediência e, assim, habilitam os entes detentores do poder juridicamente institucionalizado a exercerem suas atividades nomothéticas[620] por meio do uso da linguagem em sua função prescritiva.

620. Assim entendida como a atividade destinada à produção normativa.

A institucionalização jurídica do poder, por sua vez, é exatamente sua qualificação normativa em órgão, constituída, originariamente, a partir da ponência do fato concretizador da ordem jurídica fundamental, válida por si, que é a Constituição Federal.[621]

Na ideologia subjacente ao que conhecemos por Estado de Direito, tem-se, na pluralidade orgânica (distribuição do poder em vários órgãos) e na diferenciação funcional (atribuição de competências normativas específicas a cada órgão), dois mecanismos que se entrelaçam com a finalidade de evitar o exercício arbitrário do Poder e otimizar as atividades e o desempenho das competências normativas.

É por isso que as ideias de diferenciação funcional e pluralidade orgânica constituem, para além de um processo evolutivo, também uma técnica política de exercício de Poder.[622]

Não obstante os modos de separação do poder e de divisão das funções normativas cambiem de acordo com as opções políticas próprias a cada realidade constitucional, se tomarmos como referência o Estado moderno, tem-se por identificadas três competências normativas básicas: a legislativa, a executiva e a jurisdicional, que se diferenciam pela espécie normativa por cada qual produzida e pela finalidade a que se prestam. Têm em comum, contudo, o fato de serem exercidas, necessariamente, por órgãos estatais.

A função legislativa se caracteriza, basicamente, pela produção de normas abstratas e gerais destinadas a regular as condutas dos sujeitos de direito, inclusive no que toca ao desempenho das competências funcionais dos demais Poderes. Trata-se de função normativa primária, inovadora do sistema, pois criativa por natureza, responsável pela produção dos conteúdos normativos que fundamentarão as

621. VILANOVA, Lourival, *Causalidade e relação no direito*, p. 249-255.

622. Idem, p. 249.

decisões exaradas no exercício das demais competências funcionais.[623]

São os chamados *discursos de fundamentação*, para falar com HABERMAS, uma decorrência direta das denominadas *decisões programantes* a que se referiu LUHMAN.

As outras funções normativas estatais – a executiva e a jurisdicional – caracterizam-se por operar com o material legislado para, a partir deste, produzirem preceitos normativos concretos e individuais, que nada mais são que os chamados *discursos de aplicação*, oriundos das ditas *decisões programadas*.[624] As competências normativas executiva e jurisdicional, conquanto assemelhadas, diferenciam-se, fundamentalmente, em razão dos pressupostos que dão oportunidade aos seus respectivos exercícios, bem como pela finalidade a que se prestam.

Nessa medida, a função executiva é exercida por iniciativa unilateral do órgão estatal competente, com vistas à persecução de seus próprios interesses (primários e secundários), mediante a produção de normas concretas e individuais destinadas à realização dos valores e objetivos fundamentais do Estado.

A atividade jurisdicional, diferentemente, atua em função do interesse de terceiros, daí carecer de ato de provocação, prestando-se à produção de norma concreta e individual vocacionada à preservação ou reparação de direito subjetivo violado ou sob ameaça de violação, o que é o mesmo que

---

623. Eis por que, conforme anota LOURIVAL VILANOVA, "no Estado de Direito há relações entre os órgãos do poder, e entre esses órgãos e os indivíduos, membros da comunidade jurídica e política. Órgãos de um só Estado personificam-se, compondo termos de relações jurídicas". VILANOVA, Lourival, *Causalidade e relação no direito*, p. 254.

624. Mas não só a partir destes. Especialmente a atividade jurisdicional se presta à aplicação dos enunciados jurídico-normativos do ordenamento total, inclusive os veiculados no texto constitucional. A atividade executiva, por sua vez, por estar subordinada ao regime de estrita legalidade, restringe-se à aplicação material proveniente da atividade legislativa em sentido estrito.

dizer, por outros termos, que a função jurisdicional aponta para a composição de relações jurídicas conflituosas.

Note-se que a diferenciação entre as competências normativas típicas do Estado se dá mediante a análise de critérios de ordem eminentemente objetiva, relacionados à natureza e à função das decisões normativas exaradas, independentemente do órgão que as profere. Disso decorre que a repartição do poder estatal em um, dois, três ou mais órgãos é meramente contingente, variando de Estado para Estado e segundo as concepções ideológicas próprias a um específico tempo histórico.

Convém distinguir, nesse tocante, inclusive para a correta compreensão do denominado "sistema de separação de poderes", as ideias de diferenciação funcional e pluralidade orgânica. Enquanto a primeira aponta para as espécies de competências normativas institucionalizadas (aspecto objetivo do poder institucionalizado), a segunda está relacionada à divisão dessas competências nas mãos de plexos orgânicos distintos (aspecto subjetivo do poder institucionalizado).

A pluralidade de órgãos, desse modo, noção da qual se extrai o conceito de separação de poderes, não está necessariamente vinculada à diferenciação funcional, estando presente, inclusive, nos Estados unicompetenciais. Um Estado qualquer, constituído por um só órgão que concentre todos os poderes institucionalizados, por exemplo, não deixará de exercer as três competências normativas básicas (legislativa, executiva e jurisdicional), donde se conclui que a inexistência de pluralidade de órgãos não afasta a diferenciação funcional.

A questão da tripartição do poder, portanto, refere-se à pluralidade orgânica (aspecto subjetivo do poder) que caracteriza os Estados de Direito modernos e não necessariamente à diferenciação funcional (aspecto objetivo do poder) inerente a todos os tipos de Estado, incluídos os absolutistas. Tem-se tripartição do poder, como técnica de limitação de autolimitação e instrumento de combate ao arbítrio, quando se distribuem as competências normativas a três órgãos distintos, e não quando cada um desses órgãos exerce competências normativas funcionalmente diversas, sendo perfeitamente factível que três centros de poder distintos exerçam, a um só tempo, as três funções normativas estatais.

Não há que se confundir, assim, Poder Legislativo (aspecto subjetivo do poder) com função legislativa (aspecto objetivo do poder); Poder Executivo (aspecto subjetivo do poder) com função executiva (aspecto objetivo do poder); e, por fim, Poder Judiciário (aspecto subjetivo do poder) com função jurisdicional (aspecto objetivo do poder).

No tocante ao Estado brasileiro, a Constituição Federal fixa os centros orgânicos competenciais em seu art. 2º, prescrevendo que "são poderes da União, independentes e harmônicos entre si, o Legislativo, o Executivo e o Judiciário". Conquanto os nomes atribuídos aos centros de poder indiciem, por si sós, a função normativa a ser exercida por cada um deles, essas competências não são distribuídas de forma estanque, sendo possível identificar diversas atribuições que escapam à competência normativa típica de cada um dos centros de poder estatal.[625]

Cada centro orgânico de poder estatal, portanto, a par de sua competência normativa precípua, dita típica, também possui atribuições normativas próprias de outro Poder da República (função atípica). A rigor, as características e o alcance de cada uma das funções normativas dos centros orgânicos de Poder estatal – as quais, vale repisar,

625. Parte das competências atribuídas aos Órgãos do Poder Legislativo da União, constantes dos arts. 49, 50, 51 e 52 da Constituição Federal, têm natureza administrativa ou jurisdicional. As competências atribuídas ao Presidente da República pelo art. 84, inciso VI (editar decretos), e XXVI (editar medidas provisórias), por sua vez, têm natureza eminentemente legislativa.

dizem respeito a aspectos eminentemente objetivos da atividade normativa – são identificáveis no próprio corpo do texto constitucional.

Conforme anotamos no item 4.1.1 do capítulo 4 do título I, os aspectos materiais que caracterizam a função, dita jurisdicional, a ser desempenhada tipicamente por um específico centro de competência estatal, o Poder Judiciário, e que tem em seu núcleo a atividade de "apreciar lesões ou ameaças de lesões a direitos subjetivos", constam expressamente do enunciado do art. 5º, inciso XXXV, da Constituição Federal.

Alinhávamos, naquela mesma ocasião, que a importância do enunciado constitucional da inafastabilidade da jurisdição está fundamentalmente relacionada àquilo que ele revela acerca do conteúdo nuclear da atividade jurisdicional e que diz precisamente com a prerrogativa de atuar normativamente sob o pretexto da apreciação de lesões ou ameaças de lesões a direitos, atividade que, ao ser erigida à condição de função principal de um dos três centros de poder da República, constitui-se, por assim dizer, uma *função típica de Estado*.

O conceito de jurisdição, nessa medida, há de ser apreendido exclusivamente a partir de dois elementos normativos que, na condição de critérios definidores, afiguram-se como necessários e suficientes à sua identificação, quais sejam: o elemento objetivo, que se prende à noção de atividade de produção normativa vocacionada à composição de conflitos; e o subjetivo, representado pela figura do único ente competente para exercitar tal função – o Estado.

O fato de esse preceito proibir à lei que exclua, direta ou indiretamente, o exercício da referida atividade por parte do Poder Judiciário, não implica, naturalmente, a vedação de seu exercício por parte dos demais centros de poder, se assim restar autorizado por outro preceito constitucional ou, ainda, por um veículo normativo hierarquicamente inferior.

O tão alardeado dogma da "unidade e da indivisibilidade da jurisdição", para refletir o que o sistema constitucional prescreve a respeito da competência funcional atribuída a cada um dos centros de poder estatais, deve ser interpretado sob o ponto de vista macro-orgânico, ou seja, na condição de atividade "tipicamente estatal", independentemente do centro de poder responsável por seu desempenho.[626]

Parece-nos óbvio, assim, que toda vez que o Estado, mediante qualquer um de seus centros de competência (Legislativo, Executivo ou Judiciário), exercer atividade normativa voltada à apreciação de lesão ou ameaça de lesão a direito, ter-se-á efetivo desempenho de função jurisdicional, pois presentes os dois elementos constitutivos do conceito de jurisdição a que nos referimos anteriormente, a saber: (i) o objetivo, concernente à atividade compositiva de conflitos; e (ii) o subjetivo, representado pela figura do Estado.

Podemos concluir, assim, que a atividade compositiva de conflitos exercida, atipicamente, por outros centros de poder que não aquele especialmente forjado para fazê-lo (Poder Judiciário) é, por tudo e em tudo, jurisdicional.[627]

Desse modo, se for possível identificar um órgão estatal especialmente constituído com objetivo de atuar na composição de conflitos havidos no âmbito das relações jurídicas de direito tributário, aí então estaremos diante de um típico

---

626. "Conquanto uma e indivisível, como atividade estatal que é, a jurisdição comporta divisões de índole meramente pragmática, circunstância que justifica as diferenças havidas na doutrina no que diz com essas classificações, uns preferindo um tal critério, outros privilegiando quais aspectos etc". CONRADO, Paulo Cesar. *Introdução à teoria geral do processo civil*, p. 94. (grifamos)

627. Incabível, nesse tocante, a objeção segundo a qual os órgãos de contencioso administrativo-tributário não ostentariam, verdadeiramente, o status de órgãos jurisdicionais em razão de às decisões por eles emanadas não se agregar o estado de imutabilidade própria à autoridade da coisa julgada. Isso porque, a teor do que resta prescrito pelo texto constitucional, o atributo da coisa julgada não constitui característica definidora do conceito de jurisdição, mas um qualificativo que se agrega a algumas – e somente a algumas – decisões exaradas pelo Poder Judiciário no exercício da função que lhe é precípua.

órgão de "jurisdição tributária". Ora, é exatamente isso o que ocorre no âmbito da atividade exercida pelos órgãos do Poder Executivo no contexto daquilo que, pragmaticamente, denominamos "processo administrativo-tributário".

Esse caráter atipicamente jurisdicional da atividade desempenhada pelos órgãos de contencioso administrativo-tributário – e a consequente necessidade de total submissão de seus processos decisórios ao regime jurídico constitucional do *devido processo legal* – viabiliza a conjugação de alguns atributos que, ante a inexistência de órgãos judiciais especializados em lides tributárias, são inimagináveis no âmbito da jurisdição comum, quais sejam: a alta capacitação técnica característica das cortes administrativas, a segurança jurídica e a equidistância necessárias ao acatamento espontâneo das decisões por elas exaradas.

Mais que isso, a jurisdição administrativa tributária, dada sua natural vocação à informalidade e ao estreitamento da relação entre os sujeitos de direito tributário, tem imenso potencial legitimador da atividade impositiva, atingindo um considerável grau de efetividade, quiçá impossível de ser obtido em ambiente judicial.

4.3 O devido processo legal administrativo-tributário e suas particularidades

Reconhecer, na atividade desempenhada pelos órgãos de contencioso administrativo-tributário, uma autêntica forma de exercício de função jurisdicional significa, fundamentalmente, impor-lhes o dever de desempenhar suas competências mediante a estrita observância do modelo dialético-constitucional inerente à cláusula do *due process of law*, o que não só dignifica a atividade, mas também assegura que as decisões emanadas no âmbito de suas competências tenham a credibilidade e a aceitação que delas se espera.

No entanto, apesar de seu caráter atipicamente jurisdicional, não se pode esperar que o processo administrativo-tributário se estruture, normativamente, sobre bases procedimentais e cognitivas idênticas àquelas que caracterizam o processo tributário judicial.

É que a jurisdição prestada pelos órgãos de contencioso administrativo-tributário possui nuances que a distingue da prestada pelos órgãos judiciais no âmbito da chamada "jurisdição civil". E nem poderia ser diferente, pois os órgãos de contencioso administrativo-tributário, conquanto "objetivamente jurisdicionais", são "subjetivamente administrativos", pois integrantes daquelas estruturas macro-orgânicas que materializam as "Administrações Tributárias".

Importa reconhecer, desse modo, que os contenciosos administrativos tributários desempenham, sob o aspecto institucional, a função de verdadeiros órgãos de *compliance* administrativo, destinados a controlar a legalidade e a higidez dos atos administrativos de constituição e cobrança do crédito tributário, vinculando-se, nesse tocante, a preceitos normativos comuns às administrações em geral, tais como a eficiência, a moralidade, a motivação e, ao fim e ao cabo, a supremacia do interesse público.

Assim, se, sob a óptica do sujeito passivo tributário, o processo administrativo constitui uma garantia de pleno exercício do direito constitucional ao contraditório e à ampla defesa, na perspectiva da Administração Tributária, a instauração do contencioso administrativo substancializa uma oportunidade única de implementação de um controle interno, altamente qualificado, da legalidade dos atos praticados por seus agentes fiscais.

Importante não se perder de vista, nesse tocante, que a eficiência das Administrações Tributárias não se mede, exclusivamente, pelos números que indiciam seu potencial arrecadatório, mas também – e diria, até principalmente

– por sua capacidade de tributar exatamente aquilo que lhe é de direito e nos exatos parâmetros formais e materiais legalmente fixados.

Os órgãos de contencioso tributário constituem, nesse contexto, entes especialmente forjados para a administração da justiça tributária, cujo desempenho haverá de ser medido e avaliado tão somente por sua capacidade de controlar, de forma neutra e imparcial, a atividade impositiva.

Essa circunstância assume importância fulcral na conformação do arcabouço normativo e principiológico que informa e norteia o processo administrativo-tributário, constituindo-se numa espécie de "modelo intermediário" entre aquilo que é característico aos processos de natureza civil, fundados nas ideias de disponibilidade e inércia, e aquilo que é peculiar aos processos de cunho penal, que se fundamentam e se desenvolvem sob o amparo da noção de oficialidade.

Assim, conquanto seja desencadeado por iniciativa exclusiva do sujeito passivo e verse sobre direito subjetivo absolutamente disponível, o fato de o processo administrativo-tributário também constituir um instrumento por meio do qual a Administração Pública exerce seu dever de controle da legalidade dos atos praticados por seus agentes exerce influência determinante na conformação da competência decisória característica dos órgãos de contencioso administrativo-tributário, os quais estão imbuídos de poderes instrutórios e cognitivos que extrapolam o paradigma da "inércia" próprio dos processos dispositivos.

Nesse tocante, os princípios que regem a dinâmica do processo administrativo-tributário estão muito mais afetos aos cânones que informam o direito processual penal do que àqueles característicos do direito processual civil, o que, aliás, mostra-se absolutamente natural diante do fato de as autuações fiscais se assemelharem, sob certo aspecto, aos libelos acusatórios de viés criminal.

A tomada de consciência das particularidades do devido processo legal administrativo-tributário fornece-nos os fundamentos necessários para que sigamos em direção à análise individualizada dos diferentes princípios abarcados pela cláusula do *due process of law*, tal como se manifestam neste específico ambiente processual.

4.3.1 O julgador tributário natural, imparcial e independente: o problema da autonomia dos órgãos de contencioso administrativo-tributário

Os princípios constitucionais do juiz natural e da imparcialidade constituem típicos limites objetivos à atividade jurisdicional e se voltam a garantir que a jurisdição seja prestada de forma equidistante, isonômica e, o tanto quanto possível, objetiva. Corolário da ideia de imparcialidade é a noção, não menos importante, de independência, assim entendida como o estado de proteção institucional que possibilita ao julgador desempenhar suas funções segundo suas convicções jurídicas e mediante processo de livre persuasão racional.[628]

No âmbito da atividade jurisdicional prestada, atipicamente, pelos órgãos de contencioso administrativo-tributário, o cânone constitucional do juiz natural deverá ser observado por meio (i) da instituição prévia de órgãos dotados de competência para apreciar as insurgências opostas em face de eventuais acusações fiscais; e (ii) de regras e mecanismos que garantam a livre distribuição das defesas e dos recursos apresentados pelas partes.

Os princípios da imparcialidade e da independência, por seu turno, haverão de ser implementados, respectivamente,

628. As manifestações expressas dos referidos princípios podem ser colhidas nos incisos XXXVII ("não haverá juízo ou tribunal de exceção") e LIII ("ninguém será processado ou sentenciado senão pela autoridade competente") do art. 5º da CF, bem como no regime constitucional instituidor das garantias ao magistrado constante do art. 95, incisos I, II e III, da CF/88.

por meio de (i) normas que disciplinem as situações de suspeição e impedimento do julgador administrativo, garantindo-se uma prestação jurisdicional verdadeiramente equidistante; e (ii) por regras que protejam o julgador administrativo de pressões externas e internas que possam amesquinhar sua consciência jurídica e, consequentemente, comprometer o processo de livre persuasão racional.

A questão da independência do julgador é especialmente delicada no âmbito dos contenciosos administrativos tributários. O fato de serem órgãos que compõem o plexo macro-orgânico responsável pela administração tributária do ente político tributante costuma resultar numa indesejada porosidade dos contenciosos administrativos tributários às pressões por resultados arrecadatórios positivos, pressões estas que, não raro, costumam respingar sobre a independência do julgador tributário.

É preciso insistir no fato de os órgãos de contencioso administrativo-tributário não terem compromisso algum com metas de arrecadação fiscal estabelecidas segundo as necessidades de cada governo, mas tão somente com metas e objetivos que digam com a satisfatória administração da justiça tributária. Estamos a falar de típicos "órgãos de Estado" e não de meros "órgãos de governo", cuja eficiência deve ser medida, exclusivamente, pela correção jurídica dos seus pronunciamentos decisórios.

Por conta disso, a relação que se estabelece entre os órgãos da administração tributária responsáveis pelos procedimentos de cobrança e arrecadação do tributo e aqueles voltados ao controle da legalidade dos referidos atos nunca haverá de ser uma relação de natureza hierárquica, sob pena de comprometimento da necessária independência dos julgadores tributários. Nesse contexto, vem à tona um atributo institucional absolutamente indispensável ao bom e satisfatório funcionamento dos contenciosos administrativos tributários, qual seja: a autonomia e a solidez institucional dos órgãos e tribunais administrativos tributários.

É o princípio da autonomia da atividade administrativa judicante que impõe aos órgãos de contencioso administrativo-tributário a condição de estarem estruturados por meio de regras institucionais estáveis, as quais garantam o livre exercício da atividade judicante, mesmo em face de expectativas político-fiscais, por vezes, antagônicas à regular administração da justiça tributária.

Essa segurança institucional deve se iniciar pela fixação de critérios objetivos de escolha, manutenção e recondução dos julgadores tributários, inclusive daqueles que ocuparão posição de proeminência (presidentes e vice-presidentes) nos órgãos de julgamento. Esses critérios devem ser fixados em lei (em sentido formal) e, na medida do possível, estar relacionados a aspectos objetivos que reflitam o mérito moral, intelectual e profissional do julgador tributário.

Além disso, os julgadores tributários devem gozar de condições de trabalho equânimes, que garantam remuneração isonômica e estrutura funcional adequada para a satisfatória realização de seu *munus*.

Não estamos a falar aqui de algo que se assemelhe à autonomia orçamentário-financeira atribuída constitucionalmente ao Poder Judiciário, tampouco que equivalha, em termos de garantias individuais, aos estados de vitaliciedade, inamovibilidade e irredutibilidade de vencimentos de que gozam os julgadores judiciais – os quais se prestam a preservar sua independência –, mas de um arcabouço jurídico-institucional mínimo capaz de blindar os órgãos de julgamento e os próprios julgadores administrativos tributários das contingências políticas momentâneas que possam comprometer suas autonomias.

Essa autonomia, por sua vez, não pode dar causa a um estado de proteção absoluto, que não exija do julgador tributário a necessária contrapartida funcional. Daí a necessidade do estabelecimento de controles quantitativos e qualitativos da atividade judicante, realizados a partir de critérios objetivos que também deverão, por óbvio, estar veiculados em lei formal, com vistas a evitar que a avaliação de desempenho do julgador tributário fique à mercê de contingências políticas momentâneas.

É preciso advertir, por fim, que autonomia, independência e imparcialidade constituem garantias jurídico-institucionais voltadas a proteger o julgador tributário de pressões e influências indevidas que possam viciar sua vontade. Tais atributos, todavia, nada têm a ver com os diferentes regimes jurídicos de seleção de julgadores tributários e de composição dos órgãos judicantes adotados pelos contenciosos administrativo-tributários dos inúmeros entes tributantes.

Nesse sentido, o modelo de composição paritária utilizado pela maioria dos tribunais administrativos tributários – cuja característica fundamental está em selecionar os julgadores entre candidatos indicados por entidades representativas de ambos os sujeitos de direito tributário, e em idêntica proporção –, quando implementado a partir critérios legais objetivos que privilegiem a capacitação técnica e a idoneidade moral do candidato, longe de comprometer a independência da autoridade julgadora e a autonomia do órgão judicante, tende a reforçar o compromisso do Estado com o autocontrole da atividade impositiva e com a concreta realização da "justiça tributária".

Trata-se, não há dúvidas, de um sistema (o paritário) que é naturalmente vocacionado à implementação de algumas das finalidades que, segundo leciona ODETE MEDAUAR, são fundamentais a todo e qualquer processo administrativo, tais como: 1) *o melhor conteúdo das decisões administrativas,* pois além de proporcionar aos sujeitos de direito tributário a oportunidade de produção de provas e argumentos em regime de total isonomia, submete as questões controvertidas ao julgo de autoridades que conhecem, no plano da experiência, as particularidades e as mazelas a que submete o jurisdicionado fiscal; 2) a maior *eficácia das decisões* administrativas, visto que os pronunciamentos exarados por órgãos administrativos judicantes compostos por representantes de ambos os sujeitos de direito tributário são mais suscetíveis de aceitação e cumprimento espontâneos por seus destinatários; 3) a *legitimação do poder* impositivo, pois, tratando-se o processo jurisdicional de uma técnica de controle do arbítrio decisório, a participação de representantes de ambos os interessados na atividade de formação da decisão que vier a confirmar ou rechaçar determinada pretensão fiscal tende a garantir que o "poder de tributar" seja exercido segundo suas finalidades constitucionais; 4) a *aproximação entre Administração e cidadãos*, tendo em vista o fato de o modelo paritário pressupor, necessariamente, um regime de colaboração decisória entre os dois sujeitos de direito tributário, rompendo-se a dualidade "fisco *versus* contribuinte" e compatibilizando a atividade impositiva à noção fundamental de interesse público; e 5) *facilitar o controle da Administração*, pois a participação de representantes de ambas as partes interessadas no processo de formação do crédito tributário constitui um facilitador ao controle da atividade impositiva pela sociedade, pelo Poder Judiciário e, ainda, pelos órgãos de fiscalização que integram a própria Administração Pública (Corregedorias, Tribunais de Contas etc).[629]

Não há que se cogitar, portanto, acerca de uma suposta incompatibilidade ontológica entre os princípios da independência e da imparcialidade do julgador tributário e o

629. "As várias finalidades apresentam-se cumulativas, sem se excluírem. Além do mais, formam um conjunto entrelaçado, com vínculos recíprocos, embora sejam expostas de modo separado, por exigências de sistematização científica". MEDAUAR, Odete. Processualidade no direito administrativo, p. 62-69.

regime paritário de composição dos órgãos de contencioso administrativo-tributário.

4.3.2 O contraditório e a ampla defesa nos processos administrativo-tributários

A base normativa que sustenta a estrutura angular característica das relações jurídicas que materializam, sob o ponto de vista lógico-formal, os processos jurisdicionais é, não há dúvidas, o regime jurídico-dialético que se impõe constitucionalmente por meio dos princípios do contraditório e da ampla defesa.[630]

Contraditório e ampla defesa constituem a manifestação mais expressiva do valor "isonomia" no plano processual, que se volta a pautar a relação entre os sujeitos de direito no ambiente conflituoso próprio dos processos jurisdicionais, atribuindo às partes adversas condição paritária quanto à disponibilidade de instrumentos necessários à demonstração e à concretização de seus respectivos direitos.

A ideia de contraditoriedade reflete, como seu conteúdo mínimo, o direito da parte à ciência de todo e qualquer ato praticado no bojo do processo contencioso e à consequente oportunidade de se manifestar acerca de seu conteúdo. Tratando-se de processos de índole acusatória – como parece ser o caso, ao menos sob certos aspectos, dos processos administrativos tributários –, o contraditório também deverá ser observado no procedimento investigatório/fiscalizatório que antecede o processo contencioso, quando são produzidos os fatos e as provas que darão sustentação

630. "Art. 5º. Todos são iguais perante a lei, sem distinção de qualquer natureza, garantindo-se aos brasileiros e aos estrangeiros residentes no País a inviolabilidade do direito à vida, à liberdade, à igualdade, à segurança e à propriedade, nos termos seguintes:
(...)
LV - aos litigantes, em processo judicial ou administrativo, e aos acusados em geral são assegurados o contraditório e ampla defesa, com os meios e recursos a ela inerentes;"

à acusação fiscal a ser formalizada, ao final, pelo auto de infração fiscal que servirá de pressuposto à instauração do processo contencioso.

Eis, aqui, uma das características que aproxima o processo administrativo-tributário do regime jurídico-processual próprio ao processo penal.

O efetivo exercício do direito ao contraditório, por sua vez, viabiliza a manifestação daquele outro direito subjetivo processual, destinado a atribuir ao demandado/acusado a oportunidade de se valer dos meios e instrumentos processuais forjados com a específica finalidade de garantir sua legítima resistência às pretensões em face dele deduzidas ou às acusações a ele imputadas, qual seja: o direito à ampla defesa, assim entendido como o plexo de prerrogativas processuais que possibilitam ao acusado/demandado resistir e infirmar a acusação/pretensão deduzida pela parte adversa.

Conforme anotamos no item 3.1.3 do capítulo III do título I, devemos entender as noções de contraditório e ampla defesa não apenas sob o ponto de vista formal, que reflete o dever de bilateralidade da audiência. Não se trata de "dizer" (atacar) e "contradizer" (defender) pura e simplesmente, mas da concreta possibilidade de influenciar o desenvolvimento do processo e a formação das decisões normativo-jurisdicionais.

A participação dos sujeitos parciais no processo decisório, portanto, não pode constituir mera ficção, havendo que possibilitar a efetiva ressonância das alegações das partes na fundamentação do provimento jurisdicional, de maneira que a decisão não seja o resultado de operações racionais solitárias do juiz, o que vale também para os processos administrativos tributários.[631]

---

631. NUNES, Dierle José Coelho. O princípio do contraditório: uma garantia de influência e não surpresa. In: *Teoria do processo*: panorama doutrinário mundial. Salvador: JusPodivm, 2008.

Por isso, a contraface estatal do direito à ampla defesa é o dever inafastável de a autoridade jurisdicional, incluída a administrativa, apreciar toda e qualquer questão de fato e de direito que vier a ser aventada pelas partes no âmbito de suas alegações, desde que, por óbvio, as matérias estejam abarcadas pela competência legal dos órgãos jurisdicionais administrativos tributários.

A competência material dos órgãos de contenciosos administrativo-tributário, contudo, costuma ser sensivelmente reduzida, quando comparada à atribuída aos órgãos judiciais. Isso decorre, principalmente, de restrições impostas nas legislações que cuidam de instituir e delimitar as funções exercidas por esses órgãos, as quais excluem de suas competências cognitivas algumas matérias que, em princípio, seriam perfeitamente compatíveis com a atividade jurisdicional administrativa.

Exemplo maior dessa restrição é a vedação ao controle da constitucionalidade dos atos impositivos de exigências fiscais submetidos ao julgo dos órgãos de contencioso administrativo-tributário.

A possibilidade de os tribunais administrativos exercerem controle difuso de constitucionalidade, exatamente como o fazem os órgãos judiciais ordinários, está diretamente relacionada à natureza jurisdicional de suas atividades. Sendo a jurisdição uma função normativa que, por imposição constitucional, deve ser exercida sob o regime do contraditório e da ampla defesa, em princípio, toda e qualquer matéria posta à apreciação da autoridade jurisdicional pode e deve ser apreciada.

Isso não impede, todavia, que as regras de competência reguladoras da atividade jurisdicional administrativa imponham restrições ao conhecimento de questões constitucionais, especialmente porque essas questões podem ser levantadas pelo sujeito passivo, em momento posterior, em ambiente judicial.

É a própria noção de devido processo legal, aliás, que legitima essas restrições.

Agora, o que não procede, em nosso sentir, é a afirmação de que as cortes administrativas estariam ontologicamente impedidas de apreciar questões constitucionais por estarem adstritas ao regime de vinculação à lei, o qual é aplicável, tão somente, aos atos praticados pelos órgãos do Poder Executivo no exercício de suas funções típicas.

Tratando-se de atividade jurisdicional, incluída a exercida em caráter atípico, o regime jurídico aplicável ao processo respectivo haverá de ser o do contraditório e da ampla defesa, o que significa, entre outras coisas, plena cognoscibilidade das questões de fato e de direito que se prestam a fundamentar a pretensão do jurisdicionado, prerrogativa que somente poderá ser restringida por regras legais que delimitem, expressamente, o âmbito material de competência do órgão jurisdicional.

4.3.3 Oficialidade *versus* dispositividade: os poderes cognitivos e instrutórios do julgador administrativo-tributário

Os processos administrativos tributários (contenciosos) se iniciam por iniciativa exclusiva do sujeito passivo tributário, a quem é atribuída a prerrogativa de "impugnar" o ilícito fiscal que lhe haja sido imputado por meio de auto de infração. Por isso, o que chamamos ordinariamente de "acusação fiscal", mais que um ato responsável por externar uma típica pretensão acusatória, materializa verdadeiro ato administrativo constitutivo do crédito e do ilícito tributários.

Sob tal perspectiva, o ato "impugnatório" ao auto de infração não se contrapõe a uma pretensão acusatória tal como uma defesa apresentada em face de uma acusação tipicamente penal, mas se volta a objetar um ato jurídico, pronto e acabado, por meio do qual a sanção tributária "proposta" pela autoridade fiscal resta concretamente aplicada. Assemelha-se, nesse aspecto, muito mais a um típico ato inaugural da atividade jurisdicional (ação) do que a um ato processual de resistência a uma pretensão tributária previamente deduzida (defesa).

Tem-se, portanto, como objeto das "defesas e impugnações administrativas", à semelhança do que ocorre com as ações anulatórias de débito fiscal, o direito subjetivo do sujeito passivo à desconstituição do crédito tributário que lhe foi imputado. Se não houver efetivo ato de provocação da jurisdição administrativa, a cargo do sujeito passivo autuado, não se instaurará o processo contencioso administrativo-tributário, redundando na objetivação do inescapável estado de "definitividade" que acobertará o ato constitutivo do crédito tributário e viabilizará a prática dos atos de cobrança voltados à realização do crédito exigido.

Essas circunstâncias deixam clara a natureza híbrida dos processos administrativos tributários, que trazem consigo elementos que os aproximam dos processos de índole acusatória (penais), mas que também contém aspectos que são característicos aos chamados processos dispositivos (civis). Essa característica, vale ressaltar, reflete uma peculiaridade que é ínsita ao objeto dos processos administrativos tributários – o controle da legitimidade do crédito tributário –, o qual, sob óptica do contribuinte, prende-se a um direito subjetivo patrimonial absolutamente disponível, mas que, sob a perspectiva da Fazenda Pública, aponta para o pleno cumprimento do dever de autocontrole dos atos impositivos tributários, a ser realizado, o tanto quanto possível, sob o manto da oficialidade.

Disso resulta que o processo administrativo-tributário, conquanto desencadeado por iniciativa exclusiva do sujeito passivo autuado, reger-se-á por um regime de "impulso oficial", muito mais amplo e abrangente que o do processo civil ordinário, pois os poderes cognitivos e instrutórios do julgador tributário, por seu peculiar *munus*, ultrapassam as fronteiras das alegações trazidas pelo sujeito passivo em sua peça impugnatória.

Nesse sentido, o julgador tributário, independentemente das alegações alinhavadas pelo sujeito passivo, ou mesmo do que constar expressamente no libelo fiscal acusatório e nos relatórios a ele complementares, tem por dever analisar todos os fatos e fundamentos que dão lastro à autuação fiscal, a despeito de terem sido adequadamente impugnados ou mencionados pelo sujeito de direito tributário em suas respectivas razões.

Exige-se do sujeito passivo que aponte como ilegítima cada uma das acusações a ele imputadas, ou seja, que as impugne expressamente, sob pena de, na parte não impugnada, a decisão administrativa atacada e a parcela do débito fiscal correspondente tornarem-se definitivas.[632]

Tudo isso nos leva a concluir que o âmbito de aplicação do princípio do dispositivo nos processos administrativos tributários restringe-se ao dever do sujeito passivo de praticar os atos de impugnação (defesas e recursos) voltados

---

632. Nesse tocante, dispõem os arts. 21, §1º, e 42, parágrafo único, ambos do Decreto 70.235/72:
"Art. 21. Não sendo cumprida nem impugnada a exigência, a autoridade preparadora declarará a revelia, permanecendo o processo no órgão preparador, pelo prazo de trinta dias, para cobrança amigável.
§ 1º. No caso de impugnação parcial, não cumprida a exigência relativa à parte não litigiosa do crédito, o órgão preparador, antes da remessa dos autos a julgamento, providenciará a formação de autos apartados para a imediata cobrança da parte não contestada, consignando essa circunstância no processo original".
"Art. 42. São definitivas as decisões:
I - de primeira instância esgotado o prazo para recurso voluntário sem que este tenha sido interposto;
II - de segunda instância de que não caiba recurso ou, se cabível, quando decorrido o prazo sem sua interposição;
III - de instância especial.
Parágrafo único. Serão também definitivas as decisões de primeira instância na parte que não for objeto de recurso voluntário ou não estiver sujeita a recurso de ofício".

a "devolver" à autoridade julgadora a oportunidade de averiguar a regularidade da exigência, sem que esta esteja vinculada exclusivamente às alegações expressamente alinhavadas pelo sujeito passivo.

Caberá ao sujeito passivo, tão somente, trazer aos autos do processo contencioso os fatos e as provas que, não tendo sido catalogados no bojo do procedimento fiscalizatório, tenham o condão de modificar ou extinguir o direito de exigir o crédito tributário afirmado pelo lançamento impugnado. Tudo o mais ficará adstrito à oficialidade decorrente do dever de controle da legitimidade da cobrança

Não se trata, vale advertir, de simples aplicação do princípio *narra mihi factum dabo tibi jus*, segundo o qual a mera narração dos fatos é suficiente para que o juiz lhes atribua a adequada qualificação jurídica e, assim, reconheça ou não o direito das partes. Estamos a falar, aqui, de poderes cognitivos sensivelmente mais amplos, pois as decisões exaradas no âmbito dos processos administrativos tributários poderão se fundar em fatos que, a despeito de não terem sido impugnados ou alinhavados pelas partes, possam ser inferidos a partir de provas e documentos constantes dos autos.

Não queremos afirmar, com isso, que as defesas e os recursos administrativos tributários prescindam de técnica processual adequada. Ao contrário, quanto maior o nível técnico da impugnação, maiores também serão as chances de o julgador tributário exercer a contento sua função de controlador da legitimidade da cobrança.

Pretendemos asseverar apenas que a ausência de impugnação específica de cada aspecto da acusação fiscal não haverá de ser empecilho para o julgador tributário afastar ou confirmar a legitimidade de determinada exigência com base em inferências autônomas, construídas sem lastro algum nas alegações das partes, mas fundadas em fatos e provas constantes dos autos. O julgador tributário está, sim, obrigado a apreciar, em observância à ideia de ampla defesa, todas as alegações alinhavadas pelas partes, mas não apenas elas, podendo lançar mão de fundamentos outros, fáticos ou normativos, que não componham as questões controvertidas pelas partes.

Essa oficialidade, que qualifica e caracteriza a atividade exercida pelos órgãos de contencioso administrativo, também é responsável por atribuir ao julgador tributário prerrogativas instrutórias que vão além daquilo que se tem por ordinário no âmbito dos processos dispositivos.

Com efeito, mesmo que se verifique expressa previsão normativa acerca do momento procedimental adequado para a indicação e a produção de provas, eventual inobservância das regras em questão por parte do sujeito passivo tributário nunca terá o condão de emanar eficácia preclusiva absoluta, pois o julgador tributário ordinário, de 1º ou de 2º graus, estará sempre adstrito ao dever de apreciar, em nome do interesse público, todo e qualquer elemento probatório que, trazido aos autos pela parte, seja capaz de infirmar a legitimidade da débito fiscal exigido.

Além disso, é facultado ao julgador tributário, independentemente de requerimento expresso das partes, promover ou determinar as diligências que entender necessárias ao esclarecimento das questões de fato que norteiam a solução da causa sob sua apreciação.

Não é o caso de justificar os amplos poderes instrutórios do julgador administrativo em dogmas que, conquanto prestigiados doutrinária e jurisprudencialmente, não se sustentam teoricamente, como é o caso do alardeado "princípio da verdade material", mas de apontar uma característica que compõe a própria essência do processo administrativo-tributário, o qual, conforme afirmamos em item precedente, constitui mecanismo de controle da legitimidade dos atos administrativos de imposição tributária, circunstância que, por si só, explica e legitima essa ampla liberdade cognitivo-instrutória do julgador tributário.[633]

Não se trata, por óbvio, de uma prerrogativa absoluta do julgador tributário, muito menos de um direito subjetivo inalienável do litigante administrativo, mas de uma flexibilidade que encontra limites no regular desenvolvimento do processo administrativo-tributário. A flexibilidade cognitivo-instrutória a que nos referimos haverá de ceder, por exemplo, nas situações em que restar evidenciada a intenção de se procrastinar o regular curso do processo administrativo, bem como naquelas ocasiões em que a desídia da parte restar evidente.

Também não há que se falar em plenos poderes instrutórios ou cognitivos do julgador em face das formalidades e limitações próprias às fases procedimentais especiais do processo administrativo-tributário, onde têm lugar os chamados recursos administrativos de fundamentação vinculada, fundados em divergência interpretativa relativa a questões eminentemente normativas (teses). Aqui, a apreciação da pretensão recursal por parte do órgão de

---

633. "A doutrina costuma distinguir verdade material e verdade formal, definindo a primeira como a efetiva correspondência entre proposição e acontecimento, ao passo que a segunda seria uma verdade verificada no interior de determinado jogo, mas susceptível de destoar da ocorrência concreta, ou seja, da verdade real.
Com base em tais argumentos, é comum identificar o processo administrativo tributário com a busca da verdade material, e o processo judicial tributário com a realização da verdade formal.
(...)
Essa corrente doutrinária proclama o abandono da formalidade, na esfera administrativa, em prol da produção de prova e contraprova, para, com isso, alcançar a verdade material. Tal conclusão, entretanto, não procede. O que se consegue, em qualquer processo, seja administrativo ou judicial, é a verdade lógica, obtida em conformidade com as regras de cada sistema. Conquanto nos processos administrativos sejam dispensadas certas formalidades, isso não implica a possibilidade de serem apresentadas provas e argumentos a qualquer instante, independentemente da espécie e da forma. É imprescindível a observância do procedimento estabelecido em lei, ainda que esse rito dê certa margem de liberdade aos litigantes". TOMÉ, Fabiana del Padre. *A prova no direito tributário*, p. 23-24.

julgamento deverá ficar circunscrita à questão de direito que haja sido efetivamente objeto da divergência jurisprudencial que deu ensejo à interposição e ao regular processamento do recurso, sob pena de grave violação ao princípio do devido processo legal.

Somente diante da ocorrência de efetivo "fato novo", entendido como aquele manifestado após o julgamento exarado pelo órgão recursal ordinário e com o condão de, por si só, comprometer a legitimidade da cobrança, é que os órgãos especiais de revisão – as ditas "Câmaras Superiores" – poderão extrapolar de suas respectivas competências decisórias para, com base em tal ocorrência, anular a decisão recorrida e determinar que os autos retornem às instâncias recursais ordinárias com vistas à apreciação da nova premissa fática.

4.3.4 O princípio que impõe os deveres de motivar a autuação e de fundamentar a decisão jurisdicional administrativa

Os atos de aplicação jurídico-decisórios, sejam os realizados de ofício pela administração no exercício da sua função precípua (executiva), sejam os resultantes de ato de provocação do interessado e direcionados aos órgãos estatais voltados à resolução de conflitos intersubjetivos (jurisdicionais), imprescindem de elementos capazes de externar e explicitar as razões que justificaram a decisão, tornando possível o efetivo controle da legalidade/constitucionalidade do ato de aplicação.

Esses elementos estão umbilicalmente ligados aos deveres fundamentais, atribuídos constitucionalmente aos órgãos e autoridades estatais, de motivar (atividade administrativa) e fundamentar (atividade jurisdicional) as decisões por eles emanadas. Em essência, motivar e fundamentar constituem deveres similares, que se vinculam ao dever de enunciação das razões fáticas e normativas subjacentes à prática do ato decisório.

O dever de motivar os atos administrativos, em especial os resultantes de atividade plenamente vinculada – como é o caso do lançamento tributário –, impõe uma análise pormenorizada do contexto fático que ensejou a prática do ato, bem como a explicitação das razões que justificaram seu enquadramento em determinada hipótese normativa, cujo conteúdo de significação, conforme construído pela autoridade lançadora, também deverá ser pormenorizadamente descrito.

A partir desses elementos, dois vícios muito comuns aos atos impositivos tributários podem ser identificados: (i) o erro de capitulação, definido como um equívoco da autoridade fiscal quanto à correta indicação do preceito legal violado ou do preceito sancionatório a ser aplicado; e (ii) o erro de acusação, que induz a ausência de correspondência entre a descrição da ilicitude, tal qual plasmada no relato da acusação, e o conteúdo dos fatos devidamente provados pelos documentos que dão lastro à acusação fiscal.

Os erros de capitulação, por não comprometerem necessariamente a higidez do ato administrativo e não resultarem em maiores prejuízos à defesa do acusado, não têm o condão de ocasionar a nulidade do lançamento tributário, razão pela qual costumam ser sanáveis pela própria autoridade julgadora, providência que somente será possível, por óbvio, se a correção de ofício não resultar no agravamento da sanção imputada ao sujeito passivo. Já os erros de acusação, por estarem relacionados à correta determinação da matéria tributável (art. 142 do CTN), sempre ocasionarão a insubsistência do ato impositivo e jamais poderão ser corrigidos no âmbito dos órgãos de contencioso administrativo, sob pena de usurpação da competência dos órgãos de fiscalização e de extrapolação de suas atribuições jurisdicionais.

O dever de fundamentar as decisões normativas exaradas no exercício de atividade jurisdicional (típica ou não) – apesar de ontologicamente similar ao dever de motivar os atos administrativos em sentido estrito –, em razão da natureza dialética do processo jurisdicional – que impõe a concreta participação das partes interessadas no processo decisório –, acaba por se constituir num ônus que exige da autoridade jurisdicional um esforço intelectual ainda maior do que o despendido pela autoridade administrativa.

Isso porque, para além da indicação das razões de fato e de direito que dão respaldo empírico ao processo decisório e da explicitação do processo racional (indutivo, dedutivo ou abdutivo) do qual resultou a decisão, a autoridade jurisdicional deverá também enfrentar, para rechaçar ou acolher, cada uma das razões trazidas, em suas respectivas manifestações, pelos sujeitos parciais do processo jurisdicional, deixando expressas as razões pelas quais cada uma das alegações que, em tese, poderiam induzir o resultado pretendido pela parte, foram acolhidas ou rechaçadas.

Eis, aqui, uma seara na qual a regra de aplicação subsidiária das normas de direito processual civil aos processos administrativos, prescrita no art. 15 do CPC, encontra espaço propício para sua incidência, pois a definição de uma decisão jurisdicional devidamente fundamentada consta do art. 489, §1º do CPC, cujo conteúdo normativo, não há dúvidas, por explicitar analiticamente a vontade emanada pelo constituinte originário no art. 93, inciso IX, da CF/88, é de observância obrigatória pelos órgãos e autoridades julgadoras que compõem os contenciosos administrativos tributários.[634]

---

634. "Art. 15. Na ausência de normas que regulem processos eleitorais, trabalhistas ou administrativos, as disposições deste Código lhes serão aplicadas supletiva e subsidiariamente".

"Art. 489. São elementos essenciais da sentença:

I - o relatório, que conterá os nomes das partes, a identificação do caso, com a suma do pedido e da contestação, e o registro das principais ocorrências havidas no andamento do processo;

É nesse exato ponto, aliás, que os princípios da motivação/fundamentação e da ampla defesa se tocam, pois a omissão do julgador acerca de alegação da das partes que tenha o condão de, por si só, influenciar o resultado do julgamento, não só constituirá um ato de violação ao dever de fundamentar – que se volta, como dissemos, ao controle da decisão –, mas também uma grave afronta ao direito à plena defesa, o qual, conforme também anotamos anteriormente, tem como inerente contrapartida o dever de apreciação de todas as questões de fato e de direito alinhavadas pelas partes.

Podemos concluir, desse modo, que o pleno cumprimento do dever de fundamentar as decisões normativas de cunho jurisdicional constitui condição indispensável

---

II - os fundamentos, em que o juiz analisará as questões de fato e de direito;
III - o dispositivo, em que o juiz resolverá as questões principais que as partes lhe submeterem.
§ 1º. Não se considera fundamentada qualquer decisão judicial, seja ela interlocutória, sentença ou acórdão, que:
I - se limitar à indicação, à reprodução ou à paráfrase de ato normativo, sem explicar sua relação com a causa ou a questão decidida;
II - empregar conceitos jurídicos indeterminados, sem explicar o motivo concreto de sua incidência no caso;
III - invocar motivos que se prestariam a justificar qualquer outra decisão;
IV - não enfrentar todos os argumentos deduzidos no processo capazes de, em tese, infirmar a conclusão adotada pelo julgador;
V - se limitar a invocar precedente ou enunciado de súmula, sem identificar seus fundamentos determinantes nem demonstrar que o caso sob julgamento se ajusta àqueles fundamentos;
VI - deixar de seguir enunciado de súmula, jurisprudência ou precedente invocado pela parte, sem demonstrar a existência de distinção no caso em julgamento ou a superação do entendimento.
§ 2º. No caso de colisão entre normas, o juiz deve justificar o objeto e os critérios gerais da ponderação efetuada, enunciando as razões que autorizam a interferência na norma afastada e as premissas fáticas que fundamentam a conclusão".
"Art. 93. Lei complementar, de iniciativa do Supremo Tribunal Federal, disporá sobre o Estatuto da Magistratura, observados os seguintes princípios:
(...)
IX – todos os julgamentos dos órgãos do Poder Judiciário serão públicos, e fundamentadas todas as decisões, sob pena de nulidade, podendo a lei limitar a presença, em determinados atos, às próprias partes e a seus advogados, ou somente a estes, em casos nos quais a preservação do direito à intimidade do interessado no sigilo não prejudique o interesse público à informação;"

à validade do pronunciamento decisório administrativo-tributário, de sorte que a não observância dos requisitos prescritos, "pela negativa", no sobrecitado art. 489, §1º, do CPC, implicará, necessariamente, a nulidade da decisão administrativa tributária, seja por sua incontrolabilidade, seja por conta do inescapável cerceamento de defesa.

4.3.5 O duplo grau de jurisdição administrativa: a recorribilidade no âmbito dos processos administrativos tributários

Corolário dos cânones constitucionais da ampla defesa e da motivação é o – não menos importante – princípio do duplo grau de jurisdição, que também se manifesta no contexto dos processos administrativos tributários. Por duplo grau de jurisdição há que se entender o direito do jurisdicionado de, em face de erro ou de imprecisão do pronunciamento jurisdicional, reprovocar a atividade jurisdicional a fim de obter juízo de revisão da decisão exarada.

No âmbito dos processos administrativos tributários, o duplo grau de jurisdição se revela a partir da estrutura hierarquizada característica dos órgãos de contencioso administrativo, que não raro dispõem de duas instâncias ordinárias – com ampla competência para apreciar questões de fato e de direito alinhavadas pelas partes e outras que entenderem pertinentes – e uma especial – cuja competência está restrita às questões normativo-interpretativas (teses) objeto de divergência entre os órgãos internos (câmaras ou turmas) da Corte administrativa.

O direito à recorribilidade no processo administrativo-tributário, tal qual se dá no âmbito judicial, é pautado por prazos peremptoriamente preclusivos. Nesse tocante, diferentemente do que ocorre no plano cognitivo e instrutório, não há espaço para cogitarmos uma possível flexibilização procedimental capaz de suplantar, em nome do interesse público, eventual perda do prazo recursal. As únicas situações em que, mediante expressa previsão legal, mostra-se possível a relevação da intempestividade recursal, referem-se à ocorrência de caso fortuito ou motivo de força maior.[635]

Os efeitos intraprocessuais dos recursos administrativos são disciplinados pela legislação processual oriunda do próprio ente político tributante que rege, primariamente, o rito procedimental específico a cada contencioso administrativo. Somente o efeito suspensivo da exigibilidade do crédito tributário a que alude o art. 151, inciso III, do CTN, por estar previsto em lei complementar federal e constituir verdadeira norma geral de direito tributário, é aplicável a todos os recursos, defesas e reclamações administrativas previstos em todo e qualquer regime processual administrativo-tributário.[636]

Necessário advertir, nesse contexto, que até mesmo os pedidos de revisão do pronunciamento decisório não catalogados sob a rubrica de "recursos administrativos", muito embora estejam expressamente previstos na legislação processual tributária, estão inegavelmente abarcados pelo conceito processual de "recurso", motivo pelo qual haverão de produzir os efeitos suspensivos da exigibilidade prescritos no art. 151, inciso III, do CTN.[637] Aliás, ainda que

---

635. Entre os exemplos de situações que resultam em prorrogação dos prazos recursais administrativos por ocorrência de caso fortuito, estão as greves de servidores responsáveis pelo protocolo do recurso e os problemas técnicos no sistema eletrônico por meio do qual o protocolo é realizado.

636. "Art. 151. Suspendem a exigibilidade do crédito tributário:
(...)
III - as reclamações e os recursos, nos termos das leis reguladoras do processo tributário administrativo;

637. É esse, exatamente, o caso do chamado "pedido de retificação de julgado"," previsto na legislação (art. 15 da Lei Estadual 13.457/2009) que rege o contencioso tributário paulista e apresentado sob o pretexto da ocorrência de "erro de fato" na decisão retificanda. Esse instrumento, a despeito de não estar enumerado na lista dos recursos interponíveis em face das decisões proferidas pelos órgãos de contencioso (art. 42 da Lei Estadual 13.457/2009), constitui verdadeiro recurso administrativo, dada a sua

se trate de defesas ou recursos administrativos apresentados intempestivamente pelo sujeito passivo, o efeito suspensivo da exigibilidade do crédito tributário remanescerá enquanto o fato da "intempestividade" não restar processualmente certificado.[638]

Entre as questionáveis restrições ao duplo grau de jurisdição administrativo, comuns a alguns regimes processuais, está o "limite de alçada", que segrega as autuações fiscais segundo o valor do crédito tributário exigido, fixando um limite a partir do qual o auto de infração poderá ser objeto de apreciação pelas instâncias recursais de hierarquia superior – sabidamente mais sensíveis às reivindicações do autuado –, reservando aos sujeitos passivos titulares de débitos tributários de menor repercussão econômica o direito de recorrer às autoridades administrativas que compõem a mesma instância na qual exarada a decisão recorrida.[639]

Esse tipo de mecanismo tem como um de seus mais nefastos efeitos a segregação ilegítima de sujeitos passivos em idêntica situação jurídico-fiscal, fazendo-o a partir de um critério puramente econômico que, ao invés de promover o tratamento isonômico entre os sujeitos passivos tributários, tem o condão de agravar ainda mais a situação de injustiça

---

natureza eminentemente voluntária e revisiva do decisum, inclusive com potencial eficácia infringente. Diante disso, eventual apresentação de pedido de retificação de julgado em face de acórdão exarado em desfavor do sujeito passivo pela Câmara Superior do Tribunal Impostos e Taxas do Estado de São Paulo ensejará, necessariamente, a manutenção do estado de suspensão de exigibilidade do crédito tributário até que o assim chamado "PRJ" seja efetivamente apreciado.

638. Nesse sentido, dispõe o art. 35 do Decreto 70.235/72:
"Art. 35. O recurso, mesmo perempto, será encaminhado ao órgão de segunda instância, que julgará a perempção".

639. Confira-se, a propósito, o que dispõe o art. 40 da Lei Estadual (paulista) 13.457/2009:
"Art. 40. Da decisão favorável à Fazenda Pública do Estado no julgamento da defesa, em que o débito fiscal exigido na data da lavratura do auto de infração corresponda a até 20.000 (vinte mil) Unidades Fiscais do Estado de São Paulo - UFESPs, poderá o autuado interpor recurso voluntário, dirigido ao Delegado Tributário de Julgamento". (Caput com redação dada pela Lei 16.498/2017).

já existente entre pequenos e grandes "contribuintes" e, em especial, entre sujeitos passivos que cometem pequenos erros e verdadeiros sonegadores contumazes.

Trata-se, não há dúvidas, de um expediente discriminatório que viola frontalmente o cânone da isonomia, especialmente se considerarmos o fato de os maiores carecedores de justiça tributária serem os sujeitos passivos com menor capacidade econômica e aqueles que realmente se preocupam com uma gestão tributária de excelência (o que não os exime de erros e autuações).

Um'outra forma usual de limitar o direito ao duplo grau de jurisdição administrativo é impor ao sujeito passivo, como condição de acesso ao contencioso tributário de segundo grau, o ônus de garantir, total ou parcialmente, o débito tributário questionado. Mais que uma violação ao duplo grau de jurisdição administrativo, essa prática se mostra afrontosa ao próprio direito constitucional de petição, insculpido no art. 5°, inciso XXXIV, da CF/88, como, aliás, restou reconhecido pelo Supremo Tribunal Federal no precedente que deu origem à edição da Súmula Vinculante 21.[640]

4.3.6 A razoável duração do processo administrativo-tributário

O cânone da razoável duração do processo jurisdicional – judicial ou administrativo – sempre compôs o horizonte de

640. "Súmula Vinculante 21 do STF. É inconstitucional a exigência de depósito ou arrolamento prévios de dinheiro ou bens para admissibilidade de recurso administrativo". "A exigência de depósito ou arrolamento prévio de bens e direitos como condição de admissibilidade de recurso administrativo constitui obstáculo sério (e intransponível, para consideráveis parcelas da população) ao exercício do direito de petição (CF/88, art. 5°, XXXIV), além de caracterizar ofensa ao princípio do contraditório (CF/88, art. 5°, LV). A exigência de depósito ou arrolamento prévio de bens e direitos pode converter-se, na prática, em determinadas situações, em supressão do direito de recorrer, constituindo-se, assim, em nítida violação ao princípio da proporcionalidade. (ADI n. 1.976; Tribunal Pleno. Rel. Min. Joaquim Barbosa; julgado em 28-3-2007; DJe de 18/5/2007).

significação da cláusula do *due process o law,* Tornou-se, entretanto, preceito constitucional explícito e autônomo com o advento da EC n. 45/2004, que inseriu o inciso LXXVIII no art. 5º da CF/88, segundo o qual "a todos, no âmbito judicial e administrativo, são assegurados a razoável duração do processo e os meios que garantam a celeridade de sua tramitação".

Conforme anotamos no item 4.1 supra, a busca por uma justiça tributária mais célere já está abrangida, de certa forma, os escopos do processo administrativo-tributário, de modo que o advento da cláusula constitucional insculpida no art. 5º, inciso LXXVIII, da CF/88, só veio a reforçar ainda mais essa necessidade.

O princípio da razoável duração do processo também nos remete a alguns aspectos do processo administrativo-tributário que integram o âmbito de atuação de outros princípios, sobre os quais no detivemos nos itens anteriores, em especial a oficialidade e a informalidade, responsáveis por um natural abrandamento da burocracia e do formalismo, que em muito contribuem para a lentidão do processo jurisdicional.

É inegável a melhora de desempenho experimentada, em termos de celeridade, pelos órgãos de contencioso administrativo-tributário nos últimos anos. Trata-se, não há dúvidas, de um fenômeno que decorre de dois fatores fundamentais: (i) o advento dos processos administrativos tributários eletrônicos;[641] e (ii) a instituição de regras impositivas de metas de desempenho dos julgadores tributários, cuja inobservância pode resultar, em última instância, a perda de mandato da autoridade judicante.

641. Nesse aspecto, é digna de nota a experiência auspiciosa do Tribunal de Impostos e Taxas do Estado de São Paulo com a implementação do processo administrativo tributário eletrônico, o e-PAT, que em muito contribuiu para a celeridade de trâmite do processo administrativo tributário paulista.

A despeito disso, a experiência tem nos mostrado que, no âmbito dos processos administrativos tributários, existe uma variabilidade muito grande no tempo de trâmite e de julgamento das defesas e dos recursos apresentados pelas partes, independentemente da complexidade do caso. Há processos administrativos que tramitam com uma rapidez admirável, enquanto outros, inclusive de menor complexidade, são mantidos durante anos nas filas de distribuição ou aguardando inclusão nas pautas de julgamento.

É possível verificar – mais intuitivamente do que propriamente com base em estudos e dados objetivos – que os critérios de distribuição e julgamento de defesas e recursos administrativos tendem a privilegiar casos cuja rápida resolução seja de interesse da Fazenda Pública. Não é incomum que processos que tenham sido julgados favoravelmente ao sujeito passivo, inclusive com o respaldo na jurisprudência consolidada do Tribunal Administrativo, sejam colocados e mantidos na fila de distribuição até que a orientação jurisprudencial que dá respaldo à decisão recorrida seja superada.

Seria de todo leviano afirmar que essas situações ocorrem por deliberação expressa das autoridades responsáveis por promover a distribuição dos processos ou por configuração específica dos programas desenvolvidos com o objetivo de realizar a distribuição eletrônica e automática das defesas e recursos administrativos tributários. Não se pode negar, contudo, dadas as situações empiricamente verificadas no dia a dia do contencioso administrativo-tributário, a existência das distorções ora relatadas.

Tudo isso nos leva à inexorável conclusão de que a concretização do direito à duração razoável do processo administrativo-tributário passa, necessariamente, pelo estabelecimento de sistemas de distribuição de defesas e recursos administrativos tributários que se utilizem, exclusivamente, do critério cronológico de protocolo das respectivas das petições, método que também deve orientar a elaboração das pautas de julgamentos.[642]

Tem-se aqui um campo fértil para a aplicação subsidiária da legislação processual geral aos feitos administrativos tributários (art. 15 do CPC), de forma a viabilizar a observância, naquilo que for compatível com o contencioso administrativo fiscal, dos critérios cronológicos que norteiam o julgamento dos processos judiciais, conforme estipulados no art. 12 do CPC.[643]

---

642. Infelizmente não essa a prática comum aos contenciosos administrativos tributários, que para além do aspecto cronológico, também se utilizam do critério do valor da autuação como fator de priorização da distribuição e julgamento das defesas e recursos. Confira-se, nesse sentido, o que dispõe o art. 27 do Decreto 70.235/72:
"Art. 27. Os processos remetidos para apreciação da autoridade julgadora de primeira instância deverão ser qualificados e identificados, **tendo prioridade** no julgamento aqueles em que estiverem presentes as circunstâncias de crime contra a ordem tributária ou **de elevado valor**, este definido em ato do Ministro de Estado da Fazenda".
Parágrafo único. Os processos serão julgados na ordem e nos prazos estabelecidos em ato do Secretário da Receita Federal, observada a prioridade de que trata o caput deste artigo".

643. Art. 12. Os juízes e os tribunais atenderão, preferencialmente, à ordem cronológica de conclusão para proferir sentença ou acórdão.
§ 1º. A lista de processos aptos a julgamento deverá estar permanentemente à disposição para consulta pública em cartório e na rede mundial de computadores.
§ 2º. Estão excluídos da regra do caput:
I - as sentenças proferidas em audiência, homologatórias de acordo ou de improcedência liminar do pedido;
II - o julgamento de processos em bloco para aplicação de tese jurídica firmada em julgamento de casos repetitivos;
III - o julgamento de recursos repetitivos ou de incidente de resolução de demandas repetitivas;
IV - as decisões proferidas com base nos arts. 485 e 932;
V - o julgamento de embargos de declaração;
VI - o julgamento de agravo interno;
VII - as preferências legais e as metas estabelecidas pelo Conselho Nacional de Justiça;
VIII - os processos criminais, nos órgãos jurisdicionais que tenham competência penal;
IX - a causa que exija urgência no julgamento, assim reconhecida por decisão fundamentada.
§ 3º. Após elaboração de lista própria, respeitar-se-á a ordem cronológica das conclusões entre as preferências legais.
§ 4º. Após a inclusão do processo na lista de que trata o § 1º, o requerimento formulado pela parte não altera a ordem cronológica para a decisão, exceto quando impli-

A importância de um processo administrativo-tributário célere tem sido objeto de atenção tanto do legislador ordinário quanto do próprio Poder Judiciário, preocupação que se revela no conteúdo da regra veiculada no art. 24 da Lei 11.457/2007 – segundo a qual "é obrigatório que seja proferida decisão administrativa no prazo de 360 (trezentos e sessenta) dias a contar do protocolo de petições, defesas ou recursos administrativos do contribuinte" –, bem como no precedente firmado no REsp repetitivo n. 1.138.206/RS.[644]

---

car a reabertura da instrução ou a conversão do julgamento em diligência.
§ 5º. Decidido o requerimento previsto no § 4º, o processo retornará à mesma posição em que anteriormente se encontrava na lista.
§ 6º. Ocupará o primeiro lugar na lista prevista no § 1º ou, conforme o caso, no § 3º, o processo que:
I - tiver sua sentença ou acórdão anulado, salvo quando houver necessidade de realização de diligência ou de complementação da instrução;
II - se enquadrar na hipótese do art. 1.040, inciso II.

644. "TRIBUTÁRIO. CONSTITUCIONAL. RECURSO ESPECIAL REPRESENTATIVO DE CONTROVÉRSIA. ART. 543-C, DO CPC. DURAÇÃO RAZOÁVEL DO PROCESSO. PROCESSO ADMINISTRATIVO FISCAL FEDERAL. PEDIDO ADMINISTRATIVO DE RESTITUIÇÃO. PRAZO PARA DECISÃO DA ADMINISTRAÇÃO PÚBLICA. APLICAÇÃO DA LEI 9.784/99. IMPOSSIBILIDADE. NORMA GERAL. LEI DO PROCESSO ADMINISTRATIVO FISCAL. DECRETO 70.235/72. ART. 24 DA LEI 11.457/07. NORMA DE NATUREZA PROCESSUAL. APLICAÇÃO IMEDIATA. VIOLAÇÃO DO ART. 535 DO CPC NÃO CONFIGURADA.
1. A duração razoável dos processos foi erigida como cláusula pétrea e direito fundamental pela Emenda Constitucional 45, de 2004, que acresceu ao art. 5º, o inciso LXXVIII, in verbis: "a todos, no âmbito judicial e administrativo, são assegurados a razoável duração do processo e os meios que garantam a celeridade de sua tramitação".
2. A conclusão de processo administrativo em prazo razoável é corolário dos princípios da eficiência, da moralidade e da razoabilidade. (...)
3. (...)
4. (...)
5. A Lei 11.457/07, com o escopo de suprir a lacuna legislativa existente, em seu art. 24, preceituou a obrigatoriedade de ser proferida decisão administrativa no prazo máximo de 360 (trezentos e sessenta) dias a contar do protocolo dos pedidos, litteris: "Art. 24. É obrigatório que seja proferida decisão administrativa no prazo máximo de 360 (trezentos e sessenta) dias a contar do protocolo de petições, defesas ou recursos administrativos do contribuinte".
6. Deveras, ostentando o referido dispositivo legal natureza processual fiscal, há de ser aplicado imediatamente aos pedidos, defesas ou recursos administrativos pendentes.

4.4 Processos e procedimentos administrativos tributários

As diversas formas de manifestação da processualidade tributária costumam servir de pretexto para que a doutrina especializada, muito influenciada pelos cânones de Direito Administrativo, utilize os termos "processo" e "procedimento" com dimensões semânticas distintas das referidas no item 3.1.3 do capítulo III do título I, onde tratamos desses conceitos sob um enfoque que é de particular interesse à processualística.[645]

No âmbito mais restrito da processualidade administrativo-tributária, contudo, o termo "processo" é utilizado para designar todo e qualquer regime jurídico por meio do qual as administrações tributárias exercem, em caráter atípico, a atividade jurisdicional voltada à composição de conflitos tributários, ficando reservada ao termo "procedimento" a função semântico-designativa dos regimes constituídos por regras de direito formal tributário responsáveis por definir a ritualística a ser observada pelas autoridades fiscais no exercício de suas funções precípuas, como a constituição do crédito tributário e a fiscalização das atividades realizadas pelo sujeito passivo.

---

7. Destarte, tanto para os requerimentos efetuados anteriormente à vigência da Lei 11.457/07, quanto aos pedidos protocolados após o advento do referido diploma legislativo, o prazo aplicável é de 360 dias a partir do protocolo dos pedidos (art. 24 da Lei 11.457/07).
8. (...)
9. Recurso especial parcialmente provido, para determinar a obediência ao prazo de 360 dias para conclusão do procedimento sub judice. Acórdão submetido ao regime do art. 543-C do CPC e da Resolução STJ 08/2008".
(REsp repetitivo n. 1.138.206/RS; 1ª Seção; Rel. Min. Luiz Fux; julgado em 09/08/2010; DJe 01/09/2010).

645. Segundo a qual o fenômeno processual consubstancia o esquema normativo-dialético, constitucionalmente estipulado, voltado à regular a atividade de composição de conflitos (jurisdição), sendo o procedimento, de outro lado, um conceito representativo das diversas formas de exteriorização do referido esquema.

A partir da atividade exercida pelo ente político tributante, portanto, será possível discernir o âmbito de incidência dos dois campos distintos de manifestação da processualidade tributária: (i) o do direito formal tributário (processo administrativo-tributário em sentido amplo); e (ii) o do direito processual tributário (processo administrativo-tributário em sentido estrito).

Nesse passo, as regras concernentes ao "direito formal tributário" prestam-se a estabelecer as formalidades e os protocolos a serem observados pela autoridade fiscal e pelo próprio sujeito passivo no exercício da atividade impositiva e de tudo aquilo mais que a circunda. São exemplos de atividades circunscritas às regras de direito formal tributário (i) os pedidos de reconhecimento do direito a isenções e de concessão de benefícios fiscais; (ii) os pedidos de concessão de regimes tributários especiais; (iii) os pedidos de apropriação de créditos acumulados; e (iv) as consultas tributárias.

Por não terem como pressuposto uma situação tipicamente conflituosa, as atividades acima referidas não se submetem ao esquema constitucional dialético característico dos processos jurisdicionais. Nesse contexto, a questão que se coloca, e que nos leva para além da mera diferenciação conceptual entre "direito formal tributário" e "direito processual tributário", refere-se à identificação das atividades que obrigatoriamente devem (ou deveriam) se submeter ao regime processual administrativo-tributário em sentido estrito.

Tomando como ponto de partida o enunciado do art. 5º, inciso LIV, da CF/88, podemos inferir que o regime processual fundado no pleno contraditório e na ampla defesa, o qual informa o nominado processo administrativo-tributário, constitui um direito fundamental atribuído a *acusados* e *litigantes* de todos os gêneros, figuras que convergem, no âmbito tributário, para a posição assumida pelo sujeito passivo autuado, a quem é imputada efetiva acusação por ilícito fiscal (acusado) e é atribuída a responsabilidade de desencadear o processo administrativo contencioso (litigante).

Conclui-se, desse modo, que sempre que o sujeito passivo se encontrar na posição de acusado por ilícitos fiscais imputados a ele unilateralmente pelo ente tributante, terá lugar a abertura de processo administrativo-tributário, a ser instaurado sob pleno regime de contraditório e ampla defesa e com todas as garantias inerentes, incluindo: (i) o direito a um julgador tributário natural, imparcial e autônomo; (ii) o direito de ter sua pretensão apreciada por decisão devidamente fundamentada; (iii) o direito ao duplo grau de jurisdição administrativo-tributária; entre outros.

Essa questão nos remete, quase intuitivamente, às novas técnicas procedimentais autônomas de imputação de responsabilidade tributária a terceiros, instituídas nos âmbitos da Receita Federal do Brasil e da Procuradoria-Geral da Fazenda Nacional, responsáveis por desencadear processos acusatórios que, embora garantam ao terceiro o direito de impugnar a acusação fiscal que lhe é imputada, não lhe asseguram o acesso às demais garantias inerentes ao regime constitucional de contraditório e plena defesa.

Com efeito, na disciplina constante do art. 15 e seguintes da Instrução Normativa 1862/2018,[646] bem como

646. Art. 15. Nos casos em que o crédito tributário definitivamente constituído não seja extinto, o Auditor-Fiscal da Receita Federal do Brasil que identificar hipóteses de pluralidade de sujeitos passivos previamente ao encaminhamento para inscrição em dívida ativa deverá formalizar a imputação de responsabilidade tributária mediante Termo de Imputação de Responsabilidade Tributária, o qual observará o disposto no art. 3º.
§ 1º. Considera-se definitivamente constituído o crédito tributário:
I - cujo lançamento ou despacho decisório não tiver sido contestado por impugnação ou manifestação de inconformidade, conforme os termos do art. 21 do Decreto 70.235, de 1972;
II - cujo lançamento ou despacho decisório tiver sido mantido ou parcialmente mantido por decisão definitiva em processo administrativo fiscal, conforme os termos do art. 42 do Decreto 70.235, de 1972; ou
III - proveniente de declaração do sujeito passivo com efeito de confissão de débito.
§ 2º. A imputação de responsabilidade nas hipóteses a que se referem os incisos I e II do § 1º. deve observar o disposto no art. 11.
§ 3º. Fica vedada a imputação de responsabilidade na hipótese a que se refere o

naquela trazida pelo art. 3º e seguintes da Portaria PGFN 948/2017,[647] ao terceiro que vier a responder, autonomamen-

---

inciso II do § 1º. pelos mesmos elementos de fato e de direito contidos no processo administrativo fiscal.
Art. 16. É facultado ao sujeito passivo apresentar recurso, nos termos do art. 56 da Lei 9.784, de 29 de janeiro de 1999, em face da decisão que tenha imputado responsabilidade tributária decorrente do crédito tributário a que se refere o art. 15.
§ 1º. O recurso deve ser apresentado no prazo de 10 (dez) dias, contado da data da ciência da decisão recorrida, nos ermos do art. 56 da Lei 9.784, de 1999, e se restringirá ao vínculo de responsabilidade.
§ 2º. O recurso será apreciado pelo Auditor-Fiscal da Receita Federal do Brasil que proferiu a decisão.
§ 3º. Na hipótese de não reconsideração da decisão, o Auditor-Fiscal da Receita Federal do Brasil encaminhará o recurso ao titular da unidade.
§ 4º. Os recursos fundamentados no art. 56 da Lei 9.784, de 1999, contra a decisão proferida pelo titular da unidade, são decididos, em última instância e de forma definitiva, pelo titular da Superintendência Regional da Receita Federal do Brasil (SRRF).
Art. 17. O recurso a que se refere o art. 16 terá efeito suspensivo apenas em relação ao vínculo de responsabilidade tributária do sujeito passivo, caso em que o crédito tributário relativo aos demais sujeitos passivos deverá ser encaminhado para inscrição em dívida ativa no prazo a que se refere o art. 2º da Portaria MF 447, de 25 de outubro de 2018.
Parágrafo único. Caso a decisão definitiva a que se refere o § 4º do art. 16, desfavorável ao responsável tributário, seja proferida posteriormente ao prazo a que se refere o caput, ela deverá ser encaminhada à Procuradoria Geral da Fazenda Nacional (PGFN) para fins de aditamento da inscrição em dívida ativa.

647. Art. 3º. Atendidos os requisitos previstos nesta Portaria, o PARR será iniciado mediante a notificação, por carta com aviso de recebimento, do terceiro ao qual se imputa responsabilidade, para, querendo, apresentar, no prazo de 15 (quinze) dias corridos, impugnação.
§ 1º. Caso resulte frustrada a notificação de que trata o caput, esta será realizada por meio de publicação oficial.
§ 2º. Será franqueada ao interessado, mediante acesso ao Centro Virtual de Atendimento da PGFN (e-CAC PGFN), disponível no sítio da PGFN na internet (www.pgfn.gov.br), a consulta ao procedimento instaurado, contendo os respectivos fundamentos e as informações relacionadas à cobrança.
Art. 4º. A impugnação deverá ser apresentada exclusivamente por meio do e-CAC da PGFN e deverá trazer elementos aptos para demonstrar a inocorrência de dissolução irregular ou a ausência de responsabilidade pelas dívidas.
§ 1º. Será possível a juntada de documentos, devendo a impugnação, preferencialmente, ser instruída com:
I - Qualificação completa (nome, CPF, RG, profissão e estado civil) e endereço físico e eletrônico atualizado do impugnante;
II - Cópia dos documentos que comprovem o regular funcionamento da pessoa jurídica, como notas fiscais, livros contábeis e fiscais, extratos bancários, relação de empregados e comprovação do pagamento de tributos correntes; e
III - Outros documentos que infirmem os indícios de encerramento irregular das

te, a acusação por ilícito fiscal que resulte na imputação de responsabilidade tributária, não é assegurado o acesso ao órgão de contencioso administrativo-tributário de 2º grau (CARF), o único que, dada a sua autonomia institucional, é capaz de garantir a imparcialidade indispensável ao exercício de uma jurisdição tributária verdadeiramente justa e equidistante.

Não parece ter sustentação jurídico-constitucional o tratamento absolutamente desigual atribuído aos terceiros que têm o privilégio de ser intimados para responder pela infração no próprio procedimento fiscal que dá origem ao

---

atividades da pessoa jurídica devedora ou demonstrem a sua ausência de responsabilidade em relação às dívidas em cobrança.
§ 2º. A impugnação deverá se limitar à discussão objeto do PARR.
§ 3º. Apresentada a impugnação, todas as comunicações ulteriores serão realizadas por meio do e-CAC PGFN, cabendo ao interessado acompanhar a respectiva tramitação.
Art. 5º. A impugnação será apreciada por Procurador da Fazenda Nacional em exercício na unidade descentralizada responsável pela inscrição em dívida ativa.
§ 1º. A decisão será proferida no prazo de até trinta dias corridos, prorrogável por igual período.
§ 2º. A decisão deverá conter motivação explícita, clara e congruente, com indicação dos fatos e dos fundamentos jurídicos que amparam a conclusão adotada, sem prejuízo da possibilidade de emprego da técnica de fundamentação referenciada.
Art. 6º. O interessado será notificado da decisão por meio do e-CAC da PGFN, sendo-lhe facultado interpor recurso administrativo no prazo de dez dias corridos, sem efeito suspensivo.
§ 1º. O recurso administrativo deverá ser apresentado através do e-CAC PGFN e deverá expor, de forma clara e objetiva, os fundamentos do pedido de reexame, atendendo aos requisitos previstos na legislação processual civil.
§ 2º. Caso a autoridade responsável pela decisão recorrida não a reconsidere, encaminhará o recurso à autoridade superior, que poderá, de ofício ou a pedido, atribuir efeito suspensivo ao recurso.
§ 3º. A autoridade competente para o julgamento do recurso será o Procurador-Chefe da Dívida Ativa nas unidades Regionais, o Procurador-Chefe ou o Procurador-Seccional da unidade descentralizada, desde que estes não sejam os responsáveis pela iniciativa da cobrança ou pela decisão recorrida, hipóteses em que o recurso deverá ser submetido à respectiva autoridade imediatamente superior.
§ 4º. O julgamento do recurso administrativo observará o disposto no § 2º do art. 5º.
§ 5º. Importará renúncia à instância recursal e o não conhecimento do recurso eventualmente interposto, a propositura, pelo interessado, de qualquer ação judicial cujo objeto coincida total ou parcialmente com o do PARR.
Art. 7º. Na hipótese de rejeição da impugnação ou do recurso administrativo, o terceiro será considerado responsável pelas dívidas.

auto de infração, aos quais é garantido o acesso ao regime de contencioso administrativo-tributário federal, em detrimento daqueles terceiros que respondem pela acusação de ilícito tributário em procedimento autônomo de atribuição de responsabilidade tributária, instaurado posteriormente à constituição definitiva do crédito tributário, os quais não desfrutam da prerrogativa de serem julgados por órgão jurisdicional imparcial e autônomo.

Trata-se, não há dúvidas, de uma frontal violação aos cânones da isonomia, do contraditório, da ampla defesa e do duplo grau de jurisdição.

4.5 Federalismo fiscal e repartição constitucional da competência para legislar em matéria de processo administrativo fiscal: os modelos institucionais de contencioso administrativo-tributário

Não se verifica, no texto constitucional, regra específica destinada a estabelecer a competência de cada ente político tributante para legislar acerca de processo administrativo-tributário.

Parece-nos razoável, todavia, deduzir que as normas sobre "processo administrativo-tributário" não sejam preceitos de direito processual no sentido prescrito no art. 22, inciso I, da CF/88, o qual se volta a regular a atividade exercida no âmbito daquilo que, historicamente, vem sendo chamado de "direito judiciário", estando reservada à União Federal a prerrogativa exclusiva para legislar sobre o assunto. Também não parecem ser típicas regras de direito administrativo, o que significaria conceder a cada um dos entes políticos tributantes a mais absoluta exclusividade para legislar sobre a matéria.

Sendo o processo administrativo-tributário a instância na qual os entes políticos exercem o autocontrole da legalidade da atividade impositiva, não fica difícil concluir que as regras que regem os contenciosos administrativos fiscais constituem típicas normas de desempenho da competência administrativa tributária, pois reguladoras do modo de aplicação do direito material tributário quando realizada sob o pretexto da conflituosidade, razão pela qual, por expressa determinação constitucional (art. 5º, incisos LIV, LV e LXXVIII), devem observar o esquema dialético (contraditório) característico do processo jurisdicional.

Que fique claro, nesse tocante, que a circunstância – por nós admitida nos itens precedentes – de a atividade exercida pelos órgãos de contencioso administrativo tributário ser atipicamente jurisdicional não infirma a assertiva segundo a qual as regras sobre processo administrativo tributário, quando analisadas sob a óptica da repartição das competências legislativas constitucionais, constituírem verdadeiras "regras de direito tributário".

Sob tal perspectiva, talvez seja mais correto falarmos em "direito tributário processual administrativo" do que, propriamente, em "direito processual administrativo-tributário", o que nem de longe induz qualquer necessidade de deixar de utilizar esta última expressão, consagrada que é pela dogmática especializada.

Diante disso, a competência para dispor sobre "direito tributário processual" é estabelecida pelas regras veiculadas nos arts. 24, inciso I, §§ 1º a 4º, e 146, inciso III, da CF/88, que atribuem poder legiferante concorrente aos entes políticos para dispor sobre matéria de tributos, incluídas, neste escaninho, as regras atinentes ao controle interno da atividade impositiva, isto é, normas sobre processo administrativo-tributário.

São os mesmos dispositivos constitucionais acima referidos que reservam à União Federal a prerrogativa de fixar, por Lei Complementar, normas gerais sobre processo administrativo-tributário, competência que, desafortunadamente, nunca foi levada a cabo.[648] Por essa razão, o que se tem, desde sempre, é uma verdadeira torre de babel normativa, onde cada entre federativo dispõe de plena liberdade para legislar concorrentemente acerca da matéria.

Essa contingência dificulta uma análise minuciosa do contencioso administrativo-tributário tal qual positivado nas diversas legislações que regulam o processo administrativo fiscal no âmbito dos diferentes entes políticos, algo que somente se torna plausível quando o foco temático da abordagem está direcionado a um específico ente político tributante.

De toda sorte, isso não nos impede de identificar alguns padrões institucionais que se repetem nas legislações oriundas dos diferentes entes federados, os quais certamente decorrem da influência exercida pela longeva experiência construída no âmbito da União Federal, cujo início nos remete aos Conselhos de Contribuintes surgidos a partir da década 1930.

Numa análise superficial das legislações que disciplinam os processos administrativos tributários no âmbito dos Estados, é possível traçar um panorama geral acerca dos diversos modelos adotados, o qual nos revela padrões normativos comuns adotados pelos órgãos de contencioso administrativo tributário estaduais/distrital. Assim é que: (i) 88% dos órgãos de contencioso administrativo tributário estão diretamente subordinados aos Secretários de Fazenda estaduais; (ii) 96% deles não dispõem de carreiras específicas de julgador tributário; (iii) em 75% dos casos, a representação dos interesses fiscais é realizada por membros da Procuradoria-Geral do Estado; (iv) em 89% das cortes administrativas, os procuradores do Estado não têm

648. Tramita no Congresso Nacional o projeto de Lei Complementar 381/2014, que tem por objetivo fixar normas gerais sobre processo administrativo fiscal aplicáveis a todos os entes políticos tributantes, o que reduziria significativamente a dificuldade que se tem atualmente de sistematizar e padronizar o processo administrativo tributário em âmbito nacional.

a prerrogativa de participar do contencioso administrativo na condição de julgadores; e, por fim, (v) 96% dos contenciosos administrativos tributários contam com a participação de representantes do sujeito passivo, conquanto (vi) em somente em 77% deles essa participação é paritária.

Nesse contexto, um mapa descritivo das principais características institucionais dos contenciosos administrativos tributários estaduais pode ser representado da seguinte forma:

UF	Câmaras Ordinárias de Julgamento	Representação do Sujeito Passivo em cada Câmara	Representação Fazendária em cada Câmara	Instância Superior	Composição	
					Contribuinte	Fiscal
AC	1 - Não paritária, com presidência fazendária	3	4	Instância Especial – Presidida pelo Secretário da Fazenda	Não se aplica	
AL	2 - Paritária, com presidência fazendária	2	2	Conselho Pleno do CTE - Presidente Fazendário	4	4
AP	1 - Não paritária, com presidência fazendária	3	4	Não se aplica	Não se aplica	
AM	2 - Paritária, com presidência fazendária	3	3	Câmara Superior - Conselho Pleno - Presidente com Alternância anual (cabe reeleição)	6	6
BA	2 - Paritária, com presidência fazendária	3	3	Câmara Superior -Presidente Fazendário	6	6
CE	4 - Paritária, com presidência fazendária	3	3	Câmara Superior-Presidente Fazendário	6	6
DF	2 - Alternadas e paritárias: 1ª Câmara fazendária e 2ª Câmara contribuinte - presidência alterna conforme a Câmara	3	3	Câmara Superior-Presidente Fazendário	6	6
ES	2 - Paritárias, com presidência fazendária	3	3	Câmara Superior-Presidente Fazendário	6	6
GO	4 - Alternadas não paritárias, sendo 2 Câmaras com maioria fazendária e 2 Câmaras com maioria contribuinte	Varia conforme a Câmara	Varia conforme a Câmara	2 (duas) Câmaras Superiores -Presidente Fazendário	5	5
MA	3 - Paritárias, com presidência fazendária	2	2	Tribunal Pleno- Presidente Fazendário	6	6

UF	Câmaras Ordinárias de Julgamento	Representação do Sujeito Passivo em cada Câmara	Representação Fazendária em cada Câmara	Instância Superior	Composição	
					Contribuinte	Fiscal
MT	Turmas rotativas não paritárias	1	2	Conselho de Contribuinte Pleno- Presidente Fazendário	6	6
MS	1 - Paritária, com presidência fazendária	4	4	Câmara Superior -Presidente Fazendário	4	4
MG	3 - Alternadas e não paritárias: 1ª e 3ª fazendária e 2ª contribuinte. Presidência alterna conforme a Câmara	2	2	Câmara Especial - Presidente Fazendário	3	3
PA	2 - Paritárias, com presidência fazendária	2	2	Conselho Pleno -Presidente Fazendário	4	4
PB	2 - Paritárias, com presidência fazendária	4	4	Conselho Pleno - Presidente Fazendário	Não se aplica	
PR	4 - Paritárias, com presidência fazendária	3	3	Tribunal Pleno - Presidente Fazendário	6	6
PE	3 - Julgadores concursados	3 julgadores de carreira		Tribunal Pleno - Presidente Concursado	9 juízes de carreira	
PI	2 - Paritárias, com presidência fazendária	3	3	Tribunal Pleno - Presidente Fazendário	6	6
RJ	4 - Paritárias, com presidência fazendária e contribuinte	2	2	Conselho Pleno - Presidente Fazendário e Contribuinte	8	8
RN	1 - Não paritária, com presidência fazendária	3	4	Não se aplica	Não se aplica	
RS	2 - Paritárias, com presidência equidistante das partes	2	2	Tribunal Administrativo de Recursos Fiscais - Presidente equidistante das partes	4	4
RO	2 - Paritárias, com presidência fazendária	2	2	Câmara Plena - Presidente Fazendário	4	4
RR	1 - Paritária, com presidência fazendária	3	3	Não se aplica	Não se aplica	
SC	3 - Paritárias, com presidência equidistante das partes	3	3	Câmara Especial - Presidente equidistante das partes	6	6
SP	16 - Paritárias, com presidência fazendária e Contribuinte, alternadas por Câmara	2	2	Câmara Superior - Presidente Fazendário ou contribuinte	8	8
SE	2 - Paritárias, com presidência fazendária	3	3	Conselho Pleno - Presidente Fazendário	6	6
TO	1 - Não paritária, presidência fazendária	3	4	Não se aplica	Não se aplica	

Se a sistematização dos dados atinentes aos contenciosos administrativos tributários estaduais constitui tarefa árdua, dada a variabilidade de modelos institucionais adotados, a possibilidade de se empreender um estudo de mesma natureza no âmbito dos mais de 5500 Municípios brasileiros é algo ainda mais difícil de ser cogitado, embora sejam poucos os entes municipais que se dispõem a estabelecer um contencioso administrativo-tributário especificamente voltado ao controle de suas respectivas competências impositivas.

Dentre os contenciosos administrativos tributários municipais existentes, merece especial destaque, por sua expressiva relevância institucional, o Conselho Municipal de Tributos do Município de São Paulo (CMT), órgão de composição paritária, constituído (i) por 4 Câmaras Julgadoras ordinárias, compostas, cada qual, por 6 conselheiros (presididas exclusivamente por conselheiros fazendários), e (ii) por uma Câmara Superior (dita "reunida"), de presidência fazendária, conformada pela reunião dos membros das Câmaras Julgadoras ordinárias.

Não há dúvidas, todavia, quanto à proeminência exercida pelos dois maiores e mais antigos órgãos de contencioso administrativo-tributário do Brasil – o Conselho Administrativo de Recursos Fiscais do Ministério da Economia (CARF/ME) e o Tribunal de Impostos e Taxas do Estado de São Paulo (TIT/SP), –, o que nos impõe uma abordagem mais detida a respeito das estruturas e dos procedimentos próprios aos contenciosos administrativos tributários federal e paulista.

4.5.1 O contencioso administrativo-tributário federal e o Conselho Administrativo de Recursos Fiscais do Ministério da Economia – CARF/ME

O contencioso administrativo-tributário federal é regulado, no plano legal, pelo Decreto 70.235/72, recepcionado pela CF/88 com *status* de lei ordinária (STF, ADIs 1922-9 e 1976-7). Estamos a falar de uma típica lei federal da União – em contraposição às denominadas leis federais "nacionais" –, especialmente forjada para disciplinar a atividade de controle processual da legalidade dos atos impositivos de competência da União Federal que estejam sob administração da Receita Federal do Brasil.

Trata-se, em síntese, de um regime institucional composto por dois plexos orgânicos distintos, quais sejam: (i) as Delegacias da Receita Federal de Julgamento, subordinadas à Secretaria da Receita Federal do Brasil; e (ii) o Conselho Administrativo de Recursos Fiscais, este diretamente vinculado ao Ministério da Economia.

Os pronunciamentos de primeira instância administrativa ficam a cargo das Delegacias da Receita Federal de Julgamento, órgãos colegiados constituídos, cada qual, por 6 (seis) julgadores, todos oriundos da carreira de auditor fiscal de rendas. Os julgamentos em 2ª instância, por sua vez, são de competência do Conselho Administrativo de Recursos Fiscais (CARF), órgão de composição paritária, constituído por seções especializadas (1ª, 2ª e 3ª) titulares de competência recursal ordinária, e pela Câmara Superior de Recursos Fiscais, a quem é atribuída competência recursal extraordinária.

As Delegacias de Julgamento são competentes para julgar, em primeira instância, as insurgências apresentadas pelo sujeito passivo em face de ilícitos fiscais relativos a quaisquer tributos administrados pela Receita Federal do Brasil.

Já o CARF tem competência exclusivamente recursal, atribuição materialmente dividida entre suas três seções especializadas, da seguinte forma: (i) à 1ª Seção compete julgar os recursos voluntários e as remessas de ofício que versem sobre IPRJ; CSLL, questões reflexas atinentes aos dois tributos em comento e, ainda, autuações relativas ao regime tributário simplificado (Simples Nacional); (ii) a 2ª

Seção, por sua vez, é competente para apreciar os recursos voluntários e as remessas de ofício que tenham como substrato material questões atinentes a IRPF, Contribuições Previdenciárias e ITR; e, por fim, (iii) à 3ª Seção compete apreciar os recursos voluntários e as remessas de ofício que tenham por objeto questões relativas a IPI, II, IE, PIS, Cofins, classificação fiscal, CIDE e outras questões residuais.

As seções especializadas do CARF são compostas por câmaras julgadoras, cada qual integrada por seis conselheiros, sendo três representantes fazendários e três representantes dos sujeitos passivos. No CARF, diferentemente do que ocorre no TIT/SP, todas as câmaras julgadoras são presididas por conselheiros fazendários, função esta que concede, ao seu titular, a prerrogativa de, em caso de igualdade de votos, proferir o chamado "voto de qualidade", instituto que atribui força prevalente à orientação adotada pela parte dos conselheiros a que se filiou o presidente (art. 25, §9º, do Decreto 70.235/72).

Essa prerrogativa, vale advertir, foi sensivelmente mitigada pela regra instituída pelo art. 28 da Lei 13.988/2020 (a chamada Lei da Transação tributária), que introduziu o art. 19-E no texto da Lei 10.522/2002, para estabelecer que, em caso de empate no julgamento de processo administrativo de determinação e exigência de crédito tributário, não se aplica o voto de qualidade previsto no § 9º do art. 25 do Decreto 70.235/72.

À Câmara Superior de Recursos Fiscais (CSRF), composta pelo(a) Presidente do CARF (agente fazendário) e pelos(as) presidentes e vice-presidentes de cada câmara julgadora, compete julgar os recursos especiais interpostos em face das decisões exaradas pelos órgãos recursais ordinários (câmaras julgadoras).

O contencioso administrativo-tributário federal pode ser desencadeado a partir de dois procedimentos fiscais distintos: (i) o procedimento de lançamento de ofício; e (ii) o procedimento de compensação.

No primeiro caso, a instauração do processo administrativo terá como pressuposto a lavratura de auto de infração, seguindo-se, então, a série de atos impugnatórios e decisórios que haverão de ser ordenados na seguinte ordem: 1) impugnação ao auto de infração pelo sujeito passivo; 2) decisão de 1ª instância, proferida em julgamento colegiado, no âmbito das Delegacias de Julgamento; 3) interposição de recurso voluntário (sujeito passivo) ou de "recurso" de ofício (sujeito ativo); 4) decisão de 2ª instância (ordinária) proferida por câmara julgadora do CARF; 5) interposição de embargos de declaração, se for o caso (sujeito passivo ou sujeito ativo); 5.a) acolhimento ou rejeição dos embargos pela câmara julgadora; 5.b) interposição de recurso especial (sujeito passivo ou sujeito ativo); 6) decisão monocrática (presidente da câmara) de admissibilidade do recurso especial; 6.a) interposição de agravo em face de eventual decisão de inadmissibilidade do recurso especial; 6.b) acolhimento ou não do agravo pela presidência do CARF; 7) decisão da CSRF acolhendo ou não o recurso especial; 7.a) interposição de embargos de declaração, se for o caso; 7.b) acolhimento ou rejeição dos embargos pela CSRF.

Tratando-se de procedimento oriundo de compensação tributária, a instauração do contencioso administrativo dar-se-á a partir da prolação de decisão denegatória da homologação da compensação realizada pelo sujeito passivo, dando ensejo à apresentação da competente "manifestação de inconformidade", que constituirá, à semelhança da impugnação, o ato inaugural do processo administrativo-tributário. A partir de então, a sequência dos atos processuais administrativos seguirá a mesma ordem reservada aos processos administrativos instaurados em face de autos de infração.

A concatenação lógico-procedimental dos atos processuais, como acima descrita, pretende revelar aquilo que de ordinário deve ocorrer no contexto ritualístico característico do processo administrativo-tributário federal. Essa sequência, no entanto, pode ser interrompida por intercorrências procedimentais outras, tais como a conversão do julgamento (em 1ª ou 2ª instâncias ordinárias) em diligência, a ser determinada com o objetivo de sanear o processo, de forma a possibilitar uma melhor apreciação das questões de fato e de direito apresentadas pelas partes.

4.5.2 O contencioso administrativo-tributário paulista e o Tribunal de Impostos e Taxas do Estado de São Paulo – TIT/SP

O contencioso administrativo-tributário paulista, instituído pela Lei Estadual 13.457/2009 e regulamentado pelo Decreto 54.486/2009, está estruturado organicamente em dois níveis institucionais, representados, de um lado, pelas Delegacias Tributárias de Julgamento (DTJs) e, de outro lado, pelo Tribunal de Impostos e Taxas (TIT).

As Delegacias Tributárias de Julgamento, no total de três (DTJ1-São Paulo, DTJ2-Campinas e DTJ3-Bauru), correspondem à 1ª instância do processo administrativo-tributário paulista, estando distribuídas regionalmente pelo território do Estado. As DTJs, por sua vez, são compostas por diversas Unidades de Julgamento (UJs), cada qual situada em Municípios distintos, que compõem a região própria à DTJ. É nas Unidades de Julgamento que as defesas administrativas apresentadas pelo sujeito passivo são efetivamente apreciadas, o que é feito de forma singular, por julgadores tributários nomeados para a função dentre servidores pertencentes à carreira de auditor fiscal de rendas.

Compete também às Delegacias Tributárias de Julgamento, a teor do que dispõem os arts. 39 e 40 da Lei Estadual 13.457/2009,[649] exercer, excepcionalmente, a função

---

649. "Art. 39 - Da decisão contrária à Fazenda Pública do Estado no julgamento da defesa, em que o débito fiscal exigido na data da lavratura do auto de infração corresponda a até 20.000 (vinte mil) Unidades Fiscais do Estado de São Paulo - UFESPs, haverá recurso de ofício para o Delegado Tributário de Julgamento".

de 2ª instância do contencioso administrativo paulista, o que ocorrerá sempre que o débito tributário debatido for inferior a 20.000 Unidades Fiscais do Estado de São Paulo (UFESPs). Em tais circunstâncias, da decisão exarada pela Unidade de Julgamento caberá recurso voluntário (sujeito passivo) ou "recurso" de ofício (sujeito ativo), ambos dirigidos ao Delegado Tributário de Julgamento, que decidirá, por meio de pronunciamento singular e em última instância recursal, o pleito de revisão da decisão impugnada.

Trata-se, não há dúvida, de regra que impõe grave violação aos preceitos constitucionais da isonomia e do duplo grau de jurisdição, menos por impedir que o sujeito passivo titular de débitos "menores" tenha acesso às instâncias recursais ordinárias – ou seja, às Câmaras Julgadoras do TIT/SP –, e mais por fechar-lhe as portas da instância recursal especial, exercida no âmbito da Câmara Superior do TIT/SP, responsável por dar a última palavra acerca das questões atinentes à correta interpretação da legislação tributária paulista.

Nessa medida, se determinada tese jurídica houver sido julgada favoravelmente ao sujeito passivo, consolidando orientação jurisprudencial da Câmara Superior do TIT/SP, e outro contribuinte, a quem o precedente firmado seja plenamente aplicável, for autuado em valor inferior ao de alçada (20.000 UFESPs), estará o sujeito passivo à mercê do entendimento adotado pelo julgador tributário singular acerca da matéria, tendo em vista que, da decisão monocrática exarada pelo Delegado Tributário de Julgamento em recurso voluntário, não cabe recurso especial à Câmara Superior do TIT/SP.

Apesar disso, é o Tribunal de Impostos e Taxas do Estado de São Paulo (TIT/SP) o plexo orgânico de 2ª instância

---

"Art. 40 - Da decisão favorável à Fazenda Pública do Estado no julgamento da defesa, em que o débito fiscal exigido na data da lavratura do auto de infração corresponda a até 20.000 (vinte mil) Unidades Fiscais do Estado de São Paulo - UFESPs, poderá o autuado interpor recurso voluntário, dirigido ao Delegado Tributário de Julgamento".

ordinariamente competente para apreciar os recursos interpostos contra as decisões exaradas no âmbito das Unidades de Julgamento.

O TIT/SP é composto por (até dezesseis) câmaras julgadoras constituídas paritariamente por quatro julgadores tributários cada, às quais competem julgar os recursos ordinários (sujeito passivo) e de ofício (sujeito ativo) oriundos das decisões exaradas pelas Unidades de Julgamento; e (ii) pela Câmara Superior, composta, também paritariamente, por dezesseis julgadores tributários exclusivos, a quem compete julgar os recursos especiais interpostos em face das decisões exaradas pelas câmaras julgadoras, em virtude de divergência (dissídio) entre a interpretação da legislação tributária adotada pela decisão recorrida e aquela acolhida por outra câmara do Tribunal.

A lavratura do auto de infração e imposição de multa (AIIM) configura o pressuposto necessário à instauração do contencioso administrativo-tributário, constituindo-se no pretexto a partir do qual será desencadeada a série de atos, impugnatórios e decisórios, que conformarão o processo administrativo-tributário paulista, a saber: 1) a defesa do sujeito passivo, voltada à impugnação do AIIM; 2) a manifestação fiscal, responsável por defender o ato impositivo; 3) a decisão singular que apreciará a defesa apresentada para acolhê-la ou rejeitá-la; 4) os recursos ordinário/voluntário (sujeito ativo) ou de ofício (sujeito ativo) interpostos contra a decisão de 1º grau administrativo; 5) as respostas aos recursos interpostos (contrarrazões do sujeito passivo e/ou manifestação fiscal ao recurso); 6) a decisão colegiada proferida por uma das câmaras julgadoras; 7) o recurso especial interposto pela(s) parte(s) sucumbente(s), em face de eventual dissídio jurisprudencial; 8) a decisão de admissibilidade da presidência, positiva ou negativa, da qual depende o processamento do recurso; 9) as contrarrazões ao(s) recurso(s) especial(is) interposto(s); e, por fim,

10) a decisão exarada pela Câmara Superior, acolhendo ou rejeitando o(s) recurso(s) especial(is) interposto(s).

A legislação que disciplina o procedimento administrativo-tributário paulista ainda dispõe acerca de dois outros meios de impugnação de decisões que, por decorrerem de vícios específicos, merecem ser analisadas em apartado. São eles: (i) o pedido de retificação de julgado, que tem lugar em face de decisão acometida por erro de fato; e (ii) o pedido de reforma de julgado, de manejo exclusivo do ente fazendário, a ser apresentado contra a decisão em face da qual não caiba outro recurso, a qual tenha afastado a aplicação de lei em razão de sua inconstitucionalidade ou que haja adotado interpretação divergente da aplicada pela jurisprudência dos tribunais judiciários.

Esses dois mecanismos de impugnação de atos decisórios possuem disciplina autônoma na legislação processual paulista e não são expressamente enumerados pelo art. 42 da Lei Estadual 13.457/2009 na condição de típicos "recursos administrativos". Não obstante, não há dúvidas de que ambos os instrumentos estão abrangidos pelo conceito jurídico-processual de "recurso", pois constituem atos voluntários das partes, destinados a impugnar erros ou imprecisões do ato decisório com o objetivo específico de modificá-lo ou de torná-lo plenamente exequível, o que corresponde precisamente àquilo que a processualística define como "recurso".

O esclarecimento se faz muito oportuno diante da prática consolidada no âmbito do TIT/SP – decorrente, talvez, de programação do sistema do processo administrativo eletrônico paulista – de remeter automaticamente para cobrança administrativa (inscrição em dívida ativa) o débito tributário mantido em decisão exarada em última instância pela Câmara Superior do TIT/SP, logo após julgamento do recurso especial, mesmo que o sujeito passivo sucumbente tenha apresentado pedido de retificação de julgado fundado em erro de fato.

O fato de constituir típico recurso administrativo – embora assim não seja nominado –, expressamente previsto na legislação processual tributária, atribui ao ato de apresentação do pedido de retificação de julgado a prerrogativa de manter hígido o efeito suspensivo da exigibilidade do crédito tributário (art. 151, inciso III, do CTN) enquanto o alegado erro de fato não for efetivamente apreciado pela Câmara Superior do TIT/SP, o que implica reconhecer que o encaminhamento do débito fiscal para inscrição em dívida ativa na pendência de julgamento do PRJ constitui uma prática indiscutivelmente ilegal.

4.6 As relações entre os processos administrativo e judicial tributários

No tópico que inaugura este capítulo (item 4.1 supra), ressaltamos a inexistência, no direito processual tributário positivo, de *relação de continuidade* entre os processos tributários administrativo e judicial.[650]

Isso não impede, contudo, que se estabeleçam vínculos normativos e pragmáticos entre os processos administrativo e judicial tributários, não sendo incomuns as situações em que o trâmite do primeiro é influenciado por questões alinhavadas e decididas no bojo do segundo. A rigor, verifica-se uma espécie de submissão presumida das instâncias administrativas à competência constitucional dos órgãos

650. Isso se deve, em certa medida, à cláusula de inafastabilidade da "jurisdição judicial" insculpida no art. 5º, inciso XXXV, da CF/88, que, em suas diferentes formas de manifestação nos textos constitucionais que se sucederam desde 1946, vem sendo interpretada de uma forma absoluta, inviabilizando as propostas de unificação do processo tributário que se propunham a tornar o transcurso da "fase administrativa" uma condição necessária à instauração da "fase judicial". A mais notória tentativa de criação de um contencioso tributário uno tem origem no próprio anteprojeto de Código Tributário Nacional de autoria de Rubens Gomes de Souza, cujos Livros VIII e IX (eliminados do projeto que foi à votação) disciplinavam, conjuntamente, os processos administrativo e judicial tributários.

judiciais, cujos pronunciamentos sempre se sobrepõem àqueles emanados no âmbito administrativo.

Essa proeminência do processo judicial sobre o administrativo, não há dúvidas, é uma decorrência do estado de incontrastabilidade que recai sobre os pronunciamentos judiciais, em especial aqueles abarcados pela autoridade da coisa julgada, que constituem a "última palavra" acerca de qualquer questão controversa. Diante disso, por motivos de economia processual, sempre que for iminente o risco de contrariedade entre decisões administrativas e judiciais tributárias, a competência jurisdicional atipicamente exercitada pelos órgãos administrativos deverá ceder em face daquela exercitada pelos órgãos judiciais.

Essa circunstância, todavia, não pode servir de pretexto ao amesquinhamento do direito ao devido processo administrativo-tributário que, assim o cânone da incontrastabilidade dos pronunciamentos judiciais, tem *status* constitucional. O desafio que se apresenta, portanto, é o de encontrar, nas diferentes situações de confronto entre essas duas instâncias decisórias, a via média capaz de preservar, tanto quanto possível, o máximo de efetividade dos dois preceitos constitucionais em confronto.

4.6.1 A concomitância entre os processos administrativo e judicial tributários: o problema da identidade total de fatos e de alegações

Umas das relações que se estabelecem entre os processos administrativo e judicial tributários é a concomitância, fenômeno assemelhado à litispendência judicial, cuja definição aponta para um específico vínculo de identidade a ser verificado entre os processos administrativo e judicial tributários.

A concomitância costuma ter seus efeitos expressamente prescritos pelas legislações tributárias de cada ente político, as quais impõem, no mais das vezes, a extinção do processo administrativo-tributário, medida compreensível diante da impossibilidade de apensamento, para processamento simultâneo, dos feitos administrativo e judicial – por absoluta incompatibilidade entre os procedimentos e as competências dos órgãos jurisdicionais – e, também, da natural proeminência das decisões judiciais sobre aquelas exaradas no âmbito administrativo.[651]

No entanto, a relação de identidade que materializa a concomitância, apesar de sua semelhança com a litispendência, constitui vínculo mais complexo, que vai além da tríplice convergência – "partes", "causa de pedir" e "pedido" – que caracteriza o fenômeno previsto no âmbito da legislação processual civil. Para além da identidade dos fatos constitutivos do direito do invocado, o fenômeno da concomitância também pressupõe que "as alegações, os argumentos e as razões" alinhavados pelo sujeito passivo no processo administrativo sejam idênticos àqueles deduzidos na demanda judicial.

Desse modo, para que os efeitos extintivos do processo administrativo se operem, haverá que se demonstrar que a identidade entre os processos administrativo e judicial resulta na total impossibilidade de uma futura decisão exarada no bojo do primeiro prosperar diante de decisão emanada,

---

651. Assim dispõem os arts. 38, parágrafo único, da Lei 6.830/80 e 30, §1º, da Lei Estadual paulista 13.457/2009:

"Art. 38 - A discussão judicial da Dívida Ativa da Fazenda Pública só é admissível em execução, na forma desta Lei, salvo as hipóteses de mandado de segurança, ação de repetição do indébito ou ação anulatória do ato declarativo da dívida, esta precedida do depósito preparatório do valor do débito, monetariamente corrigido e acrescido dos juros e multa de mora e demais encargos.

Parágrafo único - A propositura, pelo contribuinte, da ação prevista neste artigo importa em renúncia ao poder de recorrer na esfera administrativa e desistência do recurso acaso interposto".

"Art. 30 - Não impede a lavratura do auto de infração a propositura pelo autuado de ação judicial por qualquer modalidade processual, com o mesmo objeto, ainda que haja ocorrência de depósito ou garantia.

§ 1º. A propositura de ação judicial importa renúncia ao direito de litigar no processo administrativo tributário e desistência do litígio pelo autuado, devendo os autos ser encaminhados diretamente à Procuradoria Geral do Estado, na fase processual em que se encontrarem".

em sentido contrário, no âmbito do segundo. Qualquer possibilidade de convivência entre os pronunciamentos concorrentes deve afastar o reconhecimento da concomitância.

Por isso, não basta a materialização da tríplice identidade – partes, causa de pedir e pedido – para que se opere o fenômeno da concomitância, sendo indispensável a convergência entre os processos administrativo e judicial também no âmbito das "alegações e defesas" que dão sustentação às pretensões deduzidas nos âmbitos administrativo e judicial.[652]

Nessa medida, se, por exemplo, a mesma obrigação tributária for objeto de simultâneas impugnações, judicial e administrativa, sendo atacada – na primeira seara – sob a óptica da inconstitucionalidade da norma de incidência e – no âmbito da segunda – à luz da correta identificação da base de cálculo e da decadência do direito fazendário, não haverá situação de convergência entre os feitos que justifique o reconhecimento da concomitância.

Nesse caso, eventual negativa do Poder Judiciário à pretensão do sujeito passivo ao reconhecimento da inconstitucionalidade da exação não prejudicará o afastamento concreto da exigência pelas instâncias administrativas, a ser realizado sob o fundamento de erro na identificação da base tributável ou, ainda, na decadência do direito fazendário, mesmo que evidente a existência da tríplice identidade (partes, causa de pedir e pedido) que caracteriza o fenômeno da litispendência.

É preciso ressaltar, todavia, que tal situação somente será possível nos casos em que a impugnação judicial da exação se der em caráter preventivo, isto é, se ação judicial

652. "É importante insistir na distinção. Causa de pedir é aquele fato ou conjunto de fatos (causa de pedir composta) significativo suficiente de uma determinada consequência jurídica no mundo do direito. Os motivos, as razões, os argumentos (as "alegações" e as "defesas") que sustentam a causa de pedir (ou as causas de pedir) não se confundem com ela(s)". BUENO, Cassio Scarpinella. *Curso sistematizado de direito processual civil*, v. 2, 2018, p. 362-363.

antiexacional for ajuizada em momento anterior à constituição da obrigação tributária e à própria impugnação administrativa do débito fiscal. Isso porque, sendo posterior a propositura da demanda judicial, restará presumido, em razão do princípio do dedutível/deduzido (art. 508 do CPC), que todas as alegações capazes de infirmar a exigência fiscal, incluídas as constantes da impugnação administrativa, foram alinhavadas nas razões que sustentam a pretensão judicial.

Disso resulta que, em situações desse jaez, a concomitância entre os processos administrativo e judicial também restará presumida, pois a tutela jurisdicional exarada no âmbito judicial, por abranger (presumivelmente) as alegações alinhavadas na impugnação administrativa, deverá se sobrepor à decisão emanada pelo órgão jurisdicional administrativo-tributário.

4.6.2 Os precedentes judiciais de observância obrigatória e o contencioso administrativo-tributário: a aplicação subsidiária do Código de Processo Civil aos processos administrativos tributários

Umas das mais importantes inovações instituídas pelo CPC/2015 refere-se ao regime de sobrevalorização da jurisprudência dos Tribunais Superiores, estabelecido pelo princípio (limite objetivo) da vinculação dos órgãos e autoridades que compõem as instâncias judiciais ordinárias às razões de decidir objetivadas nos precedentes representativos de controvérsia, conforme enunciado no art. 927 do CPC.[653]

---

653. "Art. 927. Os juízes e os tribunais observarão:
I - as decisões do Supremo Tribunal Federal em controle concentrado de constitucionalidade;
II - os enunciados de súmula vinculante;
III - os acórdãos em incidente de assunção de competência ou de resolução de demandas repetitivas e em julgamento de recursos extraordinário e especial repetitivos;
IV - os enunciados das súmulas do Supremo Tribunal Federal em matéria constitucional e do Superior Tribunal de Justiça em matéria infraconstitucional;
V - a orientação do plenário ou do órgão especial aos quais estiverem vinculados".

A regra processual em comento estabelece um verdadeiro regime de vinculação aos precedentes representativos de controvérsia, que potencializa a influência das orientações jurisprudenciais firmadas no âmbito dos Tribunais Superiores sobre o processo de persuasão das autoridades judiciais ordinárias, com vistas à racionalização da prestação da tutela jurisdicional e à implementação de um ambiente juridicamente seguro e materialmente isonômico.

A questão que se coloca, no contexto que é próprio ao processo administrativo tributário, refere-se à submissão ou não dos órgãos de contencioso administrativo-tributário ao regime de precedentes de observância obrigatória prescrito no art. 927 do CPC/2015, a ser analisada, por sua vez, à luz de um'outra regra inovodora do CPC/2015, que é precisamente aquela expressa pelo art. 15 do indigitado diploma processual, a qual expressamente admite a aplicação supletiva e subsidiária do regime geral de direito processual aos processos administrativos em geral.

Trata-se, realmente, de um tema de grande importância teórica e pragmática, pois relacionado à um dos escopos fundamentais do processo administrativo tributário, ao qual nos referimos no item 4.1 supra, que é justamente o de servir como uma espécie de filtro jurisdicional destinado a evitar a movimentação injustificada da máquina judiciária para dar conta de exigência fiscal cuja legitimidade resta indiscutivelmente comprometida.

A aplicação subsidiária do CPC aos processos administrativos de viés tributário, todavia, deve ser analisada com reservas, tendo em vista que, conforme anotamos no item 4.5 supra, a submissão das legislações tributárias administrativo-processuais dos diferentes entes políticos às normas processuais federais, a teor do que prescreve o art. 146, inciso III, da CF/88, impõe que as últimas estejam veiculadas por lei complementar da União, isto é, que constituam verdadeiras normas gerais de direito tributário processual administrativo.

Não é esse o caso, sabemos todos, das normas constantes do Código de Processo Civil, veiculadas que são por lei ordinária da União Federal.

A despeito disso, no que tange aos regimes jurídicos processuais administrativo-tributários federais, âmbito no qual a legislação ordinária instituidora de preceitos processuais civis (CPC) tem *status* idêntico àquela que dispõe sobre o regime processual administrativo tributário (Decreto 70.235/72) – pois oriunda do mesmo centro de competência legiferante (União Federal) –, a aplicação subsidiária do Código de Processo Civil aos processos administrativos fiscais, realizada com supedâneo no permissivo do art. 15 do referido diploma, mostra-se plenamente viável, inclusive para sobrepor-se às regras processuais administrativas que constam tão somente de veículos infralegais, tais como as Portarias ministeriais e Instruções Normativas emanadas pela Receita Federal do Brasil.

No plano dos processos administrativos tributários federais, portanto, a ausência de regra legal específica – uma lacuna, qualquer que seja, no regime instituído pelo Decreto 70.235/72 – é suficiente para se cogitar acerca da viabilidade da aplicação subsidiária das disposições constantes do diploma processual civil.

Conquanto mais restritas que no âmbito federal, também é possível identificar situações em que a aplicação subsidiária de preceitos processuais civis aos processos administrativos fiscais instituídos no âmbito competencial dos demais entes políticos tributantes é plenamente justificável.

Nesse tocante, e ainda sob o frescor das novidades trazidas do CPC/2015, tivemos a oportunidade de tratar do assunto na prestigiosa companhia de PAULO CESAR CONRADO, ocasião em que, a partir a dicotomia "normas de direito procedimental tributário" (reguladoras da atividade de constituição do crédito tributário) *versus* "normas de direito processual tributário" (disciplinadoras da atividade jurisdicional voltada à composição de conflitos tributários), asseveramos que:

> Com os olhos mantidos sobre essa última observação, podemos (e devemos) reconhecer: o legislador responsável pela emissão de normas processuais reguladoras de processo administrativo em determinado âmbito (federal, estadual ou municipal) não é absolutamente livre; se o processo administrativo é expressão da função jurisdicional, as normas que o disciplinam devem guardar conexão, tanto quanto as do Código de Processo Civil, com os valores e técnicas que definem o sentido do "devido processo legal" - contraditório, ampla defesa, acesso à instrução, recorribilidade, segurança jurídica, previsibilidade, apenas para referir alguns desses tais valores/técnicas.
>
> Vale dizer: mesmo que a hipótese concretamente considerada seja a de subsidiariedade (caso do Estado de São Paulo, por exemplo, cujo contencioso administrativo tributário vem guarnecido de normativo próprio), o Código de Processo Civil não pode ser negligenciado; técnicas foram por ele incorporados com a nítida intenção de "realizar", de "pragmatizar", valores inerentes ao "devido processo legal"; é indiferente, pois, se tais técnicas não constam da legislação que rege o processo administrativo local - o silêncio, nessa hipótese, não é eloquente.[654]

Significa dizer, portanto, que a aplicação subsidiária do CPC aos regimes processuais administrativos tributários será perfeitamente possível nas ocasiões em que as normas processuais civis forem reveladoras do sentido concreto dos princípios que compõem o modelo constitucional de processo, os quais também informam o processo administrativo-tributário. É o caso, por exemplo, das regras veiculadas nos arts. 10, 12 e 489, §1º, do CPC, concretizadoras que são, respectivamente, dos valores objetivados pelos princípios constitucionais da fundamentação (art. 93,

654. DALLA PRIA, Rodrigo; CONRADO, Paulo Cesar. Aplicação do Código de Processo Civil ao processo administrativo tributário. In: CONRADO, Paulo Cesar; ARAÚJO, Juliana Furtado Costa (Coord.). *O novo CPC e seu impacto no direito tributário*, p. 252.

inciso IX, da CF/88) e da razoável duração do processo (art. 5º, inciso LXXVIII, da CF/88).

Parece ser esse, também, o caso da regra veiculada no art. 927 do CPC, que ao impor às autoridades jurisdicionais ordinárias o dever de observar os precedentes representativos das controvérsias, legais e constitucionais, firmados, respectivamente, no âmbito do Superior Tribunal de Justiça e do Supremo Tribunal Federal, tem por objetivo fundamental à implementação dos princípios constitucionais da isonomia e da segurança jurídica, que também informam o processo administrativo-tributário.

Além disso, sendo o processo administrativo-tributário um instrumento de controle da legalidade dos atos impositivos tributários, cuja finalidade é justamente evitar que exigências ilegítimas prosperem – resultando em prejuízos inúteis aos sujeitos de direito tributário (ativo e passivo) –, o simples fato de uma exigência estar inexoravelmente fadada ao cancelamento judicial constitui razão suficiente para justificar, à luz dos cânones constitucionais da eficiência e da boa-fé administrativas, a aderência dos órgãos de contencioso administrativo-tributário às orientações firmadas pelos precedentes judiciais de observância obrigatória apontados pelo art. 927 do CPC.

Também nesse caso, a ausência de relação de continuidade entre os processos tributários administrativo e judicial não é impeditiva de uma interpretação sistemática do direito processual tributário positivo, expediente este que, em se tratando da regra de aderência aos precedentes judiciais prescrita no art. 927 do CPC, leva-nos a inexorável conclusão de que a força vinculante de tais pronunciamentos abarca a atividade jurisdicional exercida em caráter atípico pelos tribunais administrativos tributários.

REFERÊNCIAS

ADEODATO, João Maurício. *Ética e retórica*: para uma teoria da dogmática jurídica. 3. ed. rev. e ampl. São Paulo: Saraiva, 2007.

ALCHOURRÓN, Carlos; BULYGIN, Eugenio. *Introducción a la metodología de las ciencias jurídicas y sociales*. 3. ed. Buenos Aires: Editorial Astrea, 2002.

_____; _____. *Sobre la existencia de las normas*. 1. ed. 2. reimpr. México: Distribuciones Fontamara, 2002.

ALEXY, Robert. *O conceito de validade no direito*. São Paulo: Martins Fontes, 2009.

ALLORIO, Enrico. *Diritto processuale tributário*. 5. ed. Torino: UTET, 1969.

ALONSO, Juan Pablo. *Interpretación de las normas y derecho penal*. Buenos Aires: Editores del Puerto, 2006.

ALVARADO VELLOSO, Adolfo. *El garantismo procesual*. Rosario: Juris, 2010.

ARAÚJO, Clarice von Oertzen de. *Semiótica do direito*. São Paulo: Quartier Latin, 2005.

_____. Semiótica na hermenêutica e interpretação constitucional. In: CARVALHO, Paulo de Barros; SOUZA, Priscila de. (Org.). *Congresso Nacional de Estudos Tributários*: sistema tributário brasileiro e a crise atual. 1. ed. São Paulo: Noeses, 2009, v. 6, p. 1-996.

ARMELIN, Donaldo. *Legitimidade para agir no Direito Processual Civil Brasileiro.* São Paulo: Revista dos Tribunais, 1979.

AROCA, Juan Montero. *Processo (civil y penal) y garantia. El processo como garantia de libertad e de responsabilidade.* Valencia: Tirant lo Blanch, 2016.

ARRUDA ALVIM, Eduardo. *Mandado de segurança.* 2. ed. reform. e atual. Rio de Janeiro: GZ, 2010.

ARRUDA ALVIM, José Manoel. A ação e as condições da ação no processo civil contemporâneo. In: ZUFELATO, Camilo; YARSHELL, Flávio (Org.). *40 anos de teoria geral do processo no Brasil*: passado, presente e futuro. São Paulo: Malheiros, 2013.

_____. O art. 268 do CPC: a ilegitimidade e a ocorrência de coisa julgada – critérios de interpretação. *Revista Forense*, v. 401, p. 61-86, 2009.

ATALIBA, Geraldo. *Hipótese de incidência tributária.* 6. ed. São Paulo: Malheiros, 2000.

_____. Princípios de procedimento tributário. In: PRADE, Péricles Luiz M.; CARVALHO, Célio B. de (Coord.). *Novo processo tributário*. São Paulo: Revista dos Tribunais, 1975.

AUSTIN. John L. *Como hacer cosas con palabras.* Barcelona: Paidós, 1971.

_____. *Sentido e percepção.* 2. ed. São Paulo: Martins Fontes, 2004.

BARBOSA MOREIRA, José Carlos. Ainda e sempre a coisa julgada. In: *Direito processual civil*: ensaios e pareceres. Rio de Janeiro: Borsoi, 1971.

_____. Legitimação passiva. In: *Direito Aplicado II*: pareceres. Rio de Janeiro: Forense, 2000.

BECHO, Renato Lopes. *Execução fiscal*: uma visão crítica. São Paulo: Noeses, 2018.

_____. *Responsabilidade tributária de terceiros*. São Paulo: Saraiva, 2014.

_____. *Sujeição passiva e responsabilidade tributária*. São Paulo: Dialética, 2000.

BECKER, Alfredo Augusto. *Teoria geral do direito tributário*. 3. ed. São Paulo: Lejus, 1998, p. 343-348.

BEDAQUE, José Roberto dos Santos. *Efetividade do processo e técnica processual*. São Paulo: Malheiros, 2006.

_____. *Direito e processo*: influência do direito material sobre o processo. São Paulo: Malheiros, 1997.

BORGES, José Souto Maior. *Obrigação tributária*: uma introdução metodológica. 2. ed. São Paulo: Malheiros, 1999.

_____. *Ciência feliz*. 2. ed. rev. e atual. São Paulo: Max Limonad, 2000.

BORGES, José Souto Maior. *Lançamento tributário*. 2. ed. São Paulo: Malheiros, 1999.

_____. *O contraditório no processo judicial*: uma visão dialética. 2. ed. rev. e aum. São Paulo: Malheiros, 2013.

BOTTALO, Eduardo Domingos. Processo administrativo tributário. In: Barreto, Aires F.; BOTTALO, Eduardo Domingos et. al. *Curso de iniciação em direito tributário*. São Paulo: Dialética, 2004.

BUENO, Cassio Scarpinella. *Comentários ao Código de Processo Civil*. v. 1. São Paulo: Saraiva, 2017.

_____. *Curso sistematizado de direito processual civil*. v. 1. São Paulo: Saraiva, 2007.

_____. *Curso sistematizado de direito processual civil*. v. 2. tomo III. São Paulo: Saraiva, 2007.

_____. *Curso sistematizado de direito processual civil*. v. 1, v. 2 e v. 3. 8. ed. São Paulo: Saraiva, 2018.

_____. *Curso sistematizado de direito processual civil*. v. 1. 9. ed. São Paulo: Saraiva, 2018.

_____. *Curso sistematizado de direito processual civil*. v. 2. tomo II. 2. ed. rev. e atual. São Paulo: Saraiva, 2013.

_____. *Curso sistematizado de direito processual civil*. v. 2. 8. ed. São Paulo: Saraiva: 2019.

_____. Mandado de segurança impetrado por filial e o novo art. 253, inciso II, do Código de Processo Civil. In: ROCHA, Valdir de Oliveira (Coord.). *Problemas de processo judicial tributário*. v. 5. São Paulo: Dialética, 2002.

_____. *O Poder público em juízo*. São Paulo: Max Limonad, 2000.

_____. *Tutela antecipada*. São Paulo: Saraiva, 2004.

_____. Introdução ao direito processual público: o direito processual e o direito administrativo. In: BUENO, Cassio Scarpinella; SUNDFELD, Carlos Ari. *Direito processual público*: a Fazenda Pública em juízo. São Paulo: Malheiros, 2000.

BULYGIN, Eugenio. *El concepto de validez y eficacia del derecho*. _____; KELSEN, Hans; WALTER, Robert. *Validez y eficacia del derecho*. Buenos Aires: Editorial Astra, 2005.

_____. *La pretensión de corrección del derecho*: la polémica sobre la relación entre derecho y moral. Bogotá: Universidad Externado de Colombia, 2001.

_____; KELSEN, Hans; WALTER, Robert. *Validez y eficacia del derecho*. Buenos Aires: Editorial Astra, 2005.

_____; MENDONCA, Daniel. *Normas y sistemas normativos*. Madrid: Marcial Pons, 2005.

CABRERA, Julio. *Margens das filosofias da linguagem*. Brasília: UnB, 2003.

CAIS, Cleide Previtalli. *O processo tributário*. 3. ed. atual. rev. e ampl. São Paulo: Revista dos Tribunais, 2001.

CALMON DE PASSOS, J. J. *Direito, poder, justiça e processo*. Rio de Janeiro: Forense, 2003.

CÂMARA, Alexandre Freitas. In: BUENO, Cassio Scarpinella (Coord.). *Comentários ao Código de Processo Civil*. São Paulo: Saraiva, 2017.

CAMPILONGO, Celso Fernandes. *Política, sistema jurídico e decisão judicial*. São Paulo: Max Limonad, 2002.

CANTANHEDE, Luis Cláudio. *Responsabilidade tributária e legitimidade passiva na execução fiscal*. Dissertação (Mestrado). 2015. Pontifícia Universidade Católica de São Paulo (PUC-SP). São Paulo, 2015.

CARRAZZA, Roque Antonio. *ICMS*. 9. ed. São Paulo: Malheiros, 2002.

_____. *Curso de direito constitucional tributário*. 23. ed. São Paulo: Malheiros, 2007.

CARVALHO, Aurora Tomazini de. *Curso de teoria geral do direito*: o constructivismo lógico-semântico. São Paulo: Noeses, 2009.

CARVALHO, Cristiano. *Ficções jurídicas no direito tributário*. São Paulo: Noeses, 2008.

CARVALHO, Osvaldo dos Santos. *Não cumulatividade do ICMS e princípio da neutralidade tributária*. São Paulo: Saraiva, 2013.

CARVALHO, Paulo de Barros. *Curso de direito tributário*. 26. ed. 3ª tiragem. São Paulo: Saraiva, 2015.

_____. Decadência e prescrição. In: MARTINS, Ives Gandra da Silva (Coord.) *Cadernos de pesquisas tributárias n. 1*: decadência e prescrição. São Paulo: Resenha Tributária, 1976.

_____. *Direito tributário, fundamentos jurídicos da incidência*. 7. ed. São Paulo: Saraiva, 2009.

_____. *Direito tributário, linguagem e método*. São Paulo: Noeses, 2008.

_____. *Teoria da norma tributária*. São Paulo: 3. ed. Max Limonad, 1998.

CERQUEIRA, Marcelo Fortes de. *Repetição do indébito tributário*: delineamentos de uma teoria. São Paulo: Max Limonad, 2000.

_____. Extinção da obrigação tributária: compensação e repetição do indébito. In: SANTI, Eurico Marcos Diniz de (Coord.). *Curso de especialização em direito tributário*: estudos analíticos em homenagem a Paulo de Barros Carvalho. Rio de Janeiro: Forense, 2007.

CONRADO, Paulo Cesar. Efetividade do processo, segurança jurídica e tutela jurisdicional diferençada. *Revista do Tribunal Regional Federal da 3ª Região*, n. 76, São Paulo: Thomson IOB, 2006.

_____. *Execução fiscal*. 3. ed. São Paulo: Noeses, 2017.

_____. *Processo tributário*. 2. ed. São Paulo: Quartier Latin; 2007.

_____. Suspensão de segurança. In: MARTINS, Ives Gandra da Silva; JOBIM, Eduardo (Org.). *O processo na Constituição*. São Paulo: Quartier Latin, 2008.

_____. *Introdução à teoria geral do processo civil*. 2. ed. São Paulo: Max Limonad, 2003.

_____. Redirecionamento como forma (esdrúxula) de constituição da obrigação tributária (relativamente ao terceiro-responsável e de aparelhamento da lide executiva fiscal (contra aquele mesmo terceiro. In: CONRADO, Paulo Cesar (Coord.). *Processo tributário analítico*. v. 2. 2. ed. São Paulo: Noeses, 2016.

COSTA, Eduardo José da Fonseca. *Processo e garantia*. v. 1. Londrina: Thoth Editora, 2021.

COUTURE, Eduardo J. *Estudios de derecho procesal civil*: la constitución y el proceso civil. tomo I. 3. ed. Buenos Aires: Depalma, 2003.

_____. *Fundamentos del derecho procesal civil*. 4. ed. Montevideo-Buenos Aires: B de F, 2005.

_____. *Interpretação das leis processuais*. 4. ed. Rio de Janeiro: Forense, 2001.

_____. *Introdução ao estudo do processo civil*. Belo Horizonte: Líder, 2003.

CRUZ E TUCCI, José Rogério. *A causa petendi no processo civil*. São Paulo: RT, 2001.

CUNHA, Leonardo Carneiro. *A fazenda pública em juízo*. 4. ed. rev. ampl. e atual. São Paulo: Dialética, 2006.

DALLA PRIA, Rodrigo. Coisa julgada tributária e mudança de orientação na jurisprudência do STF: a (in) constitucionalidade da CSLL e a controvérsia a ser dirimida nos recursos extraordinários representativos da controvérsia – temas 881 e 885. In: CONRADO, Paulo Cesar; ARAÚJO, Juliana Furtado Costa (Coord.). *Processo tributário analítico*. v. IV. São Paulo: Noeses, 2019.

_____. A legitimidade ativa na ação de repetição do indébito tributário. In: CONRADO, Paulo Cesar (Coord.). *Processo tributário analítico*. v. III. São Paulo: Noeses, 2016.

_____. Constructivismo jurídico e interpretação concretizadora: dialogando com Paulo de Barros Carvalho e Friedrich Muller. In: *VIII Congresso Nacional de Estudos Tributários*: derivação e positivação no direito tributário. São Paulo: Noeses, 2011.

_____. Mandado de segurança em matéria tributária: os requisitos para a concessão de medida liminar e o papel do depósito judicial. In: MACEDO, Alberto et al. *Direito processual tributário*: aspectos fundamentais. São Paulo: Saraiva, 2012.

_____. O incidente de desconsideração da personalidade jurídica (IDPJ) e seu cabimento na execução fiscal. In: CONRADO, Paulo Cesar; ARAÚJO, Juliana Furtado Costa (Coord.). *Inovações na cobrança do crédito tributário*. São Paulo: Thompson Reuters Brasil, 2019.

_____. A constituição e a cobrança das contribuições previdenciárias pela justiça do trabalho. In: CONRADO, Paulo Cesar (Coord.). *Processo tributário analítico*. v. II. São Paulo: Noeses, 2013.

_____. O direito ao processo. In: CONRADO, Paulo Cesar (Coord.). *Processo tributário analítico*. São Paulo: Dialética, 2003.

_____. O processo de positivação da norma jurídica tributária e a fixação da tutela jurisdicional apta a dirimir os conflitos entre contribuinte e fisco. In: CONRADO, Paulo Cesar (Coord.). *Processo tributário analítico*. São Paulo: Dialética, 2003.

_____; CASTRO, Danilo Monteiro de. Objeções à constitucionalidade da averbação pré-executória instituída pela Lei 13.606/2018: possíveis razões para a invalidação das normas veiculadas pelos arts. 20-B e 20-E da Lei 10.522/2002. In: CONRADO, Paulo Cesar; ARAÚJO, Juliana Furtado Costa (Coord.). *Inovações na cobrança do crédito tributário*. São Paulo: Thompson Reuters Brasil, 2019.

_____; CONRADO, Paulo Cesar. Aplicação do Código de Processo Civil ao processo administrativo tributário. In: CONRADO, Paulo Cesar; ARAÚJO, Juliana Furtado Costa (Coord.). *O novo CPC e seu impacto no direito tributário*. São Paulo: Fiscosoft, 2016.

DANTAS, Francisco Wildo Lacerda. *Teoria geral do processo*: jurisdição, ação (defesa), processo. 2. ed. São Paulo: Método, 2007.

DARZÉ, Andréa Medrado. *Responsabilidade tributária, solidariedade e subsidiariedade*. São Paulo: Noeses, 2010.

DASCAL, Marcelo. *Interpretação e compreensão*. São Leopoldo: Unisinos, 2006.

DEL CLARO, Roberto. Devido processo substancial? In: MARINONI, Luiz Guilherme (Coord). *Estudos de direito processual civil*: homenagem ao Professor Egas Dirceu Muniz de Aragão. São Paulo: RT, 2006.

DIAS DE SOUZA, Hamilton. Mandado de Segurança. In: PRADE, Péricles Luiz M.; CARVALHO, Célio B. de (Coord.). *Novo processo tributário*. São Paulo. Resenha Tributária: 1975.

DIDIER Jr., Fredie. *Curso de direito processual civil*. v. 1. 11. ed. Salvador: Podivum, 2009.

DIMOULIS, Dimitri. *Positivismo jurídico*: introdução a uma teoria do direito e defesa do pragmatismo jurídico-político. São Paulo: Método, 2006.

DINAMARCO, Cândido Rangel. *A instrumentalidade do processo*. 10. ed. rev. e ampl. São Paulo: Malheiros, 2002.

_____. *Capítulos de sentença*. São Paulo: Malheiros, 2002.

DÓRIA, Antônio Roberto Sampaio. *Direito constitucional tributário e due process of law:* ensaio sobre o controle judicial da razoabilidade das leis. 2. ed. Rio de Janeiro: Forense: 1986.

FANUCCHI, Fábio. Processo administrativo tributário. In: PRADE, Péricles Luiz M.; CARVALHO, Célio B. de (Coord.). *Novo processo tributário*. São Paulo: Resenha Tributária, 1975.

FAZZALARI, Elio. *Instituições de direito processual*. Campinas: Bookseller, 2006.

FERRAGUT, Maria Rita. *Responsabilidade tributária e o Código Civil de 2002*. São Paulo: Noeses, 2005.

_____; NEDER, Marcos Vinicius (Coord.). *Responsabilidade tributária*. São Paulo: Dialética, 2007.

FERRAZ JÚNIOR, Tercio Sampaio. *Introdução ao estudo do direito*. São Paulo: Atlas: 1991.

_____. *Conceito de sistema no direito positivo*. São Paulo: Revista dos Tribunais, 1976.

_____. *Direito, retórica e comunicação*. São Paulo: Saraiva: 1997.

FLUSSER, Vilém. *Língua e realidade*. 2. ed. São Paulo: Anablume, 2004.

FONTES, André. *Pretensão como situação jurídica subjetiva*. Belo Horizonte: Del Rey, 2002.

GAMA, Tácio Lacerda. *Competência tributária, fundamentos para uma teoria da nulidade*. São Paulo: Noeses, 2009.

GIORGIS. José Carlos Teixeira. *A lide como categoria comum do processo*. Porto Alegre, Lejur: 1991.

GRAU, Eros Roberto. *Ensaio e discurso sobre a interpretação/aplicação do direito*. São Paulo: Malheiros Editores, 2002.

GRECO, Leonardo. *A teoria da ação no processo civil*. São Paulo: Dialética, 2003.

GUASTINI, Ricardo. *Das fontes às normas*. São Paulo: Quartier Latin, 2005.

GUIBOURG, Ricardo. *Derecho sistema y realidad*. Buenos Aires: Astrea: 1996.

_____. *El fenómeno normativo*. Buenos Aires: Astrea: 1987.

_____. *Pensar em las normas*. Buenos Aires: Eudeba: 1999.

_____; GHIGLIANI, Alejandro; GUARINONI, Ricardo. *Introducción al conocimiento científico*. Buenos Aires: EUDEBA: 1985.

HABERLE, Peter. *A sociedade aberta dos intérpretes da constituição*. Porto Alegre: Fabris: 1997.

HART, Herbert. *O conceito de direito*. 3. ed. Lisboa: Fundação Calouste Gulbenkian, 1994.

HENRIQUES DA COSTA, Susana. *Condições da ação*. São Paulo: Quartier Latin, 2005.

KELSEN, Hans. *Teoria geral das normas*. Porto Alegre: Sergio Antonio Fabris Editor, 1986.

_____. *Teoria geral do direito e do estado*. São Paulo: Martins Fontes, 2000.

_____. *Teoria pura do direito*. Tradução João Baptista Machado. Lisboa: Armênio Amado, 1984.

LACERDA, Galeno. *Comentários ao Código de Processo Civil*. v. VIII. tomo I. 4. ed. Rio de Janeiro: Forense, 1992.

LEAL, Rosemiro Pereira. *Teoria geral do processo*. 6. ed. rev. e ampliada. São Paulo: Thomson IOB, 2006.

_____. *Teoria processual da decisão jurídica*. São Paulo: Landy, 2002.

MACHADO, Fábio Cardoso; AMARAL, Guilherme Rizzo (Coord.). *Polêmica sobre a ação*: a tutela jurisdicional na perspectiva das relações entre direito e processo. Porto Alegre: Livraria do Advogado, 2006.

MACHADO, Hugo de Brito. Execução fiscal e responsabilidade de sócios e diretores de pessoas jurídicas. *Revista de Estudos Tributários*, v. 23, jan./fev. 2002, Síntese.

_____. *Curso de direito tributário*. 26. ed. rev. atual. e ampl. São Paulo: Malheiros, 2005.

MACHADO SEGUNDO, Hugo de Brito. *Processo tributário*. 10. ed. rev. e ampl. São Paulo: Atlas, 2018.

_____. *Repetição do tributo indireto*: incoerências e contradições. São Paulo: Malheiros, 2011.

MARCATO, Antonio Carlos. *Ação de consignação em pagamento*. 4. ed. rev. e ampl. São Paulo: Revista dos Tribunais, 1989.

MARINONI, Luiz Guilherme. *Curso de processo* civil: teoria geral do processo. *v.* 1. 5. ed. rev. atual. e ampl. São Paulo: Revista dos Tribunais, 2006.

MARINS, James. *Defesa e vulnerabilidade do contribuinte.* São Paulo: Dialética, 2009.

_____. *Princípios fundamentais de direito processual tributário.* São Paulo: Dialética: 1998.

_____. *Ação de consignação em pagamento do crédito tributário.* In: CHIESA, Clélio; PEIXOTO, Marcelo Magalhães (Coord.). *Processo judicial tributário.* São Paulo: MP, 2006.

_____. *Direito processual tributário brasileiro*: administrativo e judicial. 8. ed. São Paulo: Dialética, 2015.

MARQUES, José Frederico. *Instituições de direito processual.* v. 1. Rio de Janeiro: Forense, 1971.

MARTINS, Alan. Norma jurídica secundária, norma processual e norma processual tributária. *Revista jurídica eletrônica UNICOC,* n. 6. Disponível em: <http//www.revistajuridicanicoc.com.br>. Acesso em: 12 dez. 2009.

MEDAUAR. *A processualidade no direito administrativo.* São Paulo: Revista dos Tribunais, 1993.

MEIRELLES, Hely Lopes. *Mandado de segurança, ação popular, ação civil pública, mandado de injunção, habeas data.* 16. ed. atualizada por Arnoldo Wald. São Paulo: Malheiros,1995.

MENDONCA, Daniel. *Los derechos en juego*: conflicto y balance de derechos. Madrid: Tecnos, 2003.

MICHELS, Gilson Wessler. *Processo administrativo fiscal: litigância tributária no contencioso administrativo.* São Paulo: Cenofisco, 2018.

MINATEL, Andréa Medrado Darzé. *Restituição do indébito tributário*. São Paulo: Noeses, 2015.

_____. *Restituição do indébito tributário: legitimidade ativa nas incidências indiretas*. São Paulo: Noeses, 2015.

MIRANDA, Pontes de. *Tratado das ações*. tomo I. São Paulo: Revista dos Tribunais, 1970.

_____. *Tratado das ações*. tomo VI. São Paulo: Revista dos Tribunais, 1976.

MOJICA, Rodrigo Chinini. *Coisa julgada em matéria tributária e seus mecanismos de revisão*. São Paulo: Verbatim, 2011.

MORESO, José Juan. *Normas jurídicas e estrutura del derecho*. México: Distribuciones Fontamara, 2002.

MOUSSALLEM, Tárek Moysés. *Revogação em matéria tributária*. São Paulo: Noeses, 2005.

_____. *Fontes do direito tributário*. São Paulo: Max Limonad, 2001.

MULLER, Friedrich. *Teoria estruturante do direito*. São Paulo: Revista dos Tribunais, 2008.

NUNES, Dierle José Coelho. O princípio do contraditório: uma garantia de influência e não surpresa. In: DIDIER JR., Fredie; JORDÃO, Eduardo Ferreira (Coord.). *Teoria do processo*: panorama doutrinário mundial. Salvador: Podivm, 2008.

OLIVEIRA, Júlio M. Ação anulatória de débito fiscal. In: CONRADO, Paulo Cesar (Coord.). *Processo tributário analítico*. São Paulo, Dialética: 2003.

OLIVEIRA, Carlos Alberto Alvaro. *Teoria e prática da tutela jurisdicional*. Rio de Janeiro: Forense, 2008.

OLIVEIRA, Manfredo Araújo de. *Reviravolta linguístico-pragmática na filosofia contemporânea*. 2. ed. São Paulo: Loyola, 2001.

OLIVEIRA, Bruno Silveira. *Conexidade e efetividade processual*. São Paulo: RT, 2008.

PABST, Haroldo. *Natureza jurídica dos embargos do devedor*. 2. ed. Rio de Janeiro: Forense, 2000.

PANDOLFO. Rafael. *Fundamentos do direito processual tributário*. São Paulo: Saraiva, 2005.

_____. *Jurisdição constitucional tributária*: reflexos nos processos administrativo e judicial. São Paulo: Noeses, 2012.

PAVAN, Dorival Renato. In: BUENO, Cassio Scarpinella (Coord.). *Comentários ao Código de Processo Civil*. São Paulo: Saraiva, 2017.

PEIRCE, Charles S. *Semiótica*. São Paulo: Perspectiva, 2003.

PEIXOTO, Daniel Monteiro. *Competência administrativa na aplicação do direito tributário*. São Paulo: Quartier Latin, 2006.

PIZZOL, Patrícia. In: BUENO, Cassio Scarpinella (Coord.). *Comentários ao Código de Processo Civil*. São Paulo: Saraiva, 2017.

POZZOLO, Suzanna; DUARTE, Écio Oto Ramos. *Neoconstitucionalismo e positivismo jurídico*. São Paulo: Landy, 2006.

QUINTERO, Beatriz; PRIETO, Eugenio. *Teoría general del proceso*. 3. ed. ampl. e corr. Bogotá: Temis, 2000.

RIBEIRO, Paulo de Tarso Ramos. *Direito e processo*: razão burocrática e acesso à justiça. São Paulo: Max Limonad, 2002.

ROBLES MORCHÓN, Gregorio. *O direito como texto*. São Paulo: Manole, 2005.

_____. *Teoría del derecho*: fundamentos de teoría comunicacional del derecho. Madrid: Civitas: 1998.

ROCCO, Ugo. *Derecho procesal civil*. México: Porrua Hnos y Cia, 1944.

_____. *Trattato di diritto processuale civile*. 2. Edizione. Torino: UTET, 1966. 7 v.

RODRIGEZ, Jorge L. *Lógica de los sistemas jurídicos*. Madrid: CEPC, 2002.

ROSS, Alf. *Direito e justiça*. São Paulo: Edipro, 2003.

SANTI, Eurico Marcos Diniz de; CONRADO, Paulo Cesar. Mandado de segurança preventivo em matéria tributária: requisitos e efeitos. In: CONRADO, Paulo Cesar (Coord.). *Processo tributário analítico*. São Paulo: Noeses, 2011.

_____. *Decadência e prescrição no direito tributário*. São Paulo: Max Limonad, 2000.

_____. *Lançamento tributário*. São Paulo: Max Limonad, 1999.

_____; CONRADO, Paulo Cesar. Mandado de segurança preventivo em matéria tributária: requisitos e efeitos. In: CONRADO, Paulo Cesar (Coord.). *Processo tributário analítico*. São Paulo: Noeses, 2011.

SEARLE, John R. *Mente, linguagem e sociedade*: filosofia no mundo real. Rio de Janeiro: Rocco, 2000.

SOUZA, Bernardo Pimentel. *Introdução aos recursos cíveis e à ação rescisória*. São Paulo: Saraiva, 2014.

SOUZA, Gelson Amaro. *Fraude à execução e o direito de defesa do adquirente*. São Paulo: Juarez de Oliveira, 2002.

_____. *Efeitos da sentença que julga os embargos à execução*. São Paulo: MP, 2007.

_____. *Responsabilidade tributária e legitimidade ativa na execução fiscal*. 2. ed. rev. atual. e ampl. Ribeirão Preto: Nacional de Direito Livraria e Editora, 2001.

TOMÉ, Fabiana del Padre. *A prova no direito tributário*. São Paulo: Noeses, 2005.

VÁSQUEZ, Rodolfo. *Interpretación jurídica y decisión judicial*. México: Distribuciones Fontamara, 1998.

VERNENGO. Roberto J. *Curso de teoría general del derecho*. Buenos Aires: Depalma, 1995.

VILANOVA, Lourival. *As estruturas lógicas e o sistema do direito positivo*. São Paulo: Max Limonad, 1997.

_____. *Causalidade e relação no direito*. 4. ed. rev. atual. e ampl. São Paulo: Revista dos Tribunais, 2000.

_____. Fundamentos do estado de direito. In: *Escritos jurídicos e filosóficos*. v. 1. São Paulo: Axis Mundi, 2003.

_____. Teoria da norma fundamental: comentários à margem de Kelsen. In: *Escritos jurídicos e filosóficos*. v. 1 São Paulo: Axis Mundi, 2003.

VITA, Jonathan Barros. (Re)definindo o conceito de encargo financeiro no âmbito do artigo 166 do CTN. *Revista de Direito Internacional Econômico e Tributário*, v. 6, n. 2, jul./dez. 2011, Brasília, Fortium, p. 191-211.

WITTGENSTEIN, Ludwig. *Investigações filosóficas*. 3. ed. Petrópolis: Vozes, 2005.

_____. *Tractatus logico-philosophicus*. Tradução Luiz Henrique Lopes dos Santos. São Paulo: EDUSP, 1994.

WRIGH, Georg Henrik von. *Normas, verdad y lógica*. México: Distribuciones Fontamara, 2001.

XAVIER. Alberto. *Princípios do processo administrativo e judicial tributário*. Rio de Janeiro: Forense, 2005.

YARSHELL, Flávio Luiz. *Tutela jurisdicional*. São Paulo: Atlas, 1998.

Impressão e acabamento
psi7 psi7.com.br | book7 book7.com.br